TORÁ COMENTADA

Brian Kibuuka

TORÁ COMENTADA

Deuteronômio
דברים

edição bilíngue
Português-Hebraico

2ª edição revista e ampliada

ALTA BOOKS
GRUPO EDITORIAL

Torá comentada: Deuteronômio

Contra o Vento é uma empresa do Grupo Editorial Alta Books (STARLIN ALTA EDITORA E CONSULTORIA LTDA).

ISBN: 978-65-83604-84-2

Impresso no Brasil — 2ª Edição, 2025 — Edição revisada conforme o Acordo Ortográfico da Língua Portuguesa de 2009.

DADOS INTERNACIONAIS DE CATALOGAÇÃO NA PUBLICAÇÃO (CIP)
(BENITEZ Catalogação Ass. Editorial, MS, Brasil)

K46t
2. ed. Kibuuka, Brian
Torá comentada : Deuteronômio / Brian Kibuuka. – 2ª ed. rev. e ampl. Rio de Janeiro: Contra o Vento, 2025.
498 p.

Inclui bibliografia.
ISBN 978-65-83604-84-2

1. Antigo Testamento – Pentateuco 2. Bíblia hebraica (Torá) 3. Bíblia – Estudos . I. Título.

05-2025 / 33 CDD 220.44

Índice para catálogo sistemático :
1. Bíblia hebraica : Estudos 220.44
Aline Graziele Benitez – Bibliotecária – CRB-1/3129

Produção Editorial: Grupo Editorial Alta Books
Diretor Editorial: Anderson Vieira
Editor da Obra: Eduardo de Proença
Vendas Governamentais: Cristiane Mutüs
Gerência Comercial: Claudio Lima

Gerência Marketing: Andréa Guatiello
Revisão: Cláudia Montico
Projeto Gráfico: Alessandra S. O. de Proença
Diagramação: Samuel O. de Proença
Capa: Victoria Cristina Eduardo

ALTA BOOKS
GRUPO EDITORIAL

Rua Viúva Cláudio, 291 — Bairro Industrial do Jacaré
CEP: 20.970-031 — Rio de Janeiro (RJ)
Tels.: (21) 3278-8069 / 3278-8419
www.altabooks.com.br — altabooks@altabooks.com.br
Ouvidoria: ouvidoria@altabooks.com.br

Editora
afiliada à:
abdr
ASSOCIADO CBL Câmara Brasileira do Livro

Para Lucas Nascimento e Fagner Carvalho,
companheiros de palavra e promessa,
dedico este canto de antigas alvoradas.

Sumário

APRESENTAÇÃO À SEGUNDA EDIÇÃO REVISTA E AMPLIADA 9

DEUTERONÔMIO: INTRODUÇÃO 13
- O lugar do Deuteronômio na Torá 16
- Os antecedentes do Deuteronômio 17
- A estrutura do Deuteronômio 18
- Processo de formação do Deuteronômio 18
- Síntese dos temas do Deuteronômio 19
- A pesquisa do Deuteronômio 33
- A composição do Deuteronômio 34
- Revisões pós-deuteronômicas 36
- Referências 37

LIVRO DO DEUTERONÔMIO — DEVARIM 41

COMENTÁRIO AO LIVRO DO DEUTERONÔMIO 189
- Bibliografia 496

Apresentação à Segunda Edição Revista e Ampliada

Esta segunda edição da *Torá Comentada* nasce de um esforço consciente de aprofundamento, rigor e fidelidade à Escritura. Fruto de intensa dedicação intelectual e espiritual, ela não é simplesmente uma nova versão, mas uma refundação crítica da proposta anterior, agora ampliada em mais do que o dobro do volume original. Cada livro – *Berēʾšît* (*Gênesis*), *Šĕmôt* (*Êxodo*), *Wayyiqrāʾ* (*Levítico*), *Bĕmidbār* (*Números*) e *Dĕḇārîm* (*Deuteronômio*) – foi meticulosamente reescrito e enriquecido, versículo por versículo, a partir da transliteração precisa do texto da Bíblia Hebraica e da sua tradução direta, que realizo cuidadosamente em cada linha.

Esta edição se distingue não apenas pela extensão, mas sobretudo pela qualidade do trabalho exegético e teológico aqui empreendido. Enquanto a primeira edição já buscava a aproximação criteriosa ao texto hebraico, esta segunda aprofunda essa vocação até seus limites mais exigentes: os comentários agora acompanham praticamente todos os versículos, oferecendo leituras que dialogam com a tradição judaica antiga, com a crítica acadêmica contemporânea e com os horizontes éticos e espirituais de nossa época. Não sc trata de repetir o que já foi dito; trata-se de escutar novamente – de cavar mais fundo no poço da Palavra, para encontrar águas mais puras e mais vivas.

O método que guia esta obra é simultaneamente filológico e espiritual. Cada versículo é abordado a partir da sua forma hebraica original – apresentada em transliteração rigorosa segundo o sistema da SBL (*Society of Biblical Literature*) – para depois ser traduzido em português com a preocupação de respeitar tanto a estrutura do texto quanto suas inflexões poéticas, narrativas e jurídicas. A tradução não é, aqui, um simples transvase, mas um gesto de interpretação consciente, que busca captar as pulsações internas da língua bíblica: suas ambiguidades ricas, suas tensões semânticas, suas pausas e acelerações. Os comentários desenvolvidos sobre o texto não se limitam a anotações laterais. Eles formam um tecido contínuo de reflexão, que ora ilumina aspectos linguísticos e exegéticos, ora abre perspectivas teológicas, ora reconstrói os contextos históricos e literários do mundo bíblico. Há, também, uma preocupação constante com a articulação entre o detalhe e a totalidade: cada palavra é lida no interior do seu versículo, cada versículo no interior da sua narrativa ou legislação, e cada narrativa ou legislação no interior do vasto drama da Torá como um todo.

Uma novidade central desta edição são as abundantes notas exegéticas, que aparecem ao longo dos livros como momentos de aprofundamento técnico. Nelas são discutidas variantes textuais, questões de tradução, possibilidades semânticas alternativas, paralelos intertextuais e dados de contexto arqueológico e histórico relevantes. Tais notas não se destinam apenas a especialistas: foram escritas de modo que o leitor ou a leitora interessados possam ampliar sua compreensão sem serem submersos por erudição desnecessária. Cada nota é uma janela aberta, não um muro erguido. Além disso, cada livro da Torá é precedido por uma introdução acadêmica. Essas introduções oferecem ao leitor as ferramentas necessárias para compreender a história redacional de cada livro, seu lugar na formação do Pentateuco, suas grandes linhas temáticas e a lógica interna de sua estrutura. Assim, antes de adentrar o comentário, o leitor é convidado a situar-se: a ver o horizonte em que cada palavra da Torá ressoa, e a reconhecer a densidade histórica e literária que sustenta a sua leitura. O resultado é um texto que, sem perder a exigência acadêmica, procura ser também vivo, palpitante. A Torá não é, aqui, um monumento arqueológico, mas um território vivo de encontro e de travessia. Cada comentário procura deixar-se atravessar pelas perguntas que o próprio texto levanta – perguntas sobre criação e responsabilidade, sobre justiça e misericórdia, sobre memória e promessa, sobre poder e vulnerabilidade, sobre Deus e a humanidade. Longe de uma leitura que fecha sentidos, esta *Torá Comentada* quer ser uma leitura marcada pelo respeito ao texto bíblico.

Gênesis recebeu comentários que acompanham desde os movimentos primordiais da criação até os dramas humanos da história patriarcal, reconstruindo a arquitetura simbólica que sustenta narrativas como a de Noé, Abraão, Jacó e José. Êxodo foi percorrido como livro de nascimentos: o nascimento de um povo, o nascimento de uma lei, o nascimento de uma liberdade que exige memória e responsabilidade. Levítico, frequentemente marginalizado por sua linguagem cultual, foi revelado como um centro silencioso de teologia, onde pureza, santidade e justiça social se entrelaçam na vida concreta do povo. Números, mais do que um relato de perambulações, foi lido como um ensaio doloroso sobre a fé e a dúvida, sobre liderança e rebeldia, sobre a complexa travessia que separa a promessa da posse. E Deuteronômio, o último livro, foi apresentado como uma convocação suprema: a Palavra que refunda o coração do povo, que renova a aliança não como imposição, mas como escolha amorosa e radical.

A estrutura dos comentários respeita a progressão interna de cada narrativa e legislação, fazendo questão de mostrar como os temas se constroem e se desdobram ao longo dos livros. A ênfase é sempre na organicidade: nenhum versículo é tratado isoladamente, mas sempre como parte de um todo vivo. Assim, por exemplo, o relato da criação em Gênesis 1 não é apenas analisado em si mesmo, mas também em sua tensão com Gênesis 2; a legislação da aliança em Êxodo 24 é lida em sua relação com o pecado do bezerro de ouro em Êxodo 32; os mandamentos sobre a terra em Levítico 25 são lidos à luz da promessa da terra em Números 13–14; a grande oração do *Shema* em Deuteronômio 6 é lida como coração palpitante que sustenta toda a ética deuteronomista. Este método exegético-reflexivo permite que o leitor não apenas compreenda melhor cada passagem, mas também perceba o movimento espiritual da Torá como um todo. Ler a Torá não é simplesmente acumular informações; é atravessar um processo de transformação, de escuta, de amadurecimento. É permitir que o texto – com suas genealogias e suas guerras, com seus rituais e suas leis, com seus cantos e suas denúncias – nos forme à sua imagem.

A profundidade teológica da Torá é constantemente destacada em meio aos detalhes técnicos. Por exemplo, não se discute apenas o que significa a palavra *ḥesed* (bondade, lealdade) em um contexto ou outro, mas o que a ideia de *ḥesed* revela sobre a concepção de Deus que a Torá propõe: um Deus que exige justiça, mas que é movido por compaixão; um Deus que estabelece limites, mas que acolhe a fragilidade humana; um Deus que chama à santidade, mas que caminha pacientemente com a dureza do coração humano. Assim, a filologia nunca se separa da teologia; a técnica nunca se desliga da espiritualidade.

Outra marca desta edição é o compromisso com a intertextualidade interna da Bíblia Hebraica. O leitor e a leitora verão, ao longo dos comentários, como a Torá continuamente dialoga consigo mesma: como as palavras do Êxodo ecoam em Deuteronômio; como as bênçãos de Gênesis ressurgem nos discursos de Moisés; como as narrativas de Números preparam as exortações da aliança. A Torá é um livro que escuta a si mesma, que reconta a si mesma, que debate consigo mesma. E esta edição tenta seguir esse movimento, não impondo uma leitura monolítica, mas respeitando e valorizando as vozes múltiplas que atravessam o texto. Em síntese: esta segunda edição da *Torá Comentada* é um gesto de reverência, de estudo e de amor. Reverência, porque reconhece que a Torá é um dom que nos ultrapassa, que nos precede e que nos excede. Estudo, porque acredita que o encontro com a Escritura exige rigor, paciência, método e humildade intelectual. Amor, porque sabe que todo o trabalho exegético só faz sentido se for, em última instância, uma resposta amorosa ao Deus que fala – ao Deus que chama – ao Deus que caminha conosco.

Que cada leitor e cada leitora que se aventure nesta jornada encontre, entre as letras e as margens deste livro, não apenas conhecimento, mas também eco de chamado, luz para o caminho e coragem para novas travessias.

Boa leitura!

Brian Kibuuka

Deuteronômio: *introdução*

O livro chamado em grego de Deuteronômio [δευτερονόμιον, segunda lei] recebeu na Bíblia Hebraica o título hebraico ʾḗlle^{h} haddəḇārîm [estas são as palavras de"], título extraído das primeiras palavras de Deuteronômio 1.1. A ideia de o Deuteronômio ser uma 'segunda lei', ou seja, uma repetição da lei, se baseia em Deuteronômio 17.18, em que o rei é instruído a fazer uma "cópia desta lei" [mišnē^{h} hattôrā^{h} hazzōʾṯ]. O título grego é inadequado porque o livro de Deuteronômio não é uma mera réplica do Êxodo (ou de Êxodo e Levítico), nem é uma lei segunda ou distinta. Embora o Deuteronômio compartilhe vários temas com outros livros da Torá e reafirme a lei mosaica, ele serve como uma exposição original da lei (Deuteronômio 1.5-7). Além disso, o livro de Deuteronômio não apresenta apenas legislações e regramentos: ele articula as leis a elementos narrativos, como já se observou em Números. O livro é uma compilação de três discursos de Moisés na planície de Moabe, aos quais se acrescentam alguns blocos literários de natureza narrativa e outros de natureza legal. Como um todo, o livro apresenta uma leitura histórico-parenética da história do povo de Israel.

O lugar do Deuteronômio na Torá

O Deuteronômio, último livro da Torá, é um livro cujo fluxo narrativo é interrompido. Nele, o tempo parece estar parado. Deuteronômio descreve os eventos do dia antes de Israel se mudar para a Terra Prometida. Moisés declara à nova geração a história de seu povo com Deus, e repete os mandamentos divinos. Moisés permite aos descendentes da geração que viveu as grandes obras de Deus a se relacionarem com as experiências de seus ancestrais.

Os decretos e leis que Moisés proclama no longo dia do Deuteronômio são sobre a preservação da liberdade que Deus trouxe para o seu povo. A liberdade fica sob ameaça quando há injustiça social e quando há violação da proibição das imagens. Por isso, os Dez Mandamentos são citados novamente, literalmente (Deuteronômio 5.6-21). Nos Dez Mandamentos, o Deus da liberdade não pode ser reduzido a nenhuma imagem, seja de homem, seja de mulher (Deuteronômio 4.16). Os setores marginalizados da sociedade na época, os órfãos, as viúvas e os estrangeiros, são protegidos por lei (Deuteronômio 24.6-17). A geração é lembrada que houve escravidão no Egito (Deuteronômio 24.18).

Em relação às questões de gênero, os textos legais de Deuteronômio são opostos em um mundo eminentemente masculino. No entanto, uma mudança no *status* das mulheres pode ser vista em comparação com as coleções legais mais antigas de Israel e de seus vizinhos: as mulheres não estão mais à mercê do conselho familiar, mas os seus assuntos legais são tratados publicamente (Deuteronômio 25.5-10). As mulheres se tornam visíveis ao serem explicitamente mencionadas. Por isso, todos devem participar das três grandes festas: homens, mulheres, filhos, filhas, escravos, escravas, famílias de levitas, estrangeiros, órfãos e viúvas participam (Deuteronômio 16.14).

O Deuteronômio procura inculcar a história de Deus com o seu povo na próxima geração, e apela para uma vida de acordo com os mandamentos de Deus. Nesse sentido, o Deuteronômio é um livro que preceitua a instrução de crianças (Deuteronômio 6.20). Portanto, da mesma forma que Moisés narra a história de Deus com o povo e os termos dessa relação, os pais devem reproduzir, perpetuamente, tais conteúdos aos seus filhos.

O Deuteronômio também narra o último dia da vida de Moisés, registra seus discursos e dá instruções para lê-los a cada sete anos na Festa dos Tabernáculos do Jubileu (Deuteronômio 31.9-13). A autoridade suprema se torna, assim, o texto, o que abre espaço para a liberdade de cada geração para se reinventar. Não é sem razão que o šəmaᶜ (Deuteronômio 6.4-9) se tornou o texto básico do judaísmo por excelência. Ele descreve Israel como uma comunidade de aprendizagem, cuja instrução é feita de geração em geração.

Os antecedentes do Deuteronômio

As primeiras vitórias do povo de Israel na Transjordânia (Números 21.10-35) são precedidas de um relato de rebeldia adicional, em que a comunidade acusa Yahweh de colocá-lo em uma situação precária (Números 21.4-9). As histórias e oráculos sobre Balaão (Números 22 a 24), um vidente estrangeiro contratado pelo rei de Moabe para amaldiçoar Israel e causar sua derrota militar, destacam o favor divino: apesar de todas as suas tentativas de amaldiçoar Israel, Balaão é forçado a abençoar o povo e não pode impedi-lo de prosseguir em sua campanha em direção à Terra Prometida.

Em Números 25, o povo se voltou para os deuses de Moabe, provocando a ira de Yahweh. A punição divina provocou o extermínio da primeira geração. A mudança de geração é sublinhada em Números 26, em que um segundo censo que é realizado, paralelo ao censo de Números 1.

A seção final de Números (capítulos 27 a 36) inclui narrativas que abordam temas inicialmente explorados em Números 11 a 15 e várias leis, várias das quais referem-se à futura ocupação da Terra Prometida. Por fim, Números 27.12 a 23 relata a designação do sucessor de Moisés, Josué, preparando-se assim os relatos da conquista. Esse relato está intimamente relacionado ao anúncio da morte iminente de Moisés, embora ela seja adiada até o final do Deuteronômio.

Números 28.1-30.1 fornece instruções para trazer ofertas em dias sagrados, que complementam o calendário festivo de Levítico 23. Números 30.2 a 17, em seguida, fornece uma legislação detalhada sobre outro tópico cultual: os votos de uma mulher. O capítulo 31 retoma um dos temas de Números 25, o conflito entre Israel e Midiã, e narra uma campanha punitiva contra os midianitas. Os capítulos 32 a 35 concentram-se inteiramente na conquista da terra.

A estrutura do Deuteronômio

A estrutura literária de Deuteronômio já foi comparada aos esquemas dos antigos tratados hititas de vassalagem, visto que em ambos há um prólogo histórico, um corpo central de direitos e deveres e uma conclusão feita com bênçãos e maldições. De fato, o Deuteronômio lembra a história salvífica de Israel (Deuteronômio 1 a 11), apresenta um código de direitos e deveres do povo para com Deus (Deuteronômio 12 a 26), e conclui com bênçãos e maldições no caso de fidelidade ou infidelidade do povo (Deuteronômio 27-30). No entanto, a presença de uma seção narrativa e discursos exortativos conferem uma peculiar fisionomia ao Deuteronômio, o que limita claramente essa analogia.

Parece mais plausível a divisão do livro em duas partes principais: a primeira é parenética-exortatória (Deuteronômio 1 a 30), composta pelos três discursos de Moisés nas planícies de Moabe (Deuteronômio 1 a 4; 5 a 28; e 29 a 30); a segunda é histórico-narrativa (Deuteronômio 31 a 34), composta pelas últimas disposições de Moisés (Deuteronômio 32.1-43), pelas suas bênçãos sobre as tribos (Deuteronômio 33) e pelo relato de sua morte (Deuteronômio 34). Dá suporte a essa divisão os quatro títulos, semelhante em construção e conteúdo, presentes no início de cada um dos três discursos e no preâmbulo da narrativa (Deuteronômio 1.1; 4.44; 26.68; e 33.1).

Processo de formação do Deuteronômio

É um consenso da pesquisa que o Deuteronômio alcançou a sua forma atual como resultado de um processo de desenvolvimento redacional. O material duplicado da chamada lei de centralização em Deuteronômio 12, a mistura de material histórico e parenético, o lapso ocasional da fala de Moisés para Israel de Deuteronômio 27 e a alternância entre o singular e o plural nas narrativas são indícios desse processo de composição. A mistura de material histórico e parenético, em especial, aparece em Deuteronômio 1 a 3, servindo de introdução à história deuteronomista.

A questão da composição literária sempre esteve associada à crença de que o Deuteronômio, em sua forma original, pertence ao contexto geral da reforma de Josias, ocorrida no século VII a.C. A relação entre o Deuteronômio e os eventos do século VII a.C., seja nos aspectos da forma, gênero, conteúdo, estrutura linguística, retórica e estilística, podem ser destacados.

Há no Deuteronômio, características literárias, como o uso do quiasmo e da anáfora, e as próprias repetições, tantas vezes evocadas como indicativas da origem compósita do Deuteronômio, são indícios de padrões linguísticos habilmente trabalhados. As repetições parecem mais parte do significado do texto, e não indicadores de suas origens diversas.

Há, na lei do Deuteronômio, uma clara falta de interesse na observância do culto, e uma preocupação maior com a oposição a cultos falsos. Parece que o Deuteronômio é humanista e secularizante, quando se compara o Deuteronômio com o Sacerdotal. Há áreas da vida religiosa em Israel às quais Deuteronômio não se dirige de forma mais interessada, entre os quais são dignos de nota os sacrifícios e o papel dos sacerdotes no sistema sacrificial. A lei do altar e a questão da centralização no culto são as únicas legislações cultuais do Deuteronômio.

Síntese dos temas do Deuteronômio

O discurso de Moisés começa com uma recapitulação dos eventos centrais do tempo de permanência de Israel no deserto (Deuteronômio 1 a 3): a nomeação de juízes para dispensar Moisés dessa tarefa (Êxodo 18), a recusa do povo da conquistar da Terra Prometida (Números 13 a 14) e a conquista da Transjordânia (Números 21 e 32). Em destaque, Deuteronômio 3.23 a 29 apresenta uma explicação alternativa a Números 20.1-13 para a morte de Moisés, que não entrou na Terra Prometida.

Deuteronômio 4 e 5 também estão preocupados com a recapitulação de eventos anteriores, desta vez em conexão com a concessão da Lei a Moisés. Deuteronômio 4 lembra a teofania no Monte Sinai, que é consistentemente chamado de Monte Horebe, e coloca ênfase especial na observância da Lei e na singularidade da divindade de Israel, Yahweh.

Deuteronômio 5 apresenta outra versão do Decálogo, comparável a Êxodo 20. Nessa versão, Moisés é retratado como mediador de Israel. Deuteronômio 6, por sua vez, introduz a coleção de leis nos capítulos 12 a 26, enfatizando a importância de praticar os mandamentos divinos na vida cotidiana. Deuteronômio 7 completa Deuteronômio 6, sublinhando a estrita separação de Israel em relação às outras nações.

O capítulo 8 de Deuteronômio oferece uma reflexão geral sobre as peregrinações no deserto. Nesse texto, a permanência de Israel no deserto é considerada uma época de testes divinos, e não de rebelião, como em Números. Esse período de desafios e testes é fundamental para o fortalecimento e conscientização do povo, estabelecendo as bases para a sua instalação na Terra Prometida.

Deuteronômio 9 e 10 apresentam uma recapitulação dos eventos do Monte Sinai/Horebe. O episódio da fabricação do bezerro de ouro (Êxodo 32 a 34) é retomado. Os capítulos 11 e 27–28 emolduram com uma lista de bênçãos e maldições a coleção de leis de Deuteronômio 12 a 26. Como em Êxodo 20.24-26, a coleção de leis começa com uma lei sobre a oferta no altar; mas, ao contrário de Êxodo, Deuteronômio 12 aparentemente prevê um único santuário central para todo o Israel. Tal noção, compartilhada em Deuteronômio 13, insiste na adoração exclusiva de Yahweh como única divindade de Israel. O capítulo 13 também introduz a noção de Israel como uma nação inteiramente consagrada a Yahweh, aspecto ilustrado em Deuteronômio 14.1-21 pela enumeração de animais impuros que não devem ser comidos pelo povo (compare com Levítico 11).

Deuteronômio 14.22 a 16.17 oferece uma série de instruções sobre o calendário e outros aspectos relacionados ao culto: o dízimo, a libertação de escravos a cada sete anos, a consagração de todos os primogênitos e os três festivais de peregrinação no ano.

A seção seguinte detalha as regras para os principais ofícios de Israel (Deuteronômio 16.18 a 18.22): juízes da cidade e do santuário central, rei, sacerdotes e levitas e profeta. O último ofício é o único designado diretamente para Moisés e parece claramente ser o mais significativo.

Os capítulos 19 a 25 contêm diversas leis civis, algumas das quais estão particularmente relacionadas à proteção de grupos periféricos, como as viúvas, os órfãos ou os estrangeiros residentes. Entre as leis de Deuteronômio 19 a 25, destacam-se as instruções para as cidades de refúgio (Deuteronômio 19; ver também Números 35), para as guerras de Israel (Deuteronômio 20; 21.10-14; 23.10-15; 24.5), para decidir o *status* social das mulheres que sofreram abuso e das divorciadas (Deuteronômio 22.13-29 e 24.1-4) e para as relações sociais e econômicas justas (Deuteronômio 23.20-21; 23.6-7,10-15; 25.1-3,11-16). Deuteronômio 26 aborda a coleta, prescrevendo uma oferta anual de primícias no santuário central, acompanhada de uma recitação da tradição do êxodo.

A recitação de bênçãos e maldições no Monte Ebal e no Monte Gerizim em Deuteronômio 27 a 28 é seguida por uma recapitulação final de eventos passados no contexto de uma cerimônia de aliança nas planícies de Moabe (Deuteronômio 29). Na última parte de seu discurso (Deuteronômio 30), Moisés já prevê a desobediência do povo que o levará ao exílio, bem como a possibilidade de uma mudança de coração e um retorno do exílio.

Deuteronômio 31 retoma a narrativa de Números 27.12–23: reconta a indicação de Josué para ser o sucessor de Moisés; Além disso, no entanto, o episódio se expande sobre o tema da redação da Lei por Moisés e de sua recitação regular em Israel. Deuteronômio 32 apresenta um salmo de Moisés que anuncia de várias maneiras a história do exílio e da libertação. Depois de uma bênção final às doze tribos que se assemelha à bênção de Jacó (Gênesis 49), Deuteronômio conclui com um relato da morte de Moisés. Ele vê a Terra Prometida, mas é, no entanto, enterrado fora dela pelo próprio Yahweh (Deuteronômio 34).

Deuteronômio 34, Josué 1 e o encerramento editorial da Torá

Uma indicação inicial da existência de uma divisão editorial entre os cinco primeiros livros da Bíblia Hebraica e os que se seguem pode ser encontrada no último capítulo de Deuteronômio. Deuteronômio 34 relata a morte de Moisés, e o capítulo termina com um comentário final sobre Moisés (Deuteronômio 34.10–12). O comentário afirma que Moisés, chamado no texto de profeta, foi mediador da vontade de Deus de tal forma que nunca mais surgiu em Israel um profeta como ele. Isso implica que, do ponto de vista dos editores da Torá, a morte de Moisés termina um período específico da história da revelação de Yahweh para Israel.

O escriba que compôs a passagem não nega que haverá mais profetas e novas revelações após a morte de Moisés, mas ele claramente sugere que tais revelações não têm importância e significado maiores que a importância e significado da revelação feita a Moisés. Ele é, portanto, mediador profético insuperável. Tal afirmação demonstra que a separação entre os cinco livros da Torá e os que se seguiram não é arbitrária, mas foi deliberadamente concebida pelos editores da Torá.

Em Deuteronômio 34.10, a morte de Moisés é identificada com o fechamento de um corpo específico de instruções divinamente reveladas. Isso só faz sentido se os livros relacionados a Moisés fossem concebidos como tendo autoridade extra dentro da comunidade em que foram transmitidos. Outras passagens da Torá, como Êxodo 33.7-11 e Números 12, desenvolvem uma concepção semelhante da autoridade exclusiva de Moisés.

A divisão entre a Torá e os livros que seguem é reconhecida no livro de Josué, o primeiro livro dos profetas. Josué 1 começa com a admoestação feita por Yahweh a Josué de que ele precisa ser forte e corajoso, agindo de acordo com tudo que Moisés lhe ordenou. A Torá não deve se apartar de sua boca (Josué 1.8), sendo concebida como em Deuteronômio 34.10-12 como uma revelação que se encerrou com a morte de Moisés. Logo, Josué e os livros subsequentes pertencem a uma coleção diferente. Mais ainda: a observância da Torá é a própria condição para a conquista e ocupação da Terra Prometida, além de ser uma condição necessária para uma vida bem-sucedida.

Divisões internas do Pentateuco como uma pista para sua organização editorial da Torá

O arranjo editorial dos livros da Torá evidencia a existência da coleção de livros e a sua interrelação. Levítico, por exemplo, é emoldurado por dois avisos referentes à revelação feita a Moisés no Monte Sinai: Levítico 1.1 e Levítico 27.34. Sendo assim, Levítico 27 indica que a revelação feita a Moisés no Monte Sinai terminaram. As revelações de Números não acontecem mais no Monte Sinai, mas no deserto do Sinai (Números1.1), tendo fim em Números 36.13 com um aviso que se assemelha a Levítico 27.34. Igualmente, Deuteronômio 1.1 apresenta as palavras que Moisés falou a todo o Israel além do Jordão no deserto, encapsulando a principal distinção entre Deuteronômio e os livros anteriores: o Deuteronômio apresenta um discurso proclamado por Moisés nas planícies de Moabe (Deuteronômio 1.5).

A conexão entre a introdução e a conclusão de Deuteronômio, com a indicação da tarefa de Moisés de repetir a lei em Deuteronômio 1.1 e a afirmação do fim de sua vida, discursos e dignidade em Deuteronômio 34, retoma a técnica dos discursos do Antigo Oriente Próximo de retomar inícios e fins de discursos, aspecto que não é arbitrário, nem acidental, mas segue uma noção de coerência e unidade tópica de cada livro.

A profissão de fé de Deuteronômio 6.4

Deuteronômio contém uma das mais claras profissões de fé na unicidade do Senhor: "Ouve, ó Israel: Yahweh, nosso Deus, é o único. Amarás o Senhor teu Deus com todo o teu coração, com toda a tua alma e com todas as tuas forças". (Deuteronômio 6.4-5). Essa exortação é um verdadeiro credo religioso, cujo conteúdo proclama a absoluta singularidade de Deus e a exigência de uma fidelidade amorosa a Yahweh, isto é, com a doação plena da integralidade do ser.

O monoteísmo e o amor a Deus é, de fato, o principal mandamento da fé bíblica da Torá. A insistência com que essa exigência é mencionada em Deuteronômio (4.35,39; 7.9; 10.14; 32.39) aproxima o livro da pregação dos grandes profetas do povo de Israel, especialmente Isaías, cujo livro contém as formulações mais precisas sobre o monoteísmo religioso e moral.

A confissão de fé no único Deus deve ser acompanhada, no entanto, da exigência, igualmente radical, do amor do Deus único, visto que Yahweh é um Deus de amor, tendo-o provado no cuidado diário com o povo. Deuteronômio enfatiza várias vezes o amor de Deus e a sua fidelidade a Israel (Deuteronômio 7.7-8). De acordo com o Deuteronômio, Yahweh é um Deus misericordioso que ama seu povo (Deuteronômio 4.37; 10.15; 23.6). O amor divino, cheio de ternura, é o fundamento de toda a história bíblica e a razão última da esperança (Deuteronômio 32.9-11).

A eleição de Israel

O Deuteronômio aborda, entre outros assuntos articuladores fundamentais, a opção especial feita por Yahweh em favor de Israel, o seu povo. A eleição de Israel é apresentada como uma realidade histórica, um plano divino que atinge seu ápice na aliança do Sinai (Deuteronômio 5.2-3, 7.9). A concepção deuteronomista é que Yahweh buscou uma nação do meio de outra nação por meio de provas, sinais, maravilhas e guerras, com mão e braço forte, e grandes terrores (Deuteronômio 4.34).

A exclusividade da eleição é uma causa para a exaltação de Israel, que na perspectiva teológica do Deuteronômio interpreta a sua identidade como um dom inefável de Deus (Deuteronômio 4.32-33). A escolha divina é, no entanto, um dom completamente gratuito, uma benevolência divina, não baseada nos méritos de Israel. A eleição constitui o começo e a fundação do relacionamento íntimo e amoroso entre Deus e seu povo (Deuteronômio 4.36-38).

As exigências da eleição

O conceito de escolha exclusiva está ligado no Deuteronômio à exigência de relacionamento pleno entre Israel e Yahweh, que exclui qualquer forma de idolatria e politeísmo. Logo, o Deus que ama é também um Deus ciumento, e a sua escolha deve impregnar todo o homem, coração, alma e força, de um senso de serviço e adoração (Deuteronômio 30.15-20). A eleição pressupõe atitudes concretas. É necessário buscar a Deus (Deuteronômio 4.19) e observar os mandamentos, leis e normas, transmitindo-os às gerações futuras (Deuteronômio 6.5-9).

O anúncio de um profeta como Moisés (Deuteronômio 18.15-19)

Em Deuteronômio, analogamente ao que acontece em Números, Moisés ocupa um lugar de singular importância. A lei é dada ao povo através de Moisés, e é lembrada por Moisés na planície de Moabe, e Moisés a transmite em seus grandes discursos. Essa apresentação da figura de Moisés como mediador da palavra de Deus alcança em Deuteronômio uma dimensão messiânica.

Moisés é, em Deuteronômio, uma imagem do grande profeta que Deus enviará ao seu povo para a sua salvação definitiva (Deuteronômio 18.15-19). Depois da ordem legal relacionada a juízes, reis e sacerdotes, e dentro da instituição dos profetas, o código deuteronomista anuncia a vinda de um profeta messiânico como Moisés, embora maior do que Moisés. O contexto de Deuteronômio 18.15-19 diz respeito à instituição dos profetas, os quais foram levantados por Deus depois de Moisés, considerado o primeiro e o maior dos profetas (Deuteronômio 34.10).

O santuário único e seus usos (Deuteronômio 12.2-16.17)

Uma ideia teológica importante em Deuteronômio é a noção de que Israel deve adorar Yahweh em um só lugar. Em Gênesis, os ancestrais de Israel ergueram altares em muitos locais. Em Deuteronômio, porém, requer-se o fechamento dos "altos" [bā́mōṯê ʾā́reṣ] (Deuteronômio 32.13), dos santuários ao ar livre dedicados a Yahweh ou a outras divindades. Tais santuários a céu aberto foram substituídos em Deuteronômio pelo culto centralizado de Deuteronômio 12, que se esforça para associar os santuários ao ar livre às divindades estrangeiras e criticam a sua iconografia (Gênesis 28.18-22; 31.51; 35.15; Êxodo 24.4).

Deuteronômio 12 trata ainda do abate e da ingestão de animais. A prática mais antiga, conhecida em todo o Oriente Próximo, era oferecer uma parte de todos os animais sacrificados para uma divindade. No entanto, assim como preceitua Levítico 17, Deuteronômio 12 discute uma nova opção para os israelitas comuns: caso a pessoa não possa levar um animal para o templo para ser abatido, Deuteronômio permite um ritual diferente. De agora em diante, os israelitas podiam comer qualquer animal limpo, domesticado ou selvagem, contanto que derramassem o seu sangue no chão (como se faria em um sacrifício).

Deuteronômio herdou uma concepção de vida animal que a classifica em várias categorias: há animais que fazem parte da cadeia alimentar humana e aqueles que não fazem parte. Dentro dos animais que servem para alimento, há animais domesticados e não-domesticados. Nesse modo de ver o mundo, baseado em oposições binárias, os animais domesticados e que fazem parte da cadeia alimentar humana (vacas, ovelhas, cabras, algumas aves) também eram oferecidos como sacrifícios. Já os animais selvagens (antílopes, gazelas) não eram sacrificados. . Deuteronômio simplesmente divide a categoria de animais domésticos comestíveis em dois: animais que são sacrificados no santuário central e animais que não são sacrificados no santuário porque são comidos em outro lugar. Logo, Deuteronômio preceitua que os israelitas devem tratar todos os animais abatidos para alimentação como animais selvagens, a menos que eles sejam realmente sacrificados no santuário central.

Deuteronômio também valoriza os sentimentos e memórias que devem ser cultivados em locais sagrados. O livro recomenda que o cultuante tenha alegria (Deuteronômio 12,12). Além disso, Deuteronômio 12.2 a 16.17 explora uma série de outras questões práticas: as distinções entre a profecia verdadeira e a falsa (Deuteronômio 13.1-18); uma regra contra rituais corporais destinados aos mortos (Deuteronômio 14.1-2); a lei de pureza alimentar (Deuteronômio 14.3-21; conferir também Levítico 11); regras para o dízimo, para remissão da dívida, limites de tempo para a servidão por contrato e outras práticas sociais destinadas a cuidar dos pobres (Deuteronômio

14.22 a 15.18); a legislação acerca dos primogênitos (Deuteronômio 15.19-23); e a celebração das três grandes festas - Páscoa, Pentecostes e Tabernáculos (Deuteronômio 16.1-17; conferir também Êxodo 23.14-17). A maior parte desse material simplesmente explica ou desenvolve ainda mais as normas básicas do Código da Aliança.

O Deuteronômio destaca ainda a identificação e o silenciamento dos falsos profetas. Como Jeremias 23.9-40 e 28.5-17, o Deuteronômio reconhece a importância de discernir se um determinado profeta representava com precisão a palavra divina, propondo uma série de testes. Se as palavras do profeta não se cumprem, elas provavelmente não são de origem divina. Deuteronômio 13 propõe também outro teste: qualquer discurso profético que viole os princípios teológicos básicos da fé de Israel, não pode ser um discurso profético autêntico. Tal discurso, não importa quem o enuncie, é uma ofensa capital na visão do Deuteronômio. Todos os tipos de discussão teológica podem acontecer dentro do limites de um compromisso monolátrico com Yahweh, e caso não o seja, deve ser rejeitado.

Deuteronômio também repensa os aspectos práticos das três grandes festas. No livro, o cordeiro pascal não funciona mais como sacrifício, exceto na cidade do santuário escolhido (Deuteronômio 16.5-6). Ainda assim, as regras para sua escolha, expostas em Êxodo 12, ainda se aplicam. Deuteronômio, portanto, mostra que a Páscoa continua a ser um ritual importante, mas está desconectada do santuário central, e a sua realização nas casas faz com que essas sejam miniaturas de santuários. Além disso, o pão sem fermento, que segundo Êxodo 12.11 Israel comeu na pressa de fugir do Egito, se torna em Deuteronômio 16.3 o pão do sofrimento, uma referência ao sofrimento e opressão que Israel experimentou no Egito. Em outras palavras, a comida ritual assume um novo significado como parte da cultura comemorativa do Deuteronômio. A escravidão e o sofrimento figuram com destaque na autoimagem coletiva que Deuteronômio tenta promover.

A liderança comunitária (Deuteronômio 16.18-18.22)

A memória coletiva molda a compreensão do Deuteronômio sobre a liderança política e religiosa. A existência de anciãos locais, os quais arbitram disputas e punem o comportamento criminoso (Êxodo 18.1-27), mostra que somente os casos que envolvem as ofensas mais sérias ou as evidências menos claras chegam aos tribunais superiores (Deuteronômio 16.18-18.22). Em Deuteronômio, o tribunal superior é composto por anciãos e por sacerdotes que moram em Jerusalém. Grande parte desse sistema legal, aparentemente familiar aos ouvidos modernos, faz sentido dentro de uma antiga cultura agrária.

Deuteronômio diferencia ofensas capitais e sacrilégios, incluindo leis em sua descrição das estruturas legais porque tenta conectar a busca da justiça à adoração exclusiva de Yahweh. O livro também procura garantir o procedimento judicial apropriado, daí a exigência de que pelo menos duas testemunhas apoiem as acusações em um caso grave, em que pode ser aplicada a pena capital.

A lei do rei de Deuteronômio 17.14-20 impõe à realeza restrições importantes. O rei ideal para o povo de Israel deve ser israelita e deve evitar a aquisição de um grande aparato militar, de um extenso tesouro (portanto, de um sistema de arrecadação de impostos) e de um grande harém (ou seja, de laços diplomáticos com muitos povos). Ele também deve fazer um juramento de ofício em sua coroação, que envolve escrever a lei na presença dos sacerdotes. O Deuteronômio aponta com clareza alguns perigos da realeza, em especial, o maior deles: a subordinação da religião ao ordenamento político.

A seção legal do Deuteronômio termina com instruções para sacerdotes e profetas. Os sacerdotes podem residir em qualquer parte do país e podem receber um salário de sua comunidade. Antes da centralização do culto em Jerusalém, tal salário teria sido parte dos sacrifícios. Após a centralização do culto, os sacerdotes locais enfrentariam o empobrecimento, não fosse o Deuteronômio apontar um método alternativo para que eles fossem sustentados.

Finalmente, Deuteronômio 18.15-22 aborda a profecia como um fenômeno geral, destacando o padrão mosaico de profetismo. Muitas sociedades antigas buscavam a vontade dos deuses através da leitura das entranhas dos animais sacrificados ou através da observação de estrelas ou do exame de outros presságios. O Deuteronômio, porém, aponta uma única forma de comunicação com Yahweh: a profecia. Para o Deuteronômio, a profecia é uma advertência contra os perigos morais ou físicos. Por isso, os ouvintes da profecia precisam prestar muita atenção às palavras oferecidas, e com as suas implicações morais e espirituais.

Poder judiciário e militar (Deuteronômio 19.1-21.9)

O Deuteronômio também considera a necessidade de controle da violência. Como ninguém jamais encontrou uma maneira de eliminar a violência humana em larga escala, qualquer sistema legal realista deve lidar com os problemas que surgem da transgressão da lei. Deuteronômio 19 expande a lei básica do Código da Aliança sobre o asilo (ver Êxodo 21.12-14). A lei original permitia o asilo em cidades designadas por Yahweh, às quais tinham ao menos um altar e um santuário. O Deuteronômio repensa a lei à luz de sua principal ideia teológica: a centralização de culto. Em muitas culturas antigas do Oriente Próximo, os templos ofereciam asilo para os que fugiam de um conflito desencadeado por uma morte acidental. A lei israelita original simplesmente segue esse costume. Deuteronômio, no entanto, designa três cidades de refúgio. Em outras palavras, Deuteronômio 19 desconecta o asilo em um altar e um altar para asilo. Os que são acusados de assassinato podem fugir sem ter que ir a Jerusalém, enquanto o Templo permanecia livre para ser um santuário para a oração e para os sacrifícios de todo o povo.

A revisão de procedimentos legais também aparece em Deuteronômio 20, que apresenta em seu bojo uma lei específica para os tempos de guerra. Como outras reflexões bíblicas sobre guerra, a lei do Deuteronômio tenta impor limites para as ações empreendidas em batalha. A distinção mais importante que o Deuteronômio faz é entre a guerra dentro da Terra Prometida, contra os cananeus, e a guerra fora da Terra Prometida, com outros grupos. No primeiro caso, a guerra é santa e tudo o que for conquistado deve ser destruído. No segundo caso, a lei impõe restrições contra a execução de prisioneiros e a destruição de propriedades. A regra contra o corte dc árvores (Deuteronômio 20.19), por exemplo, é especialmente reveladora porque se opõe à prática dos assírios. Essa é uma evidência de que uma parte do núcleo do Deuteronômio, pelo menos como ele existe hoje, parece vir do período assírio.

A parte final da seção, em Deuteronômio 21.1-9, aborda um problema que todos os sistemas jurídicos enfrentam: a falta de evidências claras no caso de uma morte violenta. O texto prevê um ritual (não um sacrifício, porque isso pode ocorrer apenas em Jerusalém) pelo qual uma comunidade se absolve de responsabilidade. O ritual, aparentemente fora de lugar em seu contexto, revela muito sobre a concepção de responsabilidade legal de Deuteronômio: indivíduos e comunidades são responsáveis pelos crimes que são cometidos. O livro tenta, assim, equilibrar os níveis de responsabilidade pelos fracassos morais.

A vida civil e familiar (Deuteronômio 21.10-25.19)

A mesma necessidade de equilibrar os ideais com as possibilidades do mundo real molda a próxima seção legal do Deuteronômio, que abrange uma ampla gama de questões da vida cotidiana. As questões parecem girar em torno de tópicos principais: casamento, relações comerciais, cuidados com os pobres e vulneráveis (especialmente viúvas e órfãos), pureza e integridade corporal. Embora muitas das leis reflitam a vida em uma sociedade rural e agrária, os princípios que as impulsionam têm uma aplicabilidade mais ampla.

O Deuteronômio contém uma série de leis que proíbe os maridos de humilharem as suas esposas, sejam elas cativos de guerra (Deuteronômio 21.10-14) ou simplesmente não-amadas (Deuteronômio 21.15-17; 22.13-22). O texto permite o divórcio, mas procura evitar trocas caprichosas de parceiros conjugais (Deuteronômio 24.1-4). Deuteronômio prevê ainda a instituição do casamento de levirato, um sistema no qual uma viúva sem filhos se casa com o parente mais próximo de seu falecido marido (jamais o seu pai), a fim de perpetuar a linhagem do falecido de uma forma honrosa (Deuteronômio 25.5-10). Muitas dessas regras parecem profundamente enraizadas em um sistema patriarcal de privilégios masculinos e subordinação feminina. Ao mesmo tempo, porém, as leis mostram algum esforço para superar esse sistema. Por exemplo, uma falsa acusação de falta de castidade de uma esposa resulta em uma multa espantosa de 100 moedas de prata (Deuteronômio 22.19). Tal multa estaria além do alcance de todos, com exceção de um punhado de pessoas, constituindo assim uma forte barreira contra os maus-tratos a que esposas eram eventualmente submetidas. Da mesma forma, Deuteronômio 21.15-17 insiste que o primogênito, mesmo que ele seja filho de uma esposa desfavorecida em uma família polígama, tem direito à herança. Em suma, o Deuteronômio tenta regular um sistema próximo ao ideal.

Em relação aos negócios e ao dinheiro, o Deuteronômio assume uma atitude inflexível contra a negligência em relação ao animal de outra pessoa (Deuteronômio 22.1-3), contra a retenção de pequenos empréstimos a um vizinho necessitado (Deuteronômio 23.20-21) ou contra o uso de pesos desonestos para medir itens no mercado (Deuteronômio 25.13-16). O Deuteronômio proíbe ainda a coleta de uma vestimenta como garantia (Deuteronômio 24.17; conferir Amós 2.8) ou a coleta de toda a comida de alguém no campo ou na vinha, assegurando assim que os pobres tivessem alimento básico e proteção contra a fome. Para justificar essa legislação, Deuteronômio lembra a história de redenção da opressão no êxodo – logo, as ações de proteção ao pobre são iniciativas para o banimento perpétuo da condição de Israel no Egito no decurso de sua trajetória como povo.

O Deuteronômio também dá atenção ao corpo e à sua funcionalidade. Ao contrário de algumas sociedades modernas, com forte predisposição à valorização da integridade física e da beleza, os interesses do antigo Israel na pureza corporal limitavam-se às questões de sexualidade e aptidão para a participação no culto. As duas preocupações se cruzam nas regras contra a admissão no santuário daqueles que eram mutilados na genitália (Deuteronômio 23.1). Os cuidados corporais envolviam ainda a construção de latrinas sanitárias (Deuteronômio 23.13-15) e as regras para a lavagem após a polução noturna (Deuteronômio 23.11-12). Ainda assim, o Deuteronômio não tem a obsessão de Levítico com a pureza do corpo, uma vez que a ênfase do Deuteronômio é a vida cotidiana e comum, em vez da vida dos sacerdotes como um modelo para todos os outros israelitas.

Notas litúrgicas (Deuteronômio 26.1-19)

As leis sobre a vida prática dos israelitas são esboços para a vida ritual, que inaugura a vida na Terra Prometida. O ritual inclui oferendas de comida, confissão de pecados de Israel e redenção graciosa de Yahweh, além de compromissos com o cuidado dos vulneráveis, inclusive não-israelitas que vivem com o povo. Os deuteronomistas pretendiam criar uma sociedade marcada pela ordem, uma ordem que abra espaço para qualidades humanas como gratidão, generosidade e compreensão da verdade. Esse objetivo eventualmente faz com que as especificidades de suas leis pareçam menos adequadas, criando uma tensão que transcende as particularidades da sociedade em que tais leis se originaram.

A aliança é promulgada (Deuteronômio 27.1-28.69)

O código de leis de Deuteronômio 12 a 26 dá lugar ao primeiro dispositivo de enquadramento. Os capítulos 12 a 26 não são apenas uma coleção de instruções que regulam a vida das pessoas, mas são o resultado de um relacionamento contínuo com uma divindade, Yahweh, relação que dá significado ao trabalho redentor dessa divindade desde o êxodo e que demonstra contínua disposição de envolver uma comunidade humana em sua vida. Os capítulos 27 a 28 de Deuteronômio, portanto, interpretam a lei como um aspecto da aliança.

O termo 'aliança' [bərîṯ] aparece em Deuteronômio muitas vezes (Deuteronômio 4.13,23,31; 5.2,3; 7.2,9,12; 8.18; 17.2; 9.9,11,15; 10.8; 28.69; 29.8,11,13,20,24; 31.9,16,20,25,26; 33.9), e em todas as seções principais. Curiosamente, no entanto, aparece no próprio material legal apenas uma vez, em Deuteronômio 17.2, em que a violação da aliança acontece durante um ato de idolatria. Na maioria das vezes, as referências à aliança ocorrem no material de enquadramento como uma forma de compreender o código legal como um todo. Em Deuteronômio, a divindade e o povo se relacionam por meio de uma combinação de maldições e bênçãos estabelecidas no bojo de uma relação assimétrica entre Yahweh, poderoso e responsável, e Israel, que deve obediência plena ao seu Deus.

Epílogo (Deuteronômio 32.1-34.12)

O Deuteronômio conclui com dois poemas, ambos mais antigos que o resto da obra, e com a cena da morte de Moisés. Em relação à forma, a avaliação final de Moisés se compara a de Jacó (Gênesis 49), Josué (Josué 23 e 24), Samuel (1 Samuel 12) e Davi (2 Samuel 22).

O primeiro poema exorta os corpos celestes a testemunharem as relações de Yahweh com Israel, um relacionamento marcado pelo pecado humano, pelo castigo divino e pela libertação final. Como muitos textos dos livros proféticos, Deuteronômio 32 usa a ideia de que há realidades transcendentais, às quais são testemunhas da ação divina e merecem comemoração e reflexão. Tais realidades não devem estar sujeitas à fragilidade da memória e das perspectivas humanas. Tal poema é antigo, provavelmente do tempo antes da fundação da monarquia, como indicia a natureza arcaica de seu hebraico. O poema, chamado nos círculos judaicos de haʾăzînû ['vamos ouvir'] (Deuteronômio 31.2), tenta interpretar a história de Israel após o tempo de Moisés. Assim, no contexto do Deuteronômio, o poema é uma prefiguração das coisas por vir.

Deuteronômio 33 oferece uma visão alternativa do potencial de Israel. Aqui, há uma bênção, que complementa e contrabalança o texto de Deuteronômio 32. A combinação do primeiro e do segundo poema, diferentes em tom e intenção, cria uma mensagem que é mais rica do que qualquer uma das partes poderia ser. Essa mensagem se encaixa bem com o tom geral do restante do livro, que deve levar Israel a decidir se a sua história será de maldição e fracasso, ou de bênção e sucesso.

A cena final, a morte de Moisés, impede qualquer tentativa de encontrar o seu túmulo, ou de criar um culto funerário em torno de um santuário o grande líder. O único legado do legislador que deve permanecer é a lei e a relação redentora com Yahweh.

A pesquisa do Deuteronômio

O pai da pesquisa moderna de Deuteronômio é De Wette, que em 1805 equiparou o Deuteronômio ao código encontrado pelo rei Josias de acordo com 2 Reis 22. De fato, há vários paralelos entre as medidas religiosas de Josias e as disposições da Lei Deuteronômica, especialmente no que diz respeito à ordem de concentrar o culto em um único lugar (Deuteronômio 12.1-2 e 2 Reis 23). Há paralelos entre a ordem para destruir objetos de culto estrangeiro (Deuteronômio 12.3 e 2 Reis 23.12-14), a proibição das cinzas (Deuteronômio 12.3; 16.21; e 2 Reis 23.4-6), a vedação da adoração aos astros (Deuteronômio 17.2-4 e 2 Reis 23.4,11) e a proibição da prostituição no templo (Deuteronômio 23.18 e 2 Reis 23.7). De Wette foi o primeiro a assumir que o Deuteronômio foi escrito para legitimar a reforma religiosa de Josias no final do século VII a.C. Assim, pela primeira vez na pesquisa do Pentateuco, foi encontrada uma data mais precisa para uma de suas fontes. No entanto, logo surgiu a questão de saber se funcionários da corte ocultaram secretamente o Deuteronômio no templo de tal maneira que pudesse ser facilmente encontrado em obras de restauração ou se o relato da descoberta em 2 Reis 22 é lendário. Ainda que houvesse que considerou a reforma de Josias uma invenção literária, a maioria dos pesquisadores aceitou a sua historicidade.

A composição do Deuteronômio

A teoria de origem do Deuteronômio foi enriquecida, no decorrer de sua trajetória, de vários aditivos. A coleção de leis de Deuteronômio 12 a 26 foi considerada por Wellhausen um proto-deuteronômio, composto de Deuteronômio 1 a 4, 12 a 26 e 27 de um lado; e 5 a 11, 12 a 26 e 28 a 30, por outro. Dillmann aceitou a existência de três edições paralelas do Deuteronômio. Essas abordagens, no entanto, foram questionadas pela tese de Noth de que há uma Obra de História Deuteronomista (*DtrG*), sendo Deuteronômio 1 a 3 não a introdução do livro, mas a abertura de todo a coleção. Assim, ele limitou o *Urdeuteronomium* a Deuteronômio 5 a 30.

Outra indicação de diferenciação diacrônica entre partes do Deuteronômio tem sido frequentemente chamada de 'mudança de número': é possível atestar a mudança frequente (às vezes dentro de um mesmo verso) entre a segunda pessoa do singular e a segunda pessoa do plural, o que dá a impressão de que os textos mais antigos do Deuteronômio foram escritos no singular antes de sua incorporação no *DtrG*, enquanto os demais textos usavam o plural.

No contexto da teoria do *DtrG*, a função de Deuteronômio 1 a 3 é clara: esse texto é a introdução de toda a obra histórica, cujo fim está em 2 Reis 24 e 25. Deuteronômio 1 a 3 não representam um novo começo, pois pressupõe os textos sacerdotais e não-sacerdotais em Números e foi criado para basear-se na história anterior e para marcar o limite da obra.

A diferenciação exata das camadas dentro do Deuteronômio continua sendo uma tarefa difícil. O capítulo de abertura da lei (Deuteronômio 12) permite distinguir três camadas que são construídas em paralelo. Cada turno começa com uma proibição ou uma declaração negativa. Dá-se foco, então, ao chamado ao sacrifício apenas no local escolhido por Yahweh e cada exortação termina com um chamado à alegria. O texto mais antigo é encontrado na seção singular (Deuteronômio 12.13-18).

A lei de centralização original de Deuteronômio 12.13-18 pressupõe a existência do Templo de Jerusalém. Esses versículos pertencem à primeira edição do Deuteronômio e podem ter seguido diretamente a sua introdução em Deuteronômio 6.4-5. A unidade de Yahweh corresponde a um único local de culto, que contrasta com os muitos santuários. No texto, exige-se que os destinatários morem na terra de Israel, e a identidade do orador da seção não é clara. Essa teologia se encaixa perfeitamente no contexto da reforma do país, pois é a única seção que lida com as consequências concretas da centralização do culto e permite o abate e o consumo de carne sem santuário. Ao contrário de Deuteronômio 12.13-18, os versículos 8 a 12 anteriores pressupõem a identificação dos destinatários com a geração de conquistas, o que, para destinatários no exílio, não é interessante, visto estarem preocupados com a sua própria situação precária. Deuteronômio 12.8 trata a centralização do culto como um momento de desordem, e Deuteronômio 12.9 afirma que o seu público ainda não entrou na tranquilidade que deseja. Isso resulta em um contexto editorial e composicional de Deuteronômio 12.8-10 através do tema do 'descanso'. A última continuação em Deuteronômio 12.29-31 é caracterizada por uma atitude particularmente agressiva em relação aos outros povos, algo que em Deuteronômio 7.1-6,22-26 e 9.1-6 também se destaca. A visão segregacionista apresentada aqui sugere uma composição relacionada ao tempo desses textos com Esdras-Neemias.

Assim, Deuteronômio 12 sugere três fases principais da gênese do Deuteronômio: uma camada básica do século VII a.C. (*Urdeuteronomium*); uma revisão no período 'exílico' (Deuteronômio Babilônico), que provavelmente está intimamente associada à incorporação do Deuteronômio ao *DtrG*; e o Deuteronômio que pode ser equiparado e datado nas primeiras décadas do período persa.

Revisões pós-deuteronômicas

A evidência extraída a partir de Deuteronômio 4, um dos textos mais recentes de Deuteronômio, é amplamente reconhecida. Deuteronômio 4.16-18 pressupõe uma escrita Sacerdotal, análoga a de Gênesis 1, em que a orientação monoteísta e a recepção de textos sacerdotais (Gênesis 46.27, Êxodo 1.5) pode ser vislumbrada. É possível encontrar evidências de tal revisão pós-deuteronômica também em Deuteronômio 10.14-22, e no tema da circuncisão do coração de Deuteronômio 30.1-40, texto que parece estar em diálogo com a ênfase sacerdotal na circuncisão da carne. Além disso, é possível encontrar indícios de revisão no pequeno credo de Deuteronômio 26.1-9, que parece depender do retrato sacerdotal da retirada e da opressão do povo no Egito (Êxodo 1 a 6); e em Deuteronômio 17.14-20, único texto que contém uma reflexão sobre o reinado israelita. Este último texto parece compartilhar da ideia de que a existência de um rei da Judeia não comprometeria a estabilidade da ordem mundial persa.

Referências

ACHTEMEIER, E.

Deuteronomy, Jeremiah. Philadelphia: Fortress, 1979.

ACKLAND, D. F.

"Deuteronomy". In: PASCHALL, H. F. (ed.). *The Teacher's Bible Commentary*. Nashville: Broadman, 1972, p. 115-136.

ALT, A.

"Die Heimat des Deuteronomiums". *Kleine Schriften II*, 1953, p. 250-275.

AULD, A. G.

"Cities of Refuge in Israelite Tradition". *Journal of Studies in the Old Testament* 10, 1978, p. 26-40.

BARCLAY, R. A.

The Lawgivers: Leviticus and Deuteronomy. London: Lutterworth, 1964.

BARKER, P. A.

"The Theology of Deuteronomy 27." *Tyndale Bulletin* 49, 1998, p. 277-303.

The Triumph of Grace in Deuteronomy: Faithless Israel, Faithful Yahweh in Deuteronomy. Waynesboro: Paternoster, 2004.

BIDDLE, M. E.

Deuteronomy. Macon: Smyth & Helwys, 2003.

BLOCK, D. I.

"How Many Is God? An Investigation into the Meaning of Deuteronomy 6:4–5." *Journal of the Evangelical Theological Society* 47, 2004, p. 193-212.

Deuteronomy. Grand Rapids: Zondervan, 2012.

How I Love Your Torah O LORD! Studies in the Book of Deuteronomy. Eugene: Cascade, 2012.

The Gospel According to Moses: Theological and Ethical Reflections on the Book of Deuteronomy. Eugene: Cascade, 2012.

BRAULIK, G.

Deuteronomium 1–16, 17. Würzburg: Echter, 1986.

Deuteronomium 16, 18–34, 12. Würzburg: Echter, 1992.

BRUEGGEMANN, W.

Deuteronomy. Nashville: Abingdon Press, 2001.

CAIRNS, I.

Word and Presence: A Commentary on Deuteronomy. Grand Rapids: Eerdmans, 1992.

CARMICHAEL, C. M.

The Laws of Deuteronomy. Ithaca: Cornell University Press, 1974.

CHRISTENSEN, D. L. (ED.)

A Song of Power and the Power of Song: Essays on the Book of Deuteronomy. Winona Lake: Eisenbrauns, 1993.

Deuteronomy 1:1–21:9. Nashville: Nelson, 2001.

Deuteronomy 21:10–34:12. Nashville: Nelson, 2002.

CLEMENTS, R. E.

Deuteronomy. Sheffield: Sheffield University Press, 1989.

COOK, S. L.

Reading Deuteronomy: A Literary and Theological Commentary. Reading the Old Testament. Macon: Smyth & Helwys, 2015.

CRAIGE, P. C.

The Book of Deuteronomy. Grand Rapids: William B. Eerdmans Publishing Company, 1976.

The Book of Deuteronomy. Grand Rapids: Eerdmans, 1976.

The Book of Deuteronomy. Grand Rapids: Eerdmans, 1976.

DRIVER, S. R.

A Critical and Exegetical Commentary on Deuteronomy. 3ª ed. Edinburgh: T&T Clark, 1901.

HALL, G. H.

Deuteronomy. Joplin: College, 2000.

KALLAND, E.

"Deuteronomy." GAEBELEIN, F. E. *The Expositor's Bible Commentary.* Vol. 3. Grand Rapids: Zondervan, 1992, p. 3-235.

KAUFMAN, S.

"The Structure of the Deuteronomic Law." *Maarav* 1–2, 1978-1979, p. 105-158.

KEIL, C. F.

The Fifth Book of Moses (Deuteronomy). Grand Rapids: Eerdmans, 1981.

KLINE, M. G.

The Treaty of the Great King: The Covenant Structure of Deuteronomy. Grand Rapids: Eerdmans, 1963.

LENCHAK, T. A.

"Choose Life!": A Rhetorical-Critical Investigation of Deuteronomy 28, 69–30, 20. Roma: Pontifício Instituto Bíblico, 1993.

LOHFINK, N.

Das Hauptgebot: Eine Untersuchung literarischer Einleitungs-fragen zu Dtn 5–11. Roma: Pontifício Instituto Bíblico, 1963.

Manley, G. T.

The Book of the Law: Studies in the Date of Deuteronomy. Grand Rapids: Eerdmans, 1957.

Martinez, F. G. *et al.* (ed.).

Studies in Deuteronomy. Leiden: Brill, 1994.

Mayes, A. D. H.

Deuteronomy. Greenwood: Attic, 1987.

McCarthy, D. J.

"Notes on the Love of God in Deuteronomy and the Father-Son Relationship between Yahweh and Israel." *Catholic Biblical Quarterly* 27, 1965, p. 144-147.

Treaty and Covenant. Roma: Pontifício Instituto Bíblico, 1978.

McConville, J. G.

Deuteronomy. Downers Grove: InterVarsity Press, 2002.

Merrill, E. H.

Deuteronomy. Nashville: Broadman & Holman, 1994.

Millar, J. G.

Now Choose Life! Theology and Ethics in Deuteronomy. Grand Rapids: Eerdmans, 1998.

Miller, P. D.

Deuteronomy. Louisville: John Knox, 1990.

Nelson, R. D.

Deuteronomy. Louisville: Westminster John Knox, 2002.

Deuteronomy. Louisville: Westminster John Knox, 2002.

Nicholson, E. W.

Deuteronomy and Tradition. Philadelphia: Fortress, 1967.

Phillips, A.

Ancient Israel's Criminal Law: A New Approach to the Decalogue. Oxford: Basil Blackwell, 1970.

Deuteronomy. Cambridge: Cambridge University Press, 1973.

Ridderbos, J.

Deuteronomy. Grand Rapids: Zondervan, 1984.

Thompson, J. A.

Deuteronomy: An Introduction and Commentary. Downers Grove: Inter-Varsity Press, 1974.

Deuteronomy. Downers Grove: InterVarsity Press, 1974.

TIGAY, J.

Deuteronomy. Philadelphia: Jewish Publication Society, 1996.

VON RAD, G.

Deuteronomy. Philadelphia: Westminster, 1966.

WALTON, J. H.; MATTHEWS, M. B.

Genesis–Deuteronomy. Downers Grove: InterVarsity Press, 1997.

WEINFELD, M.

Deuteronomy 1–11. New York: Doubleday, 1991.

Deuteronomy and the Deuteronomic School. Winona Lake: Eisenbrauns, 1992.

WRIGHT, C.

Deuteronomy. Peabody: Hendrickson, 1996.

Livro do Deuteronômio

DEVARIM

דברים

א אֵלֶּה הַדְּבָרִים אֲשֶׁר דִּבֶּר מֹשֶׁה אֶל־כָּל־יִשְׂרָאֵל בְּעֵבֶר הַיַּרְדֵּן
בַּמִּדְבָּר בָּעֲרָבָה מוֹל סוּף בֵּין־פָּארָן וּבֵין־תֹּפֶל וְלָבָן וַחֲצֵרֹת וְדִי
זָהָב׃ ב אַחַד עָשָׂר יוֹם מֵחֹרֵב דֶּרֶךְ הַר־שֵׂעִיר עַד קָדֵשׁ בַּרְנֵעַ׃
ג וַיְהִי בְּאַרְבָּעִים שָׁנָה בְּעַשְׁתֵּי־עָשָׂר חֹדֶשׁ בְּאֶחָד לַחֹדֶשׁ דִּבֶּר
מֹשֶׁה אֶל־בְּנֵי יִשְׂרָאֵל כְּכֹל אֲשֶׁר צִוָּה יְהוָה אֹתוֹ אֲלֵהֶם׃
ד אַחֲרֵי הַכֹּתוֹ אֵת סִיחֹן מֶלֶךְ הָאֱמֹרִי אֲשֶׁר יוֹשֵׁב בְּחֶשְׁבּוֹן וְאֵת
עוֹג מֶלֶךְ הַבָּשָׁן אֲשֶׁר־יוֹשֵׁב בְּעַשְׁתָּרֹת בְּאֶדְרֶעִי׃
ה בְּעֵבֶר הַיַּרְדֵּן בְּאֶרֶץ מוֹאָב הוֹאִיל מֹשֶׁה בֵּאֵר אֶת־הַתּוֹרָה
הַזֹּאת לֵאמֹר׃
ו יְהוָה אֱלֹהֵינוּ דִּבֶּר אֵלֵינוּ בְּחֹרֵב לֵאמֹר רַב־לָכֶם שֶׁבֶת בָּהָר
הַזֶּה׃ ז פְּנוּ וּסְעוּ לָכֶם וּבֹאוּ הַר הָאֱמֹרִי וְאֶל־כָּל־שְׁכֵנָיו
בָּעֲרָבָה בָהָר וּבַשְּׁפֵלָה וּבַנֶּגֶב וּבְחוֹף הַיָּם אֶרֶץ הַכְּנַעֲנִי וְהַלְּבָנוֹן
עַד־הַנָּהָר הַגָּדֹל נְהַר־פְּרָת׃
ח רְאֵה נָתַתִּי לִפְנֵיכֶם אֶת־הָאָרֶץ בֹּאוּ וּרְשׁוּ אֶת־הָאָרֶץ אֲשֶׁר
נִשְׁבַּע יְהוָה לַאֲבֹתֵיכֶם לְאַבְרָהָם לְיִצְחָק וּלְיַעֲקֹב לָתֵת לָהֶם
וּלְזַרְעָם אַחֲרֵיהֶם׃

Deutoronômio — Devarim

Moisés reconta a partida de Horebe

1 1 Estas são as palavras que Moisés falou a todo o Israel
além do Jordão, no deserto, na Arabá, defronte de Sufe,
entre Parã, Tofel, Labã, Hazerote e Di-Zaabe. 2 É viagem
de onze dias desde Horebe, pelo caminho do monte Seir, até
Cades-Barneia. 3 No ano quadragésimo, no undécimo mês, no
primeiro dia do mês, falou Moisés aos filhos de Israel confor-
me tudo o que Jeová lhe havia ordenado com relação a eles,
4 depois de ter derrotado a Seom, rei dos amorreus, que habi-
tava em Hesbom, e a Ogue, rei de Basã, que habitava em Asta-
rote, em Edrei. 5 Além do Jordão, na terra de Moabe, resolveu
Moisés explicar esta lei, dizendo: 6 Jeová, nosso Deus, falou-
-nos em Horebe: Assaz vos tendes demorado neste monte.
7 Voltai, ponde-vos a caminho e ide à região montanhosa dos
amorreus e a todos os lugares vizinhos da Arabá, da região
montanhosa, da Sefelá, do Neguebe, da costa marítima, terra
dos cananeus e do Líbano, até o grande rio, o rio Eufrates.
8 Eis que vos entreguei esta terra; entrai e possuí a terra que
Jeová prometeu com juramento a vossos pais, a Abraão, a Isa-
que e a Jacó, a eles e à sua semente depois deles.

ט וָאֹמַר אֲלֵכֶם בָּעֵת הַהִוא לֵאמֹר לֹא־אוּכַל לְבַדִּי שְׂאֵת
אֶתְכֶם: י יְהוָה אֱלֹהֵיכֶם הִרְבָּה אֶתְכֶם וְהִנְּכֶם הַיּוֹם כְּכוֹכְבֵי
הַשָּׁמַיִם לָרֹב:
יא יְהוָה אֱלֹהֵי אֲבוֹתֵכֶם יֹסֵף עֲלֵיכֶם כָּכֶם אֶלֶף פְּעָמִים וִיבָרֵךְ
אֶתְכֶם כַּאֲשֶׁר דִּבֶּר לָכֶם:
יב אֵיכָה אֶשָּׂא לְבַדִּי טָרְחֲכֶם וּמַשַּׂאֲכֶם וְרִיבְכֶם:
יג הָבוּ לָכֶם אֲנָשִׁים חֲכָמִים וּנְבֹנִים וִידֻעִים לְשִׁבְטֵיכֶם וַאֲשִׂימֵם
בְּרָאשֵׁיכֶם: יד וַתַּעֲנוּ אֹתִי וַתֹּאמְרוּ טוֹב־הַדָּבָר אֲשֶׁר־דִּבַּרְתָּ
לַעֲשׂוֹת: טו וָאֶקַּח אֶת־רָאשֵׁי שִׁבְטֵיכֶם אֲנָשִׁים חֲכָמִים וִידֻעִים
וָאֶתֵּן אֹתָם רָאשִׁים עֲלֵיכֶם שָׂרֵי אֲלָפִים וְשָׂרֵי מֵאוֹת וְשָׂרֵי
חֲמִשִּׁים וְשָׂרֵי עֲשָׂרֹת וְשֹׁטְרִים לְשִׁבְטֵיכֶם:
טז וָאֲצַוֶּה אֶת־שֹׁפְטֵיכֶם בָּעֵת הַהִוא לֵאמֹר שָׁמֹעַ בֵּין־אֲחֵיכֶם
וּשְׁפַטְתֶּם צֶדֶק בֵּין־אִישׁ וּבֵין־אָחִיו וּבֵין גֵּרוֹ:
יז לֹא־תַכִּירוּ פָנִים בַּמִּשְׁפָּט כַּקָּטֹן כַּגָּדֹל תִּשְׁמָעוּן לֹא תָגוּרוּ
מִפְּנֵי־אִישׁ כִּי הַמִּשְׁפָּט לֵאלֹהִים הוּא וְהַדָּבָר אֲשֶׁר יִקְשֶׁה מִכֶּם
תַּקְרִבוּן אֵלַי וּשְׁמַעְתִּיו:
יח וָאֲצַוֶּה אֶתְכֶם בָּעֵת הַהִוא אֵת כָּל־הַדְּבָרִים אֲשֶׁר תַּעֲשׂוּן:

יט וַנִּסַּע מֵחֹרֵב וַנֵּלֶךְ אֵת כָּל־הַמִּדְבָּר הַגָּדוֹל וְהַנּוֹרָא הַהוּא
אֲשֶׁר רְאִיתֶם דֶּרֶךְ הַר הָאֱמֹרִי כַּאֲשֶׁר צִוָּה יְהוָה אֱלֹהֵינוּ אֹתָנוּ
וַנָּבֹא עַד קָדֵשׁ בַּרְנֵעַ:
כ וָאֹמַר אֲלֵכֶם בָּאתֶם עַד־הַר הָאֱמֹרִי אֲשֶׁר־יְהוָה אֱלֹהֵינוּ נֹתֵן
לָנוּ: כא רְאֵה נָתַן יְהוָה אֱלֹהֶיךָ לְפָנֶיךָ אֶת־הָאָרֶץ עֲלֵה רֵשׁ
כַּאֲשֶׁר דִּבֶּר יְהוָה אֱלֹהֵי אֲבֹתֶיךָ לָךְ אַל־תִּירָא וְאַל־תֵּחָת:
כב וַתִּקְרְבוּן אֵלַי כֻּלְּכֶם וַתֹּאמְרוּ נִשְׁלְחָה אֲנָשִׁים לְפָנֵינוּ
וְיַחְפְּרוּ־לָנוּ אֶת־הָאָרֶץ וְיָשִׁבוּ אֹתָנוּ דָּבָר אֶת־הַדֶּרֶךְ אֲשֶׁר
נַעֲלֶה־בָּהּ וְאֵת הֶעָרִים אֲשֶׁר נָבֹא אֲלֵיהֶן:
כג וַיִּיטַב בְּעֵינַי הַדָּבָר וָאֶקַּח מִכֶּם שְׁנֵים עָשָׂר אֲנָשִׁים אִישׁ
אֶחָד לַשָּׁבֶט:

A nomeação de auxiliares

9 Eu vos disse nesse tempo: Não posso sozinho levar-vos;
10 Jeová, vosso Deus, vos tem multiplicado, e em multidão sois
hoje como as estrelas do céu. 11 Jeová, Deus de vossos pais, vos
faça mil vezes mais numerosos do que sois e vos abençoe, como
vos prometeu. 12 Como posso sozinho levar o vosso peso, a vossa
carga e a vossa contenda? 13 Tomai-vos homens sábios, e enten-
didos, e experimentados, segundo as vossas tribos, e pô-los-ei
por cabeças sobre vós. 14 Respondestes-me: É bom fazer o que
disseste. 15 Tomei, pois, os cabeças das vossas tribos, homens
sábios e entendidos e fi-los cabeças sobre vós, capitães de mil,
capitães de cem, e capitães de cinquenta, e capitães de dez, e
oficiais, segundo as vossas tribos. 16 Mandei aos vossos juízes
nesse tempo, dizendo: Ouvi as causas entre vossos irmãos e
julgai com justiça entre um homem e seu irmão ou o estran-
geiro que está com ele. 17 Ao julgardes, não vos deixareis levar
de respeitos humanos. Do mesmo modo, ouvireis o pequeno
como o grande; não temereis o rosto de homem algum, porque
o juízo é de Deus. A causa que for demasiado difícil para vós, a
trareis para mim, e ouvi-la-ei. 18 Ordenei-vos nesse tempo tudo
o que deveis fazer.

Como foram enviados os espias

19 Tendo partido de Horebe, passamos por todo aquele grande
e medonho deserto que vistes, no caminho da região monta-
nhosa dos amorreus, como Jeová, nosso Deus, nos ordenou; e
chegamos a Cades-Barneia. 20 Então, eu vos disse: Sois chegados
à região montanhosa dos amorreus, a qual Jeová, nosso Deus,
nos está dando. 21 Eis que Jeová, teu Deus, te entregou a terra;
sobe e toma posse dela, como te prometeu Jeová, Deus de teus
pais; não temas, nem te assustes. 22 Então, todos vós chegastes
a mim e dissestes: Enviemos homens adiante de nós, que nos
espiem a terra e nos ensinem o caminho por que devemos subir
e as cidades a que devemos ir. 23 Isso me pareceu bem, e tomei

כד וַיִּפְנוּ וַיַּעֲלוּ הָהָרָה וַיָּבֹאוּ עַד־נַחַל אֶשְׁכֹּל וַיְרַגְּלוּ אֹתָהּ׃
כה וַיִּקְחוּ בְיָדָם מִפְּרִי הָאָרֶץ וַיּוֹרִדוּ אֵלֵינוּ וַיָּשִׁבוּ אֹתָנוּ דָבָר
וַיֹּאמְרוּ טוֹבָה הָאָרֶץ אֲשֶׁר־יְהוָה אֱלֹהֵינוּ נֹתֵן לָנוּ׃

כו וְלֹא אֲבִיתֶם לַעֲלֹת וַתַּמְרוּ אֶת־פִּי יְהוָה אֱלֹהֵיכֶם׃
כז וַתֵּרָגְנוּ בְאָהֳלֵיכֶם וַתֹּאמְרוּ בְּשִׂנְאַת יְהוָה אֹתָנוּ הוֹצִיאָנוּ
מֵאֶרֶץ מִצְרָיִם לָתֵת אֹתָנוּ בְּיַד הָאֱמֹרִי לְהַשְׁמִידֵנוּ׃
כח אָנָה ׀ אֲנַחְנוּ עֹלִים אַחֵינוּ הֵמַסּוּ אֶת־לְבָבֵנוּ לֵאמֹר עַם גָּדוֹל
וָרָם מִמֶּנּוּ עָרִים גְּדֹלֹת וּבְצוּרֹת בַּשָּׁמָיִם וְגַם־בְּנֵי עֲנָקִים רָאִינוּ
שָׁם׃ כט וָאֹמַר אֲלֵכֶם לֹא־תַעַרְצוּן וְלֹא־תִירְאוּן מֵהֶם׃
ל יְהוָה אֱלֹהֵיכֶם הַהֹלֵךְ לִפְנֵיכֶם הוּא יִלָּחֵם לָכֶם כְּכֹל אֲשֶׁר
עָשָׂה אִתְּכֶם בְּמִצְרַיִם לְעֵינֵיכֶם׃
לא וּבַמִּדְבָּר אֲשֶׁר רָאִיתָ אֲשֶׁר נְשָׂאֲךָ יְהוָה אֱלֹהֶיךָ כַּאֲשֶׁר יִשָּׂא־
אִישׁ אֶת־בְּנוֹ בְּכָל־הַדֶּרֶךְ אֲשֶׁר הֲלַכְתֶּם עַד־בֹּאֲכֶם עַד־הַמָּקוֹם
הַזֶּה׃ לב וּבַדָּבָר הַזֶּה אֵינְכֶם מַאֲמִינִם בַּיהוָה אֱלֹהֵיכֶם׃
לג הַהֹלֵךְ לִפְנֵיכֶם בַּדֶּרֶךְ לָתוּר לָכֶם מָקוֹם לַחֲנֹתְכֶם בָּאֵשׁ ׀ לַיְלָה
לַרְאֹתְכֶם בַּדֶּרֶךְ אֲשֶׁר תֵּלְכוּ־בָהּ וּבֶעָנָן יוֹמָם׃

לד וַיִּשְׁמַע יְהוָה אֶת־קוֹל דִּבְרֵיכֶם וַיִּקְצֹף וַיִּשָּׁבַע לֵאמֹר׃
לה אִם־יִרְאֶה אִישׁ בָּאֲנָשִׁים הָאֵלֶּה הַדּוֹר הָרָע הַזֶּה אֵת הָאָרֶץ
הַטּוֹבָה אֲשֶׁר נִשְׁבַּעְתִּי לָתֵת לַאֲבֹתֵיכֶם׃
לו זוּלָתִי כָּלֵב בֶּן־יְפֻנֶּה הוּא יִרְאֶנָּה וְלוֹ־אֶתֵּן אֶת־הָאָרֶץ אֲשֶׁר
דָּרַךְ־בָּהּ וּלְבָנָיו יַעַן אֲשֶׁר מִלֵּא אַחֲרֵי יְהוָה׃
לז גַּם־בִּי הִתְאַנַּף יְהוָה בִּגְלַלְכֶם לֵאמֹר גַּם־אַתָּה לֹא־תָבֹא שָׁם׃

doze homens dentre vós, um homem de cada tribo; 24 eles,
tendo-se posto a caminho, subiram a região montanhosa, e
chegaram ao vale de Escol, e espiaram a terra. 25 Tendo tomado
do fruto da terra nas mãos, no-lo trouxeram e nos informaram,
dizendo: É terra boa a que Jeová, nosso Deus, nos está dando.

A incredulidade do povo

26 Porém não quisestes subir e fostes rebeldes à ordem de
Jeová, vosso Deus. 27 Murmurastes nas vossas tendas e disses-
tes: Porque Jeová nos odiou, tirou-nos da terra do Egito, para
nos entregar nas mãos dos amorreus, a fim de nos destruir.
28 Para onde estamos nós subindo? Nossos irmãos fizeram que
se derretesse nosso coração, dizendo: O povo é maior e mais
alto do que nós, as cidades são grandes e fortificadas até o céu.
Também vimos ali os filhos dos anaquins. 29 Então, eu vos disse:
Não tremais, nem tenhais medo deles. 30 Jeová, vosso Deus,
que vai adiante de vós, ele mesmo pelejará por vós, segundo
tudo o que fez por vós no Egito, diante dos vossos olhos; 31 e
no deserto, em que vistes como Jeová, vosso Deus, vos levou,
como um homem leva a seu filho, em todo o caminho por que
andastes, até chegardes a este lugar. 32 Apesar disso, continuas-
tes descrendo a Jeová, vosso Deus, 33 que foi adiante de vós no
caminho, para vos procurar o lugar em que devíeis acampar:
de noite no fogo, para vos mostrar o caminho por onde devíeis
andar, e de dia na nuvem.

O povo derrotado em Hormá

34 Tendo Jeová, pois, ouvido a voz das vossas palavras, in-
dignou-se e jurou, dizendo: 35 Certamente, nenhum destes ho-
mens, esta geração perversa, verá a boa terra que prometi, com
juramento, dar a vossos pais, 36 exceto Calebe, filho de Jefoné.
Ele a verá; e a terra que pisou, dá-la-ei a ele e a seus filhos, pois
perseverou em seguir a Jeová. 37 Também contra mim se irou

לח יְהוֹשֻׁעַ בִּן נוּן הָעֹמֵד לְפָנֶיךָ הוּא יָבֹא שָׁמָּה אֹתוֹ חַזֵּק כִּי־
הוּא יַנְחִלֶנָּה אֶת־יִשְׂרָאֵל:
לט וְטַפְּכֶם אֲשֶׁר אֲמַרְתֶּם לָבַז יִהְיֶה וּבְנֵיכֶם אֲשֶׁר לֹא־יָדְעוּ הַיּוֹם
טוֹב וָרָע הֵמָּה יָבֹאוּ שָׁמָּה וְלָהֶם אֶתְּנֶנָּה וְהֵם יִירָשׁוּהָ:
מ וְאַתֶּם פְּנוּ לָכֶם וּסְעוּ הַמִּדְבָּרָה דֶּרֶךְ יַם־סוּף:

מא וַתַּעֲנוּ ׀ וַתֹּאמְרוּ אֵלַי חָטָאנוּ לַיהוָה אֲנַחְנוּ נַעֲלֶה וְנִלְחַמְנוּ
כְּכֹל אֲשֶׁר־צִוָּנוּ יְהוָה אֱלֹהֵינוּ וַתַּחְגְּרוּ אִישׁ אֶת־כְּלֵי מִלְחַמְתּוֹ
וַתָּהִינוּ לַעֲלֹת הָהָרָה:
מב וַיֹּאמֶר יְהוָה אֵלַי אֱמֹר לָהֶם לֹא תַעֲלוּ וְלֹא־תִלָּחֲמוּ כִּי אֵינֶנִּי
בְּקִרְבְּכֶם וְלֹא תִּנָּגְפוּ לִפְנֵי אֹיְבֵיכֶם:
מג וָאֲדַבֵּר אֲלֵיכֶם וְלֹא שְׁמַעְתֶּם וַתַּמְרוּ אֶת־פִּי יְהוָה וַתָּזִדוּ
וַתַּעֲלוּ הָהָרָה:
מד וַיֵּצֵא הָאֱמֹרִי הַיֹּשֵׁב בָּהָר הַהוּא לִקְרַאתְכֶם וַיִּרְדְּפוּ אֶתְכֶם
כַּאֲשֶׁר תַּעֲשֶׂינָה הַדְּבֹרִים וַיַּכְּתוּ אֶתְכֶם בְּשֵׂעִיר עַד־חָרְמָה:
מה וַתָּשֻׁבוּ וַתִּבְכּוּ לִפְנֵי יְהוָה וְלֹא־שָׁמַע יְהוָה בְּקֹלְכֶם וְלֹא
הֶאֱזִין אֲלֵיכֶם:
מו וַתֵּשְׁבוּ בְקָדֵשׁ יָמִים רַבִּים כַּיָּמִים אֲשֶׁר יְשַׁבְתֶּם:

א וַנֵּפֶן וַנִּסַּע הַמִּדְבָּרָה דֶּרֶךְ יַם־סוּף כַּאֲשֶׁר דִּבֶּר יְהוָה אֵלָי וַנָּסָב
אֶת־הַר־שֵׂעִיר יָמִים רַבִּים: ס
ב וַיֹּאמֶר יְהוָה אֵלַי לֵאמֹר:
ג רַב־לָכֶם סֹב אֶת־הָהָר הַזֶּה פְּנוּ לָכֶם צָפֹנָה:
ד וְאֶת־הָעָם צַו לֵאמֹר אַתֶּם עֹבְרִים בִּגְבוּל אֲחֵיכֶם בְּנֵי־עֵשָׂו
הַיֹּשְׁבִים בְּשֵׂעִיר וְיִירְאוּ מִכֶּם וְנִשְׁמַרְתֶּם מְאֹד:
ה אַל־תִּתְגָּרוּ בָם כִּי לֹא־אֶתֵּן לָכֶם מֵאַרְצָם עַד מִדְרַךְ כַּף־רָגֶל
כִּי־יְרֻשָּׁה לְעֵשָׂו נָתַתִּי אֶת־הַר שֵׂעִיר:
ו אֹכֶל תִּשְׁבְּרוּ מֵאִתָּם בַּכֶּסֶף וַאֲכַלְתֶּם וְגַם־מַיִם תִּכְרוּ מֵאִתָּם
בַּכֶּסֶף וּשְׁתִיתֶם:
ז כִּי יְהוָה אֱלֹהֶיךָ בֵּרַכְךָ בְּכֹל מַעֲשֵׂה יָדֶךָ יָדַע לֶכְתְּךָ אֶת־
הַמִּדְבָּר הַגָּדֹל הַזֶּה זֶה ׀ אַרְבָּעִים שָׁנָה יְהוָה א

Jeová por causa de vós, dizendo: Igualmente tu lá não entrarás.
38 Josué, filho de Num, que te serve, entrará para ali; anima-o,
porque ele fará que Israel a receba por herança. 39 Vossos pe-
queninos, de quem dissestes que seriam por presa, e vossos
filhos, que hoje não têm conhecimento do bem nem do mal,
esses lá entrarão, e a eles darei a terra, e a possuirão. 40 Porém
vós voltai e parti para o deserto pelo caminho do mar Vermelho.

41 Então, me respondestes: Pecamos contra Jeová; nós subi-
remos e pelejaremos, de acordo com tudo o que Jeová, nosso
Deus, nos ordenou. Vós vos armastes, cada um dos seus ins-
trumentos de guerra, e vos mostrastes temerários subindo ao
monte. 42 Disse-me Jeová: Dize-lhes: Não subais, nem pelejeis,
porque não estou no meio de vós; para que não sejais feridos
diante dos vossos inimigos. 43 Assim vos falei, e não escutastes;
antes, rebelastes contra a ordem de Jeová, fostes presunçosos
e subistes ao monte. 44 Os amorreus, que habitavam naquele
monte, saíram ao vosso encontro e vos perseguiram, como o
fazem as abelhas, derrotando-vos em Seir, até Hormá. 45 Tendo
voltado, chorastes diante de Jeová; porém Jeová não vos ouviu
a vós, nem inclinou os ouvidos a vós. 46 Assim ficastes muitos
dias em Cades, segundo os dias que ali ficastes.

A jornada desde Cades até Zerede

2 1 Então, voltamos e partimos para o deserto pelo cami-
nho do mar Vermelho, como Jeová me falou; e muitos
dias rodeamos o monte Seir. 2 Jeová disse: 3 Assaz tendes
andado em roda deste monte; voltai-vos para o norte. 4 Ordena
ao povo, dizendo: Vós ides passar pelo território de vossos ir-
mãos, filhos de Esaú, que habitam em Seir. Terão medo de vós;
portanto, guardai-vos bem. 5 Não os provoqueis, porque não
vos darei da sua terra nem sequer o que pisar a planta dum pé;
pois a Esaú dei o monte Seir por possessão. 6 Comprareis deles
por dinheiro comida para comerdes e também deles compra-
reis água para beberdes. 7 Pois Jeová, teu Deus, te há abençoado
em toda a obra das tuas mãos; conheceu o teu caminho por

אֱלֹהֶיךָ עִמָּךְ לֹא חָסַרְתָּ דָּבָר׃
ח וַנַּעֲבֹר מֵאֵת אַחֵינוּ בְנֵי־עֵשָׂו הַיֹּשְׁבִים בְּשֵׂעִיר מִדֶּרֶךְ הָעֲרָבָה
מֵאֵילַת וּמֵעֶצְיֹן גָּבֶר ס וַנֵּפֶן וַנַּעֲבֹר דֶּרֶךְ מִדְבַּר מוֹאָב׃

ט וַיֹּאמֶר יְהוָה אֵלַי אַל־תָּצַר אֶת־מוֹאָב וְאַל־תִּתְגָּר בָּם מִלְחָמָה
כִּי לֹא־אֶתֵּן לְךָ מֵאַרְצוֹ יְרֻשָּׁה כִּי לִבְנֵי־לוֹט נָתַתִּי אֶת־עָר
יְרֻשָּׁה׃
י הָאֵמִים לְפָנִים יָשְׁבוּ בָהּ עַם גָּדוֹל וְרַב וָרָם כָּעֲנָקִים׃
יא רְפָאִים יֵחָשְׁבוּ אַף־הֵם כָּעֲנָקִים וְהַמֹּאָבִים יִקְרְאוּ לָהֶם
אֵמִים׃
יב וּבְשֵׂעִיר יָשְׁבוּ הַחֹרִים לְפָנִים וּבְנֵי עֵשָׂו יִירָשׁוּם וַיַּשְׁמִידוּם
מִפְּנֵיהֶם וַיֵּשְׁבוּ תַּחְתָּם כַּאֲשֶׁר עָשָׂה יִשְׂרָאֵל לְאֶרֶץ יְרֻשָּׁתוֹ
אֲשֶׁר־נָתַן יְהוָה לָהֶם׃
יג עַתָּה קֻמוּ וְעִבְרוּ לָכֶם אֶת־נַחַל זָרֶד וַנַּעֲבֹר אֶת־נַחַל זָרֶד׃
יד וְהַיָּמִים אֲשֶׁר־הָלַכְנוּ ׀ מִקָּדֵשׁ בַּרְנֵעַ עַד אֲשֶׁר־עָבַרְנוּ אֶת־נַחַל
זֶרֶד שְׁלֹשִׁים וּשְׁמֹנֶה שָׁנָה עַד־תֹּם כָּל־הַדּוֹר אַנְשֵׁי הַמִּלְחָמָה
מִקֶּרֶב הַמַּחֲנֶה כַּאֲשֶׁר נִשְׁבַּע יְהוָה לָהֶם׃
טו וְגַם יַד־יְהוָה הָיְתָה בָּם לְהֻמָּם מִקֶּרֶב הַמַּחֲנֶה עַד תֻּמָּם׃

טז וַיְהִי כַאֲשֶׁר־תַּמּוּ כָּל־אַנְשֵׁי הַמִּלְחָמָה לָמוּת מִקֶּרֶב הָעָם׃ ס
יז וַיְדַבֵּר יְהוָה אֵלַי לֵאמֹר׃
יח אַתָּה עֹבֵר הַיּוֹם אֶת־גְּבוּל מוֹאָב אֶת־עָר׃
יט וְקָרַבְתָּ מוּל בְּנֵי עַמּוֹן אַל־תְּצֻרֵם וְאַל־תִּתְגָּר בָּם כִּי לֹא־אֶתֵּן
מֵאֶרֶץ בְּנֵי־עַמּוֹן לְךָ יְרֻשָּׁה כִּי לִבְנֵי־לוֹט נְתַתִּיהָ יְרֻשָּׁה׃
כ אֶרֶץ־רְפָאִים תֵּחָשֵׁב אַף־הִוא רְפָאִים יָשְׁבוּ־בָהּ לְפָנִים
וְהָעַמֹּנִים יִקְרְאוּ לָהֶם זַמְזֻמִּים׃
כא עַם גָּדוֹל וְרַב וָרָם כָּעֲנָקִים וַיַּשְׁמִידֵם יְהוָה מִפְּנֵיהֶם וַיִּירָשֻׁם
וַיֵּשְׁבוּ תַחְתָּם׃ כב כַּאֲשֶׁר עָשָׂה לִבְנֵי עֵשָׂו הַיֹּשְׁבִים בְּשֵׂעִיר
אֲשֶׁר הִשְׁמִיד אֶת־הַחֹרִי מִפְּנֵיהֶם וַיִּירָשֻׁם וַיֵּשְׁבוּ תַחְתָּם עַד
הַיּוֹם הַזֶּה׃ כג וְהָעַוִּים הַיֹּשְׁבִים בַּחֲצֵרִים עַד־עַזָּה כַּפְתֹּרִים
הַיֹּצְאִים מִכַּפְתּוֹר הִשְׁמִידֻם וַיֵּשְׁבוּ תַחְתָּם׃

este grande deserto; estes quarenta anos Jeová, teu Deus, tem
estado contigo; nada te há faltado. 8 Assim passamos de nossos
irmãos, filhos de Esaú, que habitam em Seir, do caminho da
Arabá, de Elate e de Eziom-Geber.

Tendo voltado, passamos pelo caminho do deserto de Moabe.
9 Então, Jeová me disse: Não molestes a Moabe, nem lhe faças
guerra, porque não te darei da sua terra por possessão; pois dei
Ar em possessão aos filhos de Ló 10 (Os emins dantes habitavam
nela, povo grande, numeroso e alto, como os anaquins. 11 Tam-
bém eles são considerados refains, como os anaquins; porém os
moabitas lhes chamam emins. 12 Os horeus também habitavam
dantes em Seir, mas os filhos de Esaú os desapossaram; e, ten-
do-os destruído diante de si, habitavam no lugar deles, assim
como Israel fez à terra da sua possessão que Jeová lhes deu.).
13 Levantai-vos, agora, e passai a torrente de Zerede. Passamos,
pois, a torrente de Zerede. 14 Os dias em que caminhamos de
Cades-Barneia até termos passado a torrente de Zerede foram
trinta e oito anos; até que se extinguiu do meio do arraial toda
a geração dos homens de guerra, como Jeová lhes havia jurado.
15 Também a mão de Jeová foi contra eles, para os fazer perecer
do meio do arraial, até serem extintos.

A travessia de Ar e Arnom

16 Quando todos os homens de guerra foram extintos pela
morte dentre o povo, 17 disse-me Jeová: 18 Tu vais passar, hoje,
o território de Moabe, a saber, Ar. 19 Quando chegares defronte
dos filhos de Amom, não os molestes, nem lhes faças guerra;
porque não te darei da terra dos filhos de Amom por posses-
são, pois a dei em possessão aos filhos de Ló 20 (Esta também
é considerada terra de refains. Nela habitavam dantes refains,
mas os amonitas lhes chamam zanzumins, 21 povo grande, e
numeroso, e alto, como os anaquins; Jeová os destruiu diante
dos amonitas; e estes, tendo-os desapossado, habitavam no
lugar deles; 22 assim como fez pelos filhos de Esaú, que habitam
em Seir, quando de diante deles destruiu os horeus. Os filhos

כד קוּמוּ סְּעוּ וְעִבְרוּ אֶת־נַחַל אַרְנֹן רְאֵה נָתַתִּי בְיָדְךָ אֶת־סִיחֹן
מֶלֶךְ־חֶשְׁבּוֹן הָאֱמֹרִי וְאֶת־אַרְצוֹ הָחֵל רָשׁ וְהִתְגָּר בּוֹ מִלְחָמָה׃
כה הַיּוֹם הַזֶּה אָחֵל תֵּת פַּחְדְּךָ וְיִרְאָתְךָ עַל־פְּנֵי הָעַמִּים תַּחַת
כָּל־הַשָּׁמָיִם אֲשֶׁר יִשְׁמְעוּן שִׁמְעֲךָ וְרָגְזוּ וְחָלוּ מִפָּנֶיךָ׃

כו וָאֶשְׁלַח מַלְאָכִים מִמִּדְבַּר קְדֵמוֹת אֶל־סִיחוֹן מֶלֶךְ חֶשְׁבּוֹן
דִּבְרֵי שָׁלוֹם לֵאמֹר׃
כז אֶעְבְּרָה בְאַרְצֶךָ בַּדֶּרֶךְ בַּדֶּרֶךְ אֵלֵךְ לֹא אָסוּר יָמִין וּשְׂמֹאול׃
כח אֹכֶל בַּכֶּסֶף תַּשְׁבִּרֵנִי וְאָכַלְתִּי וּמַיִם בַּכֶּסֶף תִּתֶּן־לִי וְשָׁתִיתִי
רַק אֶעְבְּרָה בְרַגְלָי׃
כט כַּאֲשֶׁר עָשׂוּ־לִי בְּנֵי עֵשָׂו הַיֹּשְׁבִים בְּשֵׂעִיר וְהַמּוֹאָבִים
הַיֹּשְׁבִים בְּעָר עַד אֲשֶׁר־אֶעֱבֹר אֶת־הַיַּרְדֵּן אֶל־הָאָרֶץ אֲשֶׁר־
יְהוָה אֱלֹהֵינוּ נֹתֵן לָנוּ׃ ל וְלֹא אָבָה סִיחֹן מֶלֶךְ חֶשְׁבּוֹן הַעֲבִרֵנוּ
בּוֹ כִּי־הִקְשָׁה יְהוָה אֱלֹהֶיךָ אֶת־רוּחוֹ וְאִמֵּץ אֶת־לְבָבוֹ לְמַעַן
תִּתּוֹ בְיָדְךָ כַּיּוֹם הַזֶּה׃ ס
לא וַיֹּאמֶר יְהוָה אֵלַי רְאֵה הַחִלֹּתִי תֵּת לְפָנֶיךָ אֶת־סִיחֹן וְאֶת־
אַרְצוֹ הָחֵל רָשׁ לָרֶשֶׁת אֶת־אַרְצוֹ׃
לב וַיֵּצֵא סִיחֹן לִקְרָאתֵנוּ הוּא וְכָל־עַמּוֹ לַמִּלְחָמָה יָהְצָה׃
לג וַיִּתְּנֵהוּ יְהוָה אֱלֹהֵינוּ לְפָנֵינוּ וַנַּךְ אֹתוֹ וְאֶת־(בְּנוֹ) [בָּנָיו]
וְאֶת־כָּל־עַמּוֹ׃ לד וַנִּלְכֹּד אֶת־כָּל־עָרָיו בָּעֵת הַהִוא וַנַּחֲרֵם אֶת־
כָּל־עִיר מְתִם וְהַנָּשִׁים וְהַטָּף לֹא הִשְׁאַרְנוּ שָׂרִיד׃
לה רַק הַבְּהֵמָה בָּזַזְנוּ לָנוּ וּשְׁלַל הֶעָרִים אֲשֶׁר לָכָדְנוּ׃
לו מֵעֲרֹעֵר אֲשֶׁר עַל־שְׂפַת־נַחַל אַרְנֹן וְהָעִיר אֲשֶׁר בַּנַּחַל וְעַד־
הַגִּלְעָד לֹא הָיְתָה קִרְיָה אֲשֶׁר שָׂגְבָה מִמֶּנּוּ אֶת־הַכֹּל נָתַן יְהוָה
אֱלֹהֵינוּ לְפָנֵינוּ׃ לז רַק אֶל־אֶרֶץ בְּנֵי־עַמּוֹן לֹא קָרָבְתָּ כָּל־יַד
נַחַל יַבֹּק וְעָרֵי הָהָר וְכֹל אֲשֶׁר־צִוָּה יְהוָה אֱלֹהֵינוּ׃

de Esaú, tendo-os desapossado, habitaram no lugar deles até
este dia; 23 e os avins, que habitavam em vilas até Gaza, foram
destruídos pelos caftorins que saíram de Caftor e habitaram
no lugar deles.). 24 Levantai-vos, parti e passai a torrente de
Arnom; eis que entreguei nas tuas mãos a Seom, o amorreu,
rei de Hesbom, e a sua terra; entra a desapossá-lo e faze-lhe a
guerra. 25 Hoje, começarei a meter o terror e o medo de ti aos
povos que estão debaixo de todo o céu, de sorte que, ao ouvirdes
a tua fama, tremam e se angustiem por causa de ti.

Conquista de Hesbom e de Basã

26 Então, do deserto de Quedemote, enviei mensageiros a
Seom, rei de Hesbom, com palavras de paz, dizendo: 27 Deixa-
-me passar pela tua terra; apenas pela estrada real irei; não me
desviarei nem para a direita nem para a esquerda. 28 Vender-
-me-ás por dinheiro a comida, para que eu coma; e dar-me-ás
por dinheiro a água, para que eu beba. Tão somente deixa-me
passar a pé; 29 assim como me fizeram os filhos de Esaú, que
habitam em Seir, e os moabitas, que habitam em Ar; até que eu
passe o Jordão e entre na terra que Jeová, nosso Deus, nos está
dando. 30 Mas Seom, rei de Hesbom, não nos quis deixar passar
por sua terra, porque Jeová, teu Deus, lhe endureceu o espírito
e lhe fez obstinado o coração, para to entregar nas mãos, como
hoje se vê. 31 Disse-me, pois, Jeová: Eis que comecei a entregar-te
Seom e a sua terra; entra a desapossá-lo, para que recebas por
herança a sua terra. 32 Então, Seom nos saiu ao encontro, ele e
todo o seu povo, para nos dar batalha em Jaza. 33 Jeová, nosso
Deus, no-lo entregou, e ferimo-lo, a ele, e a seus filhos, e a todo
o seu povo. 34 Tomamos-lhes, nesse tempo, todas as cidades, e
fizemos perecer totalmente os homens de cada cidade com as
mulheres e os pequeninos, e não deixamos sobrevivente algum;
35 somente o gado, guardamo-lo por presa para nós, juntamen-
te com o despojo das cidades que havíamos tomado. 36 Desde
Aroer, que está à beira da torrente de Arnom, e, desde a cidade
que está no vale da torrente até Gileade, não houve cidade tão

א וַנֵּפֶן וַנַּעַל דֶּרֶךְ הַבָּשָׁן וַיֵּצֵא עוֹג מֶלֶךְ־הַבָּשָׁן לִקְרָאתֵנוּ הוּא
וְכָל־עַמּוֹ לַמִּלְחָמָה אֶדְרֶעִי׃
ב וַיֹּאמֶר יְהוָה אֵלַי אַל־תִּירָא אֹתוֹ כִּי בְיָדְךָ נָתַתִּי אֹתוֹ
וְאֶת־כָּל־עַמּוֹ וְאֶת־אַרְצוֹ וְעָשִׂיתָ לּוֹ כַּאֲשֶׁר עָשִׂיתָ לְסִיחוֹן מֶלֶךְ
הָאֱמֹרִי אֲשֶׁר יוֹשֵׁב בְּחֶשְׁבּוֹן׃
ג וַיִּתֵּן יְהוָה אֱלֹהֵינוּ בְּיָדֵנוּ גַּם אֶת־עוֹג מֶלֶךְ־הַבָּשָׁן וְאֶת־כָּל־עַמּוֹ
וַנַּכֵּהוּ עַד־בִּלְתִּי הִשְׁאִיר־לוֹ שָׂרִיד׃
ד וַנִּלְכֹּד אֶת־כָּל־עָרָיו בָּעֵת הַהִוא לֹא הָיְתָה קִרְיָה אֲשֶׁר לֹא־
לָקַחְנוּ מֵאִתָּם שִׁשִּׁים עִיר כָּל־חֶבֶל אַרְגֹּב מַמְלֶכֶת עוֹג בַּבָּשָׁן׃
ה כָּל־אֵלֶּה עָרִים בְּצֻרוֹת חוֹמָה גְבֹהָה דְּלָתַיִם וּבְרִיחַ לְבַד מֵעָרֵי
הַפְּרָזִי הַרְבֵּה מְאֹד׃
ו וַנַּחֲרֵם אוֹתָם כַּאֲשֶׁר עָשִׂינוּ לְסִיחוֹן מֶלֶךְ חֶשְׁבּוֹן הַחֲרֵם כָּל־
עִיר מְתִם הַנָּשִׁים וְהַטָּף׃
ז וְכָל־הַבְּהֵמָה וּשְׁלַל הֶעָרִים בַּזּוֹנוּ לָנוּ׃
ח וַנִּקַּח בָּעֵת הַהִוא אֶת־הָאָרֶץ מִיַּד שְׁנֵי מַלְכֵי הָאֱמֹרִי אֲשֶׁר
בְּעֵבֶר הַיַּרְדֵּן מִנַּחַל אַרְנֹן עַד־הַר חֶרְמוֹן׃
ט צִידֹנִים יִקְרְאוּ לְחֶרְמוֹן שִׂרְיוֹן וְהָאֱמֹרִי יִקְרְאוּ־לוֹ שְׂנִיר׃
י כֹּל עָרֵי הַמִּישֹׁר וְכָל־הַגִּלְעָד וְכָל־הַבָּשָׁן עַד־סַלְכָה וְאֶדְרֶעִי
עָרֵי מַמְלֶכֶת עוֹג בַּבָּשָׁן׃
יא כִּי רַק־עוֹג מֶלֶךְ הַבָּשָׁן נִשְׁאַר מִיֶּתֶר הָרְפָאִים הִנֵּה עַרְשׂוֹ
עֶרֶשׂ בַּרְזֶל הֲלֹה הִוא בְּרַבַּת בְּנֵי עַמּוֹן תֵּשַׁע אַמּוֹת אָרְכָּהּ
וְאַרְבַּע אַמּוֹת רָחְבָּהּ בְּאַמַּת־אִישׁ׃

יב וְאֶת־הָאָרֶץ הַזֹּאת יָרַשְׁנוּ בָּעֵת הַהִוא מֵעֲרֹעֵר אֲשֶׁר־עַל־נַחַל
אַרְנֹן וַחֲצִי הַר־הַגִּלְעָד וְעָרָיו נָתַתִּי לָראוּבֵנִי וְלַגָּדִי׃

alta que não pudéssemos tomá-la; tudo no-lo entregou Jeová,
nosso Deus; 37 somente à terra dos filhos de Amom, a ela não
chegaste, a saber, a toda a banda da torrente de Jaboque, e às
cidades da região montanhosa, e a tudo o que Jeová, nosso
Deus, nos proibiu.

3 1 Tendo voltado, tomamos o caminho de Basã; e Ogue, rei
de Basã, saiu-nos ao encontro, ele e todo o seu povo, para
nos dar batalha em Edrei. 2 Disse-me Jeová: Não o temas,
porque entreguei a ele, e a todo o seu povo, e a sua terra nas
tuas mãos; far-lhe-ás a ele como fizeste a Seom, rei dos amor-
reus, que habitava em Hesbom. 3 Jeová, nosso Deus, nos entre-
gou nas mãos também a Ogue, rei de Basã, e a todo o seu povo;
ferimo-lo, até que não lhe ficou nenhum sobrevivente. 4 Nesse
tempo, tomamos-lhe todas as cidades; não houve cidade que
não lhe tomássemos: sessenta cidades, toda a região de Argobe,
o reino de Ogue, em Basã. 5 Todas estas eram cidades fortifica-
das, com altos muros, portas e ferrolhos, além de muitíssimas
cidades da gente do campo. 6 Totalmente as destruímos, como
fizemos a Seom, rei de Hesbom, fazendo perecer por completo
em cada cidade os homens com as mulheres e os pequeninos.
7 Mas todo o gado e o despojo das cidades, guardamo-los por
presa para nós. 8 Nesse tempo, tomamos a terra das mãos dos
dois reis dos amorreus, que estavam além do Jordão, desde a
torrente de Arnom até o monte Hermom 9 (os sidônios cha-
mam a Hermom Siriom, e os amorreus chamam-lhe Senir), 10 a
saber, todas as cidades do planalto e todo o país de Gileade e de
Basã, até Salcá e Edrei, cidades do reino de Ogue, em Basã 11 (Só
Ogue, rei de Basã, ficou do resto dos refains; eis que o seu leito
era leito de ferro; não está, porventura, em Rabá dos filhos de
Amom? Tinha nove cúbitos de comprido e quatro cúbitos de
largo, segundo o cúbito de um homem).

Possessão das tribos transjordânicas

12 Nesse tempo, entramos de posse desta terra. Desde Aroer,
que está junto do vale da torrente de Arnom, e a metade da região

יג וְיֶתֶר הַגִּלְעָד וְכָל־הַבָּשָׁן מַמְלֶכֶת עוֹג נָתַתִּי לַחֲצִי שֵׁבֶט
הַמְנַשֶּׁה כֹּל חֶבֶל הָאַרְגֹּב לְכָל־הַבָּשָׁן הַהוּא יִקָּרֵא אֶרֶץ רְפָאִים׃
יד יָאִיר בֶּן־מְנַשֶּׁה לָקַח אֶת־כָּל־חֶבֶל אַרְגֹּב עַד־גְּבוּל הַגְּשׁוּרִי
וְהַמַּעֲכָתִי וַיִּקְרָא אֹתָם עַל־שְׁמוֹ אֶת־הַבָּשָׁן חַוֺּת יָאִיר עַד הַיּוֹם
הַזֶּה׃
טו וּלְמָכִיר נָתַתִּי אֶת־הַגִּלְעָד׃
טז וְלָראוּבֵנִי וְלַגָּדִי נָתַתִּי מִן־הַגִּלְעָד וְעַד־נַחַל אַרְנֹן תּוֹךְ הַנַּחַל
וּגְבֻל וְעַד יַבֹּק הַנַּחַל גְּבוּל בְּנֵי עַמּוֹן׃
יז וְהָעֲרָבָה וְהַיַּרְדֵּן וּגְבֻל מִכִּנֶּרֶת וְעַד יָם הָעֲרָבָה יָם הַמֶּלַח
תַּחַת אַשְׁדֹּת הַפִּסְגָּה מִזְרָחָה׃

יח וָאֲצַו אֶתְכֶם בָּעֵת הַהִוא לֵאמֹר יְהוָה אֱלֹהֵיכֶם נָתַן לָכֶם
אֶת־הָאָרֶץ הַזֹּאת לְרִשְׁתָּהּ חֲלוּצִים תַּעַבְרוּ לִפְנֵי אֲחֵיכֶם בְּנֵי־
יִשְׂרָאֵל כָּל־בְּנֵי־חָיִל׃
יט רַק נְשֵׁיכֶם וְטַפְּכֶם וּמִקְנֵכֶם יָדַעְתִּי כִּי־מִקְנֶה רַב לָכֶם יֵשְׁבוּ
בְּעָרֵיכֶם אֲשֶׁר נָתַתִּי לָכֶם׃
כ עַד אֲשֶׁר־יָנִיחַ יְהוָה׀ לַאֲחֵיכֶם כָּכֶם וְיָרְשׁוּ גַם־הֵם אֶת־הָאָרֶץ
אֲשֶׁר יְהוָה אֱלֹהֵיכֶם נֹתֵן לָהֶם בְּעֵבֶר הַיַּרְדֵּן וְשַׁבְתֶּם אִישׁ
לִירֻשָּׁתוֹ אֲשֶׁר נָתַתִּי לָכֶם׃
כא וְאֶת־יְהוֹשׁוּעַ צִוֵּיתִי בָּעֵת הַהִוא לֵאמֹר עֵינֶיךָ הָרֹאֹת אֵת
כָּל־אֲשֶׁר עָשָׂה יְהוָה אֱלֹהֵיכֶם לִשְׁנֵי הַמְּלָכִים הָאֵלֶּה כֵּן־יַעֲשֶׂה
יְהוָה לְכָל־הַמַּמְלָכוֹת אֲשֶׁר אַתָּה עֹבֵר שָׁמָּה׃
כב לֹא תִּירָאוּם כִּי יְהוָה אֱלֹהֵיכֶם הוּא הַנִּלְחָם לָכֶם׃ ס

כג וָאֶתְחַנַּן אֶל־יְהוָה בָּעֵת הַהִוא לֵאמֹר׃
כד אֲדֹנָי יְהוִה אַתָּה הַחִלּוֹתָ לְהַרְאוֹת אֶת־עַבְדְּךָ אֶת־גָּדְלְךָ וְאֶת־
יָדְךָ הַחֲזָקָה אֲשֶׁר מִי־אֵל בַּשָּׁמַיִם וּבָאָרֶץ אֲשֶׁר־יַעֲשֶׂה כְמַעֲשֶׂיךָ
וְכִגְבוּרֹתֶךָ׃
כה אֶעְבְּרָה־נָּא וְאֶרְאֶה אֶת־הָאָרֶץ הַטּוֹבָה אֲשֶׁר בְּעֵבֶר הַיַּרְדֵּן
הָהָר הַטּוֹב הַזֶּה וְהַלְּבָנֹן׃
וַיִּתְעַבֵּר יְהוָה בִּי לְמַעַנְכֶם וְלֹא שָׁמַע אֵלָי וַיֹּאמֶר יְהוָה אֵלַי
רַב־לָךְ אַל־תּוֹסֶף דַּבֵּר אֵלַי עוֹד בַּדָּבָר הַזֶּה׃

montanhosa de Gileade, com as suas cidades, dei aos rubenitas
e aos gaditas; 13 dei o restante de Gileade e todo o país de Basã,
reino de Ogue, à meia tribo de Manassés, isto é, toda a região de
Argobe, todo o país de Basã (Este se chama o país dos refains.
14 Jair, filho de Manassés, tomou toda a região de Argobe, até os
confins dos gesuritas e dos maacatitas, e chamou-lhes, isto é, a
Basã, pelo seu nome, Havote-Jair, até este dia.). 15 A Maquir, dei
Gileade. 16 Aos rubenitas e aos gaditas, dei desde Gileade até a
torrente de Arnom, cujo meio serve de termo, e até a torrente
de Jaboque, termo dos filhos de Amom; 17 a Arabá também, com
o Jordão por termo, desde Quinerete até o mar da Arabá, o mar
Salgado, pelas faldas de Pisga, para o Oriente.

18 Nesse tempo, vos ordenei, dizendo: Jeová, vosso Deus,
deu-vos esta terra para a possuirdes; passareis armados, todos
os homens valentes, diante de vossos irmãos, os filhos de Is-
rael. 19 Porém vossas mulheres, e vossos pequeninos, e o vosso
gado (pois sei que tendes muito gado) ficarão nas vossas cida-
des que vos dei; 20 até que Jeová dê descanso a vossos irmãos,
como a vós, e eles também possuam a terra que Jeová, vosso
Deus, lhes está dando além do Jordão. Então, voltareis, cada
um à sua possessão, que vos dei. 21 Também dei ordem a Josué,
nesse tempo, dizendo: Os teus olhos são os que viram tudo o
que Jeová, vosso Deus, tem feito a esses dois reis; assim fará
Jeová a todos os reinos a que tu estás passando. 22 Não tereis
medo deles, porque Jeová, vosso Deus, é o que peleja por vós.

Moisés proibido de atravessar o Jordão

23 Roguei a Jeová, nesse tempo, dizendo: 24 Ó Senhor Jeová,
tu começaste a mostrar ao teu servo a tua grandeza e a tua mão
poderosa; pois que Deus há no céu ou na terra que possa fazer se-
gundo as tuas obras e segundo os teus grandes feitos? 25 Deixa-me
passar a ver a boa terra que está além do Jordão, essa excelente
região montanhosa, e o Líbano. 26 Mas Jeová agastou-se comigo
por vossa causa e não me ouviu. Disse-me Jeová: Basta; não me
fales mais nisso. 27 Sobe ao cume do Pisga, levanta os olhos para

כז עֲלֵה| רֹאשׁ הַפִּסְגָּה וְשָׂא עֵינֶיךָ יָמָּה וְצָפֹנָה וְתֵימָנָה וּמִזְרָחָה
וּרְאֵה בְעֵינֶיךָ כִּי־לֹא תַעֲבֹר אֶת־הַיַּרְדֵּן הַזֶּה׃
כח וְצַו אֶת־יְהוֹשֻׁעַ וְחַזְּקֵהוּ וְאַמְּצֵהוּ כִּי־הוּא יַעֲבֹר לִפְנֵי הָעָם
הַזֶּה וְהוּא יַנְחִיל אוֹתָם אֶת־הָאָרֶץ אֲשֶׁר תִּרְאֶה׃
כט וַנֵּשֶׁב בַּגָּיְא מוּל בֵּית פְּעוֹר׃ פ

א וְעַתָּה יִשְׂרָאֵל שְׁמַע אֶל־הַחֻקִּים וְאֶל־הַמִּשְׁפָּטִים אֲשֶׁר אָנֹכִי
מְלַמֵּד אֶתְכֶם לַעֲשׂוֹת לְמַעַן תִּחְיוּ וּבָאתֶם וִירִשְׁתֶּם אֶת־הָאָרֶץ
אֲשֶׁר יְהוָה אֱלֹהֵי אֲבֹתֵיכֶם נֹתֵן לָכֶם׃
ב לֹא תֹסִפוּ עַל־הַדָּבָר אֲשֶׁר אָנֹכִי מְצַוֶּה אֶתְכֶם וְלֹא תִגְרְעוּ
מִמֶּנּוּ לִשְׁמֹר אֶת־מִצְוֹת יְהוָה אֱלֹהֵיכֶם אֲשֶׁר אָנֹכִי מְצַוֶּה
אֶתְכֶם׃ ג עֵינֵיכֶם הָרֹאֹת אֵת אֲשֶׁר־עָשָׂה יְהוָה בְּבַעַל פְּעוֹר כִּי
כָל־הָאִישׁ אֲשֶׁר הָלַךְ אַחֲרֵי בַעַל־פְּעוֹר הִשְׁמִידוֹ יְהוָה אֱלֹהֶיךָ
מִקִּרְבֶּךָ׃ ד וְאַתֶּם הַדְּבֵקִים בַּיהוָה אֱלֹהֵיכֶם חַיִּים כֻּלְּכֶם הַיּוֹם׃
ה רְאֵה| לִמַּדְתִּי אֶתְכֶם חֻקִּים וּמִשְׁפָּטִים כַּאֲשֶׁר צִוַּנִי יְהוָה
אֱלֹהָי לַעֲשׂוֹת כֵּן בְּקֶרֶב הָאָרֶץ אֲשֶׁר אַתֶּם בָּאִים שָׁמָּה
לְרִשְׁתָּהּ׃ ו וּשְׁמַרְתֶּם וַעֲשִׂיתֶם כִּי הִוא חָכְמַתְכֶם וּבִינַתְכֶם
לְעֵינֵי הָעַמִּים אֲשֶׁר יִשְׁמְעוּן אֵת כָּל־הַחֻקִּים הָאֵלֶּה וְאָמְרוּ רַק
עַם־חָכָם וְנָבוֹן הַגּוֹי הַגָּדוֹל הַזֶּה׃
ז כִּי מִי־גוֹי גָּדוֹל אֲשֶׁר־לוֹ אֱלֹהִים קְרֹבִים אֵלָיו כַּיהוָה אֱלֹהֵינוּ
בְּכָל־קָרְאֵנוּ אֵלָיו׃
ח וּמִי גּוֹי גָּדוֹל אֲשֶׁר־לוֹ חֻקִּים וּמִשְׁפָּטִים צַדִּיקִם כְּכֹל הַתּוֹרָה
הַזֹּאת אֲשֶׁר אָנֹכִי נֹתֵן לִפְנֵיכֶם הַיּוֹם׃

ט רַק הִשָּׁמֶר לְךָ וּשְׁמֹר נַפְשְׁךָ מְאֹד פֶּן־תִּשְׁכַּח אֶת־הַדְּבָרִים
אֲשֶׁר־רָאוּ עֵינֶיךָ וּפֶן־יָסוּרוּ מִלְּבָבְךָ כֹּל יְמֵי חַיֶּיךָ וְהוֹדַעְתָּם
לְבָנֶיךָ וְלִבְנֵי בָנֶיךָ׃ י יוֹם אֲשֶׁר עָמַדְתָּ לִפְנֵי יְהוָה אֱלֹהֶיךָ בְּחֹרֵב
בֶּאֱמֹר יְהוָה אֵלַי הַקְהֶל־לִי אֶת־הָעָם וְאַשְׁמִעֵם אֶת־דְּבָרָי אֲשֶׁר
יִלְמְדוּן לְיִרְאָה אֹתִי כָּל־הַיָּמִים אֲשֶׁר הֵם חַיִּים עַל־הָאֲדָמָה
וְאֶת־בְּנֵיהֶם יְלַמֵּדוּן׃
יא וַתִּקְרְבוּן וַתַּעַמְדוּן תַּחַת הָהָר וְהָהָר בֹּעֵר בָּאֵשׁ עַד־לֵב
הַשָּׁמַיִם חֹשֶׁךְ עָנָן וַעֲרָפֶל׃

o ocidente, para o norte, para o sul e para o oriente e contempla
com os teus olhos; porque não passarás este Jordão. 28 Mas manda
a Josué, e anima-o, e fortalece-o, porque ele passará adiante deste
povo e fará que recebam por herança a terra que verás. 29 Assim,
ficamos no vale defronte de Bete-Peor.

Moisés exorta o povo à obediência

4 1 Agora, ó Israel, ouve os estatutos e os juízos que eu
vos ensino, para os cumprirdes, a fim de que vivais, e
entreis, e possuais a terra que Jeová, Deus de vossos
pais, vos está dando. 2 Não acrescentareis à palavra que eu vos
mando, nem dela diminuireis, para que guardeis os manda-
mentos de Jeová, vosso Deus, que eu vos mando. 3 Os vossos
olhos viram o que Jeová fez em Baal-Peor; porque, no tocante
a todos os homens que seguiram a Baal-Peor, os exterminou
Jeová, vosso Deus, do meio de ti. 4 Mas vós que vos unistes a
Jeová, vosso Deus, todos estais vivos hoje. 5 Eis que vos ensi-
nei estatutos e juízos, assim como Jeová, meu Deus, me or-
denou, para que assim os observeis no meio da terra na qual
estais entrando para a possuirdes. 6 Observai-os e cumpri-os,
porque isso é a vossa sabedoria e o vosso entendimento, à vis-
ta dos povos que, ouvindo todos esses estatutos, dirão: Cer-
tamente, esta grande nação é povo sábio e entendido! 7 Pois
que grande nação há que tenha deuses tão perto de si, como
o é Jeová, nosso Deus, todas as vezes que o invocamos? 8 Que
grande nação há que tenha estatutos e juízos tão justos, como
toda esta lei que hoje vos proponho?

9 Tão somente guarda-te a ti mesmo, e guarda bem a tua alma,
e não te esqueças das coisas que os teus olhos viram. Elas se não
apaguem do teu coração todos os dias da tua vida, porém fá-las
saber aos teus filhos e aos filhos de teus filhos. 10 Não te esqueças
do dia em que estiveste perante Jeová, teu Deus, em Horebe,
quando Jeová me disse: Ajunta-me o povo, e fá-los-ei ouvir as
minhas palavras, para que aprenda a temer-me todos os dias
que viver na terra e para que ensine a seus filhos. 11 Então, vós

יב וַיְדַבֵּר יְהוָה אֲלֵיכֶם מִתּוֹךְ הָאֵשׁ קוֹל דְּבָרִים אַתֶּם שֹׁמְעִים
וּתְמוּנָה אֵינְכֶם רֹאִים זוּלָתִי קוֹל׃
יג וַיַּגֵּד לָכֶם אֶת־בְּרִיתוֹ אֲשֶׁר צִוָּה אֶתְכֶם לַעֲשׂוֹת עֲשֶׂרֶת
הַדְּבָרִים וַיִּכְתְּבֵם עַל־שְׁנֵי לֻחוֹת אֲבָנִים׃
יד וְאֹתִי צִוָּה יְהוָה בָּעֵת הַהִוא לְלַמֵּד אֶתְכֶם חֻקִּים וּמִשְׁפָּטִים
לַעֲשֹׂתְכֶם אֹתָם בָּאָרֶץ אֲשֶׁר אַתֶּם עֹבְרִים שָׁמָּה לְרִשְׁתָּהּ׃

טו וְנִשְׁמַרְתֶּם מְאֹד לְנַפְשֹׁתֵיכֶם כִּי לֹא רְאִיתֶם כָּל־תְּמוּנָה בְּיוֹם
דִּבֶּר יְהוָה אֲלֵיכֶם בְּחֹרֵב מִתּוֹךְ הָאֵשׁ׃
טז פֶּן־תַּשְׁחִתוּן וַעֲשִׂיתֶם לָכֶם פֶּסֶל תְּמוּנַת כָּל־סָמֶל תַּבְנִית זָכָר
אוֹ נְקֵבָה׃ יז תַּבְנִית כָּל־בְּהֵמָה אֲשֶׁר בָּאָרֶץ תַּבְנִית כָּל־צִפּוֹר
כָּנָף אֲשֶׁר תָּעוּף בַּשָּׁמָיִם׃
יח תַּבְנִית כָּל־רֹמֵשׂ בָּאֲדָמָה תַּבְנִית כָּל־דָּגָה אֲשֶׁר־בַּמַּיִם
מִתַּחַת לָאָרֶץ׃ יט וּפֶן־תִּשָּׂא עֵינֶיךָ הַשָּׁמַיְמָה וְרָאִיתָ אֶת־
הַשֶּׁמֶשׁ וְאֶת־הַיָּרֵחַ וְאֶת־הַכּוֹכָבִים כֹּל צְבָא הַשָּׁמַיִם וְנִדַּחְתָּ
וְהִשְׁתַּחֲוִיתָ לָהֶם וַעֲבַדְתָּם אֲשֶׁר חָלַק יְהוָה אֱלֹהֶיךָ אֹתָם לְכֹל
הָעַמִּים תַּחַת כָּל־הַשָּׁמָיִם׃
כ וְאֶתְכֶם לָקַח יְהוָה וַיּוֹצִא אֶתְכֶם מִכּוּר הַבַּרְזֶל מִמִּצְרָיִם
לִהְיוֹת לוֹ לְעַם נַחֲלָה כַּיּוֹם הַזֶּה׃
כא וַיהוָה הִתְאַנֶּף־בִּי עַל־דִּבְרֵיכֶם וַיִּשָּׁבַע לְבִלְתִּי עָבְרִי אֶת־
הַיַּרְדֵּן וּלְבִלְתִּי־בֹא אֶל־הָאָרֶץ הַטּוֹבָה אֲשֶׁר יְהוָה אֱלֹהֶיךָ נֹתֵן
לְךָ נַחֲלָה׃ כב כִּי אָנֹכִי מֵת בָּאָרֶץ הַזֹּאת אֵינֶנִּי עֹבֵר אֶת־הַיַּרְדֵּן
וְאַתֶּם עֹבְרִים וִירִשְׁתֶּם אֶת־הָאָרֶץ הַטּוֹבָה הַזֹּאת׃
כג הִשָּׁמְרוּ לָכֶם פֶּן־תִּשְׁכְּחוּ אֶת־בְּרִית יְהוָה אֱלֹהֵיכֶם אֲשֶׁר
כָּרַת עִמָּכֶם וַעֲשִׂיתֶם לָכֶם פֶּסֶל תְּמוּנַת כֹּל אֲשֶׁר צִוְּךָ יְהוָה
אֱלֹהֶיךָ׃
כד כִּי יְהוָה אֱלֹהֶיךָ אֵשׁ אֹכְלָה הוּא אֵל קַנָּא׃ פ

כה כִּי־תוֹלִיד בָּנִים וּבְנֵי בָנִים וְנוֹשַׁנְתֶּם בָּאָרֶץ וְהִשְׁחַתֶּם
וַעֲשִׂיתֶם פֶּסֶל תְּמוּנַת כֹּל וַעֲשִׂיתֶם הָרַע בְּעֵינֵי יְהוָה־אֱלֹהֶיךָ
לְהַכְעִיסוֹ׃ כו הַעִידֹתִי בָכֶם הַיּוֹם אֶת־הַשָּׁמַיִם וְאֶת־הָאָרֶץ כִּי־
אָבֹד תֹּאבֵדוּן מַהֵר מֵעַל הָאָרֶץ אֲשֶׁר אַתֶּם עֹבְרִים אֶת־הַיַּרְדֵּן
שָׁמָּה לְרִשְׁתָּהּ לֹא־תַאֲרִיכֻן יָמִים עָלֶיהָ כִּי הִשָּׁמֵד תִּשָּׁמֵדוּן׃

chegastes e estivestes ao pé do monte; o monte ardia em fogo
até o meio do céu, e havia trevas, nuvem e escuridão. 12 Jeová vos
falou do meio do fogo; vós ouvistes o som de palavras, porém
não vistes forma alguma; tão somente houve uma voz. 13 Ele
declarou-vos a sua aliança, que vos ordenou que guardásseis,
isto é, os dez mandamentos; e os escreveu em duas tábuas de
pedra. 14 A mim me ordenou Jeová, nesse tempo, que eu vos
ensinasse os estatutos e os juízos, para que os cumprísseis na
terra à qual estais passando para a possuirdes.

15 Guardai-vos a vós mesmos cuidadosamente. Não vistes
forma alguma no dia em que Jeová vos falou, em Horebe, do
meio do fogo, 16 para que não vos corrompais e vos façais algu-
ma imagem esculpida na forma de uma estátua, semelhança de
homem ou de mulher, 17 semelhança de qualquer animal que
há sobre a terra, semelhança de qualquer ave que voa no céu,
18 semelhança de qualquer réptil que se arrasta sobre a terra,
semelhança de qualquer peixe que há nas águas debaixo da
terra. 19 Guarda-te, não levantes os olhos para o céu e, vendo o
sol, a lua e as estrelas, a saber, todo o exército do céu, não sejas
seduzido, não os adores e não lhes dês culto, as quais coisas
Jeová, teu Deus, criou para todos os povos debaixo de todo o
céu. 20 Porém Jeová vos tomou e vos tirou da fornalha de ferro
do Egito, para ter um povo que fosse a sua herança, como hoje
se vê. 21 Jeová irou-se contra mim por vossa causa e jurou que
eu não passaria o Jordão e não entraria na boa terra que Jeová,
teu Deus, te está dando por herança; 22 mas eu tenho de morrer
nesta terra, não posso passar o Jordão. Porém vós passareis e
possuireis essa boa terra. 23 Guardai-vos a vós mesmos, não vos
esqueçais da aliança de Jeová, vosso Deus, que fez convosco e
não vos façais alguma imagem esculpida na forma de alguma
coisa que Jeová, teu Deus, te proibiu. 24 Pois Jeová, teu Deus, é
um fogo consumidor, um Deus zeloso.

25 Se gerardes filhos e filhos de filhos, e vos envelhecerdes na
terra, e vos corromperdes, e fizerdes alguma imagem esculpida
na forma de alguma coisa, e praticardes o que é mau aos olhos
de Jeová, vosso Deus, para o provocardes à ira, 26 chamo, hoje,
por testemunha contra vós, o céu e a terra, que bem cedo pe-

כז וְהֵפִיץ יְהוָה אֶתְכֶם בָּעַמִּים וְנִשְׁאַרְתֶּם מְתֵי מִסְפָּר בַּגּוֹיִם
אֲשֶׁר יְנַהֵג יְהוָה אֶתְכֶם שָׁמָּה׃
כח וַעֲבַדְתֶּם־שָׁם אֱלֹהִים מַעֲשֵׂה יְדֵי אָדָם עֵץ וָאֶבֶן אֲשֶׁר לֹא־
יִרְאוּן וְלֹא יִשְׁמְעוּן וְלֹא יֹאכְלוּן וְלֹא יְרִיחֻן׃
כט וּבִקַּשְׁתֶּם מִשָּׁם אֶת־יְהוָה אֱלֹהֶיךָ וּמָצָאתָ כִּי תִדְרְשֶׁנּוּ בְּכָל־
לְבָבְךָ וּבְכָל־נַפְשֶׁךָ׃
ל בַּצַּר לְךָ וּמְצָאוּךָ כֹּל הַדְּבָרִים הָאֵלֶּה בְּאַחֲרִית הַיָּמִים וְשַׁבְתָּ
עַד־יְהוָה אֱלֹהֶיךָ וְשָׁמַעְתָּ בְּקֹלוֹ׃
לא כִּי אֵל רַחוּם יְהוָה אֱלֹהֶיךָ לֹא יַרְפְּךָ וְלֹא יַשְׁחִיתֶךָ וְלֹא יִשְׁכַּח
אֶת־בְּרִית אֲבֹתֶיךָ אֲשֶׁר נִשְׁבַּע לָהֶם׃

לב כִּי שְׁאַל־נָא לְיָמִים רִאשֹׁנִים אֲשֶׁר־הָיוּ לְפָנֶיךָ לְמִן־הַיּוֹם
אֲשֶׁר בָּרָא אֱלֹהִים ׀ אָדָם עַל־הָאָרֶץ וּלְמִקְצֵה הַשָּׁמַיִם וְעַד־קְצֵה
הַשָּׁמָיִם הֲנִהְיָה כַּדָּבָר הַגָּדוֹל הַזֶּה אוֹ הֲנִשְׁמַע כָּמֹהוּ׃
לג הֲשָׁמַע עָם קוֹל אֱלֹהִים מְדַבֵּר מִתּוֹךְ־הָאֵשׁ כַּאֲשֶׁר־שָׁמַעְתָּ
אַתָּה וַיֶּחִי׃
לד אוֹ ׀ הֲנִסָּה אֱלֹהִים לָבוֹא לָקַחַת לוֹ גוֹי מִקֶּרֶב גּוֹי בְּמַסֹּת
בְּאֹתֹת וּבְמוֹפְתִים וּבְמִלְחָמָה וּבְיָד חֲזָקָה וּבִזְרוֹעַ נְטוּיָה
וּבְמוֹרָאִים גְּדֹלִים כְּכֹל אֲשֶׁר־עָשָׂה לָכֶם יְהוָה אֱלֹהֵיכֶם
בְּמִצְרַיִם לְעֵינֶיךָ׃
לה אַתָּה הָרְאֵתָ לָדַעַת כִּי יְהוָה הוּא הָאֱלֹהִים אֵין עוֹד מִלְבַדּוֹ׃
לו מִן־הַשָּׁמַיִם הִשְׁמִיעֲךָ אֶת־קֹלוֹ לְיַסְּרֶךָּ וְעַל־הָאָרֶץ הֶרְאֲךָ אֶת־
אִשּׁוֹ הַגְּדוֹלָה וּדְבָרָיו שָׁמַעְתָּ מִתּוֹךְ הָאֵשׁ׃
לז וְתַחַת כִּי אָהַב אֶת־אֲבֹתֶיךָ וַיִּבְחַר בְּזַרְעוֹ אַחֲרָיו וַיּוֹצִאֲךָ
בְּפָנָיו בְּכֹחוֹ הַגָּדֹל מִמִּצְרָיִם׃
לח לְהוֹרִישׁ גּוֹיִם גְּדֹלִים וַעֲצֻמִים מִמְּךָ מִפָּנֶיךָ לַהֲבִיאֲךָ לָתֶת־לְךָ
אֶת־אַרְצָם נַחֲלָה כַּיּוֹם הַזֶּה׃
לט וְיָדַעְתָּ הַיּוֹם וַהֲשֵׁבֹתָ אֶל־לְבָבֶךָ כִּי יְהוָה הוּא הָאֱלֹהִים
בַּשָּׁמַיִם מִמַּעַל וְעַל־הָאָרֶץ מִתָּחַת אֵין עוֹד׃
מ וְשָׁמַרְתָּ אֶת־חֻקָּיו וְאֶת־מִצְוֹתָיו אֲשֶׁר אָנֹכִי מְצַוְּךָ הַיּוֹם אֲשֶׁר
יִיטַב לְךָ וּלְבָנֶיךָ אַחֲרֶיךָ וּלְמַעַן תַּאֲרִיךְ יָמִים עַל־הָאֲדָמָה אֲשֶׁר
יְהוָה אֱלֹהֶיךָ נֹתֵן לְךָ כָּל־הַיָּמִים׃ פ

recereis inteiramente da terra à qual estais passando o Jordão
para a possuirdes. Não prolongareis os vossos dias nela, mas
sereis por completo exterminados. 27 Jeová vos espalhará entre
os povos, e sereis deixados poucos em número entre as nações
a que Jeová vos conduzirá. 28 Lá servireis a deuses, obra de mãos
de homens, madeira e pedra, que não veem, nem ouvem, nem
comem, nem cheiram. 29 Mas de lá buscarás a Jeová, teu Deus,
e o acharás, contanto que o procures de todo o teu coração e
de toda a tua alma. 30 Quando estiveres em tribulação, e todas
estas coisas te sobrevierem, então, nos últimos dias, te tornarás
a Jeová, teu Deus, e ouvirás a sua voz. 31 Porque Jeová, teu Deus,
é um Deus misericordioso, não te deixará sucumbir, nem te
destruirá, nem se esquecerá da aliança que jurou a teus pais.

32 Agora, pergunta aos tempos passados que te precederam,
desde o dia em que Deus criou o homem sobre a terra e desde
uma extremidade do céu até a outra, se aconteceu jamais coisa
semelhante a esta grande coisa ou se jamais se ouviu coisa se-
melhante? 33 Ouviu, porventura, um povo a voz de um deus falar
do meio do fogo, como tu a ouviste, e ficou vivo? 34 Tem algum
deus tentado ir e tomar para si uma nação do meio de outra
nação, por meio de provas, e de milagres, e de portentos, e de
guerra, e de mão poderosa, e de braço estendido, e de grandes
espantos, segundo tudo o que fez por vós Jeová, vosso Deus, no
Egito, diante dos vossos olhos? 35 A ti te foi mostrado, de maneira
que soubesses que Jeová é Deus e que não há outro senão ele.
36 Do céu te fez ouvir a sua voz, para te instruir, e sobre a terra
te fez ver o seu grande fogo; ouviste as suas palavras do meio
do fogo. 37 Porque amou a teus pais, e escolheu a sua semente
depois deles, e te tirou do Egito com a sua presença e com o
seu grande poder, 38 para desapossar de diante de ti nações
maiores e mais fortes do que tu, para te introduzir e para te dar
a sua terra por herança, como hoje se vê. 39 Sabe, pois, hoje, e
considera que Jeová é Deus em cima no céu e embaixo sobre
a terra; não há nenhum outro. 40 Guarda os seus estatutos e os
seus juízos que eu hoje vos mando, para que te vá bem a ti, e a
teus filhos depois de ti e para que prolongues os teus dias sobre
a terra que Jeová, teu Deus, te está dando, para todo o sempre.

מא אָז יַבְדִּיל מֹשֶׁה שָׁלֹשׁ עָרִים בְּעֵבֶר הַיַּרְדֵּן מִזְרְחָה שָׁמֶשׁ׃
מב לָנֻס שָׁמָּה רוֹצֵחַ אֲשֶׁר יִרְצַח אֶת־רֵעֵהוּ בִּבְלִי־דַעַת וְהוּא לֹא־
שֹׂנֵא לוֹ מִתְּמֹול שִׁלְשׁוֹם וְנָס אֶל־אַחַת מִן־הֶעָרִים הָאֵל וָחָי׃
מג אֶת־בֶּצֶר בַּמִּדְבָּר בְּאֶרֶץ הַמִּישֹׁר לָרְאוּבֵנִי וְאֶת־רָאמֹת
בַּגִּלְעָד לַגָּדִי וְאֶת־גּוֹלָן בַּבָּשָׁן לַמְנַשִּׁי׃

מד וְזֹאת הַתּוֹרָה אֲשֶׁר־שָׂם מֹשֶׁה לִפְנֵי בְּנֵי יִשְׂרָאֵל׃
מה אֵלֶּה הָעֵדֹת וְהַחֻקִּים וְהַמִּשְׁפָּטִים אֲשֶׁר דִּבֶּר מֹשֶׁה אֶל־בְּנֵי
יִשְׂרָאֵל בְּצֵאתָם מִמִּצְרָיִם׃
מו בְּעֵבֶר הַיַּרְדֵּן בַּגַּיְא מוּל בֵּית פְּעוֹר בְּאֶרֶץ סִיחֹן מֶלֶךְ הָאֱמֹרִי
אֲשֶׁר יוֹשֵׁב בְּחֶשְׁבּוֹן אֲשֶׁר הִכָּה מֹשֶׁה וּבְנֵי יִשְׂרָאֵל בְּצֵאתָם
מִמִּצְרָיִם׃
מז וַיִּירְשׁוּ אֶת־אַרְצוֹ וְאֶת־אֶרֶץ ׀ עוֹג מֶלֶךְ־הַבָּשָׁן שְׁנֵי מַלְכֵי
הָאֱמֹרִי אֲשֶׁר בְּעֵבֶר הַיַּרְדֵּן מִזְרַח שָׁמֶשׁ׃
מח מֵעֲרֹעֵר אֲשֶׁר עַל־שְׂפַת־נַחַל אַרְנֹן וְעַד־הַר שִׂיאֹן הוּא
חֶרְמוֹן׃
מט וְכָל־הָעֲרָבָה עֵבֶר הַיַּרְדֵּן מִזְרָחָה וְעַד יָם הָעֲרָבָה תַּחַת
אַשְׁדֹּת הַפִּסְגָּה׃ פ

א וַיִּקְרָא מֹשֶׁה אֶל־כָּל־יִשְׂרָאֵל וַיֹּאמֶר אֲלֵהֶם שְׁמַע יִשְׂרָאֵל
אֶת־הַחֻקִּים וְאֶת־הַמִּשְׁפָּטִים אֲשֶׁר אָנֹכִי דֹּבֵר בְּאָזְנֵיכֶם הַיּוֹם
וּלְמַדְתֶּם אֹתָם וּשְׁמַרְתֶּם לַעֲשֹׂתָם׃
ב יְהוָה אֱלֹהֵינוּ כָּרַת עִמָּנוּ בְּרִית בְּחֹרֵב׃
ג לֹא אֶת־אֲבֹתֵינוּ כָּרַת יְהוָה אֶת־הַבְּרִית הַזֹּאת כִּי אִתָּנוּ אֲנַחְנוּ
אֵלֶּה פֹה הַיּוֹם כֻּלָּנוּ חַיִּים׃
ד פָּנִים ׀ בְּפָנִים דִּבֶּר יְהוָה עִמָּכֶם בָּהָר מִתּוֹךְ הָאֵשׁ׃
ה אָנֹכִי עֹמֵד בֵּין־יְהוָה וּבֵינֵיכֶם בָּעֵת הַהִוא לְהַגִּיד לָכֶם אֶת־
דְּבַר יְהוָה כִּי יְרֵאתֶם מִפְּנֵי הָאֵשׁ וְלֹא־עֲלִיתֶם בָּהָר לֵאמֹר׃ ס

ו אָנֹכִי יְהוָה אֱלֹהֶיךָ אֲשֶׁר הוֹצֵאתִיךָ מֵאֶרֶץ מִצְרַיִם מִבֵּית
עֲבָדִים׃

Moisés designa três das cidades de refúgio

41 Então, destinou Moisés três cidades além do Jordão para
o nascente do sol, 42 a fim de que ali se refugiasse o homicida
que matasse sem intenção ao seu próximo, a quem dantes não
tinha odiado; e para que, refugiando-se numa dessas cidades,
vivesse: 43 a Bezer, no deserto, no planalto, para os rubenitas;
a Ramote, em Gileade, para os gaditas; e a Golã, em Basã, para
os manassitas.

44 Esta é a lei que Moisés propôs aos filhos de Israel. 45 Estes
são os testemunhos, e os estatutos, e os juízos que Moisés
falou aos filhos de Israel, quando saíram do Egito, 46 além do
Jordão, no vale defronte de Bete-Peor, na terra de Seom, rei dos
amorreus, que habitava em Hesbom, a quem Moisés e os filhos
de Israel derrotaram, quando saíram do Egito, 47 e tomaram a
terra dele em possessão, como também a terra de Ogue, rei
de Basã, sendo estes os dois reis que estavam além do Jordão
para o nascente do sol; 48 desde Aroer, que está à beira do vale
da torrente de Arnom, até o monte Sião (este é Hermom), 49 e
toda a Arabá, além do Jordão, para o oriente, até o mar da Arabá,
pelas faldas de Pisga.

A repetição dos dez mandamentos

5 1 Chamou Moisés a todo o Israel e disse-lhes: Ouve, ó
Israel, os estatutos e os juízos que eu hoje vos falo aos
ouvidos, para que os aprendais e cuideis em os cumprir-
des. 2 Jeová, nosso Deus, fez uma aliança conosco em Horebe.
3 Não com os nossos pais fez Jeová esta aliança, mas conosco;
sim, conosco, que somos todos nós aqui vivos este dia. 4 Face
a face falou Jeová convosco no monte, do meio do fogo 5 (es-
tando eu nesse tempo entre Jeová e vós, para vos anunciar a
palavra de Jeová; pois tivestes medo por causa do fogo e não
subistes ao monte). Ele disse:

6 Eu sou Jeová, teu Deus, que te tirei da terra do Egito, da
casa de servidão.

ז לֹא יִהְיֶה־לְךָ אֱלֹהִים אֲחֵרִים עַל־פָּנָיַ:
ח לֹא־תַעֲשֶׂה־לְךָ פֶסֶל| כָּל־תְּמוּנָה אֲשֶׁר בַּשָּׁמַיִם| מִמַּעַל וַאֲשֶׁר
בָּאָרֶץ מִתָּחַת וַאֲשֶׁר בַּמַּיִם| מִתַּחַת לָאָרֶץ:
ט לֹא־תִשְׁתַּחֲוֶה לָהֶם וְלֹא תָעָבְדֵם כִּי אָנֹכִי יְהוָה אֱלֹהֶיךָ אֵל
קַנָּא פֹּקֵד עֲוֹן אָבוֹת עַל־בָּנִים וְעַל־שִׁלֵּשִׁים וְעַל־רִבֵּעִים לְשֹׂנְאָי:
י וְעֹשֶׂה חֶסֶד לַאֲלָפִים לְאֹהֲבַי וּלְשֹׁמְרֵי (מִצְוֹתָו) [מִצְוֹתָי]: ס

יא לֹא תִשָּׂא אֶת־שֵׁם־יְהוָה אֱלֹהֶיךָ לַשָּׁוְא כִּי לֹא יְנַקֶּה יְהוָה אֵת
אֲשֶׁר־יִשָּׂא אֶת־שְׁמוֹ לַשָּׁוְא: ס
יב שָׁמוֹר אֶת־יוֹם הַשַּׁבָּת לְקַדְּשׁוֹ כַּאֲשֶׁר צִוְּךָ| יְהוָה אֱלֹהֶיךָ:
יג שֵׁשֶׁת יָמִים תַּעֲבֹד וְעָשִׂיתָ כָּל־מְלַאכְתֶּךָ:
יד וְיוֹם הַשְּׁבִיעִי שַׁבָּת | לַיהוָה אֱלֹהֶיךָ לֹא תַעֲשֶׂה כָל־מְלָאכָה
אַתָּה וּבִנְךָ־וּבִתֶּךָ וְעַבְדְּךָ־וַאֲמָתֶךָ וְשׁוֹרְךָ וַחֲמֹרְךָ וְכָל־בְּהֶמְתֶּךָ
וְגֵרְךָ אֲשֶׁר בִּשְׁעָרֶיךָ לְמַעַן יָנוּחַ עַבְדְּךָ וַאֲמָתְךָ כָּמוֹךָ:
טו וְזָכַרְתָּ כִּי־עֶבֶד הָיִיתָ | בְּאֶרֶץ מִצְרַיִם וַיֹּצִאֲךָ יְהוָה אֱלֹהֶיךָ
מִשָּׁם בְּיָד חֲזָקָה וּבִזְרֹעַ נְטוּיָה עַל־כֵּן צִוְּךָ יְהוָה אֱלֹהֶיךָ לַעֲשׂוֹת
אֶת־יוֹם הַשַּׁבָּת: ס

טז כַּבֵּד אֶת־אָבִיךָ וְאֶת־אִמֶּךָ כַּאֲשֶׁר צִוְּךָ יְהוָה אֱלֹהֶיךָ לְמַעַן|
יַאֲרִיכֻן יָמֶיךָ וּלְמַעַן יִיטַב לָךְ עַל הָאֲדָמָה אֲשֶׁר־יְהוָה אֱלֹהֶיךָ
נֹתֵן לָךְ: ס
יז לֹא תִרְצָח: ס
יח וְלֹא תִנְאָף: ס
יט וְלֹא תִגְנֹב: ס
כ וְלֹא־תַעֲנֶה בְרֵעֲךָ עֵד שָׁוְא: ס
כא וְלֹא תַחְמֹד אֵשֶׁת רֵעֶךָ ס וְלֹא תִתְאַוֶּה בֵּית רֵעֶךָ שָׂדֵהוּ
וְעַבְדּוֹ וַאֲמָתוֹ שׁוֹרוֹ וַחֲמֹרוֹ וְכֹל אֲשֶׁר לְרֵעֶךָ: ס

7 Não terás outros deuses diante de mim.

8 Não farás para ti imagem de escultura, forma alguma do que
há em cima no céu, ou embaixo na terra, ou nas águas debaixo
da terra. 9 Não as adorarás, nem lhes darás culto; porque eu,
Jeová, teu Deus, sou Deus zeloso, que visito a iniquidade dos
pais nos filhos, na terceira e quarta geração daqueles que me
aborrecem; 10 e que uso de misericórdia para com milhares dos
que me amam e guardam os meus mandamentos.

11 Não tomarás o nome de Jeová, teu Deus, em vão, porque
Jeová não terá por inocente ao que tomar o seu nome em vão.

12 Observa o dia de sábado, para o santificares, como Jeová,
teu Deus, te ordenou. 13 Seis dias trabalharás e farás tudo o que
tens para fazer; 14 mas o sétimo dia é sábado para Jeová, teu
Deus. Nele não farás obra alguma, nem tu, nem teu filho, nem
tua filha, nem o teu servo, nem a tua serva, nem o teu boi, nem
o teu jumento, nem animal algum teu, nem o teu estrangeiro
que vive de tuas portas para dentro; a fim de que descanse teu
servo e tua serva bem como tu. 15 Lembrar-te-ás que foste servo
na terra do Egito, e que de lá te tirou Jeová, teu Deus, com mão
poderosa e com braço estendido; portanto, Jeová, teu Deus, te
ordenou que observasses o dia de sábado.

16 Honrarás a teu pai e a tua mãe como Jeová, teu Deus, te
ordenou, para que se prolonguem os teus dias e para que te vá
bem na terra que Jeová, teu Deus, te dá.

17 Não matarás.

18 Não adulterarás.

19 Não furtarás.

20 Não dirás testemunho falso contra o teu próximo.

21 Não cobiçarás a mulher do teu próximo; não desejarás a
casa do teu próximo, nem o seu campo, nem o seu servo, nem a
sua serva, nem o seu boi, nem o seu jumento, nem coisa alguma
que lhe pertença.

כב אֶת־הַדְּבָרִים הָאֵלֶּה דִּבֶּר יְהוָה אֶל־כָּל־קְהַלְכֶם בָּהָר מִתּוֹךְ
הָאֵשׁ הֶעָנָן וְהָעֲרָפֶל קוֹל גָּדוֹל וְלֹא יָסָף וַיִּכְתְּבֵם עַל־שְׁנֵי לֻחֹת
אֲבָנִים וַיִּתְּנֵם אֵלָי׃
כג וַיְהִי כְּשָׁמְעֲכֶם אֶת־הַקּוֹל מִתּוֹךְ הַחֹשֶׁךְ וְהָהָר בֹּעֵר בָּאֵשׁ
וַתִּקְרְבוּן אֵלַי כָּל־רָאשֵׁי שִׁבְטֵיכֶם וְזִקְנֵיכֶם׃
כד וַתֹּאמְרוּ הֵן הֶרְאָנוּ יְהוָה אֱלֹהֵינוּ אֶת־כְּבֹדוֹ וְאֶת־גָּדְלוֹ וְאֶת־
קֹלוֹ שָׁמַעְנוּ מִתּוֹךְ הָאֵשׁ הַיּוֹם הַזֶּה רָאִינוּ כִּי־יְדַבֵּר אֱלֹהִים
אֶת־הָאָדָם וָחָי׃ כה וְעַתָּה לָמָּה נָמוּת כִּי תֹאכְלֵנוּ הָאֵשׁ הַגְּדֹלָה
הַזֹּאת אִם־יֹסְפִים ׀ אֲנַחְנוּ לִשְׁמֹעַ אֶת־קוֹל יְהוָה אֱלֹהֵינוּ עוֹד
וָמָתְנוּ׃ כו כִּי מִי כָל־בָּשָׂר אֲשֶׁר שָׁמַע קוֹל אֱלֹהִים חַיִּים מְדַבֵּר
מִתּוֹךְ־הָאֵשׁ כָּמֹנוּ וַיֶּחִי׃ כז קְרַב אַתָּה וּשֲׁמָע אֵת כָּל־אֲשֶׁר
יֹאמַר יְהוָה אֱלֹהֵינוּ וְאַתְּ ׀ תְּדַבֵּר אֵלֵינוּ אֵת כָּל־אֲשֶׁר יְדַבֵּר יְהוָה
אֱלֹהֵינוּ אֵלֶיךָ וְשָׁמַעְנוּ וְעָשִׂינוּ׃

כח וַיִּשְׁמַע יְהוָה אֶת־קוֹל דִּבְרֵיכֶם בְּדַבֶּרְכֶם אֵלָי וַיֹּאמֶר יְהוָה
אֵלַי שָׁמַעְתִּי אֶת־קוֹל דִּבְרֵי הָעָם הַזֶּה אֲשֶׁר דִּבְּרוּ אֵלֶיךָ הֵיטִיבוּ
כָּל־אֲשֶׁר דִּבֵּרוּ׃
כט מִי־יִתֵּן וְהָיָה לְבָבָם זֶה לָהֶם לְיִרְאָה אֹתִי וְלִשְׁמֹר אֶת־כָּל־
מִצְוֺתַי כָּל־הַיָּמִים לְמַעַן יִיטַב לָהֶם וְלִבְנֵיהֶם לְעֹלָם׃
ל לֵךְ אֱמֹר לָהֶם שׁוּבוּ לָכֶם לְאָהֳלֵיכֶם׃
לא וְאַתָּה פֹּה עֲמֹד עִמָּדִי וַאֲדַבְּרָה אֵלֶיךָ אֵת כָּל־הַמִּצְוָה
וְהַחֻקִּים וְהַמִּשְׁפָּטִים אֲשֶׁר תְּלַמְּדֵם וְעָשׂוּ בָאָרֶץ אֲשֶׁר אָנֹכִי
נֹתֵן לָהֶם לְרִשְׁתָּהּ׃
לב וּשְׁמַרְתֶּם לַעֲשׂוֹת כַּאֲשֶׁר צִוָּה יְהוָה אֱלֹהֵיכֶם אֶתְכֶם לֹא
תָסֻרוּ יָמִין וּשְׂמֹאל׃
לג בְּכָל־הַדֶּרֶךְ אֲשֶׁר צִוָּה יְהוָה אֱלֹהֵיכֶם אֶתְכֶם תֵּלֵכוּ לְמַעַן
תִּחְיוּן וְטוֹב לָכֶם וְהַאֲרַכְתֶּם יָמִים בָּאָרֶץ אֲשֶׁר תִּירָשׁוּן׃

O povo, atemorizado, pede a Moisés para receber a lei do Senhor

22 Estas palavras falou Jeová a toda a vossa assembleia, no
monte, do meio do fogo, da nuvem e da escuridade, com grande
voz; e nada mais acrescentou. Tendo-as escrito em duas tábuas
de pedra, deu-mas a mim. 23 Quando ouvistes a voz do meio das
trevas, enquanto ardia o monte em fogo, viestes ter comigo, a
saber, todos os cabeças das vossas tribos e os vossos anciãos;
24 e dissestes: Eis que Jeová, nosso Deus, nos fez ver a sua glória
e a sua grandeza; e ouvimos a sua voz do meio do fogo; hoje,
vimos que Deus fala com o homem, e este continua a viver.
25 Agora, pois, porque havemos de morrer? Este grande fogo
nos consumirá; se nós tornarmos a ouvir a voz de Jeová, nosso
Deus, morreremos. 26 Pois quem há, de toda a carne, que tenha
ouvido a voz do Deus vivente falar do meio do fogo, como nós a
ouvimos, e tenha continuado a viver? 27 Tu chega-te mais e ouve
tudo o que Jeová, nosso Deus, disser; tu nos falarás tudo o que
Jeová, nosso Deus, te falar a ti; e, ouvindo-o, o cumpriremos.

28 Ouviu Jeová a voz das vossas palavras, quando me falá-
veis a mim, e disse-me Jeová: Eu ouvi a voz das palavras deste
povo, que eles falaram; falaram bem em tudo quanto disseram.
29 Quem dera que eles tivessem tal coração, que me temessem
e guardassem em todo o tempo todos os meus mandamentos,
para que lhes fosse bem a eles e a seus filhos, para sempre. 30 Vai
dizer-lhes: Voltai para as vossas tendas. 31 Tu, porém, fica-te
aqui comigo, e te direi o mandamento todo, e os estatutos, e
os juízos que lhes ensinarás, para que os cumpram na terra que
lhes estou dando a fim de a possuírem. 32 Cuidareis em fazer-
des como Jeová, vosso Deus, vos ordenou; não vos desviareis
nem para a direita nem para a esquerda. 33 Andareis em todo o
caminho que Jeová, vosso Deus, vos ordenou, para que vivais,
e que vos suceda bem, e para que se prolonguem os vossos dias
na terra que haveis de possuir.

א וְזֹאת הַמִּצְוָה הַחֻקִּים וְהַמִּשְׁפָּטִים אֲשֶׁר צִוָּה יְהוָה אֱלֹהֵיכֶם
לְלַמֵּד אֶתְכֶם לַעֲשׂוֹת בָּאָרֶץ אֲשֶׁר אַתֶּם עֹבְרִים שָׁמָּה לְרִשְׁתָּהּ׃
ב לְמַעַן תִּירָא אֶת־יְהוָה אֱלֹהֶיךָ לִשְׁמֹר אֶת־כָּל־חֻקֹּתָיו וּמִצְוֺתָיו
אֲשֶׁר אָנֹכִי מְצַוֶּךָ אַתָּה וּבִנְךָ וּבֶן־בִּנְךָ כֹּל יְמֵי חַיֶּיךָ וּלְמַעַן יַאֲרִכֻן
יָמֶיךָ׃ ג וְשָׁמַעְתָּ יִשְׂרָאֵל וְשָׁמַרְתָּ לַעֲשׂוֹת אֲשֶׁר יִיטַב לְךָ וַאֲשֶׁר
תִּרְבּוּן מְאֹד כַּאֲשֶׁר דִּבֶּר יְהוָה אֱלֹהֵי אֲבֹתֶיךָ לָךְ אֶרֶץ זָבַת חָלָב
וּדְבָשׁ׃ פ

ד שְׁמַע יִשְׂרָאֵל יְהוָה אֱלֹהֵינוּ יְהוָה׀ אֶחָד׃
ה וְאָהַבְתָּ אֵת יְהוָה אֱלֹהֶיךָ בְּכָל־לְבָבְךָ וּבְכָל־נַפְשְׁךָ וּבְכָל־
מְאֹדֶךָ׃ ו וְהָיוּ הַדְּבָרִים הָאֵלֶּה אֲשֶׁר אָנֹכִי מְצַוְּךָ הַיּוֹם עַל־
לְבָבֶךָ׃ ז וְשִׁנַּנְתָּם לְבָנֶיךָ וְדִבַּרְתָּ בָּם בְּשִׁבְתְּךָ בְּבֵיתֶךָ וּבְלֶכְתְּךָ
בַדֶּרֶךְ וּבְשָׁכְבְּךָ וּבְקוּמֶךָ׃
ח וּקְשַׁרְתָּם לְאוֹת עַל־יָדֶךָ וְהָיוּ לְטֹטָפֹת בֵּין עֵינֶיךָ׃
ט וּכְתַבְתָּם עַל־מְזוּזֹת בֵּיתֶךָ וּבִשְׁעָרֶיךָ׃ ס

י וְהָיָה כִּי יְבִיאֲךָ׀ יְהוָה אֱלֹהֶיךָ אֶל־הָאָרֶץ אֲשֶׁר נִשְׁבַּע לַאֲבֹתֶיךָ
לְאַבְרָהָם לְיִצְחָק וּלְיַעֲקֹב לָתֶת לָךְ עָרִים גְּדֹלֹת וְטֹבֹת אֲשֶׁר
לֹא־בָנִיתָ׃ יא וּבָתִּים מְלֵאִים כָּל־טוּב אֲשֶׁר לֹא־מִלֵּאתָ וּבֹרֹת
חֲצוּבִים אֲשֶׁר לֹא־חָצַבְתָּ כְּרָמִים וְזֵיתִים אֲשֶׁר לֹא־נָטָעְתָּ
וְאָכַלְתָּ וְשָׂבָעְתָּ׃ יב הִשָּׁמֶר לְךָ פֶּן־תִּשְׁכַּח אֶת־יְהוָה אֲשֶׁר
הוֹצִיאֲךָ מֵאֶרֶץ מִצְרַיִם מִבֵּית עֲבָדִים׃
יג אֶת־יְהוָה אֱלֹהֶיךָ תִּירָא וְאֹתוֹ תַעֲבֹד וּבִשְׁמוֹ תִּשָּׁבֵעַ׃
יד לֹא תֵלְכוּן אַחֲרֵי אֱלֹהִים אֲחֵרִים מֵאֱלֹהֵי הָעַמִּים אֲשֶׁר
סְבִיבוֹתֵיכֶם׃
טו כִּי אֵל קַנָּא יְהוָה אֱלֹהֶיךָ בְּקִרְבֶּךָ פֶּן־יֶחֱרֶה אַף־יְהוָה אֱלֹהֶיךָ
בָּךְ וְהִשְׁמִידְךָ מֵעַל פְּנֵי הָאֲדָמָה׃ ס

טז לֹא תְנַסּוּ אֶת־יְהוָה אֱלֹהֵיכֶם כַּאֲשֶׁר נִסִּיתֶם בַּמַּסָּה׃
יז שָׁמוֹר תִּשְׁמְרוּן אֶת־מִצְוֺת יְהוָה אֱלֹהֵיכֶם וְעֵדֹתָיו וְחֻקָּיו
אֲשֶׁר צִוָּךְ׃
יח וְעָשִׂיתָ הַיָּשָׁר וְהַטּוֹב בְּעֵינֵי יְהוָה לְמַעַן יִיטַב לָךְ וּבָאתָ
וְיָרַשְׁתָּ אֶת־הָאָרֶץ הַטֹּבָה אֲשֶׁר־נִשְׁבַּע יְהוָה לַאֲבֹתֶיךָ׃

O fim da lei é obediência

6 1 Ora, este é o mandamento, os estatutos e os juízos
que Jeová, vosso Deus, ordenou que se vos ensinassem,
para que os cumprais na terra a que passais para a pos-
suirdes; 2 a fim de que temas a Jeová, teu Deus, de modo que
guardes todos os seus estatutos e os seus mandamentos que eu
hoje te mando, tu, e teu filho, e o filho de teu filho, por todos os
dias da tua vida; e para que se prolonguem os teus dias. 3 Ouve,
pois, ó Israel, e cuida de o fazer, para que te vá bem, e para que
te multipliques abundantemente, como Jeová, Deus de teus
pais, te prometeu, numa terra que mana leite e mel.

4 Ouve, ó Israel; Jeová, nosso Deus, é o único Deus. 5 Amarás,
pois, a Jeová, teu Deus, de todo o teu coração, e de toda a tua
alma, e de todas as tuas forças. 6 Estas palavras que eu hoje te
intimo estarão sobre o teu coração; 7 tu as inculcarás a teus filhos
e delas falarás, sentado em tua casa, e andando pelo caminho,
e ao deitar-te, e ao levantar-te. 8 Atá-las-ás como sinal na tua
mão, e serão por frontais entre os teus olhos. 9 Escrevê-las-ás
nos umbrais de tua casa e nas tuas portas.

10 Quando Jeová, teu Deus, te introduzir na terra que prometeu
com juramento a teus pais, a Abraão, a Isaque e a Jacó, que te
daria, grandes e excelentes cidades que não edificaste, 11 e casas
cheias de todas as boas coisas, casas que não encheste; cisternas
cavadas que não cavaste; vinhas e olivais que não plantaste, e
comeres e te fartares; 12 guarda-te, não te esqueças de Jeová, que
te tirou da terra do Egito, da casa de servidão. 13 Temerás a Jeová
teu Deus; servi-lo-ás e, pelo seu nome, jurarás. 14 Não seguireis
a outros deuses dos deuses dos povos que estiverem à roda de
vós, 15 porque Jeová, teu Deus, no meio de ti, é Deus zeloso; para
que a ira de Jeová, teu Deus, não se acenda contra ti, e ele te faça
perecer de sobre a face da terra.

16 Não experimentareis a Jeová, vosso Deus, como o experi-
mentastes em Massá. 17 Observareis diligentemente os manda-
mentos de Jeová, vosso Deus, e os seus testemunhos, e os seus
estatutos que te ordenou. 18 Farás o que é reto e bom aos olhos de
Jeová; para que te vá bem e para que entres e possuas a boa terra

יט לַהֲדֹף אֶת־כָּל־אֹיְבֶיךָ מִפָּנֶיךָ כַּאֲשֶׁר דִּבֶּר יְהוָה: ס

כ כִּֽי־יִשְׁאָלְךָ בִנְךָ מָחָר לֵאמֹר מָה הָעֵדֹת וְהַחֻקִּים וְהַמִּשְׁפָּטִים
אֲשֶׁר צִוָּה יְהוָה אֱלֹהֵינוּ אֶתְכֶם:
כא וְאָמַרְתָּ לְבִנְךָ עֲבָדִים הָיִינוּ לְפַרְעֹה בְּמִצְרָיִם וַיּוֹצִיאֵנוּ יְהוָה
מִמִּצְרַיִם בְּיָד חֲזָקָה:
כב וַיִּתֵּן יְהוָה אוֹתֹת וּמֹפְתִים גְּדֹלִים וְרָעִים | בְּמִצְרַיִם בְּפַרְעֹה
וּבְכָל־בֵּיתוֹ לְעֵינֵינוּ:
כג וְאוֹתָנוּ הוֹצִיא מִשָּׁם לְמַעַן הָבִיא אֹתָנוּ לָתֶת לָנוּ אֶת־הָאָרֶץ
אֲשֶׁר נִשְׁבַּע לַאֲבֹתֵינוּ:
כד וַיְצַוֵּנוּ יְהוָה לַעֲשׂוֹת אֶת־כָּל־הַחֻקִּים הָאֵלֶּה לְיִרְאָה אֶת־יְהוָה
אֱלֹהֵינוּ לְטוֹב לָנוּ כָּל־הַיָּמִים לְחַיֹּתֵנוּ כְּהַיּוֹם הַזֶּה:
כה וּצְדָקָה תִּהְיֶה־לָּנוּ כִּֽי־נִשְׁמֹר לַעֲשׂוֹת אֶת־כָּל־הַמִּצְוָה הַזֹּאת
לִפְנֵי יְהוָה אֱלֹהֵינוּ כַּאֲשֶׁר צִוָּנוּ: ס

א כִּי יְבִיאֲךָ יְהוָה אֱלֹהֶיךָ אֶל־הָאָרֶץ אֲשֶׁר־אַתָּה בָא־שָׁמָּה
לְרִשְׁתָּהּ וְנָשַׁל גּוֹיִם־רַבִּים | מִפָּנֶיךָ הַחִתִּי וְהַגִּרְגָּשִׁי וְהָאֱמֹרִי
וְהַכְּנַעֲנִי וְהַפְּרִזִּי וְהַחִוִּי וְהַיְבוּסִי שִׁבְעָה גוֹיִם רַבִּים וַעֲצוּמִים
מִמֶּךָּ:
ב וּנְתָנָם יְהוָה אֱלֹהֶיךָ לְפָנֶיךָ וְהִכִּיתָם הַחֲרֵם תַּחֲרִים אֹתָם לֹא־
תִכְרֹת לָהֶם בְּרִית וְלֹא תְחָנֵּם:
ג וְלֹא תִתְחַתֵּן בָּם בִּתְּךָ לֹא־תִתֵּן לִבְנוֹ וּבִתּוֹ לֹא־תִקַּח לִבְנֶךָ:
ד כִּֽי־יָסִיר אֶת־בִּנְךָ מֵאַחֲרַי וְעָבְדוּ אֱלֹהִים אֲחֵרִים וְחָרָה אַף־
יְהוָה בָּכֶם וְהִשְׁמִידְךָ מַהֵר:
ה כִּֽי־אִם־כֹּה תַעֲשׂוּ לָהֶם מִזְבְּחֹתֵיהֶם תִּתֹּצוּ וּמַצֵּבֹתָם תְּשַׁבֵּרוּ
וַאֲשֵׁירֵהֶם תְּגַדֵּעוּן וּפְסִילֵיהֶם תִּשְׂרְפוּן בָּאֵשׁ:

ו כִּי עַם קָדוֹשׁ אַתָּה לַיהוָה אֱלֹהֶיךָ בְּךָ בָּחַר | יְהוָה אֱלֹהֶיךָ
לִהְיוֹת לוֹ לְעַם סְגֻלָּה מִכֹּל הָעַמִּים אֲשֶׁר עַל־פְּנֵי הָאֲדָמָה: ס
ז לֹא מֵרֻבְּכֶם מִכָּל־הָעַמִּים חָשַׁק יְהוָה בָּכֶם וַיִּבְחַר בָּכֶם כִּֽי־
אַתֶּם הַמְעַט מִכָּל־הָעַמִּים:

que Jeová prometeu, com juramento, dar a teus pais, 19 lançando
de diante de ti todos os teus inimigos, como falou Jeová.
20 Quando teu filho te perguntar no futuro: Que significam os
testemunhos, e os estatutos, e os juízos que Jeová, nosso Deus,
vos ordenou? 21 responderás a teu filho: Éramos servos de Faraó,
no Egito, e Jeová nos tirou do Egito com mão poderosa. 22 Aos
nossos olhos fez Jeová milagres e portentos, grandes e terríveis
contra o Egito, contra Faraó e contra toda a sua casa; 23 mas a
nós nos tirou de lá, para nos introduzir e para nos dar a terra que
prometeu, com juramento, a nossos pais. 24 Jeová nos ordenou
que observássemos todos estes estatutos e que temêssemos a
Jeová, nosso Deus, para o nosso bem em todo o tempo, a fim de
que ele nos preservasse a vida, como hoje se vê. 25 Será justiça
para nós, se cuidarmos de cumprir esse mandamento todo diante
de Jeová, nosso Deus, como ele nos ordenou.

Israel é admoestado contra a apostasia

7 1 Quando Jeová, teu Deus, te introduzir na terra a que
vais para a possuir e lançar fora muitas nações de diante
de ti: os heteus, os girgaseus, os amorreus, os cananeus,
os ferezeus, os heveus e os jebuseus, sete nações maiores em
número e mais poderosas do que tu; 2 quando Jeová, teu Deus,
tas entregar, e as ferires, então, as destruirás totalmente. Não
farás aliança alguma com elas, nem terás piedade delas; 3 não
contrairás com elas matrimônios, não darás tua filha a seu
filho, nem tomarás sua filha para teu filho. 4 Pois ela desviará
teu filho de me seguir, para que sirvam a outros deuses; assim
a ira de Jeová se acenderá contra vós e depressa vos consumi-
rá. 5 Mas assim vos havereis com eles: deitareis abaixo os seus
altares, quebrareis as suas colunas, cortareis os seus Aserins
e queimareis a fogo as suas imagens de escultura.
6 Porque tu és um povo santo a Jeová, teu Deus; Jeová, teu
Deus, te escolheu a ti, para lhe seres o seu próprio povo, acima
de todos os povos que há sobre a face da terra. 7 Jeová não vos
teve afeição, nem vos escolheu porque éreis mais numerosos

ח כִּי מֵאַהֲבַת יְהוָה אֶתְכֶם וּמִשָּׁמְרוֹ אֶת־הַשְּׁבֻעָה אֲשֶׁר נִשְׁבַּע
לַאֲבֹתֵיכֶם הוֹצִיא יְהוָה אֶתְכֶם בְּיָד חֲזָקָה וַיִּפְדְּךָ מִבֵּית עֲבָדִים
מִיַּד פַּרְעֹה מֶלֶךְ־מִצְרָיִם׃
ט וְיָדַעְתָּ כִּי־יְהוָה אֱלֹהֶיךָ הוּא הָאֱלֹהִים הָאֵל הַנֶּאֱמָן שֹׁמֵר
הַבְּרִית וְהַחֶסֶד לְאֹהֲבָיו וּלְשֹׁמְרֵי (מִצְוֹתוֹ) [מִצְוֹתָיו] לְאֶלֶף
דּוֹר׃
י וּמְשַׁלֵּם לְשֹׂנְאָיו אֶל־פָּנָיו לְהַאֲבִידוֹ לֹא יְאַחֵר לְשֹׂנְאוֹ אֶל־פָּנָיו
יְשַׁלֶּם־לוֹ׃
יא וְשָׁמַרְתָּ אֶת־הַמִּצְוָה וְאֶת־הַחֻקִּים וְאֶת־הַמִּשְׁפָּטִים אֲשֶׁר
אָנֹכִי מְצַוְּךָ הַיּוֹם לַעֲשׂוֹתָם׃ פ

יב וְהָיָה ׀ עֵקֶב תִּשְׁמְעוּן אֵת הַמִּשְׁפָּטִים הָאֵלֶּה וּשְׁמַרְתֶּם
וַעֲשִׂיתֶם אֹתָם וְשָׁמַר יְהוָה אֱלֹהֶיךָ לְךָ אֶת־הַבְּרִית וְאֶת־הַחֶסֶד
אֲשֶׁר נִשְׁבַּע לַאֲבֹתֶיךָ׃
יג וַאֲהֵבְךָ וּבֵרַכְךָ וְהִרְבֶּךָ וּבֵרַךְ פְּרִי־בִטְנְךָ וּפְרִי־אַדְמָתֶךָ דְּגָנְךָ
וְתִירֹשְׁךָ וְיִצְהָרֶךָ שְׁגַר־אֲלָפֶיךָ וְעַשְׁתְּרֹת צֹאנֶךָ עַל הָאֲדָמָה
אֲשֶׁר־נִשְׁבַּע לַאֲבֹתֶיךָ לָתֶת לָךְ׃
יד בָּרוּךְ תִּהְיֶה מִכָּל־הָעַמִּים לֹא־יִהְיֶה בְךָ עָקָר וַעֲקָרָה
וּבִבְהֶמְתֶּךָ׃
טו וְהֵסִיר יְהוָה מִמְּךָ כָּל־חֹלִי וְכָל־מַדְוֵי מִצְרַיִם הָרָעִים אֲשֶׁר
יָדַעְתָּ לֹא יְשִׂימָם בָּךְ וּנְתָנָם בְּכָל־שֹׂנְאֶיךָ׃
טז וְאָכַלְתָּ אֶת־כָּל־הָעַמִּים אֲשֶׁר יְהוָה אֱלֹהֶיךָ נֹתֵן לָךְ לֹא־תָחוֹס
עֵינְךָ עֲלֵיהֶם וְלֹא תַעֲבֹד אֶת־אֱלֹהֵיהֶם כִּי־מוֹקֵשׁ הוּא לָךְ׃ ס

יז כִּי תֹאמַר בִּלְבָבְךָ רַבִּים הַגּוֹיִם הָאֵלֶּה מִמֶּנִּי אֵיכָה אוּכַל
לְהוֹרִישָׁם׃ יח לֹא תִירָא מֵהֶם זָכֹר תִּזְכֹּר אֵת אֲשֶׁר־עָשָׂה יְהוָה
אֱלֹהֶיךָ לְפַרְעֹה וּלְכָל־מִצְרָיִם׃

que qualquer povo (pois vós éreis o mais pequeno de todos os
povos), 8 mas porque Jeová vos amou e, porque guardou jura-
mento que fez a vossos pais, foi que vos tirou com mão poderosa
e vos remiu da casa de servidão, da mão de Faraó, rei do Egito.
9 Saberás que Jeová, teu Deus, é que é Deus; o Deus fiel, que
guarda a sua aliança e a sua misericórdia aos que o amam e lhe
cumprem seus mandamentos, até mil gerações; 10 e que retribui
diretamente aos que o odeiam, para os perder. Não retardará o
pago ao que o odeia; retribuir-lhe-á diretamente. 11 Guardarás,
portanto, o mandamento, os estatutos e os juízos que eu, hoje,
te ordeno, para os cumprires.

Bênçãos decorrentes da obediência

12 Acontecerá que, por ouvirdes estes juízos, e os guardar-
des, e os cumprirdes, Jeová, teu Deus, te guardará a aliança e
a misericórdia que prometeu com juramento a teus pais. 13 Ele
te amará, te abençoará e te multiplicará; também abençoará o
fruto do teu ventre, e o fruto do teu solo, e o teu pão, e o teu
mosto, e o teu azeite, e o produto das tuas vacas, e as crias dos
teus rebanhos, na terra que prometeu, com juramento, a teus
pais que te daria. 14 Bendito serás mais do que todos os povos;
não haverá em ti estéril nem de um nem de outro sexo, nem
entre os teus gados. 15 Jeová apartará de ti toda doença; não
porá sobre ti nenhuma das más enfermidades dos egípcios,
as quais sabes, porém as porá sobre todos os que te odeiam.
16 Devorarás todos os povos que Jeová, teu Deus, te entregar;
os teus olhos não terão piedade deles, nem servirás aos seus
deuses; pois isso te será por laço.

Promessa de auxílio divino contra os inimigos

17 Se disseres no teu coração: Estas nações são mais numero-
sas do que eu; como poderei desapossá-las? 18 Não as temerás.
Lembrar-te-ás do que Jeová, teu Deus, fez a Faraó e a todo o

יט הַמַּסֹּת הַגְּדֹלֹת אֲשֶׁר־רָאוּ עֵינֶיךָ וְהָאֹתֹת וְהַמֹּפְתִים וְהַיָּד
הַחֲזָקָה וְהַזְּרֹעַ הַנְּטוּיָה אֲשֶׁר הוֹצִאֲךָ יְהוָה אֱלֹהֶיךָ כֵּן־יַעֲשֶׂה
יְהוָה אֱלֹהֶיךָ לְכָל־הָעַמִּים אֲשֶׁר־אַתָּה יָרֵא מִפְּנֵיהֶם:
כ וְגַם אֶת־הַצִּרְעָה יְשַׁלַּח יְהוָה אֱלֹהֶיךָ בָּם עַד־אֲבֹד הַנִּשְׁאָרִים
וְהַנִּסְתָּרִים מִפָּנֶיךָ:
כא לֹא תַעֲרֹץ מִפְּנֵיהֶם כִּי־יְהוָה אֱלֹהֶיךָ בְּקִרְבֶּךָ אֵל גָּדוֹל וְנוֹרָא:
כב וְנָשַׁל יְהוָה אֱלֹהֶיךָ אֶת־הַגּוֹיִם הָאֵל מִפָּנֶיךָ מְעַט מְעָט לֹא
תוּכַל כַּלֹּתָם מַהֵר פֶּן־תִּרְבֶּה עָלֶיךָ חַיַּת הַשָּׂדֶה:
כג וּנְתָנָם יְהוָה אֱלֹהֶיךָ לְפָנֶיךָ וְהָמָם מְהוּמָה גְדֹלָה עַד הִשָּׁמְדָם:
כד וְנָתַן מַלְכֵיהֶם בְּיָדֶךָ וְהַאֲבַדְתָּ אֶת־שְׁמָם מִתַּחַת הַשָּׁמָיִם לֹא־
יִתְיַצֵּב אִישׁ בְּפָנֶיךָ עַד הִשְׁמִדְךָ אֹתָם:
כה פְּסִילֵי אֱלֹהֵיהֶם תִּשְׂרְפוּן בָּאֵשׁ לֹא־תַחְמֹד כֶּסֶף וְזָהָב עֲלֵיהֶם
וְלָקַחְתָּ לָךְ פֶּן תִּוָּקֵשׁ בּוֹ כִּי תוֹעֲבַת יְהוָה אֱלֹהֶיךָ הוּא:
כו וְלֹא־תָבִיא תוֹעֵבָה אֶל־בֵּיתֶךָ וְהָיִיתָ חֵרֶם כָּמֹהוּ שַׁקֵּץ|
תְּשַׁקְּצֶנּוּ וְתַעֵב| תְּתַעֲבֶנּוּ כִּי־חֵרֶם הוּא: פ

א כָּל־הַמִּצְוָה אֲשֶׁר אָנֹכִי מְצַוְּךָ הַיּוֹם תִּשְׁמְרוּן לַעֲשׂוֹת לְמַעַן
תִּחְיוּן וּרְבִיתֶם וּבָאתֶם וִירִשְׁתֶּם אֶת־הָאָרֶץ אֲשֶׁר־נִשְׁבַּע יְהוָה
לַאֲבֹתֵיכֶם:
ב וְזָכַרְתָּ אֶת־כָּל־הַדֶּרֶךְ אֲשֶׁר הוֹלִיכֲךָ יְהוָה אֱלֹהֶיךָ זֶה אַרְבָּעִים
שָׁנָה בַּמִּדְבָּר לְמַעַן עַנֹּתְךָ לְנַסֹּתְךָ לָדַעַת אֶת־אֲשֶׁר בִּלְבָבְךָ
הֲתִשְׁמֹר (מִצְוֹתָו) [מִצְוֹתָיו] אִם־לֹא:
ג וַיְעַנְּךָ וַיַּרְעִבֶךָ וַיַּאֲכִלְךָ אֶת הַמָּן אֲשֶׁר לֹא־יָדַעְתָּ וְלֹא יָדְעוּן
אֲבֹתֶיךָ לְמַעַן הוֹדִיעֲךָ כִּי לֹא עַל־הַלֶּחֶם לְבַדּוֹ יִחְיֶה הָאָדָם כִּי
עַל־כָּל־מוֹצָא פִי־יְהוָה יִחְיֶה הָאָדָם:
ד שִׂמְלָתְךָ לֹא בָלְתָה מֵעָלֶיךָ וְרַגְלְךָ לֹא בָצֵקָה זֶה
אַרְבָּעִים שָׁנָה:
ה וְיָדַעְתָּ עִם־לְבָבֶךָ כִּי כַּאֲשֶׁר יְיַסֵּר אִישׁ אֶת־בְּנוֹ יְהוָה
אֱלֹהֶיךָ מְיַסְּרֶךָּ:

Egito; 19 das grandes provas que os teus olhos viram, e dos mila-
gres, e dos portentos, e da mão poderosa, e do braço estendido
com que Jeová, teu Deus, te tirou para fora. Assim fará Jeová,
teu Deus, a todos os povos aos quais temes. 20 Além disso, en-
tre eles mandará Jeová, teu Deus, vespas, até que pereçam de
diante de ti os que ficarem e se esconderem. 21 Não te espantes
deles, porque Jeová, teu Deus, está no meio de ti, Deus grande
e terrível. 22 Jeová, teu Deus, lançará fora estas nações de diante
de ti, pouco a pouco; não as consumirás de uma vez, para que
as feras do campo não se multipliquem contra ti. 23 Mas Jeová,
teu Deus, tas entregará e lhes infligirá uma grande derrota, até
que se acabem. 24 Entregar-te-á nas tuas mãos os seus reis e
fará que desapareça o nome deles de debaixo do céu; ninguém
te poderá resistir, até que os tenhas feito perecer. 25 Queimarás
a fogo as imagens esculpidas dos seus deuses; não cobiçarás a
prata nem o ouro que está sobre elas, nem para ti os tomarás,
para que por eles não venhas a tropeçar; pois abominação é a
Jeová, teu Deus. 26 Não meterás uma abominação em tua casa,
para que não te tornes anátema, semelhante a ela; de todo a
detestarás e de todo a abominarás, pois é anátema.

Exortação a ter em memória os benefícios do Senhor

8 1 Cuidareis de observar todo o mandamento que eu
hoje vos ordeno, para que vivais, e vos multipliqueis,
e entreis, e possuais a terra que Jeová prometeu, com
juramento, a vossos pais. 2 Lembrar-te-ás de todo o caminho
pelo qual Jeová, teu Deus, te há conduzido estes quarenta
anos no deserto, para te humilhar, para te provar, para saber
o que estava no teu coração, se guardarias os seus manda-
mentos ou não. 3 E ele te humilhou, e te deixou padecer fome,
e te sustentou com maná que não conheceste, nem teus pais
o conheceram; para te dar a entender que o homem não vive
só de pão, mas de tudo o que sai da boca de Jeová; disso vive
o homem. 4 O vestido não te caiu de velha, nem se empolou
o teu pé, por estes quarenta anos. 5 Sabe, pois, no teu cora-

ו וְשָׁמַרְתָּ אֶת־מִצְוֺת יְהוָה אֱלֹהֶיךָ לָלֶכֶת בִּדְרָכָיו וּלְיִרְאָה אֹתוֹ׃
ז כִּי יְהוָה אֱלֹהֶיךָ מְבִיאֲךָ אֶל־אֶרֶץ טוֹבָה אֶרֶץ נַחֲלֵי מָיִם עֲיָנֹת
וּתְהֹמֹת יֹצְאִים בַּבִּקְעָה וּבָהָר׃
ח אֶרֶץ חִטָּה וּשְׂעֹרָה וְגֶפֶן וּתְאֵנָה וְרִמּוֹן אֶרֶץ־זֵית שֶׁמֶן וּדְבָשׁ׃
ט אֶרֶץ אֲשֶׁר לֹא בְמִסְכֵּנֻת תֹּאכַל־בָּהּ לֶחֶם לֹא־תֶחְסַר כֹּל בָּהּ
אֶרֶץ אֲשֶׁר אֲבָנֶיהָ בַרְזֶל וּמֵהֲרָרֶיהָ תַּחְצֹב נְחֹשֶׁת׃
י וְאָכַלְתָּ וְשָׂבָעְתָּ וּבֵרַכְתָּ אֶת־יְהוָה אֱלֹהֶיךָ עַל־הָאָרֶץ הַטֹּבָה
אֲשֶׁר נָתַן־לָךְ׃

יא הִשָּׁמֶר לְךָ פֶּן־תִּשְׁכַּח אֶת־יְהוָה אֱלֹהֶיךָ לְבִלְתִּי שְׁמֹר מִצְוֺתָיו
וּמִשְׁפָּטָיו וְחֻקֹּתָיו אֲשֶׁר אָנֹכִי מְצַוְּךָ הַיּוֹם׃
יב פֶּן־תֹּאכַל וְשָׂבָעְתָּ וּבָתִּים טֹבִים תִּבְנֶה וְיָשָׁבְתָּ׃
יג וּבְקָרְךָ וְצֹאנְךָ יִרְבְּיֻן וְכֶסֶף וְזָהָב יִרְבֶּה־לָּךְ וְכֹל אֲשֶׁר־לְךָ יִרְבֶּה׃
יד וְרָם לְבָבֶךָ וְשָׁכַחְתָּ אֶת־יְהוָה אֱלֹהֶיךָ הַמּוֹצִיאֲךָ מֵאֶרֶץ
מִצְרַיִם מִבֵּית עֲבָדִים׃
טו הַמּוֹלִיכְךָ בַּמִּדְבָּר׀ הַגָּדֹל וְהַנּוֹרָא נָחָשׁ׀ שָׂרָף וְעַקְרָב וְצִמָּאוֹן
אֲשֶׁר אֵין־מָיִם הַמּוֹצִיא לְךָ מַיִם מִצּוּר הַחַלָּמִישׁ׃
טז הַמַּאֲכִלְךָ מָן בַּמִּדְבָּר אֲשֶׁר לֹא־יָדְעוּן אֲבֹתֶיךָ לְמַעַן עַנֹּתְךָ
וּלְמַעַן נַסֹּתֶךָ לְהֵיטִבְךָ בְּאַחֲרִיתֶךָ׃
יז וְאָמַרְתָּ בִּלְבָבֶךָ כֹּחִי וְעֹצֶם יָדִי עָשָׂה לִי אֶת־הַחַיִל הַזֶּה׃
יח וְזָכַרְתָּ אֶת־יְהוָה אֱלֹהֶיךָ כִּי הוּא הַנֹּתֵן לְךָ כֹּחַ לַעֲשׂוֹת חָיִל
לְמַעַן הָקִים אֶת־בְּרִיתוֹ אֲשֶׁר־נִשְׁבַּע לַאֲבֹתֶיךָ כַּיּוֹם הַזֶּה׃ פ
יט וְהָיָה אִם־שָׁכֹחַ תִּשְׁכַּח אֶת־יְהוָה אֱלֹהֶיךָ וְהָלַכְתָּ אַחֲרֵי
אֱלֹהִים אֲחֵרִים וַעֲבַדְתָּם וְהִשְׁתַּחֲוִיתָ לָהֶם הַעִדֹתִי בָכֶם הַיּוֹם כִּי
אָבֹד תֹּאבֵדוּן׃
כ כַּגּוֹיִם אֲשֶׁר יְהוָה מַאֲבִיד מִפְּנֵיכֶם כֵּן תֹּאבֵדוּן עֵקֶב לֹא
תִשְׁמְעוּן בְּקוֹל יְהוָה אֱלֹהֵיכֶם׃ פ

ção, que, como um homem disciplina a seu filho, assim te está
disciplinando Jeová, teu Deus. 6 Guardarás os mandamentos
de Jeová, teu Deus, para andares nos seus caminhos e para o
temeres. 7 Porque Jeová, teu Deus, te está introduzindo numa
boa terra, numa terra de torrentes de água, de fontes e de
abismos, que se arrebentam nos vales e nos outeiros; 8 numa
terra de trigo, de cevada, de vides, de figueiras e de romei-
ras; numa terra de azeite de oliveiras e de mel; 9 numa terra
em que comerás pão sem escassez, e nela não te faltará coisa
alguma; numa terra cujas pedras são ferro, e de cujos outei-
ros poderás cavar cobre. 10 Comerás, e te fartarás, e louvarás a
Jeová, teu Deus, pela boa terra que te deu.

11 Guarda-te, não te esqueças de Jeová, teu Deus, deixando
de observar os seus mandamentos, os seus juízos e os seus
estatutos que hoje te ordeno; 12 para não suceder que, depois
de teres comido e fores farto, depois de teres edificado boas
casas e morado nelas; 13 depois de se multiplicarem os teus ga-
dos e os teus rebanhos, e se aumentar a tua prata e o teu ouro,
e ser abundante tudo quanto tens, 14 se eleve o teu coração, e
te esqueças de Jeová, teu Deus, que te tirou da terra do Egito,
da casa de servidão, 15 que te conduziu pelo grande e terrível
deserto, em que havia serpentes abrasadoras, e escorpiões, e
terra árida onde não havia água; que te fez sair água da rocha de
pederneiras; 16 que, no deserto, te alimentou com maná, que teus
pais não conheceram, para te humilhar e para te provar, a fim
de te fazer bem nos teus dias finais. 17 Não digas no teu coração:
A minha força e a fortaleza das minhas mãos me conseguiram
estas riquezas. 18 Antes, te lembrarás de Jeová, teu Deus, porque
é ele o que te dá forças para conseguires riquezas; a fim de que
estabeleça ele a sua aliança, que prometeu, com juramento,
a teus pais, como hoje se vê. 19 Se te esqueceres de Jeová, teu
Deus, e andares após outros deuses, e os servires, e adorares,
testifico, hoje, contra vós que, certamente, perecereis. 20 Como
as nações que Jeová fez perecer de diante de vós, assim pere-
cereis; porque não queríeis ouvir a voz de Jeová, vosso Deus.

א שְׁמַע יִשְׂרָאֵל אַתָּה עֹבֵר הַיּוֹם אֶת־הַיַּרְדֵּן לָבֹא לָרֶשֶׁת גּוֹיִם
גְּדֹלִים וַעֲצֻמִים מִמֶּךָּ עָרִים גְּדֹלֹת וּבְצֻרֹת בַּשָּׁמָיִם׃
ב עַם־גָּדוֹל וָרָם בְּנֵי עֲנָקִים אֲשֶׁר אַתָּה יָדַעְתָּ וְאַתָּה שָׁמַעְתָּ מִי
יִתְיַצֵּב לִפְנֵי בְּנֵי עֲנָק׃
ג וְיָדַעְתָּ הַיּוֹם כִּי יְהוָה אֱלֹהֶיךָ הוּא־הָעֹבֵר לְפָנֶיךָ אֵשׁ אֹכְלָה
הוּא יַשְׁמִידֵם וְהוּא יַכְנִיעֵם לְפָנֶיךָ וְהוֹרַשְׁתָּם וְהַאֲבַדְתָּם מַהֵר
כַּאֲשֶׁר דִּבֶּר יְהוָה לָךְ׃
ד אַל־תֹּאמַר בִּלְבָבְךָ בַּהֲדֹף יְהוָה אֱלֹהֶיךָ אֹתָם ׀ מִלְּפָנֶיךָ לֵאמֹר
בְּצִדְקָתִי הֱבִיאַנִי יְהוָה לָרֶשֶׁת אֶת־הָאָרֶץ הַזֹּאת וּבְרִשְׁעַת
הַגּוֹיִם הָאֵלֶּה יְהוָה מוֹרִישָׁם מִפָּנֶיךָ׃
ה לֹא בְצִדְקָתְךָ וּבְיֹשֶׁר לְבָבְךָ אַתָּה בָא לָרֶשֶׁת אֶת־אַרְצָם כִּי
בְּרִשְׁעַת ׀ הַגּוֹיִם הָאֵלֶּה יְהוָה אֱלֹהֶיךָ מוֹרִישָׁם מִפָּנֶיךָ וּלְמַעַן
הָקִים אֶת־הַדָּבָר אֲשֶׁר נִשְׁבַּע יְהוָה לַאֲבֹתֶיךָ לְאַבְרָהָם
לְיִצְחָק וּלְיַעֲקֹב׃

ו וְיָדַעְתָּ כִּי לֹא בְצִדְקָתְךָ יְהוָה אֱלֹהֶיךָ נֹתֵן לְךָ אֶת־הָאָרֶץ
הַטּוֹבָה הַזֹּאת לְרִשְׁתָּהּ כִּי עַם־קְשֵׁה־עֹרֶף אָתָּה׃
ז זְכֹר אַל־תִּשְׁכַּח אֵת אֲשֶׁר־הִקְצַפְתָּ אֶת־יְהוָה אֱלֹהֶיךָ בַּמִּדְבָּר
לְמִן־הַיּוֹם אֲשֶׁר־יָצָאתָ ׀ מֵאֶרֶץ מִצְרַיִם עַד־בֹּאֲכֶם עַד־הַמָּקוֹם
הַזֶּה מַמְרִים הֱיִיתֶם עִם־יְהוָה׃
ח וּבְחֹרֵב הִקְצַפְתֶּם אֶת־יְהוָה וַיִּתְאַנַּף יְהוָה בָּכֶם
לְהַשְׁמִיד אֶתְכֶם׃ ט בַּעֲלֹתִי הָהָרָה לָקַחַת לוּחֹת הָאֲבָנִים
לוּחֹת הַבְּרִית אֲשֶׁר־כָּרַת יְהוָה עִמָּכֶם וָאֵשֵׁב בָּהָר אַרְבָּעִים יוֹם
וְאַרְבָּעִים לַיְלָה לֶחֶם לֹא אָכַלְתִּי וּמַיִם לֹא שָׁתִיתִי׃
י וַיִּתֵּן יְהוָה אֵלַי אֶת־שְׁנֵי לוּחֹת הָאֲבָנִים כְּתֻבִים בְּאֶצְבַּע
אֱלֹהִים וַעֲלֵיהֶם כְּכָל־הַדְּבָרִים אֲשֶׁר דִּבֶּר יְהוָה עִמָּכֶם בָּהָר
מִתּוֹךְ הָאֵשׁ בְּיוֹם הַקָּהָל׃
יא וַיְהִי מִקֵּץ אַרְבָּעִים יוֹם וְאַרְבָּעִים לַיְלָה נָתַן יְהוָה אֵלַי אֶת־
שְׁנֵי לֻחֹת הָאֲבָנִים לֻחוֹת הַבְּרִית׃
יב וַיֹּאמֶר יְהוָה אֵלַי קוּם רֵד מַהֵר מִזֶּה כִּי שִׁחֵת עַמְּךָ אֲשֶׁר
הוֹצֵאתָ מִמִּצְרָיִם סָרוּ מַהֵר מִן־הַדֶּרֶךְ אֲשֶׁר צִוִּיתִם עָשׂוּ
לָהֶם מַסֵּכָה׃

Moisés lembra aos israelitas as suas murmurações e infidelidades

9 1 Ouve, ó Israel; tu estás passando, hoje, o Jordão, para
entrares e possuíres nações maiores e mais poderosas
do que tu, cidades grandes e muradas até o céu, 2 um
povo grande e alto, filhos dos anaquins, a quem tu conheces e
de quem tu tens ouvido dizer: Quem poderá resistir aos filhos
de Anaque? 3 Sabe, hoje, que Jeová, teu Deus, é o que passa
adiante de ti como um fogo devorador. Ele os destruirá e os
subjugará diante de ti; assim os desapossarás, e depressa os
farás perecer, como Jeová te prometeu. 4 Depois que Jeová,
teu Deus, os tiver lançado fora de diante de ti, não digas no
teu coração: Por causa da minha justiça é que Jeová me intro-
duziu nesta terra para a possuir; porque por causa da maldade
destas nações é que Jeová as está desapossando de diante de
ti. 5 Não é pela tua justiça, nem pela retidão do teu coração
que entras a possuir a sua terra; mas pela maldade destas na-
ções é que Jeová, teu Deus, as está desapossando de diante de
ti e para estabelecer o que Jeová prometeu, com juramento, a
teus pais, a Abraão, a Isaque e a Jacó.

6 Sabe que não é pela tua justiça que Jeová, teu Deus, te está
dando esta boa terra para a possuíres; porque tu és um povo de
cerviz dura. 7 Lembra-te, não te esqueças de que modo provo-
caste a ira de Jeová, teu Deus, no deserto; desde o dia em que
saístes da terra do Egito até chegardes a este lugar, tendes sido
rebeldes contra Jeová. 8 Também em Horebe provocastes a ira
de Jeová, e Jeová irou-se contra vós ao ponto de vos destruir.
9 Quando subi o monte para receber as tábuas da aliança que
Jeová fez convosco, fiquei no monte quarenta dias e quarenta
noites; não comi pão, nem bebi água. 10 Jeová deu-me as tábuas
de pedra, escritas com o dedo de Deus; nelas estava escrito
segundo todas as palavras que Jeová vos falou no monte, do
meio do fogo, no dia da assembleia. 11 Ao fim de quarenta dias
e quarenta noites, deu-me Jeová as tábuas de pedra, isto é, as
tábuas da aliança. 12 Disse-me Jeová: Levanta-te, desce depressa
daqui, porque o teu povo, que tiraste do Egito, já se corrompeu;
cedo se desviaram do caminho que lhes ordenei; fizeram para

יג וַיֹּאמֶר יְהוָה אֵלַי לֵאמֹר רָאִיתִי אֶת־הָעָם הַזֶּה וְהִנֵּה
עַם־קְשֵׁה־עֹרֶף הוּא:
יד הֶרֶף מִמֶּנִּי וְאַשְׁמִידֵם וְאֶמְחֶה אֶת־שְׁמָם מִתַּחַת הַשָּׁמָיִם
וְאֶעֱשֶׂה אוֹתְךָ לְגוֹי־עָצוּם וָרָב מִמֶּנּוּ:
טו וָאֵפֶן וָאֵרֵד מִן־הָהָר וְהָהָר בֹּעֵר בָּאֵשׁ וּשְׁנֵי לֻחֹת
הַבְּרִית עַל שְׁתֵּי יָדָי:
טז וָאֵרֶא וְהִנֵּה חֲטָאתֶם לַיהוָה אֱלֹהֵיכֶם עֲשִׂיתֶם לָכֶם עֵגֶל
מַסֵּכָה סַרְתֶּם מַהֵר מִן־הַדֶּרֶךְ אֲשֶׁר־צִוָּה יְהוָה אֶתְכֶם:
יז וָאֶתְפֹּשׂ בִּשְׁנֵי הַלֻּחֹת וָאַשְׁלִכֵם מֵעַל שְׁתֵּי יָדָי
וָאֲשַׁבְּרֵם לְעֵינֵיכֶם:
יח וָאֶתְנַפַּל לִפְנֵי יְהוָה כָּרִאשֹׁנָה אַרְבָּעִים יוֹם וְאַרְבָּעִים לַיְלָה
לֶחֶם לֹא אָכַלְתִּי וּמַיִם לֹא שָׁתִיתִי עַל כָּל־חַטַּאתְכֶם אֲשֶׁר
חֲטָאתֶם לַעֲשׂוֹת הָרַע בְּעֵינֵי יְהוָה לְהַכְעִיסוֹ:
יט כִּי יָגֹרְתִּי מִפְּנֵי הָאַף וְהַחֵמָה אֲשֶׁר קָצַף יְהוָה עֲלֵיכֶם
לְהַשְׁמִיד אֶתְכֶם וַיִּשְׁמַע יְהוָה אֵלַי גַּם בַּפַּעַם הַהִוא:
כ וּבְאַהֲרֹן הִתְאַנַּף יְהוָה מְאֹד לְהַשְׁמִידוֹ וָאֶתְפַּלֵּל גַּם־בְּעַד
אַהֲרֹן בָּעֵת הַהִוא:
כא וְאֶת־חַטַּאתְכֶם אֲשֶׁר־עֲשִׂיתֶם אֶת־הָעֵגֶל לָקַחְתִּי וָאֶשְׂרֹף
אֹתוֹ ׀ בָּאֵשׁ וָאֶכֹּת אֹתוֹ טָחוֹן הֵיטֵב עַד אֲשֶׁר־דַּק לְעָפָר וָאַשְׁלִךְ
אֶת־עֲפָרוֹ אֶל־הַנַּחַל הַיֹּרֵד מִן־הָהָר:
כב וּבְתַבְעֵרָה וּבְמַסָּה וּבְקִבְרֹת הַתַּאֲוָה מַקְצִפִים הֱיִיתֶם
אֶת־יְהוָה:
כג וּבִשְׁלֹחַ יְהוָה אֶתְכֶם מִקָּדֵשׁ בַּרְנֵעַ לֵאמֹר עֲלוּ וּרְשׁוּ אֶת־
הָאָרֶץ אֲשֶׁר נָתַתִּי לָכֶם וַתַּמְרוּ אֶת־פִּי יְהוָה אֱלֹהֵיכֶם וְלֹא
הֶאֱמַנְתֶּם לוֹ וְלֹא שְׁמַעְתֶּם בְּקֹלוֹ:
כד מַמְרִים הֱיִיתֶם עִם־יְהוָה מִיּוֹם דַּעְתִּי אֶתְכֶם:
כה וָאֶתְנַפַּל לִפְנֵי יְהוָה אֵת אַרְבָּעִים הַיּוֹם וְאֶת־אַרְבָּעִים הַלַּיְלָה
אֲשֶׁר הִתְנַפָּלְתִּי כִּי־אָמַר יְהוָה לְהַשְׁמִיד אֶתְכֶם:
כו וָאֶתְפַּלֵּל אֶל־יְהוָה וָאֹמַר אֲדֹנָי יְהוִה אַל־תַּשְׁחֵת עַמְּךָ
וְנַחֲלָתְךָ אֲשֶׁר פָּדִיתָ בְּגָדְלֶךָ אֲשֶׁר־הוֹצֵאתָ מִמִּצְרַיִם בְּיָד חֲזָקָה:
כז זְכֹר לַעֲבָדֶיךָ לְאַבְרָהָם לְיִצְחָק וּלְיַעֲקֹב אַל־תֵּפֶן אֶל־קְשִׁי
הָעָם הַזֶּה וְאֶל־רִשְׁעוֹ וְאֶל־חַטָּאתוֹ:
כח פֶּן־יֹאמְרוּ הָאָרֶץ אֲשֶׁר הוֹצֵאתָנוּ מִשָּׁם מִבְּלִי יְכֹלֶת יְהוָה
לַהֲבִיאָם אֶל־הָאָרֶץ אֲשֶׁר־דִּבֶּר לָהֶם וּמִשִּׂנְאָתוֹ אוֹתָם הוֹצִיאָם
לַהֲמִתָם בַּמִּדְבָּר:
כט וְהֵם עַמְּךָ וְנַחֲלָתֶךָ אֲשֶׁר הוֹצֵאתָ בְּכֹחֲךָ הַגָּדֹל וּבִזְרֹעֲךָ
הַנְּטוּיָה: פ

si uma imagem fundida. 13 Disse-me mais Jeová: Vi este povo,
e eis que é um povo de cerviz dura. 14 Deixa-me, para que eu os
destrua e apague o seu nome de debaixo do céu; farei de ti uma
nação mais poderosa e maior do que esta. 15 Então, me virei e
desci do monte, e ardia o monte em fogo; as duas tábuas da
aliança estavam em ambas as minhas mãos. 16 Olhei, e eis que
havíeis pecado contra Jeová, vosso Deus; vós vos tínheis feito
um bezerro fundido; depressa, vos tínheis desviado do caminho
que Jeová vos ordenara. 17 Peguei nas duas tábuas, arrojei-as
das minhas mãos e quebrei-as diante dos vossos olhos. 18 Prostrei-me
perante Jeová, como dantes, quarenta dias e quarenta
noites; não comi pão, nem bebi água, por causa de todo o vosso
pecado que cometestes, fazendo o que era mau à vista de Jeová,
para o irritardes. 19 Eu estava atemorizado pela ira e furor com
os quais se irou Jeová contra vós, ao ponto de vos destruir. Mas
ainda essa vez Jeová me ouviu. 20 Jeová estava muito irado contra
Arão, ao ponto de o destruir; orei por Arão também ao mesmo
tempo. 21 Então, tomei o vosso pecado, o bezerro que tínheis
feito, e o queimei no fogo, e o pisei, moendo-o bem, até que se
desfez em pó; o seu pó deitei na corrente que descia do monte.

22 Irritastes também a Jeová em Taberá, em Massá e em Quibrote-Hataavá.
23 Quando Jeová vos enviou a Cades-Barneia,
dizendo: Subi e tomai posse da terra que vos dei, rebelastes
contra o mandamento de Jeová, vosso Deus, e não lhe destes
crédito, nem ouvistes a sua voz. 24 Tendes sido rebeldes contra
Jeová desde o dia em que vos conheci.

25 Assim, me prostrei diante de Jeová; quarenta dias e quarenta
noites estive prostrado, porque Jeová dissera que vos destruiria.
26 Orei a Jeová, dizendo: Deus Jeová, não destruas o teu povo e
a tua herança que remiste com a tua grandeza e que tiraste do
Egito com mão poderosa. 27 Lembra-te dos teus servos, Abraão,
Isaque e Jacó; não atentes para a dureza deste povo, nem para a
sua maldade, nem para o seu pecado; 28 para que não diga o povo
da terra de que nos tiraste: Por não poder Jeová introduzi-los na
terra que lhes prometeu e por odiá-los, tirou-os para fazer morrer
no deserto. 29 Contudo, eles são o teu povo e a tua herança
que tiraste com a tua grande força e com o teu braço estendido.

א בָּעֵת הַהִוא אָמַר יְהוָה אֵלַי פְּסָל־לְךָ שְׁנֵי־לוּחֹת אֲבָנִים
כָּרִאשֹׁנִים וַעֲלֵה אֵלַי הָהָרָה וְעָשִׂיתָ לְּךָ אֲרוֹן עֵץ׃
ב וְאֶכְתֹּב עַל־הַלֻּחֹת אֶת־הַדְּבָרִים אֲשֶׁר הָיוּ עַל־הַלֻּחֹת
הָרִאשֹׁנִים אֲשֶׁר שִׁבַּרְתָּ וְשַׂמְתָּם בָּאָרוֹן׃
ג וָאַעַשׂ אֲרוֹן עֲצֵי שִׁטִּים וָאֶפְסֹל שְׁנֵי־לֻחֹת אֲבָנִים כָּרִאשֹׁנִים
וָאַעַל הָהָרָה וּשְׁנֵי הַלֻּחֹת בְּיָדִי׃
ד וַיִּכְתֹּב עַל־הַלֻּחֹת כַּמִּכְתָּב הָרִאשׁוֹן אֵת עֲשֶׂרֶת הַדְּבָרִים
אֲשֶׁר דִּבֶּר יְהוָה אֲלֵיכֶם בָּהָר מִתּוֹךְ הָאֵשׁ בְּיוֹם הַקָּהָל
וַיִּתְּנֵם יְהוָה אֵלָי׃
ה וָאֵפֶן וָאֵרֵד מִן־הָהָר וָאָשִׂם אֶת־הַלֻּחֹת בָּאָרוֹן אֲשֶׁר עָשִׂיתִי
וַיִּהְיוּ שָׁם כַּאֲשֶׁר צִוַּנִי יְהוָה׃
ו וּבְנֵי יִשְׂרָאֵל נָסְעוּ מִבְּאֵרֹת בְּנֵי־יַעֲקָן מוֹסֵרָה שָׁם מֵת אַהֲרֹן
וַיִּקָּבֵר שָׁם וַיְכַהֵן אֶלְעָזָר בְּנוֹ תַּחְתָּיו׃
ז מִשָּׁם נָסְעוּ הַגֻּדְגֹּדָה וּמִן־הַגֻּדְגֹּדָה יָטְבָתָה אֶרֶץ נַחֲלֵי מָיִם׃
ח בָּעֵת הַהִוא הִבְדִּיל יְהוָה אֶת־שֵׁבֶט הַלֵּוִי לָשֵׂאת
אֶת־אֲרוֹן בְּרִית־יְהוָה לַעֲמֹד לִפְנֵי יְהוָה לְשָׁרְתוֹ וּלְבָרֵךְ
בִּשְׁמוֹ עַד הַיּוֹם הַזֶּה׃
ט עַל־כֵּן לֹא־הָיָה לְלֵוִי חֵלֶק וְנַחֲלָה עִם־אֶחָיו יְהוָה הוּא נַחֲלָתוֹ
כַּאֲשֶׁר דִּבֶּר יְהוָה אֱלֹהֶיךָ לוֹ׃
י וְאָנֹכִי עָמַדְתִּי בָהָר כַּיָּמִים הָרִאשֹׁנִים אַרְבָּעִים יוֹם וְאַרְבָּעִים
לָיְלָה וַיִּשְׁמַע יְהוָה אֵלַי גַּם בַּפַּעַם הַהִוא לֹא־אָבָה יְהוָה
הַשְׁחִיתֶךָ׃
יא וַיֹּאמֶר יְהוָה אֵלַי קוּם לֵךְ לְמַסַּע לִפְנֵי הָעָם וְיָבֹאוּ וְיִירְשׁוּ
אֶת־הָאָרֶץ אֲשֶׁר־נִשְׁבַּעְתִּי לַאֲבֹתָם לָתֵת לָהֶם׃ פ

יב וְעַתָּה יִשְׂרָאֵל מָה יְהוָה אֱלֹהֶיךָ שֹׁאֵל מֵעִמָּךְ כִּי אִם־לְיִרְאָה
אֶת־יְהוָה אֱלֹהֶיךָ לָלֶכֶת בְּכָל־דְּרָכָיו וּלְאַהֲבָה אֹתוֹ וְלַעֲבֹד אֶת־
יְהוָה אֱלֹהֶיךָ בְּכָל־לְבָבְךָ וּבְכָל־נַפְשֶׁךָ׃
יג לִשְׁמֹר אֶת־מִצְוֹת יְהוָה וְאֶת־חֻקֹּתָיו אֲשֶׁר אָנֹכִי מְצַוְּךָ
הַיּוֹם לְטוֹב לָךְ׃
יד הֵן לַיהוָה אֱלֹהֶיךָ הַשָּׁמַיִם וּשְׁמֵי הַשָּׁמָיִם הָאָרֶץ וְכָל־אֲשֶׁר־בָּהּ׃

Moisés fala das segundas tábuas da lei

10 1 Naquele tempo, disse-me Jeová: Corta-te duas
tábuas de pedra, como as primeiras, e sobe a
mim ao monte, e faze-te uma arca de madeira.
2 Escreverei nas tábuas as palavras que estavam nas primeiras
tábuas que quebraste, e pô-las-ás na arca. 3 Fiz, pois, uma arca
de madeira de acácia, cortei duas tábuas de pedra como as
primeiras, e subi ao monte, tendo eu as duas tábuas na mão.
4 Escreveu nas tábuas, conforme a primeira escritura, os dez
mandamentos, que Jeová vos falou no monte, do meio do
fogo, no dia da assembleia; e Jeová mas deu a mim. 5 Virei-me,
e desci do monte, e pus as tábuas na arca que tinha feito; e
ali estão, como Jeová me ordenou. 6 (Os filhos de Israel partiram de Beerote-Bene-Jaacã para Moserá. Ali, morreu Arão e
ali foi sepultado; e Eleazar, seu filho, era sacerdote no lugar
dele. 7 Dali partiram para Gudgodá; e de Gudgodá para Jotbatá, terra de torrentes de água. 8 Por esse tempo, Jeová separou
a tribo de Levi para levar a arca da aliança de Jeová, para estar
diante de Jeová, a fim de o servir e de lançar a bênção em seu
nome até este dia. 9 Pelo que Levi não tem parte nem herança
com seus irmãos; Jeová é a sua herança, assim como Jeová,
teu Deus, lhe falou). 10 Fiquei no monte, como dantes, quarenta dias e quarenta noites; ouviu-me Jeová ainda esta vez;
Jeová não te quis destruir. 11 Disse-me Jeová: Levanta-te, põe-te a caminho adiante do povo; entrarão e possuirão a terra
que prometi, com juramento, a seus pais que lhes daria.

Exortação à obediência

12 Agora, ó Israel, que é que Jeová, teu Deus, te pede, senão
que temas a Jeová, teu Deus, que andes nos seus caminhos, e
o ames, e sirvas a Jeová, teu Deus, de todo o teu coração e de
toda a tua alma, 13 que guardes os mandamentos de Jeová e os
seus estatutos que eu hoje te ordeno para o teu bem? 14 Eis que
a Jeová, teu Deus, pertencem o céu, e o céu dos céus, e a terra, e

טו רַק בַּאֲבֹתֶיךָ חָשַׁק יְהוָה לְאַהֲבָה אוֹתָם וַיִּבְחַר בְּזַרְעָם
אַחֲרֵיהֶם בָּכֶם מִכָּל־הָעַמִּים כַּיּוֹם הַזֶּה׃
טז וּמַלְתֶּם אֵת עָרְלַת לְבַבְכֶם וְעָרְפְּכֶם לֹא תַקְשׁוּ עוֹד׃
יז כִּי יְהוָה אֱלֹהֵיכֶם הוּא אֱלֹהֵי הָאֱלֹהִים וַאֲדֹנֵי הָאֲדֹנִים הָאֵל
הַגָּדֹל הַגִּבֹּר וְהַנּוֹרָא אֲשֶׁר לֹא־יִשָּׂא פָנִים וְלֹא יִקַּח שֹׁחַד׃
יח עֹשֶׂה מִשְׁפַּט יָתוֹם וְאַלְמָנָה וְאֹהֵב גֵּר לָתֶת לוֹ לֶחֶם וְשִׂמְלָה׃
יט וַאֲהַבְתֶּם אֶת־הַגֵּר כִּי־גֵרִים הֱיִיתֶם בְּאֶרֶץ מִצְרָיִם׃
כ אֶת־יְהוָה אֱלֹהֶיךָ תִּירָא אֹתוֹ תַעֲבֹד וּבוֹ תִדְבָּק וּבִשְׁמוֹ תִּשָּׁבֵעַ׃
כא הוּא תְהִלָּתְךָ וְהוּא אֱלֹהֶיךָ אֲשֶׁר־עָשָׂה אִתְּךָ אֶת־הַגְּדֹלֹת
וְאֶת־הַנּוֹרָאֹת הָאֵלֶּה אֲשֶׁר רָאוּ עֵינֶיךָ׃
כב בְּשִׁבְעִים נֶפֶשׁ יָרְדוּ אֲבֹתֶיךָ מִצְרָיְמָה וְעַתָּה שָׂמְךָ יְהוָה
אֱלֹהֶיךָ כְּכוֹכְבֵי הַשָּׁמַיִם לָרֹב׃

א וְאָהַבְתָּ אֵת יְהוָה אֱלֹהֶיךָ וְשָׁמַרְתָּ מִשְׁמַרְתּוֹ וְחֻקֹּתָיו
וּמִשְׁפָּטָיו וּמִצְוֹתָיו כָּל־הַיָּמִים׃
ב וִידַעְתֶּם הַיּוֹם כִּי לֹא אֶת־בְּנֵיכֶם אֲשֶׁר לֹא־יָדְעוּ וַאֲשֶׁר לֹא־
רָאוּ אֶת־מוּסַר יְהוָה אֱלֹהֵיכֶם אֶת־גָּדְלוֹ אֶת־יָדוֹ הַחֲזָקָה וּזְרֹעוֹ
הַנְּטוּיָה׃
ג וְאֶת־אֹתֹתָיו וְאֶת־מַעֲשָׂיו אֲשֶׁר עָשָׂה בְּתוֹךְ מִצְרָיִם לְפַרְעֹה
מֶלֶךְ־מִצְרַיִם וּלְכָל־אַרְצוֹ׃
ד וַאֲשֶׁר עָשָׂה לְחֵיל מִצְרַיִם לְסוּסָיו וּלְרִכְבּוֹ אֲשֶׁר הֵצִיף אֶת־מֵי
יַם־סוּף עַל־פְּנֵיהֶם בְּרָדְפָם אַחֲרֵיכֶם וַיְאַבְּדֵם יְהוָה עַד הַיּוֹם
הַזֶּה׃
ה וַאֲשֶׁר עָשָׂה לָכֶם בַּמִּדְבָּר עַד־בֹּאֲכֶם עַד־הַמָּקוֹם הַזֶּה׃
ו וַאֲשֶׁר עָשָׂה לְדָתָן וְלַאֲבִירָם בְּנֵי אֱלִיאָב בֶּן־רְאוּבֵן אֲשֶׁר
פָּצְתָה הָאָרֶץ אֶת־פִּיהָ וַתִּבְלָעֵם וְאֶת־בָּתֵּיהֶם וְאֶת־אָהֳלֵיהֶם
וְאֵת כָּל־הַיְקוּם אֲשֶׁר בְּרַגְלֵיהֶם בְּקֶרֶב כָּל־יִשְׂרָאֵל׃
ז כִּי עֵינֵיכֶם הָרֹאֹת אֶת־כָּל־מַעֲשֵׂה יְהוָה הַגָּדֹל אֲשֶׁר עָשָׂה׃

ח וּשְׁמַרְתֶּם אֶת־כָּל־הַמִּצְוָה אֲשֶׁר אָנֹכִי מְצַוְּךָ הַיּוֹם
לְמַעַן תֶּחֶזְקוּ וּבָאתֶם וִירִשְׁתֶּם אֶת־הָאָרֶץ אֲשֶׁר אַתֶּם
עֹבְרִים שָׁמָּה לְרִשְׁתָּהּ׃
ט וּלְמַעַן תַּאֲרִיכוּ יָמִים עַל־הָאֲדָמָה אֲשֶׁר נִשְׁבַּע יְהוָה
לַאֲבֹתֵיכֶם לָתֵת לָהֶם וּלְזַרְעָם אֶרֶץ זָבַת חָלָב וּדְבָשׁ׃ ס
י כִּי הָאָרֶץ אֲשֶׁר אַתָּה בָא־שָׁמָּה לְרִשְׁתָּהּ לֹא כְאֶרֶץ מִצְרַיִם

tudo o que nela há. 15 Tão somente Jeová teve afeição a teus pais
para os amar e escolheu a sua semente depois deles, isto é, a vós,
acima de todos os povos, como hoje se vê. 16 Circuncidai, pois,
o prepúcio do vosso coração e não mais sejais de cerviz dura.
17 Porque Jeová, vosso Deus, é o Deus dos deuses e o Senhor dos
senhores, o Deus grande, poderoso e terrível, que não se deixa
levar de respeitos humanos, nem recebe peitas; 18 que executa o
julgamento do órfão e da viúva e ama ao estrangeiro, dando-lhe
pão e vestido. 19 Amai, portanto, ao estrangeiro, porque fostes
estrangeiros na terra do Egito. 20 A Jeová, teu Deus, temerás, e
a ele servirás, e a ele te unirás, e pelo seu nome jurarás. 21 Ele
é o teu louvor e o teu Deus, que fez a teu favor estas grandes e
terríveis coisas que os teus olhos viram. 22 Com setenta pessoas
desceram teus pais ao Egito; e, agora, Jeová, teu Deus, te fez
em número como as estrelas.

11 1 Amarás a Jeová, teu Deus, e guardarás em todo o
tempo os seus preceitos, e os seus estatutos, e os
seus juízos, e os seus mandamentos. 2 Sabereis hoje
(pois não falo a vossos filhos que não conheceram, nem viram)
a disciplina de Jeová, vosso Deus, a sua grandeza, a sua mão
poderosa, o seu braço estendido, 3 os seus milagres e as suas
obras que fez no meio do Egito a Faraó, rei do Egito, e a toda
a sua terra. 4 Sabereis o que fez ao exército do Egito, aos seus
cavalos e aos seus carros; como fez as águas do mar Vermelho
passar sobre eles, quando vos perseguiam, e como os destruiu
Jeová até este dia; 5 o que vos fez no deserto, até chegardes a
este lugar; 6 o que fez a Datã e a Abirão, filhos de Eliabe, filho
de Rúben; de que modo a terra abriu a boca e os engoliu e bem
assim as suas casas, as suas tendas e todo o ser vivente que os
seguia, no meio de todo o Israel; 7 mas os vossos olhos são os
que viram todas as grandes obras que Jeová fez.

8 Guardai todo o mandamento que eu hoje vos ordeno, para
que sejais fortes, e entreis, e possuais a terra a que estais pas-
sando para a possuirdes; 9 para que prolongueis os vossos dias
na terra que Jeová prometeu, com juramento, a vossos pais que
daria a eles e a sua semente, a saber, uma terra que mana leite
e mel. 10 A terra na qual estais entrando para a possuirdes não é

הִוא אֲשֶׁר יְצָאתֶם מִשָּׁם אֲשֶׁר תִּזְרַע אֶת־זַרְעֲךָ וְהִשְׁקִיתָ
בְרַגְלְךָ כְּגַן הַיָּרָק׃
יא וְהָאָרֶץ אֲשֶׁר אַתֶּם עֹבְרִים שָׁמָּה לְרִשְׁתָּהּ אֶרֶץ הָרִים
וּבְקָעֹת לִמְטַר הַשָּׁמַיִם תִּשְׁתֶּה־מָּיִם׃
יב אֶרֶץ אֲשֶׁר־יְהוָה אֱלֹהֶיךָ דֹּרֵשׁ אֹתָהּ תָּמִיד עֵינֵי יְהוָה אֱלֹהֶיךָ
בָּהּ מֵרֵשִׁית הַשָּׁנָה וְעַד אַחֲרִית שָׁנָה׃ ס

יג וְהָיָה אִם־שָׁמֹעַ תִּשְׁמְעוּ אֶל־מִצְוֹתַי אֲשֶׁר אָנֹכִי מְצַוֶּה
אֶתְכֶם הַיּוֹם לְאַהֲבָה אֶת־יְהוָה אֱלֹהֵיכֶם וּלְעָבְדוֹ
בְּכָל־לְבַבְכֶם וּבְכָל־נַפְשְׁכֶם׃
יד וְנָתַתִּי מְטַר־אַרְצְכֶם בְּעִתּוֹ יוֹרֶה וּמַלְקוֹשׁ וְאָסַפְתָּ
דְגָנֶךָ וְתִירֹשְׁךָ וְיִצְהָרֶךָ׃
טו וְנָתַתִּי עֵשֶׂב בְּשָׂדְךָ לִבְהֶמְתֶּךָ וְאָכַלְתָּ וְשָׂבָעְתָּ׃
טז הִשָּׁמְרוּ לָכֶם פֶּן יִפְתֶּה לְבַבְכֶם וְסַרְתֶּם וַעֲבַדְתֶּם אֱלֹהִים
אֲחֵרִים וְהִשְׁתַּחֲוִיתֶם לָהֶם׃
יז וְחָרָה אַף־יְהוָה בָּכֶם וְעָצַר אֶת־הַשָּׁמַיִם וְלֹא־יִהְיֶה מָטָר
וְהָאֲדָמָה לֹא תִתֵּן אֶת־יְבוּלָהּ וַאֲבַדְתֶּם מְהֵרָה מֵעַל הָאָרֶץ
הַטֹּבָה אֲשֶׁר יְהוָה נֹתֵן לָכֶם׃
יח וְשַׂמְתֶּם אֶת־דְּבָרַי אֵלֶּה עַל־לְבַבְכֶם וְעַל־נַפְשְׁכֶם וּקְשַׁרְתֶּם
אֹתָם לְאוֹת עַל־יֶדְכֶם וְהָיוּ לְטוֹטָפֹת בֵּין עֵינֵיכֶם׃
יט וְלִמַּדְתֶּם אֹתָם אֶת־בְּנֵיכֶם לְדַבֵּר בָּם בְּשִׁבְתְּךָ בְּבֵיתֶךָ
וּבְלֶכְתְּךָ בַדֶּרֶךְ וּבְשָׁכְבְּךָ וּבְקוּמֶךָ׃
כ וּכְתַבְתָּם עַל־מְזוּזוֹת בֵּיתֶךָ וּבִשְׁעָרֶיךָ׃
כא לְמַעַן יִרְבּוּ יְמֵיכֶם וִימֵי בְנֵיכֶם עַל הָאֲדָמָה אֲשֶׁר נִשְׁבַּע
יְהוָה לַאֲבֹתֵיכֶם לָתֵת לָהֶם כִּימֵי הַשָּׁמַיִם עַל־הָאָרֶץ׃ ס
כב כִּי אִם־שָׁמֹר תִּשְׁמְרוּן אֶת־כָּל־הַמִּצְוָה הַזֹּאת אֲשֶׁר אָנֹכִי
מְצַוֶּה אֶתְכֶם לַעֲשֹׂתָהּ לְאַהֲבָה אֶת־יְהוָה אֱלֹהֵיכֶם לָלֶכֶת
בְּכָל־דְּרָכָיו וּלְדָבְקָה־בוֹ׃
כג וְהוֹרִישׁ יְהוָה אֶת־כָּל־הַגּוֹיִם הָאֵלֶּה מִלִּפְנֵיכֶם וִירִשְׁתֶּם
גּוֹיִם גְּדֹלִים וַעֲצֻמִים מִכֶּם׃
כד כָּל־הַמָּקוֹם אֲשֶׁר תִּדְרֹךְ כַּף־רַגְלְכֶם בּוֹ לָכֶם יִהְיֶה מִן־הַמִּדְבָּר
וְהַלְּבָנוֹן מִן־הַנָּהָר נְהַר־פְּרָת וְעַד הַיָּם הָאַחֲרוֹן יִהְיֶה גְּבֻלְכֶם׃
כה לֹא־יִתְיַצֵּב אִישׁ בִּפְנֵיכֶם פַּחְדְּכֶם וּמוֹרַאֲכֶם יִתֵּן ׀ יְהוָה
אֱלֹהֵיכֶם עַל־פְּנֵי כָל־הָאָרֶץ אֲשֶׁר תִּדְרְכוּ־בָהּ כַּאֲשֶׁר דִּבֶּר לָכֶם׃ ס

como a terra do Egito, de que saístes, em que semeáveis a vossa
semente e a regáveis com o vosso pé, como uma horta; 11 mas a
terra a que estais passando para a possuirdes é terra de outeiros
e de vales. Ela bebe água à medida que caem as chuvas do céu;
12 é terra de que cuida Jeová, vosso Deus; os olhos de Jeová,
vosso Deus, estão sobre ela desde o princípio do ano até o fim.

Os benefícios da obediência

13 Se obedecerdes diligentemente aos meus mandamentos
que eu hoje vos ordeno, de amar a Jeová, vosso Deus, e de o
servir de todo o coração e de toda a alma, 14 darei chuvas à
vossa terra a seu tempo, a chuva temporã e a chuva serôdia,
para que recolhas o teu pão, e o teu mosto, e o teu azeite. 15 Nos
vossos campos, darei ervas para o vosso gado, e comereis e
vos fartareis. 16 Guardai-vos para que não suceda que o vosso
coração se deixe seduzir, e que vos desvieis, e sirvais outros
deuses, e os adoreis; 17 que a ira de Jeová se acenda contra vós,
e feche ele o céu, e não caia a chuva, e a terra não dê os seus
frutos; e que pereçais da boa terra que Jeová vos está dando.

18 Ponde estas minhas palavras no vosso coração e na vossa
alma; atá-las-eis por sinal na vossa mão, e vos serão por frontais
entre os vossos olhos. 19 Ensiná-las-eis a vossos filhos, falando
delas quando estiverdes sentados em vossas casas, quando
andardes pelo caminho, quando vos deitardes e quando vos
levantardes. 20 Escrevê-las-eis nos umbrais de vossas casas e nas
vossas portas; 21 para que se multipliquem os vossos dias, bem
como os dias de vossos filhos, na terra que Jeová prometeu, com
juramento, a vossos pais que lhes daria, enquanto o céu cobrir
a terra. 22 Se guardardes diligentemente todos os mandamentos
que eu hoje vos ordeno, para os cumprirdes, amando a Jeová,
vosso Deus, andando em todos os seus caminhos e unindo-vos
a ele, 23 desapossará Jeová todas estas nações de diante de vós, e
possuireis nações maiores e mais poderosas do que vós. 24 Todo
o lugar que pisardes será vosso; desde o deserto, e desde o
Líbano, desde o rio, o rio Eufrates, até o mar ocidental, será o

כו רְאֵה אָנֹכִי נֹתֵן לִפְנֵיכֶם הַיּוֹם בְּרָכָה וּקְלָלָה:
כז אֶת־הַבְּרָכָה אֲשֶׁר תִּשְׁמְעוּ אֶל־מִצְוֺת יְהוָה אֱלֹהֵיכֶם
אֲשֶׁר אָנֹכִי מְצַוֶּה אֶתְכֶם הַיּוֹם:
כח וְהַקְּלָלָה אִם־לֹא תִשְׁמְעוּ אֶל־מִצְוֺת יְהוָה אֱלֹהֵיכֶם וְסַרְתֶּם
מִן־הַדֶּרֶךְ אֲשֶׁר אָנֹכִי מְצַוֶּה אֶתְכֶם הַיּוֹם לָלֶכֶת אַחֲרֵי אֱלֹהִים
אֲחֵרִים אֲשֶׁר לֹא־יְדַעְתֶּם: ס
כט וְהָיָה כִּי יְבִיאֲךָ יְהוָה אֱלֹהֶיךָ אֶל־הָאָרֶץ אֲשֶׁר־אַתָּה
בָא־שָׁמָּה לְרִשְׁתָּהּ וְנָתַתָּה אֶת־הַבְּרָכָה עַל־הַר גְּרִזִים
וְאֶת־הַקְּלָלָה עַל־הַר עֵיבָל:
ל הֲלֹא־הֵמָּה בְּעֵבֶר הַיַּרְדֵּן אַחֲרֵי דֶּרֶךְ מְבוֹא הַשֶּׁמֶשׁ בְּאֶרֶץ
הַכְּנַעֲנִי הַיֹּשֵׁב בָּעֲרָבָה מוּל הַגִּלְגָּל אֵצֶל אֵלוֹנֵי מֹרֶה:
לא כִּי אַתֶּם עֹבְרִים אֶת־הַיַּרְדֵּן לָבֹא לָרֶשֶׁת אֶת־הָאָרֶץ
אֲשֶׁר־יְהוָה אֱלֹהֵיכֶם נֹתֵן לָכֶם וִירִשְׁתֶּם אֹתָהּ וִישַׁבְתֶּם־בָּהּ:
לב וּשְׁמַרְתֶּם לַעֲשׂוֹת אֵת כָּל־הַחֻקִּים וְאֶת־הַמִּשְׁפָּטִים
אֲשֶׁר אָנֹכִי נֹתֵן לִפְנֵיכֶם הַיּוֹם:

א אֵלֶּה הַחֻקִּים וְהַמִּשְׁפָּטִים אֲשֶׁר תִּשְׁמְרוּן לַעֲשׂוֹת בָּאָרֶץ
אֲשֶׁר נָתַן יְהוָה אֱלֹהֵי אֲבֹתֶיךָ לְךָ לְרִשְׁתָּהּ כָּל־הַיָּמִים
אֲשֶׁר־אַתֶּם חַיִּים עַל־הָאֲדָמָה:
ב אַבֵּד תְּאַבְּדוּן אֶת־כָּל־הַמְּקֹמוֹת אֲשֶׁר עָבְדוּ־שָׁם הַגּוֹיִם אֲשֶׁר
אַתֶּם יֹרְשִׁים אֹתָם אֶת־אֱלֹהֵיהֶם עַל־הֶהָרִים הָרָמִים וְעַל־
הַגְּבָעוֹת וְתַחַת כָּל־עֵץ רַעֲנָן:
ג וְנִתַּצְתֶּם אֶת־מִזְבְּחֹתָם וְשִׁבַּרְתֶּם אֶת־מַצֵּבֹתָם וַאֲשֵׁרֵיהֶם
תִּשְׂרְפוּן בָּאֵשׁ וּפְסִילֵי אֱלֹהֵיהֶם תְּגַדֵּעוּן וְאִבַּדְתֶּם אֶת־שְׁמָם
מִן־הַמָּקוֹם הַהוּא:
ד לֹא־תַעֲשׂוּן כֵּן לַיהוָה אֱלֹהֵיכֶם:

vosso termo. 25 Ninguém te poderá resistir; Jeová, vosso Deus,
porá o temor de vós e o espanto de vós sobre toda a terra que
pisardes, assim como vos falou.

A bênção e a maldição

26 Eis que ponho eu, hoje, diante de vós a bênção ou a mal-
dição; 27 a bênção, se obedecerdes aos mandamentos de Jeová,
vosso Deus, que eu hoje vos ordeno; 28 e a maldição, se não
obedecerdes aos mandamentos de Jeová, vosso Deus, mas vos
desviardes do caminho que eu hoje vos ordeno, para seguirdes
outros deuses que não tendes conhecido. 29 Quando Jeová,
teu Deus, te introduzir na terra que tu vais possuir, porás a
bênção sobre o monte de Gerizim e a maldição, sobre o monte
de Ebal. 30 Porventura, não estão eles além do Jordão, atrás do
caminho do pôr do sol, na terra dos cananeus que habitam na
Arabá, defronte de Gilgal, junto aos terebintos de Moré? 31 Pois
ides passar o Jordão para entrardes a possuir a terra que Jeo-
vá, vosso Deus, vos há de dar, e a possuireis, e nela habitareis.
32 Cuidareis de cumprir todos os estatutos e os juízos que eu
hoje vos proponho.

O único lugar de culto é o escolhido pelo Senhor

12 1 Estes são os estatutos e os juízos que cuidareis
de cumprir na terra que Jeová, Deus de vossos
pais, vos deu para a possuirdes por todos os dias
que viverdes sobre a terra. 2 Certamente, destruireis todos
os lugares em que as nações que vós possuireis serviram aos
seus deuses, sobre os altos montes, e sobre os outeiros, e
debaixo de toda árvore frondosa. 3 Deitareis abaixo os seus
altares, e quebrareis as suas colunas, e queimareis a fogo os
seus Aserins; cortareis as imagens esculpidas de seus deu-
ses e fareis perecer o seu nome daquele lugar. 4 Não pro-
cedereis de modo semelhante para com Jeová, vosso Deus.

ה כִּי אִם־אֶל־הַמָּקוֹם אֲשֶׁר־יִבְחַר יְהוָה אֱלֹהֵיכֶם
מִכָּל־שִׁבְטֵיכֶם לָשׂוּם אֶת־שְׁמוֹ שָׁם לְשִׁכְנוֹ תִדְרְשׁוּ וּבָאתָ שָּׁמָּה׃
ו וַהֲבֵאתֶם שָׁמָּה עֹלֹתֵיכֶם וְזִבְחֵיכֶם וְאֵת מַעְשְׂרֹתֵיכֶם וְאֵת
תְּרוּמַת יֶדְכֶם וְנִדְרֵיכֶם וְנִדְבֹתֵיכֶם וּבְכֹרֹת בְּקַרְכֶם וְצֹאנְכֶם׃
ז וַאֲכַלְתֶּם־שָׁם לִפְנֵי יְהוָה אֱלֹהֵיכֶם וּשְׂמַחְתֶּם בְּכֹל מִשְׁלַח
יֶדְכֶם אַתֶּם וּבָתֵּיכֶם אֲשֶׁר בֵּרַכְךָ יְהוָה אֱלֹהֶיךָ׃
ח לֹא תַעֲשׂוּן כְּכֹל אֲשֶׁר אֲנַחְנוּ עֹשִׂים פֹּה הַיּוֹם אִישׁ
כָּל־הַיָּשָׁר בְּעֵינָיו׃
ט כִּי לֹא־בָאתֶם עַד־עָתָּה אֶל־הַמְּנוּחָה וְאֶל־הַנַּחֲלָה
אֲשֶׁר־יְהוָה אֱלֹהֶיךָ נֹתֵן לָךְ׃
י וַעֲבַרְתֶּם אֶת־הַיַּרְדֵּן וִישַׁבְתֶּם בָּאָרֶץ אֲשֶׁר־יְהוָה אֱלֹהֵיכֶם
מַנְחִיל אֶתְכֶם וְהֵנִיחַ לָכֶם מִכָּל־אֹיְבֵיכֶם מִסָּבִיב וִישַׁבְתֶּם־בֶּטַח׃
יא וְהָיָה הַמָּקוֹם אֲשֶׁר־יִבְחַר יְהוָה אֱלֹהֵיכֶם בּוֹ לְשַׁכֵּן שְׁמוֹ
שָׁם שָׁמָּה תָבִיאוּ אֵת כָּל־אֲשֶׁר אָנֹכִי מְצַוֶּה אֶתְכֶם עוֹלֹתֵיכֶם
וְזִבְחֵיכֶם מַעְשְׂרֹתֵיכֶם וּתְרֻמַת יֶדְכֶם וְכֹל מִבְחַר נִדְרֵיכֶם אֲשֶׁר
תִּדְּרוּ לַיהוָה׃
יב וּשְׂמַחְתֶּם לִפְנֵי יְהוָה אֱלֹהֵיכֶם אַתֶּם וּבְנֵיכֶם וּבְנֹתֵיכֶם
וְעַבְדֵיכֶם וְאַמְהֹתֵיכֶם וְהַלֵּוִי אֲשֶׁר בְּשַׁעֲרֵיכֶם כִּי אֵין לוֹ חֵלֶק
וְנַחֲלָה אִתְּכֶם׃
יג הִשָּׁמֶר לְךָ פֶּן־תַּעֲלֶה עֹלֹתֶיךָ בְּכָל־מָקוֹם אֲשֶׁר תִּרְאֶה׃
יד כִּי אִם־בַּמָּקוֹם אֲשֶׁר־יִבְחַר יְהוָה בְּאַחַד שְׁבָטֶיךָ שָׁם תַּעֲלֶה
עֹלֹתֶיךָ וְשָׁם תַּעֲשֶׂה כֹּל אֲשֶׁר אָנֹכִי מְצַוֶּךָּ׃

טו רַק בְּכָל־אַוַּת נַפְשְׁךָ תִּזְבַּח ׀ וְאָכַלְתָּ בָשָׂר כְּבִרְכַּת
יְהוָה אֱלֹהֶיךָ אֲשֶׁר נָתַן־לְךָ בְּכָל־שְׁעָרֶיךָ הַטָּמֵא וְהַטָּהוֹר
יֹאכְלֶנּוּ כַּצְּבִי וְכָאַיָּל׃
טז רַק הַדָּם לֹא תֹאכֵלוּ עַל־הָאָרֶץ תִּשְׁפְּכֶנּוּ כַּמָּיִם׃
יז לֹא־תוּכַל לֶאֱכֹל בִּשְׁעָרֶיךָ מַעְשַׂר דְּגָנְךָ וְתִירֹשְׁךָ
וְיִצְהָרֶךָ וּבְכֹרֹת בְּקָרְךָ וְצֹאנֶךָ וְכָל־נְדָרֶיךָ אֲשֶׁר תִּדֹּר
וְנִדְבֹתֶיךָ וּתְרוּמַת יָדֶךָ׃
יח כִּי אִם־לִפְנֵי יְהוָה אֱלֹהֶיךָ תֹּאכְלֶנּוּ בַּמָּקוֹם אֲשֶׁר יִבְחַר
יְהוָה אֱלֹהֶיךָ בּוֹ אַתָּה וּבִנְךָ וּבִתֶּךָ וְעַבְדְּךָ וַאֲמָתֶךָ וְהַלֵּוִי אֲשֶׁר

5 Porém ao lugar que Jeová, vosso Deus, escolher de todas as vossas tribos para ali pôr o seu nome, sim, à sua habitação recorrereis e para lá vireis: 6 A esse lugar trareis os vossos holocaustos, e os vossos sacrifícios, e os vossos dízimos, e as ofertas alçadas da vossa mão, e os vossos votos, e as vossas ofertas voluntárias, e os primogênitos do vosso gado e do vosso rebanho. 7 Ali, comereis diante de Jeová, vosso Deus, e vos regozijareis, vós e as vossas casas, em todas as coisas em que meterdes a mão, nas quais Jeová, vosso Deus, vos tiver abençoado. 8 Não procedereis em nada como hoje procedemos aqui, fazendo cada um tudo o que bem lhe parece aos seus olhos; 9 pois até agora não entrastes no descanso e na herança que Jeová, vosso Deus, vos está dando. 10 Mas, quando passardes o Jordão e habitardes na terra que Jeová, vosso Deus, vos faz herdar, e ele vos der descanso de todos os vossos inimigos ao redor, de sorte que habiteis seguros; 11 ao lugar que escolher Jeová, vosso Deus, para ali fazer habitar o seu nome, a esse lugar trareis tudo o que eu vos ordeno: os vossos holocaustos, os vossos sacrifícios, os vossos dízimos, as ofertas alçadas da vossa mão e tudo o que há de melhor que oferecerdes a Jeová, cumprindo votos. 12 Vós vos regozijareis diante de Jeová, vosso Deus, vós, vossos filhos, vossas filhas, vossos servos, vossas servas e o levita que está das vossas portas para dentro, porquanto convosco não tem parte nem herança. 13 Guarda-te de ofereceres os teus holocaustos em todo lugar que vires; 14 mas, no lugar que Jeová escolher numa das tuas tribos, ali oferecerás os teus holocaustos e ali farás tudo o que eu te ordeno.

15 Todavia, poderás matar e comer carne dentro das tuas portas, conforme todo o desejo da tua alma, segundo a bênção de Jeová, teu Deus, que te concedeu; o imundo e o limpo, comerá dela, como da gazela e como do veado. 16 Tão somente não comerás o sangue; derramá-lo-ás como água sobre a terra. 17 Dentro das tuas portas não poderás comer o dízimo do teu pão, do teu mosto e do teu azeite, nem os primogênitos do teu gado ou do teu rebanho, nem qualquer das tuas ofertas votivas, nem as tuas ofertas voluntárias, nem as ofertas alçadas da tua

בִּשְׁעָרֶיךָ וְשָׂמַחְתָּ לִפְנֵי יְהוָה אֱלֹהֶיךָ בְּכֹל מִשְׁלַח יָדֶךָ׃
יט הִשָּׁמֶר לְךָ פֶּן־תַּעֲזֹב אֶת־הַלֵּוִי כָּל־יָמֶיךָ עַל־אַדְמָתֶךָ׃ ס

כ כִּי־יַרְחִיב יְהוָה אֱלֹהֶיךָ אֶת־גְּבוּלְךָ כַּאֲשֶׁר דִּבֶּר־לָךְ
וְאָמַרְתָּ אֹכְלָה בָשָׂר כִּי־תְאַוֶּה נַפְשְׁךָ לֶאֱכֹל בָּשָׂר
בְּכָל־אַוַּת נַפְשְׁךָ תֹּאכַל בָּשָׂר׃
כא כִּי־יִרְחַק מִמְּךָ הַמָּקוֹם אֲשֶׁר יִבְחַר יְהוָה אֱלֹהֶיךָ
לָשׂוּם שְׁמוֹ שָׁם וְזָבַחְתָּ מִבְּקָרְךָ וּמִצֹּאנְךָ אֲשֶׁר נָתַן יְהוָה לְךָ
כַּאֲשֶׁר צִוִּיתִךָ וְאָכַלְתָּ בִּשְׁעָרֶיךָ בְּכֹל אַוַּת נַפְשֶׁךָ׃
כב אַךְ כַּאֲשֶׁר יֵאָכֵל אֶת־הַצְּבִי וְאֶת־הָאַיָּל כֵּן תֹּאכְלֶנּוּ
הַטָּמֵא וְהַטָּהוֹר יַחְדָּו יֹאכְלֶנּוּ׃
כג רַק חֲזַק לְבִלְתִּי אֲכֹל הַדָּם כִּי הַדָּם הוּא הַנָּפֶשׁ
וְלֹא־תֹאכַל הַנֶּפֶשׁ עִם־הַבָּשָׂר׃
כד לֹא תֹּאכְלֶנּוּ עַל־הָאָרֶץ תִּשְׁפְּכֶנּוּ כַּמָּיִם׃
כה לֹא תֹּאכְלֶנּוּ לְמַעַן יִיטַב לְךָ וּלְבָנֶיךָ אַחֲרֶיךָ כִּי־תַעֲשֶׂה
הַיָּשָׁר בְּעֵינֵי יְהוָה׃
כו רַק קָדָשֶׁיךָ אֲשֶׁר־יִהְיוּ לְךָ וּנְדָרֶיךָ תִּשָּׂא וּבָאתָ אֶל־הַמָּקוֹם
אֲשֶׁר־יִבְחַר יְהוָה׃
כז וְעָשִׂיתָ עֹלֹתֶיךָ הַבָּשָׂר וְהַדָּם עַל־מִזְבַּח יְהוָה אֱלֹהֶיךָ וְדַם־
זְבָחֶיךָ יִשָּׁפֵךְ עַל־מִזְבַּח יְהוָה אֱלֹהֶיךָ וְהַבָּשָׂר תֹּאכֵל׃
כח שְׁמֹר וְשָׁמַעְתָּ אֵת כָּל־הַדְּבָרִים הָאֵלֶּה אֲשֶׁר אָנֹכִי מְצַוֶּךָּ
לְמַעַן יִיטַב לְךָ וּלְבָנֶיךָ אַחֲרֶיךָ עַד־עוֹלָם כִּי תַעֲשֶׂה הַטּוֹב
וְהַיָּשָׁר בְּעֵינֵי יְהוָה אֱלֹהֶיךָ׃ ס

כט כִּי־יַכְרִית יְהוָה אֱלֹהֶיךָ אֶת־הַגּוֹיִם אֲשֶׁר אַתָּה בָא־שָׁמָּה
לָרֶשֶׁת אוֹתָם מִפָּנֶיךָ וְיָרַשְׁתָּ אֹתָם וְיָשַׁבְתָּ בְּאַרְצָם׃
ל הִשָּׁמֶר לְךָ פֶּן־תִּנָּקֵשׁ אַחֲרֵיהֶם אַחֲרֵי הִשָּׁמְדָם מִפָּנֶיךָ וּפֶן־
תִּדְרֹשׁ לֵאלֹהֵיהֶם לֵאמֹר אֵיכָה יַעַבְדוּ הַגּוֹיִם הָאֵלֶּה אֶת־
אֱלֹהֵיהֶם וְאֶעֱשֶׂה־כֵּן גַּם־אָנִי׃
לא לֹא־תַעֲשֶׂה כֵן לַיהוָה אֱלֹהֶיךָ כִּי כָל־תּוֹעֲבַת יְהוָה אֲשֶׁר

mão; 18 porém as comerás diante de Jeová, teu Deus, no lugar
que ele escolher, tu, teu filho, tua filha, o teu servo, a tua serva
e o levita que está das tuas portas para dentro; e te regozijarás
em todas as coisas nas quais meteres a mão. 19 Guarda-te de
desamparares o levita por todo o tempo que viveres na tua terra.

A lei acerca do comer carne

20 Quando Jeová, teu Deus, dilatar o teu território, como te
prometeu, e disseres: Comerei carne, porquanto a tua alma
deseja comer carne, poderás comer carne, conforme todo o
desejo da tua alma. 21 Se estiver longe de ti o lugar que Jeová,
teu Deus, escolher para ali pôr o seu nome, matarás do teu gado
e do teu rebanho que Jeová te houver dado, como te ordenei,
e comerás dentro das tuas portas, conforme todo o desejo da
tua alma. 22 Como se come a gazela e o veado, assim comerás
essas carnes; delas comerá igualmente o imundo e o limpo.
23 Somente firma-te em não comeres o sangue, pois o sangue
é a vida. Não comerás a vida com a carne. 24 Não o comerás;
derramá-lo-ás sobre a terra como água. 25 Não o comerás, para
que te vá bem a ti e a teus filhos depois de ti, quando fizeres o
que é reto aos olhos de Jeová. 26 Somente tomarás as tuas coisas
sagradas que tiveres, as tuas ofertas votivas e irás ao lugar que
Jeová escolher. 27 Oferecerás os teus holocaustos, a carne e o
sangue, sobre o altar de Jeová, teu Deus; e o sangue dos teus
sacrifícios derramar-se-á sobre o altar de Jeová, teu Deus, e
comerás a carne. 28 Observa e ouve todas estas palavras que eu
te ordeno, para que te vá bem a ti e a teus filhos depois de ti,
para sempre, quando fizeres o que é bom e reto aos olhos de
Jeová, teu Deus.

29 Quando Jeová, teu Deus, exterminar de diante de ti as
nações, no meio das quais tu estás entrando para as possuir, e
as desapossares e habitares na sua terra, 30 guarda-te de seres
seduzido para as seguires, depois que forem destruídas de diante
de ti. Não indagues acerca dos seus deuses, dizendo: De que
modo serviam estas nações aos seus deuses? Do mesmo modo

שָׂנֵא עָשׂוּ לֵאלֹהֵיהֶם כִּי גַם אֶת־בְּנֵיהֶם וְאֶת־בְּנֹתֵיהֶם יִשְׂרְפוּ
בָאֵשׁ לֵאלֹהֵיהֶם׃

א אֵת כָּל־הַדָּבָר אֲשֶׁר אָנֹכִי מְצַוֶּה אֶתְכֶם אֹתוֹ תִשְׁמְרוּ
לַעֲשׂוֹת לֹא־תֹסֵף עָלָיו וְלֹא תִגְרַע מִמֶּנּוּ׃ פ
ב כִּי־יָקוּם בְּקִרְבְּךָ נָבִיא אוֹ חֹלֵם חֲלוֹם וְנָתַן אֵלֶיךָ אוֹת
אוֹ מוֹפֵת׃
ג וּבָא הָאוֹת וְהַמּוֹפֵת אֲשֶׁר־דִּבֶּר אֵלֶיךָ לֵאמֹר נֵלְכָה אַחֲרֵי
אֱלֹהִים אֲחֵרִים אֲשֶׁר לֹא־יְדַעְתָּם וְנָעָבְדֵם׃
ד לֹא תִשְׁמַע אֶל־דִּבְרֵי הַנָּבִיא הַהוּא אוֹ אֶל־חוֹלֵם הַחֲלוֹם
הַהוּא כִּי מְנַסֶּה יְהוָה אֱלֹהֵיכֶם אֶתְכֶם לָדַעַת הֲיִשְׁכֶם אֹהֲבִים
אֶת־יְהוָה אֱלֹהֵיכֶם בְּכָל־לְבַבְכֶם וּבְכָל־נַפְשְׁכֶם׃
ה אַחֲרֵי יְהוָה אֱלֹהֵיכֶם תֵּלֵכוּ וְאֹתוֹ תִירָאוּ וְאֶת־מִצְוֺתָיו
תִּשְׁמֹרוּ וּבְקֹלוֹ תִשְׁמָעוּ וְאֹתוֹ תַעֲבֹדוּ וּבוֹ תִדְבָּקוּן׃

ו וְהַנָּבִיא הַהוּא אוֹ חֹלֵם הַחֲלוֹם הַהוּא יוּמָת כִּי דִבֶּר־סָרָה
עַל־יְהוָה אֱלֹהֵיכֶם הַמּוֹצִיא אֶתְכֶם ׀ מֵאֶרֶץ מִצְרַיִם וְהַפֹּדְךָ
מִבֵּית עֲבָדִים לְהַדִּיחֲךָ מִן־הַדֶּרֶךְ אֲשֶׁר צִוְּךָ יְהוָה אֱלֹהֶיךָ לָלֶכֶת
בָּהּ וּבִעַרְתָּ הָרָע מִקִּרְבֶּךָ׃ ז כִּי יְסִיתְךָ אָחִיךָ בֶן־אִמֶּךָ אוֹ־בִנְךָ
אוֹ־בִתְּךָ אוֹ ׀ אֵשֶׁת חֵיקֶךָ אוֹ רֵעֲךָ אֲשֶׁר כְּנַפְשְׁךָ בַּסֵּתֶר לֵאמֹר
נֵלְכָה וְנַעַבְדָה אֱלֹהִים אֲחֵרִים אֲשֶׁר לֹא יָדַעְתָּ אַתָּה וַאֲבֹתֶיךָ׃
ח מֵאֱלֹהֵי הָעַמִּים אֲשֶׁר סְבִיבֹתֵיכֶם הַקְּרֹבִים אֵלֶיךָ אוֹ הָרְחֹקִים
מִמֶּךָּ מִקְצֵה הָאָרֶץ וְעַד־קְצֵה הָאָרֶץ׃ ט לֹא־תֹאבֶה לוֹ וְלֹא
תִשְׁמַע אֵלָיו וְלֹא־תָחוֹס עֵינְךָ עָלָיו וְלֹא־תַחְמֹל וְלֹא־תְכַסֶּה
עָלָיו׃ י כִּי הָרֹג תַּהַרְגֶנּוּ יָדְךָ תִּהְיֶה־בּוֹ בָרִאשׁוֹנָה לַהֲמִיתוֹ וְיַד
כָּל־הָעָם בָּאַחֲרֹנָה׃ יא וּסְקַלְתּוֹ בָאֲבָנִים וָמֵת כִּי בִקֵּשׁ לְהַדִּיחֲךָ
מֵעַל יְהוָה אֱלֹהֶיךָ הַמּוֹצִיאֲךָ מֵאֶרֶץ מִצְרַיִם מִבֵּית עֲבָדִים׃

também farei eu. 31 Não procederás de modo semelhante para
com Jeová, teu Deus, porque elas têm feito aos seus deuses
todas as abominações, que Jeová odeia; pois eles até queimam
aos seus deuses seus filhos e suas filhas.
32 Tudo quanto eu te ordeno, isso cuidarás de fazer; a isso
nada acrescentarás, nem disso nada diminuirás.

Admoestações contra as seduções da idolatria

13 1 Se se levantar no meio de ti profeta ou sonhador de
sonhos e te mostrar um milagre ou prodígio, 2 e suceder
o milagre ou o prodígio de que te falou, e disser: Vamos
após outros deuses, que não conheceste, e sirvamo-los, 3 não
ouvirás as palavras desse profeta ou desse sonhador de sonhos,
porque Jeová, vosso Deus, vos está experimentando, para saber
se o amais de todo o vosso coração e de toda a vossa alma. 4 An-
dareis após Jeová, vosso Deus, e temê-lo-eis; guardareis os seus
mandamentos, e obedecereis à sua voz, e o servireis, e a ele vos
unireis. 5 Esse profeta ou esse sonhador de sonhos será morto,
porque falou rebelião contra Jeová, vosso Deus, que vos tirou da
terra do Egito e vos remiu da casa de servidão, para vos tirar do
caminho em que Jeová, vosso Deus, vos ordenou que andásseis.
Assim, exterminarás o mal do meio de ti.
6 Se teu irmão, filho de tua mãe, ou teu filho, ou tua filha,
ou a mulher do teu coração, ou o teu amigo, que te é como a
tua alma, te incitar em segredo, dizendo: Vamos e sirvamos
outros deuses desconhecidos a ti e a teus pais, 7 dos deuses
dos povos que estão ao redor de ti, perto ou longe de ti, desde
uma extremidade da terra até a outra, 8 não lhe cederás, nem o
ouvirás, o teu olho não terá piedade dele, nem o pouparás, nem
o esconderás; 9 mas, certamente, o matarás. A tua mão será a
primeira contra ele para o matar, e, depois, a mão de todo o povo.
10 Tu o apedrejarás, até que morra, porque procurou apartar-te
de Jeová, teu Deus, que te tirou da terra do Egito, da casa de
servidão. 11 Todo o Israel ouvirá, e temerá, e não se tornará a
fazer uma coisa má como esta, no meio de ti.

יב וְכָל־יִשְׂרָאֵל יִשְׁמְעוּ וְיִרָאוּן וְלֹא־יוֹסִפוּ לַעֲשׂוֹת כַּדָּבָר
הָרָע הַזֶּה בְּקִרְבֶּךָ׃ ס
יג כִּי־תִשְׁמַע בְּאַחַת עָרֶיךָ אֲשֶׁר יְהוָה אֱלֹהֶיךָ נֹתֵן לְךָ
לָשֶׁבֶת שָׁם לֵאמֹר׃
יד יָצְאוּ אֲנָשִׁים בְּנֵי־בְלִיַּעַל מִקִּרְבֶּךָ וַיַּדִּיחוּ אֶת־יֹשְׁבֵי עִירָם
לֵאמֹר נֵלְכָה וְנַעַבְדָה אֱלֹהִים אֲחֵרִים אֲשֶׁר לֹא־יְדַעְתֶּם׃
טו וְדָרַשְׁתָּ וְחָקַרְתָּ וְשָׁאַלְתָּ הֵיטֵב וְהִנֵּה אֱמֶת נָכוֹן הַדָּבָר
נֶעֶשְׂתָה הַתּוֹעֵבָה הַזֹּאת בְּקִרְבֶּךָ׃
טז הַכֵּה תַכֶּה אֶת־יֹשְׁבֵי הָעִיר (הַהִוא) [הַהִיא] לְפִי־חָרֶב
הַחֲרֵם אֹתָהּ וְאֶת־כָּל־אֲשֶׁר־בָּהּ וְאֶת־בְּהֶמְתָּהּ לְפִי־חָרֶב׃
יז וְאֶת־כָּל־שְׁלָלָהּ תִּקְבֹּץ אֶל־תּוֹךְ רְחֹבָהּ וְשָׂרַפְתָּ בָאֵשׁ אֶת־
הָעִיר וְאֶת־כָּל־שְׁלָלָהּ כָּלִיל לַיהוָה אֱלֹהֶיךָ וְהָיְתָה תֵּל עוֹלָם לֹא
תִבָּנֶה עוֹד׃
יח וְלֹא־יִדְבַּק בְּיָדְךָ מְאוּמָה מִן־הַחֵרֶם לְמַעַן יָשׁוּב יְהוָה מֵחֲרוֹן
אַפּוֹ וְנָתַן־לְךָ רַחֲמִים וְרִחַמְךָ וְהִרְבֶּךָ כַּאֲשֶׁר נִשְׁבַּע לַאֲבֹתֶיךָ׃

יט כִּי תִשְׁמַע בְּקוֹל יְהוָה אֱלֹהֶיךָ לִשְׁמֹר אֶת־כָּל־מִצְוֺתָיו אֲשֶׁר
אָנֹכִי מְצַוְּךָ הַיּוֹם לַעֲשׂוֹת הַיָּשָׁר בְּעֵינֵי יְהוָה אֱלֹהֶיךָ׃ ס

[O capítulo 13 da versão hebraica termina no versículo 19].

א בָּנִים אַתֶּם לַיהוָה אֱלֹהֵיכֶם לֹא תִתְגֹּדְדוּ וְלֹא־תָשִׂימוּ קָרְחָה
בֵּין עֵינֵיכֶם לָמֵת׃
ב כִּי עַם קָדוֹשׁ אַתָּה לַיהוָה אֱלֹהֶיךָ וּבְךָ בָּחַר יְהוָה לִהְיוֹת לוֹ
לְעַם סְגֻלָּה מִכֹּל הָעַמִּים אֲשֶׁר עַל־פְּנֵי הָאֲדָמָה׃ ס
ג לֹא תֹאכַל כָּל־תּוֹעֵבָה׃
ד זֹאת הַבְּהֵמָה אֲשֶׁר תֹּאכֵלוּ שׁוֹר שֵׂה כְשָׂבִים וְשֵׂה עִזִּים׃
ה אַיָּל וּצְבִי וְיַחְמוּר וְאַקּוֹ וְדִישֹׁן וּתְאוֹ וָזָמֶר׃
ו וְכָל־בְּהֵמָה מַפְרֶסֶת פַּרְסָה וְשֹׁסַעַת שֶׁסַע שְׁתֵּי פְרָסוֹת מַעֲלַת
גֵּרָה בַּבְּהֵמָה אֹתָהּ תֹּאכֵלוּ׃
ז אַךְ אֶת־זֶה לֹא תֹאכְלוּ מִמַּעֲלֵי הַגֵּרָה וּמִמַּפְרִיסֵי הַפַּרְסָה
הַשְּׁסוּעָה אֶת־הַגָּמָל וְאֶת־הָאַרְנֶבֶת וְאֶת־הַשָּׁפָן כִּי־מַעֲלֵה גֵרָה

12 Se, em alguma das tuas cidades que Jeová, teu Deus, te dá
para nela habitares, ouvires dizer: 13 Uns homens depravados
saíram do meio de ti e perverteram os habitantes da tua cidade,
dizendo: Vamos e sirvamos outros deuses que não conheces,
14 indagarás, investigarás e, com diligência, perguntarás. Se
for verdade, se for certo que tal abominação se cometeu no
meio de ti, 15 certamente, ferirás os habitantes daquela cidade
ao fio da espada, destruindo-a completamente e bem assim
tudo o que nela há, até os seus animais. 16 Ajuntarás todo o
despojo dela no meio da sua praça e queimarás a cidade e
todo o seu despojo como oferta inteira a Jeová teu Deus; fi-
cará um montão para sempre; não se tornará a edificar. 17 Para
que Jeová se aparte do ardor da sua ira, e se compadeça de
ti, e tenha piedade de ti, e te multiplique, como prometeu,
com juramento, a teus pais, não se te pegará às mãos nada
do anátema; 18 quando ouvires a voz de Jeová, teu Deus, para
guardares todos os seus mandamentos, que eu hoje te ordeno,
para fazeres o que é reto aos olhos de Jeová, teu Deus.

Animais limpos e imundos

14 1 Filhos sois de Jeová, vosso Deus; não vos cortareis
a vós mesmos, nem vos fareis abrir calva entre os
olhos por causa dos mortos. 2 Pois és povo santo a
Jeová, teu Deus, e Jeová te escolheu para lhe seres seu próprio
povo, acima de todos os povos que há sobre a face da terra.

3 Não comerás coisa alguma abominável. 4 Estes são os ani-
mais que comereis: o boi, a ovelha, a cabra, 5 o veado, a gazela,
a caama, a cabra montês, a antílope adax, a antílope órix e a
ovelha montês. 6 Todo o que tem a unha fendida, e o casco divi-
dido, e rumina entre os animais, esse comereis. 7 Os seguintes,
contudo, não comereis entre os que ruminam ou entre os que

הֵמָּה וּפַרְסָה לֹא הִפְרִיסוּ טְמֵאִים הֵם לָכֶם׃
ח וְאֶת־הַחֲזִיר כִּֽי־מַפְרִיס פַּרְסָה הוּא וְלֹא גֵרָה טָמֵא הוּא לָכֶם
מִבְּשָׂרָם לֹא תֹאכֵלוּ וּבְנִבְלָתָם לֹא תִגָּעוּ׃ ס

ט אֶת־זֶה תֹּאכְלוּ מִכֹּל אֲשֶׁר בַּמָּיִם כֹּל אֲשֶׁר־לוֹ סְנַפִּיר
וְקַשְׂקֶשֶׂת תֹּאכֵלוּ׃ י וְכֹל אֲשֶׁר אֵין־לוֹ סְנַפִּיר וְקַשְׂקֶשֶׂת
לֹא תֹאכֵלוּ טָמֵא הוּא לָכֶם׃ ס

יא כָּל־צִפּוֹר טְהֹרָה תֹּאכֵלוּ׃ יב וְזֶה אֲשֶׁר לֹא־תֹאכְלוּ מֵהֶם
הַנֶּשֶׁר וְהַפֶּרֶס וְהָעָזְנִיָּה׃ יג וְהָרָאָה וְאֶת־הָאַיָּה וְהַדַּיָּה לְמִינָהּ׃
יד וְאֵת כָּל־עֹרֵב לְמִינוֹ׃ טו וְאֵת בַּת הַיַּעֲנָה וְאֶת־הַתַּחְמָס
וְאֶת־הַשָּׁחַף וְאֶת־הַנֵּץ לְמִינֵהוּ׃ טז אֶת־הַכּוֹס וְאֶת־הַיַּנְשׁוּף
וְהַתִּנְשָׁמֶת׃ יז וְהַקָּאָת וְאֶת־הָרָחָמָה וְאֶת־הַשָּׁלָךְ׃
יח וְהַחֲסִידָה וְהָאֲנָפָה לְמִינָהּ וְהַדּוּכִיפַת וְהָעֲטַלֵּף׃
יט וְכֹל שֶׁרֶץ הָעוֹף טָמֵא הוּא לָכֶם לֹא יֵאָכֵלוּ׃
כ כָּל־עוֹף טָהוֹר תֹּאכֵלוּ׃

כא לֹא תֹאכְלוּ כָל־נְבֵלָה לַגֵּר אֲשֶׁר־בִּשְׁעָרֶיךָ תִּתְּנֶנָּה וַאֲכָלָהּ אוֹ
מָכֹר לְנָכְרִי כִּי עַם קָדוֹשׁ אַתָּה לַיהוָה אֱלֹהֶיךָ לֹא־תְבַשֵּׁל גְּדִי
בַּחֲלֵב אִמּוֹ׃ פ

כב עַשֵּׂר תְּעַשֵּׂר אֵת כָּל־תְּבוּאַת זַרְעֶךָ הַיֹּצֵא הַשָּׂדֶה שָׁנָה שָׁנָה׃
כג וְאָכַלְתָּ לִפְנֵי יְהוָה אֱלֹהֶיךָ בַּמָּקוֹם אֲשֶׁר־יִבְחַר לְשַׁכֵּן שְׁמוֹ
שָׁם מַעְשַׂר דְּגָנְךָ תִּירֹשְׁךָ וְיִצְהָרֶךָ וּבְכֹרֹת בְּקָרְךָ וְצֹאנֶךָ לְמַעַן
תִּלְמַד לְיִרְאָה אֶת־יְהוָה אֱלֹהֶיךָ כָּל־הַיָּמִים׃
כד וְכִֽי־יִרְבֶּה מִמְּךָ הַדֶּרֶךְ כִּי לֹא תוּכַל שְׂאֵתוֹ כִּֽי־יִרְחַק
מִמְּךָ הַמָּקוֹם אֲשֶׁר יִבְחַר יְהוָה אֱלֹהֶיךָ לָשׂוּם שְׁמוֹ
שָׁם כִּי יְבָרֶכְךָ יְהוָה אֱלֹהֶיךָ׃
כה וְנָתַתָּה בַּכָּסֶף וְצַרְתָּ הַכֶּסֶף בְּיָדְךָ וְהָלַכְתָּ
אֶל־הַמָּקוֹם אֲשֶׁר יִבְחַר יְהוָה אֱלֹהֶיךָ בּוֹ׃
כו וְנָתַתָּה הַכֶּסֶף בְּכֹל אֲשֶׁר־תְּאַוֶּה נַפְשְׁךָ בַּבָּקָר
וּבַצֹּאן וּבַיַּיִן וּבַשֵּׁכָר וּבְכֹל אֲשֶׁר תִּשְׁאָלְךָ נַפְשֶׁךָ וְאָכַלְתָּ

têm a unha fendida: o camelo, a lebre, o querogrilo, porque ruminam, porém não têm a unha fendida; estes são imundos para vós; 8 e o porco, porque tem a unha fendida, porém não rumina, esse é imundo para vós. Não comereis da carne desses animais, nem tocareis nos seus cadáveres.

9 De todos os animais que vivem nas águas, comereis estes: todo o que tem barbatanas e escamas, esse comereis; 10 todo o que não tem barbatanas nem escamas, esse não comereis; é imundo para vós.

11 De todas as aves limpas podereis comer. 12 Porém estas são as de que não comereis: o abutre, o quebrantosso, o halieto, 13 o gavião, o falcão e o milhafre, segundo a sua espécie; 14 todo corvo, segundo a sua espécie; 15 o avestruz, a coruja, a gaivota e o açor, segundo a sua espécie; 16 o mocho, o íbis e o porfirião; 17 o pelicano, o abutre e o corvo marinho; 18 a cegonha, a garça, segundo a sua espécie, a poupa e o morcego. 19 Todos os insetos alados são para vós imundos; não se comerão. 20 De todos os insetos limpos podereis comer.

21 Não comereis a carne de um animal que morre por si. Poderás dá-la ao peregrino que está das tuas portas para dentro, para que a coma, ou poderás vendê-la ao estrangeiro; porque és povo santo a Jeová, teu Deus. Não cozerás o cabrito no leite de sua mãe.

Os dízimos para o serviço do Senhor

22 Certamente, darás os dízimos de todo o produto da tua semente, a saber, de tudo o que nasce nos teus campos de ano em ano. 23 Comerás, diante de Jeová, teu Deus, no lugar que escolher para ali fazer habitar o seu nome, o dízimo do teu pão, do teu mosto e do teu azeite e os primogênitos do teu gado e do teu rebanho; para que aprendas a temer a Jeová, teu Deus, em todo o tempo. 24 Se o caminho te for comprido demais, de sorte que não possas levar o dízimo, por ser demasiado longe de ti o lugar que Jeová, teu Deus, escolher para ali pôr o seu nome, quando Jeová, teu Deus, te abençoar, 25 convertê-lo-ás em dinheiro, atarás o dinheiro na tua mão e irás ao lugar que

שָּׁם לִפְנֵי יְהוָה אֱלֹהֶיךָ וְשָׂמַחְתָּ אַתָּה וּבֵיתֶךָ׃
כז וְהַלֵּוִי אֲשֶׁר־בִּשְׁעָרֶיךָ לֹא תַעַזְבֶנּוּ כִּי אֵין לוֹ חֵלֶק
וְנַחֲלָה עִמָּךְ׃ ס

כח מִקְצֵה׀ שָׁלֹשׁ שָׁנִים תּוֹצִיא אֶת־כָּל־מַעְשַׂר תְּבוּאָתְךָ
בַּשָּׁנָה הַהִוא וְהִנַּחְתָּ בִּשְׁעָרֶיךָ׃
כט וּבָא הַלֵּוִי כִּי אֵין־לוֹ חֵלֶק וְנַחֲלָה עִמָּךְ וְהַגֵּר וְהַיָּתוֹם
וְהָאַלְמָנָה אֲשֶׁר בִּשְׁעָרֶיךָ וְאָכְלוּ וְשָׂבֵעוּ לְמַעַן יְבָרֶכְךָ יְהוָה
אֱלֹהֶיךָ בְּכָל־מַעֲשֵׂה יָדְךָ אֲשֶׁר תַּעֲשֶׂה׃ ס

א מִקֵּץ שֶׁבַע־שָׁנִים תַּעֲשֶׂה שְׁמִטָּה׃
ב וְזֶה דְּבַר הַשְּׁמִטָּה שָׁמוֹט כָּל־בַּעַל מַשֵּׁה יָדוֹ אֲשֶׁר יַשֶּׁה
בְּרֵעֵהוּ לֹא־יִגֹּשׂ אֶת־רֵעֵהוּ וְאֶת־אָחִיו כִּי־קָרָא שְׁמִטָּה לַיהוָה׃
ג אֶת־הַנָּכְרִי תִּגֹּשׂ וַאֲשֶׁר יִהְיֶה לְךָ אֶת־אָחִיךָ תַּשְׁמֵט יָדֶךָ׃
ד אֶפֶס כִּי לֹא יִהְיֶה־בְּךָ אֶבְיוֹן כִּי־בָרֵךְ יְבָרֶכְךָ יְהוָה בָּאָרֶץ
אֲשֶׁר יְהוָה אֱלֹהֶיךָ נֹתֵן־לְךָ נַחֲלָה לְרִשְׁתָּהּ׃
ה רַק אִם־שָׁמוֹעַ תִּשְׁמַע בְּקוֹל יְהוָה אֱלֹהֶיךָ לִשְׁמֹר לַעֲשׂוֹת
אֶת־כָּל־הַמִּצְוָה הַזֹּאת אֲשֶׁר אָנֹכִי מְצַוְּךָ הַיּוֹם׃
ו כִּי־יְהוָה אֱלֹהֶיךָ בֵּרַכְךָ כַּאֲשֶׁר דִּבֶּר־לָךְ וְהַעֲבַטְתָּ גּוֹיִם רַבִּים
וְאַתָּה לֹא תַעֲבֹט וּמָשַׁלְתָּ בְּגוֹיִם רַבִּים וּבְךָ לֹא יִמְשֹׁלוּ׃ ס

ז כִּי־יִהְיֶה בְךָ אֶבְיוֹן מֵאַחַד אַחֶיךָ בְּאַחַד שְׁעָרֶיךָ בְּאַרְצְךָ
אֲשֶׁר־יְהוָה אֱלֹהֶיךָ נֹתֵן לָךְ לֹא תְאַמֵּץ אֶת־לְבָבְךָ וְלֹא
תִקְפֹּץ אֶת־יָדְךָ מֵאָחִיךָ הָאֶבְיוֹן׃
ח כִּי־פָתֹחַ תִּפְתַּח אֶת־יָדְךָ לוֹ וְהַעֲבֵט תַּעֲבִיטֶנּוּ דֵּי
מַחְסֹרוֹ אֲשֶׁר יֶחְסַר לוֹ׃
ט הִשָּׁמֶר לְךָ פֶּן־יִהְיֶה דָבָר עִם־לְבָבְךָ בְלִיַּעַל לֵאמֹר קָרְבָה
שְׁנַת־הַשֶּׁבַע שְׁנַת הַשְּׁמִטָּה וְרָעָה עֵינְךָ בְּאָחִיךָ הָאֶבְיוֹן וְלֹא

Jeová, teu Deus, escolher. 26 Darás esse dinheiro por tudo o
que desejar a tua alma, por bois ou por ovelhas, ou por vinho,
ou por bebidas fortes, ou por tudo o que te pedir a tua alma;
ali, comerás diante de Jeová, teu Deus, e te regozijarás, tu e
tua casa. 27 O levita que está das tuas portas para dentro, não o
desampararás, porque não tem porção nem herança contigo.

28 No fim de cada três, anos tirarás todos os dízimos da
colheita do terceiro ano e o depositarás dentro das tuas por-
tas. 29 O levita (por não ter ele porção nem herança contigo),
o peregrino, o órfão e a viúva que estão das tuas portas para
dentro virão, comerão e se fartarão, para que Jeová, teu Deus,
te abençoe em todas as obras que as tuas mãos fizerem.

O ano da remissão

15 1 No fim de cada sete anos, farás a remissão. 2 Este
é o modo da remissão: todo credor remitirá o que
tem emprestado ao seu próximo; não o exigirá do
seu próximo e do seu patrício, por se ter proclamada a remis-
são de Jeová. 3 Do estrangeiro poderás exigi-lo; porém tudo o
que é teu que estiver no poder do teu patrício, remita-o a tua
mão. 4 Contudo, não haverá entre ti pobre algum (pois Jeová,
certamente, te abençoará na terra que Jeová, teu Deus, te está
dando por herança, para a possuíres), 5 se somente ouvires di-
ligentemente a voz de Jeová, teu Deus, para cuidares de cum-
prir todo este mandamento que eu hoje te ordeno. 6 Porque
Jeová, teu Deus, te abençoará, como te prometeu; empresta-
rás a muitas nações, mas não tomarás empréstimos; domina-
rás sobre muitas nações, porém elas não dominarão sobre ti.

7 Se, no meio de ti, houver um pobre, qualquer de teus irmãos,
numa das tuas cidades na tua terra que Jeová, teu Deus, te está
dando, não endurecerás o teu coração, nem fecharás a mão ao
teu irmão pobre; 8 mas, certamente, lhe abrirás a tua mão e, sem
dúvida, lhe emprestarás quanto baste para a sua necessidade
naquilo que lhe falta. 9 Guarda-te que não haja um pensamento
depravado no teu coração, nem digas: Está próximo o sétimo ano,

תִתֵּן לוֹ וְקָרָא עָלֶיךָ אֶל־יְהוָה וְהָיָה בְךָ חֵטְא׃
י נָתוֹן תִּתֵּן לוֹ וְלֹא־יֵרַע לְבָבְךָ בְּתִתְּךָ לוֹ כִּי בִּגְלַל ׀ הַדָּבָר הַזֶּה
יְבָרֶכְךָ יְהוָה אֱלֹהֶיךָ בְּכָל־מַעֲשֶׂךָ וּבְכֹל מִשְׁלַח יָדֶךָ׃
יא כִּי לֹא־יֶחְדַּל אֶבְיוֹן מִקֶּרֶב הָאָרֶץ עַל־כֵּן אָנֹכִי מְצַוְּךָ לֵאמֹר
פָּתֹחַ תִּפְתַּח אֶת־יָדְךָ לְאָחִיךָ לַעֲנִיֶּךָ וּלְאֶבְיֹנְךָ בְּאַרְצֶךָ׃ ס

יב כִּי־יִמָּכֵר לְךָ אָחִיךָ הָעִבְרִי אוֹ הָעִבְרִיָּה וַעֲבָדְךָ שֵׁשׁ שָׁנִים
וּבַשָּׁנָה הַשְּׁבִיעִת תְּשַׁלְּחֶנּוּ חָפְשִׁי מֵעִמָּךְ׃
יג וְכִי־תְשַׁלְּחֶנּוּ חָפְשִׁי מֵעִמָּךְ לֹא תְשַׁלְּחֶנּוּ רֵיקָם׃
יד הַעֲנֵיק תַּעֲנִיק לוֹ מִצֹּאנְךָ וּמִגָּרְנְךָ וּמִיִּקְבֶךָ אֲשֶׁר
בֵּרַכְךָ יְהוָה אֱלֹהֶיךָ תִּתֶּן־לוֹ׃
טו וְזָכַרְתָּ כִּי עֶבֶד הָיִיתָ בְּאֶרֶץ מִצְרַיִם וַיִּפְדְּךָ יְהוָה אֱלֹהֶיךָ
עַל־כֵּן אָנֹכִי מְצַוְּךָ אֶת־הַדָּבָר הַזֶּה הַיּוֹם׃
טז וְהָיָה כִּי־יֹאמַר אֵלֶיךָ לֹא אֵצֵא מֵעִמָּךְ כִּי אֲהֵבְךָ
וְאֶת־בֵּיתֶךָ כִּי־טוֹב לוֹ עִמָּךְ׃
יז וְלָקַחְתָּ אֶת־הַמַּרְצֵעַ וְנָתַתָּה בְאָזְנוֹ וּבַדֶּלֶת וְהָיָה לְךָ עֶבֶד
עוֹלָם וְאַף לַאֲמָתְךָ תַּעֲשֶׂה־כֵּן׃
יח לֹא־יִקְשֶׁה בְעֵינֶךָ בְּשַׁלֵּחֲךָ אֹתוֹ חָפְשִׁי מֵעִמָּךְ כִּי מִשְׁנֶה
שְׂכַר שָׂכִיר עֲבָדְךָ שֵׁשׁ שָׁנִים וּבֵרַכְךָ יְהוָה אֱלֹהֶיךָ
בְּכֹל אֲשֶׁר תַּעֲשֶׂה׃ פ
יט כָּל־הַבְּכוֹר אֲשֶׁר יִוָּלֵד בִּבְקָרְךָ וּבְצֹאנְךָ הַזָּכָר תַּקְדִּישׁ לַיהוָה
אֱלֹהֶיךָ לֹא תַעֲבֹד בִּבְכֹר שׁוֹרֶךָ וְלֹא תָגֹז בְּכוֹר צֹאנֶךָ׃
כ לִפְנֵי יְהוָה אֱלֹהֶיךָ תֹאכְלֶנּוּ שָׁנָה בְשָׁנָה בַּמָּקוֹם אֲשֶׁר־יִבְחַר
יְהוָה אַתָּה וּבֵיתֶךָ׃
כא וְכִי־יִהְיֶה בוֹ מוּם פִּסֵּחַ אוֹ עִוֵּר כֹּל מוּם רָע לֹא
תִזְבָּחֶנּוּ לַיהוָה אֱלֹהֶיךָ׃
כב בִּשְׁעָרֶיךָ תֹּאכְלֶנּוּ הַטָּמֵא וְהַטָּהוֹר יַחְדָּו כַּצְּבִי וְכָאַיָּל׃
כג רַק אֶת־דָּמוֹ לֹא תֹאכֵל עַל־הָאָרֶץ תִּשְׁפְּכֶנּוּ כַּמָּיִם׃ פ

o ano da remissão; de modo que o teu olho seja mau para com o
teu irmão pobre, e não lhe dês nada, e ele clame contra ti a Jeová,
e isso seja pecado da tua parte. 10 Sem falta lho darás, e não será
triste o teu coração quando lho deres; pois por isso te abençoará
Jeová, teu Deus, em todas as tuas obras e em todas as coisas em
que puseres a mão. 11 Pois nunca deixará de haver pobres na terra;
portanto, eu te ordeno, dizendo: Sem falta abrirás a mão para o
teu irmão, para o teu necessitado e para o teu pobre, na tua terra.

A remissão dos escravos

12 Se te for vendido um teu irmão hebreu (ou hebreia), servir-
-te-á seis anos, e, no sétimo ano, o deixarás ir livre. 13 Quando o
deixares ir livre, não o deixarás ir vazio; 14 liberalmente o forne-
cerás do teu rebanho, da tua eira e do teu lagar; dar-lhe-ás, como
Jeová, teu Deus, te houver abençoado. 15 Lembrar-te-ás de que
foste escravo na terra do Egito e de que Jeová, teu Deus, te remiu;
portanto, eu hoje te ordeno isso. 16 Se ele te disser: Não sairei
de ti, porquanto te amo a ti e a tua casa, por estar bem contigo,
17 tomarás uma sovela e furar-lhe-ás a orelha à porta, e ele ficará
teu escravo para sempre. O mesmo farás à tua escrava. 18 Não te
parecerá uma dureza quando o deixares ir livre, pois te serviu
seis anos, o que vem a ser o dobro do salário dum mercenário; e
Jeová, teu Deus, te abençoará em tudo quanto fizeres.

19 Consagrarás a Jeová, teu Deus, todos os primogênitos
que nascerem do teu gado ou do teu rebanho; não trabalharás
com o primogênito do teu boi, nem tosquiarás o primogênito
do teu rebanho. 20 Comê-lo-ás, tu e a tua casa, diante de Jeová,
teu Deus, ano após ano, no lugar que Jeová escolher. 21 Porém,
se o primogênito tiver algum defeito, como se for coxo ou cego
ou algum outro defeito ruim, seja qual for, não o consagrarás
a Jeová, teu Deus. 22 Comê-lo-ás das tuas portas para dentro;
o imundo e o limpo igualmente comerão dele, como da gazela
e como do veado. 23 Tão somente não comerás o seu sangue;
derramá-lo-ás sobre a terra como água.

א שָׁמוֹר אֶת־חֹדֶשׁ הָאָבִיב וְעָשִׂיתָ פֶּסַח לַיהוָה אֱלֹהֶיךָ כִּי
בְּחֹדֶשׁ הָאָבִיב הוֹצִיאֲךָ יְהוָה אֱלֹהֶיךָ מִמִּצְרַיִם לָיְלָה׃
ב וְזָבַחְתָּ פֶּסַח לַיהוָה אֱלֹהֶיךָ צֹאן וּבָקָר בַּמָּקוֹם אֲשֶׁר־יִבְחַר
יְהוָה לְשַׁכֵּן שְׁמוֹ שָׁם׃
ג לֹא־תֹאכַל עָלָיו חָמֵץ שִׁבְעַת יָמִים תֹּאכַל־עָלָיו מַצּוֹת
לֶחֶם עֹנִי כִּי בְחִפָּזוֹן יָצָאתָ מֵאֶרֶץ מִצְרַיִם לְמַעַן תִּזְכֹּר
אֶת־יוֹם צֵאתְךָ מֵאֶרֶץ מִצְרַיִם כֹּל יְמֵי חַיֶּיךָ׃
ד וְלֹא־יֵרָאֶה לְךָ שְׂאֹר בְּכָל־גְּבֻלְךָ שִׁבְעַת יָמִים וְלֹא־יָלִין
מִן־הַבָּשָׂר אֲשֶׁר תִּזְבַּח בָּעֶרֶב בַּיּוֹם הָרִאשׁוֹן לַבֹּקֶר׃
ה לֹא תוּכַל לִזְבֹּחַ אֶת־הַפָּסַח בְּאַחַד שְׁעָרֶיךָ אֲשֶׁר־יְהוָה
אֱלֹהֶיךָ נֹתֵן לָךְ׃
ו כִּי אִם־אֶל־הַמָּקוֹם אֲשֶׁר־יִבְחַר יְהוָה אֱלֹהֶיךָ לְשַׁכֵּן שְׁמוֹ שָׁם
תִּזְבַּח אֶת־הַפֶּסַח בָּעָרֶב כְּבוֹא הַשֶּׁמֶשׁ מוֹעֵד צֵאתְךָ מִמִּצְרָיִם׃
ז וּבִשַּׁלְתָּ וְאָכַלְתָּ בַּמָּקוֹם אֲשֶׁר יִבְחַר יְהוָה אֱלֹהֶיךָ בּוֹ וּפָנִיתָ
בַבֹּקֶר וְהָלַכְתָּ לְאֹהָלֶיךָ׃
ח שֵׁשֶׁת יָמִים תֹּאכַל מַצּוֹת וּבַיּוֹם הַשְּׁבִיעִי עֲצֶרֶת לַיהוָה
אֱלֹהֶיךָ לֹא תַעֲשֶׂה מְלָאכָה׃ ס

ט שִׁבְעָה שָׁבֻעֹת תִּסְפָּר־לָךְ מֵהָחֵל חֶרְמֵשׁ בַּקָּמָה תָּחֵל
לִסְפֹּר שִׁבְעָה שָׁבֻעוֹת׃
י וְעָשִׂיתָ חַג שָׁבֻעוֹת לַיהוָה אֱלֹהֶיךָ מִסַּת נִדְבַת יָדְךָ אֲשֶׁר
תִּתֵּן כַּאֲשֶׁר יְבָרֶכְךָ יְהוָה אֱלֹהֶיךָ׃
יא וְשָׂמַחְתָּ לִפְנֵי ׀ יְהוָה אֱלֹהֶיךָ אַתָּה וּבִנְךָ וּבִתֶּךָ וְעַבְדְּךָ וַאֲמָתֶךָ
וְהַלֵּוִי אֲשֶׁר בִּשְׁעָרֶיךָ וְהַגֵּר וְהַיָּתוֹם וְהָאַלְמָנָה אֲשֶׁר בְּקִרְבֶּךָ
בַּמָּקוֹם אֲשֶׁר יִבְחַר יְהוָה אֱלֹהֶיךָ לְשַׁכֵּן שְׁמוֹ שָׁם׃
יב וְזָכַרְתָּ כִּי־עֶבֶד הָיִיתָ בְּמִצְרָיִם וְשָׁמַרְתָּ וְעָשִׂיתָ
אֶת־הַחֻקִּים הָאֵלֶּה׃ פ

יג חַג הַסֻּכֹּת תַּעֲשֶׂה לְךָ שִׁבְעַת יָמִים בְּאָסְפְּךָ
מִגָּרְנְךָ וּמִיִּקְבֶךָ׃
יד וְשָׂמַחְתָּ בְּחַגֶּךָ אַתָּה וּבִנְךָ וּבִתֶּךָ וְעַבְדְּךָ וַאֲמָתֶךָ וְהַלֵּוִי
וְהַגֵּר וְהַיָּתוֹם וְהָאַלְמָנָה אֲשֶׁר בִּשְׁעָרֶיךָ׃

As três festas: da Páscoa, de Pentecostes e dos Tabernáculos

16 1 Observa o mês de abibe e celebra a Páscoa a Jeo-
vá, teu Deus, porque no mês de abibe, de noite, ti-
rou-te ele do Egito. 2 Sacrificarás a Páscoa a Jeová,
teu Deus, ovelhas e bois no lugar que Jeová escolher para ali
fazer habitar o seu nome. 3 Com ela não comerás pão levedado;
sete dias comerás com ela pães asmos, a saber, pão de aflição,
porque à pressa saíste da terra do Egito; para que te lembres
do dia em que saíste do Egito todos os dias da tua vida. 4 Por
sete dias, não será visto contigo em todos os teus termos pão
levedado, e nada da carne que sacrificares no primeiro dia à
tarde ficará toda a noite até pela manhã. 5 Não poderás sacri-
ficar a Páscoa dentro de qualquer das tuas cidades que Jeová,
teu Deus, te está dando; 6 porém no lugar que Jeová, teu Deus,
escolher para ali fazer habitar o seu nome, ali sacrificarás a Pás-
coa à tarde, ao pôr do sol, ao tempo determinado em que saíste
do Egito. 7 Cozê-la-ás e comerás no lugar que Jeová, teu Deus,
escolher, voltarás pela manhã e irás às tuas tendas. 8 Seis dias
comerás pães asmos; e, no sétimo dia, haverá assembleia sole-
ne a Jeová; nele, não farás coisa alguma.

9 Contarás para ti sete semanas; desde o dia em que come-
çares a meter a foice na seara, começarás a contar sete sema-
nas. 10 Celebrarás a Festa das Semanas em honra de Jeová, teu
Deus, segundo a medida da oferta voluntária da tua mão, que
darás conforme Jeová te abençoar. 11 Regozijar-te-ás diante de
Jeová, teu Deus, tu, e teu filho, e tua filha, e o teu escravo, e a
tua escrava, e o levita que está das tuas portas para dentro, e o
peregrino, e o órfão, e a viúva que estão no meio de ti, no lugar
que Jeová, teu Deus, escolher para ali fazer habitar o seu nome.
12 Lembrar-te-ás de que foste escravo no Egito, e observarás, e
cumprirás estes estatutos.

13 Celebrarás por sete dias a Festa dos Tabernáculos, quan-
do tiveres recolhido da tua eira e do teu lagar os teus frutos.
14 Regozijar-te-ás na tua festa, tu, e teu filho, e a tua filha, e o
teu escravo, e a tua escrava, e o levita, e o peregrino, e o órfão,

טו שִׁבְעַת יָמִים תָּחֹג לַיהוָה אֱלֹהֶיךָ בַּמָּקוֹם אֲשֶׁר־יִבְחַר
יְהוָה כִּי יְבָרֶכְךָ יְהוָה אֱלֹהֶיךָ בְּכֹל תְּבוּאָתְךָ וּבְכֹל מַעֲשֵׂה
יָדֶיךָ וְהָיִיתָ אַךְ שָׂמֵחַ׃
טז שָׁלוֹשׁ פְּעָמִים| בַּשָּׁנָה יֵרָאֶה כָל־זְכוּרְךָ אֶת־פְּנֵי| יְהוָה
אֱלֹהֶיךָ בַּמָּקוֹם אֲשֶׁר יִבְחָר בְּחַג הַמַּצּוֹת וּבְחַג הַשָּׁבֻעוֹת
וּבְחַג הַסֻּכּוֹת וְלֹא יֵרָאֶה אֶת־פְּנֵי יְהוָה רֵיקָם׃
יז אִישׁ כְּמַתְּנַת יָדוֹ כְּבִרְכַּת יְהוָה אֱלֹהֶיךָ אֲשֶׁר נָתַן־לָךְ׃ ס

יח שֹׁפְטִים וְשֹׁטְרִים תִּתֶּן־לְךָ בְּכָל־שְׁעָרֶיךָ אֲשֶׁר יְהוָה אֱלֹהֶיךָ
נֹתֵן לְךָ לִשְׁבָטֶיךָ וְשָׁפְטוּ אֶת־הָעָם מִשְׁפַּט־צֶדֶק׃
יט לֹא־תַטֶּה מִשְׁפָּט לֹא תַכִּיר פָּנִים וְלֹא־תִקַּח שֹׁחַד כִּי הַשֹּׁחַד
יְעַוֵּר עֵינֵי חֲכָמִים וִיסַלֵּף דִּבְרֵי צַדִּיקִם׃
כ צֶדֶק צֶדֶק תִּרְדֹּף לְמַעַן תִּחְיֶה וְיָרַשְׁתָּ אֶת־הָאָרֶץ אֲשֶׁר־יְהוָה
אֱלֹהֶיךָ נֹתֵן לָךְ׃ ס

כא לֹא־תִטַּע לְךָ אֲשֵׁרָה כָּל־עֵץ אֵצֶל מִזְבַּח יְהוָה אֱלֹהֶיךָ
אֲשֶׁר תַּעֲשֶׂה־לָּךְ׃ ס
כב וְלֹא־תָקִים לְךָ מַצֵּבָה אֲשֶׁר שָׂנֵא יְהוָה אֱלֹהֶיךָ׃ ס

א לֹא־תִזְבַּח לַיהוָה אֱלֹהֶיךָ שׁוֹר וָשֶׂה אֲשֶׁר יִהְיֶה בוֹ מוּם כֹּל
דָּבָר רָע כִּי תוֹעֲבַת יְהוָה אֱלֹהֶיךָ הוּא׃ ס

ב כִּי־יִמָּצֵא בְקִרְבְּךָ בְּאַחַד שְׁעָרֶיךָ אֲשֶׁר־יְהוָה אֱלֹהֶיךָ
נֹתֵן לָךְ אִישׁ אוֹ־אִשָּׁה אֲשֶׁר יַעֲשֶׂה אֶת־הָרַע בְּעֵינֵי
יְהוָה־אֱלֹהֶיךָ לַעֲבֹר בְּרִיתוֹ׃
ג וַיֵּלֶךְ וַיַּעֲבֹד אֱלֹהִים אֲחֵרִים וַיִּשְׁתַּחוּ לָהֶם וְלַשֶּׁמֶשׁ|
אוֹ לַיָּרֵחַ אוֹ לְכָל־צְבָא הַשָּׁמַיִם אֲשֶׁר לֹא־צִוִּיתִי׃
ד וְהֻגַּד־לְךָ וְשָׁמָעְתָּ וְדָרַשְׁתָּ הֵיטֵב וְהִנֵּה אֱמֶת נָכוֹן הַדָּבָר
נֶעֶשְׂתָה הַתּוֹעֵבָה הַזֹּאת בְּיִשְׂרָאֵל׃

e a viúva que estão das tuas portas para dentro. 15 Sete dias ce-
lebrarás uma festa em honra de Jeová, teu Deus, no lugar que
ele escolher, porque ele te abençoará em toda a tua colheita e
em todas as obras das tuas mãos, e serás de todo alegre. 16 Três
vezes no ano aparecerão todos os teus homens diante de Jeová,
teu Deus, no lugar que ele escolher: na Festa dos Pães Asmos,
na Festa das Semanas e na Festa dos Tabernáculos. Não apa-
recerão vazios diante de Jeová; 17 cada um oferecerá conforme
puder, segundo a bênção que Jeová, teu Deus, lhe houver dado.

Deveres dos juízes

18 Juízes e oficiais designarás em todas as tuas cidades que
Jeová, teu Deus, te está dando, segundo as tuas tribos, e eles
julgarão o povo com reto juízo. 19 Não torcerás o juízo; não te
deixarás levar de respeitos humanos, nem receberás peitas;
porque a peita cega os olhos dos sábios e subverte a causa dos
justos. 20 A justiça, e somente a justiça, seguirás, para que vivas
e herdes a terra que Jeová, teu Deus, te está dando.

21 Não plantarás uma Aserá de qualquer sorte de árvore junto
ao altar de Jeová, teu Deus, que fizeres. 22 Não levantarás uma
coluna, que Jeová, teu Deus, odeia.

O castigo da idolatria

17 1 Não sacrificarás a Jeová, teu Deus, boi ou ovelha que
tenha um defeito, isto é, qualquer impropriedade;
porque isso é uma abominação a Jeová, teu Deus.

2 Se for achado no meio de ti, numa das tuas cidades que Jeo-
vá, teu Deus, te está dando, homem ou mulher que fizer o que é
mau à vista de Jeová, teu Deus, transgredindo a sua aliança, 3 e
tiver ido, e servido a outros deuses, e os tiver adorado, a eles,
ou ao sol, ou à lua, ou a qualquer astro do exército do céu, o
que não ordenei; 4 se isso te for denunciado, e, depois de o teres
ouvido, indagares bem e achares que o fato é verdadeiro, que

ה וְהוֹצֵאתָ אֶת־הָאִישׁ הַהוּא אוֹ אֶת־הָאִשָּׁה הַהִוא אֲשֶׁר עָשׂוּ
אֶת־הַדָּבָר הָרָע הַזֶּה אֶל־שְׁעָרֶיךָ אֶת־הָאִישׁ אוֹ אֶת־הָאִשָּׁה
וּסְקַלְתָּם בָּאֲבָנִים וָמֵתוּ׃
ו עַל־פִּי שְׁנַיִם עֵדִים אוֹ שְׁלֹשָׁה עֵדִים יוּמַת הַמֵּת לֹא יוּמַת
עַל־פִּי עֵד אֶחָד׃
ז יַד הָעֵדִים תִּהְיֶה־בּוֹ בָרִאשֹׁנָה לַהֲמִיתוֹ וְיַד כָּל־הָעָם
בָּאַחֲרֹנָה וּבִעַרְתָּ הָרָע מִקִּרְבֶּךָ׃ פ

ח כִּי יִפָּלֵא מִמְּךָ דָבָר לַמִּשְׁפָּט בֵּין־דָּם ׀ לְדָם בֵּין־דִּין
לְדִין וּבֵין נֶגַע לָנֶגַע דִּבְרֵי רִיבֹת בִּשְׁעָרֶיךָ וְקַמְתָּ וְעָלִיתָ
אֶל־הַמָּקוֹם אֲשֶׁר יִבְחַר יְהוָה אֱלֹהֶיךָ בּוֹ׃
ט וּבָאתָ אֶל־הַכֹּהֲנִים הַלְוִיִּם וְאֶל־הַשֹּׁפֵט אֲשֶׁר יִהְיֶה
בַּיָּמִים הָהֵם וְדָרַשְׁתָּ וְהִגִּידוּ לְךָ אֵת דְּבַר הַמִּשְׁפָּט׃
י וְעָשִׂיתָ עַל־פִּי הַדָּבָר אֲשֶׁר יַגִּידוּ לְךָ מִן־הַמָּקוֹם הַהוּא
אֲשֶׁר יִבְחַר יְהוָה וְשָׁמַרְתָּ לַעֲשׂוֹת כְּכֹל אֲשֶׁר יוֹרוּךָ׃
יא עַל־פִּי הַתּוֹרָה אֲשֶׁר יוֹרוּךָ וְעַל־הַמִּשְׁפָּט אֲשֶׁר־יֹאמְרוּ
לְךָ תַּעֲשֶׂה לֹא תָסוּר מִן־הַדָּבָר אֲשֶׁר־יַגִּידוּ לְךָ יָמִין וּשְׂמֹאל׃
יב וְהָאִישׁ אֲשֶׁר־יַעֲשֶׂה בְזָדוֹן לְבִלְתִּי שְׁמֹעַ אֶל־הַכֹּהֵן
הָעֹמֵד לְשָׁרֶת שָׁם אֶת־יְהוָה אֱלֹהֶיךָ אוֹ אֶל־הַשֹּׁפֵט
וּמֵת הָאִישׁ הַהוּא וּבִעַרְתָּ הָרָע מִיִּשְׂרָאֵל׃
יג וְכָל־הָעָם יִשְׁמְעוּ וְיִרָאוּ וְלֹא יְזִידוּן עוֹד׃ ס

יד כִּי־תָבֹא אֶל־הָאָרֶץ אֲשֶׁר יְהוָה אֱלֹהֶיךָ נֹתֵן לָךְ
וִירִשְׁתָּהּ וְיָשַׁבְתָּה בָּהּ וְאָמַרְתָּ אָשִׂימָה עָלַי מֶלֶךְ
כְּכָל־הַגּוֹיִם אֲשֶׁר סְבִיבֹתָי׃
טו שׂוֹם תָּשִׂים עָלֶיךָ מֶלֶךְ אֲשֶׁר יִבְחַר יְהוָה אֱלֹהֶיךָ בּוֹ
מִקֶּרֶב אַחֶיךָ תָּשִׂים עָלֶיךָ מֶלֶךְ לֹא תוּכַל לָתֵת עָלֶיךָ
אִישׁ נָכְרִי אֲשֶׁר לֹא־אָחִיךָ הוּא׃

realmente tal abominação se cometeu em Israel, 5 farás conduzir
às tuas portas esse homem ou essa mulher que cometeram essa
maldade; sim, o homem ou a mulher; e os apedrejarás, até que
morram. 6 Pela boca de duas testemunhas ou três testemunhas,
será morto aquele que houver de morrer; pela boca de uma só
testemunha não será morto. 7 A mão das testemunhas será a
primeira contra ele, para fazê-lo morrer, e, depois, a mão de
todo o povo. Assim, exterminarás o mal do meio de ti.

Julgamento de questões difíceis

8 Se te surgir em juízo uma questão difícil demais, entre
sangue e sangue, entre causa e causa e entre ferida e ferida,
isto é, questões de pendências, dentro das tuas cidades, le-
vantar-te-ás e subirás ao lugar que Jeová, teu Deus, escolher.
9 Virás aos levitas sacerdotes e ao juiz que houver nesses dias;
indagarás, e eles te mostrarão a sentença do juízo. 10 Farás de
acordo com a sentença que te mostrarem no lugar que Jeová
escolher; e cuidarás em fazer segundo tudo o que te ensinarem.
11 Segundo o teor do ensino que te derem e segundo o juízo que
te disserem, farás; não te desviarás da sentença que te referi-
rem nem para a direita nem para a esquerda. 12 O homem que
se houver com presunção, não ouvindo ao sacerdote que está
ali para ministrar diante de Jeová, teu Deus, nem ao juiz, esse
homem morrerá; tirarás de Israel o mal. 13 Todo o povo ouvirá,
e temerá, e não mais se ensoberbecerá.

A eleição e os deveres dum rei

14 Quando entrares na terra que Jeová, teu Deus, te está
dando, e a possuíres, e nela habitares, e disseres: Estabelecerei
sobre mim um rei, como o fazem todas as nações que estão
ao redor de mim, 15 certamente, estabelecerás como rei sobre
ti aquele que Jeová, teu Deus, escolher. A um dentre os teus
irmãos estabelecerás como rei sobre ti; não poderás pôr sobre

טז רַק לֹא־יַרְבֶּה־לּוֹ סוּסִים וְלֹא־יָשִׁיב אֶת־הָעָם מִצְרַיְמָה לְמַעַן
הַרְבּוֹת סוּס וַיהוָה אָמַר לָכֶם לֹא תֹסִפוּן לָשׁוּב בַּדֶּרֶךְ הַזֶּה עוֹד׃
יז וְלֹא יַרְבֶּה־לּוֹ נָשִׁים וְלֹא יָסוּר לְבָבוֹ וְכֶסֶף וְזָהָב לֹא
יַרְבֶּה־לּוֹ מְאֹד׃

יח וְהָיָה כְשִׁבְתּוֹ עַל כִּסֵּא מַמְלַכְתּוֹ וְכָתַב לוֹ אֶת־מִשְׁנֵה
הַתּוֹרָה הַזֹּאת עַל־סֵפֶר מִלִּפְנֵי הַכֹּהֲנִים הַלְוִיִּם׃
יט וְהָיְתָה עִמּוֹ וְקָרָא בוֹ כָּל־יְמֵי חַיָּיו לְמַעַן יִלְמַד לְיִרְאָה
אֶת־יְהוָה אֱלֹהָיו לִשְׁמֹר אֶת־כָּל־דִּבְרֵי הַתּוֹרָה הַזֹּאת
וְאֶת־הַחֻקִּים הָאֵלֶּה לַעֲשֹׂתָם׃
כ לְבִלְתִּי רוּם־לְבָבוֹ מֵאֶחָיו וּלְבִלְתִּי סוּר מִן־הַמִּצְוָה
יָמִין וּשְׂמֹאול לְמַעַן יַאֲרִיךְ יָמִים עַל־מַמְלַכְתּוֹ הוּא וּבָנָיו
בְּקֶרֶב יִשְׂרָאֵל׃ ס

א לֹא־יִהְיֶה לַכֹּהֲנִים הַלְוִיִּם כָּל־שֵׁבֶט לֵוִי חֵלֶק וְנַחֲלָה
עִם־יִשְׂרָאֵל אִשֵּׁי יְהוָה וְנַחֲלָתוֹ יֹאכֵלוּן׃
ב וְנַחֲלָה לֹא־יִהְיֶה־לּוֹ בְּקֶרֶב אֶחָיו יְהוָה הוּא נַחֲלָתוֹ
כַּאֲשֶׁר דִּבֶּר־לוֹ׃ ס
ג וְזֶה יִהְיֶה מִשְׁפַּט הַכֹּהֲנִים מֵאֵת הָעָם מֵאֵת זֹבְחֵי
הַזֶּבַח אִם־שׁוֹר אִם־שֶׂה וְנָתַן לַכֹּהֵן הַזְּרֹעַ וְהַלְּחָיַיִם וְהַקֵּבָה׃
ד רֵאשִׁית דְּגָנְךָ תִּירֹשְׁךָ וְיִצְהָרֶךָ וְרֵאשִׁית גֵּז צֹאנְךָ תִּתֶּן־לּוֹ׃
ה כִּי בוֹ בָּחַר יְהוָה אֱלֹהֶיךָ מִכָּל־שְׁבָטֶיךָ לַעֲמֹד לְשָׁרֵת
בְּשֵׁם־יְהוָה הוּא וּבָנָיו כָּל־הַיָּמִים׃ ס

ו וְכִי־יָבֹא הַלֵּוִי מֵאַחַד שְׁעָרֶיךָ מִכָּל־יִשְׂרָאֵל אֲשֶׁר־הוּא
גָּר שָׁם וּבָא בְּכָל־אַוַּת נַפְשׁוֹ אֶל־הַמָּקוֹם אֲשֶׁר־יִבְחַר יְהוָה׃
ז וְשֵׁרֵת בְּשֵׁם יְהוָה אֱלֹהָיו כְּכָל־אֶחָיו הַלְוִיִּם הָעֹמְדִים שָׁם
לִפְנֵי יְהוָה׃

ti um estrangeiro que não seja teu irmão. 16 Porém não multi-
plicarás para ti cavalos, nem farás voltar o povo ao Egito, para
multiplicar cavalos; porquanto Jeová vos disse: Não tornareis
a voltar, de hoje em diante, por aquele caminho. 17 Nem multi-
plicará para si mulheres, para que se não desvie o seu coração;
nem multiplicará muito para si a prata e o ouro.

18 Quando se assentar sobre o trono do seu reino, fará
escrever para si uma cópia desta lei num livro, do que está
diante dos levitas sacerdotes. 19 Tê-lo-á consigo e nele lerá
todos os dias da sua vida, para que aprenda a temer a Jeová,
seu Deus, e a guardar todas as palavras desta lei e estes esta-
tutos, a fim de os cumprir. 20 Isso fará para que o seu coração
não se eleve sobre os seus irmãos e para que não se desvie
do mandamento nem para a direita nem para a esquerda, a
fim de que prolongue os seus dias no seu reinado, ele e seus
filhos, no meio de Israel.

A herança e os direitos dos sacerdotes e dos levitas

18 1 Os levitas sacerdotes, a saber, toda a tribo de
Levi, não terão parte nem herança com Israel;
comerão as ofertas queimadas e a herança de
Jeová. 2 Não terão herança no meio dos seus irmãos; Jeová é
a sua herança, como lhes disse. 3 Isto é o que será devido aos
sacerdotes pelo povo, pelos que oferecerem o sacrifício, seja
boi, seja ovelha: o ofertante dará ao sacerdote a espádua, as
queixadas e o bucho. 4 Dar-lhe-ás as primícias do teu pão, do
teu mosto, e do teu azeite, e dos velos das tuas ovelhas. 5 Pois
a ele o escolheu Jeová, teu Deus, dentre todas as tuas tribos
para assistir no serviço concernente ao nome de Jeová, ele e
seus filhos, em todo o tempo.

6 Se um levita sair de alguma das tuas cidades de todo o Israel,
na qual ele peregrina, e vier com todo o desejo da sua alma ao
lugar que Jeová escolher, 7 e ministrar no tocante ao nome de
Jeová, seu Deus, como o fazem todos os seus irmãos, os levitas,

ח חֵלֶק כְּחֵלֶק יֹאכֵלוּ לְבַד מִמְכָּרָיו עַל־הָאָבוֹת׃ ס

ט כִּי אַתָּה בָּא אֶל־הָאָרֶץ אֲשֶׁר־יְהוָה אֱלֹהֶיךָ נֹתֵן לָךְ
לֹא־תִלְמַד לַעֲשׂוֹת כְּתוֹעֲבֹת הַגּוֹיִם הָהֵם׃
י לֹא־יִמָּצֵא בְךָ מַעֲבִיר בְּנוֹ־וּבִתּוֹ בָּאֵשׁ קֹסֵם קְסָמִים מְעוֹנֵן
וּמְנַחֵשׁ וּמְכַשֵּׁף׃
יא וְחֹבֵר חָבֶר וְשֹׁאֵל אוֹב וְיִדְּעֹנִי וְדֹרֵשׁ אֶל־הַמֵּתִים׃
יב כִּי־תוֹעֲבַת יְהוָה כָּל־עֹשֵׂה אֵלֶּה וּבִגְלַל הַתּוֹעֵבֹת הָאֵלֶּה
יְהוָה אֱלֹהֶיךָ מוֹרִישׁ אוֹתָם מִפָּנֶיךָ׃
יג תָּמִים תִּהְיֶה עִם יְהוָה אֱלֹהֶיךָ׃ ס
יד כִּי הַגּוֹיִם הָאֵלֶּה אֲשֶׁר אַתָּה יוֹרֵשׁ אוֹתָם אֶל־מְעֹנְנִים
וְאֶל־קֹסְמִים יִשְׁמָעוּ וְאַתָּה לֹא כֵן נָתַן לְךָ יְהוָה אֱלֹהֶיךָ׃

טו נָבִיא מִקִּרְבְּךָ מֵאַחֶיךָ כָּמֹנִי יָקִים לְךָ יְהוָה אֱלֹהֶיךָ אֵלָיו
תִּשְׁמָעוּן׃ טז כְּכֹל אֲשֶׁר־שָׁאַלְתָּ מֵעִם יְהוָה אֱלֹהֶיךָ בְּחֹרֵב בְּיוֹם
הַקָּהָל לֵאמֹר לֹא אֹסֵף לִשְׁמֹעַ אֶת־קוֹל יְהוָה אֱלֹהָי וְאֶת־הָאֵשׁ
הַגְּדֹלָה הַזֹּאת לֹא־אֶרְאֶה עוֹד וְלֹא אָמוּת׃
יז וַיֹּאמֶר יְהוָה אֵלָי הֵיטִיבוּ אֲשֶׁר דִּבֵּרוּ׃
יח נָבִיא אָקִים לָהֶם מִקֶּרֶב אֲחֵיהֶם כָּמוֹךָ וְנָתַתִּי דְבָרַי
בְּפִיו וְדִבֶּר אֲלֵיהֶם אֵת כָּל־אֲשֶׁר אֲצַוֶּנּוּ׃
יט וְהָיָה הָאִישׁ אֲשֶׁר לֹא־יִשְׁמַע אֶל־דְּבָרַי אֲשֶׁר יְדַבֵּר בִּשְׁמִי
אָנֹכִי אֶדְרֹשׁ מֵעִמּוֹ׃

כ אַךְ הַנָּבִיא אֲשֶׁר יָזִיד לְדַבֵּר דָּבָר בִּשְׁמִי אֵת אֲשֶׁר
לֹא־צִוִּיתִיו לְדַבֵּר וַאֲשֶׁר יְדַבֵּר בְּשֵׁם אֱלֹהִים אֲחֵרִים
וּמֵת הַנָּבִיא הַהוּא׃ כא וְכִי תֹאמַר בִּלְבָבֶךָ אֵיכָה נֵדַע אֶת־
הַדָּבָר אֲשֶׁר לֹא־דִבְּרוֹ יְהוָה׃
כב אֲשֶׁר יְדַבֵּר הַנָּבִיא בְּשֵׁם יְהוָה וְלֹא־יִהְיֶה הַדָּבָר

que ali assistem diante de Jeová, 8 todos terão porções iguais
para comerem, além da venda dos seus patrimônios.

As abominações das nações são proibidas

9 Quando tu tiveres entrado na terra que Jeová, teu Deus, te
está dando, não aprenderás a fazer segundo as abominações
desses povos. 10 Não se achará contigo quem faça passar seu
filho ou sua filha pelo fogo, nem adivinhador, nem prognosti-
cador, nem agoureiro, nem feiticeiro, 11 nem encantador, nem o
que consulte a espíritos ou a um espírito familiar, nem aquele
que consulte aos mortos. 12 Porque abominável é a Jeová todo
aquele que faz essas coisas, e, por causa dessas abominações
Jeová, teu Deus, os está desapossando diante de ti. 13 Perfeito
serás para com Jeová, teu Deus. 14 Porque estas nações que tu
estás possuindo ouvem os prognosticadores e os adivinhado-
res; mas, quanto a ti, Jeová, teu Deus, não te permitiu tal coisa.

A promessa dum grande profeta

15 Jeová, teu Deus, te suscitará um profeta do meio de ti,
dentre os teus irmãos, semelhante a mim; a este ouvirás; 16 se-
gundo tudo o que pediste de Jeová, teu Deus, em Horebe, no dia
da assembleia, dizendo: Não ouvirei mais a voz de Jeová, meu
Deus, nem tornarei a ver mais este grande fogo, para que não
morra. 17 Disse-me Jeová: Falaram bem tudo quanto disseram.
18 Dentre os seus irmãos lhes suscitarei um profeta semelhante
a ti; porei na sua boca as minhas palavras, e ele lhes falará tudo
o que eu lhe ordenar. 19 Todo aquele que não ouvir as minhas
palavras que ele falar em meu nome, eu o requererei dele.

20 Mas o profeta que se houver com presunção, falando em
meu nome uma palavra que não lhe ordenei falar ou que falar
em nome de outros deuses, esse profeta morrerá. 21 Se disseres
no teu coração: Como poderemos conhecer a palavra que Jeová
não falou? 22 Quando um profeta falar em nome de Jeová, se a

וְלֹא יָבוֹא הוּא הַדָּבָר אֲשֶׁר לֹא־דִבְּרוֹ יְהוָה בְּזָדוֹן
דִּבְּרוֹ הַנָּבִיא לֹא תָגוּר מִמֶּנּוּ: ס

א כִּי־יַכְרִית יְהוָה אֱלֹהֶיךָ אֶת־הַגּוֹיִם אֲשֶׁר יְהוָה אֱלֹהֶיךָ נֹתֵן לְךָ
אֶת־אַרְצָם וִירִשְׁתָּם וְיָשַׁבְתָּ בְעָרֵיהֶם וּבְבָתֵּיהֶם:
ב שָׁלוֹשׁ עָרִים תַּבְדִּיל לָךְ בְּתוֹךְ אַרְצְךָ אֲשֶׁר יְהוָה
אֱלֹהֶיךָ נֹתֵן לְךָ לְרִשְׁתָּהּ:
ג תָּכִין לְךָ הַדֶּרֶךְ וְשִׁלַּשְׁתָּ אֶת־גְּבוּל אַרְצְךָ אֲשֶׁר יַנְחִילְךָ יְהוָה
אֱלֹהֶיךָ וְהָיָה לָנוּס שָׁמָּה כָּל־רֹצֵחַ:

ד וְזֶה דְּבַר הָרֹצֵחַ אֲשֶׁר־יָנוּס שָׁמָּה וָחָי אֲשֶׁר יַכֶּה אֶת־רֵעֵהוּ
בִּבְלִי־דַעַת וְהוּא לֹא־שֹׂנֵא לוֹ מִתְּמֹל שִׁלְשֹׁם:
ה וַאֲשֶׁר יָבֹא אֶת־רֵעֵהוּ בַיַּעַר לַחְטֹב עֵצִים וְנִדְּחָה יָדוֹ בַגַּרְזֶן
לִכְרֹת הָעֵץ וְנָשַׁל הַבַּרְזֶל מִן־הָעֵץ וּמָצָא אֶת־רֵעֵהוּ וָמֵת הוּא
יָנוּס אֶל־אַחַת הֶעָרִים־הָאֵלֶּה וָחָי:
ו פֶּן־יִרְדֹּף גֹּאֵל הַדָּם אַחֲרֵי הָרֹצֵחַ כִּי־יֵחַם לְבָבוֹ וְהִשִּׂיגוֹ כִּי־
יִרְבֶּה הַדֶּרֶךְ וְהִכָּהוּ נָפֶשׁ וְלוֹ אֵין מִשְׁפַּט־מָוֶת כִּי לֹא שֹׂנֵא הוּא
לוֹ מִתְּמוֹל שִׁלְשׁוֹם:
ז עַל־כֵּן אָנֹכִי מְצַוְּךָ לֵאמֹר שָׁלֹשׁ עָרִים תַּבְדִּיל לָךְ: ס
ח וְאִם־יַרְחִיב יְהוָה אֱלֹהֶיךָ אֶת־גְּבֻלְךָ כַּאֲשֶׁר נִשְׁבַּע לַאֲבֹתֶיךָ
וְנָתַן לְךָ אֶת־כָּל־הָאָרֶץ אֲשֶׁר דִּבֶּר לָתֵת לַאֲבֹתֶיךָ:
ט כִּי־תִשְׁמֹר אֶת־כָּל־הַמִּצְוָה הַזֹּאת לַעֲשֹׂתָהּ אֲשֶׁר אָנֹכִי מְצַוְּךָ
הַיּוֹם לְאַהֲבָה אֶת־יְהוָה אֱלֹהֶיךָ וְלָלֶכֶת בִּדְרָכָיו כָּל־הַיָּמִים
וְיָסַפְתָּ לְךָ עוֹד שָׁלֹשׁ עָרִים עַל הַשָּׁלֹשׁ הָאֵלֶּה:
י וְלֹא יִשָּׁפֵךְ דָּם נָקִי בְּקֶרֶב אַרְצְךָ אֲשֶׁר יְהוָה אֱלֹהֶיךָ נֹתֵן לְךָ
נַחֲלָה וְהָיָה עָלֶיךָ דָּמִים: ס

יא וְכִי־יִהְיֶה אִישׁ שֹׂנֵא לְרֵעֵהוּ וְאָרַב לוֹ וְקָם עָלָיו וְהִכָּהוּ נֶפֶשׁ
וָמֵת וְנָס אֶל־אַחַת הֶעָרִים הָאֵל: יב וְשָׁלְחוּ זִקְנֵי עִירוֹ וְלָקְחוּ
אֹתוֹ מִשָּׁם וְנָתְנוּ אֹתוֹ בְּיַד גֹּאֵל הַדָּם וָמֵת:

coisa não se cumprir, tal coisa Jeová não falou; o profeta a falou com presunção; não terás medo dele.

A quem pertencem os privilégios das cidades de refúgio

19 1 Quando Jeová, teu Deus, exterminar as nações
cuja terra ele te está dando, e as desapossares e ha-
bitares nas suas cidades e nas suas casas, 2 tomarás
para ti três cidades no meio da terra que Jeová, teu Deus, te
está dando para a possuíres. 3 Preparar-te-ás o caminho e di-
vidirás em três partes os termos da tua terra, que Jeová, teu
Deus, te está fazendo herdar, a fim de que para ali se acolha
o homicida.

4 Este é o caso do homicida que para ali se poderá acolher
e viver: todo aquele que matar ao seu próximo sem o saber, a
quem dantes não aborrecia. 5 Assim, aquele que, entrando com
o seu próximo no bosque para lenhar e dando a sua mão com
o machado um golpe para cortar a árvore, o ferro saltar do
cabo e ferir ao seu próximo, de sorte que venha a morrer, esse
tal se acolherá a uma das cidades e viverá 6 (para não suceder
que o vingador de sangue, inflamado o seu coração, persiga
ao homicida e o alcance, por ser comprido o caminho, e lhe
tire a vida.). Não era digno de morte, visto que dantes não o
aborreceia. 7 Pelo que eu te ordeno: Destinarás três cidades para
ti. 8 Se Jeová, teu Deus, dilatar os teus termos, como jurou a
teus pais, e te der toda a terra que prometeu dar a teus pais
9 (se guardares todo este mandamento para o cumprires, que
eu hoje te ordeno, de amar a Jeová, teu Deus, e de andar sem-
pre nos seus caminhos), acrescentar-te-ás mais três cidades
além dessas três, 10 para que se não derrame o sangue inocente
no meio da tua terra, que Jeová, teu Deus, te está dando por
herança, e não haja sangue sobre ti.

11 Mas, se alguém, aborrecendo ao seu próximo e armando-lhe
ciladas, se levantar contra ele e lhe der um golpe mortal, de sorte
que venha a morrer; se se acolher a uma dessas cidades, 12 os

יג לֹא־תָחוֹס עֵינְךָ עָלָיו וּבִעַרְתָּ דַם־הַנָּקִי
מִיִּשְׂרָאֵל וְטוֹב לָךְ: ס

יג לֹא תַסִּיג גְּבוּל רֵעֲךָ אֲשֶׁר גָּבְלוּ רִאשֹׁנִים בְּנַחֲלָתְךָ אֲשֶׁר
תִּנְחַל בָּאָרֶץ אֲשֶׁר יְהוָה אֱלֹהֶיךָ נֹתֵן לְךָ לְרִשְׁתָּהּ: ס

טו לֹא־יָקוּם עֵד אֶחָד בְּאִישׁ לְכָל־עָוֺן וּלְכָל־חַטָּאת
בְּכָל־חֵטְא אֲשֶׁר יֶחֱטָא עַל־פִּי ׀ שְׁנֵי עֵדִים אוֹ עַל־פִּי
שְׁלֹשָׁה־עֵדִים יָקוּם דָּבָר:
טז כִּי־יָקוּם עֵד־חָמָס בְּאִישׁ לַעֲנוֹת בּוֹ סָרָה:
יז וְעָמְדוּ שְׁנֵי־הָאֲנָשִׁים אֲשֶׁר־לָהֶם הָרִיב לִפְנֵי יְהוָה לִפְנֵי
הַכֹּהֲנִים וְהַשֹּׁפְטִים אֲשֶׁר יִהְיוּ בַּיָּמִים הָהֵם:
יח וְדָרְשׁוּ הַשֹּׁפְטִים הֵיטֵב וְהִנֵּה עֵד־שֶׁקֶר הָעֵד שֶׁקֶר עָנָה
בְאָחִיו: יט וַעֲשִׂיתֶם לוֹ כַּאֲשֶׁר זָמַם לַעֲשׂוֹת לְאָחִיו וּבִעַרְתָּ
הָרָע מִקִּרְבֶּךָ: כ וְהַנִּשְׁאָרִים יִשְׁמְעוּ וְיִרָאוּ וְלֹא־יֹסִפוּ לַעֲשׂוֹת
עוֹד כַּדָּבָר הָרָע הַזֶּה בְּקִרְבֶּךָ: כא וְלֹא תָחוֹס עֵינֶךָ נֶפֶשׁ בְּנֶפֶשׁ
עַיִן בְּעַיִן שֵׁן בְּשֵׁן יָד בְּיָד רֶגֶל בְּרָגֶל: ס

א כִּי־תֵצֵא לַמִּלְחָמָה עַל־אֹיְבֶךָ וְרָאִיתָ סוּס וָרֶכֶב
עַם רַב מִמְּךָ לֹא תִירָא מֵהֶם כִּי־יְהוָה אֱלֹהֶיךָ עִמָּךְ
הַמַּעַלְךָ מֵאֶרֶץ מִצְרָיִם:
ב וְהָיָה כְּקָרָבְכֶם אֶל־הַמִּלְחָמָה וְנִגַּשׁ הַכֹּהֵן וְדִבֶּר אֶל־הָעָם:
ג וְאָמַר אֲלֵהֶם שְׁמַע יִשְׂרָאֵל אַתֶּם קְרֵבִים הַיּוֹם לַמִּלְחָמָה
עַל־אֹיְבֵיכֶם אַל־יֵרַךְ לְבַבְכֶם אַל־תִּירְאוּ וְאַל־תַּחְפְּזוּ
וְאַל־תַּעַרְצוּ מִפְּנֵיהֶם:

anciãos da sua cidade enviarão, e o tirarão dali, e o entregarão
nas mãos do vingador de sangue, para que morra. 13 Não terá
piedade dele o teu olho, mas tirarás o sangue inocente do meio
de Israel, para que te vá bem.

Leis acerca dos limites e das testemunhas

14 Não removerás os marcos do teu próximo, os quais os teus
antecessores fixaram na tua herança que receberás, na terra que
Jeová, teu Deus, te está dando para a possuíres.

15 Uma só testemunha não poderá levantar-se contra alguém
por causa de qualquer iniquidade ou por causa de qualquer pe-
cado que cometer; pela boca de duas testemunhas ou três teste-
munhas se estabelecerá o fato. 16 Se uma testemunha maliciosa
se levantar contra alguém para o acusar de algum transvio, 17 am-
bos os homens que tiverem a demanda comparecerão perante
Jeová, perante os sacerdotes e os juízes que houver naqueles
dias. 18 Os juízes indagarão bem; se a testemunha for falsa e tiver
dado falso testemunho contra seu irmão, 19 tratá-lo-eis como
ele tinha intento de tratar a seu irmão; assim, exterminarás o
mal do meio de ti. 20 Os restantes ouvirão, e temerão, e nunca
mais tornarão a cometer semelhante mal no meio de ti. 21 Não
terá piedade dele o teu olho; dar-se-á vida por vida, olho por
olho, dente por dente, mão por mão e pé por pé.

As leis acerca da guerra

20 1 Quando saíres à peleja contra os teus inimi-
gos e vires cavalos, e carros, e povo mais nu-
meroso do que tu, não terás medo deles; por-
que está contigo Jeová, teu Deus, que te fez subir da terra do
Egito. 2 Quando estiveres para entrar na peleja, o sacerdote se
chegará, e falará ao povo, 3 e lhe dirá: Ouvi, ó Israel, vós estais
hoje para entrardes na peleja contra os vossos inimigos. Não

ד כִּי יְהוָה אֱלֹהֵיכֶם הַהֹלֵךְ עִמָּכֶם לְהִלָּחֵם לָכֶם
עִם־אֹיְבֵיכֶם לְהוֹשִׁיעַ אֶתְכֶם׃
ה וְדִבְּרוּ הַשֹּׁטְרִים אֶל־הָעָם לֵאמֹר מִי־הָאִישׁ אֲשֶׁר בָּנָה
בַיִת־חָדָשׁ וְלֹא חֲנָכוֹ יֵלֵךְ וְיָשֹׁב לְבֵיתוֹ פֶּן־יָמוּת בַּמִּלְחָמָה
וְאִישׁ אַחֵר יַחְנְכֶנּוּ׃
ו וּמִי־הָאִישׁ אֲשֶׁר־נָטַע כֶּרֶם וְלֹא חִלְּלוֹ יֵלֵךְ וְיָשֹׁב לְבֵיתוֹ
פֶּן־יָמוּת בַּמִּלְחָמָה וְאִישׁ אַחֵר יְחַלְּלֶנּוּ׃
ז וּמִי־הָאִישׁ אֲשֶׁר־אֵרַשׂ אִשָּׁה וְלֹא לְקָחָהּ יֵלֵךְ וְיָשֹׁב לְבֵיתוֹ
פֶּן־יָמוּת בַּמִּלְחָמָה וְאִישׁ אַחֵר יִקָּחֶנָּה׃
ח וְיָסְפוּ הַשֹּׁטְרִים לְדַבֵּר אֶל־הָעָם וְאָמְרוּ מִי־הָאִישׁ הַיָּרֵא וְרַךְ
הַלֵּבָב יֵלֵךְ וְיָשֹׁב לְבֵיתוֹ וְלֹא יִמַּס אֶת־לְבַב אֶחָיו כִּלְבָבוֹ׃
ט וְהָיָה כְּכַלֹּת הַשֹּׁטְרִים לְדַבֵּר אֶל־הָעָם וּפָקְדוּ שָׂרֵי
צְבָאוֹת בְּרֹאשׁ הָעָם׃ ס

י כִּי־תִקְרַב אֶל־עִיר לְהִלָּחֵם עָלֶיהָ וְקָרָאתָ אֵלֶיהָ לְשָׁלוֹם׃
יא וְהָיָה אִם־שָׁלוֹם תַּעַנְךָ וּפָתְחָה לָךְ וְהָיָה כָּל־הָעָם הַנִּמְצָא־בָהּ
יִהְיוּ לְךָ לָמַס וַעֲבָדוּךָ׃
יב וְאִם־לֹא תַשְׁלִים עִמָּךְ וְעָשְׂתָה עִמְּךָ מִלְחָמָה וְצַרְתָּ עָלֶיהָ׃
יג וּנְתָנָהּ יְהוָה אֱלֹהֶיךָ בְּיָדֶךָ וְהִכִּיתָ אֶת־כָּל־זְכוּרָהּ לְפִי־חָרֶב׃
יד רַק הַנָּשִׁים וְהַטַּף וְהַבְּהֵמָה וְכֹל אֲשֶׁר יִהְיֶה בָעִיר כָּל־שְׁלָלָהּ
תָּבֹז לָךְ וְאָכַלְתָּ אֶת־שְׁלַל אֹיְבֶיךָ אֲשֶׁר נָתַן יְהוָה אֱלֹהֶיךָ לָךְ׃
טו כֵּן תַּעֲשֶׂה לְכָל־הֶעָרִים הָרְחֹקֹת מִמְּךָ מְאֹד אֲשֶׁר לֹא־מֵעָרֵי
הַגּוֹיִם־הָאֵלֶּה הֵנָּה׃
טז רַק מֵעָרֵי הָעַמִּים הָאֵלֶּה אֲשֶׁר יְהוָה אֱלֹהֶיךָ נֹתֵן לְךָ נַחֲלָה
לֹא תְחַיֶּה כָּל־נְשָׁמָה׃
יז כִּי־הַחֲרֵם תַּחֲרִימֵם הַחִתִּי וְהָאֱמֹרִי הַכְּנַעֲנִי וְהַפְּרִזִּי הַחִוִּי
וְהַיְבוּסִי כַּאֲשֶׁר צִוְּךָ יְהוָה אֱלֹהֶיךָ׃
יח לְמַעַן אֲשֶׁר לֹא־יְלַמְּדוּ אֶתְכֶם לַעֲשׂוֹת כְּכֹל תּוֹעֲבֹתָם אֲשֶׁר
עָשׂוּ לֵאלֹהֵיהֶם וַחֲטָאתֶם לַיהוָה אֱלֹהֵיכֶם׃ ס

se amoleça o vosso coração; não tenhais medo, nem tremais,
nem vos atemorizeis por causa deles, 4 porque Jeová, vosso
Deus, é quem vai convosco a pelejar por vós contra os vos-
sos inimigos, para vos salvar. 5 Os oficiais dirão ao povo: Que
homem há que tenha edificado uma casa nova e não a tenha
dedicado? Vá-se e torne para sua casa, não suceda que morra
na peleja, e outro homem a dedique. 6 Que homem há que
tenha plantado uma vinha, e não a tenha desfrutado? Vá-se e
torne para sua casa, não suceda que morra na peleja, e outro
homem a desfrute. 7 Que homem há que se tenha desposa-
do com uma mulher e não a tenha recebido? Vá-se e torne
para sua casa, não suceda que morra na peleja, e outro ho-
mem a receba. 8 Dirão mais os oficiais ao povo: Que homem
há que seja medroso e de coração tímido? Vá-se e torne para
sua casa, não suceda que se derreta o coração de seus irmãos
como o seu coração. 9 Quando os oficiais tiverem acabado de
falar ao povo, designarão capitães das hostes, para estarem
em frente do povo.

10 Quando te aproximares duma cidade para pelejar con-
tra ela, oferecer-lhe-ás a paz. 11 Se ela se submeter em paz e
te abrir as portas, todo o povo que se achar nela será sujeito
a trabalhos forçados e te servirá. 12 Se não fizer paz contigo,
porém te fizer guerra, sitiá-la-ás. 13 Quando Jeová, teu Deus,
a entregar nas tuas mãos, passarás ao fio da espada todos os
homens que nela houver; 14 porém as mulheres, e os pequeni-
nos, e o gado, e tudo o que estiver na cidade, todos os despojos
dela, por presa tua os tomarás; e sustentar-te-ás dos despojos
dos teus inimigos que Jeová, teu Deus, te deu. 15 Assim farás a
todas as cidades que estiverem mais longe de ti, que não são
das cidades destas nações. 16 Porém nas cidades destes povos
que Jeová, teu Deus, te está dando por herança, nada que tem
fôlego deixarás com vida, 17 mas destruí-lo-ás totalmente: aos
heteus, aos amorreus, aos cananeus, aos ferezeus, aos heveus,
aos jebuseus, como Jeová, teu Deus, te ordenou; 18 para que
vos não ensinem a fazer segundo todas as suas abominações
que fizeram aos seus deuses; e assim pecareis contra Jeová,
vosso Deus.

יט כִּֽי־תָצוּר אֶל־עִיר יָמִים רַבִּים לְהִלָּחֵם עָלֶיהָ לְתָפְשָׂהּ לֹֽא־
תַשְׁחִית אֶת־עֵצָהּ לִנְדֹּחַ עָלָיו גַּרְזֶן כִּי מִמֶּנּוּ תֹאכֵל וְאֹתוֹ לֹא
תִכְרֹת כִּי הָֽאָדָם עֵץ הַשָּׂדֶה לָבֹא מִפָּנֶיךָ בַּמָּצֽוֹר׃
כ רַק עֵץ אֲשֶׁר־תֵּדַע כִּֽי־לֹא־עֵץ מַאֲכָל הוּא אֹתוֹ תַשְׁחִית וְכָרָתָּ
וּבָנִיתָ מָצוֹר עַל־הָעִיר אֲשֶׁר־הִוא עֹשָׂה עִמְּךָ מִלְחָמָה עַד
רִדְתָּֽהּ׃ פ

א כִּֽי־יִמָּצֵא חָלָל בָּאֲדָמָה אֲשֶׁר יְהוָה אֱלֹהֶיךָ נֹתֵן לְךָ לְרִשְׁתָּהּ
נֹפֵל בַּשָּׂדֶה לֹא נוֹדַע מִי הִכָּֽהוּ׃
ב וְיָֽצְאוּ זְקֵנֶיךָ וְשֹׁפְטֶיךָ וּמָֽדְדוּ אֶל־הֶעָרִים אֲשֶׁר סְבִיבֹת הֶחָלָֽל׃
ג וְהָיָה הָעִיר הַקְּרֹבָה אֶל־הֶחָלָל וְלָֽקְחוּ זִקְנֵי הָעִיר הַהִוא עֶגְלַת
בָּקָר אֲשֶׁר לֹֽא־עֻבַּד בָּהּ אֲשֶׁר לֹא־מָֽשְׁכָה בְּעֹֽל׃
ד וְהוֹרִדוּ זִקְנֵי הָעִיר הַהִוא אֶת־הָֽעֶגְלָה אֶל־נַחַל אֵיתָן אֲשֶׁר
לֹא־יֵעָבֵד בּוֹ וְלֹא יִזָּרֵעַ וְעָֽרְפוּ־שָׁם אֶת־הָעֶגְלָה בַּנָּֽחַל׃
ה וְנִגְּשׁוּ הַכֹּהֲנִים בְּנֵי לֵוִי כִּי בָם בָּחַר יְהוָה אֱלֹהֶיךָ לְשָֽׁרְתוֹ
וּלְבָרֵךְ בְּשֵׁם יְהוָה וְעַל־פִּיהֶם יִהְיֶה כָּל־רִיב וְכָל־נָֽגַע׃
ו וְכֹל זִקְנֵי הָעִיר הַהִוא הַקְּרֹבִים אֶל־הֶחָלָל יִרְחֲצוּ אֶת־יְדֵיהֶם
עַל־הָעֶגְלָה הָעֲרוּפָה בַנָּֽחַל׃ ז וְעָנוּ וְאָמְרוּ יָדֵינוּ לֹא (שָׁפְכָה)
[שָֽׁפְכוּ] אֶת־הַדָּם הַזֶּה וְעֵינֵינוּ לֹא רָאֽוּ׃
ח כַּפֵּר לְעַמְּךָ יִשְׂרָאֵל אֲשֶׁר־פָּדִיתָ יְהוָה וְאַל־תִּתֵּן דָּם נָקִי בְּקֶרֶב
עַמְּךָ יִשְׂרָאֵל וְנִכַּפֵּר לָהֶם הַדָּֽם׃ ט וְאַתָּה תְּבַעֵר הַדָּם הַנָּקִי
מִקִּרְבֶּךָ כִּֽי־תַעֲשֶׂה הַיָּשָׁר בְּעֵינֵי יְהוָֽה׃ ס

19 Quando sitiares uma cidade por muito tempo, pelejando
contra ela para a tomar, não destruirás o seu arvoredo, metendo
nele o machado. Porque dele poderás comer, não o cortarás;
pois é a árvore do campo homem, para que fosse sitiada por ti?
20 Somente as árvores cujos frutos souberes que não se comem,
destruí-las-ás, e as cortarás, e, contra a cidade que pelejar contra
ti, edificarás obras de sítio até que ela caia.

Expiação por uma morte cujo autor é desconhecido

21 1 Se, na terra que Jeová, teu Deus, te está dando
para a possuíres, for achado um morto, caído no
campo, sem que se saiba quem o matou, 2 sairão
os teus anciãos e os teus juízes e dali medirão até às cidades
que estão ao redor daquele que foi morto. 3 Na cidade que
está mais próxima ao morto, os anciãos tomarão da manada
uma novilha, que ainda não tenha trabalhado, nem tenha pu-
xado com o jugo; 4 dessa cidade trarão a novilha a um vale de
águas vivas, o qual não foi lavrado, nem semeado, e ali no vale
quebrarão o pescoço à novilha. 5 Chegar-se-ão os sacerdo-
tes, filhos de Levi, porque Jeová, teu Deus, os escolheu para
o servirem e para abençoarem no que concerne ao nome de
Jeová. Segundo a sua sentença, se decidirá toda demanda e
todo ferimento. 6 Todos os anciãos dessa cidade que são os
mais próximos ao morto lavarão as mãos sobre a novilha cujo
pescoço foi quebrado no vale 7 e dirão: As nossas mãos não
derramaram este sangue, nem os nossos olhos o viram. 8 Per-
doa, ó Jeová, ao teu povo de Israel, que remiste, e não ponhas
o sangue inocente no meio dele. O sangue lhe será perdoado.
9 Tu exterminarás o sangue inocente do meio de ti, quando
fizeres o que é reto aos olhos de Jeová.

י כִּי־תֵצֵא לַמִּלְחָמָה עַל־אֹיְבֶיךָ וּנְתָנוֹ יְהוָה אֱלֹהֶיךָ בְּיָדֶךָ וְשָׁבִיתָ
שִׁבְיוֹ׃ יא וְרָאִיתָ בַּשִּׁבְיָה אֵשֶׁת יְפַת־תֹּאַר וְחָשַׁקְתָּ בָהּ וְלָקַחְתָּ
לְךָ לְאִשָּׁה׃ יב וַהֲבֵאתָהּ אֶל־תּוֹךְ בֵּיתֶךָ וְגִלְּחָה אֶת־רֹאשָׁהּ
וְעָשְׂתָה אֶת־צִפָּרְנֶיהָ׃ יג וְהֵסִירָה אֶת־שִׂמְלַת שִׁבְיָהּ מֵעָלֶיהָ
וְיָשְׁבָה בְּבֵיתֶךָ וּבָכְתָה אֶת־אָבִיהָ וְאֶת־אִמָּהּ יֶרַח יָמִים וְאַחַר
כֵּן תָּבוֹא אֵלֶיהָ וּבְעַלְתָּהּ וְהָיְתָה לְךָ לְאִשָּׁה׃
יד וְהָיָה אִם־לֹא חָפַצְתָּ בָּהּ וְשִׁלַּחְתָּהּ לְנַפְשָׁהּ וּמָכֹר לֹא־
תִמְכְּרֶנָּה בַּכָּסֶף לֹא־תִתְעַמֵּר בָּהּ תַּחַת אֲשֶׁר עִנִּיתָהּ׃ ס

טו כִּי־תִהְיֶיןָ לְאִישׁ שְׁתֵּי נָשִׁים הָאַחַת אֲהוּבָה וְהָאַחַת שְׂנוּאָה
וְיָלְדוּ־לוֹ בָנִים הָאֲהוּבָה וְהַשְּׂנוּאָה וְהָיָה הַבֵּן הַבְּכֹר לַשְּׂנִיאָה׃
טז וְהָיָה בְּיוֹם הַנְחִילוֹ אֶת־בָּנָיו אֵת אֲשֶׁר־יִהְיֶה לוֹ לֹא יוּכַל
לְבַכֵּר אֶת־בֶּן־הָאֲהוּבָה עַל־פְּנֵי בֶן־הַשְּׂנוּאָה הַבְּכֹר׃
יז כִּי אֶת־הַבְּכֹר בֶּן־הַשְּׂנוּאָה יַכִּיר לָתֶת לוֹ פִּי שְׁנַיִם בְּכֹל אֲשֶׁר־
יִמָּצֵא לוֹ כִּי־הוּא רֵאשִׁית אֹנוֹ לוֹ מִשְׁפַּט הַבְּכֹרָה׃ ס

יח כִּי־יִהְיֶה לְאִישׁ בֵּן סוֹרֵר וּמוֹרֶה אֵינֶנּוּ שֹׁמֵעַ בְּקוֹל
אָבִיו וּבְקוֹל אִמּוֹ וְיִסְּרוּ אֹתוֹ וְלֹא יִשְׁמַע אֲלֵיהֶם׃
יט וְתָפְשׂוּ בוֹ אָבִיו וְאִמּוֹ וְהוֹצִיאוּ אֹתוֹ אֶל־זִקְנֵי עִירוֹ
וְאֶל־שַׁעַר מְקֹמוֹ׃
כ וְאָמְרוּ אֶל־זִקְנֵי עִירוֹ בְּנֵנוּ זֶה סוֹרֵר וּמֹרֶה אֵינֶנּוּ
שֹׁמֵעַ בְּקֹלֵנוּ זוֹלֵל וְסֹבֵא׃
כא וּרְגָמֻהוּ כָּל־אַנְשֵׁי עִירוֹ בָאֲבָנִים וָמֵת וּבִעַרְתָּ הָרָע
מִקִּרְבֶּךָ וְכָל־יִשְׂרָאֵל יִשְׁמְעוּ וְיִרָאוּ׃ ס

Acerca da mulher prisioneira

10 Quando saíres à peleja contra os teus inimigos, e Jeová,
teu Deus, os entregar nas tuas mãos, e os levares cativos, 11 e
entre os cativos vires uma mulher formosa, e tiveres afeição
a ela, e quiseres tomá-la por mulher, 12 introduzi-la-ás em tua
casa. Ela rapará a cabeça, cortará as unhas 13 e despirá o vestido
do seu cativeiro; e ficará em tua casa, e chorará a seu pai e a
sua mãe um mês inteiro. Depois disso, estarás com ela e serás
seu marido, e ela será tua mulher. 14 Se não tiver prazer nela,
deixá-la-ás ir aonde quiser; não a venderás por dinheiro, não a
tratarás como escrava, porque a humilhaste.

O direito do primogênito

15 Se um homem tiver duas mulheres, uma a quem ama e outra
a quem aborrece, e ambas lhe derem filhos, e, se o filho da que
ele aborrecer for o primogênito, 16 no dia em que fizer herdar
seus filhos aquilo que possuir, não poderá dar a primogenitura
ao filho da amada, preferindo-o ao filho da aborrecida, que é
o primogênito; 17 porém reconhecerá o primogênito, o filho da
aborrecida, dando-lhe dobrada porção de tudo quanto possui,
porque ele é as primícias da tua virilidade. O direito da primogenitura lhe pertence.

Acerca dos filhos desobedientes

18 Se um homem tiver um filho contumaz e rebelde, que não
obedecer à voz de seu pai nem à voz de sua mãe, e, ainda que o
castiguem, não lhes der ouvidos, 19 pegarão nele seu pai e sua
mãe, e o levarão aos anciãos da cidade e à porta do seu lugar,
20 e dirão aos anciãos da cidade: Este nosso filho é contumaz e
rebelde, não obedece à nossa voz; é glutão e bêbado. 21 Então,
todos os homens da cidade o apedrejarão, até que morra. Assim,
exterminarás o mal do meio de ti; e todo o Israel ouvirá e temerá.

כב וְכִֽי־יִהְיֶה בְאִישׁ חֵטְא מִשְׁפַּט־מָוֶת וְהוּמָת
וְתָלִיתָ אֹתוֹ עַל־עֵץ׃
כג לֹא־תָלִין נִבְלָתוֹ עַל־הָעֵץ כִּֽי־קָבוֹר תִּקְבְּרֶנּוּ
בַּיּוֹם הַהוּא כִּֽי־קִלְלַת אֱלֹהִים תָּלוּי וְלֹא תְטַמֵּא
אֶת־אַדְמָתְךָ אֲשֶׁר יְהוָה אֱלֹהֶיךָ נֹתֵן לְךָ נַחֲלָה׃ ס

א לֹֽא־תִרְאֶה אֶת־שׁוֹר אָחִיךָ אוֹ אֶת־שֵׂיוֹ נִדָּחִים
וְהִתְעַלַּמְתָּ מֵהֶם הָשֵׁב תְּשִׁיבֵם לְאָחִֽיךָ׃
ב וְאִם־לֹא קָרוֹב אָחִיךָ אֵלֶיךָ וְלֹא יְדַעְתּוֹ וַאֲסַפְתּוֹ
אֶל־תּוֹךְ בֵּיתֶךָ וְהָיָה עִמְּךָ עַד דְּרֹשׁ אָחִיךָ אֹתוֹ וַהֲשֵׁבֹתוֹ לֽוֹ׃
ג וְכֵן תַּעֲשֶׂה לַחֲמֹרוֹ וְכֵן תַּעֲשֶׂה לְשִׂמְלָתוֹ וְכֵן תַּעֲשֶׂה לְכָל־
אֲבֵדַת אָחִיךָ אֲשֶׁר־תֹּאבַד מִמֶּנּוּ וּמְצָאתָהּ לֹא תוּכַל
לְהִתְעַלֵּֽם׃ ס ד לֹא־תִרְאֶה אֶת־חֲמוֹר אָחִיךָ אוֹ שׁוֹרוֹ נֹפְלִים
בַּדֶּרֶךְ וְהִתְעַלַּמְתָּ מֵהֶם הָקֵם תָּקִים עִמּֽוֹ׃ ס

ה לֹא־יִהְיֶה כְלִי־גֶבֶר עַל־אִשָּׁה וְלֹא־יִלְבַּשׁ
גֶּבֶר שִׂמְלַת אִשָּׁה כִּי תוֹעֲבַת יְהוָה אֱלֹהֶיךָ
כָּל־עֹשֵׂה אֵֽלֶּה׃ פ
ו כִּי יִקָּרֵא קַן־צִפּוֹר ׀ לְפָנֶיךָ בַּדֶּרֶךְ בְּכָל־עֵץ ׀ אוֹ
עַל־הָאָרֶץ אֶפְרֹחִים אוֹ בֵיצִים וְהָאֵם רֹבֶצֶת
עַל־הָאֶפְרֹחִים אוֹ עַל־הַבֵּיצִים לֹא־תִקַּח הָאֵם עַל־הַבָּנִֽים׃
ז שַׁלֵּחַ תְּשַׁלַּח אֶת־הָאֵם וְאֶת־הַבָּנִים תִּֽקַּח־לָךְ
לְמַעַן יִיטַב לָךְ וְהַאֲרַכְתָּ יָמִֽים׃ ס

ח כִּי תִבְנֶה בַּיִת חָדָשׁ וְעָשִׂיתָ מַעֲקֶה לְגַגֶּךָ וְלֹֽא־תָשִׂים דָּמִים
בְּבֵיתֶךָ כִּֽי־יִפֹּל הַנֹּפֵל מִמֶּֽנּוּ׃ ס

Os cadáveres serão tirados do patíbulo

22 Se um homem tiver cometido um pecado digno de morte
e for morto, e o pendurares num madeiro 23 o seu cadáver não
ficará toda a noite no madeiro, porém, certamente, no mesmo
dia, o sepultarás; pois aquele que é pendurado é maldito de
Deus. Não contaminarás a tua terra que Jeová, teu Deus, está
dando por herança.

Caridade com o próximo

22 1 Vendo extraviado o boi de teu irmão ou a ove-
lha, não passarás por eles indiferente; sem falta os
restituirás a teu irmão. 2 Se teu irmão não estiver
perto de ti ou não o conheceres, levarás o animal para tua casa,
e ficará contigo até que teu irmão o exija; então, lho restituirás.
3 Do mesmo modo farás com o seu jumento; o mesmo farás com
o seu vestido; e assim farás com toda coisa perdida que teu ir-
mão tiver perdido, e tu achares; não ficarás indiferente. 4 Vendo
o jumento de teu irmão ou o seu boi caídos no caminho, não
passarás por eles indiferente; sem falta o ajudarás a levantá-los.

Acerca dos vestidos do homem e dos da mulher

5 A mulher não trará traje de homem, nem o homem vestirá
o vestido de mulher, porque aquele que faz estas coisas é abo-
minável a Jeová, teu Deus.

6 Se de caminho encontrares, numa árvore ou no chão, o
ninho duma ave com filhinhos ou ovos, e a mãe posta sobre
os filhinhos ou sobre os ovos, não apanharás a mãe com os
filhinhos; 7 sem falta deixarás ir a mãe, porém poderás tomar
para o teu uso os seus filhinhos, para que te vá bem e para que
prolongues os teus dias.

8 Quando edificares uma casa nova, farás um parapeito no teto,
para que, se alguém dali cair, não tragas sangue sobre a tua casa.

ט לֹא־תִזְרַע כַּרְמְךָ כִּלְאָיִם פֶּן־תִּקְדַּשׁ הַמְלֵאָה הַזֶּרַע אֲשֶׁר
תִּזְרָע וּתְבוּאַת הַכָּרֶם׃ ס י לֹא־תַחֲרֹשׁ בְּשׁוֹר־וּבַחֲמֹר יַחְדָּו׃ ס
יא לֹא תִלְבַּשׁ שַׁעַטְנֵז צֶמֶר וּפִשְׁתִּים יַחְדָּו׃ ס

יב גְּדִלִים תַּעֲשֶׂה־לָּךְ עַל־אַרְבַּע כַּנְפוֹת כְּסוּתְךָ אֲשֶׁר
תְּכַסֶּה־בָּהּ׃ ס

יג כִּי־יִקַּח אִישׁ אִשָּׁה וּבָא אֵלֶיהָ וּשְׂנֵאָהּ׃
יד וְשָׂם לָהּ עֲלִילֹת דְּבָרִים וְהוֹצִא עָלֶיהָ שֵׁם רָע וְאָמַר אֶת־
הָאִשָּׁה הַזֹּאת לָקַחְתִּי וָאֶקְרַב אֵלֶיהָ וְלֹא־מָצָאתִי לָהּ בְּתוּלִים׃
טו וְלָקַח אֲבִי (הַנַּעַר) [הַנַּעֲרָה] וְאִמָּהּ וְהוֹצִיאוּ אֶת־בְּתוּלֵי
(הַנַּעַר) [הַנַּעֲרָה] אֶל־זִקְנֵי הָעִיר הַשָּׁעְרָה׃
טז וְאָמַר אֲבִי (הַנַּעַר) [הַנַּעֲרָה] אֶל־הַזְּקֵנִים אֶת־בִּתִּי
נָתַתִּי לָאִישׁ הַזֶּה לְאִשָּׁה וַיִּשְׂנָאֶהָ׃
יז וְהִנֵּה־הוּא שָׂם עֲלִילֹת דְּבָרִים לֵאמֹר לֹא־מָצָאתִי לְבִתְּךָ
בְּתוּלִים וְאֵלֶּה בְּתוּלֵי בִתִּי וּפָרְשׂוּ הַשִּׂמְלָה לִפְנֵי זִקְנֵי הָעִיר׃
יח וְלָקְחוּ זִקְנֵי הָעִיר־הַהִוא אֶת־הָאִישׁ וְיִסְּרוּ אֹתוֹ׃
יט וְעָנְשׁוּ אֹתוֹ מֵאָה כֶסֶף וְנָתְנוּ לַאֲבִי הַנַּעֲרָה כִּי
הוֹצִיא שֵׁם רָע עַל בְּתוּלַת יִשְׂרָאֵל וְלוֹ־תִהְיֶה לְאִשָּׁה
לֹא־יוּכַל לְשַׁלְּחָהּ כָּל־יָמָיו׃ ס
כ וְאִם־אֱמֶת הָיָה הַדָּבָר הַזֶּה לֹא־נִמְצְאוּ בְתוּלִים
(לַנַּעַר) [לַנַּעֲרָה]׃
כא וְהוֹצִיאוּ אֶת־(הַנַּעַר) [הַנַּעֲרָה] אֶל־פֶּתַח בֵּית־אָבִיהָ
וּסְקָלוּהָ אַנְשֵׁי עִירָהּ בָּאֲבָנִים וָמֵתָה כִּי־עָשְׂתָה נְבָלָה בְּיִשְׂרָאֵל
לִזְנוֹת בֵּית אָבִיהָ וּבִעַרְתָּ הָרָע מִקִּרְבֶּךָ׃ ס

כב כִּי־יִמָּצֵא אִישׁ שֹׁכֵב ׀ עִם־אִשָּׁה בְעֻלַת־בַּעַל וּמֵתוּ גַּם־שְׁנֵיהֶם
הָאִישׁ הַשֹּׁכֵב עִם־הָאִשָּׁה וְהָאִשָּׁה וּבִעַרְתָּ הָרָע מִיִּשְׂרָאֵל׃ ס

כג כִּי יִהְיֶה (נַעַר) [נַעֲרָה] בְתוּלָה מְאֹרָשָׂה לְאִישׁ וּמְצָאָהּ אִישׁ
בָּעִיר וְשָׁכַב עִמָּהּ׃ כד וְהוֹצֵאתֶם אֶת־שְׁנֵיהֶם אֶל־שַׁעַר ׀ הָעִיר

9 Não semearás a tua vinha com duas espécies de semente,
para que não se corrompa todo o produto, tanto da semente
que semeaste como da novidade da vinha. 10 Não lavrarás com
boi e asno juntamente. 11 Não te vestirás de coisa que seja tecido
de lã e de linho.

12 Fímbrias porás nos quatro cantos da tua capa com que
cobrires.

As penas de diversos pecados cometidos para com mulheres

13 Se um homem casar com uma mulher, e, depois de coabitar
com ela, a aborrecer, 14 e contra ela fizer alegações arbitrárias, e
divulgar uma má fama contra ela, e disser: Casei-me com esta
mulher e, quando fui deitar-me com ela, não achei nela os sinais
da virgindade, 15 o pai da moça e sua mãe tomarão os sinais da
virgindade da moça e os levarão aos anciãos da cidade à porta. 16 O
pai da moça dirá aos anciãos: Dei minha filha por mulher a este
homem, e ele a aborrece; 17 eis que contra ela tem feito alegações
arbitrárias, dizendo: Não achei em tua filha os sinais da virgin-
dade. Todavia, estes são os sinais da virgindade de minha filha.
Estenderão a roupa na presença dos anciãos da cidade. 18 Então,
os anciãos daquela cidade tomarão o homem e o castigarão; 19 e
multá-lo-ão em cem siclos de prata e os darão ao pai da moça,
porque divulgou má fama contra uma virgem de Israel. Ela ficará
sendo sua mulher, e ele não a poderá repudiar por todos os seus
dias. 20 Porém, se isso for verdadeiro, a saber, que não se acharam
na moça os sinais da virgindade, 21 tirarão a moça até a porta da
casa de seu pai, e os homens da cidade a apedrejarão, até que
morra; porque cometeu uma loucura em Israel, fornicando na
casa de seu pai. Assim, exterminarás o mal do meio de ti.

22 Se um homem se achar deitado com uma mulher que tenha
marido, morrerão ambos eles: o homem que se deitar com a
mulher e a mulher. Assim, exterminarás de Israel o mal.

23 Se a uma moça virgem que for desposada, um homem a
achar na cidade e se deitar com ela, 24 trareis ambos à porta da-

הַהִוא וּסְקַלְתֶּם אֹתָם בָּאֲבָנִים וָמֵתוּ אֶת־(הַנַּעַר) [הַנַּעֲרָה]
עַל־דְּבַר אֲשֶׁר לֹא־צָעֲקָה בָעִיר וְאֶת־הָאִישׁ עַל־דְּבַר אֲשֶׁר־עִנָּה
אֶת־אֵשֶׁת רֵעֵהוּ וּבִעַרְתָּ הָרָע מִקִּרְבֶּךָ׃ ס
כה וְאִם־בַּשָּׂדֶה יִמְצָא הָאִישׁ אֶת־(הַנַּעַר) [הַנַּעֲרָה] הַמְאֹרָשָׂה
וְהֶחֱזִיק־בָּהּ הָאִישׁ וְשָׁכַב עִמָּהּ וּמֵת הָאִישׁ אֲשֶׁר־שָׁכַב עִמָּהּ
לְבַדּוֹ׃ כו (וְלַנַּעַר) [וְלַנַּעֲרָה] לֹא־תַעֲשֶׂה דָבָר אֵין (לַנַּעַר)
[לַנַּעֲרָה] חֵטְא מָוֶת כִּי כַּאֲשֶׁר יָקוּם אִישׁ עַל־רֵעֵהוּ וּרְצָחוֹ
נֶפֶשׁ כֵּן הַדָּבָר הַזֶּה׃ כז כִּי בַשָּׂדֶה מְצָאָהּ צָעֲקָה (הַנַּעַר)
[הַנַּעֲרָה] הַמְאֹרָשָׂה וְאֵין מוֹשִׁיעַ לָהּ׃ ס

כח כִּי־יִמְצָא אִישׁ (נַעַר) [נַעֲרָה] בְתוּלָה אֲשֶׁר לֹא־אֹרָשָׂה
וּתְפָשָׂהּ וְשָׁכַב עִמָּהּ וְנִמְצָאוּ׃
כט וְנָתַן הָאִישׁ הַשֹּׁכֵב עִמָּהּ לַאֲבִי (הַנַּעַר) [הַנַּעֲרָה] חֲמִשִּׁים
כָּסֶף וְלוֹ־תִהְיֶה לְאִשָּׁה תַּחַת אֲשֶׁר עִנָּהּ לֹא־יוּכַל שַׁלְּחָהּ כָּל־
יָמָיו׃ ס

א לֹא־יִקַּח אִישׁ אֶת־אֵשֶׁת אָבִיו וְלֹא יְגַלֶּה כְּנַף אָבִיו׃ ס

ב לֹא־יָבֹא פְצוּעַ־דַּכָּא וּכְרוּת שָׁפְכָה בִּקְהַל יְהוָה׃ ס

ג לֹא־יָבֹא מַמְזֵר בִּקְהַל יְהוָה גַּם דּוֹר עֲשִׂירִי לֹא־יָבֹא
לוֹ בִּקְהַל יְהוָה׃ ס
ד לֹא־יָבֹא עַמּוֹנִי וּמוֹאָבִי בִּקְהַל יְהוָה גַּם דּוֹר עֲשִׂירִי
לֹא־יָבֹא לָהֶם בִּקְהַל יְהוָה עַד־עוֹלָם׃
ה עַל־דְּבַר אֲשֶׁר לֹא־קִדְּמוּ אֶתְכֶם בַּלֶּחֶם וּבַמַּיִם בַּדֶּרֶךְ
בְּצֵאתְכֶם מִמִּצְרָיִם וַאֲשֶׁר שָׂכַר עָלֶיךָ אֶת־בִּלְעָם בֶּן־בְּעוֹר
מִפְּתוֹר אֲרַם נַהֲרַיִם לְקַלְלֶךָּ׃
ו וְלֹא־אָבָה יְהוָה אֱלֹהֶיךָ לִשְׁמֹעַ אֶל־בִּלְעָם וַיַּהֲפֹךְ יְהוָה אֱלֹהֶיךָ
לְּךָ אֶת־הַקְּלָלָה לִבְרָכָה כִּי אֲהֵבְךָ יְהוָה אֱלֹהֶיךָ׃

quela cidade e os apedrejareis até que morram: a moça, porque,
estando na cidade, não gritou, e o homem, porque humilhou a
mulher do seu próximo. Assim, exterminarás o mal do meio de ti.
25 Porém, se o homem achar no campo a moça que é despo-
sada, e pegar nela, e se deitar com ela, então, morrerá somente
o homem que se deitou com ela; 26 mas à moça, não lhe farás
nada. Não há na moça pecado digno de morte, porque, como
no caso do homem que se levanta contra o seu próximo e lhe
tira a vida, assim também é este caso; 27 pois a achou no campo.
A moça desposada gritou, e não houve quem a livrasse.
28 Se um homem achar uma moça que é virgem e não é des-
posada, e pegar nela, e se deitar com ela, e forem apanhados; 29 o
homem que se deitou com ela dará ao pai da moça cinquenta
siclos de prata, e ela ficará sendo sua mulher, porque a humilhou.
Não a poderá repudiar por todos os seus dias.
30 Um homem não tomará a mulher de seu pai e não levantará
o vestido de seu pai.

Pessoas que são excluídas
das assembleias santas

23 1 Aquele a quem forem trilhados os testículos ou
cortado o membro viril não entrará na assembleia
de Jeová.
2 O bastardo não entrará na assembleia de Jeová; até a déci-
ma geração, os seus descendentes não entrarão na assembleia
de Jeová.
3 Não entrará amonita nem moabita na assembleia de Jeová;
nem entrarão os seus descendentes, nem na décima geração,
nem nunca, 4 porque não vos receberam com pão e água no
caminho, quando saístes do Egito; e porque de Petor de Me-
sopotâmia alugaram contra ti a Balaão, filho de Beor, para te
amaldiçoar. 5 Todavia, Jeová, teu Deus, não quis ouvir a Balaão;
porém trocou-te em bênção a maldição, porque te amava. 6 Não
lhes procurarás paz nem prosperidade todos os teus dias para
sempre.

ז לֹא־תִדְרֹשׁ שְׁלֹמָם וְטֹבָתָם כָּל־יָמֶיךָ לְעוֹלָם׃ ס
ח לֹא־תְתַעֵב אֲדֹמִי כִּי אָחִיךָ הוּא ס לֹא־תְתַעֵב מִצְרִי
כִּי־גֵר הָיִיתָ בְאַרְצוֹ׃

ט בָּנִים אֲשֶׁר־יִוָּלְדוּ לָהֶם דּוֹר שְׁלִישִׁי יָבֹא לָהֶם בִּקְהַל יְהוָה׃ ס
י כִּי־תֵצֵא מַחֲנֶה עַל־אֹיְבֶיךָ וְנִשְׁמַרְתָּ מִכֹּל דָּבָר רָע׃
יא כִּי־יִהְיֶה בְךָ אִישׁ אֲשֶׁר לֹא־יִהְיֶה טָהוֹר מִקְּרֵה־לָיְלָה
וְיָצָא אֶל־מִחוּץ לַמַּחֲנֶה לֹא יָבֹא אֶל־תּוֹךְ הַמַּחֲנֶה׃
יב וְהָיָה לִפְנוֹת־עֶרֶב יִרְחַץ בַּמָּיִם וּכְבֹא הַשֶּׁמֶשׁ יָבֹא
אֶל־תּוֹךְ הַמַּחֲנֶה׃
יג וְיָד תִּהְיֶה לְךָ מִחוּץ לַמַּחֲנֶה וְיָצָאתָ שָׁמָּה חוּץ׃
יד וְיָתֵד תִּהְיֶה לְךָ עַל־אֲזֵנֶךָ וְהָיָה בְּשִׁבְתְּךָ חוּץ וְחָפַרְתָּה בָהּ
וְשַׁבְתָּ וְכִסִּיתָ אֶת־צֵאָתֶךָ׃

טו כִּי יְהוָה אֱלֹהֶיךָ מִתְהַלֵּךְ׀ בְּקֶרֶב מַחֲנֶךָ לְהַצִּילְךָ וְלָתֵת
אֹיְבֶיךָ לְפָנֶיךָ וְהָיָה מַחֲנֶיךָ קָדוֹשׁ וְלֹא־יִרְאֶה בְךָ עֶרְוַת
דָּבָר וְשָׁב מֵאַחֲרֶיךָ׃ ס טז לֹא־תַסְגִּיר עֶבֶד אֶל־אֲדֹנָיו אֲשֶׁר־
יִנָּצֵל אֵלֶיךָ מֵעִם אֲדֹנָיו׃
יז עִמְּךָ יֵשֵׁב בְּקִרְבְּךָ בַּמָּקוֹם אֲשֶׁר־יִבְחַר בְּאַחַד
שְׁעָרֶיךָ בַּטּוֹב לוֹ לֹא תּוֹנֶנּוּ׃ ס
יח לֹא־תִהְיֶה קְדֵשָׁה מִבְּנוֹת יִשְׂרָאֵל וְלֹא־יִהְיֶה
קָדֵשׁ מִבְּנֵי יִשְׂרָאֵל׃

יט לֹא־תָבִיא אֶתְנַן זוֹנָה וּמְחִיר כֶּלֶב בֵּית יְהוָה אֱלֹהֶיךָ
לְכָל־נֶדֶר כִּי תוֹעֲבַת יְהוָה אֱלֹהֶיךָ גַּם־שְׁנֵיהֶם׃
כ לֹא־תַשִּׁיךְ לְאָחִיךָ נֶשֶׁךְ כֶּסֶף נֶשֶׁךְ אֹכֶל נֶשֶׁךְ
כָּל־דָּבָר אֲשֶׁר יִשָּׁךְ׃

7 Não aborrecerás ao edomita, porque é teu irmão; não abor-
recerás ao egípcio, porque foste peregrino na sua terra. 8 Os
filhos da terceira geração que lhes nascerem entrarão na as-
sembleia de Jeová.

9 Quando te acampares contra os teus inimigos, guardar-
-te-ás de toda coisa má. 10 Se houver entre vós homem que não
seja limpo por causa de algum acidente noturno, sairá para
fora do acampamento; não entrará nele; 11 porém, quando a
tarde começar a declinar, banhar-se-á em água e, depois do sol
posto, entrará para dentro do acampamento. 12 Terás também
um lugar fora do acampamento e a este lugar sairás. 13 Entre
as tuas mãos terás uma pá; quando te assentares lá fora, com
ela cavarás e, virando-te, cobrirás o teu excremento, 14 porque
Jeová, teu Deus, anda no meio do teu acampamento, para te
livrar e para te entregar a ti os teus inimigos. Portanto, o teu
acampamento será santo, para que ele não veja em ti coisa
indecente e se aparte de ti.

*Acerca de fugitivos,
prostitutas, usura e votos*

15 Não entregarás ao seu senhor o escravo que, fugindo do
seu senhor, se tiver acolhido a ti. 16 Contigo ficará, no meio de
ti, no lugar que escolher, dentro de uma das tuas cidades, que
lhe agradar; não o oprimirás.

17 Das filhas de Israel não haverá quem se prostitua no serviço
do templo, nem dos filhos de Israel não haverá quem o faça.
18 Não trarás para a Casa de Jeová, teu Deus, o aluguel da pros-
tituta ou o preço desse cão em paga de qualquer voto, porque
uma e outra coisa são igualmente abomináveis a Jeová, teu Deus.

19 Não exigirás de teu irmão juros, nem de dinheiro, nem de
comida, nem de coisa alguma por que se exigem juros. 20 De
um estrangeiro poderás exigir juros, porém de teu irmão não
os exigirás, para que Jeová, teu Deus, te abençoe em todas as
coisas em que puseres a mão, na terra em que tu estás entrando
para a possuíres.

כא לַנָּכְרִי תַשִּׁיךְ וּלְאָחִיךָ לֹא תַשִּׁיךְ לְמַעַן יְבָרֶכְךָ
יְהוָה אֱלֹהֶיךָ בְּכֹל מִשְׁלַח יָדֶךָ עַל־הָאָרֶץ אֲשֶׁר־אַתָּה
בָא־שָׁמָּה לְרִשְׁתָּהּ׃ ס כב כִּֽי־תִדֹּר נֶדֶר לַיהוָה אֱלֹהֶיךָ לֹא
תְאַחֵר לְשַׁלְּמוֹ כִּֽי־דָרֹשׁ יִדְרְשֶׁנּוּ יְהוָה אֱלֹהֶיךָ מֵעִמָּךְ וְהָיָה בְךָ
חֵטְא׃ כג וְכִי תֶחְדַּל לִנְדֹּר לֹא־יִהְיֶה בְךָ חֵטְא׃

כד מוֹצָא שְׂפָתֶיךָ תִּשְׁמֹר וְעָשִׂיתָ כַּאֲשֶׁר נָדַרְתָּ לַיהוָה אֱלֹהֶיךָ
נְדָבָה אֲשֶׁר דִּבַּרְתָּ בְּפִיךָ׃ ס כה כִּי תָבֹא בְּכֶרֶם רֵעֶךָ וְאָכַלְתָּ
עֲנָבִים כְּנַפְשְׁךָ שָׂבְעֶךָ וְאֶל־כֶּלְיְךָ לֹא תִתֵּן׃ ס
כו כִּי תָבֹא בְּקָמַת רֵעֶךָ וְקָטַפְתָּ מְלִילֹת בְּיָדֶךָ וְחֶרְמֵשׁ לֹא תָנִיף
עַל קָמַת רֵעֶךָ׃ ס

א כִּֽי־יִקַּח אִישׁ אִשָּׁה וּבְעָלָהּ וְהָיָה אִם־לֹא תִמְצָא־חֵן בְּעֵינָיו
כִּי־מָצָא בָהּ עֶרְוַת דָּבָר וְכָתַב לָהּ סֵפֶר כְּרִיתֻת וְנָתַן בְּיָדָהּ
וְשִׁלְּחָהּ מִבֵּיתוֹ׃
ב וְיָצְאָה מִבֵּיתוֹ וְהָלְכָה וְהָיְתָה לְאִישׁ־אַחֵר׃
ג וּשְׂנֵאָהּ הָאִישׁ הָאַחֲרוֹן וְכָתַב לָהּ סֵפֶר כְּרִיתֻת וְנָתַן בְּיָדָהּ
וְשִׁלְּחָהּ מִבֵּיתוֹ אוֹ כִי יָמוּת הָאִישׁ הָאַחֲרוֹן אֲשֶׁר־לְקָחָהּ לוֹ
לְאִשָּׁה׃
ד לֹא־יוּכַל בַּעְלָהּ הָרִאשׁוֹן אֲשֶׁר־שִׁלְּחָהּ לָשׁוּב לְקַחְתָּהּ לִהְיוֹת
לוֹ לְאִשָּׁה אַחֲרֵי אֲשֶׁר הֻטַּמָּאָה כִּי־תוֹעֵבָה הִוא לִפְנֵי יְהוָה וְלֹא
תַחֲטִיא אֶת־הָאָרֶץ אֲשֶׁר יְהוָה אֱלֹהֶיךָ נֹתֵן לְךָ נַחֲלָה׃ ס

ה כִּֽי־יִקַּח אִישׁ אִשָּׁה חֲדָשָׁה לֹא יֵצֵא בַּצָּבָא וְלֹא־יַעֲבֹר עָלָיו
לְכָל־דָּבָר נָקִי יִהְיֶה לְבֵיתוֹ שָׁנָה אֶחָת וְשִׂמַּח אֶת־אִשְׁתּוֹ אֲשֶׁר־
לָקָח׃ ס
ו לֹא־יַחֲבֹל רֵחַיִם וָרָכֶב כִּי־נֶפֶשׁ הוּא חֹבֵל׃ ס

ז כִּֽי־יִמָּצֵא אִישׁ גֹּנֵב נֶפֶשׁ מֵאֶחָיו מִבְּנֵי יִשְׂרָאֵל וְהִתְעַמֶּר־בּוֹ
וּמְכָרוֹ וּמֵת הַגַּנָּב הַהוּא וּבִעַרְתָּ הָרָע מִקִּרְבֶּךָ׃

21 Quando fizeres um voto a Jeová, teu Deus, não tardarás
em o cumprir, porque Jeová, teu Deus, sem falta o requererá
de ti; e em ti haverá pecado. 22 Porém, se te abstiveres de fazer
voto, não haverá pecado em ti. 23 O que saiu dos teus lábios, isso
observarás e cumprirás, assim como fizeste livremente a Jeová,
teu Deus, o voto do que prometeste com a tua boca.

24 Quando entrares na vinha do teu próximo, poderás comer
quantas uvas quiseres até te fartares, porém não levarás conti-
go coisa alguma. 25 Quando entrares na seara do teu próximo,
poderás com a mão colher as espigas, porém não meterás foice
na seara do teu próximo.

Acerca do divórcio, dos penhores, dos ladrões e da lepra

24 1 Quando um homem tomar uma mulher e se
casar com ela, se ela não achar graça aos seus
olhos, por lhe haver ele encontrado alguma coi-
sa indecente, far-lhe-á uma carta de repúdio, e lha dará na
mão, e a despedirá de sua casa. 2 Tendo ela saído da casa
dele, poderá ir e tornar-se mulher de outro homem. 3 Se o
segundo marido a aborrecer, dando-lhe na mão uma carta de
repúdio e despedindo-a de casa; ou, se este último homem
que a tomou por mulher, vier a falecer, 4 então, o primeiro
marido, que a despediu, não poderá tornar a recebê-la por
mulher, depois que foi contaminada; pois isso é abominável
diante de Jeová. Não farás pecar a terra que Jeová, teu Deus,
te está dando por herança.

5 Quando um homem for recém-casado, não sairá à guerra,
nem lhe será imposto qualquer cargo público. Ficará livre para
cuidar de sua casa por um ano e animará a mulher que tomou.

6 Ninguém tomará em penhor as duas mós, nem a mó de
cima, porque ele toma em penhor a vida mesma.

7 Se se achar um homem que tiver furtado um seu irmão dos
filhos de Israel e o tratar como escravo ou vender, esse ladrão

ח הִשָּׁמֶר בְּנֶגַע־הַצָּרַעַת לִשְׁמֹר מְאֹד וְלַעֲשׂוֹת כְּכֹל אֲשֶׁר־יוֹרוּ
אֶתְכֶם הַכֹּהֲנִים הַלְוִיִּם כַּאֲשֶׁר צִוִּיתִם תִּשְׁמְרוּ לַעֲשׂוֹת׃ ס
ט זָכוֹר אֵת אֲשֶׁר־עָשָׂה יְהוָה אֱלֹהֶיךָ לְמִרְיָם בַּדָּרֶךְ בְּצֵאתְכֶם
מִמִּצְרָיִם׃ ס

י כִּי־תַשֶּׁה בְרֵעֲךָ מַשַּׁאת מְאוּמָה לֹא־תָבֹא אֶל־בֵּיתוֹ לַעֲבֹט
עֲבֹטוֹ׃
יא בַּחוּץ תַּעֲמֹד וְהָאִישׁ אֲשֶׁר אַתָּה נֹשֶׁה בוֹ יוֹצִיא אֵלֶיךָ אֶת־
הַעֲבוֹט הַחוּצָה׃
יב וְאִם־אִישׁ עָנִי הוּא לֹא תִשְׁכַּב בַּעֲבֹטוֹ׃
יג הָשֵׁב תָּשִׁיב לוֹ אֶת־הַעֲבוֹט כְּבֹא הַשֶּׁמֶשׁ וְשָׁכַב בְּשַׂלְמָתוֹ
וּבֵרֲכֶךָּ וּלְךָ תִּהְיֶה צְדָקָה לִפְנֵי יְהוָה אֱלֹהֶיךָ׃ ס

יד לֹא־תַעֲשֹׁק שָׂכִיר עָנִי וְאֶבְיוֹן מֵאַחֶיךָ אוֹ מִגֵּרְךָ אֲשֶׁר בְּאַרְצְךָ
בִּשְׁעָרֶיךָ׃
טו בְּיוֹמוֹ תִתֵּן שְׂכָרוֹ וְלֹא־תָבוֹא עָלָיו הַשֶּׁמֶשׁ כִּי עָנִי הוּא וְאֵלָיו
הוּא נֹשֵׂא אֶת־נַפְשׁוֹ וְלֹא־יִקְרָא עָלֶיךָ אֶל־יְהוָה וְהָיָה בְךָ חֵטְא׃
ס

טז לֹא־יוּמְתוּ אָבוֹת עַל־בָּנִים וּבָנִים לֹא־יוּמְתוּ עַל־אָבוֹת אִישׁ
בְּחֶטְאוֹ יוּמָתוּ׃ ס
יז לֹא תַטֶּה מִשְׁפַּט גֵּר יָתוֹם וְלֹא תַחֲבֹל בֶּגֶד אַלְמָנָה׃
יח וְזָכַרְתָּ כִּי עֶבֶד הָיִיתָ בְּמִצְרַיִם וַיִּפְדְּךָ יְהוָה אֱלֹהֶיךָ מִשָּׁם עַל־
כֵּן אָנֹכִי מְצַוְּךָ לַעֲשׂוֹת אֶת־הַדָּבָר הַזֶּה׃ ס

יט כִּי תִקְצֹר קְצִירְךָ בְשָׂדֶךָ וְשָׁכַחְתָּ עֹמֶר בַּשָּׂדֶה לֹא תָשׁוּב
לְקַחְתּוֹ לַגֵּר לַיָּתוֹם וְלָאַלְמָנָה יִהְיֶה לְמַעַן יְבָרֶכְךָ יְהוָה אֱלֹהֶיךָ
בְּכֹל מַעֲשֵׂה יָדֶיךָ׃
כ כִּי תַחְבֹּט זֵיתְךָ לֹא תְפָאֵר אַחֲרֶיךָ לַגֵּר לַיָּתוֹם וְלָאַלְמָנָה

morrerá. Assim, exterminarás o mal do meio de ti.
8 Toma cuidado na praga da lepra de observar bem e de fazer
segundo tudo o que os levitas sacerdotes te ensinarem; confor-
me lhes ordenei, assim cuidareis de fazer. 9 Lembra-te do que
Jeová, teu Deus, fez a Miriã no caminho quando saíste do Egito.

Acerca de empréstimos

10 Quando fizeres qualquer empréstimo ao teu próximo, não
entrarás em sua casa para lhe tirar o penhor. 11 Ficarás do lado
de fora, e o homem a quem fizeste o empréstimo te trará para
fora o penhor. 12 Se for homem pobre, não te deitarás no seu
penhor; 13 sem falta lhe restituirás o penhor, ao pôr-se o sol,
para que durma no seu manto e te abençoe. Isso te será justiça
diante de Jeová, teu Deus.

Caridade para com os pobres, os estrangeiros e os órfãos

14 Não defraudarás o jornaleiro pobre e necessitado, ou seja
ele de teus irmãos ou seja ele dos teus peregrinos que estão na
tua terra, das tuas portas para dentro. 15 No seu dia, lhe darás
o seu jornal, e isso se fará antes do sol posto, porque é pobre e
nisso põe o seu coração. Não suceda que ele clame contra ti a
Jeová, e isso te seja pecado.
16 Não se farão morrer os pais pelos filhos, nem os filhos,
pelos pais; cada homem será morto pelo seu próprio pecado.
17 Não perverterás o direito do peregrino nem do órfão; nem
tomarás em penhor o vestido da viúva. 18 Lembrar-te-ás que foste
escravo no Egito, e dali te remiu Jeová, teu Deus; portanto, eu
te ordeno que faças isso.
19 Quando segares a messe do teu campo e tiveres esquecido
uma gavela no campo, não voltarás para a levares; será para o
peregrino, para o órfão e para a viúva, a fim de que Jeová, teu
Deus, te abençoe em todas as obras das tuas mãos. 20 Quando

יִהְיֶה: ס
כא כִּי תִבְצֹר כַּרְמְךָ לֹא תְעוֹלֵל אַחֲרֶיךָ לַגֵּר לַיָּתוֹם וְלָאַלְמָנָה
יִהְיֶה:
כב וְזָכַרְתָּ כִּי־עֶבֶד הָיִיתָ בְּאֶרֶץ מִצְרָיִם עַל־כֵּן אָנֹכִי מְצַוְּךָ
לַעֲשׂוֹת אֶת־הַדָּבָר הַזֶּה: ס

א כִּי־יִהְיֶה רִיב בֵּין אֲנָשִׁים וְנִגְּשׁוּ אֶל־הַמִּשְׁפָּט וּשְׁפָטוּם
וְהִצְדִּיקוּ אֶת־הַצַּדִּיק וְהִרְשִׁיעוּ אֶת־הָרָשָׁע:
ב וְהָיָה אִם־בִּן הַכּוֹת הָרָשָׁע וְהִפִּילוֹ הַשֹּׁפֵט וְהִכָּהוּ לְפָנָיו כְּדֵי
רִשְׁעָתוֹ בְּמִסְפָּר:
ג אַרְבָּעִים יַכֶּנּוּ לֹא יֹסִיף פֶּן־יֹסִיף לְהַכֹּתוֹ עַל־אֵלֶּה מַכָּה רַבָּה
וְנִקְלָה אָחִיךָ לְעֵינֶיךָ: ס

ד לֹא־תַחְסֹם שׁוֹר בְּדִישׁוֹ: ס

ה כִּי־יֵשְׁבוּ אַחִים יַחְדָּו וּמֵת אַחַד מֵהֶם וּבֵן אֵין־לוֹ לֹא־תִהְיֶה
אֵשֶׁת־הַמֵּת הַחוּצָה לְאִישׁ זָר יְבָמָהּ יָבֹא עָלֶיהָ וּלְקָחָהּ לוֹ
לְאִשָּׁה וְיִבְּמָהּ:
ו וְהָיָה הַבְּכוֹר אֲשֶׁר תֵּלֵד יָקוּם עַל־שֵׁם אָחִיו הַמֵּת וְלֹא־יִמָּחֶה
שְׁמוֹ מִיִּשְׂרָאֵל:
ז וְאִם־לֹא יַחְפֹּץ הָאִישׁ לָקַחַת אֶת־יְבִמְתּוֹ וְעָלְתָה יְבִמְתּוֹ
הַשַּׁעְרָה אֶל־הַזְּקֵנִים וְאָמְרָה מֵאֵין יְבָמִי לְהָקִים לְאָחִיו שֵׁם
בְּיִשְׂרָאֵל לֹא אָבָה יַבְּמִי:
ח וְקָרְאוּ־לוֹ זִקְנֵי־עִירוֹ וְדִבְּרוּ אֵלָיו וְעָמַד וְאָמַר לֹא חָפַצְתִּי
לְקַחְתָּהּ:
ט וְנִגְּשָׁה יְבִמְתּוֹ אֵלָיו לְעֵינֵי הַזְּקֵנִים וְחָלְצָה נַעֲלוֹ מֵעַל רַגְלוֹ
וְיָרְקָה בְּפָנָיו וְעָנְתָה וְאָמְרָה כָּכָה יֵעָשֶׂה לָאִישׁ אֲשֶׁר לֹא־יִבְנֶה
אֶת־בֵּית אָחִיו:
י וְנִקְרָא שְׁמוֹ בְּיִשְׂרָאֵל בֵּית חֲלוּץ הַנָּעַל: ס

bateres a tua oliveira, não tornarás a colher o fruto dos ramos;
será para o peregrino, para o órfão e para a viúva. 21 Quando
vindimares a tua vinha, não tornarás a colher os cachos que
ficarem; o que ficar será para o peregrino, para o órfão e para a
viúva. 22 Lembrar-te-ás de que foste escravo na terra do Egito;
portanto, eu te ordeno que faças isso.

A pena de açoites

25 1 Se houver contenda entre alguns, e vierem a juízo,
e os juízes os julgarem, justificarão o inocente e con-
denarão o culpado. 2 Se o culpado merecer açoites,
o juiz o fará deitar-se e ser açoitado na sua presença, quanto
bastar para a sua culpa, por conta. 3 Quarenta açoites lhe pode-
rá dar, não irá além; não suceda que, se for além e lhe der mais
açoites do que estes, teu irmão fique aviltado aos teus olhos.
4 Não atarás a boca ao boi quando estiver debulhando.

A obrigação de um homem casar com a viúva de seu irmão

5 Se morarem irmãos juntos, e um deles morrer e não tiver
filhos, a mulher do defunto não se casará com homem estranho,
de fora; o irmão de seu marido estará com ela, recebê-la-á por
mulher e fará a obrigação dum cunhado para com ela. 6 O pri-
mogênito que ela lhe der sucederá ao nome do irmão falecido,
para que o nome deste não se apague de Israel. 7 Se o homem
não quiser receber a mulher de seu irmão, esta subirá à porta,
aos anciãos, e dirá: O irmão de meu marido recusa suscitar a
seu irmão um nome em Israel, não quer cumprir para comigo
a obrigação de cunhado. 8 Então, os anciãos da sua cidade o
chamarão e com ele falarão. Se ele persistir e disser: Não quero
recebê-la, 9 a mulher de seu irmão se chegará a ele na presença
dos anciãos, e lhe tirará a alparca do pé, e lhe cuspirá no rosto,
e dirá: Assim se fará ao homem que não edifica a casa de seu

יא כִּֽי־יִנָּצוּ אֲנָשִׁים יַחְדָּו אִישׁ וְאָחִיו וְקָֽרְבָה אֵשֶׁת הָֽאֶחָד לְהַצִּיל
אֶת־אִישָׁהּ מִיַּד מַכֵּהוּ וְשָׁלְחָה יָדָהּ וְהֶֽחֱזִיקָה בִּמְבֻשָׁיו׃
יב וְקַצֹּתָה אֶת־כַּפָּהּ לֹא תָחוֹס עֵינֶֽךָ׃ ס

יג לֹֽא־יִהְיֶה לְךָ בְּכִֽיסְךָ אֶבֶן וָאָבֶן גְּדוֹלָה וּקְטַנָּֽה׃ ס
יד לֹא־יִהְיֶה לְךָ בְּבֵיתְךָ אֵיפָה וְאֵיפָה גְּדוֹלָה וּקְטַנָּֽה׃
טו אֶבֶן שְׁלֵמָה וָצֶדֶק יִֽהְיֶה־לָּךְ אֵיפָה שְׁלֵמָה וָצֶדֶק יִֽהְיֶה־לָּךְ
לְמַעַן יַאֲרִיכוּ יָמֶיךָ עַל הָֽאֲדָמָה אֲשֶׁר־יְהוָה אֱלֹהֶיךָ נֹתֵן לָֽךְ׃
טז כִּי תוֹעֲבַת יְהוָה אֱלֹהֶיךָ כָּל־עֹשֵׂה אֵלֶּה כֹּל עֹשֵׂה עָֽוֶל׃ פ

יז זָכוֹר אֵת אֲשֶׁר־עָשָׂה לְךָ עֲמָלֵק בַּדֶּרֶךְ בְּצֵאתְכֶם מִמִּצְרָֽיִם׃
יח אֲשֶׁר קָֽרְךָ בַּדֶּרֶךְ וַיְזַנֵּב בְּךָ כָּל־הַנֶּֽחֱשָׁלִים אַֽחֲרֶיךָ וְאַתָּה עָיֵף
וְיָגֵעַ וְלֹא יָרֵא אֱלֹהִֽים׃
יט וְהָיָה בְּהָנִיחַ יְהוָה אֱלֹהֶיךָ ׀ לְךָ מִכָּל־אֹיְבֶיךָ מִסָּבִיב בָּאָרֶץ
אֲשֶׁר יְהוָֽה־אֱלֹהֶיךָ נֹתֵן לְךָ נַחֲלָה לְרִשְׁתָּהּ תִּמְחֶה אֶת־זֵכֶר
עֲמָלֵק מִתַּחַת הַשָּׁמָיִם לֹא תִּשְׁכָּֽח׃ פ

א וְהָיָה כִּֽי־תָבוֹא אֶל־הָאָרֶץ אֲשֶׁר יְהוָה אֱלֹהֶיךָ נֹתֵן לְךָ נַחֲלָה
וִֽירִשְׁתָּהּ וְיָשַׁבְתָּ בָּֽהּ׃
ב וְלָקַחְתָּ מֵרֵאשִׁית ׀ כָּל־פְּרִי הָאֲדָמָה אֲשֶׁר תָּבִיא מֵֽאַרְצְךָ
אֲשֶׁר יְהוָה אֱלֹהֶיךָ נֹתֵן לָךְ וְשַׂמְתָּ בַטֶּנֶא וְהָֽלַכְתָּ אֶל־הַמָּקוֹם
אֲשֶׁר יִבְחַר יְהוָה אֱלֹהֶיךָ לְשַׁכֵּן שְׁמוֹ שָֽׁם׃
ג וּבָאתָ אֶל־הַכֹּהֵן אֲשֶׁר יִהְיֶה בַּיָּמִים הָהֵם וְאָמַרְתָּ אֵלָיו הִגַּדְתִּי

irmão. 10 Dar-se-lhe-á o nome em Israel: A casa do descalçado.
11 Quando brigarem dois homens, um com o outro, e a mulher
de um se chegar para livrar o marido da mão daquele que o fere,
e estender a mão, e lhe pegar pelas suas vergonhas, 12 decepar-
-lhe-ás a mão; o teu olho não terá piedade dela.

Pesos e medidas justas

13 Não terás na tua bolsa pesos diversos, um grande e um
pequeno. 14 Não terás em tua casa dois efas, um grande e um
pequeno. 15 Terás um peso inteiro e justo; terás um efa inteiro e
justo, para que se prolonguem os teus dias na terra que Jeová,
teu Deus, te está dando. 16 Pois todo o que faz tais coisas, a sa-
ber, todo o que faz a injustiça é abominável a Jeová, teu Deus.

Amaleque será destruído

17 Lembra-te do que fez Amaleque no caminho quando saías
do Egito. 18 Lembra-te de como, não temendo a Deus, ele te saiu
ao encontro no caminho e feriu na, tua retaguarda, todos os
desfalecidos que ficavam atrás de ti, quando tu estavas abatido
e cansado. 19 Quando, pois, Jeová, teu Deus, te houver dado des-
canso de todos os teus inimigos em redor, na terra que Jeová,
teu Deus, te está dando por herança, para a possuíres, apagarás
a memória de Amaleque de debaixo do céu; não te esquecerás.

As primícias da terra

26 1 Quando entrares na terra que Jeová, teu Deus,
te está dando por herança, e a possuíres, e nela
habitares, 2 tomarás das primícias de todos
os frutos do solo que recolheres da tua terra que Jeová, teu
Deus, te está dando; pô-los-ás num cesto e irás ao lugar que
Jeová, teu Deus, escolher para ali fazer habitar o seu nome.

הַיּוֹם לַיהוָה אֱלֹהֶיךָ כִּי־בָאתִי אֶל־הָאָרֶץ אֲשֶׁר נִשְׁבַּע יְהוָה
לַאֲבֹתֵינוּ לָתֶת לָנוּ׃
ד וְלָקַח הַכֹּהֵן הַטֶּנֶא מִיָּדֶךָ וְהִנִּיחוֹ לִפְנֵי מִזְבַּח יְהוָה אֱלֹהֶיךָ׃
ה וְעָנִיתָ וְאָמַרְתָּ לִפְנֵי ׀ יְהוָה אֱלֹהֶיךָ אֲרַמִּי אֹבֵד אָבִי וַיֵּרֶד
מִצְרַיְמָה וַיָּגָר שָׁם בִּמְתֵי מְעָט וַיְהִי־שָׁם לְגוֹי גָּדוֹל עָצוּם וָרָב׃
ו וַיָּרֵעוּ אֹתָנוּ הַמִּצְרִים וַיְעַנּוּנוּ וַיִּתְּנוּ עָלֵינוּ עֲבֹדָה קָשָׁה׃
ז וַנִּצְעַק אֶל־יְהוָה אֱלֹהֵי אֲבֹתֵינוּ וַיִּשְׁמַע יְהוָה אֶת־קֹלֵנוּ וַיַּרְא
אֶת־עָנְיֵנוּ וְאֶת־עֲמָלֵנוּ וְאֶת־לַחֲצֵנוּ׃
ח וַיּוֹצִאֵנוּ יְהוָה מִמִּצְרַיִם בְּיָד חֲזָקָה וּבִזְרֹעַ נְטוּיָה וּבְמֹרָא גָּדֹל
וּבְאֹתוֹת וּבְמֹפְתִים׃
ט וַיְבִאֵנוּ אֶל־הַמָּקוֹם הַזֶּה וַיִּתֶּן־לָנוּ אֶת־הָאָרֶץ הַזֹּאת אֶרֶץ זָבַת
חָלָב וּדְבָשׁ׃
י וְעַתָּה הִנֵּה הֵבֵאתִי אֶת־רֵאשִׁית פְּרִי הָאֲדָמָה אֲשֶׁר־נָתַתָּה לִּי
יְהוָה וְהִנַּחְתּוֹ לִפְנֵי יְהוָה אֱלֹהֶיךָ וְהִשְׁתַּחֲוִיתָ לִפְנֵי יְהוָה אֱלֹהֶיךָ׃
יא וְשָׂמַחְתָּ בְכָל־הַטּוֹב אֲשֶׁר נָתַן־לְךָ יְהוָה אֱלֹהֶיךָ וּלְבֵיתֶךָ אַתָּה
וְהַלֵּוִי וְהַגֵּר אֲשֶׁר בְּקִרְבֶּךָ׃ ס

יב כִּי תְכַלֶּה לַעְשֵׂר אֶת־כָּל־מַעְשַׂר תְּבוּאָתְךָ בַּשָּׁנָה הַשְּׁלִישִׁת
שְׁנַת הַמַּעֲשֵׂר וְנָתַתָּה לַלֵּוִי לַגֵּר לַיָּתוֹם וְלָאַלְמָנָה וְאָכְלוּ
בִשְׁעָרֶיךָ וְשָׂבֵעוּ׃
יג וְאָמַרְתָּ לִפְנֵי יְהוָה אֱלֹהֶיךָ בִּעַרְתִּי הַקֹּדֶשׁ מִן־הַבַּיִת וְגַם
נְתַתִּיו לַלֵּוִי וְלַגֵּר לַיָּתוֹם וְלָאַלְמָנָה כְּכָל־מִצְוָתְךָ אֲשֶׁר צִוִּיתָנִי
לֹא־עָבַרְתִּי מִמִּצְוֺתֶיךָ וְלֹא שָׁכָחְתִּי׃
יד לֹא־אָכַלְתִּי בְאֹנִי מִמֶּנּוּ וְלֹא־בִעַרְתִּי מִמֶּנּוּ בְּטָמֵא וְלֹא־
נָתַתִּי מִמֶּנּוּ לְמֵת שָׁמַעְתִּי בְּקוֹל יְהוָה אֱלֹהָי עָשִׂיתִי כְּכֹל אֲשֶׁר
צִוִּיתָנִי׃
טו הַשְׁקִיפָה מִמְּעוֹן קָדְשְׁךָ מִן־הַשָּׁמַיִם וּבָרֵךְ אֶת־עַמְּךָ אֶת־
יִשְׂרָאֵל וְאֵת הָאֲדָמָה אֲשֶׁר נָתַתָּה לָנוּ כַּאֲשֶׁר נִשְׁבַּעְתָּ לַאֲבֹתֵינוּ
אֶרֶץ זָבַת חָלָב וּדְבָשׁ׃ ס

טז הַיּוֹם הַזֶּה יְהוָה אֱלֹהֶיךָ מְצַוְּךָ לַעֲשׂוֹת אֶת־הַחֻקִּים הָאֵלֶּה

3 Chegarás ao sacerdote que estiver de serviço nesses dias e
lhe dirás: Hoje, declaro a Jeová, teu Deus, que entrei na ter-
ra que ele prometeu, com juramento, a nossos pais que nos
daria. 4 O sacerdote, tomando o cesto da tua mão, pô-lo-á de-
fronte de Jeová, teu Deus. 5 Então, responderás: Um arameu,
prestes a perecer, era meu pai e desceu ao Egito, para ali pe-
regrinar com pouca gente. Ali, veio a ser nação grande, forte
e numerosa. 6 Os egípcios nos maltrataram, nos afligiram e
nos impuseram uma dura servidão. 7 Clamamos a Jeová, Deus
de nossos pais, e ele ouviu a nossa voz e viu a nossa aflição, o
nosso trabalho e a nossa opressão; 8 e tirou-nos do Egito com
mão forte, e com braço estendido, e com grande espanto, e
com milagres, e com portentos. 9 Introduziu-nos neste lugar,
numa terra que mana leite e mel. 10 Eis que, agora, trago as
primícias dos frutos do solo que tu, ó Jeová, me deste. Assim
as porás diante de Jeová, teu Deus, e o adorarás. 11 Alegrar-te-
-ás por todo o bem que Jeová, teu Deus, te há dado a ti e a tua
casa, tu, e o levita, e o peregrino que está no meio de ti.

Oração daquele que deu os dízimos

12 Quando tiveres acabado de dizimar todos os dízimos da
tua novidade no terceiro ano, que é o ano do dízimo, dá-lo-ás ao
levita, ao peregrino, ao órfão e à viúva, para que comam dentro
das tuas portas e se fartem. 13 Dirás diante de Jeová, teu Deus:
Tirei da minha casa as coisas consagradas e também as dei ao
levita, ao peregrino, ao órfão e à viúva, de acordo com todo o
teu mandamento que me ordenaste. Não transgredi nenhum
dos teus mandamentos, nem deles me esqueci. 14 Delas não
comi no meu luto, nem delas tirei coisa alguma, quando eram
imundas, nem delas dei para os mortos; eu ouvi a voz de Jeo-
vá, meu Deus, e fiz segundo tudo o que me ordenaste. 15 Olha
desde a tua santa habitação, desde o céu, e abençoa o teu povo
de Israel e o solo que nos deste, assim como prometeste, com
juramento, a nossos pais, uma terra que mana leite e mel.

16 Hoje Jeová, teu Deus, te ordena que observes estes estatu-

וְאֶת־הַמִּשְׁפָּטִים וְשָׁמַרְתָּ וְעָשִׂיתָ אוֹתָם בְּכָל־לְבָבְךָ וּבְכָל־
נַפְשֶׁךָ׃
יז אֶת־יְהוָה הֶאֱמַרְתָּ הַיּוֹם לִהְיוֹת לְךָ לֵאלֹהִים וְלָלֶכֶת בִּדְרָכָיו
וְלִשְׁמֹר חֻקָּיו וּמִצְוֺתָיו וּמִשְׁפָּטָיו וְלִשְׁמֹעַ בְּקֹלוֹ׃
יח וַיהוָה הֶאֱמִירְךָ הַיּוֹם לִהְיוֹת לוֹ לְעַם סְגֻלָּה כַּאֲשֶׁר דִּבֶּר־לָךְ
וְלִשְׁמֹר כָּל־מִצְוֺתָיו׃
יט וּלְתִתְּךָ עֶלְיוֹן עַל כָּל־הַגּוֹיִם אֲשֶׁר עָשָׂה לִתְהִלָּה וּלְשֵׁם
וּלְתִפְאָרֶת וְלִהְיֹתְךָ עַם־קָדֹשׁ לַיהוָה אֱלֹהֶיךָ כַּאֲשֶׁר דִּבֵּר׃ ס

א וַיְצַו מֹשֶׁה וְזִקְנֵי יִשְׂרָאֵל אֶת־הָעָם לֵאמֹר שָׁמֹר אֶת־כָּל־
הַמִּצְוָה אֲשֶׁר אָנֹכִי מְצַוֶּה אֶתְכֶם הַיּוֹם׃
ב וְהָיָה בַּיּוֹם אֲשֶׁר תַּעַבְרוּ אֶת־הַיַּרְדֵּן אֶל־הָאָרֶץ אֲשֶׁר־יְהוָה
אֱלֹהֶיךָ נֹתֵן לָךְ וַהֲקֵמֹתָ לְךָ אֲבָנִים גְּדֹלוֹת וְשַׂדְתָּ אֹתָם בַּשִּׂיד׃
ג וְכָתַבְתָּ עֲלֵיהֶן אֶת־כָּל־דִּבְרֵי הַתּוֹרָה הַזֹּאת בְּעָבְרֶךָ לְמַעַן
אֲשֶׁר תָּבֹא אֶל־הָאָרֶץ אֲשֶׁר־יְהוָה אֱלֹהֶיךָ ׀ נֹתֵן לְךָ אֶרֶץ זָבַת
חָלָב וּדְבַשׁ כַּאֲשֶׁר דִּבֶּר יְהוָה אֱלֹהֵי־אֲבֹתֶיךָ לָךְ׃
ד וְהָיָה בְּעָבְרְכֶם אֶת־הַיַּרְדֵּן תָּקִימוּ אֶת־הָאֲבָנִים הָאֵלֶּה אֲשֶׁר
אָנֹכִי מְצַוֶּה אֶתְכֶם הַיּוֹם בְּהַר עֵיבָל וְשַׂדְתָּ אוֹתָם בַּשִּׂיד׃
ה וּבָנִיתָ שָּׁם מִזְבֵּחַ לַיהוָה אֱלֹהֶיךָ מִזְבַּח אֲבָנִים לֹא־תָנִיף
עֲלֵיהֶם בַּרְזֶל׃
ו אֲבָנִים שְׁלֵמוֹת תִּבְנֶה אֶת־מִזְבַּח יְהוָה אֱלֹהֶיךָ וְהַעֲלִיתָ עָלָיו
עוֹלֹת לַיהוָה אֱלֹהֶיךָ׃
ז וְזָבַחְתָּ שְׁלָמִים וְאָכַלְתָּ שָּׁם וְשָׂמַחְתָּ לִפְנֵי יְהוָה אֱלֹהֶיךָ׃
ח וְכָתַבְתָּ עַל־הָאֲבָנִים אֶת־כָּל־דִּבְרֵי הַתּוֹרָה הַזֹּאת בַּאֵר הֵיטֵב׃
ס
ט וַיְדַבֵּר מֹשֶׁה וְהַכֹּהֲנִים הַלְוִיִּם אֶל כָּל־יִשְׂרָאֵל לֵאמֹר הַסְכֵּת ׀
וּשְׁמַע יִשְׂרָאֵל הַיּוֹם הַזֶּה נִהְיֵיתָ לְעָם לַיהוָה אֱלֹהֶיךָ׃
י וְשָׁמַעְתָּ בְּקוֹל יְהוָה אֱלֹהֶיךָ וְעָשִׂיתָ אֶת־מִצְוֺתָו וְאֶת־חֻקָּיו
אֲשֶׁר אָנֹכִי מְצַוְּךָ הַיּוֹם׃ ס

tos e juízos; portanto, os guardarás e observarás de todo o teu
coração e de toda a tua alma. 17 Hoje, fizeste Jeová dizer que te
será por Deus e que andarás nos seus caminhos, e guardarás
os seus estatutos, os seus mandamentos e os seus juízos, e
ouvirás a sua voz. 18 Jeová, hoje, te fez dizer que lhe serás por
seu próprio povo, como te prometeu, e que guardarás todos os
seus mandamentos; 19 de modo que, acima de todas as nações
que ele fez, te exalte para seu louvor, renome e honra, a fim de
que sejas um povo santo a Jeová, teu Deus, como disse.

A ordem de levantar um padrão e gravar nele a lei

27 1 Ordenou Moisés e os anciãos de Israel ao povo,
dizendo: Guarda todo o mandamento que eu hoje
te ordeno. 2 No dia em que passares o Jordão para
a terra que Jeová, teu Deus, te está dando, levantar-te-ás gran-
des pedras e as caiarás. 3 Nelas, escreverás todas as palavras
desta lei, quando tiveres passado; para que entres na terra
que Jeová, teu Deus, te está dando, terra que mana leite e mel,
assim como Jeová, Deus de teus pais, te prometeu. 4 Quando
tiverdes passado o Jordão, levantareis estas pedras, que eu
hoje vos ordeno, no monte Ebal, e as caiareis. 5 Edificarás ali
um altar a Jeová, teu Deus, um altar de pedras; não alçaras
sobre elas instrumento de ferro. 6 De pedras brutas edificarás
o altar de Jeová, teu Deus; e oferecerás sobre ele holocaustos
a Jeová, teu Deus. 7 Sacrificarás ofertas pacíficas e comerás
ali; te alegrarás diante de Jeová, teu Deus. 8 Escreverás mui
distintamente nestas pedras todas as palavras desta lei.

9 Disse Moisés e os levitas sacerdotes a todo o Israel: Guarda
silêncio e ouve, ó Israel; hoje, vieste a ser o povo de Jeová, teu
Deus. 10 Obedecerás à voz de Jeová, teu Deus, e cumprirás os
seus mandamentos e os seus estatutos, que eu hoje vos ordeno.

יא וַיְצַו מֹשֶׁה אֶת־הָעָם בַּיּוֹם הַהוּא לֵאמֹר:
יב אֵלֶּה יַעַמְדוּ לְבָרֵךְ אֶת־הָעָם עַל־הַר גְּרִזִּים בְּעָבְרְכֶם אֶת־
הַיַּרְדֵּן שִׁמְעוֹן וְלֵוִי וִיהוּדָה וְיִשָּׂשכָר וְיוֹסֵף וּבִנְיָמִן:
יג וְאֵלֶּה יַעַמְדוּ עַל־הַקְּלָלָה בְּהַר עֵיבָל רְאוּבֵן גָּד וְאָשֵׁר וּזְבוּלֻן
דָּן וְנַפְתָּלִי:
יד וְעָנוּ הַלְוִיִּם וְאָמְרוּ אֶל־כָּל־אִישׁ יִשְׂרָאֵל קוֹל רָם: ס
טו אָרוּר הָאִישׁ אֲשֶׁר יַעֲשֶׂה פֶסֶל וּמַסֵּכָה תּוֹעֲבַת יְהוָה מַעֲשֵׂה
יְדֵי חָרָשׁ וְשָׂם בַּסָּתֶר וְעָנוּ כָל־הָעָם וְאָמְרוּ אָמֵן: ס

טז אָרוּר מַקְלֶה אָבִיו וְאִמּוֹ וְאָמַר כָּל־הָעָם אָמֵן: ס

יז אָרוּר מַסִּיג גְּבוּל רֵעֵהוּ וְאָמַר כָּל־הָעָם אָמֵן: ס

יח אָרוּר מַשְׁגֶּה עִוֵּר בַּדָּרֶךְ וְאָמַר כָּל־הָעָם אָמֵן: ס

יט אָרוּר מַטֶּה מִשְׁפַּט גֵּר־יָתוֹם וְאַלְמָנָה וְאָמַר כָּל־הָעָם אָמֵן:
ס
כ אָרוּר שֹׁכֵב עִם־אֵשֶׁת אָבִיו כִּי גִלָּה כְּנַף אָבִיו וְאָמַר כָּל־הָעָם
אָמֵן: ס
כא אָרוּר שֹׁכֵב עִם־כָּל־בְּהֵמָה וְאָמַר כָּל־הָעָם אָמֵן: ס

כב אָרוּר שֹׁכֵב עִם־אֲחֹתוֹ בַּת־אָבִיו אוֹ בַת־אִמּוֹ וְאָמַר כָּל־הָעָם
אָמֵן: ס
כג אָרוּר שֹׁכֵב עִם־חֹתַנְתּוֹ וְאָמַר כָּל־הָעָם אָמֵן: ס

כד אָרוּר מַכֵּה רֵעֵהוּ בַּסָּתֶר וְאָמַר כָּל־הָעָם אָמֵן: ס

כה אָרוּר לֹקֵחַ שֹׁחַד לְהַכּוֹת נֶפֶשׁ דָּם נָקִי וְאָמַר כָּל־הָעָם אָמֵן:
ס
כו אָרוּר אֲשֶׁר לֹא־יָקִים אֶת־דִּבְרֵי הַתּוֹרָה־הַזֹּאת לַעֲשׂוֹת אוֹתָם
וְאָמַר כָּל־הָעָם אָמֵן: פ

As maldições que serão pronunciadas do monte Ebal

11 No mesmo dia, ordenou Moisés ao povo, dizendo: 12 Quando
tiverdes passado o Jordão, estes estarão sobre o monte Gerizim,
para abençoarem o povo: Simeão, Levi, Judá, Issacar, José e
Benjamim; 13 e estes estarão sobre o monte Ebal, para deitarem a
maldição: Rúben, Gade, Aser, Zebulom, Dã e Naftali. 14 Os levitas
responderão e dirão a todos os homens de Israel em voz alta:

15 Maldito o homem que faz uma imagem esculpida ou fundida, coisa abominável a Jeová, obra da mão do artífice, e a põe em secreto! E todo o povo responderá: Amém!

16 Maldito aquele que não honra a seu pai ou a sua mãe! E todo o povo dirá: Amém!

17 Maldito aquele que remove os marcos do seu próximo! E todo o povo dirá: Amém!

18 Maldito aquele que faz que o cego erre no caminho! E todo o povo dirá: Amém!

19 Maldito aquele que perverte o direito do peregrino, do órfão e da viúva! E todo o povo dirá: Amém!

20 Maldito aquele que se deita com a mulher de seu pai, porque levantou o vestido de seu pai! E todo o povo dirá: Amém!

21 Maldito aquele que se deita com qualquer animal! E todo o povo dirá: Amém!

22 Maldito aquele que se deita com sua irmã, filha de seu pai ou filha de sua mãe! E todo o povo dirá: Amém!

23 Maldito aquele que se deita com sua sogra! E todo o povo dirá: Amém!

24 Maldito aquele que fere ao seu próximo em secreto! E todo o povo dirá: Amém!

25 Maldito aquele que recebe peita para matar uma pessoa inocente! E todo o povo dirá: Amém!

26 Maldito aquele que não confirma as palavras desta lei, para as cumprir! E todo o povo dirá: Amém!

א וְהָיָה אִם־שָׁמוֹעַ תִּשְׁמַע בְּקוֹל יְהוָה אֱלֹהֶיךָ לִשְׁמֹר לַעֲשׂוֹת
אֶת־כָּל־מִצְוֺתָיו אֲשֶׁר אָנֹכִי מְצַוְּךָ הַיּוֹם וּנְתָנְךָ יְהוָה אֱלֹהֶיךָ
עֶלְיוֹן עַל כָּל־גּוֹיֵי הָאָרֶץ׃
ב וּבָאוּ עָלֶיךָ כָּל־הַבְּרָכוֹת הָאֵלֶּה וְהִשִּׂיגֻךָ כִּי תִשְׁמַע בְּקוֹל יְהוָה
אֱלֹהֶיךָ׃
ג בָּרוּךְ אַתָּה בָּעִיר וּבָרוּךְ אַתָּה בַּשָּׂדֶה׃
ד בָּרוּךְ פְּרִי־בִטְנְךָ וּפְרִי אַדְמָתְךָ וּפְרִי בְהֶמְתֶּךָ שְׁגַר אֲלָפֶיךָ
וְעַשְׁתְּרוֹת צֹאנֶךָ׃
ה בָּרוּךְ טַנְאֲךָ וּמִשְׁאַרְתֶּךָ׃
ו בָּרוּךְ אַתָּה בְּבֹאֶךָ וּבָרוּךְ אַתָּה בְּצֵאתֶךָ׃
ז יִתֵּן יְהוָה אֶת־אֹיְבֶיךָ הַקָּמִים עָלֶיךָ נִגָּפִים לְפָנֶיךָ בְּדֶרֶךְ אֶחָד
יֵצְאוּ אֵלֶיךָ וּבְשִׁבְעָה דְרָכִים יָנוּסוּ לְפָנֶיךָ׃
ח יְצַו יְהוָה אִתְּךָ אֶת־הַבְּרָכָה בַּאֲסָמֶיךָ וּבְכֹל מִשְׁלַח יָדֶךָ וּבֵרַכְךָ
בָּאָרֶץ אֲשֶׁר־יְהוָה אֱלֹהֶיךָ נֹתֵן לָךְ׃
ט יְקִימְךָ יְהוָה לוֹ לְעַם קָדוֹשׁ כַּאֲשֶׁר נִשְׁבַּע־לָךְ כִּי תִשְׁמֹר אֶת־
מִצְוֺת יְהוָה אֱלֹהֶיךָ וְהָלַכְתָּ בִּדְרָכָיו׃
י וְרָאוּ כָּל־עַמֵּי הָאָרֶץ כִּי שֵׁם יְהוָה נִקְרָא עָלֶיךָ וְיָרְאוּ מִמֶּךָּ׃
יא וְהוֹתִרְךָ יְהוָה לְטוֹבָה בִּפְרִי בִטְנְךָ וּבִפְרִי בְהֶמְתְּךָ וּבִפְרִי
אַדְמָתֶךָ עַל הָאֲדָמָה אֲשֶׁר נִשְׁבַּע יְהוָה לַאֲבֹתֶיךָ לָתֶת לָךְ׃
יב יִפְתַּח יְהוָה׀ לְךָ אֶת־אוֹצָרוֹ הַטּוֹב אֶת־הַשָּׁמַיִם לָתֵת מְטַר־
אַרְצְךָ בְּעִתּוֹ וּלְבָרֵךְ אֵת כָּל־מַעֲשֵׂה יָדֶךָ וְהִלְוִיתָ גּוֹיִם רַבִּים
וְאַתָּה לֹא תִלְוֶה׃
יג וּנְתָנְךָ יְהוָה לְרֹאשׁ וְלֹא לְזָנָב וְהָיִיתָ רַק לְמַעְלָה וְלֹא תִהְיֶה
לְמָטָּה כִּי־תִשְׁמַע אֶל־מִצְוֺת׀ יְהוָה אֱלֹהֶיךָ אֲשֶׁר אָנֹכִי מְצַוְּךָ
הַיּוֹם לִשְׁמֹר וְלַעֲשׂוֹת׃
יד וְלֹא תָסוּר מִכָּל־הַדְּבָרִים אֲשֶׁר אָנֹכִי מְצַוֶּה אֶתְכֶם הַיּוֹם יָמִין
וּשְׂמֹאול לָלֶכֶת אַחֲרֵי אֱלֹהִים אֲחֵרִים לְעָבְדָם׃ ס

As bênçãos que serão pronunciadas do monte Gerizim

28 1 Se ouvires atentamente a voz de Jeová, teu
Deus, cuidando de cumprir todos os manda-
mentos que eu hoje te ordeno, Jeová, teu Deus,
te exaltará acima de todas as nações da terra. 2 Todas estas bên-
çãos virão sobre ti e te alcançarão, se ouvires a voz de Jeová,
teu Deus: 3 Bendito serás na cidade e bendito serás no campo.
4 Bendito será o fruto do teu ventre, e o fruto do teu solo, e o
fruto do teu gado, e as crias das tuas vacas e dos teus rebanhos.
5 Bendito será o teu cesto e a tua amassadeira. 6 Bendito serás
quando entrares e bendito serás quando saíres.

7 Jeová fará que caiam diante de ti os teus inimigos que se
levantarem contra ti; virão contra ti por um caminho e por sete
fugirão da tua presença. 8 Jeová mandará que a bênção esteja
contigo nos teus celeiros e em todas as coisas a que puseres a tua
mão; e te abençoará na terra que Jeová, teu Deus, te está dando.
9 Jeová te estabelecerá para si como um povo santo, como te
prometeu, com juramento, desde que guardes os mandamen-
tos de Jeová, teu Deus, e andes nos seus caminhos. 10 Todos os
povos da terra verão que é invocado sobre ti o nome de Jeová;
e terão temor de ti. 11 Jeová te fará abundar até a prosperidade
no fruto do teu ventre, no fruto do teu gado e no fruto do teu
solo, na terra que Jeová prometeu, com juramento, a teus pais
que te daria. 12 Jeová te abrirá o seu bom tesouro, o céu, para
dar a chuva da tua terra a seu tempo e para abençoar todas as
obras das tuas mãos. Emprestarás a muitas nações, porém não
tomarás emprestado. 13 Jeová fará que sejas a cabeça e não a
cauda; e só estarás em cima e não debaixo; desde que ouças os
mandamentos de Jeová, teu Deus, que eu hoje te ordeno, para
os observares e cumprires. 14 Não te desvies de nenhuma das
palavras que eu hoje te ordeno, nem para a direita nem para a
esquerda, indo após outros deuses, a fim de os servir.

טו וְהָיָה אִם־לֹא תִשְׁמַע בְּקוֹל יְהוָה אֱלֹהֶיךָ לִשְׁמֹר לַעֲשׂוֹת
אֶת־כָּל־מִצְוֹתָיו וְחֻקֹּתָיו אֲשֶׁר אָנֹכִי מְצַוְּךָ הַיּוֹם וּבָאוּ עָלֶיךָ כָּל־
הַקְּלָלוֹת הָאֵלֶּה וְהִשִּׂיגוּךָ׃
טז אָרוּר אַתָּה בָּעִיר וְאָרוּר אַתָּה בַּשָּׂדֶה׃
יז אָרוּר טַנְאֲךָ וּמִשְׁאַרְתֶּךָ׃
יח אָרוּר פְּרִי־בִטְנְךָ וּפְרִי אַדְמָתֶךָ שְׁגַר אֲלָפֶיךָ וְעַשְׁתְּרוֹת צֹאנֶךָ׃
יט אָרוּר אַתָּה בְּבֹאֶךָ וְאָרוּר אַתָּה בְּצֵאתֶךָ׃

כ יְשַׁלַּח יְהוָה׀ בְּךָ אֶת־הַמְּאֵרָה אֶת־הַמְּהוּמָה וְאֶת־הַמִּגְעֶרֶת
בְּכָל־מִשְׁלַח יָדְךָ אֲשֶׁר תַּעֲשֶׂה עַד הִשָּׁמֶדְךָ וְעַד־אֲבָדְךָ מַהֵר
מִפְּנֵי רֹעַ מַעֲלָלֶיךָ אֲשֶׁר עֲזַבְתָּנִי׃
כא יַדְבֵּק יְהוָה בְּךָ אֶת־הַדָּבֶר עַד כַּלֹּתוֹ אֹתְךָ מֵעַל הָאֲדָמָה
אֲשֶׁר־אַתָּה בָא־שָׁמָּה לְרִשְׁתָּהּ׃
כב יַכְּכָה יְהוָה בַּשַּׁחֶפֶת וּבַקַּדַּחַת וּבַדַּלֶּקֶת וּבַחַרְחֻר וּבַחֶרֶב
וּבַשִּׁדָּפוֹן וּבַיֵּרָקוֹן וּרְדָפוּךָ עַד אָבְדֶךָ׃
כג וְהָיוּ שָׁמֶיךָ אֲשֶׁר עַל־רֹאשְׁךָ נְחֹשֶׁת וְהָאָרֶץ אֲשֶׁר־תַּחְתֶּיךָ
בַּרְזֶל׃
כד יִתֵּן יְהוָה אֶת־מְטַר אַרְצְךָ אָבָק וְעָפָר מִן־הַשָּׁמַיִם יֵרֵד עָלֶיךָ
עַד הִשָּׁמְדָךְ׃
כה יִתֶּנְךָ יְהוָה׀ נִגָּף לִפְנֵי אֹיְבֶיךָ בְּדֶרֶךְ אֶחָד תֵּצֵא אֵלָיו וּבְשִׁבְעָה
דְרָכִים תָּנוּס לְפָנָיו וְהָיִיתָ לְזַעֲוָה לְכֹל מַמְלְכוֹת הָאָרֶץ׃
כו וְהָיְתָה נִבְלָתְךָ לְמַאֲכָל לְכָל־עוֹף הַשָּׁמַיִם וּלְבֶהֱמַת הָאָרֶץ
וְאֵין מַחֲרִיד׃
כז יַכְּכָה יְהוָה בִּשְׁחִין מִצְרַיִם)וּבָעֳפָלִים] (וּבַטְּחֹרִים[וּבַגָּרָב
וּבֶחָרֶס אֲשֶׁר לֹא־תוּכַל לְהֵרָפֵא׃
כח יַכְּכָה יְהוָה בְּשִׁגָּעוֹן וּבְעִוָּרוֹן וּבְתִמְהוֹן לֵבָב׃
כט וְהָיִיתָ מְמַשֵּׁשׁ בַּצָּהֳרַיִם כַּאֲשֶׁר יְמַשֵּׁשׁ הָעִוֵּר בָּאֲפֵלָה וְלֹא
תַצְלִיחַ אֶת־דְּרָכֶיךָ וְהָיִיתָ אַךְ עָשׁוּק וְגָזוּל כָּל־הַיָּמִים וְאֵין
מוֹשִׁיעַ׃
ל אִשָּׁה תְאָרֵשׂ וְאִישׁ אַחֵר)יִשְׁגָּלֶנָּה] (יִשְׁכָּבֶנָּה[בַּיִת תִּבְנֶה
וְלֹא־תֵשֵׁב בּוֹ כֶּרֶם תִּטַּע וְלֹא תְחַלְּלֶנּוּ׃
לא שׁוֹרְךָ טָבוּחַ לְעֵינֶיךָ וְלֹא תֹאכַל מִמֶּנּוּ חֲמֹרְךָ גָּזוּל מִלְּפָנֶיךָ
וְלֹא יָשׁוּב לָךְ צֹאנְךָ נְתֻנוֹת לְאֹיְבֶיךָ וְאֵין לְךָ מוֹשִׁיעַ׃
לב בָּנֶיךָ וּבְנֹתֶיךָ נְתֻנִים לְעַם אַחֵר וְעֵינֶיךָ רֹאוֹת וְכָלוֹת אֲלֵיהֶם
כָּל־הַיּוֹם וְאֵין לְאֵל יָדֶךָ׃

Terríveis consequências da desobediência

15 Porém, se não ouvires a voz de Jeová, teu Deus, cuidando
em observares todos os seus mandamentos e os seus estatutos
que eu hoje te ordeno, virão sobre ti e te alcançarão todas estas
maldições. 16 Maldito serás na cidade e maldito serás no campo.
17 Maldito será o teu cesto e a tua amassadeira. 18 Maldito será o
fruto do teu ventre, o fruto do teu solo, as crias das tuas vacas e
dos teus rebanhos. 19 Maldito serás quando entrares e maldito
serás quando saíres.

20 Jeová mandará sobre ti maldição, derrota e repreensão em
todas as coisas em que puseres a tua mão, até que sejas destruído
e até que pereças repentinamente, por causa da maldade das
tuas obras, nas quais me abandonaste. 21 Jeová te fará pegar a ti
a peste, até que te haja consumido da terra, em que entrares a
possuir. 22 Jeová te ferirá de tísica, e de febre, e de inflamação,
e de calor ardente, e de seca, e de crestamento, e de mangra; e
te perseguirão até que pereças. 23 O teu céu que está por cima
da tua cabeça será de bronze; e a terra que está debaixo de ti
será de ferro. 24 Jeová dará por chuva da tua terra pó e poeira;
do céu descerá sobre ti até que sejas destruído.

25 Jeová fará que sejas ferido diante dos teus inimigos; por um
caminho sairás contra eles e por sete fugirás da sua presença.
Serás espetáculo horrendo a todos os reinos da terra. 26 Os teus
cadáveres servirão de pasto a todas as aves do céu e os animais
da terra, e não haverá quem os enxote. 27 Jeová te ferirá da úl-
cera do Egito, e de bubões, e de sarna, e de prurigo, de que não
te poderás curar. 28 Jeová te ferirá de loucura, e de cegueira, e
de desnorteamento de espírito. 29 Andarás apalpando ao meio
dia, como o cego apalpa nas trevas e não prosperarás nos teus
caminhos; e somente serás oprimido e roubado em todo o
tempo, e não haverá quem te salve. 30 Desposar-te-ás com uma
mulher, e outro homem a violentará; edificarás uma casa e não
habitarás nela; plantarás uma vinha e não a desfrutarás. 31 O teu
boi será morto diante dos teus olhos, e não comerás dele; o teu
jumento será arrebatado diante de ti e não te será restituído; as
tuas ovelhas serão dadas aos teus inimigos, e não haverá quem

לג פְּרִי אַדְמָתְךָ וְכָל־יְגִיעֲךָ יֹאכַל עַם אֲשֶׁר לֹא־יָדָעְתָּ וְהָיִיתָ רַק
עָשׁוּק וְרָצוּץ כָּל־הַיָּמִים:
לד וְהָיִיתָ מְשֻׁגָּע מִמַּרְאֵה עֵינֶיךָ אֲשֶׁר תִּרְאֶה:
לה יַכְּכָה יְהוָה בִּשְׁחִין רָע עַל־הַבִּרְכַּיִם וְעַל־הַשֹּׁקַיִם אֲשֶׁר לֹא־
תוּכַל לְהֵרָפֵא מִכַּף רַגְלְךָ וְעַד קָדְקֳדֶךָ:

לו יוֹלֵךְ יְהוָה אֹתְךָ וְאֶת־מַלְכְּךָ אֲשֶׁר תָּקִים עָלֶיךָ אֶל־גּוֹי אֲשֶׁר
לֹא־יָדַעְתָּ אַתָּה וַאֲבֹתֶיךָ וְעָבַדְתָּ שָּׁם אֱלֹהִים אֲחֵרִים עֵץ וָאָבֶן:
לז וְהָיִיתָ לְשַׁמָּה לְמָשָׁל וְלִשְׁנִינָה בְּכֹל הָעַמִּים אֲשֶׁר־יְנַהֶגְךָ יְהוָה
שָׁמָּה:
לח זֶרַע רַב תּוֹצִיא הַשָּׂדֶה וּמְעַט תֶּאֱסֹף כִּי יַחְסְלֶנּוּ הָאַרְבֶּה:
לט כְּרָמִים תִּטַּע וְעָבָדְתָּ וְיַיִן לֹא־תִשְׁתֶּה וְלֹא תֶאֱגֹר כִּי תֹאכְלֶנּוּ
הַתֹּלָעַת:
מ זֵיתִים יִהְיוּ לְךָ בְּכָל־גְּבוּלֶךָ וְשֶׁמֶן לֹא תָסוּךְ כִּי יִשַּׁל זֵיתֶךָ:
מא בָּנִים וּבָנוֹת תּוֹלִיד וְלֹא־יִהְיוּ לָךְ כִּי יֵלְכוּ בַּשֶּׁבִי:
מב כָּל־עֵצְךָ וּפְרִי אַדְמָתֶךָ יְיָרֵשׁ הַצְּלָצַל:
מג הַגֵּר אֲשֶׁר בְּקִרְבְּךָ יַעֲלֶה עָלֶיךָ מַעְלָה מָּעְלָה וְאַתָּה תֵרֵד
מַטָּה מָּטָּה:
מד הוּא יַלְוְךָ וְאַתָּה לֹא תַלְוֶנּוּ הוּא יִהְיֶה לְרֹאשׁ וְאַתָּה תִּהְיֶה
לְזָנָב:
מה וּבָאוּ עָלֶיךָ כָּל־הַקְּלָלוֹת הָאֵלֶּה וּרְדָפוּךָ וְהִשִּׂיגוּךָ עַד הִשָּׁמְדָךְ
כִּי־לֹא שָׁמַעְתָּ בְּקוֹל יְהוָה אֱלֹהֶיךָ לִשְׁמֹר מִצְוֹתָיו וְחֻקֹּתָיו אֲשֶׁר
צִוָּךְ:
מו וְהָיוּ בְךָ לְאוֹת וּלְמוֹפֵת וּבְזַרְעֲךָ עַד־עוֹלָם:

מז תַּחַת אֲשֶׁר לֹא־עָבַדְתָּ אֶת־יְהוָה אֱלֹהֶיךָ בְּשִׂמְחָה וּבְטוּב לֵבָב
מֵרֹב כֹּל:
מח וְעָבַדְתָּ אֶת־אֹיְבֶיךָ אֲשֶׁר יְשַׁלְּחֶנּוּ יְהוָה בָּךְ בְּרָעָב וּבְצָמָא
וּבְעֵירֹם וּבְחֹסֶר כֹּל וְנָתַן עֹל בַּרְזֶל עַל־צַוָּארֶךָ עַד הִשְׁמִידוֹ
אֹתָךְ:
מט יִשָּׂא יְהוָה עָלֶיךָ גּוֹי מֵרָחוֹק מִקְצֵה הָאָרֶץ כַּאֲשֶׁר יִדְאֶה
הַנָּשֶׁר גּוֹי אֲשֶׁר לֹא־תִשְׁמַע לְשֹׁנוֹ:
נ גּוֹי עַז פָּנִים אֲשֶׁר לֹא־יִשָּׂא פָנִים לְזָקֵן וְנַעַר לֹא יָחֹן:

te salve. 32 Teus filhos e tuas filhas serão entregues a outro povo,
os teus olhos o verão e desfalecerão de saudades todo o dia; e
não estará no poder da tua mão fazer coisa alguma. 33 O fruto da
tua terra e todos os teus trabalhos, comê-los-á uma nação que
não conheces. Somente serás oprimido e esmagado em todo
o tempo; 34 desesperado ficarás com aquilo que vires com os
teus olhos. 35 De úlceras malignas, de que não te poderás curar,
Jeová te ferirá nos joelhos e nas pernas, desde a planta do teu
pé até o alto da cabeça.

36 Jeová te levará a ti e ao teu rei que tiveres estabelecido
sobre ti a uma nação que não conheceste, nem tu, nem teus
pais; e ali servirás a outros deuses, ao pau e à pedra. 37 Virás a ser
pasmo, provérbio e ludíbrio entre todos os povos a que Jeová
te levar. 38 Levarás muita semente para o campo e recolherás
pouco, porque o gafanhoto a devorará. 39 Plantarás vinhas e as
cultivarás, porém não lhes beberás o vinho, nem colherás as
uvas, porque o bicho as devorará. 40 Terás oliveiras em todos
os teus termos, porém não te ungirás com azeite, porque as
tuas azeitonas cairão. 41 Gerarás filhos e filhas, porém não serão
para ti, porque irão em cativeiro. 42 Todas as tuas árvores e os
frutos do teu solo, possuí-los-á o gafanhoto. 43 O peregrino que
está no meio de ti se elevará cada vez acima de ti, e tu descerás
cada vez mais. 44 Ele te emprestará a ti, mas tu não emprestarás
a ele; ele será a cabeça, e tu serás a cauda. 45 Todas essas mal-
dições virão sobre ti, te perseguirão e te alcançarão, até que
sejas destruído, porque não ouviste a voz de Jeová, teu Deus,
para guardares os seus mandamentos e os seus estatutos que
te ordenou. 46 Estarão sobre ti por sinal e por prodígios, como
também sobre a tua semente, para sempre.

47 Porque não serviste a Jeová, teu Deus, com gosto e com
alegria de coração, por causa da abundância de todas as coisas;
48 assim, servirás aos teus inimigos que Jeová enviará contra ti,
em fome, em sede, em nudez e em falta de todas as coisas. Sobre
o teu pescoço porá um jugo de ferro até que te haja destruído.
49 Jeová fará vir contra ti de longe, das extremidades da terra,
uma nação à semelhança da águia que voa impetuosamente,
nação cuja língua não entenderás, 50 nação de rosto feroz que

נא וְאָכַל פְּרִי בְהֶמְתְּךָ וּפְרִי־אַדְמָתְךָ עַד הִשָּׁמְדָךְ אֲשֶׁר לֹא־
יַשְׁאִיר לְךָ דָּגָן תִּירוֹשׁ וְיִצְהָר שְׁגַר אֲלָפֶיךָ וְעַשְׁתְּרֹת צֹאנֶךָ עַד
הַאֲבִידוֹ אֹתָךְ׃
נב וְהֵצַר לְךָ בְּכָל־שְׁעָרֶיךָ עַד רֶדֶת חֹמֹתֶיךָ הַגְּבֹהֹת וְהַבְּצֻרוֹת
אֲשֶׁר אַתָּה בֹּטֵחַ בָּהֵן בְּכָל־אַרְצֶךָ וְהֵצַר לְךָ בְּכָל־שְׁעָרֶיךָ בְּכָל־
אַרְצְךָ אֲשֶׁר נָתַן יְהוָה אֱלֹהֶיךָ לָךְ׃
נג וְאָכַלְתָּ פְרִי־בִטְנְךָ בְּשַׂר בָּנֶיךָ וּבְנֹתֶיךָ אֲשֶׁר נָתַן־לְךָ יְהוָה
אֱלֹהֶיךָ בְּמָצוֹר וּבְמָצוֹק אֲשֶׁר־יָצִיק לְךָ אֹיְבֶךָ׃
נד הָאִישׁ הָרַךְ בְּךָ וְהֶעָנֹג מְאֹד תֵּרַע עֵינוֹ בְאָחִיו וּבְאֵשֶׁת חֵיקוֹ
וּבְיֶתֶר בָּנָיו אֲשֶׁר יוֹתִיר׃
נה מִתֵּת ׀ לְאַחַד מֵהֶם מִבְּשַׂר בָּנָיו אֲשֶׁר יֹאכֵל מִבְּלִי הִשְׁאִיר־לוֹ
כֹּל בְּמָצוֹר וּבְמָצוֹק אֲשֶׁר יָצִיק לְךָ אֹיִבְךָ בְּכָל־שְׁעָרֶיךָ׃
נו הָרַכָּה בְךָ וְהָעֲנֻגָּה אֲשֶׁר לֹא־נִסְּתָה כַף־רַגְלָהּ הַצֵּג עַל־הָאָרֶץ
מֵהִתְעַנֵּג וּמֵרֹךְ תֵּרַע עֵינָהּ בְּאִישׁ חֵיקָהּ וּבִבְנָהּ וּבְבִתָּהּ׃
נז וּבְשִׁלְיָתָהּ הַיּוֹצֵת ׀ מִבֵּין רַגְלֶיהָ וּבְבָנֶיהָ אֲשֶׁר תֵּלֵד כִּי־
תֹאכְלֵם בְּחֹסֶר־כֹּל בַּסָּתֶר בְּמָצוֹר וּבְמָצוֹק אֲשֶׁר יָצִיק לְךָ אֹיִבְךָ
בִּשְׁעָרֶיךָ׃

נח אִם־לֹא תִשְׁמֹר לַעֲשׂוֹת אֶת־כָּל־דִּבְרֵי הַתּוֹרָה הַזֹּאת
הַכְּתֻבִים בַּסֵּפֶר הַזֶּה לְיִרְאָה אֶת־הַשֵּׁם הַנִּכְבָּד וְהַנּוֹרָא הַזֶּה
אֵת יְהוָה אֱלֹהֶיךָ׃
נט וְהִפְלָא יְהוָה אֶת־מַכֹּתְךָ וְאֵת מַכּוֹת זַרְעֶךָ מַכּוֹת גְּדֹלֹת
וְנֶאֱמָנוֹת וָחֳלָיִם רָעִים וְנֶאֱמָנִים׃
ס וְהֵשִׁיב בְּךָ אֵת כָּל־מַדְוֵה מִצְרַיִם אֲשֶׁר יָגֹרְתָּ מִפְּנֵיהֶם וְדָבְקוּ
בָּךְ׃
סא גַּם כָּל־חֳלִי וְכָל־מַכָּה אֲשֶׁר לֹא כָתוּב בְּסֵפֶר הַתּוֹרָה הַזֹּאת
יַעְלֵם יְהוָה עָלֶיךָ עַד הִשָּׁמְדָךְ׃
סב וְנִשְׁאַרְתֶּם בִּמְתֵי מְעָט תַּחַת אֲשֶׁר הֱיִיתֶם כְּכוֹכְבֵי הַשָּׁמַיִם
לָרֹב כִּי־לֹא שָׁמַעְתָּ בְּקוֹל יְהוָה אֱלֹהֶיךָ׃
סג וְהָיָה כַּאֲשֶׁר־שָׂשׂ יְהוָה עֲלֵיכֶם לְהֵיטִיב אֶתְכֶם וּלְהַרְבּוֹת
אֶתְכֶם כֵּן יָשִׂישׂ יְהוָה עֲלֵיכֶם לְהַאֲבִיד אֶתְכֶם וּלְהַשְׁמִיד אֶתְכֶם

não terá respeito ao velho, nem se compadecerá do moço. 51 Ela
comerá o fruto do teu gado e o fruto do teu solo, até que sejas
destruído; e não te deixará pão, mosto, nem azeite, nem as crias
das tuas vacas e dos teus rebanhos, até que te haja destruído.
52 Sitiar-te-á em todas as tuas cidades, até que em toda a tua
terra venham cair os teus altos e fortes muros em que confiavas;
e te sitiará em todas as tuas cidades em toda a tua terra que
Jeová, teu Deus, te há dado 53 Comerás o fruto do teu ventre,
as carnes de teus filhos e de tuas filhas que Jeová, teu Deus,
te há dado, no sítio e no aperto com que os teus inimigos te
apertarão. 54 O homem que é mimoso entre vós e mui delicado,
o seu olho será mesquinho para com seu irmão, e para com a
mulher do seu regaço, e para com o restante de seus filhos que
lhe ficarem; 55 de sorte que não dará a nenhum deles da carne
de seus filhos que ele comer, por não lhe ficar nada, no sítio e
no aperto com que os teus inimigos te apertarão em todas as
tuas cidades. 56 A mulher mimosa e delicada entre vós, que por
delicadeza e mimo não tentar pôr a planta do pé sobre a terra,
o seu olho será mesquinho para com o marido do seu regaço,
e para com seu filho, e para com sua filha. 57 Será mesquinha
para com as suas párias que saírem dentre os pés e para com
seus filhos que der à luz; porque os comerá às escondidas pela
falta de todas as coisas, no sítio e no aperto com que os teus
inimigos te apertarão nas tuas cidades.

58 Se não cuidares de cumprir todas as palavras desta lei que
estão escritas neste livro, para temeres este glorioso e temível
nome: JEOVÁ, TEU DEUS, 59 Jeová fará espantosas as tuas pragas
e as pragas da tua semente; sim, pragas grandes e perseveran-
tes e enfermidades malignas e rebeldes. 60 Fará tornar sobre ti
todas as doenças do Egito de que tiveste temor; e se apegarão
a ti. 61 Também Jeová fará vir sobre ti toda enfermidade, e toda
praga, que não está escrita no livro desta lei, até que sejas des-
truído, 62 Ficareis poucos em número, em lugar de serdes em
multidão como as estrelas do céu, porque não ouviste a voz de
Jeová, teu Deus. 63 Assim como Jeová se deleitava em vós, para
vos fazer bem e para vos multiplicar, assim Jeová se deleitará
em vós, para vos fazer perecer e para vos destruir. Sereis ar-

וְנִסַּחְתֶּם מֵעַל הָאֲדָמָה אֲשֶׁר־אַתָּה בָא־שָׁמָּה לְרִשְׁתָּהּ׃
סד וֶהֱפִיצְךָ יְהוָה בְּכָל־הָעַמִּים מִקְצֵה הָאָרֶץ וְעַד־קְצֵה הָאָרֶץ
וְעָבַדְתָּ שָּׁם אֱלֹהִים אֲחֵרִים אֲשֶׁר לֹא־יָדַעְתָּ אַתָּה וַאֲבֹתֶיךָ עֵץ
וָאָבֶן׃
סה וּבַגּוֹיִם הָהֵם לֹא תַרְגִּיעַ וְלֹא־יִהְיֶה מָנוֹחַ לְכַף־רַגְלֶךָ וְנָתַן
יְהוָה לְךָ שָׁם לֵב רַגָּז וְכִלְיוֹן עֵינַיִם וְדַאֲבוֹן נָפֶשׁ׃
סו וְהָיוּ חַיֶּיךָ תְּלֻאִים לְךָ מִנֶּגֶד וּפָחַדְתָּ לַיְלָה וְיוֹמָם וְלֹא תַאֲמִין
בְּחַיֶּיךָ׃
סז בַּבֹּקֶר תֹּאמַר מִי־יִתֵּן עֶרֶב וּבָעֶרֶב תֹּאמַר מִי־יִתֵּן בֹּקֶר מִפַּחַד
לְבָבְךָ אֲשֶׁר תִּפְחָד וּמִמַּרְאֵה עֵינֶיךָ אֲשֶׁר תִּרְאֶה׃
סח וֶהֱשִׁיבְךָ יְהוָה ׀ מִצְרַיִם בָּאֳנִיּוֹת בַּדֶּרֶךְ אֲשֶׁר אָמַרְתִּי לְךָ
לֹא־תֹסִיף עוֹד לִרְאֹתָהּ וְהִתְמַכַּרְתֶּם שָׁם לְאֹיְבֶיךָ לַעֲבָדִים
וְלִשְׁפָחוֹת וְאֵין קֹנֶה׃ ס
סט אֵלֶּה דִבְרֵי הַבְּרִית אֲשֶׁר־צִוָּה יְהוָה אֶת־מֹשֶׁה לִכְרֹת אֶת־בְּנֵי
יִשְׂרָאֵל בְּאֶרֶץ מוֹאָב מִלְּבַד הַבְּרִית אֲשֶׁר־כָּרַת אִתָּם בְּחֹרֵב׃ פ

א וַיִּקְרָא מֹשֶׁה אֶל־כָּל־יִשְׂרָאֵל וַיֹּאמֶר אֲלֵהֶם אַתֶּם רְאִיתֶם אֵת
כָּל־אֲשֶׁר עָשָׂה יְהוָה לְעֵינֵיכֶם בְּאֶרֶץ מִצְרַיִם לְפַרְעֹה וּלְכָל־
עֲבָדָיו וּלְכָל־אַרְצוֹ׃
ב הַמַּסּוֹת הַגְּדֹלֹת אֲשֶׁר רָאוּ עֵינֶיךָ הָאֹתֹת וְהַמֹּפְתִים הַגְּדֹלִים
הָהֵם׃
ג וְלֹא־נָתַן יְהוָה לָכֶם לֵב לָדַעַת וְעֵינַיִם לִרְאוֹת וְאָזְנַיִם לִשְׁמֹעַ
עַד הַיּוֹם הַזֶּה׃
ד וָאוֹלֵךְ אֶתְכֶם אַרְבָּעִים שָׁנָה בַּמִּדְבָּר לֹא־בָלוּ שַׂלְמֹתֵיכֶם
מֵעֲלֵיכֶם וְנַעַלְךָ לֹא־בָלְתָה מֵעַל רַגְלֶךָ׃
ה לֶחֶם לֹא אֲכַלְתֶּם וְיַיִן וְשֵׁכָר לֹא שְׁתִיתֶם לְמַעַן תֵּדְעוּ כִּי אֲנִי
יְהוָה אֱלֹהֵיכֶם׃
ו וַתָּבֹאוּ אֶל־הַמָּקוֹם הַזֶּה וַיֵּצֵא סִיחֹן מֶלֶךְ־חֶשְׁבּוֹן וְעוֹג מֶלֶךְ־
הַבָּשָׁן לִקְרָאתֵנוּ לַמִּלְחָמָה וַנַּכֵּם׃
ז וַנִּקַּח אֶת־אַרְצָם וַנִּתְּנָהּ לְנַחֲלָה לָראוּבֵנִי וְלַגָּדִי וְלַחֲצִי שֵׁבֶט
הַמְנַשִּׁי׃
ח וּשְׁמַרְתֶּם אֶת־דִּבְרֵי הַבְּרִית הַזֹּאת וַעֲשִׂיתֶם אֹתָם לְמַעַן
תַּשְׂכִּילוּ אֵת כָּל־אֲשֶׁר תַּעֲשׂוּן׃ פ

rancados da terra em que entrardes para a possuirdes. 64 Jeová
te espalhará por entre todos os povos, desde uma extremidade
da terra à outra; e ali servirás a outros deuses, que não conhe-
ceste, nem tu nem teus pais, a saber, ao pau e à pedra. 65 Entre
estas nações não terás repouso, nem haverá descanso para a
planta do teu pé; mas Jeová te dará ali um coração agitado, e
desfalecimento de olhos, e desmaio de alma. 66 A tua vida es-
tará como em suspenso diante de ti; temerás de dia e de noite
e não crerás na tua vida. 67 De manhã dirás: Oxalá que fosse a
tarde; e à tarde dirás: Oxalá que fosse a manhã. Isso dirás pelo
temor do teu coração que sentirás e pelo que verás com os teus
olhos. 68 Jeová te fará tornar ao Egito em navios, pelo caminho
de que te disse: Nunca tornarás a vê-lo. Ali, vos vendereis aos
vossos inimigos para serdes escravos e escravas, e não haverá
quem vos compre.

Deus faz uma nova aliança com o povo, em Moabe

29 1 Estas são as palavras da aliança que Jeová orde-
nou a Moisés que fizesse com os filhos de Israel,
na terra de Moabe, além da aliança que fizera com
ele em Horebe.

2 Chamou Moisés a todo o Israel e disse-lhes: Vós tendes
visto tudo o que Jeová fez diante de vós na terra do Egito a
Faraó, e a todos os seus servos, e a toda a sua terra; 3 as grandes
provas que os teus olhos viram, os milagres e aqueles grandes
prodígios. 4 Mas Jeová não vos deu até hoje coração para en-
tender, nem olhos para ver, nem ouvidos para ouvir. 5 Quarenta
anos vos conduzi pelo deserto; não vos caíram de velhos os
vestidos, nem o sapato do pé. 6 Não tendes comido pão, nem
bebido vinho, nem bebida forte, para que saibais que eu sou
Jeová, vosso Deus. 7 Quando viestes a este lugar, Seom, rei de
Hesbom, e Ogue, rei de Basã, nos saíram ao encontro à peleja,
e ferimo-los. 8 Tomamos-lhes a terra e demo-la por herança aos
rubenitas, e aos gaditas, e à meia tribo dos manassitas. 9 Guardai

ט אַתֶּם נִצָּבִים הַיּוֹם כֻּלְּכֶם לִפְנֵי יְהוָה אֱלֹהֵיכֶם רָאשֵׁיכֶם
שִׁבְטֵיכֶם זִקְנֵיכֶם וְשֹׁטְרֵיכֶם כֹּל אִישׁ יִשְׂרָאֵל׃
י טַפְּכֶם נְשֵׁיכֶם וְגֵרְךָ אֲשֶׁר בְּקֶרֶב מַחֲנֶיךָ מֵחֹטֵב עֵצֶיךָ עַד שֹׁאֵב
מֵימֶיךָ׃
יא לְעָבְרְךָ בִּבְרִית יְהוָה אֱלֹהֶיךָ וּבְאָלָתוֹ אֲשֶׁר יְהוָה אֱלֹהֶיךָ כֹּרֵת
עִמְּךָ הַיּוֹם׃
יב לְמַעַן הָקִים־אֹתְךָ הַיּוֹם ׀ לוֹ לְעָם וְהוּא יִהְיֶה־לְּךָ לֵאלֹהִים
כַּאֲשֶׁר דִּבֶּר־לָךְ וְכַאֲשֶׁר נִשְׁבַּע לַאֲבֹתֶיךָ לְאַבְרָהָם לְיִצְחָק
וּֽלְיַעֲקֹב׃
יג וְלֹא אִתְּכֶם לְבַדְּכֶם אָנֹכִי כֹּרֵת אֶת־הַבְּרִית הַזֹּאת וְאֶת־הָאָלָה
הַזֹּאת׃

יד כִּי אֶת־אֲשֶׁר יֶשְׁנוֹ פֹּה עִמָּנוּ עֹמֵד הַיּוֹם לִפְנֵי יְהוָה אֱלֹהֵינוּ
וְאֵת אֲשֶׁר אֵינֶנּוּ פֹּה עִמָּנוּ הַיּוֹם׃
טו כִּֽי־אַתֶּם יְדַעְתֶּם אֵת אֲשֶׁר־יָשַׁבְנוּ בְּאֶרֶץ מִצְרָיִם וְאֵת אֲשֶׁר־
עָבַרְנוּ בְּקֶרֶב הַגּוֹיִם אֲשֶׁר עֲבַרְתֶּם׃
טז וַתִּרְאוּ אֶת־שִׁקּוּצֵיהֶם וְאֵת גִּלֻּלֵיהֶם עֵץ וָאֶבֶן כֶּסֶף וְזָהָב
אֲשֶׁר עִמָּהֶם׃
יז פֶּן־יֵשׁ בָּכֶם אִישׁ אוֹ־אִשָּׁה אוֹ מִשְׁפָּחָה אוֹ־שֵׁבֶט אֲשֶׁר לְבָבוֹ
פֹנֶה הַיּוֹם מֵעִם יְהוָה אֱלֹהֵינוּ לָלֶכֶת לַעֲבֹד אֶת־אֱלֹהֵי הַגּוֹיִם
הָהֵם פֶּן־יֵשׁ בָּכֶם שֹׁרֶשׁ פֹּרֶה רֹאשׁ וְלַעֲנָה׃
יח וְהָיָה בְּשָׁמְעוֹ אֶת־דִּבְרֵי הָאָלָה הַזֹּאת וְהִתְבָּרֵךְ בִּלְבָבוֹ לֵאמֹר
שָׁלוֹם יִהְיֶה־לִּי כִּי בִּשְׁרִרוּת לִבִּי אֵלֵךְ לְמַעַן סְפוֹת הָרָוָה אֶת־
הַצְּמֵאָה׃
יט לֹא־יֹאבֶה יְהוָה סְלֹחַ לוֹ כִּי אָז יֶעְשַׁן אַף־יְהוָה וְקִנְאָתוֹ בָּאִישׁ
הַהוּא וְרָבְצָה בּוֹ כָּל־הָאָלָה הַכְּתוּבָה בַּסֵּפֶר הַזֶּה וּמָחָה יְהוָה
אֶת־שְׁמוֹ מִתַּחַת הַשָּׁמָיִם׃
כ וְהִבְדִּילוֹ יְהוָה לְרָעָה מִכֹּל שִׁבְטֵי יִשְׂרָאֵל כְּכֹל אָלוֹת הַבְּרִית
הַכְּתוּבָה בְּסֵפֶר הַתּוֹרָה הַזֶּה׃
כא וְאָמַר הַדּוֹר הָאַחֲרוֹן בְּנֵיכֶם אֲשֶׁר יָקוּמוּ מֵאַחֲרֵיכֶם וְהַנָּכְרִי
אֲשֶׁר יָבֹא מֵאֶרֶץ רְחוֹקָה וְרָאוּ אֶת־מַכּוֹת הָאָרֶץ הַהִוא וְאֶת־
תַּחֲלֻאֶיהָ אֲשֶׁר־חִלָּה יְהוָה בָּהּ׃
כב גָּפְרִית וָמֶלַח שְׂרֵפָה כָל־אַרְצָהּ לֹא תִזָּרַע וְלֹא תַצְמִחַ וְלֹא־
יַעֲלֶה בָהּ כָּל־עֵשֶׂב כְּמַהְפֵּכַת סְדֹם וַעֲמֹרָה אַדְמָה (וצביים)
[וּצְבוֹיִם] אֲשֶׁר הָפַךְ יְהוָה בְּאַפּוֹ וּבַחֲמָתוֹ׃
כג וְאָמְרוּ כָּל־הַגּוֹיִם עַל־מֶה עָשָׂה יְהוָה כָּכָה לָאָרֶץ הַזֹּאת מֶה
חֳרִי הָאַף הַגָּדוֹל הַזֶּה׃

as palavras desta aliança e cumpri-as, para que prospereis em
tudo quanto fizerdes.

10 Vós estais hoje todos diante de Jeová, vosso Deus; os vossos
cabeças, as vossas tribos, os vossos anciãos e os vossos oficiais,
a saber, todos os homens de Israel, 11 os vossos pequeninos,
vossas mulheres e o peregrino que está no meio dos vossos
arraiais, desde o rachador de tua lenha até o tirador de tua
água, 12 para que tu entres na aliança de Jeová, teu Deus, e no
seu juramento que Jeová, teu Deus, faz hoje contigo; 13 para que
te estabeleça como povo para si e para que te seja por Deus,
como te falou e como prometeu com juramento a teus pais, a
Abraão, a Isaque e a Jacó.

14 Não é tão somente convosco que faço esta aliança e este ju-
ramento; 15 porém com aquele que está aqui hoje conosco diante
de Jeová, nosso Deus, e também com aquele que hoje não está
aqui conosco. 16 Vós sabeis como habitamos na terra do Egito
e como passamos pelo meio das nações, pelas quais passastes;
17 vistes as suas coisas detestáveis e os seus ídolos, o pau e a
pedra, a prata e o ouro que havia entre eles. 18 Faço esta aliança
para que não haja entre vós homem, ou mulher, ou família, ou
tribo cujo coração hoje se desvie de Jeová, nosso Deus, a fim
de servir aos deuses dessas nações; para que não haja entre vós
uma raiz que produza veneno e fel; 19 e para que não aconteça
que, ouvindo as palavras desta maldição, se abençoe em seu
coração, dizendo: Terei paz, ainda que eu ande na obstinação
do meu coração, para destruir o abeberado com o sequioso;
20 Jeová não lhe quererá perdoar, mas, então, fumegará a ira de
Jeová e o seu zelo contra esse homem, e toda a imprecação que
está escrita neste livro pousará sobre ele, e Jeová lhe apagará o
nome de debaixo do céu. 21 Jeová o separará de todas as tribos
de Israel, para mal, segundo todas as maldições da aliança que
está escrita neste livro da lei.

22 A geração vindoura, e vossos filhos que se levantarem de-
pois de vós, e o estrangeiro que vier de uma terra longínqua, ao
verem as pragas desta terra e as enfermidades com que Jeová
a terá afligido, 23 ao verem que toda a terra é enxofre, e sal, e
abrasamento e que não está semeada, nem produz, nem nela

כד וְאָמְרוּ עַל אֲשֶׁר עָזְבוּ אֶת־בְּרִית יְהוָה אֱלֹהֵי אֲבֹתָם אֲשֶׁר
כָּרַת עִמָּם בְּהוֹצִיאוֹ אֹתָם מֵאֶרֶץ מִצְרָיִם׃
כה וַיֵּלְכוּ וַיַּעַבְדוּ אֱלֹהִים אֲחֵרִים וַיִּשְׁתַּחֲווּ לָהֶם אֱלֹהִים אֲשֶׁר
לֹא־יְדָעוּם וְלֹא חָלַק לָהֶם׃
כו וַיִּחַר־אַף יְהוָה בָּאָרֶץ הַהִוא לְהָבִיא עָלֶיהָ אֶת־כָּל־הַקְּלָלָה
הַכְּתוּבָה בַּסֵּפֶר הַזֶּה׃
כז וַיִּתְּשֵׁם יְהוָה מֵעַל אַדְמָתָם בְּאַף וּבְחֵמָה וּבְקֶצֶף גָּדוֹל
וַיַּשְׁלִכֵם אֶל־אֶרֶץ אַחֶרֶת כַּיּוֹם הַזֶּה׃
כח הַנִּסְתָּרֹת לַיהוָה אֱלֹהֵינוּ וְהַנִּגְלֹת לָנוּ וּלְבָנֵינוּ עַד־עוֹלָם
לַעֲשׂוֹת אֶת־כָּל־דִּבְרֵי הַתּוֹרָה הַזֹּאת׃ ס

א וְהָיָה כִי־יָבֹאוּ עָלֶיךָ כָּל־הַדְּבָרִים הָאֵלֶּה הַבְּרָכָה וְהַקְּלָלָה
אֲשֶׁר נָתַתִּי לְפָנֶיךָ וַהֲשֵׁבֹתָ אֶל־לְבָבֶךָ בְּכָל־הַגּוֹיִם אֲשֶׁר הִדִּיחֲךָ
יְהוָה אֱלֹהֶיךָ שָׁמָּה׃
ב וְשַׁבְתָּ עַד־יְהוָה אֱלֹהֶיךָ וְשָׁמַעְתָּ בְקֹלוֹ כְּכֹל אֲשֶׁר־אָנֹכִי מְצַוְּךָ
הַיּוֹם אַתָּה וּבָנֶיךָ בְּכָל־לְבָבְךָ וּבְכָל־נַפְשֶׁךָ׃
ג וְשָׁב יְהוָה אֱלֹהֶיךָ אֶת־שְׁבוּתְךָ וְרִחֲמֶךָ וְשָׁב וְקִבֶּצְךָ מִכָּל־
הָעַמִּים אֲשֶׁר הֱפִיצְךָ יְהוָה אֱלֹהֶיךָ שָׁמָּה׃
ד אִם־יִהְיֶה נִדַּחֲךָ בִּקְצֵה הַשָּׁמָיִם מִשָּׁם יְקַבֶּצְךָ יְהוָה אֱלֹהֶיךָ
וּמִשָּׁם יִקָּחֶךָ׃
ה וֶהֱבִיאֲךָ יְהוָה אֱלֹהֶיךָ אֶל־הָאָרֶץ אֲשֶׁר־יָרְשׁוּ אֲבֹתֶיךָ וִירִשְׁתָּהּ
וְהֵיטִבְךָ וְהִרְבְּךָ מֵאֲבֹתֶיךָ׃
ו וּמָל יְהוָה אֱלֹהֶיךָ אֶת־לְבָבְךָ וְאֶת־לְבַב זַרְעֶךָ לְאַהֲבָה אֶת־
יְהוָה אֱלֹהֶיךָ בְּכָל־לְבָבְךָ וּבְכָל־נַפְשְׁךָ לְמַעַן חַיֶּיךָ׃
ז וְנָתַן יְהוָה אֱלֹהֶיךָ אֵת כָּל־הָאָלוֹת הָאֵלֶּה עַל־אֹיְבֶיךָ וְעַל־
שֹׂנְאֶיךָ אֲשֶׁר רְדָפוּךָ׃
ח וְאַתָּה תָשׁוּב וְשָׁמַעְתָּ בְּקוֹל יְהוָה וְעָשִׂיתָ אֶת־כָּל־מִצְוֺתָיו
אֲשֶׁר אָנֹכִי מְצַוְּךָ הַיּוֹם׃
ט וְהוֹתִירְךָ יְהוָה אֱלֹהֶיךָ בְּכֹל מַעֲשֵׂה יָדֶךָ בִּפְרִי בִטְנְךָ וּבִפְרִי

cresce erva alguma, à semelhança da ruína de Sodoma, Gomorra,
Admá e Zeboim, que Jeová destruiu na sua ira e no seu furor,
dirão; 24 sim, todas as nações dirão: Por que se houve Jeová
assim com esta terra? Que significa o ardor desta grande ira?
25 Então, se dirá: Porquanto deixaram a aliança de Jeová, Deus
de seus pais, a qual fez com eles, quando os tirou da terra do
Egito; 26 e se foram, e serviram a outros deuses, e os adoraram,
deuses que eles não conheceram e que lhes não foram dados;
27 portanto, se acendeu a ira de Jeová contra esta terra, para
trazer sobre ela toda a maldição que está escrita neste livro.
28 Jeová arrancou-os da sua terra em ira, em furor e em grande
indignação e atirou-os para outra terra, como hoje se vê. 29 As
coisas escondidas pertencem a Jeová, nosso Deus, mas as coisas
que são reveladas nos pertencem a nós e a nossos filhos, para
sempre, para que observemos todas as palavras desta lei.

A misericórdia de Deus para com os que se arrependem

30 1 Quando vierem sobre ti todas essas coisas, a bên-
ção e a maldição que pus diante de ti, e te recorda-
res delas entre todas as nações, para onde Jeová,
teu Deus, te houver lançado, 2 e tornares para Jeová, teu Deus,
e obedeceres à sua voz, segundo tudo o que eu hoje te ordeno,
tu e teus filhos, de todo o teu coração e de toda a tua alma,
3 Jeová, teu Deus, mudará a tua sorte, e se compadecerá de
ti, e tornará a ajuntar-te de todos os povos, para onde Jeová,
teu Deus, te houver espalhado. 4 Se algum dos teus desterra-
dos estiver nas extremidades do céu, dali te ajuntará Jeová,
teu Deus, e dali te tomará; 5 Jeová, teu Deus, te introduzirá na
terra que teus pais possuíram, e a possuirás; e te fará bem e
te multiplicará mais do que a teus pais. 6 Jeová, teu Deus, cir-
cuncidará o teu coração e o coração da tua semente, para que
ames a Jeová, teu Deus, de todo o teu coração e de toda a tua
alma, a fim de que vivas. 7 Jeová, teu Deus, porá todas essas
imprecações sobre os teus inimigos e sobre os que te odeiam,
os quais te perseguiram. 8 Voltarás, e obedecerás à voz de Jeo-

בְהֶמְתְּךָ וּבִפְרִי אַדְמָתְךָ לְטֹבָה כִּי ׀ יָשׁוּב יְהוָה לָשׂוּשׂ עָלֶיךָ
לְטוֹב כַּאֲשֶׁר־שָׂשׂ עַל־אֲבֹתֶיךָ׃
י כִּי תִשְׁמַע בְּקוֹל יְהוָה אֱלֹהֶיךָ לִשְׁמֹר מִצְוֺתָיו וְחֻקֹּתָיו הַכְּתוּבָה
בְּסֵפֶר הַתּוֹרָה הַזֶּה כִּי תָשׁוּב אֶל־יְהוָה אֱלֹהֶיךָ בְּכָל־לְבָבְךָ
וּבְכָל־נַפְשֶׁךָ׃ פ

יא כִּי הַמִּצְוָה הַזֹּאת אֲשֶׁר אָנֹכִי מְצַוְּךָ הַיּוֹם לֹא־נִפְלֵאת הִוא
מִמְּךָ וְלֹא רְחֹקָה הִוא׃
יב לֹא בַשָּׁמַיִם הִוא לֵאמֹר מִי יַעֲלֶה־לָּנוּ הַשָּׁמַיְמָה וְיִקָּחֶהָ לָּנוּ
וְיַשְׁמִעֵנוּ אֹתָהּ וְנַעֲשֶׂנָּה׃
יג וְלֹא־מֵעֵבֶר לַיָּם הִוא לֵאמֹר מִי יַעֲבָר־לָנוּ אֶל־עֵבֶר הַיָּם
וְיִקָּחֶהָ לָּנוּ וְיַשְׁמִעֵנוּ אֹתָהּ וְנַעֲשֶׂנָּה׃
יד כִּי־קָרוֹב אֵלֶיךָ הַדָּבָר מְאֹד בְּפִיךָ וּבִלְבָבְךָ לַעֲשֹׂתוֹ׃ ס
טו רְאֵה נָתַתִּי לְפָנֶיךָ הַיּוֹם אֶת־הַחַיִּים וְאֶת־הַטּוֹב וְאֶת־הַמָּוֶת
וְאֶת־הָרָע׃
טז אֲשֶׁר אָנֹכִי מְצַוְּךָ הַיּוֹם לְאַהֲבָה אֶת־יְהוָה אֱלֹהֶיךָ לָלֶכֶת
בִּדְרָכָיו וְלִשְׁמֹר מִצְוֺתָיו וְחֻקֹּתָיו וּמִשְׁפָּטָיו וְחָיִיתָ וְרָבִיתָ וּבֵרַכְךָ
יְהוָה אֱלֹהֶיךָ בָּאָרֶץ אֲשֶׁר־אַתָּה בָא־שָׁמָּה לְרִשְׁתָּהּ׃
יז וְאִם־יִפְנֶה לְבָבְךָ וְלֹא תִשְׁמָע וְנִדַּחְתָּ וְהִשְׁתַּחֲוִיתָ לֵאלֹהִים
אֲחֵרִים וַעֲבַדְתָּם׃
יח הִגַּדְתִּי לָכֶם הַיּוֹם כִּי אָבֹד תֹּאבֵדוּן לֹא־תַאֲרִיכֻן יָמִים עַל־
הָאֲדָמָה אֲשֶׁר אַתָּה עֹבֵר אֶת־הַיַּרְדֵּן לָבֹא שָׁמָּה לְרִשְׁתָּהּ׃
יט הַעִידֹתִי בָכֶם הַיּוֹם אֶת־הַשָּׁמַיִם וְאֶת־הָאָרֶץ הַחַיִּים וְהַמָּוֶת
נָתַתִּי לְפָנֶיךָ הַבְּרָכָה וְהַקְּלָלָה וּבָחַרְתָּ בַּחַיִּים לְמַעַן תִּחְיֶה אַתָּה
וְזַרְעֶךָ׃
כ לְאַהֲבָה אֶת־יְהוָה אֱלֹהֶיךָ לִשְׁמֹעַ בְּקֹלוֹ וּלְדָבְקָה־בוֹ כִּי הוּא
חַיֶּיךָ וְאֹרֶךְ יָמֶיךָ לָשֶׁבֶת עַל־הָאֲדָמָה אֲשֶׁר נִשְׁבַּע יְהוָה לַאֲבֹתֶיךָ
לְאַבְרָהָם לְיִצְחָק וּלְיַעֲקֹב לָתֵת לָהֶם׃ פ

vá, e observarás todos os seus mandamentos que eu hoje te
ordeno. 9 Jeová, teu Deus, te fará abundar até a prosperidade
em todas as obras das tuas mãos, no fruto do teu ventre, no
fruto do teu gado e no fruto do teu solo. Jeová tornará a ale-
grar-se em ti para te fazer bem, como se alegrou em teus pais;
10 quando obedeceres à voz de Jeová, teu Deus, para guardares
os seus mandamentos e os seus estatutos que estão escritos
neste livro da lei; quando voltares a Jeová, teu Deus, de todo
o teu coração e de toda a tua alma.

A lei do Senhor é bem patente

11 Porque este mandamento que eu hoje te ordeno não é de-
masiado difícil para ti, nem está longe de ti. 12 Não está no céu,
para que digas: Quem subirá por nós ao céu, e nô-lo trará, e nô-lo
fará ouvir, para que o observemos? 13 Nem está além do mar, para
que digas: Quem passará por nós o mar, e nô-lo trará, e nô-lo fará
ouvir, para que o observemos? 14 Mas a palavra está muito perto
de ti, na tua boca e no teu coração, para que a observes.

15 Vê que hoje te propus a vida e o bem, a morte e o mal. 16 Se
guardares o mandamento que eu hoje te ordeno, de amar a
Jeová, teu Deus, de andar nos seus caminhos e de guardar os
seus mandamentos, os seus estatutos e os seus juízos, então,
viverás e te multiplicarás, e Jeová, teu Deus, te abençoará na
terra na qual tu estás entrando para a possuíres. 17 Porém, se
o teu coração se desviar, e tu não quiseres ouvir, mas fores se-
duzido, e adorares outros deuses, e os servires, 18 declaro-vos
hoje que sem falta perecereis. Não prolongareis os vossos dias
na terra, para entrar na qual vós ides passar o Jordão, a fim de
a possuirdes. 19 Chamo hoje o céu e a terra por testemunhas
contra ti, que te propus a vida e a morte, a bênção e a maldição.
Escolhe a vida para que vivas, tu e a tua semente, 20 amando a
Jeová, teu Deus, obedecendo à sua voz e apegando-te a ele; pois
isso é a tua vida e o prolongamento dos teus dias. Escolhe a vida
para que habites na terra que Jeová prometeu, com juramento,
a teus pais, a Abraão, a Isaque e a Jacó, que lhes havia de dar.

א וַיֵּלֶךְ מֹשֶׁה וַיְדַבֵּר אֶת־הַדְּבָרִים הָאֵלֶּה אֶל־כָּל־יִשְׂרָאֵל׃
ב וַיֹּאמֶר אֲלֵהֶם בֶּן־מֵאָה וְעֶשְׂרִים שָׁנָה אָנֹכִי הַיּוֹם לֹא־אוּכַל
עוֹד לָצֵאת וְלָבוֹא וַיהוָה אָמַר אֵלַי לֹא תַעֲבֹר אֶת־הַיַּרְדֵּן הַזֶּה׃
ג יְהוָה אֱלֹהֶיךָ הוּא׀ עֹבֵר לְפָנֶיךָ הוּא־יַשְׁמִיד אֶת־הַגּוֹיִם הָאֵלֶּה
מִלְּפָנֶיךָ וִירִשְׁתָּם יְהוֹשֻׁעַ הוּא עֹבֵר לְפָנֶיךָ כַּאֲשֶׁר דִּבֶּר יְהוָה׃
ד וְעָשָׂה יְהוָה לָהֶם כַּאֲשֶׁר עָשָׂה לְסִיחוֹן וּלְעוֹג מַלְכֵי הָאֱמֹרִי
וּלְאַרְצָם אֲשֶׁר הִשְׁמִיד אֹתָם׃
ה וּנְתָנָם יְהוָה לִפְנֵיכֶם וַעֲשִׂיתֶם לָהֶם כְּכָל־הַמִּצְוָה אֲשֶׁר צִוִּיתִי
אֶתְכֶם׃
ו חִזְקוּ וְאִמְצוּ אַל־תִּירְאוּ וְאַל־תַּעַרְצוּ מִפְּנֵיהֶם כִּי׀ יְהוָה אֱלֹהֶיךָ
הוּא הַהֹלֵךְ עִמָּךְ לֹא יַרְפְּךָ וְלֹא יַעַזְבֶךָּ׃ פ
ז וַיִּקְרָא מֹשֶׁה לִיהוֹשֻׁעַ וַיֹּאמֶר אֵלָיו לְעֵינֵי כָל־יִשְׂרָאֵל חֲזַק
וֶאֱמָץ כִּי אַתָּה תָּבוֹא אֶת־הָעָם הַזֶּה אֶל־הָאָרֶץ אֲשֶׁר נִשְׁבַּע
יְהוָה לַאֲבֹתָם לָתֵת לָהֶם וְאַתָּה תַּנְחִילֶנָּה אוֹתָם׃
ח וַיהוָה הוּא׀ הַהֹלֵךְ לְפָנֶיךָ הוּא יִהְיֶה עִמָּךְ לֹא יַרְפְּךָ וְלֹא יַעַזְבֶךָּ
לֹא תִירָא וְלֹא תֵחָת׃

ט וַיִּכְתֹּב מֹשֶׁה אֶת־הַתּוֹרָה הַזֹּאת וַיִּתְּנָהּ אֶל־הַכֹּהֲנִים בְּנֵי לֵוִי
הַנֹּשְׂאִים אֶת־אֲרוֹן בְּרִית יְהוָה וְאֶל־כָּל־זִקְנֵי יִשְׂרָאֵל׃
י וַיְצַו מֹשֶׁה אוֹתָם לֵאמֹר מִקֵּץ׀ שֶׁבַע שָׁנִים בְּמֹעֵד שְׁנַת
הַשְּׁמִטָּה בְּחַג הַסֻּכּוֹת׃
יא בְּבוֹא כָל־יִשְׂרָאֵל לֵרָאוֹת אֶת־פְּנֵי יְהוָה אֱלֹהֶיךָ בַּמָּקוֹם אֲשֶׁר
יִבְחָר תִּקְרָא אֶת־הַתּוֹרָה הַזֹּאת נֶגֶד כָּל־יִשְׂרָאֵל בְּאָזְנֵיהֶם׃
יב הַקְהֵל אֶת־הָעָם הָאֲנָשִׁים וְהַנָּשִׁים וְהַטַּף וְגֵרְךָ אֲשֶׁר בִּשְׁעָרֶיךָ
לְמַעַן יִשְׁמְעוּ וּלְמַעַן יִלְמְדוּ וְיָרְאוּ אֶת־יְהוָה אֱלֹהֵיכֶם וְשָׁמְרוּ
לַעֲשׂוֹת אֶת־כָּל־דִּבְרֵי הַתּוֹרָה הַזֹּאת׃
יג וּבְנֵיהֶם אֲשֶׁר לֹא־יָדְעוּ יִשְׁמְעוּ וְלָמְדוּ לְיִרְאָה אֶת־יְהוָה
אֱלֹהֵיכֶם כָּל־הַיָּמִים אֲשֶׁר אַתֶּם חַיִּים עַל־הָאֲדָמָה אֲשֶׁר אַתֶּם
עֹבְרִים אֶת־הַיַּרְדֵּן שָׁמָּה לְרִשְׁתָּהּ׃ פ

Moisés nomeia Josué seu sucessor

31 1 Foi Moisés e falou estas palavras a todo o Israel.
2 Disse-lhes: Hoje, completo cento e vinte anos de
idade. Já não poderei mais sair e entrar; e Jeová me
disse: Não passarás este Jordão. 3 É Jeová, teu Deus, que está
passando diante de ti. Ele destruirá estas nações de diante de
ti, e tu as desapossarás. Josué vai passar diante de ti, como
Jeová disse. 4 Jeová lhes fará a eles como fez a Seom e a Ogue,
reis dos amorreus, aos quais destruiu, bem como a sua terra.
5 Jeová vô-los entregará, e lhes fareis segundo todo o manda-
mento que vos tenho ordenado. 6 Sede corajosos e fortes; não
temais, nem vos atemorizeis diante deles, porque Jeová, teu
Deus, é quem vai contigo. Ele não te deixará, nem te desam-
parará. 7 Chamou Moisés a Josué e disse-lhe à vista de todo o
Israel: Sê corajoso e forte, porque tu entrarás com este povo
na terra que Jeová prometeu, com juramento, a seus pais
que lhes havia de dar. Tu os farás herdá-la. 8 Jeová é quem
vai adiante de ti. Ele estará contigo; não te deixará, nem te
desamparará. Não temerás, nem te espantarás.

A lei deve ser lida ao povo de sete em sete anos

9 Moisés escreveu esta lei e a entregou aos sacerdotes, filhos
de Levi, que levavam a arca da Aliança de Jeová, e a todos os
anciãos de Israel. 10 Ordenou-lhes Moisés, dizendo: Ao fim de
cada sete anos, no tempo determinado do ano da remissão,
na Festa dos Tabernáculos, 11 quando todo o Israel vier a com-
parecer perante Jeová, teu Deus, no lugar que escolher, lerás
esta lei diante de todo o Israel aos seus ouvidos. 12 Congrega
o povo, os homens, as mulheres, os pequeninos e o peregrino
que está das tuas portas para dentro, para que ouçam e para
que aprendam, e temam a Jeová, teu Deus, e cuidem de cum-
prir todas as palavras desta lei; 13 para que seus filhos que não a
tinham conhecido, ouçam e aprendam a temer a Jeová, vosso

יד וַיֹּאמֶר יְהוָה אֶל־מֹשֶׁה הֵן קָרְבוּ יָמֶיךָ לָמוּת קְרָא אֶת־יְהוֹשֻׁעַ
וְהִתְיַצְּבוּ בְּאֹהֶל מוֹעֵד וַאֲצַוֶּנּוּ וַיֵּלֶךְ מֹשֶׁה וִיהוֹשֻׁעַ וַיִּתְיַצְּבוּ
בְּאֹהֶל מוֹעֵד:
טו וַיֵּרָא יְהוָה בָּאֹהֶל בְּעַמּוּד עָנָן וַיַּעֲמֹד עַמּוּד הֶעָנָן עַל־פֶּתַח
הָאֹהֶל: ס
טז וַיֹּאמֶר יְהוָה אֶל־מֹשֶׁה הִנְּךָ שֹׁכֵב עִם־אֲבֹתֶיךָ וְקָם הָעָם הַזֶּה
וְזָנָה ׀ אַחֲרֵי ׀ אֱלֹהֵי נֵכַר־הָאָרֶץ אֲשֶׁר הוּא בָא־שָׁמָּה בְּקִרְבּוֹ
וַעֲזָבַנִי וְהֵפֵר אֶת־בְּרִיתִי אֲשֶׁר כָּרַתִּי אִתּוֹ:
יז וְחָרָה אַפִּי בוֹ בַיּוֹם־הַהוּא וַעֲזַבְתִּים וְהִסְתַּרְתִּי פָנַי מֵהֶם וְהָיָה
לֶאֱכֹל וּמְצָאֻהוּ רָעוֹת רַבּוֹת וְצָרוֹת וְאָמַר בַּיּוֹם הַהוּא הֲלֹא עַל
כִּי־אֵין אֱלֹהַי בְּקִרְבִּי מְצָאוּנִי הָרָעוֹת הָאֵלֶּה:
יח וְאָנֹכִי הַסְתֵּר אַסְתִּיר פָּנַי בַּיּוֹם הַהוּא עַל כָּל־הָרָעָה אֲשֶׁר
עָשָׂה כִּי פָנָה אֶל־אֱלֹהִים אֲחֵרִים:
יט וְעַתָּה כִּתְבוּ לָכֶם אֶת־הַשִּׁירָה הַזֹּאת וְלַמְּדָהּ אֶת־בְּנֵי־
יִשְׂרָאֵל שִׂימָהּ בְּפִיהֶם לְמַעַן תִּהְיֶה־לִּי הַשִּׁירָה הַזֹּאת לְעֵד בִּבְנֵי
יִשְׂרָאֵל:
כ כִּי־אֲבִיאֶנּוּ אֶל־הָאֲדָמָה ׀ אֲשֶׁר־נִשְׁבַּעְתִּי לַאֲבֹתָיו זָבַת חָלָב
וּדְבַשׁ וְאָכַל וְשָׂבַע וְדָשֵׁן וּפָנָה אֶל־אֱלֹהִים אֲחֵרִים וַעֲבָדוּם
וְנִאֲצוּנִי וְהֵפֵר אֶת־בְּרִיתִי:
כא וְהָיָה כִּי־תִמְצֶאןָ אֹתוֹ רָעוֹת רַבּוֹת וְצָרוֹת וְעָנְתָה הַשִּׁירָה
הַזֹּאת לְפָנָיו לְעֵד כִּי לֹא תִשָּׁכַח מִפִּי זַרְעוֹ כִּי יָדַעְתִּי אֶת־
יִצְרוֹ אֲשֶׁר הוּא עֹשֶׂה הַיּוֹם בְּטֶרֶם אֲבִיאֶנּוּ אֶל־הָאָרֶץ אֲשֶׁר
נִשְׁבָּעְתִּי:
כב וַיִּכְתֹּב מֹשֶׁה אֶת־הַשִּׁירָה הַזֹּאת בַּיּוֹם הַהוּא וַיְלַמְּדָהּ אֶת־בְּנֵי
יִשְׂרָאֵל:
כג וַיְצַו אֶת־יְהוֹשֻׁעַ בִּן־נוּן וַיֹּאמֶר חֲזַק וֶאֱמָץ כִּי אַתָּה תָּבִיא
אֶת־בְּנֵי יִשְׂרָאֵל אֶל־הָאָרֶץ אֲשֶׁר־נִשְׁבַּעְתִּי לָהֶם וְאָנֹכִי אֶהְיֶה
עִמָּךְ:

Deus, todo o tempo que viverdes na terra, para possuir a qual estais passando o Jordão.

Deus dá a Josué o encargo do povo

14 Jeová disse a Moisés: Eis que vêm chegando os dias em
que hás de morrer. Chama a Josué, e apresentai-vos na tenda
da revelação, para que eu lhe dê ordens. Foram Moisés e Josué
e apresentaram-se na tenda da revelação. 15 Então, apareceu
Jeová na tenda na coluna de nuvem; e a coluna de nuvem esta-
cionou sobre a porta da Tenda. 16 Disse Jeová a Moisés: Eis que
tu estás para dormir com teus pais. Este povo se levantará, e
no meio de si mesmo idolatrará os deuses estranhos da terra
na qual está entrando, e abandonar-me-á, e violará a minha
aliança que fiz com ele. 17 Acender-se-á a minha ira contra ele
naquele dia, e o abandonarei. Esconderei dele o meu rosto, e
ele será devorado. Sobre ele virão muitos males e aflições, de
sorte que dirá naquele dia: Não é, porventura, por não estar
Deus no meio de mim, que estes males me sobrevieram? 18 Eu,
certamente, esconderei o meu rosto naquele dia, por causa de
todos os males que ele tiver feito, por se haver tornado para
outros deuses. 19 Agora, escrevei para vós este cântico, e tu
ensina-o aos filhos de Israel. Põe-no nas suas bocas, para que
este cântico me sirva de testemunho contra os filhos de Israel,
20 porque o introduzirei na terra que prometi, com juramento,
a seus pais, terra que mana leite e mel. Comerá, e fartar-se-á, e
engordará e se voltará para outros deuses; servi-los-á, despre-
zar-me-á e violará a minha aliança. 21 Quando lhe sobrevierem
muitos males e aflições, falará em testemunho diante dele este
cântico; pois a sua semente o trará na boca sem jamais o esque-
cer; porque sei as cogitações que há nele mesmo agora, antes
de o ter eu introduzido na terra que prometi com juramento.
22 Escreveu Moisés este cântico no mesmo dia e o ensinou aos
filhos de Israel. 23 Ordenou Jeová a Josué, filho de Num, e disse:
Sê corajoso e forte, porque tu introduzirás os filhos de Israel
na terra que lhes prometi com juramento. Eu estarei contigo.

כד וַיְהִי׀ כְּכַלּוֹת מֹשֶׁה לִכְתֹּב אֶת־דִּבְרֵי הַתּוֹרָה־הַזֹּאת עַל־סֵפֶר
עַד תֻּמָּם:
כה וַיְצַו מֹשֶׁה אֶת־הַלְוִיִּם נֹשְׂאֵי אֲרוֹן בְּרִית־יְהוָה לֵאמֹר:
כו לָקֹחַ אֵת סֵפֶר הַתּוֹרָה הַזֶּה וְשַׂמְתֶּם אֹתוֹ מִצַּד אֲרוֹן בְּרִית־
יְהוָה אֱלֹהֵיכֶם וְהָיָה־שָׁם בְּךָ לְעֵד:
כז כִּי אָנֹכִי יָדַעְתִּי אֶת־מֶרְיְךָ וְאֶת־עָרְפְּךָ הַקָּשֶׁה הֵן בְּעוֹדֶנִּי חַי
עִמָּכֶם הַיּוֹם מַמְרִים הֱיִתֶם עִם־יְהוָה וְאַף כִּי־אַחֲרֵי מוֹתִי:
כח הַקְהִילוּ אֵלַי אֶת־כָּל־זִקְנֵי שִׁבְטֵיכֶם וְשֹׁטְרֵיכֶם וַאֲדַבְּרָה
בְאָזְנֵיהֶם אֵת הַדְּבָרִים הָאֵלֶּה וְאָעִידָה בָּם אֶת־הַשָּׁמַיִם וְאֶת־
הָאָרֶץ:
כט כִּי יָדַעְתִּי אַחֲרֵי מוֹתִי כִּי־הַשְׁחֵת תַּשְׁחִתוּן וְסַרְתֶּם מִן־הַדֶּרֶךְ
אֲשֶׁר צִוִּיתִי אֶתְכֶם וְקָרָאת אֶתְכֶם הָרָעָה בְּאַחֲרִית הַיָּמִים כִּי־
תַעֲשׂוּ אֶת־הָרַע בְּעֵינֵי יְהוָה לְהַכְעִיסוֹ בְּמַעֲשֵׂה יְדֵיכֶם:

ל וַיְדַבֵּר מֹשֶׁה בְּאָזְנֵי כָּל־קְהַל יִשְׂרָאֵל אֶת־דִּבְרֵי הַשִּׁירָה הַזֹּאת
עַד תֻּמָּם: פ
א הַאֲזִינוּ הַשָּׁמַיִם וַאֲדַבֵּרָה וְתִשְׁמַע הָאָרֶץ אִמְרֵי־פִי:

ב יַעֲרֹף כַּמָּטָר לִקְחִי תִּזַּל כַּטַּל אִמְרָתִי כִּשְׂעִירִם עֲלֵי־דֶשֶׁא
וְכִרְבִיבִים עֲלֵי־עֵשֶׂב:

ג כִּי שֵׁם יְהוָה אֶקְרָא הָבוּ גֹדֶל לֵאלֹהֵינוּ:

ד הַצּוּר תָּמִים פָּעֳלוֹ כִּי כָל־דְּרָכָיו מִשְׁפָּט אֵל אֱמוּנָה וְאֵין עָוֶל
צַדִּיק וְיָשָׁר הוּא:

ה שִׁחֵת לוֹ לֹא בָּנָיו מוּמָם דּוֹר עִקֵּשׁ וּפְתַלְתֹּל:

ו הֲ־לַיהוָה תִּגְמְלוּ־זֹאת עַם נָבָל וְלֹא חָכָם הֲלוֹא־הוּא אָבִיךָ קָּנֶךָ

O livro da lei posto ao lado da arca

24 Tendo Moisés acabado de escrever as palavras desta lei
num livro, 25 ordenou aos levitas que levavam a arca da Aliança
de Jeová, dizendo: 26 Tomai este livro da lei e ponde-o ao lado
da arca da Aliança de Jeová, vosso Deus, para que ali esteja por
testemunha contra ti. 27 Porque eu sei a tua teimosia e a tua dura
cerviz; ainda vivendo eu hoje convosco, tendes sido teimosos
contra Jeová; quanto mais depois que eu morrer? 28 Congregai
diante de mim todos os anciãos das vossas tribos e os vossos
oficiais, para que eu fale estas palavras aos seus ouvidos e chame por testemunhas contra eles o céu e a terra. 29 Porque sei
que, depois da minha morte, procedereis corruptamente e vos
desviareis do caminho que vos tenho ordenado. A calamidade
vos sobrevirá nos últimos dias, porque fareis o mal à vista de
Jeová, para o irritardes pelas obras das vossas mãos.

O cântico de Moisés

30 Então, Moisés proferiu aos ouvidos de toda a assembleia
de Israel as palavras deste cântico.

32 1 Ouvi, ó céus, e falarei;
e ouça a terra as palavras da minha boca.
2 Caia o meu ensino como a chuva,
destile o meu discurso como o orvalho;
como o chuvisco sobre a terra,
como as chuvinhas sobre a erva.
3 Porque proclamarei o nome de Jeová.
Engrandecei o nosso Deus.
4 Ele é a Rocha, e as suas obras são perfeitas,
porque todos os seus caminhos são justiça.
Deus, fiel e sem iniquidade, justo e reto é ele.
5 Procederam corruptamente com ele, não são seus filhos;
é essa a sua mancha.
Eles são geração perversa e deformada.
6 É assim que tratas a Jeová,

הוּא עָשְׂךָ וַיְכֹנְנֶךָ׃

ז זְכֹר יְמוֹת עוֹלָם בִּינוּ שְׁנוֹת דּוֹר־וָדוֹר שְׁאַל אָבִיךָ וְיַגֵּדְךָ זְקֵנֶיךָ
וְיֹאמְרוּ לָךְ׃

ח בְּהַנְחֵל עֶלְיוֹן גּוֹיִם בְּהַפְרִידוֹ בְּנֵי אָדָם יַצֵּב גְּבֻלֹת עַמִּים
לְמִסְפַּר בְּנֵי יִשְׂרָאֵל׃

ט כִּי חֵלֶק יְהוָה עַמּוֹ יַעֲקֹב חֶבֶל נַחֲלָתוֹ׃

י יִמְצָאֵהוּ בְּאֶרֶץ מִדְבָּר וּבְתֹהוּ יְלֵל יְשִׁמֹן יְסֹבְבֶנְהוּ יְבוֹנְנֵהוּ
יִצְּרֶנְהוּ כְּאִישׁוֹן עֵינוֹ׃

יא כְּנֶשֶׁר יָעִיר קִנּוֹ עַל־גּוֹזָלָיו יְרַחֵף יִפְרֹשׂ כְּנָפָיו יִקָּחֵהוּ יִשָּׂאֵהוּ
עַל־אֶבְרָתוֹ׃

יב יְהוָה בָּדָד יַנְחֶנּוּ וְאֵין עִמּוֹ אֵל נֵכָר׃

יג יַרְכִּבֵהוּ עַל־(בָּמוֹתֵי) [בָּמֳתֵי] אָרֶץ וַיֹּאכַל תְּנוּבֹת שָׂדָי
וַיֵּנִקֵהוּ דְבַשׁ מִסֶּלַע וְשֶׁמֶן מֵחַלְמִישׁ צוּר׃

יד חֶמְאַת בָּקָר וַחֲלֵב צֹאן עִם־חֵלֶב כָּרִים וְאֵילִים בְּנֵי־בָשָׁן
וְעַתּוּדִים עִם־חֵלֶב כִּלְיוֹת חִטָּה וְדַם־עֵנָב תִּשְׁתֶּה־חָמֶר׃

טו וַיִּשְׁמַן יְשֻׁרוּן וַיִּבְעָט שָׁמַנְתָּ עָבִיתָ כָּשִׂיתָ וַיִּטֹּשׁ אֱלוֹהַ עָשָׂהוּ
וַיְנַבֵּל צוּר יְשֻׁעָתוֹ׃

טז יַקְנִאֻהוּ בְּזָרִים בְּתוֹעֵבֹת יַכְעִיסֻהוּ׃

Ó povo insensato e ignorante?
Não é ele teu pai, que te adquiriu?
Ele te fez e te estabeleceu.
7 Lembra-te dos dias da antiguidade,
Considera os anos de gerações sucessivas.
Pergunta a teu pai, e ele te informará;
aos anciãos, e eles to dirão.
8 Quando o Altíssimo dava às nações a sua herança,
quando separava os filhos dos homens,
fixou os limites dos povos
segundo o número dos filhos de Israel.
9 Pois a porção de Jeová é o seu povo,
Jacó é a parte da sua herança.
10 Ele o achou numa terra deserta
e na solidão ululante dum ermo;
cercou-o, cuidou dele,
guardou-o como a menina dos seus olhos.
11 Como uma águia que desperta o seu ninho,
que adeja sobre seus filhos,
ele estendeu as suas asas, os tomou,
os levou sobre as suas asas.
12 Só Jeová o conduziu,
e não havia com ele deus estranho.
13 Fê-lo cavalgar sobre os altos da terra
e comeu a novidade do campo;
fê-lo chupar mel do penhasco
e azeite, da dura pederneira,
14 Coalhada de vacas, leite de ovelhas,
com gordura de cordeiros,
carneiros da casta de Basã e bodes,
com o mais escolhido trigo.
Bebeste do sangue da uva, o vinho espumante.
15 Mas Jesurum engordou e deu coices
(Tu te engordaste, te engrossaste, te fartaste!),
abandonou a Deus, que o fez
e tratou com desprezo a Rocha da sua salvação.
16 Com deuses estranhos, o provocaram a zelos,

יז יִזְבְּחוּ לַשֵּׁדִים לֹא אֱלֹהַ אֱלֹהִים לֹא יְדָעוּם חֲדָשִׁים מִקָּרֹב בָּאוּ
לֹא שְׂעָרוּם אֲבֹתֵיכֶם׃

יח צוּר יְלָדְךָ תֶּשִׁי וַתִּשְׁכַּח אֵל מְחֹלְלֶךָ׃

יט וַיַּרְא יְהוָה וַיִּנְאָץ מִכַּעַס בָּנָיו וּבְנֹתָיו׃

כ וַיֹּאמֶר אַסְתִּירָה פָנַי מֵהֶם אֶרְאֶה מָה אַחֲרִיתָם כִּי דוֹר
תַּהְפֻּכֹת הֵמָּה בָּנִים לֹא־אֵמֻן בָּם׃

כא הֵם קִנְאוּנִי בְלֹא־אֵל כִּעֲסוּנִי בְּהַבְלֵיהֶם וַאֲנִי אַקְנִיאֵם בְּלֹא־
עָם בְּגוֹי נָבָל אַכְעִיסֵם׃

כב כִּי־אֵשׁ קָדְחָה בְאַפִּי וַתִּיקַד עַד־שְׁאוֹל תַּחְתִּית וַתֹּאכַל אֶרֶץ
וִיבֻלָהּ וַתְּלַהֵט מוֹסְדֵי הָרִים׃

כג אַסְפֶּה עָלֵימוֹ רָעוֹת חִצַּי אֲכַלֶּה־בָּם׃

כד מְזֵי רָעָב וּלְחֻמֵי רֶשֶׁף וְקֶטֶב מְרִירִי וְשֶׁן־בְּהֵמוֹת אֲשַׁלַּח־בָּם
עִם־חֲמַת זֹחֲלֵי עָפָר׃

כה מִחוּץ תְּשַׁכֶּל־חֶרֶב וּמֵחֲדָרִים אֵימָה גַּם־בָּחוּר גַּם־בְּתוּלָה
יוֹנֵק עִם־אִישׁ שֵׂיבָה׃

כו אָמַרְתִּי אַפְאֵיהֶם אַשְׁבִּיתָה מֵאֱנוֹשׁ זִכְרָם׃

כז לוּלֵי כַּעַס אוֹיֵב אָגוּר פֶּן־יְנַכְּרוּ צָרֵימוֹ פֶּן־יֹאמְרוּ יָדֵינוּ רָמָה
וְלֹא יְהוָה פָּעַל כָּל־זֹאת׃

com abominações, o irritaram.
17 Ofereceram sacrifícios a sedins, que não são Deus,
a deuses que não conheceram,
a deuses novos, que apareceram há pouco,
diante dos quais vossos pais não tremeram.
18 Olvidaste a Rocha que te gerou
e esqueceste-te do Deus que te deu o ser.
19 Jeová viu isso e os desprezou,
porque o provocaram seus filhos e suas filhas.
20 Então, disse: Esconderei deles o meu rosto,
verei qual será o seu fim,
porque são uma geração perversa,
filhos em quem não há fidelidade.
21 Eles me provocaram a zelos com aquilo que não é Deus,
irritaram-me com as suas vaidades.
Eu os provocarei a zelos com aquele que não é povo,
irritá-los-ei com uma nação insensata.
22 Porque um fogo está acendido na minha ira,
arde até o mais profundo Sheol,
devora a terra e a sua novidade
e incendeia os fundamentos dos montes.
23 Amontoarei males sobre eles,
esgotarei as minhas setas contra eles.
24 Consumidos serão de fome e devorados de raios
e de amarga destruição.
Enviarei entre eles os dentes das feras,
juntamente com o veneno dos que se arrastam no pó.
25 Por fora, devastará a espada,
e, por dentro, o pavor,
tanto ao mancebo como à virgem,
a criança de mama bem como ao homem encanecido.
26 Eu teria dito: despedaçá-los-ei,
farei cessar dentre os homens a sua memória,
27 Se eu não receasse a vexação do inimigo,
e que os seus adversários, iludindo-se,
dissessem: A nossa mão está exaltada,
e não é Jeová que tem feito todas essas coisas.

כח כִּי־גוֹי אֹבַד עֵצוֹת הֵמָּה וְאֵין בָּהֶם תְּבוּנָה:

כט לוּ חָכְמוּ יַשְׂכִּילוּ זֹאת יָבִינוּ לְאַחֲרִיתָם:

ל אֵיכָה יִרְדֹּף אֶחָד אֶלֶף וּשְׁנַיִם יָנִיסוּ רְבָבָה אִם־לֹא כִּי־צוּרָם
מְכָרָם וַיהוָה הִסְגִּירָם:

לא כִּי לֹא כְצוּרֵנוּ צוּרָם וְאֹיְבֵינוּ פְּלִילִים:

לב כִּי־מִגֶּפֶן סְדֹם גַּפְנָם וּמִשַּׁדְמֹת עֲמֹרָה עֲנָבֵמוֹ עִנְּבֵי־רוֹשׁ
אַשְׁכְּלֹת מְרֹרֹת לָמוֹ:

לג חֲמַת תַּנִּינִם יֵינָם וְרֹאשׁ פְּתָנִים אַכְזָר:

לד הֲלֹא־הוּא כָּמֻס עִמָּדִי חָתֻם בְּאוֹצְרֹתָי:

לה לִי נָקָם וְשִׁלֵּם לְעֵת תָּמוּט רַגְלָם כִּי קָרוֹב יוֹם אֵידָם וְחָשׁ
עֲתִדֹת לָמוֹ:

לו כִּי־יָדִין יְהוָה עַמּוֹ וְעַל־עֲבָדָיו יִתְנֶחָם כִּי יִרְאֶה כִּי־אָזְלַת יָד
וְאֶפֶס עָצוּר וְעָזוּב:

לז וְאָמַר אֵי אֱלֹהֵימוֹ צוּר חָסָיוּ בוֹ:

לח אֲשֶׁר חֵלֶב זְבָחֵימוֹ יֹאכֵלוּ יִשְׁתּוּ יֵין נְסִיכָם יָקוּמוּ וְיַעְזְרֻכֶם
יְהִי עֲלֵיכֶם סִתְרָה:

לט רְאוּ ׀ עַתָּה כִּי אֲנִי אֲנִי הוּא וְאֵין אֱלֹהִים עִמָּדִי אֲנִי אָמִית
וַאֲחַיֶּה מָחַצְתִּי וַאֲנִי אֶרְפָּא וְאֵין מִיָּדִי מַצִּיל:

28 Porque são gente falta de conselhos,
e neles não há entendimento.
29 Se tivessem sido sábios, entenderiam isso,
discerniriam o seu fim.
30 Como poderia um só perseguir a mil,
e dois pôr em fuga a dez mil,
se a sua Rocha lhos não vendera,
e Jeová lhos não entregara?
31 Porque a rocha deles não é como a nossa Rocha,
sendo os nossos próprios inimigos os juízes.
32 Pois a sua vide é da vide de Sodoma
e dos campos de Gomorra.
As suas uvas são uvas de veneno,
os seus cachos são amargos.
33 O seu vinho é fel de répteis
e peçonha cruel de serpentes.
34 Não é isso depositado comigo,
selado nos meus tesouros?
35 Minha é a vingança e a recompensa,
ao tempo em que resvalar o seu pé;
pois perto está o dia da sua calamidade,
e o que lhes há de acontecer se apressará.
36 Porque Jeová vindicará ao seu povo
e se arrependerá no tocante aos seus servos,
quando vir que o poder deles já se foi,
e que não resta nem escravo nem livre.
37 Ele dirá: Onde estão os seus deuses,
a rocha em quem procuravam refúgio?
38 Os que comiam a gordura dos sacrifícios deles
e bebiam o vinho das libações que eles ofereciam,
levantem-se esses e vos ajudem,
e haja sobre vós um abrigo.
39 Vede agora que Eu, sim Eu, sou Ele,
e que não há outro deus comigo.
Eu faço morrer e faço viver;
eu firo e eu saro;
não há quem possa livrar da minha mão.

מ כִּֽי־אֶשָּׂ֥א אֶל־שָׁמַ֖יִם יָדִ֑י וְאָמַ֕רְתִּי חַ֥י אָנֹכִ֖י לְעֹלָֽם׃

מא אִם־שַׁנּוֹתִי֙ בְּרַ֣ק חַרְבִּ֔י וְתֹאחֵ֥ז בְּמִשְׁפָּ֖ט יָדִ֑י אָשִׁ֤יב נָקָם֙ לְצָרָ֔י
וְלִמְשַׂנְאַ֖י אֲשַׁלֵּֽם׃

מב אַשְׁכִּ֤יר חִצַּי֙ מִדָּ֔ם וְחַרְבִּ֖י תֹּאכַ֣ל בָּשָׂ֑ר מִדַּ֤ם חָלָל֙ וְשִׁבְיָ֔ה
מֵרֹ֖אשׁ פַּרְע֥וֹת אוֹיֵֽב׃

מג הַרְנִ֤ינוּ גוֹיִם֙ עַמּ֔וֹ כִּ֥י דַם־עֲבָדָ֖יו יִקּ֑וֹם וְנָקָם֙ יָשִׁ֣יב לְצָרָ֔יו וְכִפֶּ֥ר
אַדְמָת֖וֹ עַמּֽוֹ׃ פ

מד וַיָּבֹ֣א מֹשֶׁ֗ה וַיְדַבֵּ֛ר אֶֽת־כָּל־דִּבְרֵ֥י הַשִּׁירָֽה־הַזֹּ֖את בְּאָזְנֵ֣י הָעָ֑ם
ה֖וּא וְהוֹשֵׁ֥עַ בִּן־נֽוּן׃
מה וַיְכַ֣ל מֹשֶׁ֗ה לְדַבֵּ֛ר אֶת־כָּל־הַדְּבָרִ֥ים הָאֵ֖לֶּה אֶל־כָּל־יִשְׂרָאֵֽל׃
מו וַיֹּ֤אמֶר אֲלֵהֶם֙ שִׂ֣ימוּ לְבַבְכֶ֔ם לְכָל־הַדְּבָרִ֕ים אֲשֶׁ֧ר אָנֹכִ֛י מֵעִ֥יד
בָּכֶ֖ם הַיּ֑וֹם אֲשֶׁ֤ר תְּצַוֻּם֙ אֶת־בְּנֵיכֶ֔ם לִשְׁמֹ֣ר לַעֲשׂ֔וֹת אֶֽת־כָּל־דִּבְרֵ֖י
הַתּוֹרָ֥ה הַזֹּֽאת׃
מז כִּ֠י לֹֽא־דָבָ֨ר רֵ֥ק הוּא֙ מִכֶּ֔ם כִּי־ה֖וּא חַיֵּיכֶ֑ם וּבַדָּבָ֣ר הַזֶּ֗ה
תַּאֲרִ֤יכוּ יָמִים֙ עַל־הָ֣אֲדָמָ֔ה אֲשֶׁ֨ר אַתֶּ֜ם עֹבְרִ֧ים אֶת־הַיַּרְדֵּ֛ן שָׁ֖מָּה
לְרִשְׁתָּֽהּ׃ פ

מח וַיְדַבֵּ֤ר יְהוָה֙ אֶל־מֹשֶׁ֔ה בְּעֶ֛צֶם הַיּ֥וֹם הַזֶּ֖ה לֵאמֹֽר׃
מט עֲלֵ֡ה אֶל־הַר֩ הָעֲבָרִ֨ים הַזֶּ֜ה הַר־נְב֗וֹ אֲשֶׁר֙ בְּאֶ֣רֶץ מוֹאָ֔ב אֲשֶׁ֖ר
עַל־פְּנֵ֣י יְרֵח֑וֹ וּרְאֵה֙ אֶת־אֶ֣רֶץ כְּנַ֔עַן אֲשֶׁ֨ר אֲנִ֥י נֹתֵ֛ן לִבְנֵ֥י יִשְׂרָאֵ֖ל
לַאֲחֻזָּֽה׃
נ וּמֻ֗ת בָּהָר֙ אֲשֶׁ֤ר אַתָּה֙ עֹלֶ֣ה שָׁ֔מָּה וְהֵאָסֵ֖ף אֶל־עַמֶּ֑יךָ כַּאֲשֶׁר־
מֵ֞ת אַהֲרֹ֣ן אָחִ֗יךָ בְּהֹ֣ר הָהָ֔ר וַיֵּאָ֖סֶף אֶל־עַמָּֽיו׃

40 Pois levanto a mão ao céu
e digo: Como eu vivo para sempre,
41 se eu afiar a minha espada reluzente,
se a minha mão pegar neste juízo,
retribuirei vingança aos meus adversários
e recompensarei aos que me odeiam.
42 De sangue embriagarei as minhas setas
(a minha espada devorará carne)
do sangue dos mortos e dos cativos,
das cabeças cabeludas dos inimigos.
43 Louvai, ó nações, o seu povo,
porque ele vingará o sangue dos seus servos,
tomará vingança dos seus adversários
e fará expiação pela sua terra, pelo seu povo.

Exortação a que seja observada a lei

44 Veio Moisés e falou todas as palavras deste cântico aos
ouvidos do povo, ele e Oseias, filho de Num. 45 Tendo Moisés
acabado de falar todas estas palavras a todo o Israel, 46 disse-lhes:
Aplicai o vosso coração a todas as palavras que hoje testifico
contra vós, para que ordeneis a vossos filhos que cuidem de
cumprir todas as palavras desta lei. 47 Isso não é para vós coisa
de somenos importância, pois é a vossa vida, e por isso prolongareis os vossos dias na terra que estais passando o Jordão
para possuirdes.

Moisés recebe ordem de subir ao monte Nebo

48 Naquele mesmo dia, falou Jeová a Moisés: 49 Subirás a este
monte de Abarim, ao monte Nebo, que está na terra de Moabe,
defronte de Jericó, e verás a terra de Canaã, que eu estou dando
aos filhos de Israel por possessão. 50 Morrerás no monte, ao qual
tu hás de subir, e te recolherás ao teu povo, assim como Arão,
teu irmão, morreu no monte Hor e se recolheu a seu povo,

נא עַל אֲשֶׁר מְעַלְתֶּם בִּי בְּתוֹךְ בְּנֵי יִשְׂרָאֵל בְּמֵי־מְרִיבַת קָדֵשׁ
מִדְבַּר־צִן עַל אֲשֶׁר לֹא־קִדַּשְׁתֶּם אוֹתִי בְּתוֹךְ בְּנֵי יִשְׂרָאֵל:
נב כִּי מִנֶּגֶד תִּרְאֶה אֶת־הָאָרֶץ וְשָׁמָּה לֹא תָבוֹא אֶל־הָאָרֶץ
אֲשֶׁר־אֲנִי נֹתֵן לִבְנֵי יִשְׂרָאֵל: פ

א וְזֹאת הַבְּרָכָה אֲשֶׁר בֵּרַךְ מֹשֶׁה אִישׁ הָאֱלֹהִים אֶת־בְּנֵי
יִשְׂרָאֵל לִפְנֵי מוֹתוֹ:
ב וַיֹּאמַר יְהוָה מִסִּינַי בָּא וְזָרַח מִשֵּׂעִיר לָמוֹ הוֹפִיעַ מֵהַר פָּארָן
וְאָתָה מֵרִבְבֹת קֹדֶשׁ מִימִינוֹ)אֵשְׁדָּת] (אֵשׁ] [דָּת[לָמוֹ:

ג אַף חֹבֵב עַמִּים כָּל־קְדֹשָׁיו בְּיָדֶךָ וְהֵם תֻּכּוּ לְרַגְלֶךָ יִשָּׂא
מִדַּבְּרֹתֶיךָ:

ד תּוֹרָה צִוָּה־לָנוּ מֹשֶׁה מוֹרָשָׁה קְהִלַּת יַעֲקֹב:

ה וַיְהִי בִישֻׁרוּן מֶלֶךְ בְּהִתְאַסֵּף רָאשֵׁי עָם יַחַד שִׁבְטֵי יִשְׂרָאֵל:

ו יְחִי רְאוּבֵן וְאַל־יָמֹת וִיהִי מְתָיו מִסְפָּר: ס

ז וְזֹאת לִיהוּדָה וַיֹּאמַר שְׁמַע יְהוָה קוֹל יְהוּדָה וְאֶל־עַמּוֹ תְּבִיאֶנּוּ
יָדָיו רָב לוֹ וְעֵזֶר מִצָּרָיו תִּהְיֶה: ס

ח וּלְלֵוִי אָמַר תֻּמֶּיךָ וְאוּרֶיךָ לְאִישׁ חֲסִידֶךָ אֲשֶׁר נִסִּיתוֹ בְּמַסָּה

51 porque pecastes contra mim no meio dos filhos de Israel, junto
as águas de Meribá de Cades, no deserto de Zim, e porque não
me santificastes no meio dos filhos de Israel. 52 Por isso, verás
de longe a terra; porém lá não entrarás, na terra que eu estou
dando aos filhos de Israel.

A bênção de Moisés

33 1 Esta é a bênção que, antes da sua morte, deu Moi-
sés, homem de Deus, aos filhos de Israel. 2 Ele disse:
Jeová veio do Sinai
e de Seir lhes raiou;
resplandeceu desde o monte Parã
e chegou das miríades de santos.
Da sua mão direita saía-lhes fogo ardente.
3 Sim, amas os povos;
todos os santos de Israel estão na tua mão.
Seguiram por onde os teus pés guiaram.
Cada um receberá das tuas palavras.
4 Uma lei nos prescreveu Moisés,
uma possessão para a assembleia de Jacó.
5 Tornou-se rei em Jesurum,
quando se reuniram os cabeças do povo
com todas as tribos de Israel.

As bênçãos das tribos

6 Viva Rúben e não morra;
porém sejam os seus homens poucos em número.
7 Esta é a bênção de Judá. Ele disse:
Ouve, Jeová, a voz de Judá
e faze-o vir ao seu povo;
com as suas mãos pelejou por ele;
e sê tu auxílio contra os seus adversários.
8 De Levi disse:

תְּרִיבֵהוּ עַל־מֵי מְרִיבָה׃

ט הָאֹמֵר לְאָבִיו וּלְאִמּוֹ לֹא רְאִיתִיו וְאֶת־אֶחָיו לֹא הִכִּיר וְאֶת־(
בְּנוֹ[ )בָּנָיו] לֹא יָדָע כִּי שָׁמְרוּ אִמְרָתֶךָ וּבְרִיתְךָ יִנְצֹרוּ׃

י יוֹרוּ מִשְׁפָּטֶיךָ לְיַעֲקֹב וְתוֹרָתְךָ לְיִשְׂרָאֵל יָשִׂימוּ קְטוֹרָה בְּאַפֶּךָ
וְכָלִיל עַל־מִזְבְּחֶךָ׃

יא בָּרֵךְ יְהוָה חֵילוֹ וּפֹעַל יָדָיו תִּרְצֶה מְחַץ מָתְנַיִם קָמָיו
וּמְשַׂנְאָיו מִן־יְקוּמוּן׃ ס

יב לְבִנְיָמִן אָמַר יְדִיד יְהוָה יִשְׁכֹּן לָבֶטַח עָלָיו חֹפֵף עָלָיו כָּל־
הַיּוֹם וּבֵין כְּתֵפָיו שָׁכֵן׃ ס

יג וּלְיוֹסֵף אָמַר מְבֹרֶכֶת יְהוָה אַרְצוֹ מִמֶּגֶד שָׁמַיִם מִטָּל וּמִתְּהוֹם
רֹבֶצֶת תָּחַת׃

יד וּמִמֶּגֶד תְּבוּאֹת שָׁמֶשׁ וּמִמֶּגֶד גֶּרֶשׁ יְרָחִים׃

טו וּמֵרֹאשׁ הַרְרֵי־קֶדֶם וּמִמֶּגֶד גִּבְעוֹת עוֹלָם׃

טז וּמִמֶּגֶד אֶרֶץ וּמְלֹאָהּ וּרְצוֹן שֹׁכְנִי סְנֶה תָּבוֹאתָה לְרֹאשׁ יוֹסֵף
וּלְקָדְקֹד נְזִיר אֶחָיו׃

יז בְּכוֹר שׁוֹרוֹ הָדָר לוֹ וְקַרְנֵי רְאֵם קַרְנָיו בָּהֶם עַמִּים יְנַגַּח יַחְדָּו
אַפְסֵי־אָרֶץ וְהֵם רִבְבוֹת אֶפְרַיִם וְהֵם אַלְפֵי מְנַשֶּׁה׃ ס

Sejam teu Tumim e teu Urim para o homem, teu piedoso,
a quem provaste em Massá,
com o qual contendeste junto às águas de Meribá;
9 para aquele que diz de seu pai e de sua mãe: Não os
tenho visto;
nem reconhece a seus irmãos,
nem conhece a seus filhos,
Pois observam a tua palavra
e guardam a tua aliança.
10 Mostram os teus juízos a Jacó
e a tua lei a Israel;
põem incenso no teu nariz
e holocausto, sobre o teu altar.
11 Abençoa, Jeová, o seu poder
e aceita a obra das suas mãos.
Fere os lombos dos que se levantam contra ele
e dos que o odeiam, para que nunca mais se levantem.
12 De Benjamim disse:
O amado de Jeová habita seguro junto a ele.
Jeová o cerca o dia todo,
e ele habita entre os seus ombros.
13 De José disse:
Bendita de Jeová seja a sua terra,
pelos mais excelentes frutos do céu, pelo orvalho
e pelo abismo que jaz abaixo;
14 pelos mais excelentes frutos das novidades do sol
e pelos mais excelentes frutos dos produtos dos meses;
15 e pelos cumes dos montes antigos,
e pelos mais excelentes frutos dos outeiros eternos;
16 e pelos mais excelentes frutos da terra e da sua plenitude.
A benevolência daquele que habitava na sarça
venha sobre a cabeça de José
e sobre o alto da cabeça daquele que é príncipe entre
seus irmãos.
17 Quanto ao seu novilho primogênito — este tem majestade,
e os seus chifres são chifres de um boi selvagem;
com eles rechaça a povos;

יח וְלִזְבוּלֻן אָמַר שְׂמַח זְבוּלֻן בְּצֵאתֶךָ וְיִשָּׂשכָר בְּאֹהָלֶיךָ:

יט עַמִּים הַר־יִקְרָאוּ שָׁם יִזְבְּחוּ זִבְחֵי־צֶדֶק כִּי שֶׁפַע יַמִּים יִינָקוּ
וּשְׂפוּנֵי טְמוּנֵי חוֹל: ס

כ וּלְגָד אָמַר בָּרוּךְ מַרְחִיב גָּד כְּלָבִיא שָׁכֵן וְטָרַף זְרוֹעַ אַף־
קָדְקֹד:

כא וַיַּרְא רֵאשִׁית לוֹ כִּי־שָׁם חֶלְקַת מְחֹקֵק סָפוּן וַיֵּתֵא רָאשֵׁי עָם
צִדְקַת יְהוָה עָשָׂה וּמִשְׁפָּטָיו עִם־יִשְׂרָאֵל: ס

כב וּלְדָן אָמַר דָּן גּוּר אַרְיֵה יְזַנֵּק מִן־הַבָּשָׁן:

כג וּלְנַפְתָּלִי אָמַר נַפְתָּלִי שְׂבַע רָצוֹן וּמָלֵא בִּרְכַּת יְהוָה יָם
וְדָרוֹם יְרָשָׁה: ס

כד וּלְאָשֵׁר אָמַר בָּרוּךְ מִבָּנִים אָשֵׁר יְהִי רְצוּי אֶחָיו וְטֹבֵל בַּשֶּׁמֶן
רַגְלוֹ:

כה בַּרְזֶל וּנְחֹשֶׁת מִנְעָלֶךָ וּכְיָמֶיךָ דָּבְאֶךָ:

כו אֵין כָּאֵל יְשֻׁרוּן רֹכֵב שָׁמַיִם בְּעֶזְרֶךָ וּבְגַאֲוָתוֹ שְׁחָקִים:

כז מְעֹנָה אֱלֹהֵי קֶדֶם וּמִתַּחַת זְרֹעֹת עוֹלָם וַיְגָרֶשׁ מִפָּנֶיךָ אוֹיֵב
וַיֹּאמֶר הַשְׁמֵד:

sim, todas as extremidades da terra.
Esses são as miríades de Efraim,
e estas são os milhares de Manassés.
18 De Zebulom disse:
Alegra-te, Zebulom, nas tuas saídas,
e, Issacar, nas tuas tendas.
19 Eles chamam povos ao monte;
ali, oferecem sacrifícios de justiça,
porque chupam a abundância dos mares
e os escondidos tesouros da areia,
20 De Gade disse:
Bendito seja aquele que dilata a Gade!
Habita como leoa
e despedaça o braço, sim o alto da cabeça.
21 Proveu para si a primeira parte,
porque ali foi reservada a porção dum comandante.
Veio com os cabeças do povo,
executou a justiça de Jeová,
e os seus juízos, para com Israel.
22 Disse acerca de Dã:
Dã é cachorro de leão,
que salta de Basã.
23 De Naftali disse:
Ó Naftali, saciado de favores
e farto da bênção de Jeová;
possui o lago e o Sul.
24 De Aser disse:
Bendito seja Aser, mais do que filhos o são!
Seja o favorecido de seus irmãos
e banhe em azeite o seu pé;
25 sejam de ferro e de bronze os teus ferrolhos,
e, como os teus dias, assim seja a tua força.
26 Não há quem seja semelhante ao Deus de Jesurum,
que cavalga pelo céu como teu auxílio
e, na sua dignidade, pelas mais altas nuvens.
27 O Deus da antiguidade é uma morada,
e, por baixo, estão os braços eternos.

כח וַיִּשְׁכֹּן יִשְׂרָאֵל בֶּטַח בָּדָד עֵין יַעֲקֹב אֶל־אֶרֶץ דָּגָן וְתִירוֹשׁ
אַף־שָׁמָיו יַעַרְפוּ טָל׃

כט אַשְׁרֶיךָ יִשְׂרָאֵל מִי כָמוֹךָ עַם נוֹשַׁע בַּיהוָה מָגֵן עֶזְרֶךָ וַאֲשֶׁר־
חֶרֶב גַּאֲוָתֶךָ וְיִכָּחֲשׁוּ אֹיְבֶיךָ לָךְ וְאַתָּה עַל־בָּמוֹתֵימוֹ תִדְרֹךְ׃ ס

א וַיַּעַל מֹשֶׁה מֵעַרְבֹת מוֹאָב אֶל־הַר נְבוֹ רֹאשׁ הַפִּסְגָּה אֲשֶׁר
עַל־פְּנֵי יְרֵחוֹ וַיַּרְאֵהוּ יְהוָה אֶת־כָּל־הָאָרֶץ אֶת־הַגִּלְעָד עַד־דָּן׃
ב וְאֵת כָּל־נַפְתָּלִי וְאֶת־אֶרֶץ אֶפְרַיִם וּמְנַשֶּׁה וְאֵת כָּל־אֶרֶץ
יְהוּדָה עַד הַיָּם הָאַחֲרוֹן׃
ג וְאֶת־הַנֶּגֶב וְאֶת־הַכִּכָּר בִּקְעַת יְרֵחוֹ עִיר הַתְּמָרִים עַד־צֹעַר׃
ד וַיֹּאמֶר יְהוָה אֵלָיו זֹאת הָאָרֶץ אֲשֶׁר נִשְׁבַּעְתִּי לְאַבְרָהָם
לְיִצְחָק וּלְיַעֲקֹב לֵאמֹר לְזַרְעֲךָ אֶתְּנֶנָּה הֶרְאִיתִיךָ בְעֵינֶיךָ וְשָׁמָּה
לֹא תַעֲבֹר׃
ה וַיָּמָת שָׁם מֹשֶׁה עֶבֶד־יְהוָה בְּאֶרֶץ מוֹאָב עַל־פִּי יְהוָה׃
ו וַיִּקְבֹּר אֹתוֹ בַגַּי בְּאֶרֶץ מוֹאָב מוּל בֵּית פְּעוֹר וְלֹא־יָדַע אִישׁ
אֶת־קְבֻרָתוֹ עַד הַיּוֹם הַזֶּה׃
ז וּמֹשֶׁה בֶּן־מֵאָה וְעֶשְׂרִים שָׁנָה בְּמֹתוֹ לֹא־כָהֲתָה עֵינוֹ וְלֹא־נָס
לֵחֹה׃
ח וַיִּבְכּוּ בְנֵי יִשְׂרָאֵל אֶת־מֹשֶׁה בְּעַרְבֹת מוֹאָב שְׁלֹשִׁים יוֹם
וַיִּתְּמוּ יְמֵי בְכִי אֵבֶל מֹשֶׁה׃

ט וִיהוֹשֻׁעַ בִּן־נוּן מָלֵא רוּחַ חָכְמָה כִּי־סָמַךְ מֹשֶׁה אֶת־יָדָיו עָלָיו
וַיִּשְׁמְעוּ אֵלָיו בְּנֵי־יִשְׂרָאֵל וַיַּעֲשׂוּ כַּאֲשֶׁר צִוָּה יְהוָה אֶת־מֹשֶׁה׃
י וְלֹא־קָם נָבִיא עוֹד בְּיִשְׂרָאֵל כְּמֹשֶׁה אֲשֶׁר יְדָעוֹ יְהוָה פָּנִים

E ele expulsou os inimigos de diante de ti,
e disse: Destrói.
28 Assim, Israel habita seguro,
a fonte de Jeová, a sós,
na terra de grãos e de mosto!
Sim, o seu céu destila o orvalho.
29 Feliz és tu, ó Israel; quem é semelhante a ti?
Um povo salvo por Jeová,
escudo do teu socorro,
espada da tua dignidade.
Assim, virão os teus inimigos rojando-se aos teus pés,
e tu pisarás sobre os seus altos.

Moisés sobe ao monte Nebo, vê a terra prometida e morre

34 1 Então, subiu Moisés das planícies de Moabe ao
monte Nebo, ao cume de Pisga, que está defronte
de Jericó. Jeová mostrou-lhe toda a terra, a saber,
Gileade até Dã, 2 e todo o Naftali, e a terra de Efraim e Manas-
sés, e toda a terra de Judá até o mar ulterior; 3 e o Neguebe, e
o Quicar, planície de Jericó, a cidade das Palmeiras, até Zoar.
4 Disse-lhe Jeová: Esta é a terra que prometi, com juramento,
a Abraão, a Isaque e a Jacó, dizendo: À tua semente a darei;
eu te fiz vê-la com os teus olhos, porém para ali não passarás.
5 Assim, morreu ali Moisés, servo de Jeová, na terra de Moabe,
segundo a palavra de Jeová. 6 Foi sepultado no vale da torren-
te, na terra de Moabe, defronte de Bete-Peor; mas ninguém
tem sabido até hoje o lugar da sua sepultura. 7 Tinha Moisés
cento e vinte anos quando morreu; não se lhe escureceu a vis-
ta, nem se lhe fugiu o seu vigor. 8 Os filhos de Israel prantea-
ram a Moisés por trinta dias nas planícies de Moabe; assim, se
cumpriram os dias do pranto no luto por Moisés.

9 Josué, filho de Num, foi cheio de espírito de sabedoria,
porque Moisés lhe havia imposto as mãos. Os filhos de Israel
ouviram-no e fizeram como Jeová ordenou a Moisés. 10 Não se

אֶל־פָּנִים׃
יא לְכָל־הָאֹתוֹת וְהַמּוֹפְתִים אֲשֶׁר שְׁלָחוֹ יְהוָה לַעֲשׂוֹת בְּאֶרֶץ
מִצְרָיִם לְפַרְעֹה וּלְכָל־עֲבָדָיו וּלְכָל־אַרְצוֹ׃
יב וּלְכֹל הַיָּד הַחֲזָקָה וּלְכֹל הַמּוֹרָא הַגָּדוֹל אֲשֶׁר עָשָׂה מֹשֶׁה
לְעֵינֵי כָּל־יִשְׂרָאֵל׃

levantou mais em Israel profeta algum como Moisés, com quem
Jeová tratasse face a face, 11 no tocante a todos os milagres e
prodígios que Jeová o enviou a fazer, na terra do Egito, a Faraó,
e a todos os seus servos, e a toda a sua terra; 12 e no tocante a
toda mão poderosa e a todo grande espanto que operou Moisés
aos olhos de todo o Israel.

Comentário ao livro do Deuteronômio

Capítulo 1

Este livro não começa com um ato, mas com uma voz. Deuteronômio não é apenas a repetição de uma lei, mas a reconfiguração do coração de um povo.

O início do livro apresenta um Moisés que fala – não como legislador inaugural, mas como aquele que convoca a memória, exorta à fidelidade e prepara uma geração para o atravessamento da promessa. Não estamos diante de uma nova revelação, mas diante de uma reapresentação: o momento de reaprender o que já fora dito, à beira de uma travessia decisiva.

A abertura do texto já estabelece o tempo e o lugar como marcadores teológicos de uma nova etapa da aliança. O versículo inicial localiza a fala de Moisés com precisão, como se quisesse mostrar que a história não é um mito fora do tempo, mas uma memória situada:

> *ʾēlleh haddəbārîm ʾăšer dibbēr mōšěh ʾel-kol-yiśrāʾēl bəʿēḇer hayyardēn bammidbār bāʾărāḇāh mōl sûp̄ bên-pārān ûḇên-tōp̄el wəlāḇān waḥăṣērōṯ wəḏî-zāhāḇ*
> "Estas são as palavras que Moisés falou a todo o Israel, além do Jordão, no deserto, na Arabá, diante do Suf, entre Parã e Tofel, e Labã, e Hazerote, e Di-Zaabe." (Dt 1,1)

O uso de *ʾēlleh haddəbārîm*, "estas são as palavras", não serve apenas como título ou introdução, mas marca a densidade teológica da palavra falada. A palavra (*dāvār*) é, aqui, não apenas conteúdo, mas meio de revelação e pacto. O livro se inicia, portanto, com a reconfiguração do tempo e do espaço pela memória falada. Essa fala é situada geograficamente, mas é também carregada de ecos espirituais: o deserto, a Arabá, o mar de Juncos (Suf), cada um desses elementos convoca a história da travessia, do fracasso e da promessa. Ao mencionar tantos lugares em um único versículo, o texto recria o mapa da trajetória do povo como uma geografia espiritual. Seguindo, o texto especifica a distância:

> *ʾaḥtê ʿāśār yôm mēḥōrēḇ dereḵ hār-sēʿîr ʿad-qāḏēš barnēaʿ*
> "Onze dias desde Horebe, pelo caminho da montanha de Seir, até Cades-Barneia."(Dt 1,2)

Esse dado aparentemente banal adquire, no contexto, uma função simbólica. O trajeto que levaria onze dias se transformará em uma jornada de quarenta anos, por causa da infidelidade. O versículo, portanto, ironiza sutilmente a demora do povo, denunciando a teimosia e a falta de confiança na promessa. O contraste entre a brevidade possível e a extensão real da jornada é um comentário existencial: a incredulidade torna longos os caminhos que a fé tornaria curtos.

Na sequência, a narrativa marca o tempo exato da fala de Moisés:

> *wayəhî bəʾarbaʿîm šānā bəʿaštê-ʿāśār ḥōḏeš bəʾeḥāḏ laḥōḏeš dibbēr mōšēh ʾel-bənê yiśrāʾēl kəkol ʾăšer ṣiwā YHWH ʾōtô ʾălēhem*
> "E aconteceu que, no quadragésimo ano, no décimo segundo mês, no primeiro dia do mês, falou Moisés aos filhos de Israel, conforme tudo o que o Senhor lhe ordenara a respeito deles." (Dt 1,3)

O tempo marcado é o fim do ciclo. O quadragésimo ano é um ponto de fechamento. Este não é apenas um discurso final, mas uma convocação à memória diante da morte de um ciclo. O tempo está saturado de sentido: é quando se fecha o tempo do deserto e se antecipa o tempo da terra. Moisés fala conforme tudo o que YHWH ordenara, o que indica que essa fala não é uma iniciativa pessoal, mas uma continuação profética da revelação. A repetição aqui não é redundância: é fidelidade. Segue então a referência à vitória sobre inimigos, como preparação para a travessia:

> *ʾaḥărê hakkōṯô ʾet-sîḥôn melek hāʾĕmōrî ʾăšer-yōšēḇ bəḥešbōn wəʾēt-ʿōḡ melek haššāḇān ʾăšer-yōšēḇ bəʿaštārōṯ bəʾedreʿî*
> "Depois de derrotar Seom, rei dos amorreus, que habitava em Hesbom, e Ogue, rei de Basã, que habitava em Astarote, em Edrei." (Dt 1,4)

A narrativa conecta a fala de Moisés à experiência da vitória. O povo, que antes hesitara diante dos gigantes, agora enfrentou reis poderosos. O discurso que se segue é possível porque algo mudou: a nova geração viu a fidelidade de Deus em ação. Não se trata apenas de repetir leis, mas de renovar o pacto à luz de novas experiências. A lembrança da vitória não é jactância militar, mas um testemunho de que YHWH cumpriu sua parte. Finalmente, Moisés começa a expor a *Tōrāh*:

> *bəʿēḇer hayyardēn bəʾereṣ môʾāḇ hôʾîl mōšēh bēʾēr ʾet-hattōrāh hazzoʾṯ lēʾmōr*
> "Além do Jordão, na terra de Moabe, começou Moisés a explicar esta lei, dizendo:" (Dt 1,5)

O verbo ***hôʾîl*** indica não apenas o início, mas o empenho: Moisés se aplica à tarefa de interpretar, tornar clara a Tōrāh. Não basta recebê-la, é necessário traduzi-la para o coração da nova geração. O ensino da lei é aqui um ato pastoral, um gesto profético e um testemunho histórico. O verbo ***bēʾēr*** (explicar) implica tornar inteligível, quase como cavar um poço: o que estava oculto sob a superfície da memória precisa agora ser desenterrado e dado a beber. A palavra de Deus se torna, mais uma vez, alimento para um povo em travessia. Moisés começa então sua exposição com uma rememoração dos acontecimentos em Horebe, momento crucial da aliança e do envio. Mas não retoma os eventos apenas como fatos históricos; ele os reveste de um peso exortativo. A memória torna-se convocação. O que fora revelação agora se torna apelo à obediência. Ele recorda a ordem original de movimentação do povo, que indica que a permanência no Sinai não é o cumprimento da promessa, mas apenas preparação:

> *YHWH ʾĕlōhênû dibbēr ʾēlênû bəḥōrēḇ lēʾmōr rab-lāḵem šebeṯ bahār hazzeh*
> "O Senhor, nosso Deus, falou conosco em Horebe, dizendo: 'Basta-vos permanecer neste monte.'" (Dt 1,6)

A expressão *rab-lāḵem šebeṯ* não é um simples convite, mas uma exortação urgente: "já é demais permanecer aqui". Isso aponta para a tendência do povo de acomodar-se mesmo diante de uma revelação poderosa. Horebe é o lugar da Lei, da presença teofânica, mas não é o destino. A promessa exige movimento. A estagnação espiritual é denunciada com a mesma veemência com que se proclama a Lei. O monte que testemunhou a aliança não pode se tornar refúgio contra a responsabilidade histórica. Moisés então retoma a missão de YHWH ao povo: a travessia em direção à terra. A movimentação é dirigida, não é errância. A geografia se torna teologia da fidelidade:

> *pənû ûsəʿû lāḵem ûḇōʾû har hāʾĕmōrî wəʾel-kol-šəḵênāyw bāʿărāḇāh bahār ûbaššəpēlāh bannegeb ûḇəḥōp̄ hayyām ʾereṣ hakkənaʿănî wəhalləḇānōn ʿad-hannāhār haggādōl nəhār-pərāṯ*
> "Voltai-vos, parti e ide à montanha dos amorreus e a todos os seus vizinhos, na Arabá, na região montanhosa, na Sefelá, no Neguebe e na costa do mar, à terra dos cananeus e ao Líbano, até o grande rio, o rio Eufrates." (Dt 1,7)

O destino não é vago. O horizonte da promessa é vasto, bem definido, abrangente. As fronteiras mencionadas aqui compõem o ideal territorial da promessa abraâmica. Cada coordenada evoca não apenas um espaço geográfico, mas uma herança espiritual e um desafio político. A fé de Israel não é mera interioridade; ela se expressa na posse concreta da terra, na organização de uma sociedade justa e fiel ao Deus libertador. A presença de YHWH se manifesta em movimento e em ocupação de territórios. A promessa é tanto escatológica quanto material. O texto continua com a reafirmação da concessão da terra:

> *rəʾû nāṯattî lipnêḵem ʾet-hāʾāreṣ bōʾû ûrəšû ʾet-hāʾāreṣ*
> *ʾăšer-nišbaʿ YHWH lăʾăḇōṯêḵem ləʾaḇrāhām ləyiṣḥāq*
> *ûləyaʿăqōḇ lāṯēt lāhem ûləzarʿām ʾaḥărêhem*
> "Vede, dei diante de vós a terra; entrai e possuí a terra que o Senhor jurou a vossos pais, a Abraão, a Isaque e a Jacó, que lhes daria, a eles e a sua descendência depois deles." (Dt 1,8)

A terra é dom, mas é também responsabilidade. O imperativo "entra e possui" não anula o caráter gracioso da promessa, mas o complementa. A fé não é passividade. O dom exige ação. Moisés invoca a genealogia patriarcal como fundamento da promessa, mas ao fazê-lo, aponta também para a continuidade da fé: a aliança não é um evento passado, é uma herança viva. A referência aos pais, *ʾăḇōṯêḵem*, não é apenas homenagem, mas atualização da memória. A geração que ouve essa palavra é convocada a tornar-se parte do mesmo pacto, por meio da obediência concreta. Na sequência, Moisés recorda o momento em que, diante do crescimento do povo, ele sentiu a necessidade de compartilhar a liderança. Esse episódio é tanto uma confissão de limite pessoal quanto uma lição sobre organização comunitária:

> *wāʾōmər ʾălēḵem bāʿēṯ hāhîʾ lēʾmōr lōʾ ûḵāl ləḇaddî*
> *śəʾēṯ ʾetkem*
> "E eu vos falei naquele tempo, dizendo: Não posso sozinho levar-vos." (Dt 1,9)

O verbo *śəʾēṯ*, "levar", tem aqui uma conotação pastoral e existencial. Moisés não fala apenas da carga administrativa, mas do peso espiritual de conduzir um povo. É uma liderança que conhece os próprios limites e reconhece a necessidade de descentralizar o poder. A liderança em Israel é sempre colegiada, participativa, fundada na escuta e no discernimento. O líder verdadeiro não é o que tudo concentra, mas o que sabe delegar sem perder a referência divina.

A razão da necessidade é descrita como uma bênção: o crescimento do povo é resultado da promessa cumprida:

> *YHWH ʾĕlōhêkem hirbâ ʾetkem wəhinnəḵem hayyôm kəḵōḵəḇê haššāmayim lārōḇ*
> "O Senhor, vosso Deus, vos multiplicou, e eis que hoje sois numerosos como as estrelas do céu." (Dt 1,10)

A metáfora das estrelas retoma a promessa a Abraão (Gn 15,5), transformando o povo em testemunho vivo da fidelidade divina. A memória da promessa se torna evidência visível na própria existência do povo. O crescimento demográfico é também crescimento da responsabilidade. Não se trata de números pela força, mas de rostos que revelam o cumprimento da palavra divina. Moisés invoca então a bênção futura:

> *YHWH ʾĕlōhê ʾăḇōṯêḵem yōsēp ʿălēkem kākem ʾelep̄ pəʿāmîm wayəḇārek ʾetkem kāʾăšer-dibbēr lākem*
> "O Senhor, Deus de vossos pais, vos faça mil vezes mais numerosos, e vos abençoe, como vos prometeu!" (Dt 1,11)

A bênção não é apenas quantitativa, mas qualitativa: ser abençoado é viver sob o cuidado, a direção e a fidelidade de Deus. A multiplicação desejada é proporcional à bênção que a sustenta. A memória do que Deus fez serve como garantia do que Ele ainda fará. A oração de Moisés é gesto de amor pastoral, mas também afirmação teológica: o Deus da aliança continua ativo, continua fiel. Moisés retoma a organização do povo, lembrando o momento em que, diante do crescimento da comunidade, reconheceu a necessidade de compartilhar a responsabilidade de conduzir. A rememoração não é apenas administrativa; é um gesto de humildade e uma lição teológica sobre a natureza participativa da liderança:

> *ʾêkā ʾeśśā ləḇaddî ṭaḥărkəkem ûmaśʾăkəkem wərîḇəkem*
> "Como poderei, sozinho, suportar o vosso peso, a vossa carga e as vossas contendas?" (Dt 1,12)

Os termos *ṯaḥărkəkem, maś'ăkəkem e rîḇəke*m descrevem as pressões espirituais, materiais e sociais que recaem sobre a liderança. Não se trata de tarefas técnicas, mas de um envolvimento profundo com as dores e os conflitos de um povo. Moisés não oculta o esgotamento nem o desgaste; ele os assume como parte da vocação. Liderar é carregar, é sustentar, é interceder. A liderança em Israel não se define por poder, mas por serviço pesado. Diante disso, Moisés propõe que sejam escolhidos homens que possuam as qualidades adequadas para a tarefa:

> *hāḇû lāḵem 'ănāšîm ḥăkāmîm ûnəḇōnîm wəyəḏuʿîm*
> *ləšibṭêḵem wə'ăśîmēm bərō'šêkem*
> "Escolhei para vós homens sábios, inteligentes e conhecedores dentre as vossas tribos, e eu os colocarei como vossos chefes." (Dt 1,13)

O processo de escolha é deliberativo e participativo. O povo tem a responsabilidade de discernir quem entre eles possui *ḥokmâ* (sabedoria), *təbûnâ* (discernimento prático) e *daʿa*t (conhecimento relacional e comunitário). A liderança, nesse modelo, é mais uma função de reconhecimento mútuo do que de imposição hierárquica. Moisés legitima essa estrutura não por carisma pessoal, mas por um princípio de escuta e distribuição da autoridade. O povo aceita a proposta, e Moisés institui um sistema organizado de chefias e oficiais:

> *wā'eqqaḥ 'et-rō'šê šibṭêkem 'ănāšîm ḥăkāmîm wəyəḏuʿîm*
> *wā'eṯēn 'ōṯām rō'šîm ʿălêkem śārê 'ălāpîm wəśārê mē'ōṯ*
> *wəśārê ḥămiššîm wəśārê ʿăśārōṯ wəšōṭərîm ləšibṭêkem*
> "Então tomei os chefes de vossas tribos, homens sábios e conhecedores, e os constituí por chefes sobre vós: chefes de mil, chefes de cem, chefes de cinquenta e chefes de dez, e oficiais para vossas tribos." (Dt 1,15)

Trata-se de uma estrutura descentralizada, proporcional e funcional. Cada nível de chefia reflete uma lógica pedagógica e pastoral: atender ao povo na medida da sua necessidade e complexidade. O termo *šōṭərîm* sugere a existência de uma camada intermediária entre os juízes e o povo – figuras com funções administrativas e judiciais, assegurando que a justiça chegue a todos os níveis da comunidade. Moisés relembra a instrução fundamental dada a esses juízes e líderes:

> *wāʾaṣawwê ʾet-šōpəṭêkem bāʾēṯ hāhîʾ lēʾmōr šāmaʿ bên-ʾăḥêkem ûšəpaṭṭem ṣedeq bên-ʾîš ûḇên-ʾāḥîw ûḇên-gērô*
> “E ordenei aos vossos juízes naquele tempo, dizendo: Ouvi as causas entre os vossos irmãos e julgai com justiça entre um homem e seu irmão e entre o estrangeiro que estiver com ele.” (Dt 1,16)

O princípio é inequívoco: justiça (*ṣedeq*). O julgamento deve ser isento de favoritismo e estendido tanto ao israelita quanto ao gēr, o estrangeiro residente. A justiça é a expressão da santidade de Deus, e sua prática é um dos fundamentos da vida comunitária de Israel. O juiz deve ouvir, discernir e decidir sem distorção. A escuta, nesse contexto, é um ato sagrado. Segue-se a fórmula teológica mais densa sobre o julgamento:

> *lōʾ ṯaqqîrû pānîm ba-mišpāṭ kaqqāṭōn kakkādōl tišmāʿûn lōʾ tāgūrû mipnê ʾîš kî hammmišpāṭ ləʾĕlōhîm hûʾ wəhadāvār ʾăšer-yiqšeh mikkem tiqribûn ʾēlay ûšəmaʿtîw*
> “Não fareis acepção de pessoas no julgamento; ouvireis o pequeno como o grande; não temereis o rosto do homem, pois o julgamento pertence a Deus; e o caso que for difícil para vós, trazei-o a mim, e eu o ouvirei.” (Dt 1,17)

Esse versículo apresenta a teologia do julgamento em sua forma mais elevada. A imparcialidade é um mandamento divino, a coragem diante dos poderosos é exigida como fé, e a consciência de que o julgamento pertence a Deus redefine o papel do juiz. Ele é servo do direito, e não árbitro soberano. O recurso a Moisés nos casos difíceis não cria hierarquia, mas reforça o cuidado com o peso da decisão. A justiça em Israel é sempre mediada pela reverência ao Deus que julga os vivos. O texto prossegue com a afirmação da obediência de Moisés ao mandamento recebido:

> *wāʾaṣawwê ʾetkem bāʿēṯ hāhîʾ ʾet-kol-haddəbārîm ʾăšer-taʿăśûn*
> "E naquele tempo vos ordenei todas as coisas que devíeis fazer." (Dt 1,18)

A obediência de Moisés não é apenas à letra da lei, mas à vida que ela sustenta. Os "davarîm" – palavras, coisas, ações – não são fragmentos, mas uma totalidade que exige escuta, fidelidade e prática. Deuteronômio se estabelece, desde o início, como um chamado à responsabilidade madura diante da Palavra. A liderança é serviço. A justiça é teofania. A memória é caminho para o futuro. A travessia de Horebe até Cades-Barneia é relembrada não como mero deslocamento geográfico, mas como momento teológico de virada, de potencial fidelidade abortada. A evocação do "deserto grande e terrível" coloca o povo diante de uma paisagem espiritual de provação. A topografia do deserto é teologicamente habitada por medo, escassez e dependência, mas também por possibilidade de maturação, confiança e encontro. O espaço é um espelho: revela o que há dentro do coração.

> *wannissāʿ mēḥōrēḇ wanēlēḵ ʾet-kol-hammidbār haggādōl wəhannōrāʾ hāhûʾ ʾăšer rəʾîtem dèreḵ har hāʾĕmōrî kaʾăšer ṣiwā YHWH ʾĕlōhênû ʾōṯānû wanāḇōʾ ʿad-qāḏēš barnēaʿ*
> "E partimos de Horebe e caminhamos por todo aquele grande e terrível deserto que vistes, pelo caminho da montanha dos amorreus, como YHWH, nosso Deus, nos ordenara, e chegamos até Cades-Barneia." (Dt 1,19)

O caminho foi feito segundo a palavra de YHWH. A obediência estrutural está presente, mas a obediência interior ainda não foi formada. A narrativa marca a chegada a Cades-Barneia como limiar: a terra prometida está à vista. O destino coletivo está suspenso entre fidelidade e recusa. E é nesse ponto que o drama do povo se intensifica. Moisés anuncia que o tempo da hesitação chegou ao fim, que a terra está dada e a travessia agora exige confiança e ação.

> *wayyōʾmar ʾălēkem bāʿēṯ hāhîʾ ʾattem bāʾtem ʿad har hāʾĕmōrî ʾăšer YHWH ʾĕlōhênû nōtēn-lānû*
> "E eu vos disse naquele tempo: Viestes até a montanha dos amorreus, que YHWH, nosso Deus, nos dá." (Dt 1,20)

A dádiva é colocada no presente: ***nōtēn-lānû***, "nos dá". Não se trata de uma concessão futura, mas de um dom ativo, já estendido pela mão divina. O texto não admite dúvida quanto à origem da terra nem quanto à sua disponibilidade. A terra não será tomada como conquista humana, mas será recebida como gesto gracioso de Deus. A entrada, no entanto, exige mais do que pernas para caminhar; exige coração para crer.

> *rəʾēh nāṯan YHWH ʾĕlōhêḵā ləpānêḵā ʾet-hāʾāreṣ ʿălēh rēš ûrəš kăʾăšer dibber YHWH ʾĕlōhê ʾăḇōṯêḵā lāk ʾal-tîrā wəʾal-tēḥāṯ*
> "Eis que YHWH, teu Deus, colocou diante de ti a terra; sobe, toma posse dela, como falou YHWH, Deus de teus pais; não temas, nem te assustes." (Dt 1,21)

A linguagem é frontal: subir, tomar posse, não temer. A sequência verbal encadeia ordem, confiança e promessa. A hesitação não cabe aqui. A fé, na teologia deuteronomista, não é sentimento vago, mas resposta concreta à voz de Deus no tempo e no espaço. O problema não é que a terra seja incerta, mas que o coração de Israel ainda não foi treinado para confiar na promessa como realidade. No entanto, diante do convite à confiança, o povo propõe o envio de espias. Moisés, narrando retrospectivamente, confessa que a proposta lhe pareceu boa. Mas a memória do evento e suas consequências demonstrará que, embora pareça razoável, a sugestão esconde um desejo de controle, de ver antes de crer, de substituir o caminho da fé pela lógica da análise.

> *wattiqrəḇûn ʾēlay kulləkem wattōʾmərû nišləḥā ʾănāšîm ləpānênû wəyaḥpərû-lānû ʾet-hāʾāreṣ wayyāšîḇû ʾōṯānû*

> *dāvār ʾēṭ-ḥaddārek̠ ʾăšer-naʿăleh ḇāh wəʾet-hāʿārîm ʾăšer nāḇōʾ ʾălêhen*
> "E todos vós vos aproximastes de mim e dissestes: Enviemos homens diante de nós, para que explorem a terra e nos tragam palavra sobre o caminho por onde subiremos e sobre as cidades às quais iremos." (Dt 1,22)

A linguagem do povo aqui é cuidadosa, estratégica. Eles pedem "palavra" sobre o caminho, informação sobre as cidades. Mas por trás da busca por dados está uma suspeita não verbalizada: e se a terra não for tão boa? e se o caminho for difícil demais? A suspeita contamina a confiança. O povo disfarça o medo com planejamento. E Moisés, relendo o momento, reconhece que, aos seus olhos, o plano parecia bom. Mas o que é bom aos olhos humanos nem sempre é caminho de fidelidade.

> *wattîṭāḇ bəʿênay haddāvār wāʾeqqaḥ mikkem šənêm-ʿāśār ʾănāšîm ʾîš ʾeḥāḏ lammaṭṭēh*
> "E o plano pareceu bom aos meus olhos, e tomei dentre vós doze homens, um homem por tribo." (Dt 1,23)

O número completo das tribos sugere equilíbrio e representatividade. Mas a plenitude numérica não garante integridade espiritual. Os espias representam Israel – e é justamente essa representação que revelará a condição espiritual do povo: medo, dúvida, rejeição da promessa. O problema não está na missão dos espias, mas na leitura que eles farão da terra e da história.

> *wayyipnû wayyaʿəlû hāhār wayyāḇōʾû ʿad-nāḥal ʾēškōl wayrāgəlû ʾōṯāh*
> "E eles se voltaram e subiram à região montanhosa, e chegaram até o vale de Escol, e a espiaram." (Dt 1,24)

A narrativa ganha movimento. Os doze homens partem em missão. Sobem, percorrem, observam, recolhem. O vale de Escol – cujo nome evoca cachos de uva – é símbolo da fertilidade e abundância da terra. O ato de espiar, *wayrāgəlû*, sugere um exame cuidadoso, uma inspeção que ultrapassa o olhar superficial. A terra, no entanto, é mais que geografia; é promessa encarnada. Aquilo que os olhos veem será interpretado por corações já formados ou deformados pela memória da escravidão e da escassez.

> *wayyiqqəḥû bəyāḏām mippərî hāʾāreṣ wayyōrîḏû ʾēlāynû wayyāšîḇû ʾōṯānû dāvār wayyōʾmərû ṭōḇāh hāʾāreṣ ʾăšer YHWH ʾĕlōhênû nōtēn-lānû*
> "E tomaram em suas mãos do fruto da terra, e o trouxeram a nós, e nos deram um relatório, dizendo: Boa é a terra que YHWH, nosso Deus, nos dá." (Dt 1,25)

O testemunho dos espias começa com afirmação: a terra é boa. A promessa corresponde à realidade. Os frutos colhidos e trazidos pelas mãos indicam o cumprimento visível da palavra de Deus. A bondade da terra é declarada não apenas em termos agrícolas, mas em termos teológicos: é o que YHWH, *nosso Deus, nos dá*. Tudo parecia se alinhar para um avanço definitivo. Mas a tensão surge justamente aqui, entre a afirmação da promessa e a recusa do coração. O problema nunca foi a terra. Foi o medo.

> *wəlōʾ ʾăḇîṯem laʿălōṯ wattamrû ʾet-pî YHWH ʾĕlōhêkem*
> "Mas não quisestes subir, e fostes rebeldes contra a ordem de YHWH, vosso Deus." (Dt 1,26)

O verbo *ʾăḇîṯem* não expressa apenas negativa: indica recusa deliberada. O povo não apenas hesita – ele decide não subir. E ao decidir, entra em rebelião contra a voz divina. A ordem de Deus, aqui, é explicitamente personalizada: *pî* YHWH, a boca do Senhor. Recusar a entrada na terra é rejeitar a boca que falou, a presença que prometeu, a fidelidade que guiou. A crise é de fé, mas é também de escuta. O povo recusa a narrativa de Deus e fabrica sua própria contra-narrativa.

> *wattēragənû bəʾahəlêkem wattōʾmərû bəśinʾat YHWH ʾōṯānû hôṣîʾānû mēʾereṣ-miṣrayim latēt ʾōṯānû bəyaḏ hāʾĕmōrî ləhašmîḏēnû*

> "E murmurastes em vossas tendas, dizendo: Por ódio de YHWH por nós, nos tirou da terra do Egito para nos entregar nas mãos dos amorreus, para nos destruir." (Dt 1,27)

Aqui, a murmuração é mais que queixa: é blasfêmia. O povo ressignifica a libertação como conspiração. A redenção é reinterpretada como armadilha. O Deus que agiu com amor é acusado de ódio. Essa inversão é o ápice da teologia do medo: ela transforma o Deus da aliança em inimigo mortal. A murmuração é feita em segredo, ***bəʾahəlêkem***, nas tendas – mas sua força corrompe o tecido da fé pública. O discurso do medo sempre começa em voz baixa, mas rapidamente se espalha como contágio.

> *ʾān ʾănāḥnû ʿōlîm ʾaḥên ʾăḥênû hēmîsû ʾet-ləḇāḇênû lēʾmōr ʿam gādōl wərām mimmennû ʿārîm gəḏōlōṯ ûbəṣūrōṯ baššāmayim wəgam-bənê ʿănāqîm rēʾînû šām*
> "Para onde subiremos? Nossos irmãos fizeram derreter o nosso coração, dizendo: Um povo maior e mais alto do que nós, cidades grandes e fortificadas até os céus, e também vimos ali filhos de Enaque." (Dt 1,28)

O coração derretido – ***hēmîsû ʾet-ləḇāḇênû*** – é a antítese da coragem teológica. A imagem da fortaleza das cidades "até os céus" evoca a narrativa da torre de Babel, um projeto humano de controle que, agora, intimida Israel. Os filhos de Enaque simbolizam a desproporção, o impossível. A fé encolhe diante do exagero da ameaça. A confiança no Deus que age se dissolve diante da narrativa do medo. O povo prefere os gigantes às promessas, a análise à obediência.

> *wayʾōmər ʾălēkem ʾal-taʿarṣûn wəlōʾ tîrəʾûn mēhem*
> "E eu vos disse: Não vos espanteis, nem os temais." (Dt 1,29)

A resposta de Moisés é ao mesmo tempo pastoral e profética. Diante do colapso da confiança e do espalhamento do medo, ele proclama uma contra-palavra. Não se trata de um otimismo vazio ou de uma negação da realidade. Trata-se de um chamado à memória da fidelidade divina, ao reconhecimento de que a realidade da promessa é mais sólida do que os rumores do medo. O comando é duplo: não vos espanteis – que o espanto não desloque a firmeza – e *não os temais* – que a percepção do inimigo não obscureça a presença do Deus aliado.

> *YHWH 'ĕlōhêkem hāhōlēḵ ləpānêkem hû' yillāḥēm lākem kəḵōl 'ăšer-'āśâ 'immākem bəmiṣrayim lə'ênêkem*
> "YHWH, vosso Deus, que vai diante de vós, ele mesmo pelejará por vós, como tudo o que fez convosco no Egito, diante dos vossos olhos." (Dt 1,30)

Moisés reconfigura a teologia da travessia. O Deus que liberta é o mesmo que luta. O verbo *yillāḥēm*, "pelejará", não aparece como algo que Deus pode fazer, mas como o que Ele está prestes a fazer. O combate pertence a YHWH. A presença divina não é estática, mas dinâmica, marchando à frente, abrindo caminho, lutando por Israel. A analogia com o Egito é poderosa: o que foi feito no passado, será repetido agora. A fé não é salto no escuro, mas resposta à história de um Deus que age.

> *ûbammiḏbār 'ăšer rə'îṯā 'ăšer nāśā'ăkā YHWH 'ĕlōheykā ka'ăšer yiśśā' 'îš 'et-bnô bəḵol-haddāreḵ 'ăšer hălaḵtem 'ad-bō'ăkem 'ad-hammāqōm hazzeh*
> "E no deserto, onde vistes como YHWH, teu Deus, te carregou, como um homem carrega seu filho, por todo o caminho que andastes, até chegardes a este lugar." (Dt 1,31)

A imagem muda de guerreiro para pai. O Deus que luta é o Deus que carrega. A figura é comovente: um pai que carrega o filho no braço, passo a passo, tropeço a tropeço. Não se trata de proteção à distância, mas de sustentação íntima, corporal. YHWH é aquele que se agacha para levantar, que suporta o peso da incredulidade do povo e ainda assim o conduz. Essa figura paterna é um contraponto radical à acusação anterior do povo, de que Deus os havia libertado por ódio. Moisés desfaz essa narrativa distorcida e restabelece a verdade da ternura divina.

> *ûḇaddāvār hazzeh ʾêynkem maʾămînîm bāYHWH*
> *ʾĕlōheykem*
> "Mas nem nisto crestes em YHWH, vosso Deus." (Dt 1,32)

A acusação é seca, sem adornos. *ʾêynkem maʾămînîm* – não tínheis fé. A questão não era desconhecimento, mas incredulidade. A fé não falhou por falta de provas, mas por recusa de confiança. Mesmo carregado como filho, mesmo conduzido pelo caminho, o povo decidiu não crer. A fidelidade de Deus não foi suficiente para vencer a teologia do medo. O fracasso é total. Não porque Deus falhou, mas porque o povo se recusou a acreditar naquilo que os próprios olhos tinham visto.

> *hāhōlēḵ ləpānêkem baddāreḵ lātūr lāḵem māqōm*
> *lăḥănōṯəkem bāʾēš lāyilāh ləharʾōṯəkem baddāreḵ ʾăšer*
> *tēləḵū ḇāh ûbayyōm ʿānan*
> "O que ia adiante de vós no caminho, para procurar lugar para vós acampardes, de noite com fogo, para vos mostrar o caminho por onde andar, e de dia com nuvem." (Dt 1,33)

Moisés fecha sua defesa com a imagem da coluna de fogo e da nuvem. O Deus de Israel não é apenas presença moral ou ideológica; Ele é guia visível. O fogo e a nuvem são teofanias móveis. Indicam direção e marcam a centralidade de YHWH na caminhada. Deus não é invocado como último recurso – Ele vai à frente. Mas ainda assim, o povo duvida. A dúvida, neste texto, torna-se negação da experiência. E essa negação prepara o caminho para o juízo que virá logo em seguida, como resposta da ira de Deus ao endurecimento do povo.

> *wayyišmaʿ YHWH ʾet-qōl dibbārêkem wayyiqṣōp*
> *wayyiššāḇaʿ lēʾmōr*
> "E YHWH ouviu o som das vossas palavras, e indignou-se, e jurou, dizendo:" (Dt 1,34)

A escuta divina é aqui um juízo. O Deus que no Êxodo ouvia o clamor dos escravos com compaixão, agora ouve a murmuração dos libertos com ira. As palavras ditas em segredo, nos recantos das tendas, são plenamente audíveis ao Deus da aliança. E essa escuta não é neutra: ela é seguida de julgamento. A fidelidade de Deus exige resposta. Quando a resposta é recusa, o vínculo se tensiona. O juramento divino – *wayyiššāḇaʿ* – não é impulso, mas decisão. Deus jura pelo próprio nome que aquela geração, moldada pelo medo, não verá a terra.

> *ʾim-yirʾeh ʾîš bāʾănāšîm hāʾēlleh haddōr hārrāʿ hazzeh ʾet-hāʾāreṣ hattōḇāh ʾăšer-nišbaʿtî lāṯēt lăʾăḇōṯêkem*
> "Certamente, nenhum homem desta geração má verá a boa terra que jurei dar a seus pais," (Dt 1,35)

A geração é nomeada como ***haddōr hārrāʿ hazzeh*** – "esta geração má". A maldade aqui não é moral no sentido convencional, mas espiritual: a recusa da fé, a rejeição da confiança, a fabricação de outra teologia no lugar da aliança. A terra continua ***hāʾāreṣ hattōḇāh*** – boa terra –, mas seu acesso não é garantido por herança biológica. A terra boa é herança da fé, e não pode ser dada a corações que a tratam como armadilha.

> *zulat kālēḇ ben-yəpunnêh hûʾ yirʾenāh wəlô ʾetēn ʾet-hāʾāreṣ ʾăšer dārak̠ ḇāh ûləḇānāw yaʿan kî millēʾ ʾaḥărê YHWH*
> "Exceto Calebe, filho de Jefoné; ele a verá, e a ele darei a terra que pisou, e a seus filhos, porque perseverou em seguir YHWH." (Dt 1,36)

A exceção confirma a regra, mas também aponta para o tipo de fé que habitará a terra. Calebe viu a mesma terra que os outros espias, mas interpretou a realidade com olhos de confiança. O verbo *millēʾ ʾaḥărê* YHWH – "preencheu-se em seguir YHWH" – indica inteireza, fidelidade plena, sem lacunas. É essa fé íntegra que será plantada na terra boa. A herança é para os que seguem não por cálculo, mas por entrega.

> *gam-bî hitʾanap YHWH bigəlalkem lēʾmōr gam-ʾattāh lōʾ tāḇōʾ šām*

> "Também contra mim se indignou YHWH por vossa causa, dizendo: Também tu não entrarás lá." (Dt 1,37)

Moisés inclui-se no juízo, numa autoacusação dura. O povo é causa da ira, mas o líder também sofre as consequências. Sua exclusão revela a gravidade da desobediência coletiva. A liderança não está acima da aliança; está submetida a ela. Moisés, ao narrar sua exclusão, não se exime – ele assume. E ao fazê-lo, adquire autoridade para advertir.

> *yəhōšûaʿ bin-nûn hāʿōmēḏ ləpānêkā hûʾ yāḇōʾ šām ʾōṯō ḥazzēq kî hûʾ yanchilennāh ʾet-yiśrāʾēl*
> "Josué, filho de Num, que está diante de ti, ele entrará lá; fortalece-o, pois ele a fará herdar a Israel." (Dt 1,38)

A sucessão é declarada. Josué será o portador da continuidade. Sua força não nasce do poder pessoal, mas da promessa de YHWH. Moisés deve fortalecê-lo – *ḥazzēq* –, isto é, deve investir nele não apenas autoridade, mas também coragem e fé. A terra só será herdada por quem caminha com confiança. Josué será o símbolo da nova geração, capaz de ouvir a promessa e responder com ação.

> *wəṭapəkem ʾăšer ʾămartem lāvāz yihyê ûḇənêḵem ʾăšer lōʾ-yāḏəʿû hayyōm ṭōḇ wāraʿ hēmmāh yāḇōʾû šām wəlāhem ʾetnennāh wəhem yîršennāh*
> "E vossos filhos, de quem dissestes que seriam presa, e vossos filhos que hoje não conhecem o bem nem o mal, eles entrarão lá, e a eles a darei, e eles a possuirão." (Dt 1,39)

A ironia da graça aqui é poderosa. Os filhos, que o povo julgava vulneráveis demais para entrar, são os que herdarão a terra. A nova geração é colocada no centro da promessa. O critério é claro: a possibilidade de renovação da confiança. Aqueles que ainda não se deformaram pela murmuração poderão habitar a terra. O futuro pertence a quem ainda pode confiar.

> *wəʾattem pənû lākem ûsʿū hammidbārāh dèreḵ yam-sûp̄*

> “Mas vós, voltai-vos e parti para o deserto, pelo caminho do mar Vermelho.” (Dt 1,40)

O retorno ao deserto é a antítese da entrada na terra. É regressão, consequência e purificação. O mar Vermelho – yam-sûp – volta à narrativa como memória da libertação, mas agora como horizonte de exílio. O povo que recusou a terra será devolvido ao lugar da travessia inconclusa. O deserto reaparece como sala de aula, como espaço de esquecimento para uns, de preparação para outros. A esperança não morre, mas é adiada.

> *wayyaʿanū wayyōʾmərū ḥāṭānū lăYHWH ʾănāḥnû*
> *naʿăleh wənilḥamnû kəḵōl ʾăšer-ṣiwānû YHWH ʾĕlōhênû*
> *wayyaḥgərû ʾîš ʾet-kelî milḥamətô wayyāʾîlû hāhārāh*
> “Então respondestes e dissestes: Pecamos contra YHWH; subiremos e lutaremos, segundo tudo o que YHWH, nosso Deus, nos ordenou. E armastes cada um as suas armas de guerra, e vos preparastes para subir à região montanhosa.” (Dt 1,41)

Após o juízo divino, o povo tenta reverter o destino com uma obediência tardia. A confissão – *ḥāṭānū lă*YHWH – “pecamos contra YHWH” – soa como arrependimento, mas não amadureceu em escuta. É um gesto impulsivo, ainda marcado pela lógica do controle. O povo quer reparar a desobediência anterior com ação voluntariosa, como se fosse possível corrigir o passado com esforço presente. Armar-se e subir ao monte agora não é obediência, é presunção. A graça tem tempo; e quando esse tempo é desconsiderado, a ação torna-se rebelião disfarçada.

> *wayyōʾmer YHWH ʾelay ʾĕmōr lāhem lōʾ taʿălū wəlōʾ*
> *tilāḥămū kî ʾênennî bəqirbəḵem wəlōʾ tinnāgəpū*
> *lipnê ʾōyəḇêkem*
> “E YHWH me disse: Dize-lhes: Não subais, nem luteis, pois não estou no meio de vós; para que não sejais derrotados diante dos vossos inimigos.” (Dt 1,42)

A resposta divina não deixa margem de dúvida. A presença de YHWH não está com eles – *ʾênennî bəqirbəḵem*. A ausência divina torna qualquer campanha suicida. A batalha sem Deus é garantia de derrota, mesmo que seja feita em nome d'Ele. A obediência não se limita a repetir comandos anteriores; exige discernimento do tempo e da presença. A fé não se reduz a uma fórmula ou a um zelo sem escuta. O que era exigido anteriormente tornou-se agora desobediência, porque a nuvem já se moveu.

> *wayʾōmar lākem wəlōʾ šəmaʿtem wattamrū ʾet-pî YHWH wattazîdū wattāʿalû hāhārāh*
> "Eu vos falei, mas não ouvistes; antes, fostes rebeldes ao mandado de YHWH, e agistes com presunção, e subistes à região montanhosa." (Dt 1,43)

Moisés denuncia o novo pecado: a presunção. O termo hebraico *wattazîdū* carrega o sentido de arrogância deliberada, ousadia imprudente. É o pecado de quem age sem discernir. O povo, agora "arrependido", ignora a nova ordem e se agarra à antiga, como se a obediência ao mandamento de ontem ainda valesse no tempo de hoje. O tempo da graça foi substituído pela dureza da presunção. Obediência sem escuta não é fidelidade; é idolatria da ação.

> *wayyēṣê hāʾĕmōrî hayyōšēḇ bahār hāhūʾ liqrātḵem wayyirdəpû ʾetkem kaʿăšer taʿăśen haddiḇōr wayyakkətû ʾetkem bəśeʿîr ʿad-ḥormāh*
> "E os amorreus, que habitavam naquela região montanhosa, saíram contra vós, e vos perseguiram como fazem as abelhas, e vos derrotaram em Seir até Hormá." (Dt 1,44)

O ataque dos amorreus é descrito com força imagética: como enxame de abelhas, eles perseguem, picam, dispersam. A cena é de desordem, de pânico, de derrota. A tentativa de forçar a promessa sem a presença resulta em ruína. O lugar que deveria ser de conquista se torna palco de dispersão. Hormá – que significa "destruição" – nomeia o fracasso da fé voluntarista. A terra prometida resiste a ser tomada por aqueles que não se submeteram ao tempo de Deus.

> *wattāšūḇū wattibkū lipnê YHWH wəlō' šāmaʿ YHWH bəqōlkem wəlō' h'ĕ'zîn 'ălēkem*
> "E voltastes, e chorastes diante de YHWH; mas YHWH não ouviu a vossa voz, nem vos deu ouvidos." (Dt 1,45)

O choro agora é inútil. As lágrimas que antes deveriam ter sido de arrependimento se tornam expressão de frustração. Deus não escuta – não porque esteja surdo, mas porque não há mais o que ouvir. O tempo da escuta passou. A pedagogia divina inclui o silêncio. A ausência de resposta é também resposta. Israel terá que voltar ao deserto, não porque Deus o abandonou, mas porque recusou a caminhar com Deus no tempo certo.

> *wattēšəḇū bəqādēš yāmîm rabbîm kakkāmîm 'ăšer yəšaḇtēm*
> "E permanecestes em Cades muitos dias, conforme os dias que ali permanecestes." (Dt 1,46)

O texto se encerra com um eco temporal: muitos dias, como os dias. Uma repetição que marca estagnação. Cades, que deveria ser passagem, torna-se parada. A hesitação inicial se torna exílio. Israel, que estava às portas da terra, é devolvido ao deserto. A promessa não foi anulada – foi apenas adiada. O tempo agora servirá para que morra uma geração e se forme outra, capaz de crer. A história está suspensa, mas não encerrada. A pedagogia de Deus prossegue, no ritmo lento da fidelidade.

Capítulo 2

O segundo capítulo de Deuteronômio prossegue o discurso de Moisés, ainda à sombra da recusa da geração anterior. O texto é marcado por uma geografia teológica: não são apenas lugares que se atravessam, mas territórios de memória, julgamento, promessa e exclusão. Cada passo da jornada é mapeado por uma relação com YHWH – seja pela proibição de invadir territórios irmãos, seja pela autorização divina de destruição. O deserto agora é mais do que um espaço de espera: é o teatro no qual se distingue quem pertence à promessa e quem será evitado por fidelidade à aliança. A caminhada pelo deserto de Seir não é um vagar aleatório, mas uma pedagogia geopolítica, marcada por limites e direções impostas por Deus. A memória da jornada se transforma aqui em advertência viva à nova geração.

> *wannaśṣaʿ wayyāpen ʾel-midbarāh dèreḵ yam-sûp̄ kaʾăšer-dibbēr YHWH ʾēlay wayyāsōḇ ʾet-har sēʿîr yāmîm rabbîm*
>
> "E viramo-nos e seguimos para o deserto, pelo caminho do mar Vermelho, como YHWH me falou; e rodeamos a montanha de Seir por muitos dias." (Dt 2,1)

O caminho não é novo; é um retorno. O povo volta para o sul, para a região de onde saíram após a recusa da promessa. O verbo *wayyāsōḇ* – "rodeamos" – indica repetição, circularidade, exílio prolongado. A montanha de Seir torna-se símbolo da suspensão da promessa: um marco fixo que denuncia o movimento sem direção. Mas até esse desvio é conduzido pela palavra de YHWH. A punição não se dá por abandono divino, mas por pedagogia da espera. O tempo se estende não por acaso, mas como tempo de desinstalação da lógica da rebelião.

> *wayyōʾmer YHWH ʾēlay lēʾmōr*
>
> "E YHWH me falou, dizendo:" (Dt 2,2)

O silêncio de Deus é interrompido. A palavra volta a ecoar. A interrupção do juízo cede lugar à orientação. YHWH não abandona o povo à deriva no deserto, mas o conduz por meio de um falar contínuo. A fidelidade de Deus se manifesta, ainda que o povo esteja em círculo, em território marginal, em terra não-prometida. O falar de Deus é sempre sinal de que a história não está encerrada. O juízo não é a última palavra.

> *rabb-lākem sōḇ ʾet-hār hazzê pənû lāḵem ṣāfōnāh*
>
> "Grande bastante foi para vós o rodear desta montanha; voltai-vos ao norte." (Dt 2,3)

A ordem é clara. A suspensão chegou ao fim. O tempo da repetição está completo. A montanha, outrora ponto de exílio, já não pode mais ser o eixo da caminhada. O comando *ṣāfōnāh* – "ao norte" – marca a mudança de direção. A pedagogia do deserto agora se converte em marcha. O norte representa Canaã. Voltar-se ao norte é voltar-se ao futuro. Mas a travessia não será simples; haverá fronteiras a respeitar, povos a contornar, territórios a honrar. A terra prometida não é um campo aberto: é cercada por alianças divinas com outros povos. A ética da posse será moldada não por conquista arbitrária, mas por discernimento teológico do que pode ou não ser tomado.

> *wəʾet-hāʿām ṣawweh lēʾmōr ʾattem ʿōḇərîm bigəḇūl ʾăḥêkem bənê-ʿēśāw hayyōšəḇîm bəśēʿîr wəyîrāʾû mikkem wənišmārtem məʾōḏ*
> "E ordena ao povo, dizendo: Estais passando pelo território de vossos irmãos, os filhos de Esaú, que habitam em Seir; e eles terão medo de vós. Guardai-vos muito." (Dt 2,4)

A travessia se aproxima de território irmão. Os filhos de Esaú não são inimigos, mas parentes. E o temor deles é mencionado: *wəyîrāʾû mikkem* – "eles terão medo de vós". O medo, aqui, é sinal do peso de Israel como povo conduzido por YHWH. Mas esse medo não deve ser aproveitado com violência. Pelo contrário, Israel deve guardar-se, conter-se. A guerra não é opção onde há aliança. A ética da travessia impõe autocontrole. Ser povo de Deus é saber a quem se deve evitar, não apenas a quem se deve enfrentar. A presença de Deus exige contenção.

> *ʾal-tiṯgārū ḇām kî lōʾ-ʾetēn lākem mēʾarṣām ʿad-midrakh kāp̄-rāḡel kî yəruššāh ləʿēśāw nāṯattî ʾet har śēʿîr*
> "Não os provoqueis, pois não vos darei da sua terra nem mesmo o pisar da planta de um pé, porque a Esaú dei por herança a montanha de Seir." (Dt 2,5)

O limite é absoluto. Nem um passo além do permitido. Nem a planta do pé – *mēʾarṣām ʿad-midrakh kāp̄-rāḡel*. A terra de Seir foi dada a Esaú como herança – *yəruššāh* – usando o mesmo termo técnico que será aplicado à posse de Canaã por Israel. Deus é Deus de todas as nações. A soberania de YHWH não se limita a Israel. A justiça da aliança não permite conquista onde houve doação. O povo que receberá a terra deve reconhecer que não é o único herdeiro de Deus.

> *maʾōḵel tišbərū mēʾiṯām baqqeseṯ ûmayim tišətû*
> *mēʾiṯām baqqeseṯ*
> "Comida comprareis deles por dinheiro, para comerdes; e também água comprareis deles por dinheiro, para beberdes." (Dt 2,6)

O trato com os filhos de Esaú deve ser marcado por justiça econômica. Israel, mesmo sendo o povo da promessa, não está isento da ética da reciprocidade. A provisão em terra alheia deve ser mediada por pagamento. Não há autorização divina para tomar à força aquilo que pertence ao outro. O texto estabelece que a sobrevivência no deserto pode – e deve – passar pelo reconhecimento dos limites alheios. O povo que vive da graça também é chamado a viver da honestidade. A santidade da travessia não permite saque, mas exige respeito.

> *kî YHWH ʾĕlōheykā bērakəkā bəḵol-maʿăśê yāḏeḵā yādaʿ*
> *ləleḵtəkā ʾet-hammidbār haggādōl hazzê zēh ʾarbaʿîm*
> *šānāh YHWH ʾĕlōheykā ʿimmāk lōʾ ḥāsartā dāvār*
> "Pois YHWH, teu Deus, te abençoou em toda obra de tua mão; Ele conheceu o teu caminhar por este grande deserto; estes quarenta anos, YHWH, teu Deus, esteve contigo; coisa nenhuma te faltou." (Dt 2,7)

A provisão divina é reafirmada como o centro da sustentação. Mesmo no deserto, mesmo sem terra, Israel não foi desamparado. O verbo *ʾarbaʿîm šānāh* não é só referência temporal, mas marca um tempo pleno de dependência e formação. O deserto se revela como espaço de bênção, não apenas de privação. A bênção de Deus não é necessariamente abundância visível, mas suficiência – *lōʾ ḥāsartā dāvār* – "nada te faltou". A narrativa de provisão confronta qualquer teologia da escassez. O povo que caminhou sem terra caminhou com

Deus, e isso foi suficiente. Agora, no limiar da terra prometida, essa memória da suficiência será o fundamento da confiança.

> *wanna'ăḇōr mē'ēt 'ăḥênū bənê-'ēśāw hayyōšəḇîm bəśē'îr middèreḵ hā'ărāḇāh mē'êlat ûmē'ēṣyōn-gāḇer wannepeṯ wayna'ăḇōr dèreḵ midbar mô'āḇ*
> "E assim passamos de nossos irmãos, os filhos de Esaú, que habitam em Seir, pelo caminho da Arabá, de Elate e de Eziom-Geber, e voltamos e seguimos pelo caminho do deserto de Moabe." (Dt 2,8)

O texto avança no itinerário, mas mantém o cuidado com a geopolítica da aliança. Agora, Moabe se torna o novo vizinho, e o mesmo princípio será reafirmado: a terra de Moabe não é para ser tomada. Israel aprende, pela travessia, que a herança da fé não se constrói sobre a usurpação. Cada povo tem seu lugar. A fidelidade à promessa inclui o reconhecimento da promessa feita a outros. A marcha em direção à própria terra exige passar pelas terras dos outros com respeito e disciplina. A posse de Israel será legítima porque será recebida de Deus, não arrancada de outros.

> *wayyō'mer YHWH 'ēlay 'al-tāṣar 'et-mō'āḇ wə'al-tiṯgārḇō milḥāmāh kî lō'-'etēn ləḵā mē'arṣō yəruššāh kî livnê-lōṭ nāṯattî 'et-'ār yəruššāh*
> "E YHWH me disse: Não molestes a Moabe, e não o provoques à guerra, pois não te darei herança da sua terra, porque aos filhos de Ló dei Ar por herança." (Dt 2,9)

Mais uma vez, Deus estabelece limites. Moabe, descendência de Ló, também é herdeiro de promessa. A terra de Ar é deles por direito divino. O povo de Israel é ensinado, no deserto, que o Deus de toda a terra é justo com todas as famílias. A possessão da terra não será resultado de violência contra os irmãos. A herança que vem de YHWH não permite saque, nem ganância, nem colonialismo. Israel deve ser herdeiro de uma terra, mas também guardião de um princípio: a fidelidade à palavra de Deus, que distribui terras conforme Sua justiça e não conforme o apetite dos homens.

> *hēʿēmîm ləpānîm yāšəḇū ḇāh ʿam gādōl wərāḇ wərām kāʿănāqîm*
> "Os eemitas habitaram nela anteriormente, povo grande, numeroso e alto como os anaquins." (Dt 2,10)

A narrativa faz uma pausa na marcha para lembrar a história invisível dos lugares. Antes que os moabitas habitassem a terra de Ar, ela era ocupada pelos eemitas, um povo de grande estatura e poder. A memória desses habitantes antigos é importante, pois revela que os limites de hoje são resultado de guerras e deslocamentos anteriores. A terra prometida não é uma tábula rasa. Ela está inserida numa história de povos, conquistas e perdas. Os moabitas receberam seu território vencendo gigantes. E Israel, agora, é lembrado de que a presença de povos fortes no caminho não é sinal de que a promessa falhará, mas de que o Deus que sustentou outros também sustentará seu povo.

> *rəpāʾîm yēḥāšəḇū ʾaph-hem kāʿănāqîm wəhamōʾāḇîm yiqrəʾû lāhem ʾēmîm*
> "Eram eles considerados refains, como os anaquins; mas os moabitas os chamam de eemitas." (Dt 2,11)

A multiplicidade de nomes revela a complexidade da memória dos povos. O que um povo chama de refains, outro chama de eemitas. A linguagem molda a história, mas não a anula. Mesmo em tempos antigos, a terra estava cheia de gigantes, de poderes que pareciam intransponíveis. A função deste lembrete é clara: mostrar que mesmo os povos não-eleitos enfrentaram inimigos maiores que si – e venceram. Moabe derrotou os refains. Edom se estabeleceu entre os horeus. E Israel, agora, deve aprender que sua confiança não está no tamanho de seu exército, mas na fidelidade de YHWH.

> *wəbēśēʿîr yāšəḇū haḥōrîm ləpānîm ûḇənê-ʿēśāw yōršūm wayyašmîdūm mippenêhem wayyēšəbū taḥtām kaʾăšer-ʿāśāh yiśrāʾēl ləʾereṣ yəruššātô ʾăšer nāṯan YHWH lāhem*
> "E em Seir habitavam anteriormente os horeus, mas os filhos de Esaú os desalojaram, destruíram-nos diante de

> si e habitaram em seu lugar, como fez Israel à terra da sua herança que YHWH lhes deu." (Dt 2,12)

A comparação entre Esaú e Israel é provocativa. Ambos desalojaram povos antigos. Ambos receberam terra. Ambos agiram com base em promessas. A diferença está na origem da promessa, não na estrutura da ocupação. Israel é ensinado que a conquista não é feita em vácuo moral, mas com discernimento histórico. A terra de ninguém não existe. Toda terra tem sangue, tem memória, tem conflito. Israel, portanto, não deve se considerar superior aos outros povos. Sua eleição não é privilégio, mas responsabilidade.

> *ʿattā qūmû wəʿiḇrû lāḵem ʾet-naḥal zērēḏ waynăʿăḇōr ʾet-naḥal zērēḏ*
>
> "Agora levantai-vos e passai o ribeiro de Zerede. E atravessamos o ribeiro de Zerede." (Dt 2,13)

O comando para atravessar o ribeiro marca uma nova etapa da jornada. A travessia do Zerede é mais que deslocamento: é transição teológica. Significa deixar para trás a geração anterior. Marca o ponto em que a punição pelo pecado da incredulidade começa a ceder espaço para a entrada da nova geração. A repetição da ordem e do cumprimento – *qūmû... waynăʿăḇōr* – confere solenidade ao ato. Israel começa a mover-se não apenas geograficamente, mas espiritualmente.

> *wəhayyāmîm ʾăšer hālaḵnû mēqāḏēš barnēaʿ ʿad ʿăḇar-nāḥal zērēḏ šəlōšîm ûšmōnê šānāh ʿaḏ-tōm kol-haddōr ʾanšê hammilḥāmāh miqqereḇ hammmaḥăneh kaʾăšer nišbaʿ YHWH lāhem*
>
> "E o tempo que caminhamos desde Cades-Barneia até que passamos o ribeiro de Zerede foi de trinta e oito anos, até que toda aquela geração dos homens de guerra foi consumida do meio do acampamento, como YHWH lhes jurara." (Dt 2,14)

Os trinta e oito anos são contados não em dias, mas em mortes. Cada passo no deserto era também um enterro. A geração que recusou a terra teve que desaparecer para que a promessa seguisse. O verbo *tōm* – consumar, exterminar – não indica apenas morte biológica, mas fim teológico. Aqueles que não creram não poderiam herdar. A marcha não podia avançar até que o corpo do passado fosse deixado no chão do deserto. A justiça de Deus se manifesta no tempo, e sua promessa não se curva ao medo de uma geração.

> *wəgam-yaḏ YHWH hāyətāh bām ləhummām mittōḵ hammmaḥăneh ʿad-tummām*
> "Também a mão de YHWH esteve contra eles, para os destruir do meio do acampamento, até serem consumidos." (Dt 2,15)

A *yaḏ* YHWH – mão de YHWH – não é aqui bênção, mas juízo. A mão que livra também julga. O texto não se esquiva da dureza da justiça divina. O amor da aliança não exclui a seriedade da obediência. Aqueles que desprezaram a fidelidade de YHWH experimentaram sua mão como peso e não como sustento. A purgação do acampamento era necessária para que a nova geração caminhasse sem o peso da incredulidade.

> *wayəhî kəʾăšer-tammu kol-ʾanšê hammilḥāmāh lamût mittōḵ haʿām*
> "E aconteceu que, quando todos os homens de guerra haviam morrido do meio do povo," (Dt 2,16)

O tempo da espera chega ao seu fim. A geração da recusa foi consumida pelo deserto, conforme o juramento divino. A morte não é apenas biológica, mas teológica: marca a transição entre a incredulidade e a possibilidade de fé renovada. A narrativa sublinha que não é Israel quem decide quando esse tempo termina, mas o próprio Deus. A espera no deserto não é improdutiva; é depuração. Agora, com os homens de guerra mortos – não apenas os guerreiros, mas os que lutaram contra o próprio Deus –, a nova etapa pode começar. O acampamento se purificou pelo tempo.

wayyədabbēr YHWH ʾēlay lēʾmōr
"E YHWH me falou, dizendo:" (Dt 2,17)

Deus volta a falar. A travessia recomeça, não por iniciativa humana, mas por nova ordem divina. A relação entre Israel e Deus permanece mediada pela palavra – e não pelo desejo ou pela força do povo. A palavra de YHWH é a única bússola segura na jornada. O silêncio foi pedagógico; agora a fala é libertadora. Sempre que a fidelidade amadurece, Deus fala de novo. O tempo de escuta recomeça.

ʾattāh ʿōḇēr ʾet-qeḇûl mōʾāḇ ʾet-ʿār
"Hoje tu passarás o limite de Moabe, a cidade de Ar." (Dt 2,18)

O novo marco geográfico é também teológico. Israel deixa para trás Moabe, território irmão protegido por Deus, e se aproxima de novos povos com diferentes destinos. A cidade de Ar, situada no limiar da terra de Moabe, funciona como fronteira entre a memória da contenção e o início da conquista. Passar o limite de Ar é cruzar o umbral da história: daqui por diante, a marcha será marcada por batalhas aprovadas por Deus. A travessia muda de tom.

wəqārabta mimmul bənê-ʿammôn ʾal-təṣārēm wəʾal-tiṯgār-ḇām kî lōʾ-ʾetēn mēʾerṣ bənê-ʿammôn ləḵā yəruššāh kî livnê-lōṭ nəṯattîhā yəruššāh
"E te aproximarás dos filhos de Amom. Não os molestes, nem os provoques, pois não te darei da terra dos filhos de Amom por herança, porque aos filhos de Ló a dei por herança." (Dt 2,19)

Mais uma vez, a travessia exige contenção. Amom, como Moabe, é descendente de Ló, e portanto herdeiro legítimo de uma promessa específica. A terra não será dada a Israel, pois não é parte da sua aliança. O povo de Deus aprende, passo a passo, a distinguir entre o que é promessa própria e o que é alheio. A aliança não legitima a ambição. O território não será conquistado à custa da herança de outros. Mesmo em contexto de guerra, Deus impõe limites. A terra de Amom é protegida pela fidelidade de YHWH à palavra dada a Ló – um estrangeiro justo, cuja linhagem Deus ainda honra.

> *ʾerṣ rəpāʾîm tēḥāšēḇāh ʾaph hîʾ rəpāʾîm yāšəḇū-ḇāh*
> *wəhaʿammōnîm yiqrəʾû lāhem zamzummîm*
> "Também essa é considerada terra dos refains; os refains habitaram nela antigamente, e os amonitas os chamavam zamzumins." (Dt 2,20)

A memória dos gigantes retorna. A terra de Amom, como a de Moabe e Seir, também foi habitada por povos poderosos, os zamzumins – identificados como refains. Esta repetição é pedagógica. Os povos irmãos de Israel, mesmo sem a eleição direta, também enfrentaram gigantes e sobreviveram. A história da vitória sobre povos maiores está espalhada entre as nações vizinhas. A implicação teológica é clara: o medo não é justificável. Israel não tem o monopólio da graça ou da vitória. Se Edom, Moabe e Amom venceram seus desafios, Israel também pode vencer – se andar em fidelidade.

> *ʿam gādōl wərāḇ wərām kāʿănāqîm wayyašmîdēm YHWH*
> *mippənêhem wayyiyrašūm wayyēšəbū taḥtām*
> "Povo grande, numeroso e alto como os anaquins; mas YHWH os destruiu diante deles, e eles os desalojaram e habitaram em seu lugar." (Dt 2,21)

A destruição dos gigantes não é atribuída ao poder humano, mas à ação de YHWH. Ele os destruiu diante deles. As vitórias dos outros povos são também obra de Deus. O mesmo Deus que agirá por Israel já agiu por Edom, Moabe e Amom. Esta teologia da soberania universal de Deus redefine o modo como Israel deve ver o mundo. A presença de Deus não se restringe à sua tenda, mas opera entre as nações. A eleição de Israel não é exclusão dos demais, mas integração à ordem divina mais ampla.

> *kaʾăšer-ʿāśāh liḇnê-ʿēśāw hayyōšəḇîm bəśēʿîr ʾăšer-hišmîd*
> *ʾet-hāḥōrîm mippənêhem wayyiyrašūm wayyēšəbū*
> *taḥtām ʿad hayyôm hazzeh*

> "Assim como fez aos filhos de Esaú, que habitam em Seir, quando destruiu os horeus diante deles, e os fizeram sair e habitaram em seu lugar até o dia de hoje." (Dt 2,22)

A memória da história se torna um padrão da providência. Deus age em favor dos que herdam territórios, sejam israelitas ou não. O que confere legitimidade à posse não é a força militar, mas a ação divina. A frase *ʿad hayyôm hazzeh* – "até o dia de hoje" – serve como selo de permanência: Deus não apenas concedeu a terra, mas sustentou o direito à posse através do tempo. O texto convida Israel a reconhecer que o Deus que concede é também o Deus que preserva. O tempo comprova a fidelidade de Deus às Suas decisões, e não a supremacia de um povo sobre o outro.

> *wəhāʿawwîm hayyōšəḇîm ḇḥaṣērîm ʿad-ʿazzāh kaftōrîm hayyōṣəʾîm mikkāftōr hišmîdūm wayyēšəbū taḥtām*
> "E os avins, que habitavam em vilarejos até Gaza, foram destruídos pelos caftorins, vindos de Caftor, e habitaram em seu lugar." (Dt 2,23)

Mais um exemplo de deslocamento de povos. Os avins, habitantes das franjas do território cananeu, foram substituídos pelos caftorins, que provavelmente têm ligação com a ilha de Creta. A fronteira marítima de Gaza não escapou aos movimentos de povos e domínios. O texto está desenhando um mapa teológico da história: todos os territórios têm dono por decisão divina. Os deslocamentos não são ilegítimos em si; o que os legitima ou não é se acontecem sob o juízo e a direção de Deus. Com isso, Moisés amplia a consciência de Israel para um mundo em que YHWH reina muito além dos limites de Canaã.

> *qūmū səʿū wəʿiḇrū ʾet-naḥal ʾarnōn rēʾeh nāṯattî bəyāḏəkā ʾet-sîḥōn melek ḥēšbōn hāʾĕmōrî wəʾet-ʾarṣō hāḥēl rēš wəhiṯgār-ḇō milḥāmāh*
> "Levantai-vos, parti e atravessai o ribeiro do Arnom; eis que entreguei nas tuas mãos a Sihon, rei de Hesbom, o amorreu, e a sua terra; começa a possuí-la, e entra em guerra com ele." (Dt 2,24)

Agora, finalmente, a ordem muda. A contenção dá lugar à conquista. A fronteira do Arnom marca não apenas uma linha geográfica, mas uma fronteira entre o tempo da espera e o tempo da posse. O verbo *nāṯattî* – "entreguei" – é a garantia da vitória. Israel não marcha por sua própria força, mas com base na entrega prévia feita por Deus. A guerra será travada, mas a vitória já foi declarada. A ação humana será exigida, mas não será a causa da posse – apenas sua expressão. A fé agora deve tornar-se coragem. A escuta deve virar obediência. A terra começará a ser herdada.

> *hayyōm hāḥēl tēṯ-paḥdəkā ûmôrəʾākā ʿal-pənê hāʿammîm*
> *taḥat kol-hāššāmayim ʾăšer-yishməʿū ʾet-šimʿākā*
> *wərāgəzū wəḥāləgū mippānêkā*
> "Hoje começarei a pôr o terror e o temor de ti sobre os
> povos debaixo de todo o céu; quando ouvirem falar de ti,
> tremerão e se angustiarão diante de ti." (Dt 2,25)

O temor muda de lugar. Antes, era Israel quem temia os gigantes. Agora, são os povos da terra que tremerão diante do povo de Deus. Mas esse temor não vem do poder humano, e sim da reputação construída pela ação divina. O *paḥdəkā* e o *môrəʾākā* – terror e temor – são sinais da presença de YHWH no meio do povo. A terra prometida será precedida por um pânico sagrado, causado pelo nome de Israel como povo de um Deus vivo. A narrativa começa a mostrar que a guerra será travada, mas que ela é precedida pelo anúncio do próprio Deus. Os inimigos serão abalados antes mesmo do confronto. É o juízo de YHWH que prepara o caminho da conquista.

> *wāʾešlaḥ malʾāḵîm mimmidbār qədēmōṯ ʾel-sîḥōn melek*
> *ḥēšbōn dibrê šālōm lēʾmōr*
> "E enviei mensageiros do deserto de Quedemote a Seom,
> rei de Hesbom, com palavras de paz, dizendo:" (Dt 2,26)

Antes da guerra, a diplomacia. Moisés, obediente à justiça de Deus, não inicia o confronto com violência gratuita. Ele envia mensageiros com *dibrê šālōm* – palavras de paz. Essa atitude revela uma ética de guerra moldada pela aliança: mesmo quando autorizado por Deus a tomar posse da terra, Israel não deixa de tentar o caminho da paz. A proposta diplomática não enfraquece a promessa; pelo contrário, demonstra que Israel não conquista por brutalidade, mas por fidelidade. A guerra só acontece quando a paz é recusada. A justiça divina não age sem oportunidade de arrependimento.

> *ʾeʿĕḇərāh ḇəʾarṣekā baddārek̲ baddārek̲ ʾēlēk̲ ʾēlêk̲ lōʾ-ʾāsūr yāmîn ûśəmōʾl*
>
> "Deixai-me passar pela tua terra, apenas pelo caminho; irei somente pela estrada, sem me desviar nem para a direita nem para a esquerda." (Dt 2,27)

A proposta é moderada, quase ritualística. Moisés oferece seguir *baddārek̲*, o caminho fixo, sem desvio – *lōʾ-ʾāsūr yāmîn ûśəmōʾl*. O desejo não é conquista, mas travessia. O gesto revela o controle espiritual de Moisés e a transparência do povo de Deus: não se ocultam intenções, não se usam disfarces. A retidão do caminho físico espelha a retidão moral. A retidão que se pede do rei é a mesma que se propõe praticar. O pedido é legítimo, a intenção é limpa.

> *ʾōk̲el baqqeset̲ tišbərēnî wəʾāk̲altî ûmayim baqqeset̲ tit̲ən-lî wəšātîtî raq-ʾeʿĕḇərāh bəraglây*
>
> "Vender-me-ás comida por dinheiro, para que eu coma; e dar-me-ás água por dinheiro, para que eu beba; somente permitas que eu passe a pé." (Dt 2,28)

A proposta reitera o modelo estabelecido em Edom e Moabe. Mesmo com autorização divina para possuir a terra, Israel ainda age com contenção. Comida e água não devem ser tomadas, mas compradas. A travessia não é isenta de custos. Essa ética do pagamento é um testemunho da confiança de Israel na provisão divina: não precisa tomar o que pode ser comprado. A insistência em pagar revela também que a guerra não será motivada por necessidade, mas por justiça. Israel não está faminto; está obedecendo.

> *kaʾăšer-ʿāśū-lî bənê-ʿēśāw hayyōšəḇîm bəśēʿîr*

> *wəhammōʾāḇîm hayyōšəḇîm ʿār ʿad ʾăšer-ʿeʿĕḇōr ʾet-hayyardēn ʾel-hāʾāreṣ ʾăšer-YHWH ʾĕlōhênû nōtēn-lānū*
> "Assim como me fizeram os filhos de Esaú, que habitam em Seir, e os moabitas, que habitam em Ar, até que eu passe o Jordão à terra que YHWH nosso Deus nos dá." (Dt 2,29)

Moisés recorda precedentes. Edom e Moabe – os povos irmãos – permitiram a passagem. O mesmo é solicitado agora a Seom. A menção ao *yardēn* – Jordão – antecipa a esperança. Israel ainda não está na terra, mas ela está à vista. O que separa o povo da promessa é o reconhecimento de sua vocação por aqueles que os cercam. Se Seom aceitar, a paz será mantida. Mas se rejeitar, ele se colocará no caminho do juízo.

> *wəlōʾ-ʾābah sîḥōn melek ḥēšbōn haʿăḇērennū ʿāḇōr-ḇō kî hiqšāh YHWH ʾĕlōheykā ʾet-rūḥō wəʾimmēṣ ʾet-ləḇāḇō ləmaʿan tētō bəyāḏekā kayyôm hazzeh*
> "Mas Seom, rei de Hesbom, não quis deixar-nos passar por ele, porque YHWH, teu Deus, endureceu-lhe o espírito e fez obstinado o seu coração, para entregá-lo em tua mão, como hoje se vê." (Dt 2,30)

A recusa de Seom é lida teologicamente. Ele não apenas diz "não"; ele é endurecido por Deus – *hiqšāh... wəʾimmēṣ*. A linguagem ecoa o endurecimento de Faraó. O juízo de Deus, às vezes, se manifesta como obstinação. Quando a graça é recusada repetidamente, Deus confirma a escolha do ímpio, selando o caminho do juízo. Seom se torna, assim, símbolo dos que se opõem à vontade divina até o fim. Sua queda não será apenas consequência natural, mas julgamento inevitável.

> *wayyōʾmer YHWH ʾēlay rēʾeh hāḥēlṯî tēt ləpānêkā ʾet-sîḥōn wəʾet-ʾarṣō hāḥēl rāš lərēšet ʾet-ʾarṣō*
> "E YHWH me disse: Eis que comecei a entregar diante de ti Seom e a sua terra; começa a possuí-la, para que tomes a sua terra em herança." (Dt 2,31)

A posse começa com o início da entrega divina. A narrativa teológica é clara: a terra não será tomada sem que primeiro seja dada. O verbo *hāḥēlṯî* – "comecei" – indica um processo em andamento. Deus age antes que o povo aja. E o povo age em resposta à iniciativa divina. A conquista não é iniciativa humana, mas adesão à promessa em ação. O verbo *rāš* – "possuir" – não é sinônimo de saque; é resposta obediente ao dom. A terra de Seom será a primeira parcela de uma herança que não nasce da força, mas da fidelidade.

> *wayyēṣēʾ sîḥōn liqrātênū hûʾ wəkol-ʿammō lammilḥāmāh yāhṣāh*
> "E Seom saiu ao nosso encontro, ele e todo o seu povo, para a guerra, em Jaza." (Dt 2,32)

A recusa da paz se transforma em confronto. Seom escolhe a guerra. Mas ele não guerreia contra Israel apenas – guerreia contra o decreto de Deus. Jaza, o lugar do encontro, será lembrado como o palco onde a obstinação encontra o juízo. A presença de todo o povo amorreu reforça que não se trata de um conflito limitado, mas de uma decisão nacional contra a presença de Israel. É um tipo de guerra santa às avessas: os inimigos se reúnem para resistir à vontade do Deus de Israel, e por isso serão vencidos.

> *wayyittənēnū YHWH ʾĕlōhênū ləpānênū wannaḵ ʾōṯô wəʾet-ḇānāw wəʾet-kol-ʿammō*
> "E YHWH nosso Deus o entregou diante de nós, e o ferimos, a ele, a seus filhos, e a todo o seu povo." (Dt 2,33)

A vitória é total, mas é apresentada como resultado direto da ação divina: *wayyittənēnū* YHWH. O povo não vence; o povo recebe a vitória. A violência do texto não deve ser lida com naturalização, mas com temor: ela é o desfecho de uma longa pedagogia de contenção e paciência. A destruição de Seom e seu povo não é obra de ódio, mas de juízo. A recusa da paz e o endurecimento do coração tornam inevitável o que poderia ter sido evitado. A justiça divina, aqui, se mostra implacável para que a promessa prossiga.

> *wannilkədāh ʿet-kol-ʿārāyw wənāḥaramnû ʾet-kol-ʿîr mətīm wəhannāšîm wəhaṭṭāp̄ lōʾ hišʾarnû śārîḏ*
> "E tomamos todas as suas cidades naquele tempo, e as destruímos por completo, homens, mulheres e crianças; não deixamos sobrevivente algum." (Dt 2,34)

A linguagem de *ḥērem* – destruição consagrada – domina este versículo. O ato de *nāḥaramnû* não é mero extermínio, mas sacralização do juízo. É a consagração da vitória a Deus por meio da eliminação total. Esta teologia da guerra é difícil, mas precisa ser lida dentro do horizonte da aliança: não como modelo ético perpétuo, mas como parte da fundação de um povo que está para nascer em terra santa. O horror da guerra não é glorificado; ele é revelado em toda sua brutalidade, para que se compreenda o custo da recusa persistente à paz.

> *raq habbəhēmāh bāzārnû lānū ûšlālnû ʿālênū mimmillēṭ ʿārîm rabbōṯ*
> "Somente os animais tomamos como despojo para nós, bem como o saque das cidades que conquistamos." (Dt 2,35)

Mesmo na destruição total dos habitantes, os bens – animais e objetos – são deixados como espólio. O povo, que durante quarenta anos foi sustentado pelo maná, agora começa a experimentar os primeiros frutos da terra. A transição da dependência para a posse é gradual. E a posse começa pelos despojos: não como ambição, mas como sinal de que Deus começa a prover em outras formas. A guerra, ainda que marcada por juízo, também inaugura um novo modo de provisão.

> *mēʿarʿēr ʾăšer ʿal-śəpat naḥal ʾarnōn wəhāʿîr ʾăšer baṇnaḥal wəʿad-Gilʿāḏ lōʾ-hāyətāh qiryāh ʾăšer śāgəḇāh mimmennū ʾet-hakōl nāṯan YHWH ʾĕlōhênū ləpānênū*
> "Desde Aroer, que está na beira do ribeiro de Arnom, e a cidade que está no vale, até Gileade, não houve cidade que fosse demasiado forte para nós; todas YHWH nosso Deus nos entregou." (Dt 2,36)

O território conquistado é mapeado com precisão. A fronteira sul (Arnom) até o norte (Gileade) é descrita como tomada completa. A força das cidades não foi suficiente. Mas o texto é insistente: não foi por mérito de Israel, mas porque YHWH nosso Deus nos entregou. A força do povo é uma ilusão teológica; a vitória é dom. O mapeamento da terra é também mapeamento da fidelidade divina. Cada cidade conquistada é um testemunho da palavra cumprida.

> *raq ʾel-ʾereṣ bənê-ʿammôn lōʾ qārābtā kol-yŪ̱d naḥal yabbōq wəʿārê hehār wəkol-ʾăšer-ṣiwwā YHWH ʾĕlōhênū*
> "Somente à terra dos filhos de Amom não te aproximaste, a nenhuma parte do ribeiro Jaboque, nem às cidades da região montanhosa, nem a lugar algum que YHWH nosso Deus nos proibiu." (Dt 2,37)

O capítulo se encerra com o limite reafirmado. Mesmo diante do êxito militar, o povo se contém. A fronteira com Amom não é cruzada. A conquista é regulada não pelo desejo, mas pelo mandamento. O texto termina como começou: com limites. A herança será plena, mas não será arbitrária. A terra não será toda de Israel, porque o Deus de Israel é também o Deus dos outros. A fidelidade é medida não apenas na vitória, mas na obediência aos limites impostos pelo próprio Deus. A conquista começa pela contenção.

Capítulo 3

Após a derrota de Seom e a tomada de Hesbom, o livro de Deuteronômio desloca a atenção para o norte, para as regiões do Basã. O panorama muda, mas o princípio permanece: não se trata apenas de geografia, mas de teologia territorial. Israel não avança por ambição de espaço, mas por vocação e escuta. A terra não é tomada, é entregue; não é posse arbitrária, mas herança condicionada. Ogue, rei de Basã, aparece como o último bastião daquilo que outrora paralisou Israel: os gigantes. A sua figura evoca os *rəpāʾîm,* os sobreviventes de uma linhagem mítica que, nos tempos de Números, fizeram o povo retroceder em pânico. Enfrentar Ogue é mais que vencer um rei – é exorcizar o medo.

> *wayyēṣēʾ ʿōg melek-habbāšān liqrāʾtēnū hûʾ wəḵol-ʿammō lammilḥāmāh ʾedreʿî*
> “E Ogue, rei de Basã, saiu ao nosso encontro, ele e todo o seu povo, para a guerra em Edrei.” (Dt 3,1)

Não há tentativa de acordo, não há hesitação. O rei se adianta à diplomacia e escolhe o confronto. A resposta divina, porém, já havia sido dada antes da batalha:

> *ʾal-tîrāʾ ʾōṯō kî bəyāḏəḵā nəṯattî ʾōṯō wəʾeṯ-kol-ʿammō wəʾet-ʾarṣō wəʿāśîtā-lō kāʾăšer-ʿāśîtā ləsîḥōn melek-hāʾĕmōrî ʾăšer-yōšēḇ bəḥēšbōn*
> “Não o temas, pois em tuas mãos o entreguei, a ele, a todo o seu povo e a sua terra; farás com ele como fizeste com Seom, rei dos amorreus, que habitava em Hesbom.” (Dt 3,2)

A repetição do *não temas* funciona aqui como reparação. Moisés retoma o padrão de confiança que deveria ter governado a geração passada. A promessa da vitória é feita não por causa da força de Israel, mas pela fidelidade de YHWH. Tudo se move em resposta ao que foi falado – e não ao que é visível. Contra gigantes e cidades fortificadas, Israel não ergue a espada antes de ouvir. O combate começa no ouvido. O resultado vem em tom de juízo, como cumprimento daquilo que havia sido prometido:

> *wayyittēn YHWH ʾĕlōhênū bəyāḏēnū gam-ʾet-ʿōg melek-habbāšān wəʾet-kol-ʿammō wannaḵ nəkēh ʿad-biltî hišʾîr-lō śārîḏ*
> “E YHWH nosso Deus entregou também Ogue, rei de Basã, e todo o seu povo em nossas mãos, e nós o ferimos até não deixar sobrevivente algum.” (Dt 3,3)

O padrão do *ḥērem* – a destruição consagrada – é retomado. Não se trata de uma guerra comum, mas de um ato que purifica o território para que nele habite a justiça. As cidades de Basã, segundo o texto, eram impressionantes: fortificadas, com muros altos, portas e ferrolhos. A referência às sessenta cidades de Argobe (v. 4) reforça a ideia de que o que caiu nas mãos de Israel não foi fragilidade, mas estrutura consolidada. Mesmo o que parecia inviolável foi entregue. Mais adiante, o texto insere um detalhe que revela a memória duradoura da vitória: a cama de Ogue. Em meio ao relato teológico, um fragmento quase arqueológico é preservado:

> *kî raq ʿōḡ melek-habbāšān niš'ar miššə'ērît hā·rəpā'îm; hinnēh ʿarśō ʿarś barzel hălō' hî' bə·rab·bāṯ bənê ʿammōn? tēšaʿ 'ammōṯ 'ōr·kāh wə·'ar·baʿ 'ammōṯ roḥ·bāh bə·'ammat-'îš*
> "Pois só Ogue, rei de Basã, restou dos refains. Eis que o seu leito – leito de ferro – não está porventura em Rabá dos filhos de Amom? Nove côvados é o seu comprimento, e quatro côvados a sua largura, segundo o côvado de um homem." (Dt 3,11)

A menção à cama não é gratuita. Ela perpetua a memória do que foi vencido: não só um rei, mas uma memória coletiva de impossibilidade. A cama de ferro é sinal de força, mas agora é relíquia – um testemunho estático do que já não ameaça. A conquista de Ogue não resulta apenas em expansão territorial, mas num novo momento teológico da travessia. Pela primeira vez, a terra prometida começa a ser ocupada, ainda que fora dos limites ocidentais de Canaã. A leste do Jordão, o dom divino assume contornos visíveis, com rios e montanhas, nomes de cidades e divisões tribais. A promessa, antes abstrata, agora se encarna em chão. A partilha da terra conquistada entre as tribos de Rúben, Gade e a metade de Manassés é feita por Moisés como sinal da antecipação do futuro – o futuro de YHWH, experimentado em avanço. Não é desvio da promessa, mas cumprimento em camadas. Não se trata de romper com a vocação ocidental da terra, mas de ampliá-la. A graça se espalha.

> *wənnāṯēn 'et-hā'āreṣ hazzō'ṯ yərāšāh lārūḇēnî wəlaḡāḏî*
> "E dei essa terra como herança aos rubenitas e aos gaditas." (Dt 3,16)

Essa entrega é fruto da escuta – tanto a escuta do povo que pediu a terra por causa de suas posses (Nm 32), quanto da escuta de YHWH que permite tal concessão. Mas essa posse exige aliança com os irmãos: o direito à terra só se consolida se a solidariedade for mantida. Ninguém descansa enquanto os outros lutam.

> ***wāʾāṣawwāh ʾetḵem bāʿēṯ hahiʾ lēʾmōr: YHWH ʾĕlōhêkem nṯan lāḵem ʾet-hāʾāreṣ hazzōʾṯ lērēšṯāh; ḥălūṣîm taʿăḇerū lipnê ʾaḥêkem bənê yiśrāʾēl kol-bənê-ḥāyil*
>
> "E eu vos ordenei naquele tempo, dizendo: YHWH vosso Deus vos deu esta terra para que a possuais; armados passareis à frente de vossos irmãos, os filhos de Israel, todos os valentes." (Dt 3,18)

É significativa essa exigência de Moisés. A terra que lhes é dada só pode ser legitimada se a comunidade for preservada como unidade. Não há bênção privada no horizonte da aliança. Os que já possuem devem lutar pelos que ainda esperam. O dom recebido se transforma, assim, em responsabilidade. A entrada de uns depende do compromisso de todos.

> *ʿad ʾăšer-yānîḥ YHWH ləʾaḥêkem kākem wəyārēšû gam-hēm ʾet-hāʾāreṣ ʾăšer-YHWH ʾĕlōhekem nōtēn lāhem bēʿeḇer hayyardēn; wəšāḇtem ʾîš ləyərāšṯō ʾăšer nāṯattî lākem.*
>
> "Até que YHWH conceda descanso a vossos irmãos, como a vós, e que eles também possuam a terra que YHWH vosso Deus lhes dará do outro lado do Jordão; então voltareis cada um à sua herança, que vos dei." (Dt 3,20)

Esse "descanso" (*yānîḥ*) é mais que repouso físico. É o repouso da justiça, da comunhão, da promessa realizada em comunhão. A teologia do descanso – que será retomada nos livros históricos e em Hebreus – começa aqui. Descansar é saber que todos entraram. Nenhum repouso é verdadeiro se for individual. Moisés, nesse momento, desloca a atenção da narrativa coletiva para uma súplica pessoal. O ritmo do discurso muda. Ele não descreve mais o povo – expõe-se. Depois de conduzir Israel até o limiar da terra, ele deseja ver o que Deus prometeu. Mas sua entrada está vedada. E ainda assim, ele ora.

> *wāʾetḥānnan ʾel-YHWH bāʿēṯ hahiʾ lēʾmōr*
> "E supliquei a YHWH naquele tempo, dizendo:" (Dt 3,23)

O verbo *ʾetḥānnan*, vindo da raiz *ḥ-n-n* (graça), mostra que Moisés não exige. Ele roga. Ele se curva. Seu clamor é moldado por reverência, e não por reivindicação. O homem que enfrentou o faraó agora se prostra diante do silêncio de Deus.

> *ʾăḇran-nā wəʾerʾeh ʾet-hāʾāreṣ haṭṭōḇāh ʾăšer-bəʿēḇer hayyardēn hāhār haṭṭōḇ wəhaləḇānōn*
> "Deixa-me, rogo-te, passar e ver a boa terra que está além do Jordão, esse bom monte e o Líbano." (Dt 3,25)

A petição não é por conquista. Moisés, que outrora foi o instrumento do juízo de Deus, agora quer apenas ver. Como quem aceita não ser parte do novo ciclo, mas deseja testemunhá-lo. Seu pedido é puro: não ambiciona glória, apenas visão. O pedido de Moisés é tocante. Depois de atravessar o deserto, enfrentar a resistência do povo, interceder diante de YHWH e transmitir a Torá, ele quer apenas ver a terra. Não conquistá-la. Não pisá-la. Ver. Um desejo pequeno aos olhos humanos, imenso em densidade teológica. Mas a resposta que recebe é negativa. YHWH não cede.

> *wəyitʿaḇer YHWH bî ləmaʿanḵem wəlōʾ-šāmaʿ ʾēlay; wayyōʾmer YHWH ʾēlay rāḇ-lāḵ, ʾal-tōsep dabber ʾēlay ʿōḏ baḏāḇār hazzeh*
> "Mas YHWH indignou-se contra mim por causa de vós e não me ouviu, e YHWH me disse: Basta! Não me fales mais sobre este assunto." (Dt 3,26)

A linguagem é dura. Moisés não é rejeitado – mas é interrompido. Há limites que nem a oração ultrapassa. Há momentos em que o silêncio de Deus é também resposta pedagógica. A liderança de Moisés está no fim. Ele conduziu até a borda; não atravessará. E esse não atravessar é o selo da obediência. O papel de Moisés não era chegar, mas preparar os que chegariam. Contudo, Deus lhe concede um gesto de ternura: a visão do alto.

> *ʿălēh rōʾš hap·pis·gāh, wəśāʾ ʿênê·ḵā yāmāh wəṣā·pō·nōh wətēmānāh wəmi·zrā·ḥāh; û·rᵊʾê ḇə·ʿê·nê·ḵā: kî lōʾ taʿăḇōr ʾet-hayyardēn hazzeh*
> “Sobe ao cume do Pisga, e levanta os teus olhos para o ocidente, para o norte, para o sul e para o oriente, e vê com os teus olhos, pois não passarás este Jordão.” (Dt 3,27)

O Pisga, uma das elevações do monte Nebo, se torna altar da visão não-possessiva. Moisés, o vidente, vê o que não toca. E isso não é castigo. É privilégio. Ele contempla o cumprimento da promessa – não a partir de dentro da terra, mas de cima. A partir da montanha, como quem abençoa com os olhos. A liderança é então transferida. A história precisa de continuidade. Israel não ficará sem condução.

> *wəṣawweṯ ʾet-Yəhōšūaʿ wəḥazzĕqēhū wəʾamṣēhū kî hûʾ yaʿăḇōr lip̱nê hāʿām hazzeh wəhûʾ yānḥîlēm ʾet-hāʾāreṣ ʾăšer tirʾeh*
> “E ordena a Josué, e fortalece-o, e anima-o, pois ele passará diante deste povo, e ele os fará herdar a terra que tu verás.” (Dt 3,28)

O que Moisés não fará, Josué fará. O que Moisés viu, Josué pisará. Mas é Moisés quem deve fortalecê-lo. A liderança do futuro nasce da bênção do passado. O sucessor não se impõe – é confirmado. O gesto final de Moisés é generoso: preparar o outro para cumprir o que ele não cumprirá. Com isso, o capítulo se encerra. Mas a cena permanece suspensa no alto da montanha. O povo espera à beira do Jordão. O profeta contempla. O sucessor escuta. E a terra, enfim visível, ainda permanece promessa. Porque a verdadeira travessia começa onde a fé sustenta a obediência – mesmo quando não há chegada.

Capítulo 4

A transição de Moisés da narrativa para a instrução torna-se plena em Deuteronômio 4. Aqui, Israel não é apenas o povo que lembra do que Deus fez – é o povo que deve responder com escuta, fidelidade e temor reverente. O texto, como uma costura entre memória e vocação, começa com um chamado à escuta que não é mero ouvido atento, mas vida moldada pela palavra.

> *wəʿattāh yiśrāʾēl šəmaʿ ʾel-haḥuqqîm wəʾel-hammishpāṭîm ʾăšer ʾānōḵî məllammēḏ ʾetkem laʿăśōt ləmāʿan tiḥyū ûḇātem wəyərištem ʾet-hāʾāreṣ ʾăšer YHWH ʾĕlōhê ʾăḇōṯêkem nōtēn lākem*
> "E agora, ó Israel, ouve os estatutos e os juízos que eu vos ensino a cumprir, para que vivais, e entreis e possuais a terra que YHWH, o Deus de vossos pais, vos dá." (Dt 4,1)

Este versículo abre o capítulo como uma convocação existencial. A escuta (*šəmaʿ*) é o primeiro ato de fidelidade, e não um gesto passivo. Ouvir a Torá é aprender a viver. Os *ḥuqqîm* e *mišpāṭîm* – estatutos e juízos – não são apenas normas jurídicas, mas expressões concretas da vontade de Deus para a comunidade. Cumpri-los é sinônimo de viver (*tiḥyū*). A posse da terra não é direito natural, mas graça condicionada à obediência.

> *lōʾ tōsipū ʿal-haddāḇār ʾăšer ʾānōḵî məṣawwēh ʾetkem wəlōʾ tiggəʿū mimmennū, ləšōmər ʾet-miṣwōṯ YHWH ʾĕlōhêkem ʾăšer ʾānōḵî məṣawwēh ʾetkem*
> "Não acrescentareis à palavra que vos ordeno, nem dela diminuireis, para que guardeis os mandamentos de YHWH vosso Deus, que eu vos ordeno." (Dt 4,2)

A palavra revelada é inviolável. Acrescentar é idolatria disfarçada de zelo. Subtrair é infidelidade disfarçada de autonomia. A Torá não é objeto de manipulação. É dom. E como dom, exige reverência. A relação com Deus, segundo Deuteronômio, começa com a escuta, mas se realiza na guarda – *šōmēr* – da palavra.

> *wəʾatem haddəḇēqîm B·YHWH ʾĕlōhekem ḥayyîm kulkem hayyōm*
> "Mas vós, que vos apegastes a YHWH vosso Deus, todos estais vivos hoje." (Dt 4,4)

A vida é fruto do apego (*dāḇaq*) a YHWH. Não se trata de uma vida biológica apenas, mas da vida em aliança. Os que se ligam a Deus – como uma criança ao peito, como o casal no casamento – são os que vivem. O texto contrapõe este apego àqueles que se desviaram em Baal-Peor (Dt 4,3). O culto verdadeiro não é aquele que vê, mas o que escuta e se apega.

> *ušəmartem waʿăśîtem kî hîʾ ḥokmatkem ûḇînatkem ləʿênê hāʿammîm*
> "Guardai-os e cumpri-os, pois esta será a vossa sabedoria e o vosso entendimento perante os olhos das nações." (Dt 4,6)

A Torá não é apenas para o culto, mas também para o testemunho. A justiça de Israel será visível. Sua fidelidade será pedagógica para o mundo. As nações verão a sabedoria do povo que escuta a Deus. A ética e a espiritualidade, aqui, se fundem como testemunho público. A vida justa é, por si só, missão.

> *kî mî gôy gādôl ʾăšer-lô ʾĕlōhîm qərōḇîm ʾēlāw kăYHWH ʾĕlōhênū bəkol-qārʾēnū ʾēlāw?*
> "Pois que grande nação há que tenha deuses tão próximos como YHWH nosso Deus, sempre que o invocamos?" (Dt 4,7)

Esta pergunta retórica não apenas exalta YHWH, mas define o coração da fé israelita: proximidade. Deus não está distante, não é mudo, não é inacessível. O Deus de Israel é *qārōḇ* – próximo, invocável. A fé de Israel é a fé de um povo que tem um Deus que escuta. A escuta de Deus precede a escuta de Israel. O pacto começa com a iniciativa divina. Após enfatizar a sabedoria da Torá e a proximidade de YHWH, Moisés conduz o povo ao coração da experiência fundadora: a revelação no Horebe. Aquilo que define Israel como povo distinto não é a terra, nem a etnia, mas a memória da voz. O que os olhos não viram se torna aquilo que molda a identidade do povo.

> *raq hiššāmer-ləkā ûšmōr napšəkā mə'ōḏ pen-tiškaḥ 'et-haddəḇārîm 'ăšer-rā'û ʿênêkā ûpen-yāsūrū milləḇāḇəkā kōl yəmê ḥayyêkā wəhōḏaʿtām ləḇāneykā ûliḇnê ḇāneykā*
> "Somente guarda-te a ti mesmo e guarda bem tua alma, para que não te esqueças das coisas que teus olhos viram, e para que não se apartem de teu coração todos os dias da tua vida; e as farás saber a teus filhos e aos filhos de teus filhos." (Dt 4,9)

Aqui, a memória não é apenas um exercício intelectual – é uma exigência espiritual. Esquecer é se perder. O que os olhos viram deve ser guardado no coração (*lēḇ*), e do coração transmitido à descendência. O tempo da revelação é também o tempo da responsabilidade. A fé bíblica, em sua forma mais original, é um ato de rememoração ensinada.

> *yōm 'ăšer ʿāmadəṯā ləpənê YHWH 'ĕlōheḵā bəḥōrēḇ...*
> "O dia em que estiveste diante de YHWH teu Deus em Horebe..." (Dt 4,10)

O marco temporal torna-se teologicamente absoluto. O "dia em que estiveste" não se refere apenas ao passado de quem está ouvindo, mas a uma herança que todo Israel carrega. Mesmo os que não estavam fisicamente lá são inseridos na experiência pelo testemunho da palavra. A revelação no Horebe não é apenas um evento, mas um fundamento.

> *wətidəbār YHWH 'ălēḵem mittōḵ hā'ēš qôl dəḇārîm 'attem šōməʿîm ûtənūnâh 'ênkem zūlātî qôl*
> "E YHWH vos falou do meio do fogo; ouvistes o som das palavras, porém não vistes forma – apenas uma voz." (Dt 4,12)

O centro da teologia deuteronômica pulsa aqui: o povo não viu nada. Apenas ouviu. O invisível torna-se o solo do compromisso. Contra toda tendência humana de criar ídolos, Israel é chamado a confiar no Deus que fala – e que se esconde da vista. A fé é moldada pela escuta, não pela visão. A ausência de imagem não é ausência de presença – é excesso de santidade.

> *wənishmartem mə'ōḏ lənapšōtêkem kî lō' rə'îtem*
> *kol-temûnāh bəyôm dəḇēr YHWH 'ălêkem bəḥōrēḇ*
> *mittōḵ hā'ēš*
> "Guardai, pois, cuidadosamente vossas almas, pois não vistes forma alguma no dia em que YHWH vos falou em Horebe, do meio do fogo." (Dt 4,15)

A ausência de imagem é lembrada como um elemento positivo. O invisível protege Israel da idolatria. O Deus que falou do meio do fogo não foi reduzido à forma, porque não pode ser contido. A idolatria não é apenas erro doutrinal – é ruptura do modo como Deus escolheu se revelar.

> *pen-tašḥîtū wə'ăśîtem lākem pessel...*
> "Para que não vos corrompais, fazendo para vós imagem esculpida..." (Dt 4,16)

A corrupção começa quando a escuta cede à visualização. Fazer imagem é um gesto de poder: transforma o Deus que fala em um objeto manipulável. Toda imagem é uma tentativa de reduzir a alteridade divina à previsibilidade humana. Contra isso, o Horebe permanece como lembrança viva de que o sagrado se dá como som, não como forma. A advertência contra a idolatria, mais do que exortação, toma agora a forma de profecia. Moisés vê além da travessia do Jordão. Vê os séculos de infidelidade, a sedução pelos deuses estrangeiros, a dissolução da identidade. Mas vê também a misericórdia divina. O futuro está aberto – não porque o povo é constante, mas porque YHWH é fiel.

> *wəhāyā kî tōlîḏ bānîm ûḇanê ḇānîm wənōšanṭem ḇā'āreṣ*
> *wəhíšḥatem wə'ăśîtem pessel*
> "E acontecerá que, gerando filhos e netos e envelhecendo na terra, se vos corromperdes e fizerdes imagem esculpida..." (Dt 4,25)

A ameaça não é para o presente imediato. É para o tempo em que a estabilidade gerar descuido. Quando a terra deixar de ser promessa e se tornar posse, o risco da idolatria aumentará. A fé precisa da tensão da travessia – a acomodação da posse produz esquecimento. O perigo espiritual não está na adversidade, mas no conforto.

> *ʿēḏ bāḵem hayyōm ʾet-haššāmayim wəʾet-hāʾāreṣ kî ʾāḇōḏ tōʾḇēḏūn...*
> "Chamo hoje por testemunhas contra vós os céus e a terra, que certamente perecereis..." (Dt 4,26)

Céu e terra são convocados como testemunhas do pacto – e também do julgamento. A linguagem é litúrgica e cósmica. A aliança de Israel não é privada, mas cósmica. Quando ela se rompe, toda a criação se abala. A desobediência não será apenas erro: será desastre histórico. Mas não irreversível.

> *ûḇiqqashtem miššām ʾet-YHWH ʾĕlōheḵā ûmāṣāʾtā kî tidrəšennū bəḵol-ləḇāḇḵā ûḇəḵol-nafšekā*
> "E de lá buscarás YHWH teu Deus, e o acharás, se o buscares de todo o teu coração e de toda a tua alma." (Dt 4,29)

O retorno não depende de geografia, mas de desejo. Mesmo em meio ao exílio – "de lá" (*miššām*) – é possível reencontrar a presença divina. O verbo *dārash* (buscar) exige intensidade: com todo o coração (*lēḇ*) e com toda a vida (*nep̄eš*). O arrependimento não é movimento superficial. É conversão do ser.

> *kî ʾēl raḥūm YHWH ʾĕlōheḵā lōʾ yarpəḵā wəlōʾ yašḥîtḵā wəlōʾ yiškāḥ ʾet-bərît ʾăḇōṯêḵā*
> "Pois YHWH teu Deus é Deus compassivo; não te abandonará, nem te destruirá, nem se esquecerá da aliança com teus pais." (Dt 4,31)

Aqui está o eixo do Deuteronômio: a compaixão de Deus. Mesmo quando a justiça exige correção, a misericórdia não desaparece. Deus não rompe a aliança mesmo quando Israel a esquece. Não porque

Israel seja digno, mas porque YHWH é *raḥūm* – compassivo. A esperança nasce do caráter divino, não da performance humana. A parte final do capítulo é uma celebração da singularidade de YHWH, cuja escolha de Israel e cuja libertação do Egito não têm paralelo. É um convite à contemplação da história como teologia:

> *hannissâ ʾĕlōhîm lāvōʾ lāqaḥat-lō gôy miqqereḇ gôy.*
> "Acaso tentou algum deus vir tomar para si um povo do meio de outro povo... com sinais, prodígios, mão forte e braço estendido?" (Dt 4,34)

A pergunta é retórica, mas seu tom é exultante. O Êxodo não foi apenas libertação – foi epifania. Nenhum outro povo viu algo assim. Nenhum outro Deus se fez presente assim. Israel é chamado a viver com a memória do Êxodo ardendo como chama.

> *ʾattāh hôraʾtā lādāʿat kî YHWH hūʾ hāʾĕlōhîm ʾên ʿôḏ millәḇaddô*
> "A ti foi mostrado, para que soubesses que YHWH é Deus, e nenhum outro há além dele." (Dt 4,35)

Este versículo é a cúpula teológica do capítulo – e de toda a teologia deuteronômica. A aliança não é apenas contrato; é revelação. A exclusividade de YHWH não é dogma imposto, mas verdade revelada. O monoteísmo bíblico não é uma negação dos outros deuses – é confissão de um encontro singular.

> *wәšāmarta ʾet-ḥuqqāyw wәʾet-miṣwōṯāyw... lәmaʿan taʾărîk yāmîm*
> "Guardarás, pois, os seus estatutos e os seus mandamentos... para que prolongues os teus dias." (Dt 4,40)

Obedecer é viver. A Torá não é apenas revelação divina – é estrutura para a continuidade histórica. A vida longa na terra é consequência da escuta fiel. A terra prometida se mantém como dom quando a palavra de Deus se mantém como centro.

Assim, o capítulo 4 se encerra como uma junção entre advertência, promessa e memória. O povo que escuta vive. O povo que esquece perde-se. Mas o Deus que chamou permanece – mesmo no exílio, mesmo no silêncio, mesmo quando não é visto, ainda fala.

Capítulo 5

A nova geração de israelitas não esteve fisicamente no Sinai, mas, aos olhos de Moisés, todos participaram da revelação. A aliança é continuamente atualizada pelo discurso. E o que a constitui, desde sua origem, são palavras – não imagens. O capítulo começa com a reafirmação do lugar central da escuta e da instrução:

> *wayyiqrəʾ mōšēh ʾel-kāl-yiśrāʾēl wayyōʾmer ʾălēhem: šəmaʿ yiśrāʾēl ʾet-hāḥuqqîm wəʾet-hammishpāṭîm ʾăšer ʾānōḵî dōbēr bəʾoznêkem hayyōm ûləmadtem ʾōṯām ûšmartem laʿăśōtām*
> "E Moisés convocou todo o Israel e lhes disse: Escuta, ó Israel, os estatutos e os juízos que hoje vos falo aos ouvidos; aprendei-os e guardai-os para os cumprir." (Dt 5,1)

A tríade da fidelidade é clara: escutar (*šəmaʿ*), aprender (*lāmad*), guardar para cumprir (*šāmar* + *ʿāśâ*). Esta é a estrutura espiritual do Deuteronômio. O povo é chamado a formar sua identidade pela escuta ativa e pela memória aprendida. A Torá é dirigida aos ouvidos, não aos olhos. A palavra não é um dado congelado, mas um gesto contínuo de ensino.

> *lōʾ ʾet-ʾăḇōṯênū kārat YHWH ʾet-habbərît hazzōʾṯ kî ʾittānū ʾănāḥnū ʾēlleh pō hayyōm kullānū ḥayyîm*
> "Não com nossos pais fez YHWH esta aliança, mas conosco, todos nós que aqui estamos vivos hoje." (Dt 5,3)

Este versículo é o coração da pedagogia deuteronômica. A geração do Êxodo morreu no deserto, mas a aliança não morreu com eles. O passado é vivido como presente. Cada nova geração é chamada a entrar no pacto como se estivesse no Sinai. O tempo da aliança não é linear – é convocação constante. A memória sagrada não é história distante, mas experiência renovada.

> *pānîm bəpānîm dibbēr YHWH ʿimmākem bāhār mittōḵ hāʾēš*
> "Face a face falou YHWH convosco no monte, do meio do fogo." (Dt 5,4)

A imagem é de intimidade terrível. *Pānîm bəpānîm* – face a face – não é literal, mas expressa proximidade radical. Israel experimentou a transcendência como presença. O fogo, que marca a alteridade divina, não impediu a comunicação. A palavra emergiu de dentro do inatingível. E foi Moisés quem mediou a revelação, não porque Deus não falasse ao povo, mas porque o povo não suportou ouvir diretamente.

> *ʾānōḵî YHWH ʾĕlōheḵā ʾăšer hôṣēʾtîḵā mēʾereṣ-miṣrayim mibbēṯ ʿăḇāḏîm*
> "Eu sou YHWH teu Deus, que te tirei da terra do Egito, da casa da servidão." (Dt 5,6)

A revelação dos mandamentos não começa com exigência, mas com memória. Deus se apresenta como libertador antes de ser legislador. A autoridade dos mandamentos repousa sobre a experiência da graça. O Decálogo nasce do Êxodo. A obediência é resposta, não pré-requisito. O Deus que dá os mandamentos é o Deus que liberta.

> *lōʾ yihyê ləḵā ʾĕlōhîm ʾăḥērîm ʿal-pānāy*
> "Não terás para ti outros deuses diante de mim." (Dt 5,7)

O primeiro mandamento não é só uma norma de culto – é uma declaração existencial. Ter outros deuses é romper com a fidelidade que nasce do Êxodo. A exclusividade de YHWH não é imposição arbitrária, mas reconhecimento da relação estabelecida. Dizer "não terás" é dizer "tu já tens a mim".

lōʾ taʿăśê-ləkā pessel wəḵol-temūnâ

"Não farás para ti imagem esculpida, nem qualquer semelhança..." (Dt 5,8)

O segundo mandamento protege a liberdade de Deus. YHWH não se deixa representar nem capturar. O culto verdadeiro nasce da escuta, não da imagem. A idolatria é sempre uma tentativa de domesticar o sagrado. O Deus do Êxodo não pode ser feito. Ele apenas pode ser obedecido e invocado.

O mandamento do sábado surge como núcleo da memória ativa de Israel. Seu texto em Deuteronômio diferencia-se daquele de Êxodo 20, pois aqui o descanso é vinculado à experiência histórica do cativeiro e da libertação – e não à criação. A teologia da libertação é inserida no ritmo do tempo.

šāmōr ʾet-yōm haššabbāt ləqadšô kaʾăšer ṣiwwəḵā YHWH ʾĕlōheḵā

"Guarda o dia de sábado para o santificar, como YHWH teu Deus te ordenou." (Dt 5,12)

wəzāḵartā kî-ʿeḇed hāyîtā bəʾereṣ-miṣrayim wayyôṣîʾăḵā YHWH ʾĕlōheḵā miššām

"E lembrarás que foste servo na terra do Egito, e que YHWH teu Deus te tirou de lá..." (Dt 5,15)

Guardar o sábado é resistir à lógica do Egito. No mundo da servidão, não há pausa. O descanso é ato de subversão contra toda estrutura que transforma pessoas em instrumentos. Ao descansar, Israel reconta sua história com o corpo – celebra não só a criação, mas sua libertação. E a memória se faz liturgia. A comunidade que descansa em Deus é a mesma que lembra de onde veio e por quem foi resgatada. O mandamento seguinte conecta o tempo à carne da genealogia. A honra aos pais não é apenas respeito familiar: é extensão da fidelidade à história.

kabbēḏ ʾet-ʾāḇîḵā wəʾet-ʾimmêḵā kaʾăšer ṣiwwəḵā YHWH ʾĕlōheḵā

"Honra teu pai e tua mãe, como YHWH teu Deus te ordenou..." (Dt 5,16)

O verbo *kabbēḏ* (honrar) vem da raiz de peso, gravidade. Honrar os pais é reconhecer o peso de quem nos antecedeu, de quem nos transmitiu vida e, idealmente, fé. É também assegurar a continuidade da comunidade. A promessa associada – "para que se prolonguem teus dias" – não é automatismo, mas afirmação de que a memória respeitada gera estabilidade. Com os mandamentos seguintes, adentra-se a esfera das relações comunitárias diretas: não matarás, não adulterarás, não furtarás, não darás falso testemunho. Cada um deles é uma muralha contra a fragmentação do povo.

lōʾ tirṣāḥ... lōʾ tiʿāf... lōʾ tignōḇ... lōʾ-taʿan bərēaʿăḵā ʿēḏ šāqer

"Não matarás... não adulterarás... não furtarás... não dirás falso testemunho contra teu próximo." (Dt 5,17-20)

Esses mandamentos, curtos e absolutos, marcam o espaço do outro como inviolável. O próximo não é obstáculo nem posse. O assassinato rompe o dom da vida; o adultério profana o pacto íntimo; o furto destrói a confiança; a falsa palavra desintegra a justiça. O pacto com Deus exige um pacto com o irmão. O sagrado do Sinai transborda nas relações humanas. Toda transgressão ao próximo é também ferida na aliança. Mas é o último mandamento que aponta para o coração – não apenas o ato, mas o desejo.

wəlōʾ taḥmōḏ ... wəlōʾ titʾāwweh

"E não cobiçarás... e não desejarás..." (Dt 5,21)

Aqui, o mandamento toca o invisível. Não se trata de um comportamento, mas de uma inclinação. A Torá não quer apenas moldar a conduta, mas o interior. O desejo desordenado – de posse, de controle, de dominação – é o motor oculto das outras violações. O coração que cobiça já rompeu com o contentamento da aliança. Deus não quer apenas atos – quer uma disposição interior alinhada à fidelidade. Ao final dos mandamentos, o povo tremeu diante do fogo e da voz.

A experiência foi insuportável. A revelação direta provocou medo. Por isso pedem que Moisés seja o mediador. E YHWH aceita – mas com lamento.

> *mî yittēn wəhāyā ləḇāḇām zeh lāhem ləyirʾāh ʾōṯî*
> “Quem dera que eles tivessem sempre tal coração para me temer...” (Dt 5,29)

O desejo de Deus é que a reverência vivida naquele dia se torne permanente. Que o temor diante do fogo se transforme em fidelidade no cotidiano. Que o impacto da palavra não seja momentâneo, mas fundacional. Após a entrega dos mandamentos, o texto recua narrativamente para relatar a reação do povo diante da revelação. A experiência da voz divina foi tão intensa que se tornou insustentável. O povo tremeu – e recuou.

> *wayyihy kî-šemʿem ʾet-hāqôl mittōḵ haḥōšek wəhāhār bōʿēr bāʾēš wayyiqrəḇūn ʾēlay kol-rāšê šibṭêkem wəziqnêkem*
> “E aconteceu que, ao ouvirem a voz do meio das trevas, enquanto o monte ardia em fogo, aproximaram-se de mim todos os chefes de vossas tribos e vossos anciãos.” (Dt 5,23)

Este versículo dramatiza a teofania: fogo, trevas, som. O monte arde, mas o povo se afasta. A santidade de Deus revela sua alteridade radical – não é possível mantê-la sob controle, nem suportá-la diretamente. O gesto de recuar não é apenas medo – é percepção da gravidade do sagrado.

> *hinnēh hērʾānû YHWH ʾĕlōhênū ʾet-kəbōdô wəʾet-gādəlô wəʾet-qôlô šāmaʿnû mittōḵ hāʾēš... wəʾattāh lāmmāh namūt?*
> “Eis que YHWH nosso Deus nos mostrou sua glória e sua grandeza, e ouvimos sua voz do meio do fogo... e agora, por que morreríamos?” (Dt 5,24-25)

A linguagem do povo carrega reverência e temor. Viram a glória (*kəbōd*), ouviram a grandeza (*gādəl*), mas pedem um mediador. Há uma tensão central aqui: Deus quer proximidade, mas o povo experimenta a proximidade como ameaça. O mistério da revelação é que a presença absoluta de Deus produz vida – e também terror. Por isso, Moisés é chamado a mediar.

> *wəʾattāh qərab ʾattāh ûšəmaʿ ʾet kol-ʾăšer-yōʾmar YHWH ʾĕlōhênū wəʾatt tədabbēr ʾēlāynū*
> "E tu, aproxima-te e ouve tudo o que YHWH nosso Deus disser, e tu nos falarás..." (Dt 5,27)

O povo aceita o conteúdo da revelação, mas não sua forma. Não recusam os mandamentos, mas a experiência direta. A mediação torna-se modelo. A partir daqui, toda a Torá será entregue por meio de Moisés – figura que encarna a intermediação da graça. Não por acaso, no Novo Testamento, Jesus será apresentado como novo Moisés, palavra de Deus encarnada e mediador da nova aliança (cf. Hb 3,1–6).

> *mî yittēn wəhāyā ləḇāḇām zeh lāhem ləyirʾāh ʾōṯî wəlišmōr ʾet kol-miṣwōṯay*
> "Quem dera que eles tivessem sempre tal coração para me temer e guardar todos os meus mandamentos..." (Dt 5,29)

Este versículo é uma confissão divina. Deus expressa o desejo de permanência. A escuta daquele dia deveria ser semente para uma fidelidade duradoura. Mas sabe-se que o coração humano é volúvel. A fé não se sustenta sozinha – precisa ser cultivada. O lamento divino revela uma teologia da fragilidade da aliança. Deus fala – mas o povo esquece. Deus revela – mas o coração se dispersa. O capítulo termina com um apelo direto à escuta e ao caminhar.

> *wəšāmartem laʿăśōt kāʾăšer ṣiwwā YHWH ʾĕlōhekem ʾetkem*
> "Guardai para cumprir como YHWH vosso Deus vos ordenou." (Dt 5,32)

> *bəkāl-haddāreḵ ʼăšer ṣiwwā YHWH ʼĕlōhekem ʼetkem tēlēḵū ləmaʻan tiḥyū*
> "Em todo o caminho que YHWH vosso Deus vos ordenou andai, para que vivais..." (Dt 5,33)

Escutar é andar. A fidelidade é dinâmica. A obediência não é enclausuramento, mas caminho. A Torá não é um fim em si – é meio para a vida, para a permanência na terra, para a comunhão com Deus. Ao final do capítulo, volta a promessa: viverão, prosperarão, prolongarão os dias – se escutarem.

Deuteronômio 5, assim, relê o Sinai não como um episódio congelado, mas como vocação permanente. O povo vive na interseção entre memória e escuta, entre o fogo da revelação e a quietude da fidelidade cotidiana. A palavra que um dia tremeu o monte deve agora habitar o coração.

Capítulo 6

Deuteronômio 6 é um dos capítulos mais centrais da teologia deuteronômica e de toda a Bíblia hebraica. Aqui, a aliança é internalizada como amor, escuta e memória. O Deus que libertou e legislou agora convida o povo a amá-lo com todo o ser. Não há separação entre doutrina e afeto, entre mandamento e intimidade. O texto molda a existência de Israel pela escuta atenta e pelo compromisso total. O texto inicia com o mandamento:

> *wəzōʼṯ hamməṣwāh haḥuqqîm wəhammishpāṭîm ʼăšer ṣiwwā YHWH ʼĕlōhekem ləlammēḏ ʼetkem laʻăśōt bāʼāreṣ ʼăšer ʼattem ʻōḇərîm šāmāh lərištāh*
> "E este é o mandamento – os estatutos e os juízos – que YHWH vosso Deus ordenou para vos ensinar, a fim de que os cumprísseis na terra para a qual estais passando, a fim de possuí-la." (Dt 6,1)

Este versículo faz a ponte entre a proclamação do Decálogo e a interiorização da aliança. O ensino da Torá é inseparável da posse da terra. A terra prometida não é espaço neutro: só pode ser habitada como extensão da fidelidade. O verbo *ləlammēḏ* (ensinar) revela que o pacto não se transmite por instinto, mas por disciplina. A escuta, que se tornará tema central neste capítulo, começa na mediação do ensino.

> *ləmaʿan-tîrāʾ ʾet-YHWH ʾĕlōhekā lishmōr ʾet-kol-ḥuqqōṯāyw wəmiṣwōṯāyw... kol-yəmê ḥayyêkā ûləmaʿan taʾărîk yāmîm*
> "Para que temas YHWH teu Deus, guardando todos os seus estatutos e mandamentos... todos os dias da tua vida, e para que se prolonguem os teus dias." (Dt 6,2)

A Torá é dada "para que temas" – *ləmaʿan-tîrāʾ*. Mas este temor não é pânico, e sim reverência carregada de confiança. O temor bíblico é o oposto da alienação: é o reconhecimento de que Deus é Deus, e que viver fora de sua palavra é caminhar para a morte. O cumprimento da lei não é apenas ética – é sabedoria vital. A escuta gera vida longa porque a aliança ordena o mundo.

> *šəmaʿ yiśrāʾēl: YHWH ʾĕlōhênū YHWH ʾeḥāḏ*
> "Escuta, ó Israel: YHWH nosso Deus, YHWH é um." (Dt 6,4)

Este é o centro da fé israelita. *Šəmaʿ* – escuta – não é um convite passivo, mas a convocação fundante. Israel é o povo que escuta. Não o povo da imagem, nem da espada, mas da palavra ouvida. O versículo afirma a unicidade de YHWH – *ʾeḥāḏ* – que não significa apenas "um" em oposição ao politeísmo, mas também "único", "inteiro", "sem rival". O Deus de Israel não é um entre outros, mas o único com quem se pode entrar em aliança.

> *wəʾāhaḇtā ʾet-YHWH ʾĕlōhekā bəkāl-ləḇāḇkā ûḇəkāl-nafšəkā ûḇəkāl-məʾōḏekā*
> "E amarás YHWH teu Deus com todo o teu coração, com toda a tua alma e com toda a tua força." (Dt 6,5)

A resposta ao Deus único é o amor indiviso. Não temor servil, mas amor total. O coração (*lēḇ*) não é apenas sede das emoções, mas da vontade e do intelecto. A alma (*nefesh*) representa o ser vivente, a respiração, o "eu". A força (*məʾōḏ*) aqui é mais que vigor físico – é tudo o que ultrapassa, tudo o que temos, tudo o que podemos. Amar a Deus com tudo é dissolver o dualismo entre fé e vida. Toda existência torna-se resposta amorosa. A fidelidade a YHWH exige que a palavra não esteja apenas no altar – mas nos ossos, na casa, nos filhos, nas mãos e nas portas. A religião do coração é também religião da rotina. O versículo 6 afirma:

> *wəhāyû haddəḇārîm hāʾēlleh ʾăšer ʾānōḵî məṣawwəḵā hayyōm ʿal-ləḇāḇeḵā*
> "E estas palavras que hoje te ordeno estarão sobre o teu coração." (Dt 6,6)

O coração (*lēḇ*) aqui é mais que o centro emocional: é o centro decisório da pessoa. As palavras – *dəḇārîm* – não devem pairar no ar, mas pousar, pousar sobre o coração, como peso suave e indelével. A aliança não pode ser gesto ocasional; deve ser inscrição viva na consciência. A Torá é lembrada não por sua beleza literária, mas por sua capacidade de moldar um povo inteiro.

> *wəšinnantām ləḇāneyḵā*
> "E as inculcarás a teus filhos..." (Dt 6,7a)

O verbo *šinnen* implica repetição afiada, como quem afia uma lâmina. O ensino da Torá aos filhos não é recreativo – é insistente, perseverante, quase ritual. O conhecimento da aliança não nasce espontaneamente – é forjado geração após geração. Ensinar os filhos é perpetuar a identidade do povo. É assegurar que o Sinai não se apague.

> *wədibbartā ʮām bəšibətḵā ḇəḇēṯeḵā ûḇəlēṯḵā ḇaddāreḵ ûḇəšāḵbəḵā ûḇequmeḵā*
> "E delas falarás, sentado em tua casa, andando pelo caminho, ao te deitares e ao te levantares." (Dt 6,7b)

A fidelidade a YHWH atravessa o cotidiano. Não se restringe ao culto, ao sábado ou à sinagoga. A palavra da aliança deve estar em casa e na estrada, no sono e no despertar. O ensino não é tarefa de momentos isolados, mas de uma vida saturada da palavra. O espaço doméstico se torna templo; o tempo diário, liturgia. A religião verdadeira é integral.

> *ûqəšartām lə'ôt ʿal-yādeḵā wəhāyû ləṭōṭāfōṯ bēn-ʿênêḵā*
> "E as atarás como sinal sobre a tua mão, e estarão por frontais entre teus olhos." (Dt 6,8)

A linguagem é simbólica e, ao mesmo tempo, radicalmente concreta. Mão e olhos – ação e visão – são moldados pela palavra. O fiel é aquele cuja prática e percepção estão disciplinadas pela aliança. Mais tarde, isso será literalizado nos *tefilin* – filactérios –, mas seu sentido primeiro é formativo: a palavra molda o corpo e orienta o olhar.

> *ûḵtāḇtām ʿal-məzūzōṯ bēṯeḵā ûḇišʿāʿāreḵā*
> "E as escreverás nos umbrais da tua casa e nas tuas portas." (Dt 6,9)

A casa torna-se santuário. O povo que mora na terra é chamado a lembrar, a cada entrada e saída, de que tudo é dom. A memória da aliança é cravada na arquitetura. Os umbrais não apenas sustentam paredes – sustentam o pacto. A cidade, com seus portões (*šəʿārîm*), deve ser moldada pela palavra como a casa o é. A fidelidade a YHWH não tem enclave: ocupa tudo. Mas a bênção da terra trará outro perigo – o esquecimento.

> *wəhāyā kî-yəḇî'ăḵā YHWH 'ĕlōheḵā 'el-hā'āreṣ... ûḇāttîm məlē'îm ṭōḇ wə'ăšer lō'-millēṯā ûḇōrōṯ ḥāṣûḇîm 'ăšer lō'-ḥāṣāḇtā...*
> "E quando YHWH teu Deus te introduzir na terra... casas cheias de bens que não encheste, cisternas escavadas que não escavaste..." (Dt 6,10-11)

A terra será boa. O problema é que será tão boa que poderá ser esquecida. As casas serão cheias – mas não pelo esforço de Israel. As cisternas darão água – mas foram cavadas por outros. O conforto que não foi conquistado pelo esforço próprio pode gerar ilusão de autonomia. Por isso, o risco da fartura é maior que o da fome.

> *hiššāmēr ləḵā pen-tiškaḥ ʾet-YHWH ʾăšer hôṣîʾăḵā mēʾereṣ-miṣrayim*
> "Guarda-te, para que não esqueças YHWH, que te tirou da terra do Egito..." (Dt 6,12)

A teologia da memória retorna. O esquecimento não é um lapso: é uma traição. Esquecer YHWH é esquecer o Êxodo. E esquecer o Êxodo é destruir a base da identidade de Israel. A abundância embriaga. A terra pode se tornar Egito – se a memória do Deus libertador for apagada. Os versículos finais do capítulo, se entrelaçam as advertências contra a tentação de provar YHWH, o chamado à obediência como caminho de justiça e o compromisso de ensinar as gerações futuras. O texto se torna quase um testamento litúrgico: a fidelidade é ato presente e herança transmitida. A aliança é contada como narrativa, vivida como caminho e ensinada como esperança. O versículo 16 afirma:

> *lōʾ tənaśśū ʾet-YHWH ʾĕlōhekem kaʾăšer nissîtēm bammāśāh*
> "Não tentareis YHWH vosso Deus, como o tentastes em Massá." (Dt 6,16)

Massá foi o lugar do teste (Êx 17,1–7), onde o povo, sedento, duvidou da presença de YHWH e disse: "Está YHWH no nosso meio ou não?". A menção aqui não é apenas geográfica – é teológica. Provar Deus é recusá-lo como confiável. É substituir a escuta por exigência. A fé bíblica se fundamenta na confiança silenciosa, não na imposição de sinais. A lembrança de Massá serve de antídoto contra a religiosidade utilitária.

> *šāmōr tišmərūn ʾet-miṣwōṯ YHWH ʾĕlōhekem wəʾet-ʿēdōṯāyw wəḥuqqāyw ʾăšer ṣiwwā*

"Guardareis cuidadosamente os mandamentos de YHWH vosso Deus, e os seus testemunhos, e os seus estatutos que vos ordenou." (Dt 6,17)

A repetição aqui é deliberada – *šāmōr tišmərūn*, "guardar, guardareis". Como se o texto insistisse que guardar a aliança não é gesto único, mas atenção contínua. Os mandamentos não são peso – são testemunhos (*ʿēdōṯ*) e limites que definem a vida em comunhão com Deus.

wəʿāśîṯā hayyāšār wəhattōḇ bəʿênê YHWH ləmaʿan yîṭaḇ lāk
"E farás o que é reto e bom aos olhos de YHWH, para que bem te suceda..." (Dt 6,18)

Aqui, a ética do pacto se expressa com simplicidade radical: fazer o que é *yāšār* (reto) e *ṭōḇ* (bom). Não apenas o que está escrito, mas o que é justo diante dos olhos de Deus. A Torá não forma legalistas, mas homens e mulheres que agem segundo o coração de Deus. Obediência não é sobrevivência apenas, mas bem-estar (*yîṭaḇ*), plenitude.

kî yišʾāleḵā binḵā māh hāʿēdōṯ wəhāḥuqqîm wəhammishpāṭîm ʾăšer ṣiwwā YHWH ʾĕlōhênū ʾetkem?
"Quando teu filho te perguntar: Que significam os testemunhos, estatutos e juízos que YHWH nosso Deus vos ordenou?" (Dt 6,20)

A transmissão da fé é imaginada como pergunta. O ensino é precedido pela curiosidade do filho. A aliança é pedagógica, mas também narrativa. O mandamento não é imposto no vácuo – ele é contado com história.

wəʾāmartā ləḇinḵā: ʿăḇāḏîm hāyînū ləparʿō bəmiṣrayim wayyōṣienū YHWH mimmîṣrayim...
"E dirás a teu filho: Fomos servos de Faraó no Egito, e YHWH nos tirou do Egito..." (Dt 6,21)

O mandamento é inseparável da memória do Êxodo. A identidade de Israel não começa com a lei, mas com a libertação. A Torá é resposta à graça. Quando o filho perguntar "por que seguimos essas regras?", a resposta será sempre: "porque éramos escravos, e Deus nos libertou".

> *wəṣidqāh tihyê-lānū kî-nišmōr laʿăśōt ʾet-kol-hammiṣwāh*
> "E será justiça para nós, quando guardarmos para cumprir todos estes mandamentos..." (Dt 6,25)

A justiça – *ṣidqāh* – não é mérito. É resposta. É o alinhamento da vida à vontade de Deus revelada na história e na palavra. A Torá não justifica em sentido jurídico, mas em sentido relacional: ser justo é estar na aliança, é viver como quem escutou e não esqueceu.

Deuteronômio 6 termina como começou: com escuta, amor e memória. Tudo se estrutura em torno da pergunta: "quem é YHWH para ti, e como tua vida responde a essa revelação?". A fé de Israel não se isola em templos – ela se encarna em casas, se grava nas mãos, se repete nos filhos e se prova na fartura. O Deus único exige um povo inteiro, que o ame de todo coração, de toda alma e com toda força – e que conte isso com beleza.

Capítulo 7

Deuteronômio 7, um capítulo que articula de forma intensa o amor exclusivo de YHWH por Israel com a exigência de separação radical das nações cananeias. A linguagem se torna dura, as instruções são incisivas, e o pano de fundo teológico é a santidade como pertença. O texto não propõe supremacia étnica, mas fidelidade teológica. Ser o povo escolhido não é um privilégio de dominação, mas um chamado ao risco da obediência e da pureza do coração diante do Deus que elegeu e libertou. O capítulo começa com a menção à terra:

> *kî yəḇîʾăḵā YHWH ʾĕlōheḵā ʾel-hāʾāreṣ ʾăšer-ʾattāh ḇāʾ*
> *šāmāh lərištāh wənōšal gôyim rabbîm mippānêḵā*

> "Quando YHWH teu Deus te introduzir na terra à qual vais para possuí-la, e expulsar muitas nações de diante de ti..." (Dt 7,1)

A travessia do Jordão não é apenas geográfica. É teológica. O verbo *nōšal* (expulsar) revela que a conquista da terra não é um empreendimento humano, mas ato do Deus que guia e intervém. Sete nações são nomeadas como mais numerosas e mais fortes – e isso não é à toa. Israel não vence por força própria. A vitória será dom e sinal da fidelidade divina à aliança.

> *wənāṯanām YHWH ʾĕlōhe̱kā ləpānêḵā wəhiḵkîṯām hāḥărēm tahărîm ʾōṯām lōʾ-tikrat lâhem bərît wəlōʾ-teḥunnēm*
> "E quando YHWH teu Deus as entregar diante de ti, e as ferires, destruirás totalmente; não farás com elas aliança, nem lhes mostrarás favor." (Dt 7,2)

O mandamento da *ḥērem* – "destruição consagrada" – escandaliza os leitores modernos. Mas é preciso lê-lo dentro da matriz do Deuteronômio: a santidade de Israel está em jogo. Não se trata de limpeza étnica, mas de proteção espiritual. A terra é lugar da promessa, e nela não pode haver pactos com culturas que anulem a centralidade de YHWH. A aliança exige exclusividade – e essa exclusividade é politicamente desconfortável. O amor de YHWH não admite sincretismo.

> *wəlōʾ tiḥatten bām bittāḵ et-bittô wəlōʾ-qiqqaḥ ḇitkā ləḇənô*
> "Não te aparentarás com elas: não darás tua filha a seu filho, nem tomarás sua filha para teu filho." (Dt 7,3)

Aqui, o mandamento é cultural e genealógico. A preocupação não é biológica, mas teológica. Os casamentos com povos que servem a outros deuses são apresentados como risco de apostasia. O matrimônio, no Deuteronômio, não é neutro: é espaço de formação espiritual. O lar deve ser o primeiro santuário. E, portanto, a aliança não pode ser diluída por afetos que levem à infidelidade.

> *kî-yāsîr ʾet-binḵā mēʾaḥaray wəʿāḇədû ʾĕlōhîm ʾăḥērîm wəḥārā ʾap̄-YHWH ḇākem wəhišmîḏekā məhēr*
> "Pois ele desviaria teu filho de após mim, e serviriam a outros deuses; então a ira de YHWH se acenderia contra ti, e depressa te destruiria." (Dt 7,4)

O perigo não é apenas individual. A idolatria conjugal afeta a comunidade. A escolha do parceiro torna-se escolha do deus. O texto não admite concessões: a relação com YHWH é absoluta. Servir a outros deuses é quebrar o laço que define Israel como povo. O risco é real, e a destruição não é mera ameaça, mas consequência inevitável da ruptura da aliança.

> *kî-ʿam-qādōš ʾattāh ləYHWH ʾĕlōheḵā*
> "Pois povo santo és para YHWH teu Deus..." (Dt 7,6a)

A santidade aqui é eleição e separação. *Qādōš* – santo – significa diferente, consagrado, separado para uso exclusivo. Israel é povo santo porque foi escolhido. E ser escolhido não é status, mas missão. A santidade não exime da responsabilidade; antes, a amplia. O povo que pertence a YHWH não pode se misturar aos cultos que negam o caráter libertador e exclusivo do Deus que tirou do Egito. A eleição de Israel não decorre de grandeza, força ou mérito. É um ato de amor livre. Deuteronômio 7 articula uma das teologias mais profundas da graça no Primeiro Testamento: a fidelidade de YHWH nasce de sua própria palavra, não da resposta humana. O povo é chamado a viver em gratidão, temor e confiança nesse amor que precede, sustenta e transforma:

> *YHWH ʾĕlōheḵā bāḥar bəkā lihyôt lô ləʿam səgullāh*
> "YHWH teu Deus te escolheu para lhe seres povo próprio, dentre todos os povos que há sobre a face da terra." (Dt 7,6b)

O termo *səgullāh* – tesouro exclusivo – é carregado de ternura e peso. Israel é escolhido como propriedade íntima, como porção especial de um rei que tem sobre todos os povos poder, mas escolhe um para consagrar-se a ele. A eleição aqui não é elitismo: é consagração. Israel é propriedade de YHWH, não para dominar, mas para servir, para refletir no mundo o caráter do Deus libertador.

> *lōʾ mikkəl-hāʿammîm ḥāšaq YHWH bākem wayyiḇḥar bākem kî-ʾattem haməʿaṭ mikkəl-hāʿammîm*
> "Não porque sois mais numerosos do que todos os povos YHWH se apegou a vós e vos escolheu – pois sois o menor de todos os povos." (Dt 7,7)

A eleição é desprovida de lógica meritocrática. *Ḥāšaq*, o verbo usado aqui para "apegar-se", implica um desejo profundo, quase íntimo, de afeição. Israel é o menor – *haməʿaṭ* –, mas é amado. A graça começa aqui: o amor de Deus não é resposta ao valor do amado, mas ato livre de fidelidade divina. A escolha de Israel é escândalo da gratuidade.

> *kî mēʾahăḇat YHWH ʾetkem ûmiššāmərô ʾet-haššəḇuʿāh ʾăšer nišbaʿ lăʾăḇōtêkem*
> "Mas porque YHWH vos amou e porque guardou o juramento que fez a vossos pais..." (Dt 7,8a)

O amor de YHWH é reiterado – e agora vinculado à memória. Ele ama, e porque ama, é fiel à promessa. A aliança com os patriarcas não é carta vencida: é fundamento presente. A eleição de Israel é, ao mesmo tempo, ato livre e cumprimento da promessa. Não há espaço para orgulho, apenas para gratidão e reverência.

> *wayyôṣîʾăḵā YHWH bəyād ḥāzāqāh wayyifdəḵā mibbēt ʿăḇāḏîm miyyad parʿō meleḵ-miṣrayim*
> "E YHWH vos tirou com mão forte e vos redimiu da casa da servidão, da mão de Faraó, rei do Egito." (Dt 7,8b)

O amor de Deus não é abstrato – ele é narrado. A linguagem da redenção aqui é quase litúrgica: *bəyād ḥāzāqāh* (com mão forte), *wayyifdəḵā* (redimiu-te). Não se ama a um Deus invisível, mas ao Deus que agiu na história. A fé de Israel é histórica ou não é. O ato de libertação no Egito permanece como fundamento de toda ética, de toda confiança e de toda obediência. Obedecer não é obrigação, mas resposta.

> *wəyāḏaʿtā kî-YHWH ʾĕlōheḵā hûʾ hāʾĕlōhîm hāʾēl hānēʾĕmān*
> "Portanto, saberás que YHWH teu Deus é o Deus, o Deus fiel..." (Dt 7,9a)

O chamado ao conhecimento – *wəyāḏaʿtā* – é mais que saber intelectual. É reconhecimento. É confissão existencial. O Deus de Israel é *hāʾĕlōhîm hāʾēl hānēʾĕmān* – o Deus, o Deus fiel. Esta fidelidade é a rocha da esperança. A aliança não depende do zelo humano, mas da constância divina. É isso que sustenta o pacto mesmo diante da infidelidade.

> *šōmēr habbərît wəḥaṣṣedeh ləʾōhəḇāyw ûləšōmrê miṣwōṯāyw ʿel-lep̄e dōr*
> "Que guarda a aliança e a misericórdia aos que o amam e guardam seus mandamentos, até mil gerações." (Dt 7,9b)

A aliança não é vínculo frio – ela se sustenta em *ḥaṣṣedeh*, misericórdia leal. E ela se projeta no tempo: até mil gerações. A fidelidade de Deus é mais longa que a história. Mas essa fidelidade exige resposta: amor e guarda dos mandamentos. Não se trata de barganha, mas de reciprocidade amorosa. A obediência é caminho da bênção, não condição para o amor, mas modo de habitá-lo.

Nos versículos 16 a 26, reafirma-se o chamado de Israel à separação radical dos povos e cultos idólatras, e se consolida a promessa de vitória com base na fidelidade de YHWH. A lógica da aliança reaparece com força: não há lugar para neutralidade espiritual na terra que Deus concede. O texto articula uma espiritualidade do discernimento, da coragem e da confiança. A orientação de YHWH é clara:

> *wəʾāḵalta ʾet-kol-hāʿammîm ʾăšer YHWH ʾĕlōheḵā nōtēn lāk lōʾ taḥmōl ʿalêhem*
> "E consumirás todos os povos que YHWH teu Deus te entrega; não terás piedade deles..." (Dt 7,16a)

Aqui, a linguagem da conquista se torna novamente absoluta. Mas não se trata de crueldade por si. A "não piedade" (*lō' taḥmōl*) é expressão de um zelo radical pela fidelidade. As culturas cananeias não são apenas diferentes – são, segundo o Deuteronômio, incompatíveis com o culto a YHWH. A piedade aqui não é virtude: é risco. O perigo da idolatria, mais uma vez, sobrepõe-se a qualquer laço.

> *wəʾāḇadtā ʾet-šəmêhem mittāḥat haššāmayim*
> "E destruirás seus nomes de debaixo dos céus." (Dt 7,24b)

A erradicação da idolatria é também linguística. Destruir o nome significa apagar a presença cultural. Não se trata apenas de derrubar altares – mas de silenciar seus discursos. O nome, na Bíblia, é símbolo de existência. Apagar o nome é eliminar sua memória. Israel é chamado a fazer da terra um lugar onde só o nome de YHWH seja lembrado.

> *lōʾ tāʿarṣ mēpənêhem kî-YHWH ʾĕlōheḵā bəqirbəḵā ʾēl gādōl wəḏōrāʾ*
> "Não tremerás diante deles, pois YHWH teu Deus está no meio de ti, Deus grande e temível." (Dt 7,21)

A presença de YHWH no meio do povo é o antídoto contra o medo. *Bəqirbəḵā* – no teu meio – retoma o tema da presença contínua. Israel vence não porque é forte, mas porque Deus está ali. O temor ao inimigo é substituído pelo temor a Deus. A espiritualidade do Deuteronômio é marcada por coragem não baseada em autoestima, mas em consciência da presença.

> *wənašal YHWH ʾĕlōheḵā ʾet-haggôyim hāʾēlleh mippānêḵā məʿaṭ məʿaṭ*
> "E YHWH teu Deus lançará fora estas nações de diante de ti, pouco a pouco..." (Dt 7,22a)

A conquista será processual. *Məʿaṭ məʿaṭ* – pouco a pouco – subverte expectativas de vitória rápida. Deus não atua com espetáculos de força imediata, mas com pedagogia do tempo. A terra é dada, mas também conquistada. A promessa se cumpre com paciência. Isso protege Israel da soberba, e o convida à vigilância.

> *lōʾ-tāḇî tōʿēḇāh ʾel-bēṯeḵā wəhāyîtā ḥērem kāmôhū*
> "Não trarás abominação para tua casa, para que não sejas como coisa amaldiçoada, tal como ela." (Dt 7,26a)

O perigo da idolatria não está só fora. Pode entrar na casa. O texto é claro: trazer ***tōʿēḇāh*** – abominação – para dentro é tornar-se como ela. A idolatria contamina, transforma. A casa que deveria ser espaço de santidade torna-se cúmplice da maldição. O chamado é claro: discernimento radical. O povo santo não negocia com imagens, nem com objetos, nem com símbolos de outros deuses. Deuteronômio 7 chega ao fim com a tensão elevada: a terra é promessa e perigo. A vitória é garantida – mas apenas sob a condição da fidelidade. A idolatria não é tolerada porque ela não apenas corrompe o culto: ela destrói a identidade. A eleição é amor, mas é também exigência. Deus escolhe, redime, sustenta – mas também exige separação. A terra é dom – mas deve ser habitada com temor, com pureza, com memória.

Capítulo 8

O povo, prestes a entrar na terra prometida, é convocado em Deuteronômio 8 a se lembrar do deserto. A abundância que está por vir não pode apagar a escassez de onde vieram. O texto articula teologia da gratidão, da provação e da pedagogia divina. A fidelidade se mede não apenas na obediência, mas na capacidade de lembrar que a vida é dom, e não conquista.

O texto começa com uma advertência:

> *kōl-hammiṣwāh ʾăšer ʾānōḵî məṣawwəḵā hayyōm tišmərūn laʿăśōt ləmaʿan tiḥyūn ûrəḇîtem ûḇāʾtem wəyərištem ʾet-hāʾāreṣ ʾăšer nišbaʿ YHWH lāʾăḇōtêkem*
> "Todo o mandamento que hoje te ordeno, guardareis para o fazer, para que vivais, e vos multipliqueis, e entreis, e possuais a terra que YHWH jurou a vossos pais." (Dt 8,1)

A vida, a multiplicação, a entrada e a posse não são direitos naturais – são consequências da fidelidade. O verbo *tišmərūn* (guardareis) é o eixo da resposta humana. O mandamento é todo *(kōl-hammiṣwāh)* – não se escolhem partes, não se fraciona a aliança. A terra é herança, mas não incondicional. A obediência é o modo de permanecer no dom.

> *wəzāḵartā ʾet-kāl-haddāreḵ ʾăšer holîḵā YHWH ʾĕlōheḵā zēbʾîm šānāh bammiḏbār ləmaʿan ʿanōṯəḵā lənassōṯeḵā*
> "E lembrarás todo o caminho pelo qual YHWH teu Deus te guiou estes quarenta anos no deserto, para te humilhar e para te provar..." (Dt 8,2a)

A memória é central. *Zāḵartā* – lembrarás – é um mandamento em si. A espiritualidade deuteronômica é ancorada na história. Mas não qualquer história: a do deserto. Os quarenta anos são pedagogia. O verbo *ʿanōṯ* (humilhar) aponta para o desmonte do orgulho. E *nissāh* (provar) revela a intenção de forjar o coração. Deus guia o povo não para o conforto imediato, mas para o refinamento. O deserto foi escola.

> *lāḏāʿat ʾet-ʾăšer bivḇāḇeḵā hattišmōr miṣwōṯāyw ʾim-lōʾ*
> "Para saber o que havia em teu coração: se guardarias os seus mandamentos ou não." (Dt 8,2b)

A provação revela. Deus já sabe – mas Israel precisa se conhecer. O deserto desnuda. Nele, o povo se vê sem recursos, sem apoio, sem garantias. E então o coração se mostra. A fidelidade verdadeira não é construída nos palácios de Canaã, mas nas carências do Sinai. O coração é o campo de batalha da aliança.

> *wayyāʿanəḵā wayyarʿîḇeḵā wayyaʾăkiləḵā ʾet-hammān*
> "E ele te humilhou, e te fez passar fome, e te sustentou com o maná..." (Dt 8,3a)

O alimento também é teologia. O maná, dom sobrenatural e diário, substitui os grãos do Egito. A fome antecede a provisão para ensinar dependência. Israel aprende que a vida não está na estabilidade, mas na confiança. A lógica do deserto desconstrói a lógica da acumulação. O maná ensina que Deus é suficiente.

> *ləmaʿan hōdîʿăḵā kî lōʾ ʿal-halleḥem ləḇaddô yiḥyê hāʾādām kî ʿal-kōl-môṣāʾ pî YHWH yiḥyê hāʾādām*
> "Para te fazer saber que o ser humano não viverá só de pão, mas de tudo o que procede da boca de YHWH viverá o ser humano." (Dt 8,3b)

Este é o verso axial. A vida humana não se sustenta apenas por meios materiais – mas pela palavra que sai de Deus. O *môṣāʾ pî* YHWH – o que sai da boca de YHWH – é mais vital que o pão. A dependência de Deus é o fundamento da existência. Jesus citará este versículo (Mt 4,4) para rejeitar a tentação do messianismo utilitário: viver é confiar no que Deus diz, não no que podemos garantir. A imagem do deserto, já carregada de pedagogia e presença, agora se aprofunda com uma comparação com a educação paterna, e culmina na advertência: a terra de abundância que virá pode conduzir ao esquecimento do Deus que sustentou o povo com pão, direção e milagre. A linguagem se torna simultaneamente mais terna e mais severa. Amar YHWH, aqui, é lembrar. Esquecer é romper a aliança:

> *wəyāḏaʿtā ʿim-ləḇāḇeḵā kî kaʾăšer yəyaššēr ʾîš ʾet-benô YHWH ʾĕlōheḵā məyaššərēḵā*
> "E saberás no teu coração que, assim como o homem corrige a seu filho, YHWH teu Deus te corrige." (Dt 8,5)

O verbo *yāḏaʿtā* – "saberás" – aqui não se refere a um saber informativo, mas a um conhecimento íntimo, no coração (*ləḇāḇeḵā*). A disciplina divina não é castigo punitivo, mas correção pedagógica. Deus educa como um pai. A imagem paterna não é de indulgência cega, mas de cuidado formador. O sofrimento do deserto é interpretado como escola. A dor tem direção. A provação tem propósito.

> *wəšāmartā ʾet-miṣwōṯ YHWH ʾĕlōheḵā lāleḵeṯ bidrāḵāyw ûlîrāʾ ʾōṯô*

> "E guardarás os mandamentos de YHWH teu Deus, para andares em seus caminhos e temê-lo." (Dt 8,6)

A resposta ao cuidado de Deus é a guarda dos mandamentos. Mas essa guarda é dinâmica: *lālēḵeṯ bidrāḵāyw* – andar nos seus caminhos. O mandamento molda o modo de viver. Não se trata de mero cumprimento externo, mas de trilhar uma trajetória em que se reflete o caráter divino. O temor (*lîrā'*) aqui é reverência, reconhecimento da alteridade e da grandeza de Deus – e também resposta amorosa à sua fidelidade.

> *kî YHWH 'ĕlōheḵā mēḇî'ăḵā 'el-'āreṣ ṭōḇāh*
> "Pois YHWH teu Deus te leva a uma boa terra..." (Dt 8,7a)

O tom muda. O deserto vai ficando para trás, e surge o horizonte da promessa. Mas o verbo usado – *mēḇî'ăḵā* – ainda está no tempo presente: "está te levando". A entrada na terra não é uma ruptura, mas continuação da condução. O Deus que guiou no deserto é o mesmo que oferece a terra. A terra boa não é conquista, mas dom.

> *'ēreṣ naḥălê-māyim ʿăyānōṯ ûṯəhōmōṯ yōṣə'îm babbiqqāʿ wəbāhār*
> "Terra de ribeiros de águas, de fontes e abismos que saem dos vales e dos montes." (Dt 8,7b)

O contraste com o deserto é deliberado. Onde antes havia sede, agora há abundância de água. O relevo da terra – vales e montes – se torna imagem da fertilidade. Cada elemento da paisagem é descrito como promessa materializada. A terra prometida é lugar de saciedade, mas também de teste: será possível lembrar de Deus em meio à fartura?

> *'ēreṣ ḥiṭṭāh ûśəʿōrāh wəgeṯen ûṯə'ēnāh wərimmon 'ēreṣ-zêṯ šemen ûdəḇāš*
> "Terra de trigo e cevada, de videira, figueira e romã; terra de oliveira de óleo e de mel." (Dt 8,8)

Sete espécies da fertilidade de Canaã são listadas, formando um retrato da terra como mesa farta. A repetição de *ʾēreṣ* (terra) marca cada ciclo como dom divino. A agricultura não é apenas técnica – é milagre cotidiano. Cada fruto que crescer será sinal do pacto, e, ao mesmo tempo, será ocasião para lembrar ou para esquecer.

> *ʾēreṣ ʾăšer lōʾ bəmisqēnūt tōʾḵal-ḇā leḥem*
> "Terra onde não comerás o pão com escassez..." (Dt 8,9a)

Aqui se atinge o ápice da promessa: a terra da saciedade. No deserto, o pão era provisão divina diária. Agora, a fartura será constante. Mas o perigo está à espreita: o pão farto pode alimentar não apenas o corpo, mas também a ilusão da autossuficiência. A espiritualidade do deserto deve ser carregada para dentro da fartura.

> *wəzākartā ʾet-YHWH ʾĕlōheḵā kî-hûʾ hannōṯēn ləḵā kōaḥ laʿăśōt ḥāyil*
> "E lembrarás de YHWH teu Deus, pois é ele quem te dá força para produzir riqueza..." (Dt 8,18)

A riqueza é dom mediado: *kōaḥ* – força, capacidade. Não é o mérito humano que gera poder. O texto corrige qualquer teologia da prosperidade: não é a fidelidade que produz riqueza, mas a riqueza que deve ser vivida como lembrança da fidelidade de Deus. A memória aqui é contracultural. Em tempos de fartura, lembrar que tudo vem de YHWH é ato revolucionário. O texto agora assume ares proféticos: o risco da terra é maior do que o do deserto, pois o coração satisfeito é mais propenso à soberba do que o corpo faminto. A espiritualidade da abundância exige vigilância ainda maior que a espiritualidade da escassez:

> *wəʾāmartā bilḇāḇeḵā kōḥî wəʿōṣem yādî ʿāśâ-lî ʾeṯ-hāḥāyil hazzeh*
> "E dirás no teu coração: minha força e o poder do meu braço me fizeram esta riqueza." (Dt 8,17)

Aqui, a apostasia começa não nos rituais, mas no coração (*bilḇāḇeḵā*). A soberba espiritual nasce do esquecimento da dependência. O homem declara a si mesmo como fonte do sucesso. O pronome possessivo – *kōḥî*, "minha força" – torna-se a nova divindade. Quando a memória é sequestrada pela ilusão de autonomia, a aliança se rompe. O pecado começa como pensamento silencioso.

> *wəzākartā ʾet-YHWH ʾĕlōheḵā kî-hûʾ hannōṯēn ləḵā kōaḥ laʿăśōt ḥāyil*
> "E lembrarás de YHWH teu Deus, pois é ele quem te dá força para produzir riqueza." (Dt 8,18)

O mesmo versículo já evocado antes reaparece como contraponto. A lembrança de YHWH é o antídoto para a idolatria do eu. A força (*kōaḥ*) não é propriedade humana, mas concessão divina. O verbo *nōṯēn* – "ele dá" – é o núcleo da teologia do dom. Toda estrutura econômica, toda segurança territorial, toda produção de pão e óleo, depende da fidelidade de YHWH, não da engenharia de Israel. O coração agradecido reconhece a origem do poder.

> *ləmaʿan hāqîm ʾet-bərîtô ʾăšer nišbaʿ lāʾăḇōtêḵā kāyyôm hazzeh*
> "Para confirmar sua aliança, que jurou a teus pais, como neste dia." (Dt 8,18b)

A continuidade da aliança depende de memória e obediência. O Deus que dá força não o faz para exaltação humana, mas *ləmaʿan hāqîm* – para manter firme – o pacto. A história da prosperidade de Israel deve ser lida como fidelidade de Deus à promessa feita aos patriarcas. Esquecer isso é reescrever a história segundo um evangelho de mérito.

> *wəhāyā ʾim-šākōaḥ tiškaḥ ʾet-YHWH ʾĕlōheḵā wəhālaḵtā ʾaḥărê ʾĕlōhîm ʾăḥērîm wəʿăḇaḏtām wəhištaḥăwîṯā lāhem hēʿiḏōṯî ḇākem hayyōm kī ʾāḇōḏ tōʾḇēdūn*

> "E será que, se esqueceres YHWH teu Deus, e andares após outros deuses, e os servires, e a eles te prostrares – testifico contra ti hoje: certamente perecereis." (Dt 8,19)

O verbo *tiškaḥ* – esquecer – aqui é reforçado por uma duplicação: *šākōaḥ tiškaḥ*, uma forma de superlativo hebraico que indica gravidade extrema. O esquecimento não é inocente: ele conduz diretamente à idolatria. O juízo é inevitável: *ʾāḇōḏ tōʾḇēdūn* – "perecereis certamente". O eco da *ḥērem* recai sobre Israel caso imite os povos que expulsou. A terra exige memória e fidelidade. Sem isso, o povo será como os outros: consumido.

> *kaggôyim ʾăšer YHWH maʾăḇîd mippenêḵem kēn tōʾāḇdūn*
>
> "Como as nações que YHWH destrói de diante de vós, assim perecereis..." (Dt 8,20)

A eleição não protege da ruína. A fidelidade é o que sustenta a permanência na terra. A destruição das nações não é fruto da força de Israel, mas da justiça de Deus. E Israel, se seguir os mesmos caminhos de infidelidade, sofrerá o mesmo fim. A aliança exige coerência. A terra prometida é também terra julgadora. O povo escolhido será tratado com a mesma medida que os demais. O privilégio não é escudo: é responsabilidade.

Deuteronômio 8 se encerra como uma liturgia da memória e uma advertência profética. O deserto ensinou dependência. A terra exigirá vigilância. A fartura não pode se tornar amnésia. O povo que vive do dom precisa viver em gratidão e humildade. A vida plena na terra prometida só será possível se a história for constantemente lembrada e contada. O Deus que alimentou com o maná é o mesmo que exige que o pão de Canaã seja comido com reverência.

Capítulo 9

O texto opera aqui uma virada retórica e teológica marcante. Depois de enfatizar o dom da terra como graça divina e da obediência como resposta, o autor deuteronomista se volta contra qualquer tentação de pensar que essa herança se deu por causa da justiça de Israel. A narrativa assume uma tonalidade confessional: Israel é lembrado de sua dureza, sua desobediência e da misericórdia que sustentou a aliança. É um capítulo teológica e eticamente explosivo, pois desmonta toda ilusão de merecimento. Ele começa com um forte apelo:

> *šəmaʿ yiśrāʾēl ʾattâ ʿōḇēr hayyôm ʾet-hayyardēn*
> "Ouça, Israel: hoje estás para passar o Jordão..." (Dt 9,1a)

A voz deuteronomista convoca o povo com o verbo que estrutura toda a espiritualidade de Israel: *šəmaʿ*. Ouvir não é apenas captar sons – é dispor-se a obedecer. A travessia do Jordão é iminente. Não há mais tempo para indecisões. O verbo *ʿōḇēr* – "passar" – carrega o mesmo radical de *ʿIbri* (hebreu), aquele que atravessa. A identidade de Israel é marcada pela travessia – da escravidão à liberdade, do deserto à terra, do esquecimento à memória. Ouvir é condição para atravessar como povo da aliança.

> *laboʾ lərišt gōyim gəḏōlîm wəʿăṣummîm mimmeḵā ʿārîm gəḏōlōṯ ûḇəṣurōṯ baššāmayim*
> "... para entrares e possuíres nações maiores e mais fortes do que tu, cidades grandes e fortificadas até os céus." (Dt 9,1b)

A linguagem aqui é deliberadamente desproporcional: povos maiores, cidades fortificadas até o céu. A conquista, humanamente, é impossível. O contraste entre a fragilidade de Israel e a fortaleza dos povos da terra é pedagógico. A vitória só pode ser atribuída a YHWH. O discurso desfaz qualquer pretensão de heroísmo. A terra será dada, mas o poder é de Deus. Toda interpretação triunfalista é desmentida logo no início.

> *ʿam gādōl wərām bənê ʿănāq ʾăšer ʾattâ yādaʿta wəʾattâ šāmaʿta mi*
> "Um povo grande e alto, filhos de Enaque, que conheces e dos quais já ouviste..." (Dt 9,2a)

Os filhos de Enaque são memórias vivas de medo. A referência a Números 13 está implícita. São gigantes, e sua fama precede sua presença. O texto mexe com os afetos do povo: medo, impotência, lembrança da recusa de outrora. Mas agora, diferente de antes, a confiança precisa prevalecer. Israel já não pode se permitir paralisias. A vitória é narrada antes de ser conquistada porque a vitória pertence a Deus.

> *YHWH ʾĕlōheḵā hûʾ hāʿōḇēr ləpānêḵā*
> "YHWH teu Deus é quem passa à tua frente..." (Dt 9,3a)

A travessia não é solitária. O Deus que passou adiante no Egito agora atravessa de novo – à frente. O verbo *ʿōḇēr*, repetido, conecta Israel a seu Deus peregrino. Ele não apenas ordena: caminha adiante. A guerra não é de Israel. É YHWH quem se antecipa, quem rasga os céus e os muros. O povo segue o caminho que Deus já traçou.

> *ʾēš ʾōḵēlāh hûʾ*
> "Ele é um fogo consumidor..." (Dt 9,3b)

A imagem de YHWH como *ʾēš ʾōḵēlāh* retoma Êxodo 24,17. Não é metáfora vazia: é teofania. O Deus do Sinai é o Deus da travessia. Fogo que purifica e que devora. Santidade e poder se entrelaçam. A vitória, portanto, não será por mérito humano, mas pela presença ardente de Deus, que consome a injustiça das nações e também exige pureza de seu povo.

> *ʾal-tōmar bilḇāḇeḵā bəhaddōp YHWH ʾĕlōheḵā ʾōṯām milləpānêḵā lēmōr*
> "Não digas em teu coração, quando YHWH teu Deus os expulsar de diante de ti, dizendo..." (Dt 9,4a)

A advertência é contra a ilusão teológica mais sutil: a de que Deus age por causa da nossa justiça. O pecado aqui não é idolatria nem desobediência, mas soberba espiritual. A frase *ʾal-tōmar bilḇāḇeḵā* – "não digas em teu coração" – atinge o pensamento mais íntimo. O texto desmascara o autoengano de uma religiosidade meritocrática.

> *biṣidqātî hēḇî'anî YHWH lərišt 'et-hā'āreṣ hazzo'ṯ*
> "Por minha justiça me trouxe YHWH para possuir esta terra..." (Dt 9,4b)

Essa frase, que o texto proíbe, é a tentação sempre renovada da religião: transformar a graça em mérito, a eleição em privilégio. O discurso bíblico desmonta essa lógica. A terra não é herança de bons, mas dom para pecadores amados. O povo é advertido: a tua justiça não é o motivo da tua posse. A aliança não é prêmio por desempenho moral.

Dando continuidade a Deuteronômio 9, o texto se aprofunda na denúncia contra qualquer reivindicação de justiça própria. A memória da aliança é reconfigurada como memória da misericórdia – não como um acúmulo de virtudes do povo, mas como insistência amorosa de YHWH em manter um compromisso com ancestrais que também dependeram de promessa. O discurso de Moisés se torna quase confessional, e o passado de Israel é exposto como ferida e testemunho: a graça é mais antiga que a obediência.

> *lō' bəṣiḏqāṯəḵā ûbəyōšer ləḇāḇeḵā 'attāh bā' ləršt 'et-'arṣām*
> "Não é por tua justiça nem pela retidão do teu coração que vais para possuir sua terra..." (Dt 9,5a)

O paralelismo enfatiza: nem atos justos (*ṣiḏqāh*), nem intenções retas (*yōšer ləḇāḇ*) justificam a posse da terra. O discurso atinge em cheio qualquer espiritualidade do mérito. Israel não é premiado, é sustentado. A aliança não é reconhecimento de excelência, mas dom imerecido. O coração, mesmo quando sincero, não basta como fundamento. A base da história é a promessa.

> *kî bəris'aṯ haggôyim hā'ēlleh YHWH mōrîšām milləpānêḵā*
> "Mas pela impiedade destas nações, YHWH as expulsa de diante de ti." (Dt 9,5b)

A terra é esvaziada não porque Israel seja justo, mas porque os povos ali praticam *ris'āh* – injustiça destruidora. Deus age em juízo contra sistemas de opressão e idolatria. A substituição não é exaltação, mas deslocamento. Israel é usado como instrumento – e, mais adiante, poderá ser julgado com o mesmo rigor. A eleição, longe de garantir impunidade, aumenta a responsabilidade.

> *ûləmaʿan hāqîm ʾet-haddāḇār ʾăšer nišbaʿ YHWH lāʾăḇōtêḵā ləʾaḇrāhām ləyiṣḥāq ûləyăʿăqōḇ*
>
> "E para confirmar a palavra que YHWH jurou a teus pais: a Abraão, a Isaque e a Jacó." (Dt 9,5c)

A verdadeira razão da concessão da terra é a fidelidade de YHWH à sua promessa. A história de Israel se sustenta no *dāḇār* – palavra empenhada. A aliança é transgeracional. Não começa com Israel no deserto, mas com os patriarcas peregrinos. E mesmo antes deles, com o caráter de Deus como aquele que promete e cumpre. A memória dos pais é o chão da esperança.

> *wəyāḏaʿtā kî lōʾ bəṣiḏqāṯəḵā YHWH ʾĕlōheḵā nōṯēn ləḵā ʾet-hāʾāreṣ haṭṭōḇāh hazzoʾṯ lərištāh kî ʿam-qəšēh-ʿōref ʾattāh*
>
> "E saberás que não por tua justiça YHWH teu Deus te dá esta boa terra para possuí-la, pois povo de dura cerviz és." (Dt 9,6)

A confissão se torna incisiva. O diagnóstico é duro: Israel é *ʿam-qəšēh-ʿōref* – povo de dura cerviz. Uma expressão que sugere teimosia, rigidez moral, resistência à condução divina. O discurso não romantiza a identidade do povo: ele confronta. Receber a terra não é prova de virtude, mas de misericórdia. É o reconhecimento dessa misericórdia que sustentará a fidelidade futura. O tom aqui é de desilusão teológica. Ele desarma os mecanismos religiosos de autopromoção. Em vez de autoconfiança, oferece verdade. Em lugar de vanglória, confissão. O povo é chamado a entrar na terra não de cabeça erguida, mas de memória viva. A verdadeira espiritualidade aqui proposta é humilde, porque sabe que tudo – a terra, a promessa, a continuidade – depende da graça que antecede o mérito e excede a justiça humana.

O texto assume agora um tom narrativo e memorial. Moisés passa a rememorar episódios concretos da rebelião de Israel, como o bezerro de ouro, para provar que a entrada na terra não pode ser atribuída à justiça do povo, mas à intercessão persistente e à misericórdia de YHWH. O relato se converte em um testemunho doloroso, em que a graça não é ocultada pela vergonha da culpa, mas revelada através dela. É uma teologia do fracasso redimido, da aliança sustentada apesar do povo:

> *zəḵōr ʾal-tiškaḥ ʾēṯ ʾăšer hiṣṭaʿtaṯā ʾeṯ-YHWH ʾĕlōheḵā bammidbār*
> "Lembra-te, não te esqueças, de como provocaste à ira YHWH teu Deus no deserto..." (Dt 9,7a)

A estrutura dupla – *zəḵōr ʾal-tiškaḥ* – é uma ordem paradoxal que amplifica o chamado à memória. O povo é conclamado a recordar não vitórias, mas fracassos. A provocação (*hiṣṭaʿtaṯā*) é deliberada: a dureza de Israel no deserto foi insistente e afrontosa. O deserto, que deveria ser escola de confiança, tornou-se teatro da rebelião. Mas mesmo esse passado deve ser lembrado – porque na memória da falha se encontra a revelação do Deus que não desiste.

> *ləmin-hayyôm ʾăšer yāṣāʾṯā mēʾereṣ-miṣrayim ʿaḏ-bôʾăḵem ʿaḏ-hammāqôm hazzeh*
> "Desde o dia em que saístes da terra do Egito até que chegastes a este lugar..." (Dt 9,7b)

A rebelião é narrada como constante, não como exceção. A frase cobre toda a trajetória do êxodo à fronteira de Canaã. Isso anula a fantasia de uma "geração fiel". O povo, enquanto povo, nunca foi justo o bastante para merecer a terra. O que os sustenta não é a coerência da caminhada, mas a paciência divina que recomeça sempre. A história é contada não para envergonhar, mas para assentar a humildade como fundamento da fé.

> *bammidbār hiṣʿaṯtem ʾeṯ-YHWH*
> "No deserto provocastes YHWH..." (Dt 9,7c)

Repetição enfática. O deserto – espaço de dependência – foi distorcido em espaço de desafio. O povo, em vez de confiar, testou. O verbo *hiṣʿaṯtem* sugere provocação teimosa, afronta. O milagre da libertação do Egito não gerou submissão, mas exigências. A idolatria do Egito continuou dentro de Israel. A terra prometida, portanto, não é salário: é resistência divina à rebelião humana.

> *ûbḥōrēḇ hiṣʿaṯem ʾeṯ-YHWH*
> "E em Horebe provocastes YHWH à ira..." (Dt 9,8a)

O nome Horebe evoca o Sinai – o lugar da aliança e da revelação. É precisamente ali que ocorre a traição mais grave. O lugar da palavra se torna o lugar do silêncio quebrado. O monte que deveria ter sido consagração torna-se juízo. Mas é também ali que se revela o perdão. A teologia da aliança não é idealista. Ela incorpora a falha no coração da história sagrada.

> *ləmaʿan hašmîḏeḵem*
> "... ao ponto de YHWH querer destruir-vos." (Dt 9,8b)

A linguagem é extrema. A ira de Deus diante da idolatria é real. O povo quase é eliminado. A aliança quase se desfaz. Mas o "quase" torna-se o espaço da intercessão. O juízo abre espaço para a graça. Israel vive por causa do clamor de Moisés – não por seus méritos. A teologia deuteronomista não mascara a tensão: a salvação é sempre, e apenas, misericórdia.

> *wəʾeʿel ʾel-hāhār lāqaḥōṯ lūḥōṯ haʾāḇen*
> "E subi ao monte, para receber as tábuas de pedra..." (Dt 9,9a)

Moisés retorna à memória do Sinai. A subida ao monte não é apenas física – é simbólica. O mediador sobe para receber o testemunho da aliança, enquanto o povo, abaixo, já a rompe. A simultaneidade dos gestos – Deus escreve os mandamentos enquanto Israel faz um bezerro – é teologicamente devastadora. O dom é concedido enquanto é traído. É nessa tensão que se inscreve toda teologia da mediação. A mediação de Moisés se transforma em um modelo de liderança intercessora, profundamente comprometida com um povo que não merece, mas que continua sendo amado por Deus. Então, a aliança é evocada mediante as tábuas que a registram:

> *lūḥōṯ haḇərîṯ ʾăšer kāraṯ YHWH ʿimmāḵem*
> "As tábuas da aliança que YHWH fez convosco..." (Dt 9,9b)

O termo *berît* – aliança – aparece com ênfase. O que foi entregue a Moisés no Sinai não foram apenas leis, mas um pacto esculpido. As tábuas são materialização do compromisso divino com Israel. A aliança é escrita em pedra para significar permanência – mas é também quebrável, como o episódio seguinte irá revelar. A materialidade das tábuas dramatiza o vínculo: elas são dom e exigência, graça e lei.

> *wəʾēšēḇ bahār ʾarbaʿîm yôm wəʾarbaʿîm laylāh leḥem lōʾ ʾāḵaltî ûmayim lōʾ šātîtî*
> "E fiquei no monte quarenta dias e quarenta noites; pão não comi, nem água bebi." (Dt 9,9c)

A referência ao jejum de quarenta dias não é apenas ascética: ela simboliza a total imersão de Moisés na presença de Deus. Ele se abstém da vida comum porque está no limiar entre Deus e o povo. Sua existência se torna intercessão. O jejum é sinal de urgência e de entrega. O líder não negocia com Deus à distância – ele participa da tensão da aliança, no corpo, na fome, na vigília.

> *wayyittēn YHWH ʾēlay ʾet-šənê lūḥōṯ haʾāḇen kəṯūḇîm bəʾēṣbaʿ ʾĕlōhîm*
> "E YHWH me deu as duas tábuas de pedra, escritas com o dedo de Deus..." (Dt 9,10a)

A expressão *bəʾēṣbaʿ ʾĕlōhîm* – com o dedo de Deus – intensifica o caráter sagrado do dom. A escrita divina contrapõe-se à idolatria humana. Enquanto Israel moldava ouro com as mãos, Deus gravava fidelidade com o dedo. O gesto de Deus é íntimo, direto, autoral. O contraste entre as tábuas e o bezerro é radical: de um lado, revelação pura; de outro, perversão imediata.

> *wayyōmer YHWH ʾēlay qūm rēḏ məhērāh mizzêh kî hišḥîṯ ʿamməḵā*
>
> "E YHWH me disse: levanta-te, desce depressa daqui, pois corrompeu-se o teu povo..." (Dt 9,12a)

O mandato é brusco: *qūm rēḏ məhērāh* – levanta-te, desce depressa. Deus rompe o silêncio da revelação com a denúncia da quebra da aliança. E chama Israel de *ʿamməḵā* – "teu povo", marcando distância. O povo já não é *ʿammî*, meu povo, mas "teu". A posse divina é suspensa, sinalizando crise. A linguagem carrega tensão teológica: a aliança está prestes a ser dissolvida.

> *wāʾōreʾ ḵî hinnēh ḥăṭēʾtem lāYHWH ʾĕlōheḵem ʿăśîtem lāḵem ʿēgel massēḵāh*
>
> "E vi que havíeis pecado contra YHWH vosso Deus: tinheis feito para vós um bezerro de metal fundido..." (Dt 9,16a)

O pecado é descrito como idolatria forjada: *ʿēgel massēḵāh*, um bezerro fundido. O termo *massēḵāh* implica moldar o divino com técnicas humanas. A idolatria não é apenas errar o objeto de culto, mas querer controlar Deus. É domesticar o mistério. Israel, recém-liberto, tenta capturar o invisível em imagem de ouro. O bezerro é a tentativa de substituir a presença viva de Deus por uma representação manipulável.

> *wāʾešbōr ʾōṯām ləʿênêḵem*
>
> "E quebrei as tábuas diante dos v\ossos olhos..." (Dt 9,17b)

A quebra das tábuas é ato litúrgico e judicial. Moisés, ao lançar as tábuas, não apenas reage: ele encena o rompimento da aliança. O gesto traduz a gravidade do pecado e a falência da confiança. Mas também marca um novo começo. Pois depois da quebra, virá a intercessão. A pedagogia do Deuteronômio é clara: a misericórdia de Deus só é compreensível quando se olha a gravidade da queda de frente.

Encerrando Deuteronômio 9, os versículos finais reforçam a intercessão de Moisés como o eixo pelo qual a história de Israel não se rompeu definitivamente. A narrativa retorna aos quarenta dias de súplica, repete com variações dramáticas a ameaça de destruição, e evoca nomes ancestrais como âncoras de misericórdia. A teologia aqui proposta é profundamente histórica e relacional: Israel não sobreviveu por ser melhor, mas porque Deus ouviu a oração de alguém que se colocou entre a culpa do povo e a santidade de YHWH:

> *wəʾesnappal liplē YHWH kəriʿšōnāh ʾarbaʿîm yôm wəʾarbaʿîm laylāh*
> "E prostrei-me diante de YHWH como da primeira vez, quarenta dias e quarenta noites..." (Dt 9,18a)

A repetição do jejum e da súplica sinaliza insistência. O termo *ʾesnappal* (me prostrei) carrega o peso da rendição, do esvaziamento. Moisés não apenas fala com Deus – ele se coloca em total vulnerabilidade diante dele. O mediador assume sobre si o fracasso do povo. Sua oração não é feita do alto de sua superioridade, mas do chão da humilhação partilhada.

> *ʿal-kōl-ḥaṭāʾatḵem ʾăšer ḥăṭāʾtem laʿăśōṯ hāraʿ bəʿênê YHWH lâhaʿisô*
> "Por todos os vossos pecados que cometestes, fazendo o que era mau aos olhos de YHWH, para o provocar à ira." (Dt 9,18b)

A intercessão não nega o pecado – antes, o nomeia. Moisés confessa em lugar do povo. O verbo *ḥăṭāʾtem* – pecastes – é reiterado, e o mal é qualificado como *raʿ* – maligno, destrutivo. A intercessão verdadeira não encobre a falha, mas a expõe à luz do juízo, pedindo que a misericórdia a contenha. O mediador se recusa a suavizar a transgressão, porque só assim ela pode ser curada.

> *kî yāgōrṯî mippenê ʾap YHWH wəḥēmatô ʾăšer qāṣap ʿălêḵem ləhašmîḏeḵem*
> "Pois temi por causa da ira e do furor de YHWH contra vós, para vos destruir..." (Dt 9,19a)

O temor de Moisés é teológico: ele reconhece que o juízo seria justo. *ʾap* e *ḥēmāh* – ira e furor – são termos que expressam a gravidade da ruptura. O mediador não se ilude: o pecado de Israel poderia ter decretado seu fim. O medo de Moisés não é psicológico – é escatológico. É o reconhecimento do que significa estar diante de um Deus que não banaliza a aliança.

> *wayyišmaʿ YHWH ʾēlay gam baṯṯāʿ hîʾ*
> "E YHWH ouviu-me também desta vez." (Dt 9,19b)

A graça entra em cena com uma simplicidade devastadora. *wayyišmaʿ* – "e ouviu" – é o verbo da esperança. Deus não respondeu com palavras, nem com manifestações visíveis – mas com escuta. A existência de Israel continua por causa da escuta de Deus à oração de um intercessor. O mediador não salvou o povo com força, mas com súplica. O milagre mais profundo é este: Deus ouve.

> *wəḇahărōn hiṯʾanap YHWH məʾōḏ ləhašmîdô wəʾeṯpallēl gam bəʿaḏ-ʾahărōn baʿēṯ hāhîʾ*
> "E contra Arão indignou-se YHWH grandemente, para destruí-lo; e também por Arão intercedi naquela ocasião." (Dt 9,20)

Nem mesmo Arão, o sacerdote, escapou da indignação divina. A liderança cúmplice da idolatria também estava sob julgamento. Mas Moisés intercede *gam bəʿaḏ-ʾahărōn* – também por Arão. A solidariedade do mediador se estende não só ao povo anônimo, mas ao irmão. Arão vive por causa da intercessão. A função sacerdotal não o salvou – a oração do profeta sim. A hierarquia religiosa é desfeita diante da misericórdia.

> *wəʾeʾeqqeʿ ʾeṯ-ḥaṭṭāʾṯəḵem ʾăšer ʿăśîṯem ʾet-hāʿēgel*
> "E tomei o pecado que havíeis feito – o bezerro..." (Dt 9,21a)

Moisés chama o bezerro de *ḥaṭṭāʾṯ*, literalmente: o pecado. Não é só um símbolo do erro, mas sua própria encarnação. O objeto da idolatria é tratado como transgressão materializada. Moisés não apenas repreende – ele destrói o símbolo do desvio. A idolatria é rechaçada com gesto radical: a eliminação do objeto.

> *wəʾeśrōp ʾōṯô bāʾēš wəʾēqqōṭ ʾōṯô ṭāḥōn hēṭēḇ ʿaḏ-ʾăšer-dāq wəʾāšlîḵ ʿet-ʿāpārô ʾel-hanaḥal hayyōrēḏ min-hāhār*
> "E queimei-o no fogo, esmaguei-o bem até que se desfez em pó, e lancei o pó no ribeiro que descia do monte." (Dt 9,21b)

A destruição do bezerro é meticulosa. Não bastava queimar – era preciso pulverizar. O gesto é ritual e pedagógico. A idolatria precisa ser desfeita até desaparecer. Jogá-la na água corrente é retornar ao fluxo da vida, romper com o ciclo da morte. A ação de Moisés é exorcismo político-teológico: o ouro idolátrico não pode ser reciclado, nem reinterpretado – precisa ser eliminado.

> *ûbṯāḇʿērah ûbamassāh ûbiqibrōṯ haṯtaʾăwāh*
> "E também em Taberá, e em Massá, e em Quibrote-Hataavá..." (Dt 9,22a)

A memória da rebeldia não se limita ao Sinai. O texto cita outros episódios – queixas, murmúrios, desejos desordenados. A rebelião de Israel foi recorrente. A insistência de Deus em manter a aliança é ainda mais espantosa diante disso. Cada nome evocado – Taberá, Massá, Quibrote-Hataavá – é uma ferida aberta. Mas são também marcos da fidelidade divina.

> *kî miqqōl haḥaṭṭōʾîm ʾăšer ḥăṭāʾṯem ʾătem*
> "Pois em todos os pecados que cometestes..." (Dt 9,24a)

O resumo é devastador: *ʾătem ḥăṭāʾtem tamîḏ* – vós tendes pecado continuamente. A constância da infidelidade é contrastada com a constância da misericórdia. A aliança, paradoxalmente, sobrevive porque Deus se comprometeu com um povo que não para de cair. O juízo é merecido, mas a graça o contorna.

> *wəʾeṯpallēl ʾel-YHWH wəʾōmar*
> "E intercedi a YHWH, e disse..." (Dt 9,26a)

E o clímax volta à intercessão. Moisés ora. Sua súplica final é evocada como um grito: não por justiça do povo, mas por fidelidade de Deus a si mesmo. O mediador apela à reputação divina, à sua promessa, ao vínculo com os patriarcas. Israel sobrevive porque Deus escuta não apenas o clamor do povo, mas o clamor daquele que carrega o povo no corpo e na oração.

Deuteronômio 9 termina como um espelho para Israel. O povo que está para entrar na terra é convidado a carregar não a vanglória da conquista, mas a memória do fracasso e do perdão. A história que os sustenta é, em sua essência, uma história de intercessão: um povo salvo por causa de um mediador, e por causa de um Deus que escolheu amar mesmo quando o povo não soube ser fiel. A terra prometida não será habitada por vencedores, mas por lembradores. E a lembrança principal é esta: a misericórdia foi mais antiga, mais persistente e mais profunda que a culpa.

Capítulo 10

Em Deuteronômio 10, o texto assume o tom de um segundo recomeço. Após a lembrança devastadora do bezerro de ouro e da quase destruição do povo, agora o foco se desloca para o ato renovador de Deus: a entrega das segundas tábuas. Trata-se de um capítulo que tensiona juízo e graça, mostrando que a aliança não foi abolida, mas reinscrita – não porque o povo mereceu, mas porque Deus decidiu continuar. A espiritualidade que emerge é a da insistência da graça. O povo vive não apenas por ter sido perdoado, mas por ter sido lembrado por Deus. A narrativa começa:

> *bāʿēt hāhîʾ ʾāmar YHWH ʾēlay*
> "Naquele tempo, disse YHWH a mim..." (Dt 10,1a)

A marca do começo é uma nova palavra divina. A interrupção anterior – marcada pela ira e pelo risco de destruição – agora é superada por uma nova fala. Deus volta a falar, e falar é o primeiro gesto da reconciliação. Quando a palavra recomeça, a aliança pode ser reescrita.

pissōl ləḵā šənê lūḥōṯ ʾăḇānîm kariʾšōnîm wəʿălêhāh hāhār

"Talha para ti duas tábuas de pedra como as primeiras, e sobe a mim ao monte..." (Dt 10,1b)

A ordem para talhar as segundas tábuas não é apenas um ato prático. Ela carrega implicações teológicas profundas. Agora é Moisés quem deve lavrá-las, diferente da primeira vez, em que foram talhadas por Deus (Ex 24,12; Dt 9,10). Isso sugere uma nova parceria na reconstrução. A graça permanece divina, mas agora convoca a participação humana. O perdão não cancela a responsabilidade: ele a reinaugura.

wəʿāśîtā ʾărôn ʿēṣ

"E faze para ti uma arca de madeira..." (Dt 10,1c)

A arca, símbolo da presença de Deus, também precisa ser (re) feita. A aliança não será apenas escrita – será guardada, transportada, centralizada. A nova etapa da história requer estrutura simbólica. O Deus que perdoa é também o Deus que organiza a presença. A reconciliação não é abstrata: ela assume forma, espaço, cuidado.

wəʾiktōḇ ʿal-hallūḥōṯ kammiktāḇ harīʾšōn ʾēṯ ʿăśeret haddəḇārîm

"E escreverei nas tábuas as palavras que estavam nas primeiras tábuas..." (Dt 10,2a)

O conteúdo não muda. A segunda entrega é reescrita com o mesmo texto. Isso significa que, apesar da queda, o padrão da aliança permanece. A graça não afrouxa os termos – ela os reafirma. O povo não receberá uma versão mais branda do pacto, mas será convidado a viver com mais profundidade aquilo que já fora dito. O dom da repetição é também um convite à maturidade espiritual.

wāʾeʿăś ʾārôn ʾăššēṭîm

"E fiz uma arca de madeira de acácia..." (Dt 10,3a)

A madeira da acácia é a mesma do tabernáculo. Simples, mas resistente. O gesto de Moisés em obedecer à construção da arca indica que a mediação agora se traduz em obediência concreta. Moisés, que orou e jejuou, agora também constrói. A espiritualidade se materializa. A reconciliação exige mãos – mãos que talham, que constroem, que protegem a palavra dada.

> *wāʾeʿēl hāhār wəšənê hallūḥōṯ bəyādî*
> "E subi ao monte com as duas tábuas em minha mão."
> (Dt 10,3c)

O gesto repete o da primeira aliança, mas agora com uma consciência maior. Moisés sobe como quem carrega a possibilidade de um recomeço. A subida é sinal de esperança, de que o Deus do fogo e do juízo é também o Deus da segunda chance. As mãos que outrora quebraram as tábuas agora as carregam de novo. A liderança restaurada é aquela que já chorou, já falhou e agora retorna ao monte com reverência. A reconciliação, agora plenamente instalada, passa a ser sustentada não apenas pelas novas tábuas, mas pela permanência da palavra dentro da arca e pela reconfiguração do serviço dos levitas. O centro do capítulo se desloca para a memória como condição de fidelidade e para a eleição como chamado à responsabilidade sacerdotal, não ao privilégio:

> *wayyiktōḇ ʿal-hallūḥōṯ kammiktāḇ harīʾšōn ʾēṯ ʿăśeret haddəḇārîm*
> "E ele escreveu nas tábuas como a primeira escrita, as dez palavras..." (Dt 10,4a)

A repetição do gesto não é redundante, é teológica. O Deus que escreve novamente é o mesmo que poderia ter destruído. O *ʿăśeret haddəḇārîm* – dez palavras – não foram revogadas. A aliança é reinscrita não como concessão de uma nova norma, mas como reafirmação da primeira. A fidelidade de Deus está na persistência em dizer o mesmo, mesmo diante do pecado. A repetição da palavra é o coração da renovação.

wayyittənēm YHWH ʾēlay
"E YHWH as deu a mim..." (Dt 10,4b)

O verbo *nātan* – deu – reaparece como um gesto de entrega graciosa. As tábuas não são conquistadas, nem merecidas. São recebidas. O mediador, mais uma vez, é aquele que recebe para guardar, e não para si mesmo. Moisés não retém: ele conduzirá as tábuas ao povo. Toda liderança legítima em Israel nasce da escuta e da mediação do dom – nunca da posse ou do controle da palavra.

wāʾep̄nē wāʾēred min-hāhār wāʾāśîm hallūḥōṯ bāʾārôn ʾăšer ʿāśîtî
"E virei e desci do monte, e pus as tábuas na arca que fiz..." (Dt 10,5a)

A teofania se recolhe novamente à arca. A palavra, antes exposta e quebrada, agora é guardada. A descida do monte carrega um simbolismo profundo: Deus, que falou nas alturas, agora habita no meio. A arca torna-se a casa da aliança. A espiritualidade israelita é assim marcada por esse movimento: do monte ao acampamento, da glória ao cotidiano, do juízo à habitação.

wəhāyû šām kaʾăšer ṣiwwānî YHWH
"E elas estão ali, conforme YHWH me ordenou." (Dt 10,5b)

A obediência à ordem divina é aqui silenciosa, mas decisiva. O que se quebrou foi restaurado, o que foi violado foi recolocado em seu lugar. E está lá – *šām*, "ali" – como testemunho de que o perdão não é só palavra, mas memória incorporada. As tábuas guardadas na arca são o coração da identidade de Israel: um povo que falhou, mas que vive por causa da promessa preservada.

ûḇənê Yisrāʾēl nāsəʿû miBəʾērōṯ bənê-yaʿăqān mōsərāh šām mēt ʾahărōn wayyiqqāḇēr šām wayəḵāhēn ʾelʿāzār bənô taḥtāw

> "E os filhos de Israel partiram de Beerote-Bene-Jaacã para Moserá. Ali morreu Arão, e foi sepultado ali, e Eleazar, seu filho, ministrou como sacerdote em seu lugar." (Dt 10,6)

O texto insere um detalhe aparentemente geográfico e cronologicamente deslocado: a morte de Arão. Mas essa nota é profundamente teológica. Arão, símbolo da mediação sacerdotal, morre – mas o sacerdócio não morre com ele. *wayəḵāhēn* – e Eleazar ministrou – indica continuidade. A aliança não depende da permanência dos líderes, mas da fidelidade de Deus em renovar o sacerdócio. A morte de Arão em meio ao caminho sinaliza que até mesmo os mediadores têm fim, mas a presença de Deus permanece com o povo.

> *miššām nāsəʿû hagguddāḡâ ûmin-hagguddāḡâ yāṭəḇāṯâ ʾereṣ nəḥălê-māyim*
> "E dali partiram para Gudgoda, e de Gudgoda para Jotbata, terra de ribeiros de água." (Dt 10,7)

A menção de *ʾereṣ nəḥălê-māyim* – terra de ribeiros de água – é mais que geografia: é símbolo de refrigério após o juízo. Depois da morte do mediador, há águas vivas. A história avança, e a terra se revela fértil. Essa progressão topográfica narra, de forma implícita, a transição do luto para a esperança. O caminho não termina no sepulcro, mas na fonte.

> *bāʿēt hāhîʾ hibbādēl YHWH ʾet-šēḇeṭ hallēwî*
> "Naquele tempo, separou YHWH a tribo de Levi..." (Dt 10,8a)

O texto agora estrutura a eleição levítica como resposta divina à transgressão e ao arrependimento. A separação (*hibbādēl*) é um ato teológico: Deus constitui um povo dentro do povo, cuja função é servir, levar, guardar. Os levitas não recebem terra, mas recebem responsabilidade. O serviço substitui o privilégio. A eleição, longe de ser supremacia, é encargo. A tribo de Levi foi designada para o serviço a Yahweh:

> *laʿăśōṯ ʾet-ʿăḇōḏaṯ YHWH wəlaššēret ʾet-šəmô ʿaḏ-hayyôm hazzeh*
> "Para servir a YHWH e para ministrar em seu nome até o dia de hoje." (Dt 10,8b)

A vocação levítica é um testemunho contínuo: *ʿaḏ-hayyôm hazzeh* – até hoje. O serviço não é um privilégio de status, mas uma tarefa que perdura. A função levítica não é ornamentação do culto, mas salvaguarda da presença e da palavra. E é nesse ministério que se concentra o sentido da eleição: estar diante de YHWH em nome do povo e diante do povo em nome de YHWH.

> *ʿal-kēn lōʾ-hāyāh lēlêwî ḥēleq wənaḥălāh ʿim-ʾeḥāyw YHWH hûʾ naḥălāṯô kaʾăšer dibber YHWH ʾĕlōheḵā lô*
> "Por isso Levi não teve parte nem herança com seus irmãos; YHWH é a sua herança, conforme YHWH teu Deus lhe prometeu." (Dt 10,9)

A ausência de território é compensada por uma presença: YHWH *hûʾ naḥălāṯô* – YHWH é sua herança. Esse versículo inverte a lógica territorial: o que os levitas não têm em terra, têm em Deus. É uma espiritualidade do despojamento como forma de posse. A tribo que serve é a que mais depende. A eleição levítica ensina que a verdadeira herança não é material, mas relacional.

> *wānōḵî ʿāmadṯî bahār kəyyāmîm harīʾšōnîm ʾarbaʿîm yôm wəʾarbaʿîm laylāh wayyišmaʿ YHWH ʾēlay gam baṯtāʿ hîʾ*
> "E eu fiquei no monte, como nos primeiros dias, quarenta dias e quarenta noites; e YHWH ouviu-me também desta vez." (Dt 10,10)

Moisés reitera a intercessão, sublinhando a constância do perdão. A repetição de *ʾarbaʿîm yôm wəʾarbaʿîm laylāh* – quarenta dias e quarenta noites – marca o ritmo da misericórdia. Deus não muda de ideia de forma arbitrária, mas por insistência no clamor. A fidelidade divina é provocada pela súplica fiel do intercessor. A história de Israel é atravessada por essa oração silenciosa no monte: o povo vive porque alguém não desistiu de orar por ele.

> *wayyōmer YHWH ʾēlay qūm lēḵ ləmaśʾ ləp̄nê haʿām*
> "E YHWH me disse: levanta-te, vai e anda diante do povo..."
> (Dt 10,11)

A ordem é de retomar a jornada. O perdão não é fim – é reinício. A marcha, interrompida pela rebelião, pode continuar. Moisés deve andar *ləp̄nê haʿām* – diante do povo. A liderança restaurada deve agora conduzir um povo restaurado. A reconciliação não é contemplação passiva, mas retorno ao caminho. A espiritualidade bíblica não separa o culto da caminhada: a aliança se vive em movimento.

> *wəʿattāh yiśrāʾēl māh YHWH ʾĕlōheḵā šōʾēl mēʿimmāḵ*
> "E agora, Israel, o que é que YHWH teu Deus requer de ti?"
> (Dt 10,12a)

Essa pergunta ecoa como um chamado profético. Depois de lembrar a graça, Moisés pergunta: *māh* YHWH *šōʾēl?* – o que Deus pede? A resposta não será ritualista, mas existencial. O verdadeiro culto é resposta ética. O discurso se volta ao povo e coloca a aliança no coração da vida cotidiana. A religião do Deuteronômio não tolera superficialidade: ela exige escuta, temor, caminhada, amor.

> *kî ʾim-ləyirʾāh ʾet-YHWH ʾĕlōheḵā lalēḵeṯ bəḵāl-dərāḵāyw*
> "A não ser que temas YHWH teu Deus, que andes em todos os seus caminhos..." (Dt 10,12b)

Temor e caminhada são as marcas do discipulado bíblico. Temor não como pânico, mas como reverência. Caminhar nos caminhos de Deus é viver de forma coerente com sua palavra. O verbo *lalēḵeṯ* – andar – define a fé como peregrinação contínua. Não basta saber o que Deus quer: é preciso mover-se na direção do que Ele disse. Fé e ética são inseparáveis.

> *ûləʾahăḇāh ʾōṯô*

"E que o ames..." (Dt 10,12c)

O clímax é amor. O amor a Deus não é mero sentimento, mas decisão, prática, adesão. O Deus que libertou exige amor como resposta. A graça não gera indiferença, mas entrega. O verbo *ʾāhaḇ* é o mesmo usado para expressar a eleição divina (cf. Dt 7,7–8). O povo é amado e chamado a amar. O amor de Israel a Deus é reflexo do amor de Deus a Israel.

> *kî YHWH ʾĕlōheḵem hûʾ ʾĕlōhê hāʾĕlōhîm wəʾădōnê hāʾădōnîm*
> "Pois YHWH vosso Deus é o Deus dos deuses e Senhor dos senhores..." (Dt 10,17a)

A teologia se expande. O Deus da aliança com Israel é o Deus sobre todos os poderes. O monoteísmo aqui não é apenas doutrinário – é político. A fidelidade a YHWH implica rejeição de todos os falsos senhores. O Deus do Sinai é o Deus soberano sobre todas as nações. E ainda assim, esse Deus tão exaltado se inclina aos pequenos.

> *ʿōśēh mišpāṭ yātōm wəʾalmānāh wəʾōhēḇ gēr latēt lô leḥem wəśimlāh*
> "Ele faz justiça ao órfão e à viúva, e ama o estrangeiro, dando-lhe pão e roupa." (Dt 10,18)

Aqui a grandeza divina se revela na compaixão. O Deus dos deuses é o defensor dos vulneráveis. *ʿōśēh mišpāṭ* – faz justiça – e *ʾōhēḇ gēr* – ama o estrangeiro. Essa teologia da misericórdia desconstrói qualquer espiritualidade elitista. O verdadeiro culto se manifesta no cuidado com os frágeis. O Deus que alimenta o estrangeiro convoca o povo a fazer o mesmo.

> *wəʾahăḇtem ʾet-haggēr kî-gērîm hăyyîtem bəʾereṣ-miṣrayim*
> "E amareis o estrangeiro, pois estrangeiros fostes na terra do Egito." (Dt 10,19)

A ética nasce da memória. Israel deve amar o estrangeiro porque já foi estrangeiro. A compaixão é fruto da experiência. A redenção recebida torna-se mandato. A história da libertação não termina com a entrada na terra – ela continua no modo como Israel trata o outro. A espiritualidade deuteronomista é, portanto, radicalmente ética: adorar a Deus exige amar o próximo.

O capítulo 10 termina como uma grande convocação: lembrar, amar, servir, temer, caminhar. A graça que restaurou a aliança agora exige resposta. A eleição de Israel se manifesta no cuidado com os pobres, na memória da escravidão, no amor ao Deus que não se esquece. O povo que foi salvo é chamado a ser santuário: não por construir um templo, mas por viver de forma que Deus habite entre eles – nas mãos que acolhem, nos pés que caminham, no coração que escuta.

Capítulo 11

Deuteronômio 11 é um capítulo de transição e culminação dentro da primeira parte do livro. Ele retoma o chamado à obediência, mas agora com uma densidade emocional e afetiva mais acentuada. A fidelidade é reiterada como resposta amorosa ao Deus que agiu poderosamente no Egito e no deserto. A estrutura do texto alterna entre a memória dos feitos de YHWH e a promessa de bênçãos condicionadas à escuta. O coração do capítulo é a pedagogia da repetição: ouvir, amar, lembrar, ensinar. O amor de Deus exige memória ativa e fidelidade encarnada – não como imposição, mas como resposta à presença que libertou, conduziu e prometeu:

> *wəʾāhăḇtā ʾet-YHWH ʾĕlōhek̲ā wəšāmarta mišmartô wəḥuqqōṯāyw ûmišpāṭāyw wəmiṣwōṯāyw kāl-hayyāmîm*
> “E amarás YHWH teu Deus, e guardarás seu encargo, seus estatutos, seus juízos e seus mandamentos todos os dias.” (Dt 11,1)

O capítulo abre com um imperativo duplo: amar e guardar. O amor não é emotivo, mas ativo; ele se expressa na observância dos *mišmartô*, *ḥuqqōṯāyw*, *mišpāṭāyw* e *miṣwōṯāyw* – termos que cobrem toda a gama do mandamento, da aliança ritual à justiça social. A fidelidade a Deus exige memória constante. *Kāl-hayyāmîm* – todos os dias – reforça que a aliança é renovada cotidianamente. A espiritualidade de Deuteronômio não é evento isolado, mas caminhada diária.

> *ûḏəʿatem hayyôm kî lōʾ ʾet-bənêḵem ʾăšer lōʾ yāḏəʿû*
> *wəʾăšer lōʾ rāʾû ʾet-mûsār YHWH ʾĕlōheḵem*
> "Vós sabereis hoje – não os vossos filhos, que não conheceram nem viram a disciplina de YHWH vosso Deus..." (Dt 11,2a)

O texto distingue gerações. A exortação é dirigida à geração que viu e viveu. *Hayyôm* – hoje – aparece com força, como um tempo teológico decisivo. O conhecimento da disciplina (*mûsār*) de Deus é um conhecimento encarnado, histórico. Os filhos não viram o Egito nem o Sinai, mas os pais sim. Isso impõe responsabilidade: a geração que experimentou precisa transmitir – não ideias, mas experiências. A memória é missão.

> *ʾet-ʾōṯōṯāyw wəʾet-maʿăśāyw ʾăšer ʿāśâ bətôḵ miṣrayim*
> *ləparaʿ meleḵ miṣrayim ûləkāl-ʾarṣō*
> "Os seus sinais e os seus feitos que fez no Egito contra Faraó, rei do Egito, e contra toda a sua terra." (Dt 11,3)

A narrativa relembra os sinais (*ʾōṯōṯāyw*) e ações (*maʿăśāyw*) de YHWH no Egito. O Deus que exige fidelidade é o mesmo que derrotou o faraó. A teologia deuteronomista não parte da abstração, mas da história. Crer em Deus é lembrar o que Ele fez. O Êxodo é aqui novamente central: é o argumento teológico mais forte para a obediência – não um mandamento, mas um livramento.

> *wəʾet-ʾăšer ʿāśâ ləḥayl miṣrayim ləsûsāyw ûlirkəḇōṯāyw*
> *ʾăšer hiṣṣîp ʿal-pənê mê-yam-sûp̄ bərōdpām ʾăḥărêḵem*
> *wayyaʾaḇēdêm YHWH ʿaḏ-hayyôm hazzeh*
> "E o que fez ao exército do Egito, aos seus cavalos e carros, como fez vir sobre eles as águas do Mar de Juncos, quando vos perseguiam, e como YHWH os destruiu até o dia de hoje." (Dt 11,4)

A imagem é dramática. O mar – que se abriu para Israel – se fechou sobre o inimigo. A memória do Mar de Juncos (tradicionalmente "Mar Vermelho) é um divisor de águas literal e simbólico. YHWH não é apenas libertador: é também aquele que afoga o império. A fé israelita nasce da travessia – uma travessia feita com os pés molhados pela libertação e os olhos ainda assustados com a perseguição. *ʿaḏ-hayyôm hazzeh* – até hoje – sugere que os efeitos da salvação ainda reverberam.

> *ûmāh ʿāśâ lāḵem bamidbār ʿaḏ-bōʾăḵem ʾaḏ-hammāqôm hazzeh*
> "E o que fez convosco no deserto, até que viestes a este lugar." (Dt 11,5)

O deserto também é lembrado. Ele não é apenas o espaço entre a promessa e o cumprimento – é lugar de intervenção. Deus não agiu só no Egito, mas no caminho. A pedagogia do deserto é parte da teologia da aliança. O povo não é moldado apenas pela libertação inicial, mas pela provisão diária. A fidelidade é exigida não apenas porque Deus libertou, mas porque sustentou – constantemente, em cada etapa. O texto se aprofunda no entrelaçamento entre memória, obediência e promessa. A fidelidade não é apresentada como dever abstrato, mas como condição para permanecer na terra. O discurso deuteronomista recorre à pedagogia da experiência – o povo é exortado a lembrar o que viu, não apenas para agradecer, mas para discernir que há consequências espirituais e materiais na forma como se vive diante de Deus. A memória do julgamento divino é evocada:

> *ûmāh ʿāśâ ləḏāṯān waləʾăḇîrām bənê-ʾĕlîʿāḇ ben-rəʾûḇēn ʾăšer pāṣətāh hāʾāreṣ ʾet-pîhāh wattiblaʿēm*
> "E o que fez a Datã e Abirão, filhos de Eliabe, filho de Rúben, como a terra abriu sua boca e os engoliu..." (Dt 11,6a)

A lembrança do julgamento de Datã e Abirão (Nm 16) funciona como advertência. A terra que seria herança prometida também pode se tornar sepultura quando a aliança é rompida. A terra *pāṣətāh ʾet-pîhāh* – abriu sua boca – em um gesto simbólico da justiça divina. A aliança não é um contrato sem consequências. Ela tem corpo, chão, nome. E pode ser quebrada. A memória da rebelião é advertência: aqueles que desafiaram a mediação e a palavra foram tragados pelo solo que deveriam habitar.

> *kî ʿênêḵem hāhārōṯ ʾet-kāl-maʿăśê YHWH haggādōl ʾăšer ʿāśâ*
> "Pois vossos olhos viram toda a grande obra que YHWH fez." (Dt 11,7)

O apelo recai novamente sobre os olhos. A fé de Israel não é construída sobre abstrações, mas sobre o que foi visto. O termo *ʿênêḵem hāhārōṯ* – vossos olhos viram – legitima a autoridade da geração que atravessou o deserto. A experiência é argumento. O que Deus fez *ʿāśâ* – fez – é fundamento do que agora se exige: uma vida em aliança. A ética não nasce de imposição, mas de memória.

> *wəšāmartem ʾet-kāl-hammiṣwāh ʾăšer ʾānōḵî məṣawwəḵem hayyôm ləmaʿan teḥzəqû ûḇāʾtem wəyirəštem ʾet-hāʾāreṣ*
> "Guardareis, pois, todo o mandamento que hoje vos ordeno, para que sejais fortes, e entreis, e possuais a terra..." (Dt 11,8)

A obediência é vinculada à força: *teḥzəqû* – para que sejais fortes. Não se trata de força militar, mas espiritual. A terra não será conquistada por habilidade humana, mas pela permanência na palavra. O verbo *yirəštem* – possuireis – aparece reiteradamente no Deuteronômio, sempre como promessa condicionada à escuta e fidelidade. A posse da terra é graça sustentada por responsabilidade. A espiritualidade aqui é indissociavelmente concreta: ela pisa o chão da terra prometida.

> *ʾăšer ʾatem ʿōḇərîm šāmāh ləríšətāh ʾereṣ zāḇat ḥālāḇ ûḏəḇāš*
> "Para que possuais a terra para a qual estais passando, terra que mana leite e mel." (Dt 11,9b)

A expressão *ʾereṣ zāḇat ḥālāḇ ûḏəḇāš* – terra que mana leite e mel – não é uma hipérbole poética, mas uma imagem teológica da abundância provida por Deus. A terra não é conquistada – é recebida. Mas sua generosidade está ligada à resposta do povo. A linguagem da terra como dom convida à gratidão, não à exploração. O texto estabelece um pacto entre ética e ecologia: a terra será fecunda na medida em que a justiça for vivida.

> *kî hāʾāreṣ ʾăšer-ʾattāh bāʾ šāmāh lərišətāh lōʾ kəʾereṣ miṣrayim hîʾ*
> “Pois a terra para a qual estás entrando para possuí-la não é como a terra do Egito...” (Dt 11,10a)

O contraste com o Egito é pedagógico. A terra prometida exige outra espiritualidade. No Egito, a água vinha por canais – era manipulável, controlável. Em Canaã, a chuva vem do céu. O sustento depende da escuta, não da engenharia. A nova terra convoca outra postura: não de dominação, mas de confiança. O Deus de Israel não é como os deuses do Egito – e a terra de Israel não se cultiva como a terra do Nilo. O discurso converge para o coração da espiritualidade bíblica: obedecer não é simplesmente cumprir regras, mas alinhar-se com a vida, com a justiça, com o Deus que sustenta a criação. A pedagogia da repetição se intensifica – é preciso ensinar, gravar, repetir, colar a palavra na carne e nos muros – porque dela depende a permanência na terra. E o que se diz é a base da promessa – o cuidado divino:

> *ʾereṣ ʾăšer-YHWH ʾĕlōheḵā dōrēš ʾōṯāh tāmîḏ ʿênê YHWH ʾĕlōheḵā bāh mērēšîṯ haššānāh wəʿaḏ-ʾaḥărîṯ šānāh*
> “Uma terra que YHWH teu Deus cuida; os olhos de YHWH teu Deus estão sempre sobre ela, desde o início até o fim do ano.” (Dt 11,12)

A terra é teologicamente vigiada. Ela não é um simples espaço geográfico, mas um território sobre o qual repousa o olhar contínuo de Deus. *ʿênê* YHWH *bāh* – os olhos de YHWH estão nela – exprime uma atenção amorosa, quase paternal. A fertilidade da terra é mais que questão climática: é expressão da relação entre Deus e o povo.

A permanência na terra será um reflexo da permanência de Israel em Deus.

> *wəhāyāh ʾim-šāmōaʿ tišməʿū ʾel-miṣwōṯay ʾăšer ʾānōḵî məṣawwəḵem hayyôm*
>
> "E será que, se ouvirdes diligentemente aos meus mandamentos que hoje vos ordeno..." (Dt 11,13a)

Aqui se inicia a formulação condicional. *ʾim-šāmōaʿ tišməʿū* – se ouvirdes de fato – repete o verbo da escuta com ênfase dobrada. A escuta é a porta para a bênção. O mandamento não é apenas objeto de obediência, mas voz que precisa ser ouvida. É a escuta que transforma a palavra em vida. Obedecer é ouvir com o coração inclinado.

> *wənāṯattî məṭar ʾarṣəḵem bəʿittô yôreh ûmalqôš*
>
> "E darei a chuva da vossa terra no seu tempo, a chuva temporã e a serôdia..." (Dt 11,14a)

A chuva é dom condicional. *Yôreh* (chuva temporã) e *malqôš* (chuva serôdia) sustentam o ciclo agrícola. A obediência traz equilíbrio ecológico. A terra responde ao coração do povo. Não há dicotomia entre ética e natureza. O Deus da aliança é o Deus da estação certa. A espiritualidade bíblica vincula a vida espiritual à vida do campo, à chuva, ao pão.

> *hiššāmərû lāḵem pen-yip̄tê ləḇaḇḵem wəsārəṯem wəʿăḇaḏtem ʾĕlōhîm ʾăḥērîm wəhištaḥăwîtem lām*
>
> "Guardai-vos para que o vosso coração não se engane, e vos desvieis, e sirvais a outros deuses, e vos prostreis diante deles." (Dt 11,16)

O perigo é o desvio do coração. O texto denuncia a idolatria não como erro intelectual, mas como traição afetiva. *Pen-yip̄tê ləḇaḇḵem* – para que não se seduza vosso coração – indica que a infidelidade começa dentro, como desejo desordenado, como fascínio por outra presença. A idolatria ameaça romper o vínculo com aquele que dá chuva, pão e terra. O risco não é teórico – é concreto, climático, geográfico.

wəḥārāh ʾaf-YHWH bākem wəʿāṣar ʾet-haššāmayim wəlōʾ yihyê māṭār wəhāʾăḏāmāh lōʾ tittēn ʾet-yəḇūlâh
"E se acenderá a ira de YHWH contra vós, e ele fechará os céus, e não haverá chuva, e a terra não dará seu fruto." (Dt 11,17a)

A relação com Deus não é neutra: ela interfere no cosmos. O céu pode se fechar como juízo. A terra pode se calar como protesto. A idolatria tem efeitos materiais. O juízo é ambiental: sem escuta, não há chuva; sem fidelidade, não há colheita. O povo é convocado a entender que a aliança com YHWH estrutura o próprio ecossistema. O céu ouve o coração da terra, e a terra escuta o coração do povo.

wəśamṭem ʾet-dəḇāray ʾēlleh ʿal-ləḇaḇḵem wəʿal-nafšəḵem
"E poreis estas minhas palavras sobre o vosso coração e sobre a vossa alma..." (Dt 11,18a)

Agora o mandamento é gravado no interior. *ʿal-ləḇaḇḵem wəʿal-nafšəḵem* – sobre vosso coração e sobre vossa alma – sugere que a aliança não pode ser apenas externa. A interiorização da palavra é a única forma de resistir à idolatria. A espiritualidade do Deuteronômio é uma espiritualidade da escrita – não em pedras apenas, mas no coração.

wəlimmaḏtem ʾōṯām ʾet-bənêḵem ləḏabbēr bām
"E ensinareis estas palavras a vossos filhos, falando delas..." (Dt 11,19a)

A transmissão é missão intergeracional. A fé não sobrevive se não for ensinada. A palavra deve ser conversada – *ləḏabbēr bām* – falada entre pais e filhos. A tradição não se mantém por imposição, mas por fala cotidiana. O ensino da fé é menos um sistema e mais um diálogo permanente. A palavra é herança que se reparte com os lábios.

rəʾê ʾānōḵî nōṯēn lip̄nêḵem hayyôm bərāḵāh ûqəlālāh
"Eis que ponho hoje diante de vós bênção e maldição." (Dt 11,26)

A escolha é o ponto culminante. *Bərākāh ûqəlālāh* – bênção e maldição – não são meros castigos ou recompensas, mas consequências de um modo de vida. O povo está diante de um cruzamento. O "hoje" da decisão ecoa em toda a teologia deuteronomista: a fé é sempre presente, urgente, exigente. O futuro depende do que se faz com a palavra hoje.

Deuteronômio 11 termina como um chamado à escuta integral. O povo de Israel é convidado a inscrever a aliança no corpo, no campo, na casa, na memória e nos filhos. A bênção não é magia – é fidelidade. E a maldição não é punição arbitrária – é consequência do rompimento com a fonte da vida. Entre o Egito e a terra prometida, o povo deve escolher: quem escuta, vive; quem se esquece, seca. A terra está diante deles, mas só será verdadeiramente habitada por aqueles cujo coração estiver habitado pela palavra.

Capítulo 12

Deuteronômio 12 é o capítulo em que a teologia da aliança se corporifica no espaço e na prática do culto. A fé que antes era itinerante, vivida em tendas e travessias, agora precisa se enraizar numa terra e se organizar em um lugar. O capítulo é estruturalmente decisivo porque desloca a questão da adoração de uma prática dispersa para uma espiritualidade centralizada, regulada, vinculada à memória da libertação e à santidade do Deus único. O espaço sagrado não será qualquer lugar, mas *hammāqôm ʾăšer-yibḥar* YHWH – o lugar que YHWH escolher. A espiritualidade israelita é agora redirecionada para a unidade: uma só terra, um só Deus, um só centro de adoração. O texto inicia com uma abertura legal solene:

> *ʾēlleh haḥuqqîm wəhammišpāṭîm ʾăšer-tišmərūn laʿăśōṯ bāʾāreṣ ʾăšer nāṯan YHWH ʾĕlōhê ʾăḇōṯêḵā ləḵā lərišətāh kāl-hayyāmîm ʾăšer-ʾattēm ḥayyîm ʿal-hāʾăḏāmâ*
> "Estes são os estatutos e os juízos que guardareis para fazer na terra que YHWH, o Deus de teus pais, te deu para possuí-la todos os dias que viverdes sobre a terra." (Dt 12,1)

ʾēlleh haḥuqqîm wəhammišpāṭîm marca a transição da teologia geral da aliança para os seus desdobramentos práticos. A terra, novamente, não é um direito natural, mas um dom – *nāṯan* YHWH – e esse dom exige escuta, cuidado e obediência. O tempo da obediência é contínuo: *kāl-hayyāmîm* – todos os dias. A aliança é para a vida toda e para todos os aspectos da vida.

> *ʾabbēḏ tēʾaḇdūn ʾet-kāl-hamməqōmōṯ ʾăšer-ʿāḇdū šām haggôyim ʾăšer-ʾattēm yōrəšîm ʾōṯām*
> "Certamente destruireis todos os lugares onde as nações que ides desapossar serviram aos seus deuses..." (Dt 12,2a)

A primeira ordem não é construir, mas destruir. O culto cananeu precisa ser apagado. *ʾabbēḏ tēʾaḇdūn* – destruir destruireis – é um hebraísmo de intensidade. O zelo pela pureza da adoração exige a eliminação de todo vestígio de idolatria. Os *hamməqōmōṯ* – lugares – aqui não são neutros. Cada colina, árvore e altar foi um espaço de aliança pagã. Israel não pode apenas ocupar a terra: precisa reconsagrá-la.

> *ʿal-hāhārîm hārāmîm wəʿal-haggəḇāʿōṯ wətaḥat kāl-ʿēṣ raʿănān*
> "Sobre os altos montes e sobre os outeiros, e debaixo de toda árvore frondosa." (Dt 12,2b)

Os cultos pagãos eram naturalizados – espalhados por lugares esteticamente sublimes. A adoração cananeia se dava em conexão com a paisagem, mas sem distinção moral. O Deuteronômio propõe uma ruptura: não é qualquer beleza que legitima um culto. A árvore frondosa e o monte elevado podem ser locais de idolatria. A fé de Israel não se pauta pela geografia nem pela estética, mas pela eleição. O lugar certo será o que YHWH escolher – não o mais bonito, mas o mais obediente.

> *wənittaṣtem ʾet-mizbəḥōṯām wəšibbartem ʾet-maṣṣêḇōṯām wəḵišrūn ʾet-ʾăšērêhem*
> "E derrubareis os seus altares, quebrareis as suas colunas e queimareis os seus postes-ídolos..." (Dt 12,3a)

A purificação da terra é litúrgica e política. *Mizbəḥōtām, maṣṣêḇōṯām, ʾăšērêhem* – altares, colunas e postes – são as estruturas do culto cananeu. A idolatria tem arquitetura, e a aliança exige que essa arquitetura seja desfeita. A violência simbólica da destruição cultual não é um capricho teocrático: é uma reconfiguração total da vida. Não há espaço para coexistência espiritual com os deuses da terra.

> *wəʾiḇaḏtem ʾet-šəmām min-hammāqōm hāhūʾ*
> "E destruireis o nome deles daquele lugar." (Dt 12,3b)

Mais do que objetos, é o nome que deve ser apagado. O nome, na Bíblia, é a expressão da presença. *Šēmām* – seus nomes – remete ao culto como sistema de poder e memória. Apagar o nome é desfazer a autoridade, a história e o domínio. Israel não poderá fundar sua adoração sobre as fundações do inimigo. A aliança não é uma adaptação – é uma refundação.

> *lōʾ taʿaśūn kēn ləYHWH ʾĕlōheḵem*
> "Não fareis assim com YHWH vosso Deus." (Dt 12,4)

A negação é total. O culto a YHWH não pode seguir a forma dos cultos pagãos. A aliança requer outra estética, outra prática, outro centro. *Lōʾ taʿaśūn kēn* – não fareis assim – é uma advertência contra a apropriação sincrética. O Deus de Israel não pode ser adorado em qualquer lugar, de qualquer jeito, com qualquer linguagem. A exclusividade da aliança demanda uma santidade espacial e prática radical.

> *kî ʾim-ʾel-hammāqôm ʾăšer-yibḥar YHWH ʾĕlōheḵem*
> *mikāl-šibṭêḵem lāsūm ʾet-šəmô šām ləšiknô tiḏərēšû*
> *ûḇāʾṯā šām*
> "Mas ao lugar que YHWH vosso Deus escolher dentre todas
> as vossas tribos para ali pôr o seu nome, para fazer habitar
> o seu nome ali, a esse lugar buscareis e ali ireis." (Dt 12,5)

Aqui começa a virada mais profunda do capítulo. *ʾĕl-hammāqôm ʾăšer-yibḥar* YHWH – ao lugar que YHWH escolher – marca a centralização do culto. Não há um lugar fixado neste momento: há um lugar a ser escolhido. A teologia aqui não é de geografia estática, mas de eleição dinâmica. O culto será onde Deus colocar seu nome. O *šēm* – nome – substitui os ídolos: não haverá imagem, mas nome. E esse nome será buscado (*tiḏərēšû*) e visitado. O culto agora é peregrinação a um centro divinamente estabelecido. O texto aprofunda a teologia do lugar eleito como centro da adoração. Se a primeira parte foi marcada pela destruição dos espaços pagãos e pela promessa de um lugar único, agora o discurso se volta à ordenação das práticas cultuais que ali deverão ocorrer. Trata-se de um capítulo fundacional para a compreensão bíblica do culto: o local de adoração não é escolhido pela conveniência humana, mas pela eleição divina. O espaço é reconfigurado a partir da presença, e a vida comunitária passa a girar em torno do centro onde YHWH "faz habitar seu nome". A espiritualidade deuteronomista não se constrói por rituais dispersos, mas por centralidade, por exclusividade, por memória:

> *wəhăḇēʾṯem šām ʿōlōṯêḵem wəzibḥêḵem wəʾeṯ-maʿśrōṯêḵem wəʾeṯ-ṯərūmaṯ yəḏêḵem wənidrōṯêḵem wənəḏāḇōṯêḵem wəḇəḵōrōṯ bəqārəḵem wəṣōnḵem*
> "E levareis ali os vossos holocaustos, os vossos sacrifícios, os vossos dízimos, as ofertas de vossas mãos, os vossos votos, as vossas ofertas voluntárias e os primogênitos das vossas vacas e das vossas ovelhas." (Dt 12,6)

A centralidade se corporifica em peregrinação. O culto exige deslocamento, entrega, generosidade. Os termos usados aqui – *ʿōlōṯ*, *zibḥîm*, *maʿśēr*, *ṯərūmāh*, *neder*, *nəḏāḇāh*, *ḇəḵōrōṯ* – representam uma diversidade de ofertas: obrigatórias e voluntárias, rituais e econômicas, pessoais e comunitárias. A adoração é uma prática complexa, que envolve o corpo, o trabalho e o tempo. O culto bíblico não é abstração: é uma dramatização da vida diante de Deus. E ele se dá num lugar.

> *wəʾăḵaltēm šām lip̄nê YHWH ʾĕlōheḵem*
> "E comereis ali diante de YHWH vosso Deus..." (Dt 12,7a)

O culto não é apenas sacrifício – é também banquete. *Wəʾăḵaltēm šām* – comereis ali – marca a adoração como comunhão. A refeição é ato teológico. Comer diante de Deus é reconhecer que tudo vem dele, que a mesa é espaço de bênção, de partilha e de celebração. A espiritualidade deuteronomista reconfigura o sagrado não apenas no altar, mas na mesa. O banquete é expressão da aliança.

> *wəśamaḥtəm bəkāl-mišlaḥ yaḏḵem ʾattem ûḇəṯêḵem*
> "E vos alegrareis em todo o fruto do vosso trabalho, vós e vossas casas..." (Dt 12,7b)

A alegria é parte do culto. A expressão *śamaḥtəm* – vos alegrareis – rompe com qualquer ideia de espiritualidade sombria. A adoração verdadeira gera júbilo, pois está conectada ao reconhecimento do dom. O trabalho, o alimento, os frutos – tudo é devolvido em festa diante de Deus. O culto bíblico é celebração da vida como dom e do trabalho como parceria com o Criador.

> *lōʾ taʿaśūn kəḵol-ʾăšer-ʾănaḥnū ʿōśîm pō hayyôm ʾîš kōl-hayyāšār bəʿênāyw*
> "Não fareis como tudo o que estamos fazendo aqui hoje, cada qual o que é reto aos seus próprios olhos." (Dt 12,8)

O versículo contrapõe a prática atual – ainda nômade, dispersa – com o futuro centralizado. A expressão *ʾîš kōl-hayyāšār bəʿênāyw* – cada um o que é reto aos seus próprios olhos – é uma crítica à autonomia espiritual desregulada. A fé não pode se sustentar no individualismo litúrgico. A aliança exige formas, ritmos, um lugar. O culto espontâneo não é descartado, mas deve ser ordenado a partir da vontade de Deus. Não é a sinceridade do indivíduo que santifica o lugar, mas a eleição divina que consagra o espaço.

> *kî lōʾ-ʾăḇōṯem ʿaḏ-ʿattâ ʾel-hammənûḥâ wəʾel-hannáḥălāh*
> "Pois ainda não entrastes no descanso e na herança..." (Dt 12,9)

A centralização cultual está conectada à posse da terra. *Hammənûḥâ* – o descanso – e *hannáḥălāh* – a herança – são os destinos prometidos. A adoração plena depende da estabilidade. A espiritualidade do deserto era marcada pela mobilidade; a espiritualidade da terra será marcada pelo assentamento. A transição de Israel requer nova forma de culto. O lugar de descanso será o lugar de encontro com Deus. Quando a herança se tornar chão, o culto precisará se tornar centro.

> *wəhāyāh hammāqôm ʾăšer-yibḥar YHWH ʾĕlōhekem*
> *bô ləšakēn šəmô šām šām tābîʔû ʾet-kōl-ʾăšer-ʾānōkî*
> *məṣawwê ʾetkem*
> "E acontecerá que o lugar que YHWH vosso Deus escolher para ali fazer habitar seu nome – ali trareis tudo o que eu vos ordeno..." (Dt 12,11a)

O nome de Deus habitará um lugar. *Ləšakēn šəmô šām* – para fazer habitar seu nome ali – é uma das fórmulas mais densas do Deuteronômio. Deus não será representado por uma imagem, mas por seu nome. E esse nome habita. Não se trata de uma presença difusa, mas localizada. O culto será reordenado por essa presença nominal. Israel precisa aprender que a adoração não é mobilidade emocional, mas deslocamento geográfico para o encontro com o Deus que elegeu o espaço.

Encerrando Deuteronômio 12, o texto consolida a separação entre a prática israelita e as formas de culto dos povos cananeus. A espiritualidade deuteronomista é desenhada em oposição ao sincretismo, à autonomia litúrgica e ao derramamento de sangue fora do espaço sagrado. O capítulo se encerra com ênfase na escuta atenta: não basta oferecer sacrifícios – é preciso obedecer, discernir, resistir à tentação de adaptar o culto à própria vontade. A adoração verdadeira exige o reconhecimento da alteridade divina e da santidade do espaço eleito. É um capítulo de profundo recalibramento teológico e ético: a adoração que agrada a Deus é aquela que rompe com a idolatria cultural e se submete à forma revelada. O texto diz:

> *raq bəkāl-ʾawaṯ nap̄šəkā tizbaḥ wəʾākaltā bāśār kəbirkaṯ*
> *YHWH ʾĕlōhekā ʾăšer nāṯan ləkā bəkāl-šəʿārekā*

> "Apenas, conforme todo o desejo da tua alma, poderás sacrificar e comer carne, conforme a bênção de YHWH teu Deus, que ele te deu em todas as tuas cidades..." (Dt 12,15a)

O texto distingue o sacrifício cultual do simples abate para consumo. *Raq bəkāl-ʾawaṯ nap̄šəḵā* – apenas conforme todo o desejo da tua alma – permite que o povo coma carne fora do contexto sagrado, desde que isso não envolva derramamento litúrgico. A distinção é importante: o sangue pertence a Deus. Comer é permitido, sacrificar é regulado. A espiritualidade israelita ensina que nem todo desejo pode ser expressão de culto.

> *raq hazzāḏām lōʾ tōḵēl ʿal-hāʾāreṣ tišpəḵēnū kammāyim*
> "Apenas o sangue não comerás; sobre a terra o derramarás como água." (Dt 12,16)

A proibição do sangue é teológica. O sangue carrega a vida – e a vida pertence a Deus. Comê-lo seria uma forma de apropriação do que não nos pertence. O texto exige que ele seja derramado *kammāyim* – como água – ou seja, devolvido à terra, ao ciclo da criação. O sangue fora do altar não é sacrifício: é transgressão. A espiritualidade do Deuteronômio se ancora na reverência pela vida e na distinção entre o sagrado e o profano.

> *hiššāmēr ləḵā pen-taʿăleh ʿōlōṯêḵā bəḵāl-māqôm ʾăšer tirʾeh*
> "Guarda-te, para que não ofereças teus holocaustos em todo lugar que vires." (Dt 12,13)

O culto não pode ser domesticado. A frase *pen-taʿăleh ʿōlōṯêḵā bəḵāl-māqôm* é uma exortação contra a espiritualidade errante, sem centro, sem forma. Não basta boa intenção – é preciso forma revelada. O lugar importa porque o Deus de Israel não está à disposição do desejo humano. Ele se manifesta onde escolheu colocar seu nome.

> *kî ʾim-bammāqôm ʾăšer-yibḥar YHWH*
> "Mas no lugar que YHWH escolher..." (Dt 12,14a)

A repetição é intencional. O culto israelita será uma pedagogia do espaço: ir ao lugar certo, no tempo certo, com a intenção certa. A eleição divina do espaço é também um critério espiritual. Deus não se sujeita ao pragmatismo ou ao espontaneísmo. O culto deve ser buscado, não improvisado.

> *kiyāʿăśûn gôyê hāʾāreṣ ʾăšer ʾattēm yōrəšîm ʾōṯām ʾel-ʾĕlōhêhem*
> "Pois estas nações, que ides desapossar, servem aos seus deuses..." (Dt 12,30a)

O alerta contra o sincretismo é retomado. O culto cananeu é descrito como exemplo a não ser seguido. A idolatria, aqui, não é apenas uma questão de objeto de adoração, mas de método, de forma, de lógica. Israel não pode servir a YHWH como os cananeus servem aos seus deuses. A fé exige ruptura cultural. A espiritualidade revelada é incompatível com adaptações folclóricas que desfiguram a santidade do Deus que liberta.

> *wəlāṯaʿăśeh kēn ləYHWH ʾĕlōheḵā kî ʾet-kāl-tōʿăḇōṯ YHWH ʾăšer-śānēʾ ʿāśû lēʾlōhêhem*
> "Não farás assim com YHWH teu Deus, pois tudo o que é abominação a YHWH, que ele odeia, eles fizeram aos seus deuses..." (Dt 12,31a)

O contraste entre o culto a YHWH e as práticas pagãs se intensifica. *Tōʿăḇōṯ* – abominações – designa não apenas erros litúrgicos, mas ofensas existenciais ao Deus santo. A expressão *ʾăšer-śānēʾ* – que ele odeia – revela a paixão divina pela pureza do culto. A espiritualidade verdadeira não é neutra: ela exige discernimento e repulsa ao que profana o nome de Deus.

> *kāl-haddāḇār ʾăšer-ʾānōḵî məṣawwê ʾeṯkem ʾōṯô tišmərū laʿăśōṯ lōʾ tōsēp̄ ʿālāw wəlōʾ tigraʿ mimmennū*
> "Tudo o que eu vos ordeno, guardareis para cumprir; nada acrescentareis a ele, nem diminuireis dele." (Dt 12,32)

O texto se encerra com uma advertência contra alterações humanas ao mandamento. *Lōʾ tōsēp̄ ʿālāw wəlōʾ tigraʿ mimmennū* – não acrescentarás nem diminuirás – ecoa a santidade da palavra revelada. O culto não é invenção humana, mas resposta obediente. A autoridade da aliança está na sua origem divina e na sua integridade preservada. A fidelidade é escuta, e escuta é submissão amorosa à forma revelada de viver diante de Deus.

Deuteronômio 12 termina como começou: com um chamado radical à centralização do culto e à separação ética e teológica entre Israel e as nações. O Deus que libertou Israel do Egito não pode ser adorado segundo os moldes do Egito nem das terras vizinhas. Sua presença requer exclusividade, sua palavra requer fidelidade, e sua santidade exige discernimento. A aliança não se negocia: ela se vive no espaço que Deus escolheu, na forma que Ele revelou, na reverência de um povo que se lembra, escuta e responde.

Capítulo 13

Deuteronômio 13 é um dos capítulos mais duros do Deuteronômio, pois confronta diretamente as tentações internas à fidelidade. Não se trata aqui dos inimigos externos, dos cananeus ou egípcios, mas de vozes próximas: profetas, irmãos, filhos, esposas, cidades inteiras que desviam o coração de Israel da aliança com YHWH. O texto, moldado por uma lógica rigorosa, traça uma linha divisória entre a vida da aliança e a sedução idolátrica – e não hesita em prescrever o juízo mais severo a quem tentar romper essa fidelidade. Esta não é apenas uma ética da obediência: é uma teologia do discernimento, onde a lealdade a Deus se sobrepõe até mesmo aos laços mais íntimos. O capítulo propõe, de forma radical, que a aliança é um absoluto inegociável. O texto apresenta um mediador divino fundamental na tradição bíblica:

> *kî-yāqūm bəqirbəḵā nāḇîʾ ʾō ḥōlēm ḥălōm wənāṯan ʾēlêḵā ʾôt ʾō mōpēt*
>
> "Quando surgir no meio de ti um profeta ou sonhador de sonhos, e te der um sinal ou prodígio..." (Dt 13,2)

A ameaça começa no coração da religião: o profeta. Mas esse *nāḇî* é ambíguo. Ele realiza *ʾôt* ou *mōpēt* – sinais ou prodígios – que podem até acontecer. A teologia deuteronomista não descarta a realidade dos milagres, mas os submete à verdade da aliança. A veracidade de um sinal não valida automaticamente o mensageiro. O critério primeiro não é a eficácia, mas a fidelidade à revelação já recebida. Em outras palavras: nem todo milagre é sinal de Deus.

> *wəhāʾôt wəhamōpēt ʾăšer-dibbēr ʾēlêḵā bāʾ*
> "E o sinal ou o prodígio que ele te falou se realizar..."
> (Dt 13,3a)

O texto não teme a possibilidade de que o sinal realmente se concretize. Isso torna a advertência ainda mais radical. A religião de Israel não se apoia em maravilhas, mas na palavra. O verdadeiro profeta é aquele que ecoa a Torá, não aquele que apenas impressiona. O Deuteronômio nos ensina a resistir ao deslumbramento espiritual. A fé que se sustenta apenas no extraordinário corre o risco de ser desviada por falsos centros.

> *lōʾ tishmaʿ ʾel-dibbrê hannāḇî hāhūʾ ʾō ʾel-ḥōlēm hāḥalōm*
> "Não ouvirás as palavras daquele profeta ou sonhador de sonhos..." (Dt 13,4a)

A escuta é um ato teológico. *Lōʾ tishmaʿ* – não ouvirás – ecoa o mandamento central do Deuteronômio: *šəmaʿ yiśrāʾēl*. Ouvir é aderir, é dar espaço à palavra do outro. Aqui, o povo é instruído a proteger sua escuta. Mesmo que o sonho pareça belo ou o sinal impressionante, se o conteúdo for de desvio, a escuta deve ser recusada. A fidelidade começa no ouvido, e o ouvido precisa ser disciplinado.

> *kî mənaśśeh YHWH ʾĕlōheḵem ʾetkem ladaʿat hāyiškem ʾōhaḇîm ʾet-YHWH ʾĕlōhêkem bəkāl-ləḇaḇkem ûḇəkāl-nafšəḵem*
> "Pois YHWH vosso Deus vos está provando, para saber se amais YHWH vosso Deus com todo o vosso coração e com toda a vossa alma." (Dt 13,4b)

O surgimento do falso profeta é interpretado como um teste divino. *Mənaśśeh* – está provando – não implica tentação ao pecado, mas purificação da lealdade. A fidelidade é lapidada no atrito com a sedução. O critério do amor é retomado: *bəkāl-ləḇaḇkem ûḇəkāl-nafšəḵem* – com todo o vosso coração e toda a vossa alma – ecoa o *Šəmaʿ* (Dt 6,5). Amar a Deus é escolher a escuta certa, mesmo quando a outra voz parece mais encantadora.

> *ʾăḥărê YHWH ʾĕlōhêkem tēlēḵū wəʾōṯô tiraʾū wəʾet-miṣwōṯāyw tišmōrū*
> "Após YHWH vosso Deus andareis, e a ele temereis, e guardareis os seus mandamentos..." (Dt 13,5a)

Seguir, temer, guardar. O tripé da obediência deuteronomista aparece aqui como resposta direta à sedução idolátrica. A fé verdadeira é prática, não retórica. O seguimento de Deus é caminho, não conceito. O temor é postura reverente, não medo supersticioso. Os mandamentos não são adereços, mas estrutura de vida.

> *wəhannāḇî hāhūʾ ʾō ḥōlēm hāḥalōm yūmat*
> "Esse profeta ou sonhador de sonhos será morto..." (Dt 13,6a)

A severidade do texto não pode ser amenizada. A pena é a morte. Isso porque, no horizonte da aliança, desviar Israel do caminho da vida é o mesmo que assassiná-lo espiritualmente. O falso profeta é um traidor do pacto, um agente de destruição do povo. A radicalidade do juízo revela a centralidade da fidelidade: preservar a palavra é preservar a vida da comunidade. Essa primeira parte de Deuteronômio 13 coloca o leitor diante de uma tensão dramática: como discernir o verdadeiro do falso, quando ambos parecem convincentes? A resposta do texto é clara: pela fidelidade à revelação anterior, pela escuta obediente, pela centralidade da aliança. O critério da verdade não é o êxito dos sinais, mas a constância na palavra. A espiritualidade deuteronomista não se curva ao extraordinário, mas permanece firme no que foi dito por Deus desde o princípio. Onde a palavra é guardada, ali está a vida. E onde ela é abandonada, nem mesmo o milagre é sinal de

Deus. O seguimento do texto aprofunda ainda mais na tensão entre laços afetivos e lealdade teológica. Se antes o perigo vinha de figuras religiosas que se apresentavam como mediadores entre Deus e o povo, agora ele se infiltra na intimidade do lar, nos vínculos da carne e do sangue. A idolatria, neste capítulo, não é apenas erro doutrinário – é traição existencial. O deuteronomista recusa toda forma de relativismo devocional e convoca Israel a escolher Deus mesmo contra as vozes que sussurram no interior das relações familiares. O pacto com YHWH exige discernimento, coragem e uma fidelidade que não pode ser fragmentada por afetos desordenados, nem mesmo pelos parentes:

> *kî-yəsiṯḵā ʾāḥîḵā ben-ʾimmekā ʾō-binḵā ʾō-ḇiṯḵā ʾō-ʾēšeṯ ḥeiqekā ʾō-rēʿăḵā ʲăšer kənapšekā*
> “Se te incitar teu irmão, filho de tua mãe, ou teu filho, ou tua filha, ou a mulher do teu seio, ou teu amigo que é como tua alma...” (Dt 13,7a)

Essa lista é profundamente simbólica. Ela abrange todos os vínculos afetivos mais fortes: a fraternidade, a descendência, o amor conjugal, a amizade. O autor não está lidando com inimigos externos, mas com aqueles cuja presença habita o interior da identidade. O uso de *ʾēšeṯ ḥeiqekā* – mulher do teu seio – e *rēʿăḵā ʲăšer kənapšekā* – amigo que é como tua alma – revela a radicalidade do teste: até o amor mais íntimo pode ser lugar de traição à aliança.

> *lēmōr nēləḵā wənaʿăḇəḏâ ʾĕlōhîm ʾăḥērîm ʲăšer lōʾ yāḏaʿtā ʾattā ûʲăḇōṯêḵā*
> “Dizendo: ‘Vamos, sirvamos a outros deuses’, que não conheceste, nem tu nem teus pais...” (Dt 13,7b)

O desvio é sutil, travestido de convite. *Nēləḵā wənaʿăḇəḏâ* – vamos, sirvamos – usa a linguagem do caminho e da liturgia. É a tentativa de reorientar a caminhada espiritual para outro centro. O critério da legitimidade é novamente o conhecimento: *ʲăšer lōʾ yāḏaʿtā* – que não conheceste. O Deus da aliança é o Deus conhecido, revelado, lembrado pelos pais. A idolatria não é apenas outro culto, mas esquecimento do rosto de Deus.

> *lōʾ tōʾēh ʾēlāw walōʾ tišmaʿ ʾēlāw walōʾ ṯaḥmōl ʿāḵeḵā walōʾ ṯaḵassēh ʿālāyw*
>
> "Não consentirás com ele, nem o ouvirás; não o pouparás, nem o encobrirás." (Dt 13,9)

A cadeia de verbos é implacável: não consentir, não escutar, não poupar, não proteger. A linguagem é de ruptura total. O afeto que protege o sedutor é, aqui, cúmplice da infidelidade. O amor não pode ser argumento para a transgressão. O pacto com YHWH é absoluto. A espiritualidade israelita, forjada na aliança, rejeita qualquer tolerância com a corrupção da fé – mesmo quando ela vem da carne mais próxima.

> *kî-yāḇōʾ ʾāḥîḵā... wanāṯan ʾôtaḵā ʾel-ʾĕlōhîm ʲăšer lōʾ yāḏaʿtā*
>
> "Pois teu irmão... te entregaria a deuses que não conheces..." (cf. Dt 13,6-8)

Essa ideia de ***entregar*** remete à linguagem do sacrifício e da substituição: a pessoa seduzida se tornaria oferenda a outro deus. O crime não é apenas idolatria – é sequestro espiritual. O Deuteronômio trata essa sedução como tentativa de destruição do ser do outro. Por isso, a pena é extrema: a idolatria íntima é vista como forma de desintegração comunitária.

> *ʾāḵārê YHWH ʾĕlōheḵem tēlēḵū waʾōṯô tiraʾū*
>
> "Após YHWH vosso Deus andareis, e a ele temereis..." (Dt 13,5b)

A frase reaparece como contraponto a todas as tentações. O seguimento de Deus é a forma de resistir à sedução. É um caminho, não um estado. E é um temor, não uma intimidade trivializada. Andar após YHWH exige disciplina, discernimento e coragem – inclusive para cortar vínculos que nos desviem de seu rosto. O texto então expande o cenário da idolatria para o plano coletivo: não apenas indivíduos ou laços familiares podem incitar o povo à infidelidade, mas também cidades inteiras. Aqui, o autor deuteronomista eleva a lógica da aliança ao nível da comunidade política. Quando uma cidade de Israel decide abandonar YHWH e seguir outros deuses, ela se torna um corpo apóstata – e sua destruição total é ordenada como juízo. É um texto violento, sim, mas cuja função é teológica: proteger a identidade da aliança contra qualquer contaminação sistemática. A fidelidade, para o Deuteronômio, é mais do que devoção individual: é um projeto de nação, uma ética social enraizada na exclusividade de Deus. A terra conquistada se torna, então, o assunto:

> *kî-tišmaʿ bəʾaḥad̲ ʿārêk̲ā ʾăšer YHWH ʾĕlōhek̲ā nōtēn lək̲ā lāšēb̲et̲ šām lēʾmōr*
> "Quando ouvires dizer de uma das tuas cidades que YHWH teu Deus te dá para habitares nela..." (Dt 13,13)

O cenário é interno: uma cidade de Israel, dada por Deus como herança, torna-se foco de apostasia. O dom de Deus – a terra – pode ser pervertido. A espiritualidade do território é vulnerável à infidelidade. A cidade, que deveria ser lugar de justiça e culto, se torna espaço de traição. A aliança não é garantida pela geografia, mas pela escuta.

> *yāṣəʾū ʾănāšîm bənê-bəliyyal miqqirbək̲ā wayyad̲īḥū ʾet-yōšəb̲ê ʿîrām lēʾmōr nēlək̲ā wənaʿăb̲əd̲â ʾĕlōhîm ʾăḥērîm ʾăšer lōʾ yəd̲aʿtəm*
> "Homens filhos de belial saíram do meio de ti e seduziram os habitantes da sua cidade, dizendo: 'Vamos, sirvamos a outros deuses, que não conhecestes'." (Dt 13,14)

ʾănāšîm bənê-bəliyyal – homens filhos de belial – é uma expressão forte, indicando homens sem freio, transgressores, apóstatas. A idolatria aqui é apresentada como subversão política. Esses homens não vêm de fora: são do meio do povo, do *qirbək̲ā*. A ameaça é interna, insidiosa. A sedução opera por meio da linguagem e do convite: *nēlək̲ā wənaʿăb̲əd̲â*. O mesmo padrão de engano se repete: desvio do caminho, proposta de serviço a um deus que não se conhece.

> *wəd̲ārāšt̲ā wəḥāqart̲ā wəšāʾaltā hēṭēb̲ wəhinēh ʾemet nək̲ōn haddāb̲ār*

> "E investigarás, examinarás, e inquirirás diligentemente, e eis que se for verdade, certo o fato..." (Dt 13,15a)

A justiça não é precipitada. O texto prescreve investigação rigorosa: ***dārāšṯā, ḥāqarṯā, šā'altā hēṭēḇ***. A ordem judicial é meticulosa, não impulsiva. A espiritualidade da aliança não admite linchamentos: exige discernimento. Mesmo diante de uma possível idolatria, a verdade precisa ser estabelecida com rigor. A retidão jurídica é expressão da santidade divina.

> *nāḵōn haddāḇār ʿăśetā hattōʿēḇāh hazzōʾṯ bəqirbəḵā*
> "Se for verdade, que tal abominação foi cometida no meio de ti..." (Dt 13,15b)

O termo ***tōʿēḇāh*** – abominação – reaparece, indicando a gravidade absoluta da idolatria. Não se trata apenas de um erro litúrgico, mas de uma inversão moral total. Idolatria é desordem ontológica: ela dissolve o laço com Deus e, com ele, o fundamento da justiça. Quando a abominação está ***bəqirbəḵā*** – no meio de ti –, a comunidade precisa reagir, ou será contaminada.

> *hakkēh takkēh ʾet-yōšəḇê hāʿîr hāhîʾ ləpî-ḥāreb*
> "Ferirás os moradores daquela cidade ao fio da espada..." (Dt 13,16a)

Aqui está a medida extrema. A cidade que se entregou à idolatria deve ser destruída por completo. A punição não é apenas sobre os líderes, mas sobre toda a estrutura. O juízo é totalizante, um reflexo da aliança ameaçada em sua raiz. O Deuteronômio vê a cidade como corpo espiritual: se ela se volta contra Deus, seu destino é a morte. A espiritualidade deuteronomista não admite meios-termos quando se trata da integridade do povo.

> *wəʾet-kāl-šəlāl hāhā ʾat tiqəbōṣ ʾel-tōḵ rəḥōḇāh*
> *wəśārafp̄tā bāʾēš ʾet-hāʿîr wəʾet-kāl-šəlālāh*
> "Ajuntarás todo o seu despojo na praça e queimarás com fogo a cidade e todo o seu despojo..." (Dt 13,17a)

Não haverá saque. Não há ganho com a destruição do ímpio. O texto proíbe a apropriação dos bens: tudo é consumido. A purificação é completa, sem vestígios. A espiritualidade do Deuteronômio entende que mesmo os restos da idolatria podem contaminar. A justiça divina não é instrumento de enriquecimento, mas de restauração da santidade.

> *wəlōʾ-yidbaq bəyāḏeḵā məʾûmāh min-haccērem*
> "E nada do que for condenado se apegará à tua mão..."
> (Dt 13,18a)

O povo deve sair da execução com as mãos limpas. *Lōʾ-yidbaq* – não se apegue – indica que não se deve lucrar com a justiça. A espiritualidade da aliança é marcada pela pureza dos meios, não apenas pela justeza dos fins. A eliminação da idolatria não pode servir à cobiça.

Deuteronômio 13 é, sem dúvida, um dos textos mais intransigentes das Escrituras. Mas sua lógica não é punitivista; é a de um povo moldado pela Palavra, cuja sobrevivência depende da exclusividade da relação com o Deus que os libertou. A idolatria não é tratada como um erro secundário, mas como corrosão essencial da vida comunitária. Por isso, o discernimento é tão necessário quanto o zelo. Onde a aliança é abandonada, a comunidade se autodestrói. Mas onde ela é guardada – mesmo ao custo de rupturas dolorosas – a bênção permanece. A espiritualidade deuteronomista nos convida, assim, a uma fidelidade que não se curva ao afeto desordenado nem ao milagre sedutor, mas se ancora na Palavra que sustenta a vida.

Capítulo 14

Deuteronômio 14 inicia com uma declaração de identidade: Israel é o povo santo, escolhido por Deus, e essa condição exige distinção em todas as esferas da vida – inclusive nos ritos fúnebres, na alimentação e na oferta dos bens. A santidade não é um atributo místico separado do cotidiano, mas uma forma de vida que se expressa na carne, no solo, no prato e na dádiva. O capítulo reafirma, com detalhamento pastoral e rigor ético, que a eleição divina exige formas concretas de separação: da idolatria, da impureza e da avareza. A espiritualidade deuteronomista insiste que a obediência não é apenas interna – ela se encarna em hábitos, em gestos, em regulações que educam o corpo e o desejo. O texto começa com uma orientação:

> *bānîm ʾattem ləYHWH ʾĕlōhêkem lōʾ titgōdədū wəlōʾ*
> *tāśîmū qōrḥāh bēyn ʿênêkem lāmēt*
> "Vós sois filhos de YHWH vosso Deus. Não vos cortareis,
> nem fareis calva entre os olhos por causa de um morto."
> (Dt 14,1)

A santidade começa no luto. *Titgōdədū* e *tāśîmū qōrḥāh* referem--se a práticas funerárias cananeias, gestos extremos de mutilação e desespero. Mas o povo santo não se entrega ao desespero da morte: é filho de YHWH. O luto, ainda que profundo, não pode obliterar a esperança. A aliança molda até mesmo a dor. O corpo não pode ser marcado como se a morte fosse definitiva. O Deus da aliança é também o Deus da vida – e os filhos devem carregar essa esperança na própria pele.

> *kî ʿam-qādōš ʾattā ləYHWH ʾĕlōhekā ûḇəḵā bāḥar*
> *YHWH ləhəyōṯ lô ləʿam səgullāh mikkāl-hāʿammîm ʾăšer*
> *ʿal-pənê hāʾăḏāmāh*
> "Porque tu és povo santo para YHWH teu Deus, e YHWH
> te escolheu para que lhe sejas um povo exclusivo, dentre
> todos os povos sobre a face da terra." (Dt 14,2)

A razão da separação é a eleição. A santidade (*qādōš*) não é mérito, mas vocação. E a *səgullāh* – propriedade preciosa – evoca a linguagem do Êxodo (Ex 19,5), reafirmando a continuidade da narrativa da libertação. O povo não é livre para viver como quiser, mas para viver segundo o Deus que o escolheu. A liberdade é uma forma de obediência amorosa. A santidade, aqui, é radicalmente relacional: ser povo exclusivo é responder à exclusividade de Deus.

> *lōʾ tōḵal kōl-tōʿēḇāh*
> "Não comerás coisa alguma abominável." (Dt 14,3)

O culto passa pela boca. A comida torna-se campo de fidelidade. *Tōʿēḇāh* – abominação – é o termo já usado para idolatria. Comer, no Deuteronômio, é ato espiritual: o que se põe na boca revela o que se guarda no coração. A dieta não é capricho ritual, mas pedagogia de santidade. Comer bem é comer como povo santo.

> *zōʾṯ hāb-bəhēmāh ʲăšer tōʾḵəlū...*
> “Estes são os animais que comereis...” (Dt 14,4)

Segue-se a lista dos animais puros. Aqui, a Torá detalha o que o povo deve comer – e, portanto, o que deve deixar de comer. Essa seleção não é apenas higienista nem puramente simbólica: ela reforça o princípio da separação. A distinção entre o puro e o impuro é a forma como Israel participa da ordem divina da criação. No mundo desordenado pelo pecado e pelas nações, o povo da aliança come em santidade, rejeitando o caos.

> *wəʾēṯ-hazīʾîm wəʾēṯ-hayyāḥmūr*
> “E o veado e a gazela...” (Dt 14,5)

A inclusão de animais selvagens puros mostra que não apenas o gado doméstico é permitido, mas também certas espécies da vida silvestre. A ordem divina abarca todo o mundo criado. A caça, se regulada, não corrompe. Mas tudo deve ser submetido à consciência da aliança. Não há neutralidade no ato de comer. A boca é lugar de adoração. O texto aprofunda o *ethos* da separação por meio das restrições alimentares. Mas mais do que higiene ou dieta ritual, essas normas revelam uma pedagogia da obediência: Israel é ensinado a discernir, a escolher, a recusar – em nome de sua santidade e da presença do Deus que o habita. A fidelidade da mesa é uma extensão da fidelidade do coração. Comer não é um ato trivial: é um gesto teológico. Cada prato, cada recusa, cada partilha é uma forma de dizer a quem se pertence:

> *wəʾeṯ-hazzērāh lōʾ ṯōʾḵēlû mimməʿālê haggārāh*
> *ûmimmāfṛîs parāsâ wəšōsāʿ šəsāʿ*
> “E destes não comereis, dos que ruminam ou dos que têm a unha fendida e separada...” (Dt 14,7)

O critério para o consumo dos animais é duplo: ruminar e ter o casco dividido. Mas o texto aponta que há animais que possuem apenas uma dessas características, e, portanto, são impuros. Essa lógica não é meramente física – é pedagógica. O animal que parece puro, mas não é completamente, ensina Israel a não se deixar levar pelas aparências. A pureza não é parcial – é integral. A santidade não tolera ambiguidade.

> *wəʾet-hazzāḥāl wəʾet-hārnēḇeṯ wəʾet-hassāpān kî-măʿălê gērāh hēmmâ ûpāraś lōʾ hifhrîsû təmēʾîm hēmm lākem*
> "O camelo, a lebre e o arganaz, porque ruminam, mas não têm o casco fendido – são impuros para vós." (Dt 14,7b)

Esses animais representam o que é dissonante: ruminam – um sinal de pureza – mas não possuem a fenda no casco. São exemplos daquilo que é parcialmente conforme, mas essencialmente inaceitável. O Deuteronômio ensina a discernir para além da superfície. Nem todo movimento que imita a santidade é santo. A fidelidade requer integridade.

> *wəḥăzîr kî-māphrîs parāsâ hûʾ wəšōsēʿ šəsāʿ wəhûʾ gērāh lōʾ yigār tāmēʾ hûʾ lākem*
> "E o porco, porque tem o casco fendido e separado, mas não rumina – é impuro para vós." (Dt 14,8)

Aqui, o inverso do exemplo anterior: um sinal visível de pureza (o casco) sem a interioridade exigida (ruminação). A santidade, como sempre no Deuteronômio, não é aparência, mas coerência. O porco é o símbolo do engano: tem forma, mas não essência. O povo santo é convocado a evitar aquilo que finge pureza mas está vazio de fidelidade.

> *mibbəśārām lōʾ tōʾḵēlû ûbəniblāṯām lōʾ tiggāʿû*
> "De sua carne não comereis, nem tocareis em seus cadáveres." (Dt 14,8b)

A impureza é contagiosa. Não basta não comer: é preciso também evitar o toque. O corpo humano é o espaço onde a santidade se materializa – por isso, deve ser guardado da contaminação. O Deuteronômio nos ensina que o afastamento do impuro não é desprezo pelo animal, mas zelo pela aliança. O corpo é templo, e o templo não pode ser violado.

> *ʾet-zê tōʾḵəlû mikkol-ʾăšer-bammāyim kōl-ʾăšer-lô sənappîr wəqāśqāśet tōʾḵēlû*
> "Disto comereis, de tudo o que há nas águas: tudo o que tem barbatanas e escamas, comereis." (Dt 14,9)

A pureza nos peixes também é determinada por dois sinais: barbatanas e escamas. O povo deve aprender a ver, a selecionar, a distinguir. Comer é ato que envolve o olhar. A mesa é lugar de aprendizado espiritual, onde se aprende que nem tudo o que alimenta é lícito, e que o alimento da aliança é sempre fruto de discernimento.

> *wəḵōl-šērēṣ hāʿôp ṭāmēʾ hûʾ lākem lōʾ yēʾāḵēl*
> "E todo réptil que voa é impuro para vós; não se comerá." (Dt 14,19)

A linguagem torna-se ainda mais forte: *ṭāmēʾ hûʾ* – é impuro. A impureza não está apenas no objeto, mas no impacto que ele tem sobre a identidade do povo. Comer o que é proibido não é erro técnico: é profanação. A dieta é a fronteira visível da fidelidade invisível. O texto volta-se para o campo da generosidade e da economia da aliança, estabelecendo prescrições sobre o dízimo e sua destinação. Aqui, a espiritualidade deuteronomista dá um salto significativo: da separação dos alimentos à partilha dos bens. A fidelidade a YHWH não se expressa apenas na recusa do impuro, mas também na organização concreta da justiça e da solidariedade. A mesa não é apenas lugar de pureza, mas também de comunhão. Comer diante de Deus se torna, agora, um ato de adoração que inclui o outro, especialmente o levita, o estrangeiro, o órfão e a viúva. A espiritualidade da aliança transborda da santidade para a justiça – e, nesse transbordamento, ela se torna sinal visível do Deus que é santo e justo. O dízimo é parte da generosidade e partilha:

> *ʿaśēr təʿaśēr ʾet-kol-təbûʾat zarʿekā hayyōṣēʾ hassādeh šānā šānā*
> "Certamente darás o dízimo de toda a produção da tua semente, que o campo produz ano após ano." (Dt 14,22)

O dízimo é aqui reafirmado com ênfase: *ʿaśēr təʿaśēr* – dizimarás com certeza. O verbo dobrado indica não apenas obrigatoriedade, mas regularidade. O povo é chamado à constância na partilha. A economia da aliança não se baseia na acumulação, mas na consagração. O que se colhe não é só bênção pessoal – é recurso comum. O dízimo é a pedagogia da generosidade e da gratidão.

> *wəʾākaltā lip̄nê YHWH ʾĕlōhekā bammāqôm ʲăšer yibḥar ləšakkēn šəmô šām...*
> "E comerás diante de YHWH teu Deus, no lugar que ele escolher para ali fazer habitar o seu nome..." (Dt 14,23a)

O dízimo não é simplesmente entregue – ele é comido. O povo celebra diante de Deus. Comer torna-se liturgia. *ʾākaltā lip̄nê* YHWH – comerás diante de YHWH – revela que até a refeição é um ato de adoração. O lugar da bênção não é qualquer um, mas *bammāqôm ʲăšer yibḥar* – no lugar que YHWH escolher. A centralidade do espaço sagrado continua sendo o eixo da espiritualidade deuteronomista.

> *ləmaʿan tilmad ləyirʾāh ʾet-YHWH ʾĕlōhekā kōl-hayyāmîm*
> "Para que aprendas a temer YHWH teu Deus todos os dias." (Dt 14,23b)

A função do dízimo é formativa. O objetivo é que o povo aprenda a temer a Deus continuamente. O temor aqui não é terror, mas reverência, reconhecimento, dependência. A espiritualidade não nasce da teoria, mas da prática. Partilhar o que se tem, celebrar diante de Deus, lembrar-se dos pobres – tudo isso educa o coração. O dízimo é catequese viva, teologia incorporada.

> *wəkî-yirbeh mimkā haddārek kî-lōʾ tûkal śəʾētô kî-yirḥaq mimməkā hammāqôm...*

> "Mas, se o caminho for demasiado longo para ti, de modo que não possas levá-lo, por estar longe de ti o lugar..." (Dt 14,24)

A lei contempla a realidade do deslocamento. Se o santuário estiver longe demais, o texto permite a conversão do dízimo em prata. Há flexibilidade pastoral, mas não há desvio do princípio. O essencial não é a rigidez do rito, mas a centralidade do encontro com Deus. O culto é adaptável, mas não negociável.

> *wənāṯattā haqqeseph bəkāl-'ăšer ta'ăweh nap̄šekā...*
> "E darás o dinheiro por tudo o que desejares: bois, ovelhas, vinho, bebida forte, tudo quanto desejares..." (Dt 14,26a)

A liturgia se torna celebração. Com o dinheiro, compra-se o necessário para uma festa diante de YHWH. Não há ascetismo aqui. A espiritualidade do Deuteronômio sabe celebrar. ***Bəkāl-'ăšer ta'ăweh nap̄šekā*** – tudo quanto a tua alma desejar – revela que a aliança não sufoca o desejo, mas o ordena. Deus convida o povo à alegria, mas uma alegria partilhada e consciente.

> *wə'āḵaltā šām lip̄nê YHWH 'ĕlōheḵā wəśāmaḥtā 'attā ûḇêṯeḵā*
> "E comerás ali diante de YHWH teu Deus, e te alegrarás, tu e tua casa." (Dt 14,26b)

O dízimo gera festa. Comer diante de Deus com a família é o ápice da espiritualidade. Não há dicotomia entre culto e cotidiano: ambos se encontram à mesa, sob a bênção. A alegria não é casual – é mandamento. O povo não é apenas chamado a obedecer, mas a celebrar. A fidelidade não é fardo, mas júbilo.

> *wəhālēwî 'ăšer bəšə'āreḵā lō' ta'ăzōb kî-'ên-lô ḥēleq wənaḥălāh 'immāḵ*
> "E o levita que está dentro das tuas portas, não o abandonarás, pois não tem parte nem herança contigo." (Dt 14,27)

A festa não é só para a família: inclui o levita, aquele que serve no templo e vive da generosidade do povo. A espiritualidade deuteronomista exige inclusão. O levita depende da partilha, e a fidelidade à aliança se mede pela hospitalidade com que ele é tratado. A economia da aliança não admite abandono. A ausência de terra para o levita é compensada pelo cuidado da comunidade.

> *miqqēṣ šālōš šānîm tōṣîʾ ʾet-kāl-maʿśar təbûʾāṯḵā...*
> "Ao fim de cada três anos, tirarás todo o dízimo da tua produção..." (Dt 14,28)

Aqui aparece o chamado dízimo trienal – uma prática de justiça social. Ao invés de ser levado ao santuário, ele é armazenado nas cidades, para alimentar o levita, o estrangeiro, o órfão e a viúva. É a dimensão distributiva da fé. O cuidado com os vulneráveis é expressão da santidade. A espiritualidade deuteronomista não se contenta com pureza individual – ela exige justiça sistêmica.

> *wəʾāḵəlû bəšəʿāreḵā wəśāḇəʿû*
> "E comerão nas tuas cidades, e se fartarão..." (Dt 14,29b)

A fartura dos pobres é bênção para todos. O objetivo do dízimo é que ninguém passe necessidade. A cidade fiel é aquela em que o levita, o órfão e a viúva se sentam à mesa e comem até se saciar. A justiça não é concessão – é vocação. A fé em YHWH se traduz em comida suficiente, em partilha abundante, em alívio concreto.

Capítulo 15

Este capítulo propõe uma espiritualidade da justiça radical, estruturada pela remissão periódica das dívidas e pela libertação de servos no sétimo ano. Ao contrário da lógica de acumulação, que define a economia das nações vizinhas, o Deuteronômio apresenta uma economia do dom, da lembrança e do cuidado. A terra pertence a Deus, o tempo pertence a Deus, e os bens que o povo possui são bênçãos destinadas à partilha, não à perpetuação das desigualdades.

Este capítulo é uma das mais potentes expressões do sabbath social na Escritura: libertar, perdoar e repartir são atos de obediência cultual, e não apenas opções morais. O ano da remissão é a concretização da aliança na vida econômica de Israel:

> *miqqēṣ šēḇaʿ šānîm taʿăśeh šəmittāh*
> "Ao fim de sete anos farás remissão." (Dt 15,1)

O tempo aqui é teológico. A cada sete anos, o ciclo econômico é interrompido por um gesto de graça: *šəmittāh*, a remissão. Não se trata apenas de um ato legal, mas de uma proclamação do senhorio de YHWH sobre os ritmos da terra e da sociedade. O número sete carrega a memória do shabbat: a remissão sabática é continuação do descanso semanal, mas agora aplicada ao corpo social. É o descanso dos endividados, dos presos na lógica do débito, dos excluídos da terra.

> *wəzê dəḇar haššəmittāh: šāmōṭ kol-baʿal maššeh yādô*
> *ʾăšer-yaššeh bərēʿēhû lōʾ yiḏrōš ʾet-rēʿēhû wəʾet-ʾāḥîw*
> *kî-qārāʾ šəmittāh lăYHWH*
> "E este é o modo da remissão: todo credor que emprestou
> ao seu próximo deverá soltá-lo; não exigirá do seu próximo
> ou do seu irmão, pois é proclamada remissão para YHWH."
> (Dt 15,2)

O texto emprega a palavra *šāmōṭ* – soltar, largar, liberar. A remissão é um gesto de desamarração: o credor deve abrir mão da dívida. Mas essa renúncia não é um favor – é uma convocação divina: *qārāʾ šəmittāh lă*YHWH – foi proclamada remissão para YHWH. Todo perdão de dívida é uma confissão de fé: de que Deus é o verdadeiro dono, e de que nenhuma dívida deve durar para sempre. A economia da aliança é uma economia da libertação.

> *ʾet-hannāḵrî tiḏrōš wəʾăšer yihyê ləḵā ʾet-ʾāḥîḵā taššēm yāḏeḵā*
> "O estrangeiro poderás exigir; mas o que for teu com teu
> irmão, tua mão o soltará." (Dt 15,3)

O contraste entre *hannāḵrî* (o estrangeiro) e *'āḥîḵā* (teu irmão) não é xenofobia, mas teologia da fraternidade. O Deuteronômio distingue entre a solidariedade interna da comunidade da aliança e a relação comercial com os de fora. O ponto é que, dentro de Israel, não pode haver perpetuação da servidão econômica. A mão deve ser aberta – *taššēm yāḏeḵā* – não para cobrar, mas para soltar. A comunidade da aliança é chamada a ser um espaço de justiça restauradora.

> *'ep̄es kî-lō' yihyê-bəḵā-'eḇyōn*
> "Contudo, não haverá pobre entre vós..." (Dt 15,4a)

Essa frase é escandalosa em sua ousadia. *'ep̄es* – de forma absoluta, de modo algum – é uma negativa enfática. O projeto divino é a eliminação da pobreza. O ideal da aliança é um povo sem pobres, porque todos partilham o que têm. O texto não está cego para a realidade (veremos mais adiante que o versículo 11 admite a existência dos necessitados), mas aqui afirma o horizonte escatológico da fidelidade: um povo que vive como Deus manda pode erradicar a miséria.

> *kî-ḇāreḵ yəḇārəḵəḵā YHWH bā'āreṣ 'ăšer YHWH 'ĕlōheḵā nōtēn ləḵā naḥălāh ləriš̱tāh*
> "Pois YHWH teu Deus te abençoará na terra que te dá como herança para possuí-la." (Dt 15,4b)

A possibilidade de uma comunidade sem pobreza está enraizada na bênção de Deus e na posse da terra. A *bərākāh* (bênção) e a *naḥălāh* (herança) não são fins em si mesmas, mas meios para a justiça. A terra prometida é o espaço onde a fidelidade pode ser vivida economicamente. Não é um privilégio individual, mas um território coletivo onde se encarna o projeto de Deus.

A segunda parte de Deuteronômio 15 aprofunda ainda mais o princípio da mão aberta. A pobreza, embora não desejada, é reconhecida como realidade persistente – e isso exige uma resposta contínua de generosidade. O texto caminha da remissão das dívidas para a ética da liberalidade cotidiana, e dessa, para a libertação dos servos hebreus. Há um fio invisível que conecta tudo: o povo da aliança é um povo que não retém, mas solta. A justiça, aqui, é ato concreto:

emprestar sem esperar retorno, libertar sem pesar, enviar com fartura. A memória do Egito está no coração da ética – e a terra prometida se torna espaço de resistência à lógica da exploração. A solidariedade é destacada no versículo 7:

> *kî-yihyê-ḇəḵā ʾeḇyōn mēʾaḥaḏ ʾaḥêḵā bəʾaḥaḏ šəʿāreḵā bəʾarṣekā ʲăšer YHWH ʾĕlōheḵā nōtēn lāk...*
> "Se houver entre ti algum necessitado de teus irmãos, em alguma de tuas cidades, na terra que YHWH teu Deus te dá..." (Dt 15,7a)

O ideal da eliminação da pobreza (v. 4) é temperado aqui por um realismo ético. A existência de um *ʾeḇyōn* – pobre, vulnerável, quebrado – é reconhecida. O texto não condena o pobre, mas aquele que o negligencia. E o local da vulnerabilidade é destacado: *bəʾaḥaḏ šəʿāreḵā* – em teus portões. O pobre está perto. A responsabilidade é local. A fé não pode se refugiar na abstração. Ela se prova nos muros da cidade, na vizinhança, no contato direto.

> *lōʾ tĕʾămēṣ ʾet-ləḇāḇeḵā wəlōʾ tiqpaṣ ʾet-yāḏeḵā mēʾāḥîḵā hāʾeḇyōn*
> "Não endurecerás o teu coração, nem fecharás a tua mão a teu irmão pobre." (Dt 15,7b)

A linguagem é intensamente corporal: o coração que se fecha, a mão que se retrai. A dureza do coração é o início da injustiça. O Deuteronômio liga emoção e ação, interioridade e gesto. *Lōʾ tĕʾămēṣ... wəlōʾ tiqpaṣ* – não endureças, não feches. O ato de não dar é mais do que omissão: é violência. É negar a aliança. A espiritualidade aqui é visceral: abrir o punho é abrir o coração.

> *kî-pāṯōaḥ tiftaḥ ʾet-yāḏeḵā lô...*
> "Mas abrir, abrirás tua mão a ele..." (Dt 15,8a)

O verbo é duplicado: *pāṯōaḥ tiftaḥ* – abrirás, sim, abrirás. A repetição reforça a urgência e o caráter inegociável da generosidade. Dar não é opcional. É dever da aliança. A mão que abre é a mão que lembra. Porque Israel recebeu tudo como dom, deve dar como dom. Aqui se desenha uma economia da graça.

> *hiššāmēr ləḵā pen-yihyê dāḇār ʿimməḇāḇeḵā bəlîyaʿal lemōr qarēḇa šənaṯ haššēḇîʿ šnaṯ haššəmittāh wəraʿʿā ʿêneḵā bəʾāḥîḵā hāʾeḇyōn wəlōʾ tiṯēn lô*
> "Guarda-te, que não haja em teu coração pensamento maligno, dizendo: 'Está perto o sétimo ano, o ano da remissão', e que teu olho seja mau contra teu irmão pobre, e não lhe dês..." (Dt 15,9a)

O texto adverte contra a racionalização do egoísmo. Se alguém se recusa a emprestar por saber que a dívida será logo perdoada, isso é chamado de ***dāḇār bəlîyaʿal*** – palavra perversa. A Escritura conhece o cinismo humano. E o denuncia. A justiça não é adiada por cálculo. A fidelidade à aliança exige entrega mesmo quando não há retorno. A generosidade de Deus não pode gerar mesquinharia no povo.

> *wəqārāʾ ʿālêḵā ʾel-YHWH wəhāyā ḇəḵā ḥēṭʾ*
> "E ele clamará contra ti a YHWH, e haverá em ti pecado." (Dt 15,9b)

A voz do pobre sobe até Deus. E o pecado não é simplesmente o ato da recusa, mas o deixar que o clamor do irmão não encontre acolhida. O Deuteronômio ecoa aqui a tradição profética: Deus ouve o clamor dos pobres, e julga aqueles que os ignoram. A economia justa não é apenas mandamento humano – é exigência divina.

A parte final de Deuteronômio 15 aprofunda o tema da libertação, agora com foco nos servos e servas hebreus. O texto articula memória, justiça e generosidade com uma clareza contundente: libertar o irmão não basta – é preciso enviá-lo com fartura, abençoá-lo como quem reconhece o que Deus fez por si. A servidão é uma distorção temporária permitida pela Torá, mas jamais uma condição permanente para os filhos da aliança. O sétimo ano, como tempo teológico, é o momento de quebrar grilhões, de soltar, de restituir:

kî-yimmāker ləkā ʿiḇrî ʾō ʿiḇrîyāh wəʿāḇadəḵā šēš šānîm ûbaššānā haššəḇîʿît təšalleḥennû ḥāfšî mēʿimmāḵ
"Se um hebreu, homem ou mulher, for vendido a ti, e te servir por seis anos, no sétimo ano o libertarás, livre de ti." (Dt 15,12)

A servidão não é vocação em Israel. Ela pode ocorrer, mas só por seis anos. O sétimo ano é tempo de libertação. *Təšalleḥennû ḥāfšî* – libertá-lo-ás livre – é mais do que uma saída física: é a restituição da dignidade. Israel foi escravo, mas foi libertado. Por isso, não pode fazer de seus irmãos escravos perpétuos. A liberdade é um ritmo imposto pelo próprio Deus.

wəkî təšalleḥennû ḥāfšî mēʿimmāḵ lōʾ təšallḥennû rēqām
"E quando o libertares livre de ti, não o enviarás de mãos vazias." (Dt 15,13)

Aqui, a libertação é completada com a partilha. O servo não sai com a roupa do corpo, mas com provisão. A justiça da aliança não é mínima, mas abundante. A libertação deve ser acompanhada de bênção. O texto rejeita qualquer forma de "liberdade precarizada". A saída do servo deve se assemelhar ao êxodo: com mãos cheias, com dignidade, com futuro.

hăʿănēq taʿănîq lô mîṣōʾnəḵā ûmîgārənəḵā ûmiyyîqeḇḵā ʾăšer bērakəḵā YHWH ʾĕlōheḵā tiṯēn lô
"Proverás liberalmente a ele, do teu rebanho, da tua eira e do teu lagar; daquilo com que YHWH teu Deus te abençoou, darás a ele." (Dt 15,14)

O verbo *hăʿănēq taʿănîq* – proverás com generosidade – traz uma intensidade afetiva, como um "coroar com fartura". O servo deve sair como alguém honrado. Os três domínios da produção – rebanho, cereal e vinho – simbolizam a totalidade da bênção. O texto não admite que o senhor se esqueça da origem de sua prosperidade. Ele é apenas canal da bênção que vem de Deus. E como Deus abençoa abundantemente, assim deve fazer o liberto.

> *wəzāḵartā kî-ʿeḇed hāyîtā bəʾereṣ-miṣrayim wayyifdəḵā YHWH ʾĕlōheḵā...*
> "E te lembrarás de que foste escravo na terra do Egito, e que YHWH teu Deus te resgatou..." (Dt 15,15a)

Aqui está o núcleo teológico de todo o capítulo. A memória do Egito é o fundamento da ética de Israel. Quem foi resgatado não pode aprisionar. Quem foi escravo não pode esquecer. A experiência do êxodo transforma a identidade coletiva em fonte de solidariedade. Libertar o irmão não é um favor – é um ato de fidelidade ao Deus que liberta.

> *wəhāyā kî-yōʾmar ʾēlêḵā lōʾ ʾēṣēʾ mēʿimmāḵ kî-ʾăhēḇəḵā wəʾeṯ-bêṯeḵā kî-ṭôḇ lô ʿimmāḵ*
> "E se ele te disser: 'Não quero sair de ti', porque te ama e à tua casa, por estar bem contigo..." (Dt 15,16)

Mesmo a permanência do servo deve ser voluntária, fruto do amor e da justiça vivida na casa. O texto reconhece que há relações em que a liberdade se expressa no vínculo, não na separação. Mas ainda assim, o rito que sela essa escolha deve ser público e ritualizado, para garantir que não haja opressão disfarçada.

Deuteronômio 15 termina reiterando que todo o trabalho do servo deve ser recompensado com justiça e generosidade. A espiritualidade do capítulo é radical: todo acúmulo é relativo, toda posse é transitória, toda dívida é passível de remissão, e toda relação de poder é chamada à conversão. O ano sabático é o anti-Egito: onde o Faraó aprisionava e explorava, Israel é chamado a libertar e partilhar. Porque a terra não é nossa, o tempo não é nosso, o irmão não é nosso – tudo pertence a YHWH, e por isso tudo deve ser devolvido com mãos abertas.

Capítulo 16

O capítulo começa com a ordenança das festas de peregrinação, estruturando a vida do povo em torno de três grandes momentos: a *Pesaḥ* (Páscoa), a *Ḥag Šāḇūʿōṯ* (Festa das Semanas) e a *Ḥag haSukkōṯ*

(Festa das Cabanas). Cada uma dessas festas não é apenas rito, mas memorial. A espiritualidade deuteronomista é temporal e corporal: ela recorda, caminha, celebra, oferece. O tempo é o lugar onde se vive a aliança, e cada estação do ano se torna espaço de resposta e fidelidade:

> *šāmōr ʾēṯ-ḥōḏeš hāʾāḇîḇ wəʿāśîtā pesaḥ lăYHWH ʾĕlōheḵā kî bəḥōḏeš hāʾāḇîḇ hôṣîʾăḵā YHWH ʾĕlōheḵā mimmirrayim laylāh*
> "Guarda o mês de Aviv, e celebra a Páscoa a YHWH teu Deus, porque no mês de Aviv YHWH teu Deus te tirou do Egito, de noite." (Dt 16,1)

A liturgia começa com o tempo. ***Šāmōr ʾēṯ-ḥōḏeš hāʾāḇîḇ*** – guarda o mês da primavera – remete a um tempo de nascimento, de início. Aviv é o mês da libertação, e por isso deve ser lembrado. Mas a memória não é intelectual, é litúrgica: ***ʿāśîtā pesaḥ*** – celebrarás a Páscoa. A saída do Egito torna-se o eixo do tempo. O ano se organiza em torno da libertação. E a noite da redenção – ***laylāh*** – é a origem da aliança. O tempo é santificado pela memória.

> *wəzāḇaḥtā pesaḥ lăYHWH ʾĕlōheḵā ṣōʾn ûḇāqār bammāqôm ʲăšer-yibḥar YHWH ləšakkēn šəmô šām*
> "E sacrificarás a Páscoa a YHWH teu Deus, do rebanho e do gado, no lugar que YHWH escolher para fazer habitar ali o seu nome." (Dt 16,2)

A memória da libertação não se celebra em qualquer lugar. Ela é centralizada no espaço que YHWH escolhe. O Deuteronômio reforça a teologia do ***māqôm*** – o lugar da presença. E o culto é sangrento: ***zāḇaḥtā pesaḥ*** – tu sacrificarás a Páscoa. A memória da libertação passa pelo sangue, pela mesa, pelo espaço sagrado. A fé se enraíza na carne da história.

> *lōʾ tōʾḵal ʿālâ ḥāmēṣ šibʿat yāmîm tōʾḵal-ʿālâ maṣṣōṯ leḥem ʿōnî kî bĕḥippāzôn yāṣāʾtā mēʾereṣ-miṣrayim ləmaʿan tizkōr ʾet-yôm ṣētḵā mēʾereṣ-miṣrayim kōl-yəmê ḥayyêḵā*

> "Não comerás pão fermentado com ela; sete dias comerás com ela pães sem fermento – pão de aflição – porque com pressa saíste da terra do Egito; para que te lembres do dia da tua saída do Egito todos os dias da tua vida." (Dt 16,3)

Leḥem ʿōnî – pão de aflição. O alimento é memória. Comer sem fermento não é apenas um rito, é reviver a urgência da fuga, o amargo da servidão, a leveza da libertação. O texto quer que o sabor do pão marque a alma: *ləmaʿan tizkōr* – para que te lembres. A memória é digestiva, visceral. O calendário da fé forma o corpo. E a pressa – *bĕḥippāzôn* – é teologicamente importante: Deus salva com urgência, e a resposta é obediência imediata.

> *wəlōʾ-yērāʾê ḥāmēṣ bəḵāl-gəḇuləḵā šibʿat yāmîm wəlōʾ-yālîn min-habbāśār ʾăšer-tiḇbaḥ bāʿereḇ bayyôm hāriʾšōn lāḇōqer*
> "Não se verá fermento em todo o teu território por sete dias; e da carne que sacrificares à tarde no primeiro dia, nada ficará até a manhã." (Dt 16,4)

O Deuteronômio expande a santidade: *bəḵāl-gəḇuləḵā* – em todo o teu território. A festa não é só no templo, mas na terra. A pureza do pão e o consumo da carne são regulados pelo tempo: sete dias, uma noite. O tempo é sacralizado por limites. Não é permitido reter. A celebração é vivida com radicalidade: ou se consome no tempo certo, ou se perde. A obediência ao tempo de Deus é forma de santidade. O texto transita da memória da *Pesaḥ* para a celebração da colheita. Agora, a liturgia se volta à gratidão. A *Festa das Semanas* (*Šāḇūʿōṯ*) e a *Festa das Cabanas* (*Sukkōṯ*) são os momentos em que o povo reconhece o dom da terra e oferece ao Senhor o fruto de seu trabalho. Mas, como sempre no Deuteronômio, essas festas não são apenas rituais – são declarações políticas e teológicas. São festas comunitárias, festins da partilha, celebrações da justiça. A terra é dom, e o fruto não é propriedade absoluta: deve ser oferecido, dividido, consagrado. A adoração se torna redistribuição, e a espiritualidade, alegria comum. O tempo das festas se conecta com o tempo das atividades cotidianas:

šibʿâ šāḇūʿōṯ tispōr-lāk mēhēḥēl ḥereš bāqāmāh tāḥēl
lispōr šibʿā šāḇūʿōṯ
"Contarás para ti sete semanas; desde que a foice comece nos cereais, começarás a contar sete semanas." (Dt 16,9)

O tempo da festa começa com o trabalho. O texto liga o culto ao campo. A *ḥereš bāqāmāh* – a foice sobre o cereal – é o sinal da bênção. O povo é chamado a contar: *tispōr-lāk*. A colheita tem ritmo, tem memória, tem número. A espiritualidade deuteronomista educa o povo a prestar atenção no tempo da fartura, e a não esquecer de devolver a Deus o fruto da terra.

wəʿāśîtā ḥag šāḇūʿōṯ lăYHWH ʾĕlōheḵā missaḇaṯ yāḏeḵā
ʲăšer tiṯēn kaʾăšer bērakəḵā YHWH ʾĕlōheḵā
"E celebrarás a festa das semanas a YHWH teu Deus, com a medida da tua mão, conforme YHWH teu Deus te houver abençoado." (Dt 16,10)

O dom da colheita se transforma em oferta. Mas não qualquer oferta: *miṣṣaḇaṯ yāḏeḵā* – da medida da tua mão. É uma medida viva, personalizada, concreta. O culto não é abstrato. O povo deve oferecer *kaʾăšer bērakəḵā* – conforme foi abençoado. A adoração é proporcional à bênção. A justiça começa no reconhecimento: ninguém oferece o que não recebeu, e ninguém retém o que sabe que não lhe pertence.

wəśāmaḥtā lip̄nê YHWH ʾĕlōheḵā ʾattā ûḇinḵā ûḇiṯḵā
wəʿaḇdəḵā wəʾămatḵā wəhālēwî ʲăšer bišʿāreḵā wəhaggēr
wəhayyātôm wəhāʾalmānā ʲăšer bəqirbəḵā
"E te alegrarás perante YHWH teu Deus, tu, teu filho, tua filha, teu servo, tua serva, o levita que está dentro das tuas portas, o estrangeiro, o órfão e a viúva que estão no meio de ti." (Dt 16,11)

Aqui se encontra o coração ético da festa: *wəśāmaḥtā* – alegrarás. Mas a alegria é coletiva. Ninguém se alegra sozinho. A festa é justa, porque é inclusiva. A alegria litúrgica se torna ato político: o servo, o levita, o órfão, a viúva, o estrangeiro – todos devem participar. O Deuteronômio quebra a lógica da exclusão: não há culto autêntico que não seja também redistribuição de acesso à alegria. A justiça é condição do júbilo.

> *wəzāḵartā kî-ʿeḇed hāyîtā bəmiṣrayim wəšāmartā wəʿāśîtā ʾet-haḥuqqîm hāʾēlleh*
>
> "E te lembrarás de que foste escravo no Egito; e guardarás e praticarás estes estatutos." (Dt 16,12)

A memória do Egito reaparece como motivação para o cuidado com os vulneráveis. A espiritualidade deuteronomista não esquece. Quem foi escravo, não pode reproduzir opressão. A justiça das festas se fundamenta na lembrança: *wəzāḵartā* – lembrarás. A teologia da alegria exige um povo que se recusa a esquecer o que sofreu – e por isso é capaz de fazer diferente. A festa das cabanas é outra celebração religiosa:

> *ḥag sukkōṯ taʿăśeh-ləḵā šibʿat yāmîm bəʾōsəp̄əḵā migōrnəḵā ûmiyyîqeḇeḵā*
>
> "A festa das cabanas celebrarás por sete dias, quando recolheres de tua eira e do teu lagar." (Dt 16,13)

A festa das cabanas (*sukkōṯ*) é a celebração do fim da colheita. Ela liga o passado da peregrinação à abundância presente. O povo que viveu em tendas no deserto agora celebra habitando tendas novamente, mesmo na terra. É um gesto de humildade e memória: a terra é dom, não conquista. O alimento é graça, não mérito. A colheita se transforma em habitação provisória – um antídoto contra a idolatria da estabilidade.

> *wəśāmaḥtā bəḥaggāḵā ʾattā ûḇinḵā ûḇiṯḵā wəʿaḇdeḵā wəʾămāteḵā wəhālēwî wəhaggēr wəhayyātôm wəhāʾalmānā ʲăšer bəšəʿāreḵā*
>
> "E te alegrarás em tua festa, tu, teu filho, tua filha, teu servo, tua serva, o levita, o estrangeiro, o órfão e a viúva que estão dentro dos teus portões." (Dt 16,14)

A alegria é reiterada. E novamente, ela é coletiva, inclusiva, interdependente. O espaço da festa é o espaço da justiça. Os portões (*šəʿārek̲ā*) são o lugar onde os vulneráveis devem ser acolhidos. A cidade justa é aquela onde a festa não é um privilégio, mas um direito de todos. Comer e alegrar-se diante de YHWH não pode excluir nenhum corpo, nenhuma história.

> *šibʿat yāmîm taḥōg lăYHWH ʾĕlōhek̲ā bammāqôm ʾăšer yibḥar YHWH kî yəb̲ārēk̲ək̲ā YHWH ʾĕlōhek̲ā bəkōl təbûʾāt̲ek̲ā ûb̲əkōl maʿăśê yād̲ek̲ā wəhāyîtāaʾaḥ*
> "Por sete dias celebrarás a festa a YHWH teu Deus, no lugar que YHWH escolher, pois YHWH teu Deus te abençoará em toda tua colheita e em toda obra de tuas mãos, e estarás plenamente alegre." (Dt 16,15)

A alegria plena (*wəhāyîtāaʾaḥ*) é o resultado da bênção reconhecida e partilhada. A festa dura sete dias – um tempo sabático. A duração é sinal da intensidade. Não há pressa na alegria diante de YHWH. A bênção não é apenas acolhida, mas devolvida em gratidão. O tempo da colheita é tempo de consagração.

> *šālôš pəʿāmîm baššānā yērāʾeh kōl-zək̲urək̲ā ʾet-pənê YHWH ʾĕlōhek̲ā bammāqôm ʾăšer yibḥār bəḥag hammāṣṣōt̲ ûb̲əḥag haššāb̲ûʿōt̲ ûb̲əḥag haṣsukkōt̲ wəlōʾ yērāʾû ʾet-pənê YHWH rēqām*
> "Três vezes por ano todos os teus homens comparecerão diante de YHWH teu Deus, no lugar que ele escolher: na festa dos pães sem fermento, na festa das semanas e na festa das cabanas; e não aparecerão diante de YHWH de mãos vazias." (Dt 16,16)

Comparecer é mandamento: *yērāʾeh* – mostrar-se, apresentar-se. A aliança exige presença. As festas são convocações – ninguém é convidado, todos são chamados. E não se comparece de mãos vazias. A fé exige entrega. O dom recebido deve ser devolvido. A ausência de oferta diante de Deus é ausência de reconhecimento.

> *ʾîš kəmattaṯ yāḏô kibrăḵat YHWH ʾĕlōheḵā ʾăšer nātan-lāk*
> "Cada um segundo o dom da sua mão, conforme a bênção que YHWH teu Deus lhe tenha dado." (Dt 16,17)

O princípio da proporcionalidade aparece novamente. Cada um oferece conforme recebeu. Não há tarifa, nem imposto sagrado – há generosidade justa. O culto é proporcional à bênção. A espiritualidade é equidade. O gesto da mão revela o grau de gratidão. E Deus não exige além da bênção – mas exige que a bênção se torne dom. Com isso, conclui-se a seção festiva de Deuteronômio 16. O restante do capítulo – que pode ser explorado em seguida – desloca-se para a instituição dos juízes e o dever da justiça imparcial. O elo entre as duas seções é claro: a adoração verdadeira leva à sociedade justa. Porque não basta celebrar – é preciso julgar com equidade. E não basta louvar – é preciso garantir que ninguém seja oprimido. O Deus do Êxodo exige festa, mas também exige tribunais que não corrompam o direito.

A parte final de Deuteronômio 16 desloca o foco do calendário litúrgico para a estruturação do sistema judiciário de Israel. O texto sustenta que não há aliança com Deus sem justiça entre os homens. A fidelidade à Torá não se mede apenas pela frequência nas festas ou pelo volume dos sacrifícios, mas pela integridade das instituições sociais. O texto começa com os ofícios judiciários:

> *šōpəṭîm wəšōṭərîm tiṯēn-ləḵā bəḵāl-šəʿāreḵā ʾăšer YHWH ʾĕlōheḵā nōtēn-lāk ləšāḇēṭêḵā wəšāpəṭû ʾet-hāʿām mišpāṭ-ṣedeq*
> "Juízes e oficiais porás em todas as tuas cidades que YHWH teu Deus te dá, segundo as tuas tribos, e julgarão o povo com justiça reta." (Dt 16,18)

O versículo estabelece uma rede descentralizada de justiça. As *šəʿārîm* – portas das cidades – tornam-se tribunais. O espaço da entrada, da convivência, do comércio e da vizinhança é também o espaço da equidade. Não há separação entre a vida comum e o julgamento divino. A *mišpāṭ-ṣedeq* – justiça de retidão – é o padrão. O juízo deve refletir a justiça de YHWH. O sistema de justiça é teologia pública: manifesta (ou distorce) o caráter do Deus de Israel.

> *lōʾ-taṭṭeh mišpāṭ lōʾ takkîr pānîm wəlōʾ tiqqāḥ*
> *šōḥaḏ kî-hašōḥaḏ yəʿawwēr ʿênê ḥăkāmîm wəyaṯallep̄*
> *dəḇar ṣaddîqîm*
> "Não perverterás o julgamento; não farás acepção de pessoas, nem tomarás suborno; porque o suborno cega os olhos dos sábios e torce as palavras dos justos." (Dt 16,19)

Este é um dos mais poderosos versículos da ética bíblica. Proíbe três práticas que minam qualquer sistema justo: distorcer o direito (*taṭṭeh mišpāṭ*), privilegiar rostos (*takkîr pānîm*) e aceitar propinas (*tiqqāḥ šōḥaḏ*). O suborno não é apenas injusto: é cegueira espiritual. Ele *cega os olhos dos sábios* e *torce as palavras dos justos*. A linguagem é vívida, quase litúrgica: o tribunal se torna espaço de idolatria quando a justiça é comprada.

> *ṣedeq ṣedeq tirdōp̄ ləmaʿan ḥayyēḵā wəyāraštā*
> *ʾet-hāʾāreṣ ʲăšer YHWH ʾĕlōheḵā nōtēn-lāk*
> "Justiça, justiça perseguirás, para que vivas e possuas a terra que YHWH teu Deus te dá." (Dt 16,20)

A duplicação de *ṣedeq* – justiça, justiça – é única na Torá. Ela enfatiza urgência, centralidade, radicalidade. Perseguir a justiça (*tirdōp̄*) é missão contínua, nunca concluída. A justiça é condição de vida e de herança: *ləmaʿan ḥayyēḵā wəyāraštā*. A posse da terra não é dada de modo absoluto – ela depende da prática contínua da justiça. A permanência em Canaã está condicionada à equidade dos tribunais, à integridade do povo.

Assim, Deuteronômio 16 encerra com um duplo imperativo: celebrar diante de YHWH com alegria e justiça, e julgar entre os irmãos com equidade e reverência. A espiritualidade deuteronomista não permite dissociação entre culto e política, entre fé e sociedade. Onde houver injustiça, não há aliança. Onde houver corrupção, a terra será profanada. E onde houver justiça, ali Deus habitará, como habita na tenda da festa.

Capítulo 17

Este capítulo amplia a dimensão jurídica e teológica do livro ao abordar três temas interligados: a pureza do culto, a autoridade do tribunal supremo e os limites do poder real. O capítulo reitera que a aliança com YHWH não tolera duplicidades: nem no sacrifício, nem na adoração, nem no exercício do poder. A justiça deve ser exercida com sabedoria e reverência, o culto deve ser oferecido com integridade, e até o rei – símbolo máximo da soberania nacional – deve submeter-se à Torá. Trata-se de um capítulo politicamente subversivo: o poder em Israel não é autônomo, mas condicionado, supervisionado e teologicamente limitado. O verdadeiro rei de Israel é YHWH, e todos os demais – sacerdotes, juízes, monarcas – são apenas servos da aliança. O texto começa com uma ordem:

> *lōʾ-tizbaḥ lăYHWH ʾĕlōhekā šôr wəśēh ʾăšer-yihyê-bô*
> *môʾm kōl-dābār rāʿ kî tōʿăbat YHWH ʾĕlōhekā hûʾ*
> "Não sacrificarás a YHWH teu Deus boi ou ovelha que tenha algum defeito, qualquer coisa má, pois isso é abominação a YHWH teu Deus." (Dt 17,1)

O versículo reabre o tema da oferta ritual como reflexo da fidelidade. O culto impuro é chamado de *tōʿăbāh* – abominação. O defeito do animal sacrificado não é apenas uma falha estética ou funcional; é uma profanação do sagrado. Sacrificar um animal defeituoso é confissão falsa, é louvor corrompido, é culto que despreza a santidade de Deus. O que se oferece a YHWH deve ser o melhor – porque ele é o doador de tudo.

> *kî-yimmāṣēʾ bəqirbəkā bəʾaḥad šəʿārekā ʾăšer YHWH*
> *ʾĕlōhekā nōtēn-lāk ʾîš ʾō-ʾiššāh ʾăšer yaʿăśeh ʾet-harāʿ*
> *bəʿênê YHWH ʾĕlōhekā ləʿăbōr bərîtô*
> "Se for achado entre ti, em alguma de tuas cidades que YHWH teu Deus te dá, homem ou mulher que fizer o que é mau aos olhos de YHWH teu Deus, transgredindo a sua aliança..." (Dt 17,2)

O foco desloca-se da pureza do culto à lealdade pessoal à aliança. O mal aqui é definido como *ʿăḇōr bərîtô* – transgressão da aliança. O verbo *ʿāḇar* (transgredir, atravessar) implica violação deliberada de limites. Não se trata de erro acidental, mas de rebelião cultual. A aliança molda a identidade do povo, e rompê-la é desintegrar a base espiritual da comunidade.

> *wayyēlek wayyaʿăḇōḏ ʾĕlōhîm ʾăḥērîm wayyištaḥăwê lāhem wəlāššemeš ʾō lāyārēaḥ ʾō ləkōl-ṣəḇāʾ haššāmayim ʲăšer lōʾ ciwwîṯî*
> "E que vá e sirva a outros deuses, e se prostre diante deles – ao sol, à lua, ou a todo o exército dos céus – o que eu não ordenei..." (Dt 17,3)

A infração é explicitada: *ʾĕlōhîm ʾăḥērîm* – outros deuses. O culto aos astros é condenado não por ser mera idolatria visual, mas por subverter a centralidade de YHWH. O critério da fé é claro: *ʲăšer lōʾ ciwwîṯî* – o que eu não ordenei. A fé deuteronomista é teologia do mandamento. Só o que Deus ordena pode ser adorado. A espiritualidade aqui é obediência, e a idolatria é insubmissão.

> *wəhûḇāʾtā ʾeṯ-hāʾîš hāhûʾ ʾō ʾet-hāʾiššāh hahiʾ ʲăšer ʿāśû ʾet-haddaḇār hāraʿ hazzeh ʾel-šəʿārekā ʾet-hāʾîš ʾō ʾet-hāʾiššāh ûsəqaltām bāʾăḇānîm wāmētû*
> "Então trarás o homem ou a mulher que fez este mal à tua porta – o homem ou a mulher – e os apedrejarás com pedras até que morram." (Dt 17,5)

A segunda parte de Deuteronômio 17 desloca-se do julgamento da idolatria para a instituição de um tribunal supremo e, em seguida, para a surpreendente regulamentação da realeza. É notável a maneira como o texto costura os temas: da necessidade de decisões justas e imparciais à previsão de um rei que, longe de ser figura autônoma e gloriosa, é moldado pela obediência à Torá. A espiritualidade deuteronomista nunca separa liderança de submissão. Ao contrário, quanto mais alto alguém está colocado, mais profundamente deve estar enraizado nas palavras de Deus. Não há espaço para tirania no meio do povo da aliança. As controvérsias são resolvidas diante de YHWH:

> *kî-yippālēʾ mimməḵā dāḇār la-mišpāṭ bên-dām lədām ûvên-dîn lədîn ûvên negaʿ lənegaʿ dibrê rîḇ bəšəʿāreḵā wəqāmtā wəʿālîtā ʾel-hammāqôm ʲăšer yibḥar YHWH ʾĕlōheḵā bô*
> "Se te for difícil julgar uma questão entre sangue e sangue, entre causa e causa, entre ferimento e ferimento, questões de controvérsia nas tuas portas, levantar-te-ás e subirás ao lugar que YHWH teu Deus escolher." (Dt 17,8)

O versículo reconhece os limites da sabedoria humana: *kî-yippālēʾ mimməḵā dāḇār* – se algo for difícil demais para ti. A justiça, às vezes, exige instância superior. O povo é instruído a *ʿālîtā* – subir – ao lugar escolhido por Deus. O templo torna-se o centro de sabedoria jurídica, além de espiritual. Ali, sacerdotes e levitas julgarão. O culto e o tribunal convergem: ambos são espaços de discernimento.

> *wəbātā ʾel-hakkōhănîm halləwiyyîm wəʾel-haššōpēṭ ʲăšer yihyê bayyāmîm hāhēm wədāraštā wəhiggîdû ləḵā ʾet-dəḇar hammîšpāṭ*
> "E irás aos sacerdotes levitas e ao juiz que houver naqueles dias; consultarás, e eles te declararão a sentença do juízo." (Dt 17,9)

A decisão última pertence a uma tríade de autoridade: *kōhănîm*, *ləwiyyîm*, e o *šōpēṭ* – sacerdote, levita e juiz. A Torá reconhece que o direito não pode ser deixado ao acaso. O verbo *dāraštā* – buscarás – sugere mais que perguntar; implica uma busca zelosa por discernimento. A justiça não é apenas técnica: é espiritual. Os que julgam estão diante de Deus, e suas palavras definem o rumo da comunidade.

> *ʿal-pî hattôrāh ʲăšer yôrûḵā wəʿal-hammîšpāṭ ʲăšer yōʾmərû ləḵā taʿăśeh lōʾ-tāsûr min-haddāḇār ʲăšer yaggîdû ləḵā yāmîn ûśəmōʾl*

> "Segundo o ensino que te indicarem, e segundo o juízo que te disserem, farás; não te desviarás da palavra que te declararem, nem para a direita nem para a esquerda." (Dt 17,11)

Aqui se define o princípio da autoridade teológica do tribunal. *ʿal-pî hattôrāh* – segundo a instrução. A Torá continua sendo o centro, mas a interpretação autorizada dela também é normativa. Não se pode desviar – *lōʾ-tāsûr... yāmîn ûśəmōʾl*. A fidelidade não permite alternativas paralelas. Há uma unidade entre texto, templo e tribunal. A aliança se sustenta nessa coerência.

> *wəhāʾîš ʾăšer-yaʿăśeh bəzādôn ləḇiltišmōaʿ ʾel-hakkōhēn hāʿōmēḏ ləšārēt šām ʾet-YHWH ʾĕlōhāyw ʾō ʾel-haššōpēṭ ûmēt hāʾîš hahûʾ ûḇiʿartā hārāʿ miyyisrāʾēl*
>
> "E o homem que se comportar com arrogância, não ouvindo ao sacerdote que ali serve diante de YHWH teu Deus, ou ao juiz, esse homem morrerá; e eliminarás o mal de Israel." (Dt 17,12)

A transgressão aqui é descrita como *bəzādôn* – com arrogância, presunção. Não se trata de dúvida ou erro, mas de insubmissão consciente. O sacerdote aqui não é mero religioso, mas servidor diante de Deus – *ləšārēt šām ʾet-*YHWH. A recusa de escutar a voz do tribunal é vista como rejeição da própria autoridade divina. Por isso, a pena é máxima: não por vingança, mas para preservar o corpo da comunidade. O texto então se volta para um tema que à primeira vista pareceria estranho em um livro tão centrado na teocracia: a instituição da monarquia. Mas o tratamento dado ao rei é profundamente subversivo, se comparado aos modelos políticos do antigo Oriente Próximo. Ao contrário de outras culturas, onde o rei era visto como figura semidivina, detentor de poderes absolutos e fonte última da lei, o rei de Israel, segundo o Deuteronômio, deve ser servo da Torá. Ele não legisla – ele obedece. Ele não centraliza riquezas – ele limita sua posse. Ele não se eleva acima do povo – ele vive submisso à Palavra. O texto, assim, impõe uma teologia política radical: o poder humano é legítimo apenas quando radicalmente subordinado ao senhorio de YHWH. O texto diz:

> *kî tāḇōʾ ʾel-hāʾāreṣ ʾăšer YHWH ʾĕlōheḵā nōtēn-lāk wəyərištā wəyāšaḇtā ḇāh wəʾāmartā ʾāśîm ʿālây melek kəḵol-haggōyim ʾăšer səḇîḇōṯāy*
> "Quando entrares na terra que YHWH teu Deus te dá, e a possuíres, e nela habitares, e disseres: 'Estabelecerei sobre mim um rei, como todas as nações ao meu redor...'"
> (Dt 17,14)

O desejo por um rei é previsto. Mas essa previsão é carregada de ambiguidade. O povo desejará um rei *kəḵol-haggōyim* – como todas as nações. A tensão entre singularidade e assimilação atravessa o versículo. O Deuteronômio não rejeita a monarquia, mas a molda. Permite o rei, mas define sua natureza de forma contracultural. O desejo pelo poder é contido pela forma da aliança.

> *śōm tōśîm ʿālêḵā melek ʾăšer yibḥar YHWH ʾĕlōheḵā bô mikkereḇ ʾaḥêḵā tāśîm ʿālêḵā melek lōʾ-tûḵal lātēt ʿālêḵā ʾîš nāḵrî ʾăšer lōʾ-ʾāḥîḵā hûʾ*
> "Estabelecerás certamente sobre ti como rei aquele que YHWH teu Deus escolher; dentre teus irmãos porás como rei sobre ti. Não poderás pôr sobre ti homem estrangeiro, que não seja teu irmão." (Dt 17,15)

O rei deve ser escolhido por Deus e estar enraizado no povo. O texto nega a possibilidade de uma realeza estrangeira, desvinculada da identidade e da aliança. O rei não é um tirano, nem um importado. Ele é irmão. Essa palavra – *ʾāḥîḵā* – aparece duas vezes, como insistência teológica: a liderança verdadeira nasce da fraternidade. O rei está sob a mesma Torá, sob o mesmo YHWH, sob a mesma história.

> *raq lōʾ-yarbeh-lô sûsîm wəlōʾ-yāšîḇ ʾet-hāʿām miṣraymāh ləmaʿan harbōṯ sûs wəYHWH ʾāmar lāḵem lōʾ-tōsîpûn ʿôḏ lāšûḇ baḏāreḵ hazzeh*
> "Tão somente que ele não multiplique para si cavalos, nem faça voltar o povo ao Egito para multiplicar cavalos, pois YHWH vos disse: 'Jamais voltareis por este caminho novamente.'" (Dt 17,16)

Aqui começa a lista dos limites reais. O primeiro é militar: *lōʾ-yarbeh-lô sûsîm* – não multiplicará cavalos. O cavalo é símbolo de poder bélico, de domínio. O rei de Israel não pode confiar em carros, mas em YHWH. E não pode voltar ao Egito – *lōʾ-tōsîpûn... lāšûḇ baḏāreḵ hazzeh*. A monarquia não pode se fundar em alianças com potências que personificam a servidão. O rei não pode reeditar o êxodo às avessas.

> *wəlōʾ-yarbeh-lô nāšîm wəlōʾ-yāsur ləḇāḇô wəkeseph wəzāhāḇ lōʾ-yarbeh-lô məʾōḏ*
> "Nem multiplicará para si mulheres, para que seu coração não se desvie; nem acumulará para si muita prata e ouro." (Dt 17,17)

O segundo limite é sexual e afetivo: *lōʾ-yarbeh-lô nāšîm* – não multiplicará mulheres. Isso não é apenas uma condenação da poligamia, mas da política dos haréns e casamentos diplomáticos. O coração do rei – *ləḇāḇô* – é o centro do problema: não deve se desviar. O terceiro limite é econômico: *keseph wəzāhāḇ lōʾ-yarbeh-lô* – não acumulará muita prata e ouro. O rei não é senhor da riqueza, nem do prazer, nem da guerra. É servo da Palavra.

A conclusão de Deuteronômio 17 oferece um mandamento singular e profundamente contracultural: o rei de Israel, ao assumir o trono, deve pessoalmente escrever uma cópia da Torá e lê-la todos os dias da sua vida. Esse gesto não é simbólico. É o coração da teologia política deuteronomista. A autoridade régia não é derivada da força, da linhagem ou da popularidade, mas da imersão contínua nas palavras de YHWH. Ao colocar a Torá nas mãos do rei, o texto coloca Deus acima do trono – e a fidelidade acima da glória:

> *wəhāyā kəšibtô ʿal-kissēʾ mamlākətô wəḵāṯaḇ lô ʾet-mišnê hattôrāh hazzōʾṯ ʿal-sēp̄er millipnê hakkōhănîm halləwiyyîm*
> "E acontecerá que, ao assentar-se sobre o trono do seu reino, escreverá para si uma cópia desta Torá num livro, diante dos sacerdotes levitas." (Dt 17,18)

O rei é chamado a escrever – *wəḵāṯaḇ lô* – com suas próprias mãos. Isso não é delegável. A cópia é *mišnê hattôrāh hazzōʾṯ* – uma repetição, um duplicado da Torá. Mas não se trata de um mero objeto ritual. É uma reescrita formativa. O rei se curva ao texto. E o faz *millipnê hakkōhănîm halləwiyyîm* – diante dos sacerdotes levitas. O poder é supervisionado. O texto é entregue sob os olhos daqueles que guardam o sagrado.

> *wəhāyəṯā ʿimmô wəqārā ḇô kōl-yəmê ḥayyāyw ləmaʿan yilmaḏ lirʾāh ʾet-YHWH ʾĕlōhāyw lišmōr ʾet-kol-dibrê hattôrāh hazzōʾṯ wəʾet-huqqîm hāʾēlleh laʿăśōṯām*
> "E ela estará com ele, e ele a lerá todos os dias da sua vida, para que aprenda a temer a YHWH seu Deus, para guardar todas as palavras desta Torá e estes estatutos, para os cumprir." (Dt 17,19)

A Torá não é apenas lida, mas vivida. Está *ʿimmô* – com ele. A leitura é diária – *qārā ḇô kōl-yəmê ḥayyāyw*. O rei não governa segundo o que vê, mas segundo o que ouve. Ele aprende – *yilmaḏ* – a temer a YHWH. A Torá é sua escola, sua fronteira, sua lente. Cada mandamento não é apenas norma, mas meio de formação: para guardar, para cumprir, para não esquecer.

> *ləbilti rûm ləḇāḇô mēʿaḥāyw ûləbilti sūr min-hammiṣwāh yāmîn ûśəmōʾl ləmaʿan yaʾărîk yāmîm ʿal-mamlāḵətô hûʾ ûḇānāw bəqereḇ yiśrāʾēl*
> "Para que o seu coração não se eleve sobre os seus irmãos, e para que não se desvie do mandamento, nem para a direita nem para a esquerda; a fim de que prolongue os dias no seu reino, ele e seus filhos, no meio de Israel." (Dt 17,20)

O objetivo é duplo: humildade e fidelidade. O coração não deve se exaltar – *ləbilti rûm ləḇāḇô*. O rei é irmão, não senhor. Ele está entre os seus, não acima deles. E deve permanecer no caminho – *lōʾ sūr... yāmîn ûśəmōʾl*. O mesmo padrão exigido do povo é imposto ao rei. A longevidade do trono depende da submissão ao mandamento. O governo se torna extensão da Torá.

Com essa prescrição final, Deuteronômio 17 redefine o poder a partir da escuta. O rei deve tornar-se escriba, leitor, discípulo. Ele deve ser o primeiro a obedecer, o primeiro a lembrar, o primeiro a temer. A realeza, que em outras culturas é espaço de glória e distância, torna-se aqui espaço de disciplina e vizinhança. O rei está com a Torá, com os sacerdotes e com o povo. O trono se torna púlpito da justiça, e a soberania, serviço radical à Palavra.

Capítulo 18

Este capítulo dá continuidade à reconfiguração institucional da vida religiosa em Israel, após a seção dedicada à realeza. Aqui, o texto define os limites e funções dos *kōhănîm* (sacerdotes) e dos *lēwiyyîm* (levitas), e depois se volta para o papel do *nāḇî'* (profeta), figura que se torna essencial na teologia deuteronomista como contraponto a práticas espirituais corrompidas. O capítulo é ao mesmo tempo organizador e subversivo: ele garante sustento para os mediadores legítimos da Palavra de YHWH e denuncia qualquer tentativa de manipular o divino por meios mágicos, necromânticos ou pagãos. A verdadeira escuta, diz o Deuteronômio, é a escuta do profeta – e essa escuta não é negociável nem substituível. Trata-se de um capítulo que sela o compromisso entre revelação, ética e discernimento espiritual. O texto começa a falar dos sacerdotes levitas:

> *lōʾ-yihyê lakkōhănîm halləwiyyîm kōl-šēḇeṭ lēwî ḥēleq wənaḥălāh ʿim-yiśrāʾēl ʾîšê YHWH wənaḥălātô yōʾḵēlûn*
> "Não terão os sacerdotes levitas – toda a tribo de Levi – porção ou herança com Israel; comerão as ofertas queimadas do Senhor e a sua herança." (Dt 18,1)

Este versículo reafirma o princípio já estabelecido em Números e Josué: os levitas não recebem terra, porque o seu quinhão é o próprio YHWH. A ausência de *ḥēleq wənaḥălāh* – porção e herança territorial – não os empobrece, mas os consagra. Eles vivem daquilo que pertence a Deus, e isso os insere no centro do culto. *ʾîšê* YHWH – as ofertas queimadas ao Senhor – são sua alimentação, seu sustento e sua identidade.

> *wənaḥălāh lō᾽-yihyê-lô bəqereḇ ᾽eḥāyw YHWH hû᾽ naḥălātô ka᾽ăšer dibber lô*
> "E não terá herança entre seus irmãos; o Senhor é a sua herança, como lhe prometeu." (Dt 18,2)

A duplicação da negação reforça o ponto: o levita não herdará como os demais. Sua herança é YHWH ***hû᾽ naḥălātô***. Não se trata de uma metáfora poética, mas de uma teologia da dependência: o levita depende radicalmente de Deus – não da terra, não da produção, não do poder. Ele é um lembrete encarnado de que a vida em Israel gira em torno do sagrado.

> *wəzêh yihyê mišpāṭ hakkōhănîm mē᾽eṯ hā῾ām mē᾽êṯ zōḇḥê haḏāḇaḥ ᾽im-šōr ᾽im-śeh wənātan lakkōhēn zĕrôa῾ wəlaḥayyayim wəhāqēḇāh*
> "E este será o direito dos sacerdotes da parte do povo, daqueles que oferecerem sacrifícios, seja boi ou ovelha: darão ao sacerdote a espádua, as queixadas e o estômago." (Dt 18,3)

O texto estabelece o ***mišpāṭ*** – direito legal – dos sacerdotes. As partes do animal mencionadas (o braço, as bochechas, o estômago) não são aleatórias. São partes significativas, de valor e força, que indicam respeito e sustento. O povo é chamado a sustentar aqueles que servem diante de YHWH, e esse sustento não é caridade, mas justiça. A adoração inclui o reconhecimento dos mediadores legítimos.

> *rē᾽šîṯ ḏəgānəḵā tîrōšəḵā wəyiṣhāreḵā wərē᾽šîṯ gēz ṣō᾽nəḵā tiṯēn-lô*
> "As primícias do teu cereal, do teu vinho e do teu azeite, e as primícias da tosquia das tuas ovelhas, darás a ele." (Dt 18,4)

A entrega das *rē'šîṯ* – primícias – sustenta a lógica sacrificial: o primeiro pertence a Deus, e é dado ao sacerdote como representante. A espiritualidade deuteronomista insiste que a fé verdadeira se manifesta nas primeiras escolhas, nos primeiros frutos, nos primeiros gestos. Não se oferece a sobra, mas o princípio de tudo. O sacerdote vive do que é consagrado.

> *kî-ḇô ḇāḥar YHWH 'ĕlōheḵā mik-kāl-šāḇêṭêḵā laʿămōḏ*
> *ləšārēt bəšēm YHWH hû' ûḇānāw kōl-hayyāmîm*
> "Pois a ele escolheu YHWH teu Deus de todas as tuas tribos,
> para estar e servir em nome de YHWH, ele e seus filhos para
> sempre." (Dt 18,5)

A eleição sacerdotal é reafirmada como ato soberano de Deus: *ḇô ḇāḥar* YHWH – a ele escolheu o Senhor. O serviço – *laʿămōḏ ləšārēt* – não é função social, mas vocação teológica. O sacerdote representa o povo diante de Deus, e representa Deus diante do povo. E o faz *bəšēm* YHWH – em nome do Senhor. O nome não é apenas fórmula; é presença. O sacerdote carrega o nome, e por isso sua função é vital para a santidade de Israel. O sustento do levita, a entrega das primícias, a vocação sacerdotal – tudo converge para uma teologia em que Deus é centro, e tudo que é vital gira ao redor dele. O texto avança com uma denúncia veemente contra as práticas religiosas dos povos cananeus. A proibição não é apenas moral ou cultural: é teológica. A aliança de Israel com YHWH exige um rompimento radical com qualquer tentativa de manipular o mundo espiritual por meios mágicos, adivinhatórios ou necromânticos. A escuta de Israel não pode ser dividida – ou se ouve a voz de YHWH, ou se abre espaço para o engano. Em lugar dos adivinhos, Deus suscitará *nāḇî'îm*, profetas, cuja missão não é agradar, mas confrontar. O texto institui a profecia como alternativa ética e teológica à magia. O povo que crê não manipula o invisível – escuta e obedece. O primeiro grupo de práticas denunciado é o que segue:

> *lō'-yimmāṣē' bəḵā maʿăḇîr 'et-bənô wə'et-bittô bā'ēš qōsēm*
> *qəsāmîm məʿōnên ûmənaḥēš ûməkaššēp̄*

> "Não se achará entre ti quem faça passar pelo fogo seu filho ou sua filha, nem adivinhador, nem prognosticador, nem agoureiro, nem feiticeiro." (Dt 18,10)

O texto lista práticas comuns no mundo religioso cananeu. *Maʿɔîr bāʾēš* – fazer passar pelo fogo – é referência direta a sacrifícios humanos. As demais atividades são formas de adivinhação: *qōsēm, məʿōnên, mənaḥēš, məkaššēp̄*. Todas compartilham uma lógica: a tentativa de dominar o futuro e o sagrado sem passar pela escuta obediente. Israel não pode buscar controle: deve cultivar escuta. A fé é dependência, não manipulação.

> *wəḥōḇēr ḥeḇer wəšōʾēl ʾōḇ wəyiddəʿōnî wədōrēš ʾel-hammēṯîm*
> "Nem encantador, nem necromante, nem adivinho, nem quem consulte os mortos." (Dt 18,11)

A lista se aprofunda: *ḥōḇēr ḥeḇer* – aquele que ata encantamentos; *šōʾēl ʾôḇ* – quem consulta espíritos familiares; *dōrēš ʾel-hammēṯîm* – quem busca os mortos. O texto denuncia não só práticas, mas a teologia por trás delas: um desejo de escapar da Palavra de Deus em favor de palavras secretas, segredos do além, manipulações esotéricas. Contra tudo isso, o Deuteronômio estabelece a centralidade do profeta – único mediador legítimo da voz divina.

> *kî tōʿăḇaṯ YHWH kōl-ʿōśēh ʾēlleh ûbiglāl hattōʿăḇōṯ hāʾēlleh YHWH ʾĕlōheḵā mōrîš ʾōṯām miPPānêḵā*
> "Pois é abominação ao Senhor todo aquele que faz estas coisas; e por causa destas abominações o Senhor teu Deus os expulsa de diante de ti." (Dt 18,12)

A razão da expulsão dos povos da terra prometida está ligada a essas práticas: *tōʿăḇōṯ hāʾēlleh* – essas abominações. O termo *tōʿăḇāh* marca algo detestável aos olhos de Deus. Não se trata apenas de erro religioso, mas de traição espiritual. A presença divina exige pureza de escuta e clareza de culto. Israel não é autorizado a repetir essas práticas sob nova roupagem. O compromisso com YHWH é exclusivista.

> *tāmîm tiḥyê ʿim-YHWH ʾĕlōheḵā*
> "Serás íntegro com o Senhor teu Deus." (Dt 18,13)

Este versículo é um dos mais densos da espiritualidade deuteronomista. *Tāmîm* – íntegro, inteiro, completo – não é perfeição moral, mas fidelidade indivisa. Ser íntegro com Deus é escutar só a Ele. A aliança não admite concorrência. A espiritualidade verdadeira não fragmenta a escuta: ela concentra, acolhe, responde. O povo da aliança vive em escuta plena, sem atalhos mágicos nem vozes alternativas.

Encerrando Deuteronômio 18, o texto apresenta a figura do *nāḇîʾ* – o profeta – como a resposta de Deus ao anseio de Israel por uma mediação segura e fiel. Após proibir as práticas mágicas e necromânticas dos povos cananeus, o Deuteronômio oferece uma alternativa positiva: o profeta é aquele que fala em nome de YHWH, que não diz o que o povo deseja ouvir, mas o que Deus manda dizer. E entre todos, há um modelo: Moisés:

> *nāḇîʾ ʾāqîm lāhem miqqereḇ ʾăḥêhem kāmôḵā wənāṯattî dəḇāray bəpîw wədibber ʾălēhem ʾēṯ kol-ʾăšer ʾaṣawwēnû*
> "Um profeta como tu levantarei do meio de seus irmãos, e porei minhas palavras na sua boca, e ele lhes falará tudo o que eu lhe ordenar." (Dt 18,18)

O versículo é monumental. *Nāḇîʾ kāmôḵā* – um profeta como tu. A comparação com Moisés não é genérica: é um chamado à escuta verdadeira. Moisés falava com Deus "face a face" (Nm 12,8), mediava juízo, carregava o povo em sua intercessão. Esse novo profeta também será mediador, portador da Palavra. Mas o que o autentica é isto: *wənāṯattî dəḇāray bəpîw* – porei minhas palavras na sua boca. A autoridade profética vem da Palavra confiada, não de carisma ou popularidade.

> *wəhāyā hāʾîš ʾăšer lōʾ-yišmaʿ ʾel-dəḇāray ʾăšer yədabbēr bəšmî ʾānōḵî edrōš mēʿimmô*
> "E o homem que não ouvir as minhas palavras, que ele falar em meu nome, eu o requererei dele." (Dt 18,19)

A escuta da Palavra profética não é opcional. *ʾānōḵî edrōš mēʿimmô* – eu o requererei dele. Deus exigirá contas de quem ignora a voz que Ele mesmo autorizou. O profeta carrega a palavra como espada de dois gumes: corta o povo se este for rebelde, e corta o próprio profeta se ele a corromper. A escuta verdadeira é vínculo vital.

> *ʾaḵ ʾan-nāḇîʾ ʲăšer yazîd ləḏabbēr dāḇār bəšmî ʾēṯ ʾăšer lōʾ-ṣiwwîṯîw ləḏabbēr ûʾăšer yĕḏabbēr bəšēm ʾĕlōhîm ʾăḥērîm ûmēt hannāḇîʾ hāhûʾ*
> “Mas o profeta que tiver a presunção de falar uma palavra em meu nome que eu não lhe mandei dizer, ou que falar em nome de outros deuses, esse profeta morrerá.” (Dt 18,20)

A gravidade do falso profetismo é absoluta. *Yazîd* – agir com arrogância. O profeta que fala o que não foi ordenado, ou que toma para si o nome de deuses alheios, comete traição espiritual. Sua punição é a morte. A Palavra não é instrumento de manipulação. É fogo. É espada. É juízo. O profeta não é livre para inventar, agradar ou adaptar. Seu único poder é a fidelidade.

> *wəkî-tōmar bəḇāḇḵā ʾêyk nāḏaʿ ʾet-haddāḇār ʲăšer lōʾ-dibbĕrô YHWH*
> “E se disseres no teu coração: ‘Como saberemos qual a palavra que YHWH não falou?’” (Dt 18,21)

O texto antecipa a dúvida legítima: como discernir entre o verdadeiro e o falso profeta? A fé não é crédula. Ela pergunta, investiga, exige critério. O Deuteronômio, longe de propor cegueira, propõe discernimento.

> *ʾăšer yĕḏabbēr hannāḇîʾ bəšēm YHWH wəlōʾ-yihyê haddāḇār wəlōʾ-yāḇōʾ hûʾ haddāḇār ʲăšer lōʾ-dibbĕrô YHWH bəzādôn diḇbārô hannāḇîʾ lōʾ-tāḡûr mimmēnû*
> “Quando o profeta falar em nome do Senhor, e tal palavra não se cumprir nem suceder, essa é a palavra que o Senhor não falou; com presunção a falou o profeta; não tenhas temor dele.” (Dt 18,22)

O critério é claro: o cumprimento. Se a palavra não se realiza, não veio de Deus. Mas o critério não é apenas empírico – é espiritual. O verdadeiro profeta não apenas antecipa o futuro, ele conforma o povo à vontade de Deus. Se a palavra profética conforta o ímpio, absolve a injustiça ou contradiz a aliança, ela é falsa mesmo que pareça eficaz. A escuta do profeta autêntico exige temor; a escuta do falso, é idolatria.

Deuteronômio 18 estabelece um princípio de ouro: a Palavra de Deus será mediada, sim – mas nunca manipulada. O profeta é testemunha do Deus vivo, e seu poder não está no espetáculo, mas na obediência. Israel não precisa buscar sinais nos astros, nem murmúrios dos mortos, nem sabedorias ocultas. Deus fala – e fala por meio de seus servos. Escutar o profeta é escutar a Deus. E escutar a Deus é viver.

Capítulo 19

O capítulo 19 de Deuteronômio desloca-se da teologia da escuta profética para o campo da justiça prática: trata da proteção do inocente, da punição do culpado e da necessidade de testemunho verdadeiro. O capítulo assume um caráter eminentemente político-teológico. Ele se ocupa da organização do território e da integridade da vida social, mas o faz a partir do pressuposto de que a justiça é um reflexo do caráter de YHWH. Neste capítulo, a cidade de refúgio, o falso testemunho e a proporção entre crime e castigo revelam que a justiça em Israel não é retributiva, mas restaurativa – e, sobretudo, reverente. O espaço público é sagrado porque é espaço onde Deus caminha com o povo. E, por isso, a verdade deve ser cultivada como culto, e a mentira, tratada como profanação. O espaço prometido por Deus é organizado pela lógica do cuidado:

> *kî-yaḇṭîr YHWH ʾĕlōheḵā ʾet-gəḇuleḵā kaʾăšer dibber-lāḵ wənāṯattā ləḵā ʿāreîm šālōš bətōḵ ʾarṣeḵā ʲăšer YHWH ʾĕlōheḵā nōtēn ləḵā lərištāh*
> “Quando YHWH teu Deus tiver ampliado o teu território, como prometeu a ti, então designarás três cidades no meio da tua terra que YHWH teu Deus te dá como herança.” (Dt 19,8)

O versículo pressupõe o cumprimento da promessa – *yabṯîr* YHWH... *gəbulekā* – quando YHWH tiver ampliado teus limites. A expansão da terra não é conquista bélica, mas dom divino. E a primeira resposta à bênção territorial é a criação de cidades de refúgio – espaços de acolhimento jurídico e social. A justiça é a primeira infraestrutura do reino de Deus sobre a terra. Antes de palácios ou exércitos, constroem-se lugares para proteger vidas.

> *wəḥîyâ kol-dām hannāqî bəqereb̲ ʾarṣekā ʾăšer YHWH ʾĕlōhekā nōtēn ləkā năḥălāh wəhāyā ʿālêkā dām*
> "Para que o sangue inocente não seja derramado no meio da tua terra que YHWH teu Deus te dá por herança, e haja sangue sobre ti." (Dt 19,10)

O versículo explicita o motivo: *kol-dām hannāqî* – todo sangue inocente. A terra da promessa não pode ser manchada por sangue derramado injustamente. Se isso ocorre, *ʿālêkā dām* – haverá sangue sobre ti. A justiça é comunitária. O sangue do inocente clama da terra (Gn 4,10), e a comunidade é responsabilizada se não proteger a vida de quem não cometeu crime. O espaço da promessa exige vigilância moral.

> *zêh dəbar hārōṣēaḥ ʾăšer yānūs šām wəḥāy: ʾăšer-yakkê ʾet-rēʿēhû bivəlî-daʿaṯ wəhûʾ lōʾ śōnēʾ lô mittəmōl šilšōm*
> "E este é o caso do homicida que fugirá para ali e viverá: aquele que ferir o seu próximo sem intenção, sem inimizade prévia." (Dt 19,4)

O texto distingue entre o assassino e o que cometeu homicídio involuntário – *bivəlî-daʿaṯ* – sem saber, sem intenção. A Torá reconhece a complexidade dos acontecimentos humanos e recusa respostas simplistas. A cidade de refúgio não absolve o crime, mas reconhece sua natureza acidental. A vida do culpado acidentalmente ainda é vida. A justiça não pode ser vingança.

> *kaʾăšer-yābōʾ ʿim-rēʿēhû bayyāʿar lignōt ʿēṣ wənidəḥā yādô baggarzēn likrōṯ hāʿēṣ wənāsal habbarzel min-hāʿēṣ*

> *wəmaṣā' 'et-rē'ēhû wəmēt – hû' yānūs 'el-'aḥaṯ hā'ārîm hā'ēlleh wəḥāy*
> "Como aquele que vai com seu próximo ao bosque cortar lenha, e a mão golpeia com o machado para cortar a árvore, e o ferro se solta do cabo, atinge seu próximo, e ele morre – tal homem fugirá para uma dessas cidades e viverá." (Dt 19,5)

A imagem é concreta, quase banal. Um acidente em meio ao trabalho. Mas esse pequeno detalhe torna-se paradigma: a tragédia não pode ser julgada como crime. A cidade de refúgio é o espaço onde o tempo pode filtrar a raiva, onde a justiça não se apressa a matar. O direito de refúgio é, aqui, direito à complexidade – ao tempo da verdade. Em Deuteronômio 19, a Torá reconhece que a justiça não é apenas ameaçada pela violência, mas também pela mentira – especialmente a mentira revestida de solenidade, quando pronunciada diante de juízes como se fosse verdade. O texto propõe um sistema de discernimento que visa não apenas punir o culpado, mas também preservar o sagrado da palavra:

> *wə'im-yāqûm 'ēḏ ḥāmās bə'îš lə'ănōṯ bô sārâ*
> "E, se se levantar uma testemunha maliciosa contra alguém para acusá-lo de transgressão..." (Dt 19,16)

A expressão *'ēḏ ḥāmās* – testemunha de violência – revela a gravidade do falso testemunho. Mentir no tribunal não é um ato neutro: é um ato de violência. A palavra usada – *ḥāmās* – evoca injustiça destrutiva, corrupção ativa da verdade. E o verbo *'ănōṯ* – acusar – tem conotações de opressão. A mentira não apenas falsifica fatos, mas ataca pessoas. A justiça exige pureza de boca porque é espaço de vida ou morte.

> *wə'āmdû haššənê hā'ănāšîm 'ăšer lāhem hāriḇ lipnê YHWH lipnê hakkōhănîm wəhaššōpəṭîm 'ăšer yihyê bayyāmîm hāhēm*
> "E os dois homens que tiverem a causa litigarão diante de YHWH, diante dos sacerdotes e dos juízes que houver naqueles dias." (Dt 19,17)

Aqui, o tribunal não é meramente civil. Ele ocorre *lipnê* YHWH – diante do Senhor. O julgamento se dá em sua presença, sob sua autoridade. O juiz e o sacerdote não julgam em nome próprio, mas como representantes do Deus da justiça. Essa convicção confere ao julgamento um peso espiritual: mentir no tribunal é mentir diante de Deus.

> *wəḏārašû haššōpəṭîm hēṭēḇ wəhin-nēh ʿēḏ šāqer hāʿēḏ ʿānaḇ ʾāḥîw*
> "E os juízes investigarão cuidadosamente; e se a testemunha for falsa e tiver acusado falsamente seu irmão..." (Dt 19,18)

O mandamento exige investigação profunda – *ḏārašû... hēṭēḇ* – investigarão com diligência. A justiça, no Deuteronômio, não é apressada. O cuidado em discernir verdade e falsidade é parte da santidade do julgamento. O termo *ʿēḏ šāqer* – testemunha mentirosa – é usado em Êxodo 20,16 no Decálogo. Aqui, esse mandamento se concretiza judicialmente. A falsidade não é apenas pecado, mas ameaça estrutural.

> *wəʿăśîtem lô kaʾăšer zamam laʿăśōṯ ləʾāḥîw ûḇiʿartā hārāʿ miqqirbêḵā*
> "Então fareis com ele como ele intentava fazer com seu irmão; e eliminarás o mal do meio de ti." (Dt 19,19)

O princípio é claro e severo: *kaʾăšer zamam* – como intentava fazer. O falso testemunho é julgado pela intenção do dano que pretendia causar. Não se pune apenas a mentira, mas o mal que ela buscava instaurar. *Biʿartā hārāʿ* – eliminarás o mal. A mentira que visa destruir precisa ser expurgada. A justiça é pedagógica: ao punir o falso testemunho, protege-se o valor da palavra e a confiança na estrutura jurídica.

> *wəhannišārîm yišməʿū wəyirāʾû wəlōʾ yōsipū laʿăśōṯ ḏāḇār kāzê bəqirbêḵā*
> "E os que restarem ouvirão e temerão, e nunca mais tornarão a cometer tal mal no meio de ti." (Dt 19,20)

A justiça tem um papel formativo. *Yišmə'ū wəyirā'û* – ouvirão e temerão. Não é o medo punitivo, mas a reverência ao sistema que protege a vida e honra a verdade. A comunidade aprende pela memória dos julgamentos. A justiça que se vê sendo feita educa. O povo de Deus não pode tolerar corrupção nem falsidade – porque Deus é justo. O texto retoma um princípio que ressoará ao longo da tradição jurídica israelita: a justiça proporcional. O famoso *lex talionis* – "vida por vida, olho por olho, dente por dente" – é muitas vezes mal interpretado como expressão de vingança. Mas, no contexto deuteronomista, ele funciona como barreira contra o excesso punitivo, um freio à espiral de violência. A justiça bíblica não busca restaurar honra pessoal, mas preservar equilíbrio e responsabilidade. A retribuição não é vendeta, mas limite. O valor da vida, do corpo, da palavra e da verdade é tal que o texto institui, com máxima solenidade, a equivalência entre dano e punição, como forma de santificar a convivência:

> *wəlō' taḥmōl wənep̄eš bənep̄eš 'ayin bə'ayin šēn bəšēn yād bəyād rāgel bərāgel*
> "Não terás piedade: vida por vida, olho por olho, dente por dente, mão por mão, pé por pé." (Dt 19,21)

A lista é seca, ritmada, inegociável. *Wəlō' taḥmōl* – não terás piedade. Mas essa falta de piedade não é crueldade. É imparcialidade. O juiz não pode distorcer a balança por compaixão mal dirigida. A Torá exige que o mal seja tratado com precisão. A vida é tão valiosa que só outra vida responde por ela. O olho, o dente, o membro – todos os danos corporais são elevados à esfera sagrada da justiça. Não para que o sofrimento se perpetue, mas para que o crime não triunfe. Essa fórmula aparece em outras partes do Pentateuco (Êx 21,23-25; Lv 24,19-20), mas aqui ganha função explícita de regulação judicial. O objetivo não é infligir sofrimento igual, mas estabelecer que nenhum dano pode ser relativizado. Em uma sociedade de aliançados, o corpo do outro não é objeto. Se alguém mente para prejudicar, fere com o testemunho. Se alguém agride, ataca a imagem de Deus. No espírito do Deuteronômio, este versículo finaliza o capítulo criando um arco: inicia-se com a defesa do inocente e encerra-se com a punição precisa do transgressor. O texto recusa tanto o linchamento como a impunidade. Entre os extremos do excesso e da negligência, ergue-se uma justiça firme, proporcional e teologicamente enraizada. A lei do olho por olho, neste contexto, é antes um limite ao castigo do que uma licença para vingar-se.

Deuteronômio 19 não é apenas um código legal. É um tratado sobre o tipo de sociedade que pode surgir quando Deus é reconhecido como o verdadeiro juiz. Refúgio, discernimento, veracidade e proporção – esses são os pilares que sustentam a terra prometida. A justiça, no Deuteronômio, não é um sistema fechado de regras, mas uma ética em movimento, enraizada na presença de Deus e comprometida com a dignidade de cada pessoa.

Capítulo 20

Deuteronômio 20 trata de guerra, mas não glorifica a violência. Antes, busca enquadrá-la numa moldura ética e teológica rigorosa. O texto fala de batalhas, mas o seu centro não é o campo de guerra – é o coração do combatente. Não se trata de uma apologia do poder bélico, mas da organização do medo e da esperança sob a autoridade de YHWH. O capítulo constrói um modelo radicalmente distinto do que era comum nas culturas vizinhas: antes de qualquer espada, há uma palavra; antes de qualquer comando, há uma liturgia. A guerra só pode ser travada por um povo que sabe que não é o número que garante a vitória, mas a presença do Deus que caminha com ele. Em vez de exaltar a força, o Deuteronômio insiste em ordenar os afetos: discernir o medo, afastar a ambição, proteger a criação – tudo isso em meio à tensão da guerra. O texto afirma:

> *kî-tēṣēʾ laMilḥāmāh ʿal-ʾōyəḇeḵā wərāʾîṯā sûs wərēḵeḇ ʿām rabb mimməḵā lōʾ tirāʾ mēhem kî YHWH ʾĕlōheḵā ʿimmāḵ məʿalêḵā mēʾereṣ miṣrayim*
>
> “Quando saíres à guerra contra teus inimigos, e vires cavalos, carros e um povo mais numeroso que tu, não os temas; pois o Senhor teu Deus está contigo, aquele que te fez subir da terra do Egito.” (Dt 20,1)

O início do capítulo recusa a lógica da superioridade numérica. A frase *lōʾ tirāʾ mēhem* – não os temas – marca a entrada no imaginário da guerra a partir da fé. O motivo não é a bravura, mas a memória: YHWH *ʾĕlōhek̲ā ʿimmāk̲* – o Senhor teu Deus está contigo. É Ele quem liberta, quem conduz, quem luta. A guerra de Israel, neste discurso, é antes uma continuação da travessia do Êxodo do que um projeto imperialista. A lembrança de *mēʾereṣ miṣrayim* não é decorativa: ela forma a alma do combatente.

> *wəhāyā qəb̲iʾk̲em ʾel-hammilḥāmāh wənigaš hakkōhēn wədibber ʾel-hāʿām*
> "E acontecerá que, ao chegardes à peleja, o sacerdote se aproximará e falará ao povo." (Dt 20,2)

Antes da luta, há liturgia. O *kōhēn* – o sacerdote – não é figura marginal, mas protagonista. Ele fala *ʾel-hāʿām* – ao povo. É um ato público e sagrado. O discurso bélico não é monopólio do comandante, mas do representante do sagrado. O campo de batalha torna-se, assim, lugar de escuta da Palavra. É ela que inaugura o conflito, não a estratégia.

> *wəʾāmar ʾălēhem šəmaʿ yiśrāʾēl ʾattem qərēb̲îm hayyōm laMilḥāmāh ʿal-ʾōyəb̲ek̲em ʾal-yērak̲ ləb̲ab̲k̲em ʾal-tîrəʾû wəʾal-taʿrəṣû wəʾal-taʿrəṣû mippenêhem*
> "E lhes dirá: 'Ouve, Israel! Hoje vos achegais à peleja contra vossos inimigos; não desfaleça o vosso coração; não temais, nem tremais, nem vos apavoreis diante deles.'" (Dt 20,3)

A liturgia repete o centro da espiritualidade deuteronomista: *šəmaʿ yiśrāʾēl* – ouve, Israel. A escuta é o primeiro ato de guerra. E o conteúdo dessa escuta é um exorcismo do medo. A sequência de verbos – *ʾal-yērak̲, ʾal-tîrəʾû, ʾal-taʿrəṣû* – desfaleçam, temam, tremam – é uma catarse do pânico. O sacerdote não promete ausência de perigo, mas lembra que o medo desordenado desfigura a fé. A coragem não vem da força, mas da lembrança da presença.

> *kî YHWH ʾĕlōhek̲em hāhōlēk̲ ʿimmāk̲em ləhilāḥēm lāk̲em ʿim-ʾōyəb̲ek̲em ləhôšîaʿ ʾetkem*

> "Pois o Senhor vosso Deus é quem vai convosco, para pelejar por vós contra os vossos inimigos, para vos salvar." (Dt 20,4)

A lógica da guerra em Israel é invertida: quem vai adiante é Deus. *Hāhōlēḵ ʿimmāḵem* – o que caminha com vocês. O verbo *hilāḥēm* – pelejar – é atribuído a Deus. Não se trata de um Deus distante que espera no santuário, mas de um Deus guerreiro que se engaja na história para proteger, não para oprimir. A guerra legítima não é conquista, mas *ləhôšîaʿ* – salvação. Esse vocabulário moldará, inclusive, a teologia messiânica futura.

A força de Israel não está em sua multidão, mas na fidelidade do remanescente. Em tempos de guerra, a Torá surpreendentemente privilegia a vida comum, a continuidade familiar, o luto evitável, a preservação dos afetos e até mesmo o medo. A política da aliança não é a do sacrifício cego, mas do discernimento comunitário:

> *wədibbərû haššōṭərîm ʾel-hāʿām lēʾmōr mî-hāʾîš ʲăšer bānāh bayit ḥāḏāš wəlōʾ ḥănakkô yēlēḵ wəyāšōḇ ləḇêtô pen-yāmûṯ bammilḥāmāh wəʾîš ʾāḥēr yəḥanakkēnnû*
> "E os oficiais falarão ao povo, dizendo: 'Qual é o homem que construiu casa nova e ainda não a dedicou? Que vá e volte para sua casa, para que não morra na guerra e outro a dedique.'" (Dt 20,5)

A construção de uma casa é argumento suficiente para evitar a guerra. O verbo *ḥănakkô* – dedicá-la – remete à consagração da vida doméstica, ao início de uma nova etapa. A Torá privilegia o início da vida sobre sua interrupção prematura. A morte na guerra não pode roubar o direito de habitar o que se construiu. O texto reconhece que a vida comum é mais valiosa do que a glória do combate.

> *ûmî-hāʾîš ʲăšer nāṭaʿ kērem wəlōʾ ḥilləlô yēlēḵ wəyāšōḇ ləḇêtô pen-yāmûṯ bammilḥāmāh wəʾîš ʾāḥēr yəḥalləlennû*
> "E qual é o homem que plantou vinha e ainda não a desfrutou? Que vá e volte para sua casa, para que não morra na guerra e outro a desfrute." (Dt 20,6)

A vinha, símbolo de prazer e de bênção, também suspende o dever militar. *ʾĀḥēr yəḥalləlennû* – outro a desfrutaria. Isso seria injusto. A Torá reconhece que a guerra pode roubar não apenas a vida, mas os frutos de uma vida inteira. Quem ainda não tocou o fruto da sua esperança deve ser poupado do sacrifício.

> *ûmî-hāʾîš ʲăšer ʾēraś ʾiššāh wəlōʾ ləqāḥāh yēlēḵ wəyāšōḇ ləḇêtô pen-yāmûṯ bammilḥāmāh wəʾîš ʾāḥēr yiqqāḥennāh*
> “E qual é o homem que desposou uma mulher e ainda não a tomou? Que vá e volte para sua casa, para que não morra na guerra e outro a tome.” (Dt 20,7)

O casamento, sinal de continuidade e de promessa geracional, também justifica a dispensa. O texto protege o afeto e o laço familiar. A Torá é realista: morrer antes de celebrar a vida é uma tragédia, e não um ato de heroísmo. O que se protege aqui é a esperança humana de permanência.

> *wəyāsəp̄û haššōṭərîm ləḏabbēr ʾel-hāʿām wəʾāmərû mî-hāʾîš hayārēʾ wəraḵ-hallēḇāḇ yēlēḵ wəyāšōḇ ləḇêtô wəlōʾ yimmās ʾet-ləḇaḇ ʾeḥāyw kiləḇāḇô*
> “E os oficiais ainda falarão ao povo, e dirão: ‘Quem é o homem medroso e de coração tímido? Que vá e volte para sua casa, para que o coração de seus irmãos não desfaleça como o seu.’” (Dt 20,8)

Essa é talvez a dispensa mais escandalosa: o medo, por si só, é motivo legítimo para não ir à guerra. O texto reconhece que o medo é contagioso, que o pavor se alastra mais rápido que a coragem. A guerra, para Israel, exige discernimento emocional. O exército de Deus não pode estar repleto de homens aterrorizados – não por eficiência, mas por fidelidade. A guerra santa só pode ser travada por quem confia. O texto aponta em seguida para três categorias decisivas: negociação de paz, destruição de cidades cananeias e cuidado com a criação. Cada uma dessas seções ilumina a ética da guerra a partir de ângulos diferentes – a justiça política, o julgamento escatológico e a ecologia da aliança. A guerra, quando inevitável, deve ser limitada;

quando julgada por Deus, deve ser total; quando envolve a terra e seus recursos, deve ser cautelosa. O povo da aliança é chamado a guerrear com discernimento, com reverência e com respeito à vida:

> *kî-tiqrāḇ ʾel-ʿîr ləhilāḥēm ʿāleyhā wəqārāṯā ʾēleyhā ləšālōm*
> "Quando te aproximares de uma cidade para pelejar contra ela, propor-lhe-ás a paz." (Dt 20,10)

Este versículo é a chave da política exterior da aliança. *Qārāṯā ʾēleyhā ləšālōm* – proclamarás a paz. Antes do ataque, vem a palavra. Antes da espada, a chance de vida. Não se trata de fraqueza, mas de reverência. A guerra só é legítima se a paz foi antes rejeitada. O povo de Deus não se impõe pelo terror, mas convida à convivência sob um padrão mínimo de submissão e dignidade.

> *wəhāyā ʾim šālōm taʿănḵāh ûpāṯəḥāh lāḵ wəhāyā kāl-hāʿām hannimṣāʾ ḇāh yihyû ləḵā lammas wəʿăḇāḏûḵā*
> "E será que, se te responder em paz e te abrir as portas, todo o povo que nela se achar te será tributário e te servirá." (Dt 20,11)

A paz aceita implica submissão política, mas preserva a vida. A imposição de tributo (*lammas*) e serviço (*ʿāḇûḏ*) era prática comum, mas aqui é alternativa à destruição. O objetivo não é erradicar, mas ordenar o caos sob uma nova realidade de aliança – mesmo que periférica, mesmo que não plenamente israelita. A guerra, mesmo vitoriosa, não deve ser genocida.

> *wəʾim-lōʾ taʿănḵāh šālōm wəʿāśəṯā ʿimməḵā milḥāmāh wəṣārətā ʿāleyhā*
> "Porém, se ela não quiser fazer paz contigo, mas te fizer guerra, então a sitiarás." (Dt 20,12)

A guerra só começa quando a paz é rejeitada. Só então vem o *ṣārətā* – o cerco. Mas esse cerco será, mais adiante, limitado. A guerra, para Israel, não é a primeira linguagem, mas a última. E quando inevitável, deve ser travada com parâmetros de contenção, não de destruição total (exceto quando se trata das cidades do *ḥērem*, como se verá a seguir).

> *rāq mēʿarê hāʿammîm hāʾēlleh ʾăšer YHWH ʾĕlōhekā nōtēn ləkā naḥălāh lōʾ teḥayyeh kāl-nəšāmāh*
> "Porém, das cidades destes povos que o Senhor teu Deus te dá por herança, não deixarás com vida coisa alguma que respire." (Dt 20,16)

Aqui, a ética muda. Contra os cananeus, aplica-se o *ḥērem* – a consagração pela destruição. O mandamento *lōʾ teḥayyeh kāl-nəšāmāh* – não deixarás com vida nenhum ser – é teologicamente radical. Não é simples punição ou conquista, mas julgamento escatológico. Essas cidades representam, na visão deuteronomista, a corrupção total, o perigo teológico máximo. Eliminar essas populações não é etnocídio, mas medida extraordinária para proteger o culto a YHWH. É um ato de proteção radical da aliança.

> *ləmaʿan ʾăšer lōʾ yəlammdû ʾetkem laʿăśōṯ kəkāl toʿăḇōṯām ʾăšer ʿāśû ləʾlōhêhem wəḥāṭəʾtem laYHWH ʾĕlōhekem*
> "Para que não vos ensinem a fazer conforme todas as suas abominações, que fizeram a seus deuses, e pequeis contra o Senhor vosso Deus." (Dt 20,18)

Este é o motivo teológico da destruição total: *ləmaʿan ʾăšer lōʾ yəlammdû ʾetkem* – para que não vos ensinem. O perigo é a assimilação. A guerra contra os cananeus é guerra contra a idolatria. A teologia da separação encontra aqui sua expressão mais extrema. Não se trata de xenofobia, mas de zelo absoluto pela identidade cultual de Israel.

> *kî-tāṣūr ʿal-ʿîr yāmîm rabbîm ləhilāḥēm ʿāleyhā lətōpəśāh lōʾ tašḥîṯ ʾēṣāh lindōaḥ ʿālāyw garzēn kî mimmēnû tōkēl wəʾōṯô lōʾ tikrōṯ kî hāʾādām ʿēṣ haśśāḏeh lāḇōʾ mippānêkā bamāṣôr*

> "Quando sitiares uma cidade por muitos dias, para combatê-la e tomá-la, não destruirás as suas árvores, lançando o machado contra elas; porque delas podes comer, e não as cortarás. Porventura a árvore do campo é homem, para que seja sitiada por ti?" (Dt 20,19)

Este é talvez o versículo mais surpreendente do capítulo. Em meio ao discurso de guerra, a Torá se volta à ecologia. O texto proíbe a destruição das árvores frutíferas. A razão não é apenas utilitária – *mimmēnû tōḵēl* – delas comerás. É também retórica e ética: *kî hā'ādām 'ēṣ haśśāḏeh?* – acaso o homem é a árvore do campo, para ser sitiada? A vida vegetal é posta fora do alcance da guerra. Mesmo o cerco tem limites. A criação não pode ser esmagada pela violência humana. A Torá desenha, aqui, os contornos de uma espiritualidade ecológica em plena campanha militar.

O capítulo 20 de Deuteronômio nos deixa diante de uma tensão que atravessa toda a Escritura: como guerrear sem destruir o mundo? Como obedecer a um Deus que julga com severidade sem se tornar agente de brutalidade? Como manter, em tempos de crise e violência, a reverência pela vida e pelo alimento, pela terra e pelo próximo? Este capítulo ensina que, mesmo nas horas mais sombrias da história, a Palavra de Deus traça limites, propõe discernimento e aponta para a paz como vocação original.

Capítulo 21

Este é um capítulo profundamente marcado pela tentativa de resgatar dignidade onde a violência ameaça reinar. Ele não trata da guerra como em Deuteronômio 20, mas de seus rastros – de corpos não reclamados, de mulheres capturadas, de filhos rejeitados, de condenados executados. É um capítulo que desce do campo de batalha para o solo da convivência cotidiana, onde a memória do sangue derramado exige ritual, onde o desejo é contido pela compaixão, onde a paternidade é enquadrada por justiça, e onde até o cadáver de um criminoso merece cuidado. A teologia da aliança não se afasta da materialidade do sofrimento; pelo contrário, ela busca purificá-la com gesto, rito e palavra. O povo da promessa é chamado a lidar com o trauma com reverência, a conter o poder com liturgia e a ordenar a vida com justiça. O capítulo começa falando de um morto encontrado no campo:

> *kî-yimmāṣēʾ ḥālāl bāʾăḏāmāh ʾăšer YHWH ʾĕlōhekā nōtēn ləkā lərištāh nōpēl baśśāḏeh lōʾ nôḏaʿ mî-hikkāh*
> "Se for encontrado alguém morto, caído no campo, na terra que o Senhor teu Deus te dá para possuíres, e não se souber quem o matou..." (Dt 21,1)

O morto é corpo anônimo: *ḥālāl* – cadáver. *lōʾ nôḏaʿ mî-hikkāh* – não se sabe quem o matou. Em um tempo de violência, a morte sem autoria é um escândalo. A terra da promessa não pode tolerar sangue impune. Mesmo quando não há culpado, deve haver responsabilidade. A teologia do Deuteronômio exige que a morte seja notada, nomeada, lamentada. O corpo esquecido é uma interrupção na bênção da terra. A justiça, aqui, é ritual – não punitiva, mas reparadora.

> *wəyāṣəʾû ziqnêḵā wəšōṭərêḵā ûmadədû ʾel-hāʿārîm ʾăšer səḇîḇōṯ hāḥālāl*
> "Então sairão os teus anciãos e os teus juízes e medirão até às cidades que estiverem ao redor do morto." (Dt 21,2)

O ritual começa com medição. Os líderes locais – *ziqnêḵā* (anciãos) e *šōṭərêḵā* (oficiais) – saem ao campo. Eles não se omitem diante do cadáver. Eles o cercam com gesto litúrgico. Medir o campo é mapear a responsabilidade. O corpo no campo não é abandonado ao acaso – ele exige mobilização, geografia, perícia. Mesmo o desconhecido convoca ação.

> *wəhāyā hāʿîr haqqərōḇāh ʾel-hāḥālāl wəlāqəḥû ziqnê hāʿîr hāhîʾ ʿeḇeḇâṯ bāqār ʾăšer lōʾ mûšḵāh bah wəʾăšer lōʾ māšəḵāh bō ʿōl*
> "E será que a cidade mais próxima do morto tomará uma novilha da manada, que nunca tenha sido trabalhada, e que não tenha levado jugo." (Dt 21,3)

A cidade mais próxima assume a responsabilidade simbólica. O animal usado no rito é virgem de trabalho – *ʿeḇeḇâṯ... ʾăšer lōʾ mûšḵāh* – nunca puxou jugo. Isso sugere pureza, interrupção da rotina utilitária. A vida interrompida não pode ser compensada com cálculo ou produtividade. É preciso um gesto novo, sem lucro, sem função, apenas reparação. A vaca sem jugo representa a inocência ferida, a terra ferida, o luto sem nome.

> *wəhērîḏû ziqnê hāʿîr hāhîʾ ʾet-hāʿeḇeḇâṯ ʾel-naḥal ʾēṯān ʾăšer lōʾ yeʿāḇēḏ bô wəlōʾ yizzāreʿ wəʿārəpû šām ʾet-hāʿeḇeḇâṯ bannāḥal*
> "E os anciãos daquela cidade conduzirão a novilha a um vale de águas correntes, onde não se lavra nem se semeia, e ali quebrarão o pescoço da novilha no vale." (Dt 21,4)

O ritual se realiza em lugar fora do circuito da produção: *naḥal ʾēṯān... lōʾ yeʿāḇēḏ... wəlōʾ yizzāreʿ* – um vale de águas vivas onde não se lavra nem se semeia. É terra em estado de descanso, de pausa. O sangue do inocente exige um espaço liminar, uma fenda entre a vida e a morte. A novilha é morta – *ʿārəpû šām* – não sacrificada no altar, mas quebrada no vale. É um rito de lamento, não de adoração. É confissão pública de que o sangue foi derramado, mesmo que o culpado seja desconhecido.

> *wəniqqəšû hakkōhănîm bənê-lēwî kî bām baḥar YHWH ʾĕlōheḵā ləšāratô ûləḇārēḵ bəšēm YHWH wəʿal-pîhem yihyê kāl-rîḇ wəkāl-nāgāʿ*
> "E os sacerdotes, filhos de Levi, se aproximarão – pois a eles escolheu o Senhor teu Deus para o servirem e abençoarem em nome do Senhor; e por sua palavra se decidirá toda controvérsia e todo caso de agressão." (Dt 21,5)

Os levitas entram em cena. São mediadores do sagrado, mas aqui são também juízes dos conflitos. A justiça e o culto se entrelaçam. *ʿal-pîhem yihyê kāl-rîḇ* – por sua boca será decidido todo litígio. O sangue no campo exige não apenas lamento, mas discernimento. O rito é teológico e judicial ao mesmo tempo. A palavra do sacerdote restaura a ordem violada. A Torá enfrenta em seguida a guerra, e fala da escravidão por guerra:

> *kî-tēṣēʾ laMilḥāmāh ʿal-ʾōyəḇeḵā ûnəṯānō YHWH ʾĕlōheḵā bəyāḏeḵā wəšāḇîṯā šibyô*
> "Quando saíres à guerra contra teus inimigos, e o Senhor teu Deus os entregar em tuas mãos, e tomares deles cativos..." (Dt 21,10)

Este versículo retoma a estrutura de Deuteronômio 20, mas agora com uma nova figura: ***šāḇîṯā šibyô*** – capturarás cativos. A vitória militar não encerra a ética da guerra – ela apenas abre uma nova etapa: a do tratamento dos cativos. O poder do vencedor deve ser imediatamente submetido a regras que restringem o impulso de dominação.

> *wərāʾîṯā ḇaššibyāh ʾēšet yəp̄at-tōʾar wəḥāšaqtā ḇāh wəlāqaḥtā ləḵā ləʾiššāh*
> "E vires entre os cativos uma mulher de formosa aparência, e a desejares, poderás tomá-la para ti por mulher." (Dt 21,11)

O texto reconhece a existência do desejo – ***ḥāšaqtā ḇāh*** – desejaste-a. Mas esse desejo não dá permissão imediata. Ele precisa ser transformado em vínculo: ***ləʾiššāh*** – como esposa. A Torá transforma a guerra num campo em que até o desejo precisa se converter em responsabilidade. A mulher não é possuída, mas casada. E antes disso, será cuidada.

> *wəhăḇēʾtāʾ ʾel-tōḵ bēṯeḵā wəgilləḥāh ʾet-rōʾšāh wəʿāśətāh ʾet-ṣipprōnêyhā*
> "E a levarás para tua casa; e ela rapará sua cabeça e cortará suas unhas." (Dt 21,12)

Dois gestos marcantes: raspar os cabelos, cortar as unhas. São sinais de luto, de separação, de transição. O corpo da mulher não pode ser tocado antes de ser transformado. É como se o texto dissesse: o desejo precisa esperar. A beleza visível – ***yəp̄at-tōʾar*** – é desfeita. O homem que desejava agora deve conviver com a mulher enlutada, despida de sedução. A Torá ensina: o outro só pode ser amado na sua inteireza, não como espólio.

> *wəhēsîrāh ʾet-śimlaṯ šibyāh mēʿāleyhā wəyāšəḇāh*
> *bəḇēṯeḵā ûḇākətāh ʾeṯ-ʾāḇīhā wəʾeṯ-ʾimmāh yērāḥ yāmîm*
> "E tirará as vestes do cativeiro de sobre si, e ficará na tua casa, e chorará a seu pai e a sua mãe por um mês." (Dt 21,13a)

O tempo é o protagonista deste versículo. Um mês de luto – *yērāḥ yāmîm*. A dor não pode ser encurtada. A roupa da prisão – *śimlaṯ šibyāh* – é retirada, porque ela não é mais uma escrava. E o homem é obrigado a conviver com o choro da mulher antes de tocá-la. Esse choro é sua identidade. Antes de ser esposa, ela é filha. Antes de ser mulher, ela é enlutada. Antes de ser desejada, ela precisa ser ouvida.

> *wəʾaḥărē-ḵēn tāḇôʾ ʾēleyhā ûḇaʿaltāh wəhāyətāh ləḵā ləʾiššāh*
> "E depois entrarás a ela, e serás seu marido, e ela será tua esposa." (Dt 21,13b)

A relação conjugal só é autorizada *ʾaḥărē-ḵēn* – depois disso. Depois do luto, do tempo, do silêncio, da transição. O sexo vem após o reconhecimento. O corpo só se entrega quando já não é mais refém, mas mulher.

> *wəhāyā ʾim-lōʾ ḥāp̄aṣtāh ḇāh wəšillaḥtāh lənap̄šāh*
> *ûmāḵōr lōʾ timkərennāh bakkeseph lōʾ tiṯʿammēr-ḇāh*
> *taḥat ʾăšer ʿinnîtāh*
> "E será que, se não te agradares dela, deixá-la-ás ir livre para onde quiser; mas de nenhum modo a venderás por dinheiro, nem a tratarás como escrava, pois a humilhaste." (Dt 21,14)

Se o desejo se desfaz, a liberdade da mulher não pode ser violada. *Šillaḥtāh lənap̄šāh* – libertá-la para si mesma. O texto não permite que ela volte a ser mercadoria. Ela já pertenceu a si, já chorou, já foi mulher. Vendê-la seria recair na lógica da posse. A aliança freia o poder do homem. A frase final é brutal e honesta: *taḥat ʾăšer ʿinnîtāh* – pois a humilhaste. O Deuteronômio não romantiza o poder masculino. Ele o reconhece, o denuncia e o restringe. O texto continua a tematizar o poder masculino e suas fronteiras, agora dentro da casa, não mais no campo de batalha. A figura do pai é interrogada, tanto no que diz respeito à distribuição da herança entre filhos de diferentes esposas, quanto no modo como se lida com o filho rebelde. Em ambos os casos, a Torá impõe limites ao arbítrio paterno, mostrando que a casa israelita não é um domínio privado absoluto, mas um espaço regulado pela justiça e pela memória da aliança. A paternidade, para o Deuteronômio, não é sinônimo de controle irrestrito, mas de fidelidade à Palavra. A autoridade familiar é moldada pela ética da equidade, da verdade e do discernimento coletivo. No coração da casa, a justiça deve permanecer vigilante:

> *kî-tihyeynā ləʾîš šəttê nāšîm hāʾăḥaṯ ʲăhûḇāh wəhāʾaḥēreṯ*
> *śənûʾāh wəyālədû-lô bānîm hāʾăḥāḇāh wəśənûʾāh*
> *wəhāyāh habbēn habbəkōr laśśənûʾāh*
> "Se um homem tiver duas mulheres, uma amada e a outra desprezada, e ambas lhe tiverem filhos, e o primogênito for da desprezada..." (Dt 21,15)

A cena é delicada. O texto parte de um lar desequilibrado pelo afeto: uma esposa amada, outra rejeitada. Mas, mesmo assim, o primogênito nasce da *śənûʾāh* – da desprezada. O Deuteronômio não proíbe diretamente a poligamia, mas a regula com rigor. A primogenitura não pode ser manipulada por preferência emocional. O filho não herda amor, herda direito. A justiça começa dentro de casa.

> *wəhāyāh bayyôm hanəḥîlô ʾet-bānāw ʾet-ʲăšer yihyê*
> *lô lōʾ yûkhal ləḇakkēr ʾet-ben hāʾăḥāḇāh ʿal-pənê ven*
> *haśśənûʾāh habbəkōr*
> "E será que, no dia em que fizer seus filhos herdarem o que tiver, não poderá dar a primogenitura ao filho da amada, preferindo-o ao filho da desprezada, que é o primogênito." (Dt 21,16)

A Torá diz: *lōʾ yûkhal* – não poderá. A autoridade paterna é limitada. O primogênito é *ben haśśənûʾāh* – filho da desprezada – e, ainda assim, deve ser reconhecido. A herança é determinada pela ordem de nascimento, não pela hierarquia afetiva. O texto protege a dignidade do filho contra a parcialidade do pai. A casa da aliança é regida por justiça, não por paixão.

> *kî ʾet-habbəkōr ben haśśənûʾāh yakkîr latēt-lô pî šənayim bəkāl ʾăšer yimmāṣēʾ lô kî hûʾ rēʾšît ʿōnô lô mišpaṭ habbəkōrāh*
> "Mas reconhecerá o primogênito, o filho da desprezada, dando-lhe porção dobrada de tudo quanto tiver, pois ele é o princípio do seu vigor; a ele pertence o direito da primogenitura." (Dt 21,17)

Aqui está o fundamento teológico: *rēʾšît ʿōnô* – o princípio do seu vigor. O primogênito representa o início da força vital do pai. Por isso, *mišpaṭ habbəkōrāh* – o direito da primogenitura – deve ser respeitado. O texto não trata apenas de bens, mas de memória. A injustiça doméstica é uma violação da história. A aliança se constrói sobre reconhecimento, não sobre manipulação. A seguir, o texto entra em uma das passagens mais controversas e interpretadas com temor: a do filho rebelde:

> *kî-yihyê ləʾîš bēn sōrēr ûmōrêʾ ʾēynennû šōmēʿ bəqôl ʾābîw ûbəqôl ʾimmô wəyissərû ʾōtô wəlōʾ yišmaʿ ʾălēhem*
> "Se um homem tiver um filho rebelde e obstinado, que não obedece à voz de seu pai, nem à voz de sua mãe, e tendo-o eles disciplinado, não lhes der ouvidos..." (Dt 21,18)

A expressão *bēn sōrēr ûmōrêʾ* – filho rebelde e obstinado – descreve uma crise ética, não apenas disciplinar. A desobediência é reiterada, apesar da correção (*wəyissərû ʾōtô*). O filho recusa ouvir (*lōʾ yišmaʿ*) – e, num mundo fundado sobre o *šəmaʿ*, isso é transgressão grave. O problema não é comportamental: é teológico.

> *wətāp̄śû-ḇô ʾāḇîw wəʾimmô wəhōṣîʾû-ʾōṯô ʾel-zəqnê ʿîrô wəʾel-šāʿar məqômô*
>
> "E seu pai e sua mãe o pegarão e o levarão aos anciãos da sua cidade, à porta do seu lugar." (Dt 21,19)

Os pais não têm autoridade para punir sozinhos. Eles devem levar o filho aos *ziqnê ʿîrô* – anciãos da cidade. A justiça é comunitária, nunca privada. O portão da cidade (*šāʿar*) é o lugar do julgamento público. O conflito doméstico torna-se questão coletiva. O filho pertence à aliança, não apenas à casa.

> *wəʾāmarû ʾel-zəqnê ʿîrô bēnēnû zêh sōrēr ûmōrêʾ ʾēynennû šōmēʿ bəqōlênû zōlēl wəsōḇêʾ*
>
> "E dirão aos anciãos da sua cidade: 'Este nosso filho é rebelde e obstinado, não nos obedece, é devasso e beberrão.'" (Dt 21,20)

A acusação é pública, e as palavras são fortes: *zōlēl wəsōḇêʾ* – devasso e beberrão. O comportamento descrito rompe com a vida ética da aliança. O filho se tornou ameaça ao corpo comunitário. Mas o julgamento não é feito em casa. Os pais se tornam testemunhas, não juízes. A comunidade decide.

> *wərāgəmû-hū kāl-ʾanšê ʿîrô ḇāʾăḇānîm wəmēt ûbiʿarta hāraʿ mīqirbəḵā wəḵāl-yiśrāʾēl yišməʿûn wəyîrāʾûn*
>
> "E todos os homens da sua cidade o apedrejarão com pedras, e morrerá; e eliminarás o mal do meio de ti; e todo Israel ouvirá e temerá." (Dt 21,21)

A sentença é dura: morte por apedrejamento. Mas o texto a justifica com uma fórmula que aparece em vários contextos jurídicos: *ubiʿarta hāraʿ mīqirbəḵā* – eliminarás o mal do meio de ti. A comunidade não pode tolerar o colapso moral. Mas a finalidade é pedagógica: *yišməʿûn wəyîrāʾûn* – ouvirão e temerão. O julgamento visa proteger a integridade da aliança, não punir por vingança. A dureza do rito contrasta com o fato de que ele jamais é aplicado na narrativa bíblica. O texto quer formar consciência, não normalizar execuções.

Os dois versículos finais de Deuteronômio 21 são curtos, mas carregam um peso teológico e simbólico imenso. Eles tratam da execução pública, mais especificamente do corpo de alguém condenado à morte e pendurado em uma árvore:

> *wəkî-yihyê ḇîš ḥēṭ' mišpaṭ-māwet wəhû' mûṯ wətālîṯāh 'ōṯô ʿal-ʿēṣ*
>
> "E se houver em alguém pecado digno de morte, e for morto, e o pendurares numa árvore..." (Dt 21,22)

O texto supõe uma execução seguida de exposição pública: *wətālîṯāh 'ōṯô ʿal-ʿēṣ* – tu o pendurarás sobre uma árvore. O verbo *tālâ* tem o sentido de suspensão, de exposição, de tornar visível. A árvore se torna palco de julgamento, monumento do mal. Mas esse gesto não é para exibir glória ou poder, e sim para dramatizar o peso do pecado. A morte aqui é penal, mas a exposição é pedagógica – um sinal do que a justiça divina exige.

> *lō' tālîn nəḇēlātô ʿal-hāʿēṣ kî-qāḇōr tiqəḇərennû bayyôm hahû' kî-qillāṯ 'ĕlōhîm ṭelûy*
>
> "Não deixarás o seu cadáver pendurado na árvore durante a noite, mas certamente o enterrarás no mesmo dia; pois maldito de Deus é aquele que for pendurado..." (Dt 21,23a)

Aqui está o cerne. *kî-qillāṯ 'ĕlōhîm ṭelûy* – aquele que é pendurado é maldito de Deus. A suspensão na árvore é um sinal visível da ruptura com a bênção. Ele encarna, em sua morte, a maldição que paira sobre o pecado. Mas – e aqui está o limite radical – esse corpo não pode permanecer à noite. *Lō' tālîn* – não o deixarás. A maldição não pode habitar a terra da aliança depois do pôr do sol. A santidade do povo exige que mesmo o condenado receba sepultamento digno. O luto não pode ser negado nem ao maldito.

> *wəlō' ṭaṭammtē' 'et-'admatḵā 'ăšer YHWH 'ĕlōheḵā nōtēn ləḵā naḥălāh*
>
> "Para que não contamine a tua terra, que o Senhor teu Deus te dá por herança." (Dt 21,23b)

A permanência do corpo – sua *təlîyyāh*, sua exposição – mancha a terra. *Lō' təṭammtē'* – não a contaminarás. O solo da promessa não suporta a presença prolongada da morte visível. O cadáver na árvore é uma violação da memória da bênção. Por isso, o sepultamento se torna um ato de purificação territorial. A justiça termina com a reconciliação da terra e da memória. Essa conclusão de Deuteronômio 21 é a costura final de um capítulo inteiro sobre limites éticos no exercício do poder. Do cadáver anônimo ao condenado pendurado, o texto exige que a vida – e mesmo a morte – sejam tratadas com reverência. O espaço da aliança não tolera o esquecimento, o desejo bruto, a herança manipulada nem a exposição humilhante sem medida. Tudo é regulado por justiça, por tempo e por memória. O pendurado na árvore é um sinal do que a maldição significa – mas também do que a justiça exige para que a terra seja habitável. Esse texto, mais tarde, será retomado por Paulo ao falar de Cristo: *"Cristo nos resgatou da maldição da lei, fazendo-se maldição por nós, porque está escrito: Maldito todo aquele que for pendurado no madeiro"* (Gl 3,13). A cruz, nesse sentido, relê Deuteronômio 21 como o local onde a maldição se converte em reconciliação. Mas mesmo antes dessa leitura cristã, o texto já era um clamor para que a terra da bênção jamais se tornasse cúmplice da morte sem cuidado.

Capítulo 22

Este capítulo apresenta uma inflexão significativa na ética da Torá. Se o capítulo anterior tratava de cadáveres, cativeiro, paternidade e julgamento, agora o foco recai sobre a vida comum – sobre o cotidiano do povo da aliança. O que está em jogo aqui é a possibilidade de uma justiça encarnada, silenciosa, cotidiana. A espiritualidade de Israel não se resume ao templo, ao sacrifício ou à guerra santa. Ela se manifesta nas pequenas ações: no cuidado com o boi perdido, na preservação de um ninho de pássaros, na honestidade do vestuário e na integridade das relações sexuais. O mandamento da aliança atravessa cada gesto, cada objeto, cada vínculo. Tudo deve ser regulado pela memória do Deus que viu o oprimido, livrou o escravo e ordenou que a vida fosse sustentada pela justiça.

> *lōʾ tirʾeh ʾeṯ-šôr ʾāḥîḵā ʾō ʾeṯ-śēhô niddaḥîm wəhiṯʿallamtā mēhem hāšēḇ təšîḇêm ləʾāḥîḵā*
> "Não verás o boi de teu irmão ou sua ovelha desgarrados e te esconderás deles; certamente os reconduzirás ao teu irmão." (Dt 22,1)

O versículo começa com uma proibição paradoxal: ***lōʾ tirʾeh... wəhiṯʿallamtā mēhem*** – não verás... e esconderás os olhos. O texto denuncia a omissão como pecado. Ver e não agir é recusar a aliança. O boi desgarrado não é apenas um animal – é um símbolo da comunidade. A ética da aliança exige responsabilidade pelo outro, mesmo quando ele não está presente. A justiça começa quando se interrompe o caminho para cuidar daquilo que se perdeu.

> *wəʾim-lōʾ qārōḇ ʾāḥîḵā ʾēleḵā wəlōʾ yəḏaʿtô wəʾăsaṕtô ʾel-tôḵ bēṯeḵā wəhāyāh ʿimməḵā ʿaḏ-drōš ʾāḥîḵā ʾōṯô wəhăšēḇōṯô lô*
> "E se teu irmão não estiver perto de ti, ou se não o conheceres, então o recolherás à tua casa, e ficará contigo até que teu irmão o procure; então tu lho restituirás." (Dt 22,2)

Aqui, o cuidado se prolonga no tempo. A hospitalidade se estende ao animal. ***ʾăsaṕtô ʾel-tôḵ bēṯeḵā*** – tu o acolherás em tua casa. Não se trata de posse, mas de custódia. A espera se torna sinal de fidelidade. A terra da promessa deve ser espaço onde o que se perdeu seja guardado até que possa ser restituído. A justiça não é imediatista – ela é paciente, memoriosa, atenta.

> *kēn taʿăśeh ləḥămōrô wəkēn taʿăśeh ləśimlātô wəkēn taʿăśeh ləḵāl-ʾăḇēḏaṯ ʾāḥîḵā ʲăšer-tōʾḏ miʿimmennû ûməṣāʾtāh lōʾ tûkal ləhiṯʿallēm*
> "Assim farás com o jumento dele, assim farás com sua roupa, assim com tudo o que teu irmão perder, e tu achares; não poderás esconder-te." (Dt 22,3)

O mandamento se repete em forma expansiva: *kēn taʿăśeh... lōʾ tûkal ləhiṯʿallēm*. A negligência é proibida. Toda perda do irmão exige cuidado. Mesmo uma roupa achada no caminho é objeto de responsabilidade ética. O cotidiano é o lugar onde a fé se prova. Ver, recolher, guardar e restituir – essa é a liturgia do compromisso com o próximo.

> *lōʾ tirʾeh ʾeṯ-ḥămôr ʾāḥîḵā ʾō ʾeṯ-šôrô nōplîm baḏārek wəhiṯʿallamtā mēhem hāqēm təqîm ʿimmô*
> “Não verás o jumento de teu irmão ou o seu boi caídos no caminho e te esconderás deles; certamente os ajudarás a se levantar juntamente com ele.” (Dt 22,4)

A ética da aliança recusa a indiferença diante do sofrimento animal – não por romantismo, mas por responsabilidade comunitária. O animal caído exige assistência. *Hāqēm təqîm ʿimmô* – tu o levantarás com ele. A solidariedade não é delegável. O caminho – *baḏārek* – é o espaço da provação ética. A justiça não é apenas questão de tribunal; ela se faz com mãos sujas de barro e gesto concreto de ajuda.

> *lōʾ-yihyê keli geḇer ʿal-ʾiššāh wəlōʾ-yilbaš geḇer śimlaṯ ʾiššāh kî tôʿăḇaṯ YHWH ʾĕlōheḵā kōl-ʿōśê-ʾēlleh*
> “Não haverá trajo de homem sobre mulher, e homem não vestirá traje de mulher; pois abominação é ao Senhor teu Deus todo aquele que faz isso.” (Dt 22,5)

Este versículo, frequentemente invocado de modo superficial, tem sua chave teológica no termo *tôʿăḇāh* – abominação. Ele não se refere a gênero em sentido essencialista, mas a transgressões rituais que confundem os limites simbólicos estabelecidos pela criação e pela aliança. O mandamento se mistura à compaixão:

> *kî-yippāʾē qān-ṣippôr ləpānêḵā baḏārek bəkōl-ʿēṣ ʾō ʿal-hāʾāreṣ ʾĕfōrîm ʾō bēṣîm wəhāʾēm rōḇeṣeṯ ʿal-hāʾĕfōrîm ʾō ʿal-habbēṣîm lōʾ-tiqqaḥ hāʾēm ʿal-habbānîm*
> “Se encontrares no caminho um ninho de ave em alguma árvore ou no chão, com filhotes ou ovos, e a mãe pousada

> sobre os filhotes ou sobre os ovos, não tomarás a mãe juntamente com os filhos." (Dt 22,6)

O mandamento surge no detalhe mais miúdo da criação: *qān-ṣippôr* – um ninho de pássaro. O cenário é o caminho, a árvore, a terra. E a ética aparece justamente quando o mais frágil pode ser violado. A proibição é clara: *lōʾ-tiqqaḥ hāʾēm ʿal-habbānîm* – não tomes a mãe junto com os filhos. A vida deve ser preservada. A ave não é um recurso inesgotável. Há um limite para o uso humano da criação. Mesmo os animais, mesmo no campo, são protegidos por uma compaixão ritual.

> *šallaḥ təšallaḥ ʾeṯ-hāʾēm wəʾet-habbānîm tiqqaḥ-lāḵ*
> *ləmaʿan yîṭaḇ ləḵā wəhāʾăraktā yāmîm*
> "Certamente deixarás ir a mãe, mas os filhotes tomarás para ti; para que te vá bem e prolongues os dias." (Dt 22,7)

O mandamento é acompanhado de promessa: *ləmaʿan yîṭaḇ ləḵā wəhāʾăraktā yāmîm*. O mesmo tipo de bênção associada ao mandamento de honrar pai e mãe (cf. Dt 5,16) é agora ligado ao cuidado com o ninho. O que está em jogo é uma lógica de vida longa e próspera para quem respeita os limites da criação. Quem se compadece do pequeno participa da promessa.

> *kî-tiḇnê ḇayiṯ ḥāḏāš wəʿāśîtā maʿăqê ləgaḡeḵā wəlōʾ-tāśîm dāmîm bēḇēteḵā kî-yippōl hannōpēl mimmennû*
> "Quando edificares uma casa nova, farás um parapeito para teu telhado, para que não ponhas culpa de sangue em tua casa, se alguém cair dela." (Dt 22,8)

A santidade se constrói com alvenaria. O telhado, plano nas casas hebraicas, era espaço de convivência. Mas também de risco. Por isso, a Torá ordena: *ʿāśîtā maʿăqê ləgaḡeḵā* – faze um parapeito. A vida do outro precisa ser protegida até mesmo da estrutura de tua casa. A negligência doméstica pode se tornar culpa de sangue. A justiça exige cuidado preventivo. Construir é uma responsabilidade espiritual.

lōʾ-tizraʿ karməḵā kilʾāyim pen-tiqqadaš hamlēʾāh
hazzeraʿ ʲăšer-tizraʿ ûtəḇûʾat hakkārem
"Não semearás tua vinha com sementes diversas, para que não se profane a colheita: a semente que semeaste e o produto da vinha." (Dt 22,9)

A mistura proibida – *kilʾāyim* – não é apenas questão agrícola. É símbolo de uma ordem criada com distinções. Misturar espécies, confundir sementes, violar fronteiras naturais é recusar a estrutura simbólica da criação. A terra deve ser cultivada com reverência às suas distinções. Essa separação é teológica: cada coisa em seu lugar, cada fruto com sua identidade. O solo da promessa não deve ser manipulado segundo interesse utilitário, mas segundo a sabedoria da criação.

lōʾ-taḥarōš bəšōr ûḇaḥămōr yaḥdāw
"Não lavrarás com boi e com jumento juntos." (Dt 22,10)

A imagem é forte: dois animais de tamanhos, naturezas e ritmos diferentes. Colocar um boi e um jumento sob o mesmo jugo é crueldade disfarçada de eficiência. A ética da Torá rejeita esse tipo de imposição desigual. É um mandamento contra a exploração disfarçada de produtividade. Também pode ser lido como símbolo: alianças desiguais geram sofrimento. O texto convida à harmonia, não à dominação.

lōʾ-tilbaš šatnēz ṣemer ûp̄îštîm yaḥdāw
"Não usarás tecido misturado de lã e linho juntos." (Dt 22,11)

Mais uma vez, a proibição de mistura. *Šatnēz* – mistura de tecidos incompatíveis. Como no campo, como nos animais, também no vestuário a separação importa. É um lembrete cotidiano de que Israel é um povo separado, distinto, chamado à pureza simbólica. A roupa se torna memória da eleição. Vestir-se é um ato teológico.

Deuteronômio 22 agora mergulha em um território denso e sensível: o das relações sexuais e dos vínculos conjugais:

> *kî-yiqqaḥ ʾîš ʾiššāh ûḇāʾ ʾēlêhā ûśənēʾāh*
> "Se um homem tomar uma mulher e se deitar com ela, e depois a odiar..." (Dt 22,13)

O texto começa com um gesto de união – *yiqqaḥ ʾîš ʾiššāh* – mas rapidamente se transforma em rejeição – *ûśənēʾāh*. O amor se inverte em desprezo. O vínculo, que deveria ser espaço de cuidado e permanência, torna-se campo de acusação. O versículo descreve o abuso de poder masculino sobre a mulher vulnerável. O verbo *śānēʾ*, odiar, não é apenas sentimento: é ruptura de aliança.

> *wəśām lōʾ ʿălīlōṯ dəḇārîm wəhôṣīʾ ʿālāh šēm rāʿ wəʾāmar ʾeṯ-hāʾiššāh hazzōʾṯ lāqaḥtî wəʾeqrāḇ ʾēlêhā wəlōʾ-māṣāʾtî lāh bətûlîm*
> "E a ela atribuir acusações, e espalhar contra ela má reputação, dizendo: 'Tomei esta mulher, e me aproximei dela, e não encontrei nela sinais de virgindade.'" (Dt 22,14)

Aqui, o homem tenta justificar sua rejeição desonrando publicamente a mulher. Ele não só recusa a relação, mas a calunia: *ʾōṯîʾ ʿālāh šēm rāʿ* – fazer subir um nome mau. É um ataque à reputação, à honra, ao futuro da mulher. O corpo feminino é posto sob julgamento, mas o verdadeiro réu é o homem que manipula a palavra para se livrar do compromisso. O texto escancara a injustiça de uma acusação fácil contra as mulheres – algo que atravessa os séculos.

> *wəlāqaḥû ʾăḇî hannaʿărāh wəʾimmāh wəhôṣîʾû ʾeṯ-bətûlê hannaʿărāh ʾel-zəqnê hāʿîr haššaʿərāh*
> "E o pai da jovem e sua mãe tomarão e trarão as provas da virgindade da jovem aos anciãos da cidade, à porta." (Dt 22,15)

A resposta é comunitária. Os pais defendem a filha. *ʾeṯ-bətûlê hannaʿărāh* – os sinais da virgindade. Este rito, ainda que estranho aos ouvidos modernos, revela algo profundo: a honra da mulher não pode ser destruída pela palavra isolada do homem. O nome feminino é protegido por testemunho, por rito, por presença pública. A Torá não permite que o silêncio da mulher seja transformado em condenação.

> *wəʾāmar ʾăḇî hannəʿărāh ʾel-hazzəqnîm ʾēṯ-bittî nāṯattî lāʾîš hazzê ləʾiššāh wayyiśnēʾeihā*
> "E o pai da jovem dirá aos anciãos: 'Dei minha filha por esposa a este homem, e ele a odiou.'" (Dt 22,16)

O pai não responde com ressentimento, mas com palavra clara. A acusação é desmontada: *wayyiśnēʾeihā* – ele a odiou. O problema não é o corpo da mulher, mas a disposição do homem. O tribunal da cidade ouve, discerne, decide. A verdade deve ser buscada com cuidado, e a justiça não pode se basear apenas na palavra do mais forte.

> *wəlōʾ-māṣāʾ-ʾăḇî habbatûlîm wəlāqaḥû ziqnê hāʿîr hahiʾ ʾeṯ-hāʾîš wəyissərû ʾōṯô*
> "E os anciãos daquela cidade tomarão esse homem e o castigarão." (Dt 22,18)

Se a acusação for falsa, a punição recai sobre o caluniador. Ele é *yissərû* – disciplinado, corrigido. O texto protege a mulher da violência da palavra mentirosa. A honra dela é restaurada por meio da punição pública de quem tentou destruí-la. A justiça não é neutra: ela se posiciona em favor do vulnerável.

> *wəʿāšərū ʾōtô mēʾāṯ keseph wənātənû lāʾăḇî hannəʿărāh kî-hôṣîʾ šēm rāʿ ʿal-bətûlāt yiśrāʾēl wəlô-tihyê ləʾiššāh lōʾ yûkhal ləšalləḥāh kāl-yāmāw*
> "E o multarão em cem siclos de prata, que dará ao pai da jovem, pois espalhou má fama sobre uma virgem de Israel; e ela será sua esposa, e ele não poderá despedi-la em todos os seus dias." (Dt 22,19)

Além da punição física, há uma compensação material e a proibição do divórcio. *Lōʾ yûkhal ləšalləḥāh* – não poderá despedi-la. A Torá inverte o jogo de poder: quem tentou repudiar agora é impedido de o fazer. A mulher que foi desonrada pelo discurso agora é protegida pela Lei. A honra dela vale cem siclos e um vínculo irrevogável. O peso do pacto recai sobre aquele que mentiu.

A parte final de Deuteronômio 22 lida com situações limítrofes que envolvem violência sexual, consentimento, sedução, e adultério. Aqui a Torá não apenas descreve regras, mas propõe uma ética radical do cuidado com os corpos vulneráveis e da responsabilização dos agressores. O texto diz:

> *kî-nimtṣāʾ ʾîš šōḵēḇ ʿim-ʾiššāh bəʿūlaṯ ʾîš ûmētû gam-šənêhem hāʾîš haššōḵēḇ ʿim-hāʾiššāh wəhāʾiššāh ûbiʿarta hāraʿ miyiśrāʾēl*
> "Se um homem for encontrado deitado com uma mulher casada com outro homem, então morrerão ambos: o homem que se deitou com a mulher, e a mulher; e eliminarás o mal do meio de Israel." (Dt 22,22)

Este é o caso clássico de adultério. O verbo central é *šōḵēḇ* – deitar-se. A penalidade é morte para ambos, o que implica responsabilidade recíproca. Mas a chave está no final: *ûbiʿarta hāraʿ miyiśrāʾēl* – eliminarás o mal do meio de Israel. A sexualidade extraconjugal, aqui, não é vista apenas como traição íntima, mas como ameaça à integridade da comunidade. A aliança matrimonial é extensão da aliança com Deus. Violá-la é quebrar o tecido da confiança.

> *kî-yihyê naʿărāh bətûlāh məʾōrāsāh ləʾîš ûməṣāʾāh ʾîš bāʿîr wəšāḵaḇ ʿimmāh*
> "Se houver uma moça virgem prometida a um homem, e outro homem a encontrar na cidade e se deitar com ela..." (Dt 22,23)

Aqui o contexto é o de noivado – *məʾōrāsāh* – um compromisso já legalmente vinculante. O lugar é a cidade. Essa ambientação importa: no mundo bíblico, a cidade supõe a presença de outros, a possibilidade de socorro. A suposição é de que, havendo consentimento, a mulher teria gritado. A punição que se seguirá é baseada nessa leitura.

> *wəhōwṣêṯem ʾeṯ-šənêhem ʾel-šaʿar hāʿîr hahiʾ ûsəqaltem ʾōṯām bāʾăḇānîm wəmētû ʾet-hannaʿărāh ʿal-dəḇār ʲăšer lōʾ-ṣāʿăqāh bāʿîr wəʾet-hāʾîš ʿal-dəḇar ʲăšer ʿinnāh ʾēšeṯ rēʿēhû wəʾiḇarta hāraʿ miqqirbəḵā*

> "Então os trareis ambos à porta daquela cidade, e os apedrejareis com pedras, e morrerão: a moça, porque não gritou na cidade, e o homem, porque humilhou a mulher do seu próximo; assim eliminarás o mal do meio de ti." (Dt 22,24)

É um julgamento severo. A mulher é culpada por não ter gritado (*lōʾ-ṣāʿăqāh*), o que o texto interpreta como consentimento tácito. O homem é culpado por ter *ʿinnāh* – humilhado, violentado. O adultério com mulher comprometida é mais do que um ato sexual: é um ataque à estrutura comunitária. No entanto, o texto pressupõe circunstâncias específicas. A seguir, o mesmo caso é reconfigurado com um novo cenário.

> *wəʾim-baśśāḏeh yimṣāʾ hāʾîš ʾeṯ-hannaʿărāh*
> *hāmbəʾōrāśāh wəheḥĕzîq-ḇāh hāʾîš wəšāḵaḇ ʿimmāh*
> *ûmēt hāʾîš haššōḵēḇ ʿimmāh ləḇaddô*
> "Mas se no campo o homem encontrar a moça prometida, e a forçar, e se deitar com ela, então somente o homem que se deitou com ela morrerá." (Dt 22,25)

Agora o cenário muda: é *baśśāḏeh* – no campo. Um lugar isolado. A moça não pode gritar e ser ouvida. Aqui o verbo é outro: *heḥĕzîq-ḇāh* – agarrou-a à força. É claramente um estupro. E a Torá não hesita: só o homem deve morrer. A mulher é vítima. A justiça protege a parte vulnerável.

> *wəlannaʿărāh lōʾ-taʿăśeh dāḇār ʾên laʿnaʿărāh ḥēṭʾ*
> *māwet kî kāʾăšer-yāqûm ʾîš ʿal-rēʿēhû ûrəṣāḥô nep̄eš kēn*
> *haddāḇār hazzê*
> "E à moça nada farás; nela não há pecado digno de morte, pois como quando um homem se levanta contra o seu próximo e o mata, assim é este caso." (Dt 22,26)

A frase é devastadora e protetora: *ʾên laʿnaʿărāh ḥēṭʾ māwet* – não há nela pecado de morte. A comparação é clara: estupro é como assassinato. Não há ambiguidade. A mulher não é cúmplice; ela é vítima. A justiça da Torá vê o estupro como violência letal – e não permite que a vítima seja culpabilizada. Este versículo é um marco ético na proteção da mulher vulnerável.

> *kî-bassāḏeh məṣāʾāh ṣāʿăqāh hannəʿārāh hāʾōrāsāh wəʾên-mōšîaʿ lāh*
> "Pois no campo a encontrou; gritou a moça prometida, e não havia quem a salvasse." (Dt 22,27)

A solidão do campo torna o grito inútil. A Torá reconhece isso. *ʾên-mōšîaʿ lāh* – não havia salvador para ela. Essa frase ecoará séculos depois em outras histórias de violência e abandono. Mas aqui, ela é motivo para absolvição: a vítima não pode ser punida pela ausência de socorro. A parte final do capítulo aborda casos de sedução de virgem não comprometida, e a união com mulher do pai:

> *kî-yimṣāʾ ʾîš naʿărāh bətûlāh ʾăšer lōʾ-ʾōrəśāh wətəp̄āśāh wəšāḵaḇ ʿimmāh wənimməṣāʾû*
> "Se um homem encontrar uma moça virgem que não está prometida, e a agarrar, e se deitar com ela, e forem descobertos..." (Dt 22,28)

O verbo aqui é *təp̄āśāh* – agarrar. Mas, diferentemente do versículo anterior, o texto não o interpreta como violência absoluta. Não há menção à ausência de socorro nem à força explícita. Trata-se, portanto, de uma sedução – talvez coercitiva, mas consensual. Ambos são descobertos. A consequência não é morte, mas aliança.

> *wənātan hāʾîš haššōḵēḇ ʿimmāh ləʾăḇî hannəʿārāh ḥămîšîm šāqal keseph wəlô-tihyê lô ləʾiššāh taḥaṯ ʲăšer ʿinnāh lōʾ yûkhal ləšalləḥāh kāl-yāmāw*
> "E o homem que se deitou com ela dará ao pai da moça cinquenta siclos de prata, e ela será sua esposa, porque a humilhou; não poderá despedi-la em todos os seus dias." (Dt 22,29)

A Torá transforma o abuso em aliança obrigatória. *Taḥaṯ ʲăšer ʿinnāh* – porque a humilhou. A linguagem não mascara o dano. O homem tirou da moça sua possibilidade de casamento em igualdade; ele deve agora assumir compromisso permanente. Não há espaço para usar e descartar. A compensação financeira é simbólica – mas a verdadeira reparação está na indissolubilidade do vínculo. A mulher, desonrada publicamente, é protegida contra novo abandono.

> *lōʾ yiqqaḥ ʾîš ʾēšeṯ-ʾāḇîw wəlōʾ yəḡallê kānaṯ ʾāḇîw*
> "Não tomará um homem a mulher de seu pai, e não descobrirá a nudez de seu pai." (Dt 22,30)

O último versículo retoma a linguagem de Levítico sobre incesto: *lōʾ yəḡallê kānaṯ ʾāḇîw* – não descobrirás a nudez de teu pai. A expressão é figurada, mas clara: a esposa do pai, mesmo que não seja a mãe, está fora dos limites do desejo. Aqui, o texto protege a memória do pai, a honra da mãe, a integridade da família. Não se trata apenas de moral sexual, mas de justiça genealógica. Cada geração deve respeitar a anterior para que a bênção se perpetue.

O texto termina como começou: com o corpo do outro. Seja o boi desgarrado, o pássaro no ninho, a jovem seduzida ou a mulher caluniada – tudo é sagrado. A justiça da Torá é concreta. Ela se ajoelha diante da fragilidade e a envolve com limites, responsabilidades e promessas. A sexualidade, aqui, não é terreno de controle patriarcal, mas campo de responsabilidade aliança. A Torá sabe que o desejo é uma força que pode edificar ou destruir. Por isso, ela o submete à justiça.

Capítulo 23

Deuteronômio 23 inicia com uma série de exclusões e admissões à *qāhāl* YHWH – a assembleia do Senhor. O que parece uma lista seca de restrições revela-se, na verdade, uma construção teológica sobre santidade, corpo, memória e pertencimento. A assembleia de Israel não é meramente sociológica ou política; ela é o espaço onde o nome de YHWH habita, onde sua presença se manifesta. Por isso, o acesso a essa comunidade é regulado com critérios que, embora aparentemente arbitrários, apontam para a integridade do culto, para o respeito ao corpo, para a justiça histórica e para a responsabilidade ética de acolher ou relembrar. O texto começa com as exigências para a entrada na assembleia de YHWH:

> *lōʾ-yāḇōʾ pəṣûaʿ-dakkāʾ ûkərūṯ šāp̄ḵāḇ biqəhal YHWH*
> "Não entrará na assembleia do Senhor quem tiver os testículos esmagados ou o membro viril cortado." (Dt 23,2)

O versículo confronta diretamente a corporeidade do culto. O ***pəṣûaʿ-dakkāʾ*** (esmagado) e o ***kərūṯ šāp̄ḵāḇ*** (cortado) são nomes de mutilações sexuais – provavelmente referentes a castração acidental ou ritual. O texto não lida aqui com pecado, mas com integridade corporal como símbolo da integridade do povo. A exclusão é simbólica: aquele cujo corpo foi comprometido não representa a plenitude da vida que YHWH quer para sua assembleia. Esse mandamento ecoa uma teologia da criação: o corpo criado por Deus deve ser honrado e preservado em sua totalidade, especialmente quando se trata de representá-lo no culto.

> *lōʾ-yāḇōʾ mamzēr biqəhal YHWH gam dōr ʿăśîrî lōʾ-yāḇōʾ lô biqəhal YHWH*
> "Não entrará bastardo na assembleia do Senhor; nem até a décima geração entrará na assembleia do Senhor." (Dt 23,3)

O ***mamzēr***, palavra raramente usada, designa o filho de uma união ilegítima – talvez incestuosa ou adulterina. Mais do que punir o descendente, o texto busca proteger a memória da aliança da confusão de linhagens e alianças. A menção à "décima geração" tem caráter hiperbólico – sugere exclusão permanente, ainda que o número dez possa ser interpretado como plenitude ritual. Novamente, a Torá regula a entrada no culto como forma de proteger a identidade da comunidade.

> *lōʾ-yāḇōʾ ʿammōnî ûmôʾāḇî biqəhal YHWH gam dōr ʿăśîrî lōʾ-yāḇōʾ lāhem biqəhal YHWH ʿaḏ-ʿôlām*
> "Não entrará amonita nem moabita na assembleia do Senhor; nem à décima geração lhes será permitido entrar, jamais." (Dt 23,4)

Diferente do versículo anterior, aqui a exclusão é justificada não por uma condição de nascimento ou integridade corporal, mas por memória histórica. A referência aos povos de Amon e Moabe – parentes distantes de Israel – é marcada pela lembrança da recusa de hospitalidade e da contratação de Balaão para amaldiçoar o povo (cf. Dt 23,5). A justiça aqui se transforma em memória teológica: não se trata de xenofobia étnica, mas de julgamento ético. O povo que não acolheu Israel é excluído da assembleia que cultua o Deus que acolhe o estrangeiro.

> *ʿal-dəḇar ʾăšer lōʾ-qiḏmû ʾeṯkem balleḥem ûbammāyim baḏārek bəṣēṯkem mimmirṣāyim wəʾăšer śāḵar ʿālêḵā ʾēṯ bilʿām ben-bəʿôr miṯṯəp̄at ʿărām Naharayim ləqallelêḵā*
> “Porquanto não vos saíram ao encontro com pão e água no caminho, quando saístes do Egito, e porque contrataram contra ti Balaão, filho de Beor, de Petor da Mesopotâmia, para te amaldiçoar.” (Dt 23,5)

Aqui, o texto explica a exclusão de forma comovente e grave. O pecado de Amon e Moabe não foi apenas político – foi a recusa da hospitalidade ao ex-escravo, ao estrangeiro liberto. *Balleḥem ûbammāyim* – com pão e água. A Torá entende o gesto de acolhimento como essencial. Quem nega esse gesto nega o Deus que fez da hospitalidade sua marca. Além disso, tentaram corromper espiritualmente Israel com maldição paga. A assembleia do Senhor não pode ter em seu meio quem tentou perverter o favor divino com dinheiro e palavras de maldição.

> *wəlōʾ-ʾāḇâ YHWH ʾĕlōheḵā lišmōaʿ ʾel-bilʿām wayyahaṯōr YHWH ʾĕlōheḵā ləḵā ʾeṯ-haqəlālāh ləḇārākāh kîʾăhēḇəḵā YHWH ʾĕlōheḵā*
> “Mas o Senhor teu Deus não quis ouvir Balaão, antes trocou a maldição por bênção, porque o Senhor teu Deus te amava.” (Dt 23,6)

A contraposição é teológica e tocante. A tentativa de Balaão foi anulada porque YHWH *te amava*. O amor de Deus é mais forte que a maldição paga, mais firme que o ódio político. O povo deve se lembrar disso. A exclusão dos amonitas e moabitas é, paradoxalmente, uma proclamação da fidelidade de Deus a Israel. A bênção é inegociável. Nenhuma voz externa pode quebrar aquilo que YHWH determinou como promessa:

> *lōʾ-tiḏrōš šālōmām waṭōḇām kāl-yāmêḵā ləʿôlām*
> "Jamais procurarás o bem-estar deles, nem o bem deles, em todos os teus dias, para sempre." (Dt 23,7)

Este versículo conclui a seção sobre amonitas e moabitas com uma severa proibição de reconciliação política ou econômica. É a única exclusão com caráter eterno no texto – *kāl-yāmêḵā ləʿôlām*. Isso sinaliza que a memória da crueldade e da corrupção não pode ser esquecida facilmente quando se trata da identidade espiritual de Israel. A justiça tem memória.

> *lōʾ-tətāʿēḇ ʾeḏōmî kî-ʾāḥîḵā hūʾ lōʾ-tətāʿēḇ miṣrî kî-gēr hāyîtā bəʾarṣōw*
> "Não abominarás o edomita, pois é teu irmão; nem abominarás o egípcio, porque forasteiro foste na terra dele." (Dt 23,8)

Este versículo é radical em sua generosidade. Apesar da hostilidade histórica, Edom é chamado de *ʾāḥîḵā* – teu irmão. E o Egito, terra da escravidão, é lembrado como espaço de acolhimento – *gēr hāyîtā bəʾarṣōw*. A memória da opressão não apaga a memória da hospitalidade. O texto ensina que a justiça de Israel não é vingativa: ela é seletiva, discernente, capaz de lembrar nuances. O inimigo não é eternamente maldito. A história compartilhada pode gerar perdão e inclusão.

> *bānîm ʲăšer-yîḇālədû lāhem dōr šəlîšî yāḇōʾ lāhem biqəhal YHWH*
> "Os filhos que nascerem a eles na terceira geração poderão entrar na assembleia do Senhor." (Dt 23,9)

A admissão dos descendentes de egípcios e edomitas após três gerações quebra a lógica da exclusão permanente. A Torá afirma que a identidade pode ser curada pelo tempo e pela fidelidade. O estrangeiro não é irredimível. O povo de Deus é chamado a distinguir entre rejeição por causa de injustiça e exclusão por identidade. O arrependimento e o tempo possibilitam reintegração.

> *kî-tēṣē maḥăneh ʿal-ʾōyəḇeḵā wənĕšarṯā mēhēm wənîšmartā miḵāl-dāḇār rāʿ*
> "Quando acampares contra teus inimigos, então guardar-te-ás de toda coisa má." (Dt 23,10)

Com a guerra à vista, o texto volta-se para a pureza do acampamento. O campo militar de Israel não é mero espaço estratégico – é território de YHWH. A presença de Deus exige santidade até na guerra. *Nîšmartā miḵāl-dāḇār rāʿ* – guarda-te de toda coisa má. O mal aqui não é só pecado, mas desordem, impureza, ruptura da aliança. A guerra do povo de Deus deve ser feita em pureza.

> *kî-yihyê ḇəḵā ʾîš ʾăšer lōʾ-yihyê ṭāhôr miqqārē mikrē laylā wəyāṣāʾ ʾel-mîḇûṯ laḥûṣ lammaḥăneh lōʾ-yāḇōʾ ʾel-tôḵ hammaḥăneh*
> "Se houver entre vós alguém impuro por causa de uma polução noturna, sairá fora do acampamento; não entrará no acampamento." (Dt 23,11)

O texto regula até mesmo a emissão seminal involuntária (*mikrē laylā*) como fator de impureza temporária. Não há pecado, apenas separação ritual. A pureza é exigida para habitar o lugar onde Deus está. A sexualidade é afirmada como parte da criação, mas precisa ser regulada para que a presença divina não seja profanada.

> *wəhāyāh lifnôt ʿereḇ yirḥaṣ bamāyim ûbā hāšemeš wəbā ʾel-tôḵ hammaḥăneh*
> "E ao cair da tarde, se lavará com água; e ao pôr-do-sol, poderá entrar novamente no acampamento." (Dt 23,12)

A impureza tem prazo e rito de purificação. Basta lavar-se e esperar o pôr-do-sol. O texto transmite que a separação não é condenação. Há restauração. Há retorno. O corpo é reabilitado pelo gesto de purificação. A justiça de Deus é rigorosa, mas misericordiosa.

> *wəyād təhyeh ləḵā miḥûṣ lammaḥăneh wəyāṣāṯāh šāmāh ḥûṣ*
> "Terás um lugar fora do acampamento, para onde sairás." (Dt 23,13)

O texto muda de foco e trata do saneamento do acampamento. A presença de Deus exige não só pureza moral, mas também limpeza física. Até as necessidades fisiológicas devem ser feitas fora. O sagrado e o profano não podem conviver no mesmo espaço. A disciplina corporal é expressão da reverência espiritual.

> *wəyād təhyeh ləḵā ʿal-ʿaznêḵā ûhāyāh ḇəšibtəḵā ḥûṣ wəḥāpartā ḇāh wəšāḇtā wəḵissîtā ʾeṯ-ṣēʾātêḵā*
> "Terás também uma estaca entre teus utensílios; e quando te abaixares fora, com ela cavarás, e ao te voltares, cobrirás o que excretaste." (Dt 23,14)

A linguagem é quase doméstica, mas profundamente teológica. Até o excremento deve ser enterrado – *wəḵissîtā ʾeṯ-ṣēʾātêḵā*. O cuidado com o acampamento revela que YHWH não tolera desleixo nem desprezo pelo corpo ou pela terra. A limpeza do chão é expressão da santidade de quem o habita.

> *kî-YHWH ʾĕlōheḵā mithallēḵ bəqereḇ maḥănêḵā ləhōšîaʿḵā wəlātēt ʾōyəḇeḵā ləpānêḵā wəhāyāh maḥănêḵā qādôš wəlōʾ-yirʾeh ḇəḵā ʿerwaṯ dāḇār wəšāḇ mēʾăḥārêḵā*
> "Pois o Senhor teu Deus anda no meio do teu acampamento para te livrar e entregar os teus inimigos diante de ti; portanto, teu acampamento será santo, para que Ele não veja em ti coisa indecente, e se afaste de ti." (Dt 23,15)

Esta é a chave teológica de toda a seção: YHWH *mithallēḵ bəqereḇ maḥănêḵā* – o Senhor caminha no meio do teu acampamento. Isso transforma o espaço em santuário. Tudo deve estar limpo, ordenado, puro – inclusive as margens. A negligência pode fazer com que Deus se retire: *wəšāḇ mēʾăḥārêḵā*. A presença divina é poderosa, mas também exige reverência. O mandamento assume em seguida a forma de hospitalidade radical: acolher o escravo fugitivo, rejeitar a prostituição sagrada, proteger os contratos e os votos. A justiça da Torá é integral – ela perpassa o corpo, a terra, o dinheiro e o nome. Tudo o que se dá, tudo o que se promete, tudo o que se compartilha, deve ser feito diante do Deus que caminha no meio do acampamento. Sobre o escravo, o texto diz o seguinte:

> *lōʾ-taśgîr ʿeḇeḏ ʾel-ʾăḏōnāyw ʾăšer yinnaṣēl ʾêlāyḵā mēʿim-ʾăḏōnāyw*
> "Não entregarás ao seu senhor o escravo que fugiu para ti do seu senhor." (Dt 23,16)

Esta é uma das disposições mais subversivas de toda a Torá. Em um mundo em que a escravidão era quase universalmente aceita como base da economia e da ordem social, o mandamento diz: *lōʾ-taśgîr ʿeḇeḏ* – não entregarás o escravo. Trata-se de um rompimento radical com o costume internacional. Israel é chamado a ser refúgio para o fugitivo, mesmo que isso rompa tratados ou desagrade vizinhos. O corpo fugido do domínio não será devolvido à dominação. A aliança com YHWH exige romper com a lógica da posse absoluta.

> *ʿimməḵā yēšēḇ bəqirbəḵā bammāqōm ʾăšer yibḥar bəʾaḥaḏ šəʿʿāreḵā baṭṭôḇ lô lōʾ tōnənū*
> "Contigo habitará, no meio de ti, no lugar que escolher em alguma das tuas cidades, onde lhe agradar; não o oprimirás." (Dt 23,17)

O escravo fugitivo não só é acolhido – ele escolhe onde habitar. A Torá revoga o direito de perseguição do senhor e entrega ao fugitivo o poder de escolha. A comunidade israelita torna-se espaço de liberdade. *Lōʾ tōnənū* – não o afligirás, não o oprimirás. A hospitalidade torna-se mandamento. A liberdade torna-se lugar teológico. O Deus do Êxodo exige que ninguém reviva o Egito em seu território.

> *lōʾ-tihyê qᵉdēšāh mibənôt yiśrāʾēl wəlōʾ-yihyê qādēš mibənê yiśrāʾēl*
> "Não haverá prostituta cultual entre as filhas de Israel, nem prostituto cultual entre os filhos de Israel." (Dt 23,18)

A Torá ataca diretamente a prática da prostituição sagrada – ***qᵉdēšāh*** e ***qādēš*** – em que sexo era oferecido como rito de fertilidade nos cultos cananeus. O problema não é a sexualidade em si, mas sua consagração a deuses estrangeiros. A aliança com YHWH não permite que o corpo seja moeda de culto. O sexo não é sacrifício; é dom, é aliança privada. Israel deve rejeitar qualquer forma de sacralização da exploração.

> *lōʾ-tāḇîʾ ʾeṯnan zônāh ûmēḥîr kēleḇ bêt YHWH ʾĕlōhekā ləkāl-neder kî-tôʿăḇaṯ YHWH ʾĕlōhekā gam-šenêhem*
> "Não trarás o salário de uma prostituta nem o preço de um cão à casa do Senhor teu Deus por qualquer voto; pois ambos são abominação ao Senhor teu Deus." (Dt 23,19)

O texto amplia a crítica: nem sequer o dinheiro obtido com tais práticas pode ser consagrado. ***ʾeṯnan zônāh*** – pagamento da prostituta, ***mēḥîr kēleḇ*** – preço de um cão (provavelmente metáfora para prostituto). Nem mesmo a generosidade com origem impura é aceitável no culto. O templo de YHWH não pode ser financiado por sistemas que humilham o corpo. A economia da aliança não é indiferente à origem dos recursos. Oferta suja é abominação.

> *lōʾ-ṭaššîḵ ləʾāḥîḵā nešeḵ keseph nešeḵ ʾōḵel nešeḵ kāl-dāḇār ʾăšer yîšāḵ*
> "Não emprestarás a teu irmão com juros – juros de dinheiro, de alimento, de qualquer coisa que se empreste com usura." (Dt 23,20)

Aqui, a Torá regula a justiça econômica dentro da comunidade da aliança. *Nešeḵ* – usura, morde como serpente. O irmão não deve lucrar com a necessidade do outro. Emprestar com juros a quem está em necessidade é transformar a aliança em mercado. Israel deve viver da dádiva, da mutualidade, da solidariedade. A economia da fé é uma economia de justiça.

> *lanāḵrî taššîḵ ûlʾāḥîḵā lōʾ-ṭaššîḵ ləmaʿan yəḇāreḵeḵā YHWH ʾĕlōheḵā bəḵāl-mišlaḥ yadḵā ʾăšer taʿăśeh*
>
> "Ao estrangeiro poderás emprestar com juros, mas ao teu irmão não emprestarás com juros; para que o Senhor teu Deus te abençoe em tudo o que empreenderes." (Dt 23,21)

A distinção entre irmão e estrangeiro não justifica exploração, mas delimita os círculos de responsabilidade. A bênção de Deus depende da justiça praticada dentro da casa comum. Emprestar sem juros não é apenas moralidade: é invocação de bênção. *Ləmaʿan yəḇāreḵeḵā* YHWH – para que o Senhor te abençoe. A justiça social atrai a prosperidade da aliança.

Deuteronômio 23 se encerra com um apelo à integridade da palavra e à generosidade no uso dos bens. Os últimos versículos tratam dos votos feitos a Deus e do respeito ao que pertence ao próximo – mesmo quando a colheita é abundante e os frutos estão ao alcance da mão. A ética da aliança atravessa a linguagem e o desejo. Prometer é um ato sagrado; colher sem destruir é uma forma de justiça. O povo de Israel é ensinado a viver em equilíbrio entre compromisso e liberdade, fartura e limite. O capítulo termina afirmando que até nas menores decisões – um cacho de uvas ou um punhado de espigas – se expressa a santidade da vida com Deus e com o próximo:

> *kî-tiddōr neder ləYHWH ʾĕlōheḵā lōʾ-təʾaḥēr ləšalləmô kî-dārōš yidršennû YHWH ʾĕlōheḵā mēʿimmāḵ wəhāyāh ḇəḵā ḥēṭʾ*
>
> "Quando fizeres um voto ao Senhor teu Deus, não tardarás em cumpri-lo; pois o Senhor teu Deus certamente o requererá de ti, e em ti haverá pecado." (Dt 23,22)

A palavra empenhada diante de Deus não é neutra, nem reversível. *Neder* – voto – é forma de vínculo. Prometer e não cumprir é pecado. Não porque Deus precise do que foi prometido, mas porque o coração que promete e depois hesita revela instabilidade e falta de temor. A justiça começa pela fidelidade à própria boca.

> *wəkî-teḥdal lindiḏ lōʾ-yihyê ḇəḵā ḥēṭʾ*
> "Se, porém, te abstiveres de fazer um voto, não haverá pecado em ti." (Dt 23,23)

A liberdade permanece. A Torá não exige promessas. Não fazer voto não é pecado. Mas, uma vez feito, ele obriga. A aliança é sempre voluntária, mas jamais leviana. Prometer é sagrado, e por isso só se deve prometer se houver disposição de cumprir.

> *môṣāʾ śəpāṯêḵā tišmōr wəʿāśîṯā kāʾăšer nāḏartā ləYHWH ʾĕlōheḵā nəḏāḇāh ʲăšer dibbartā bəpîḵā*
> "Guardarás o que sair dos teus lábios, e cumprirás o que voluntariamente prometeste ao Senhor teu Deus, o que falaste com a tua boca." (Dt 23,24)

A Torá insiste: o que sai da boca vincula o coração. A promessa é ato criador, quase litúrgico. O que se diz diante de Deus tem peso. O povo que carrega a Palavra deve honrar suas palavras.

> *kî-tāḇōʾ bəḵerem rēʿeḵā wəʾāḵaltā ʿănāḇîm kinnəpšekā śəḇeʿeḵā wəʾel-kēlîḵā lōʾ-tiṯtēn*
> "Quando entrares na vinha do teu próximo, poderás comer uvas conforme o teu desejo, até te saciares; porém não as porás no teu cesto." (Dt 23,25)

A generosidade é permitida, mas o acúmulo é proibido. O estrangeiro, o trabalhador, o transeunte podem colher uvas e comer – mas não podem levar consigo. O gesto é de graça, não de lucro. Israel é educado a distinguir entre usufruir e possuir. O fruto do outro não pode ser estocado, apenas compartilhado. A terra é do Senhor, e o fruto é dom, não espólio.

> *kî-tāḇōʾ bəqāmat-rēʿeḵā wəqarmattā ʾāmīrîm bəyāḏeḵā wəḥērmeš lōʾ-tānîp̄ ʿal-qamat-rēʿeḵā*
> "Quando entrares na seara do teu próximo, poderás colher espigas com a mão; mas não meterás a foice na seara do teu próximo." (Dt 23,26)

A mesma lógica se aplica ao campo de cereais: pode-se colher com a mão, mas não com a foice. Não se pode industrializar o favor. A necessidade justifica a partilha; a ganância, não. A Torá afirma que o bem do outro é acessível, mas não apropriável. A fronteira entre fome e ambição é onde se escreve a justiça.

Capítulo 24

Este capítulo se insere na longa sequência de mandamentos sociais em que a Torá, com a lucidez dos profetas e a ternura dos poetas, legisla sobre o comum: o casamento desfeito, o trabalhador endividado, o estrangeiro humilhado. O texto recusa qualquer moral abstrata e se debruça sobre os limites do poder, o sofrimento dos lares quebrados, o risco de desumanização no cotidiano da vida camponesa e judicial. Cada sentença jurídica é marcada por uma memória teológica – "foste escravo no Egito" – e por um imperativo de compaixão. Este não é um código de leis como qualquer outro. É um evangelho anterior ao Evangelho, onde o juízo é domado pela lembrança e a justiça caminha com cuidado.

O início do capítulo 24 aborda o repúdio:

> *kî-yiqqaḥ ʾîš ʾiššāh ûbəʿālāh wəhāyāh ʾim-lōʾ timṣāʾ ḥēn bəʿênāyw kî-māṣāʾ ʿērwaṯ dāḇār wəḵāṯāḇ-lāh sēp̄er kərîṯûṯ wənāṯan bəyāḏāh wəšilḥāh mibbêṯô*
> "Se um homem tomar uma mulher e se casar com ela, e acontecer que ela não encontre favor aos seus olhos, por haver ele encontrado nela alguma coisa indecente, ele lhe escreverá carta de divórcio, a colocará em sua mão e a despedirá de sua casa." (Dt 24,1)

Este versículo inaugura um dos textos mais debatidos da Torá: a possibilidade do divórcio. O termo *ʿērwaṯ dāḇār* – literalmente, “coisa vergonhosa” ou “algo indecente” – é intencionalmente vago. A ambiguidade não é falha legislativa, mas convite à ponderação. Não se trata de qualquer motivo banal, mas também não exige adultério (que já possui pena definida). O homem que decide romper o laço deve fazer isso por escrito – *sēp̄er kərîṯûṯ*, literalmente “livro de separação” – um gesto jurídico que reconhece a dignidade da mulher como sujeito de contrato. O divórcio é aqui uma saída reconhecida, não uma tragédia sem nome. Israel é uma sociedade que prefere lidar com as rupturas do que fingir que elas não ocorrem.

> *wəyāṣʾāh mibbêṯô wəhālkəāh wəhāyəṯāh ləʾîš ʾaḥēr*
> “E ela, saindo da sua casa, poderá tornar-se mulher de outro homem.” (Dt 24,2)

Não há vergonha no recomeço. A mulher divorciada pode se casar novamente. Não há marca de impureza, nem culpa perpétua. A Torá resguarda sua liberdade de reconstruir a vida. A separação não a reduz a resíduo; ela permanece filha da aliança.

> *wəśānēʾāh hāʾîš hāʾaḥărōn wəḵāṯāḇ-lāh sēp̄er kərîṯûṯ wənātan bəyādāh wəšilḥāh mibbêṯô ʾim-môt yāmût hāʾîš hāʾaḥărōn ʾăšer ləqāḥāh lô ləʾiššāh*
> “Se também o segundo marido a detestar, e lhe escrever carta de divórcio, entregando-a em sua mão, e a despedir da sua casa, ou se esse segundo marido vier a morrer...” (Dt 24,3)

A Torá não romantiza nem o novo casamento. O segundo vínculo pode também fracassar ou se encerrar por morte. A mulher não é vista como propriedade de um dos maridos, mas como sujeito que transita entre histórias. A lei não presume culpa, nem pureza perdida.

> *lōʾ-yukal baʿəlāh hāriʾšôn ʾăšer-šilləḥāh lāšûḇ ləqāḥtāh ləhəyôt-lô ləʾiššāh ʾaḥărê ʾăšer huṭṭāmāʾ kî-tôʿēḇāh hîʾ*

> *lip̄nê YHWH wəlō' ṯaḥăṭṭî 'eṯ-hā'āreṣ 'ăšer YHWH 'ělōhek̲ā nōtēn lək̲ā naḥălāh*
> "Então, o seu primeiro marido, que a despediu, não poderá tomá-la para tornar a ser sua mulher, depois que foi contaminada; pois isso é abominação diante do Senhor; e não farás pecar a terra que o Senhor teu Deus te dá por herança." (Dt 24,4)

Os versículos que seguem não apenas regulam as relações de trabalho e de crédito, mas reafirmam que a memória do Êxodo deve ser um princípio moral em cada contrato, cada pagamento, cada decisão judicial. A justiça da aliança é sempre assimétrica: ela favorece os pequenos, os vulneráveis, os esquecidos. Não se trata de um sistema de direitos iguais, mas de uma política de cuidado – uma teologia da fragilidade. O trabalhador assalariado, o pobre que deixa um penhor, o órfão que não tem defensor – todos são inscritos na economia da fé como prioridade. A santidade aqui não está nos gestos litúrgicos, mas no cumprimento do salário, no respeito ao sono do pobre, na colheita que se deixa cair para o outro recolher. A guerra não é maior do que a vida em família:

> *kî-yiqqaḥ 'îš 'iššāh ḥădāšāh lō'-yēṣē bāṣṣāb̲ā' wəlō' ya'ăb̲ōr 'ālāyw lək̲āl-dāb̲ār nāqî yihyê ləb̲êtô šānāh 'eḥāṯ wəśimmaḥ 'eṯ-'ištô 'ăšer lāqaḥ*
> "Quando um homem se casar com uma mulher nova, não sairá à guerra, nem se lhe imporá qualquer obrigação; livre ficará em casa por um ano, para alegrar a mulher que tomou." (Dt 24,5)

Este versículo é uma joia da Torá. A alegria conjugal torna-se prioridade nacional. O recém-casado é isento do serviço militar e de encargos públicos. O casamento é visto como tempo sagrado, não apenas evento social. A palavra *śimmaḥ* – alegrar – liga-se ao vocabulário da festa e da bênção. A política da Torá coloca o amor antes da guerra. A casa antes do Estado. O cuidado íntimo antes da marcha militar.

> *lōʾ-yaḥăḇōl rāḥayyim wərāḵeḇ kî-nep̄eš hūʾ ḥōḇēl*
> "Não se tomará como penhor a mó inferior nem a mó superior, pois se toma como penhor a vida." (Dt 24,6)

A imagem é poderosa. *Rāḥayyim wərāḵeḇ* – as duas partes do moinho. Tomá-las é destruir a capacidade de produzir alimento. A Torá afirma: isso é tomar a vida como penhor – *kî-nep̄eš hūʾ ḥōḇēl*. A justiça econômica deve preservar a dignidade. Não se pode garantir um crédito destruindo o sustento do outro. Emprestar não dá direito de matar lentamente.

> *kî-yimmāṣēʾ ʾîš gōnēḇ nep̄eš mēʾeḥāyw mibbnê yiśrāʾēl wəhiṯʿammēr-bô ûməkārô ûmēt hağannāḇ hāhūʾ ûḇiʿartā hāraʿ mibbirḵeḵā*
> "Se alguém for achado roubando um dos seus irmãos dos filhos de Israel, e o escravizar ou vender, esse ladrão morrerá; assim eliminarás o mal do meio de ti." (Dt 24,7)

Este é um dos textos mais severos contra o tráfico humano na Bíblia. Raptar, explorar e vender uma pessoa – mesmo que conterrâneo – é punido com a morte. A Torá afirma que há crimes contra a imagem de Deus que não podem ser tolerados. O corpo humano não pode ser mercadoria. A vida não se vende.

> *hiššāmēr bənegaʿ haṣṣāraʿaṯ ləšāmōr məʾōḏ wəlaʿăśōṯ kəḵōl-ʲăšer yôrū ʾetkem hakkōhănîm halləwiyyîm kaʾăšer ṣiwwîṯîm tišmərū laʿăśōṯ*
> "Guarda-te da praga da lepra, cuidando muito para fazer segundo tudo o que os sacerdotes levitas vos ensinarem; como lhes ordenei, assim cuidareis de fazer." (Dt 24,8)

Este versículo funciona como inserção ritual. Ele liga a ética à santidade cultual. A lepra, símbolo da impureza que afasta do culto, deve ser tratada com obediência. O cuidado com o corpo e a obediência ao sacerdócio revelam que a integridade física também é expressão da integridade comunitária.

zākōr ʾēṯ-ʲăšer-ʿāśâ YHWH ʾĕlōheḵā ləmiryām baddārek bəṣētḵem mimmirṣāyim
"Lembra-te do que o Senhor teu Deus fez a Miriam no caminho, quando saíste do Egito." (Dt 24,9)

A menção a Miriam serve de advertência. Ela foi atingida por lepra por murmurar contra Moisés (Nm 12). A Torá recorda que murmurar, julgar, romper a comunhão, contamina. A lepra aqui não é apenas doença – é metáfora da ruptura com o corpo comunitário. Lembrar-se de Miriam é lembrar que a boca tem peso, que a desobediência espiritual tem consequências visíveis. O texto retoma a teologia do cuidado que permeia todo o Deuteronômio e transforma os campos de trigo, as vinhas, os olivais e os tribunais em lugares onde se concretiza o rosto de YHWH. A justiça aqui não é teoria; ela é trigo deixado cair, é salário pago antes do pôr do sol, é sentença que não humilha o pobre.

O legislador deuteronomista escreve não para proteger uma ordem abstrata, mas para impedir que o campo vire um Egito. A lei é resistência à repetição da opressão. É também pedagogia de misericórdia. Os empréstimos e penhores são abordados:

kî-taššeh bərēʿeḵā maśśat māʾûmāh lōʾ-ṯāḇōʾ ʾel-bêtô laʿăḇōṭ ʿăḇōṭ
"Quando emprestares alguma coisa ao teu próximo, não entrarás em sua casa para lhe tirar o penhor." (Dt 24,10)

O versículo rompe com a lógica da coerção. A casa do outro é inviolável. Nem mesmo o credor pode entrar à força. O respeito ao espaço do pobre é sagrado. O gesto de tomar o penhor deve ser mediado pela confiança, não pela força. A Torá lembra que a pobreza não é sinônimo de desonra. O crédito não autoriza humilhação.

baḥûṣ taʿămōḏ wəhāʾîš ʲăšer-ʾattāh nōšêh bô yôṣîʾ ʾēleḵā ʾet-hāʿăḇōṭ
"Ficarás do lado de fora, e o homem a quem emprestaste te trará o penhor para fora." (Dt 24,11)

Aqui a lei é quase litúrgica: o credor espera do lado de fora como sinal de respeito. É o devedor que deve trazer o penhor. A justiça de Israel é cortês. Ela sabe que a dignidade não é colateral. O rito do empréstimo torna-se gesto de reconhecimento da presença divina em cada casa humilde.

> *wəʾim-ʾîš ʿānî hūʾ lōʾ tiškāḇ bəʿăḇōṭô*
> "Se for homem pobre, não dormirás com o seu penhor."
> (Dt 24,12)

O versículo é cortante: se o pobre der como penhor a própria capa ou cobertor, o credor deve devolvê-lo antes do pôr do sol. O objeto do penhor não pode ser convertido em instrumento de sofrimento. A justiça da Torá se curva diante da necessidade do outro. O pobre não deve perder o sono por causa da dívida.

> *hāšēḇ tāšîḇ lô ʾet-hāʿăḇōṭ kəḇōʾ haššemeš wəšākāḇ bəśalmātô ûḇērākēkā ûləḵā təhyeh ṣədāqāh lip̄nê YHWH ʾĕlōheḵā*
> "Certamente lhe devolverás o penhor ao pôr do sol, para que durma com a sua capa e te abençoe; e isto será justiça para ti diante do Senhor teu Deus." (Dt 24,13)

O penhor se torna bênção. Devolver o cobertor é mais que gesto humanitário: é *ṣədāqāh* – justiça. O que se faz ao pobre se transforma em oferenda diante de Deus. O altar da justiça está no gesto que impede o frio de roubar o sono. A bênção do pobre é recompensa maior que o juro do empréstimo.

> *lōʾ-taʿăšōq śākîr ʿānî wəʾeḇyôn mēʾaḥeḵā ʾô mīgērḵā ʲăšer bəʾarṣḵā bəšəʿāʿāreḵā*
> "Não oprimirás o trabalhador assalariado pobre e necessitado, seja ele de teus irmãos ou do estrangeiro que habita em tua terra, dentro das tuas portas." (Dt 24,14)

O mandamento atinge o centro da estrutura econômica. O salário é sagrado. Negá-lo ou adiá-lo é violência. O trabalhador – *śākîr* – é figura central da justiça da aliança. E o mandamento inclui o *gēr*, o estrangeiro. A Torá estabelece que a justiça não reconhece fronteiras de sangue. O suor é suficiente para garantir direitos.

> *bayômō tiṯtēn śekārô wəlō᾽-tābô ʿālāyw haššemeš kî-ʿānî hū᾽ wə᾽ēlāyw hū᾽ nōśē᾽ ᾽et-napšô wəlō᾽-yiqra᾽ ʿālêḵā ᾽el-YHWH wəhāyāh ḇəḵā ḥēṭ᾽*
> "No seu dia lhe darás o seu salário, antes do pôr do sol; porque é pobre e disso depende a sua vida, para que não clame contra ti ao Senhor, e haja em ti pecado." (Dt 24,15)

Os mandamentos finais deslocam a justiça do tribunal ao campo, do juiz ao agricultor, da sentença à espiga esquecida. É uma ética encarnada: o direito dos mais vulneráveis – o órfão, a viúva, o estrangeiro – não se limita ao discurso, mas desce à poeira da terra, à uva deixada no ramo, à azeitona que caiu da árvore. Ao repetir "lembra-te de que foste escravo no Egito", a Torá imprime uma pedagogia da empatia: quem já sofreu não pode se tornar opressor. Cada mandamento termina com essa lembrança como selo de autenticidade ética. A relação entre os pais, filhos e pecados é tratada no que segue:

> *lō᾽-yūmətū ᾽āḇōṯ ʿal-bānîm ûḇānîm lō᾽-yūmətū ʿal-᾽āḇōṯ ᾽îš bəḥet᾽ô yūmāt*
> "Os pais não serão mortos pelos filhos, nem os filhos pelos pais; cada um morrerá pelo seu próprio pecado." (Dt 24,16)

Este é um dos grandes versículos de justiça individual na Torá. Em contraste com certas práticas coletivas da Antiguidade, onde famílias inteiras eram punidas por causa de um crime, a lei deuteronomista estabelece a responsabilidade pessoal: *᾽îš bəḥet᾽ô yūmāt* – cada um morrerá por seu pecado. A aliança não admite heranças de culpa. O juízo de Deus e da comunidade deve ser justo, específico, ético.

> *lō᾽-taṭṭeh mišpaṭ-gēr yātōm wəlō᾽-taḥăḇōl beḡeḏ ᾽almānāh*
> "Não perverterás o direito do estrangeiro e do órfão, nem tomarás por penhor a roupa da viúva." (Dt 24,17)

O mandamento assume forma de tríade: *gēr*, *yātōm*, *ʾalmānāh* – estrangeiro, órfão, viúva. Este é o núcleo dos mais vulneráveis na sociedade israelita. O juiz e o credor são advertidos: não se deve usar a fragilidade como vantagem. Nem mesmo uma peça de roupa se pode tomar da viúva. A justiça da Torá é a guarda do outro – não o uso da sua fraqueza.

> *wəzākartā kî-ʿeḇeḏ hāyîtā bəmiṣrayim wəyip̄dəḵā YHWH ʾĕlōheḵā miššām ʿal-kēn ʾānōḵî məṣatteḵā laʿăśōṯ ʾet-haddāḇār hazzê*
> "E lembrar-te-ás de que foste servo no Egito, e que o Senhor teu Deus te resgatou dali; portanto te ordeno fazer isso." (Dt 24,18)

A base de todo o mandamento é memória. Não uma lembrança passiva, mas uma recordação que obriga. A experiência do Êxodo não é apenas história: é fundamento da ética. O povo que foi liberto deve libertar. Aquele que foi resgatado não pode sequestrar a dignidade do outro. A memória do Egito deve moldar cada decisão judicial, cada gesto econômico, cada contrato.

> *kî-ṯiqṣōr qəṣîrḵā bəśāḏeḵā wəšākăḥtā ʿōmer baśśāḏeh lōʾ tāšûḇ ləqāḥtō laggēr ləyyātōm wəlōʾmānāh yihyeh ləmaʿan yəḇāreḵeḵā YHWH ʾĕlōheḵā bəḵāl-maʿăśê yāḏeḵā*
> "Quando fizeres a colheita no teu campo e esqueceres um feixe no campo, não voltarás para o tomar; será para o estrangeiro, para o órfão e para a viúva; para que o Senhor teu Deus te abençoe em toda obra das tuas mãos." (Dt 24,19)

O que se esquece não é perda, mas bênção. O feixe esquecido é justiça plantada. A Torá transforma até o descuido em oportunidade para o cuidado. O agricultor que não volta para pegar o feixe age em fé: entrega o que caiu à mão de Deus, por meio do pobre. O *gēr*, o *yātōm* e a *ʾalmānāh* tornam-se beneficiários de uma providência que passa pela mão humana.

> *kî-ṯaḥbōṭ zêṯḵā lōʾ-təp̄ar ʾaḥărêḵā ʲihyeh laggēr ləyyātōm*

wəlō'mānāh

"Quando sacudires a tua oliveira, não rebuscarás os ramos que ficarem; será para o estrangeiro, para o órfão e para a viúva." (Dt 24,20)

A colheita é limitada pela justiça. A segunda sacudida da oliveira é proibida. O agricultor é chamado a interromper sua ganância. Deixar frutos nos galhos é um ato espiritual. O que sobra no campo é altar da misericórdia. A fé se mede por quanto se está disposto a não tomar para si.

kî-tiḇṣōr karmekā lō'-ṯʿōlēl 'aḥărêḵā ʲihyeh laggēr ləyyātōm wəlō'mānāh

"Quando vindimares a tua vinha, não rebuscarás depois; será para o estrangeiro, para o órfão e para a viúva." (Dt 24,21)

O mesmo se aplica à vinha: o segundo giro é interditado. O primeiro giro é teu; o segundo é de Deus – por meio do pobre. A Torá desenha uma lógica inversa à do mercado: a bênção está em deixar, não em reter. A riqueza não se mede pelo quanto se acumula, mas pelo quanto se compartilha.

wəzākartā kî-ʿeḇeḏ hāyîtā bə'ereṣ miṣrayim ʿal-kēn 'ānōḵî məṣatteḵā laʿăśōṯ 'et-haddāḇār hazzê

"E lembrar-te-ás de que foste servo na terra do Egito; por isso te ordeno fazer isso." (Dt 24,22)

O capítulo se encerra como começou: com memória. O servo de ontem deve ser o libertador de hoje. O ex-escravo deve cuidar de quem hoje não tem ninguém. A colheita se transforma em gesto escatológico: prenúncio de uma terra onde ninguém será deixado de lado. A justiça da Torá é uma justiça de chão, de espiga, de canto de campo. É a mística da sobra que sustenta. Este capítulo não traz apenas um conjunto de leis sociais. É uma narrativa sobre o que significa ser livre e responsável. Um povo que lembra, que restitui, que respeita o pobre, que não volta atrás para pegar a última uva – este é o povo que representa YHWH no mundo. A aliança se cumpre não apenas no altar, mas também na roça. A promessa não se revela apenas na nuvem e no fogo, mas também no feixe esquecido que alguém encontra e leva com gratidão. Ali, naquele gesto, a terra volta a florescer como dom, e a justiça se faz pão.

Capítulo 25

Deuteronômio continua a edificar o edifício ético da aliança, voltando-se para as margens do sistema jurídico e econômico, para aqueles espaços onde a justiça pode ser distorcida sob a aparência de legalidade. O capítulo trata de tribunais, castigos, animais de carga, linhagem familiar, peso e medida – e, no fim, recorda a memória da violência amalequita. O texto começa:

> *kî-yihyū rîḇ bēn-ʾănāšîm wənigšû ʾel-hammišpāṭ*
> *ûšəp̄āṭūm wəhiṣṣədîqū ʾeṯ-haṣṣadîq wəhiršîʿū ʾeṯ-harāšāʿ*
> "Quando houver contenda entre homens, e vierem a juízo, e os juízes julgarem, e absolverem o justo, e condenarem o culpado." (Dt 25,1)

A Torá parte de um pressuposto simples, mas radical: o tribunal deve distinguir entre inocente e culpado. Isso parece óbvio, mas num mundo onde o poder pode maquiar a culpa e a linguagem pode torcer os fatos, o julgamento justo é milagre e milícia de Deus. *wəhiṣṣədîqū ʾeṯ-haṣṣadîq* – justificar o justo. *wəhiršîʿū ʾeṯ-harāšāʿ* – declarar culpado o culpado. A justiça de YHWH é afirmativa: ela não é neutra. Ela é pela inocência, pela verdade, pela vida.

> *wəhāyāh ʾim-bin hāqqōt hārašāʿ wəhippîlô haššōpēṭ*
> *wənikkāh ləpānāyw mispār ʿarḇāʿîm yakkennû lōʾ yōsîp̄*
> "E se o culpado merecer açoites, o juiz o fará deitar-se e será açoitado na sua presença, conforme a medida do seu delito, até quarenta golpes não mais." (Dt 25,2–3)

Este é um versículo inquietante. A Torá não abole a punição física, mas a limita. *ʿarḇāʿîm yakkennû lōʾ yōsîp̄* – quarenta, não mais. A pena corporal é reconhecida, mas não absolutizada. Ela deve ocorrer *na presença do juiz* – isto é, sob vigilância, não como espetáculo. A justiça pode punir, mas não humilhar. O número quarenta é o máximo. Ultrapassá-lo é corromper a sentença com crueldade. Os rabinos, séculos depois, reduziram o limite a trinta e nove, por precaução. A justiça deve ser firme, mas sempre freada pela compaixão.

> *lōʾ-tāḥsōm šôr bədišô*
> "Não atarás a boca do boi quando estiver debulhando."
> (Dt 25,4)

Este versículo, isolado e aparentemente trivial, se tornou um dos mais citados no Novo Testamento (cf. 1Co 9,9; 1Tm 5,18). Mas seu impacto ético é profundo. O boi – símbolo do trabalho pesado – deve comer enquanto trabalha. O texto, numa sentença, interdita qualquer sistema que explore o corpo de um ser vivo sem lhe conceder sustento. É uma lei contra a exploração disfarçada de contrato. Se o boi, animal, tem direito ao fruto de seu labor, quanto mais o trabalhador humano. Aqui, o cuidado ultrapassa a fronteira da humanidade. A Torá ensina que toda forma de vida que serve, deve também ser respeitada.

> *kî-yešbū ʾăḥîm yaḥdāw ûmēt ʾeḥāḏ mēhem ûbēn ʾên-lô*
> *lōʾ-tihyê ʾēšeṯ-hammēt haḥûṣāh ləʾîš zār yāḇāmāh yāḇōʾ*
> *ʿālêhā ûləqāḥāh lô ləʾiššāh wəyibbəmāh*
> "Se irmãos morarem juntos, e um deles morrer sem filhos,
> a mulher do falecido não se casará com estranho; seu
> cunhado virá a ela, tomá-la-á por mulher, e a desposará
> como cunhado." (Dt 25,5)

A legislação do *levirato* é expressão extrema da solidariedade familiar na Bíblia hebraica. A linhagem do falecido deve continuar, e o irmão sobrevivente é convocado a gerar descendência em nome do morto. Esta não é apenas uma prática jurídica; é uma forma de eternidade. A vida não deve ser interrompida sem herança. A mulher não deve ser descartada no luto. O nome do irmão morto não deve se apagar da terra. É, ao mesmo tempo, justiça genealógica e reparação simbólica. A história não termina na morte.

Os versículos parecem, à primeira vista, desconexos – tratando de situações específicas, limites de conduta em litígios familiares, medidas e pesos no comércio e, por fim, do arqui-inimigo Amalec. Mas, ao lê-los sob o horizonte da aliança, percebemos que todos convergem para a mesma teologia do cuidado: a justiça não pode ser seletiva, a dignidade não pode ser interrompida, a memória do mal não pode ser esquecida. Cada mandamento delimita o tipo de sociedade que Israel deve construir. O texto prossegue:

> *wəhāyāh habbēn habbəkōr ʲăšer tēlēḏ yaqûm ʿal-šēm*
> *ʾāḥîw hammēt wəlōʾ-yimmāḥ šəmô miYiśrāʾēl*
> "E o primogênito que ela der à luz será em nome do irmão falecido, para que o seu nome não se apague de Israel."
> (Dt 25,6)

A continuidade do nome é aqui uma forma de resistência contra o esquecimento. A morte sem descendência é como uma injustiça sem reparação. A função do *levirato* é preservar o nome, e, com ele, a memória e o pertencimento. A justiça bíblica não quer apenas proteger os vivos, mas redimir os mortos. Israel é um povo em que o nome de um homem não deve desaparecer da história. Isso revela uma ética do tempo: o passado não deve ser negado; ele deve ser restaurado no presente.

> *wəʾim-lōʾ yaḥpōṣ hāʾîš laqaḥat ʾeṯ-yəḇimmatô wəʿāləṯāh*
> *yəḇimmatô haššaʿərāh ʾel-hazzəqēnîm wəʾāmərāh mēʾēn*
> *yəḇāmî ləhāqîm ləʾāḥîw šēm bəyisrāʾēl lōʾ-ʾāḇâ yəḇammî*
> "Porém, se o homem não quiser tomar a mulher de seu irmão, então ela subirá à porta à presença dos anciãos, e dirá: Meu cunhado recusa suscitar nome a seu irmão em Israel; não quer exercer para comigo o dever de cunhado."
> (Dt 25,7)

A mulher tem voz. Em uma cultura profundamente patriarcal, a Torá lhe confere direito de apelar ao tribunal dos anciãos. Sua denúncia não é uma questão de vergonha pessoal, mas de justiça comunitária. O irmão que se recusa ao levirato, recusa uma obrigação sagrada – e será publicamente confrontado. A honra aqui não está na aparência, mas na responsabilidade assumida diante da morte do outro.

> *wəniḡšəṯāh yəḇimmatô ʾēlāyw ləʿênê hazzəqēnîm*
> *wəḥālṣāh naʿalô mēʿal-raglô wəyārqāh bānpāyw*
> *wəʿāntāh wəʾāmərāh kākāh yēʿāśê lāʾîš ʲăšer lōʾ-yibnê*
> *ʾet-bêt-ʾāḥîw*
> “Então sua cunhada se aproximará dele à presença dos anciãos, e lhe tirará a sandália do pé, cuspirá em seu rosto, e dirá: Assim se faz ao homem que não edifica a casa de seu irmão.” (Dt 25,9)

O gesto é simbólico e humilhante. Retirar a sandália e cuspir no rosto são sinais de desonra pública. O homem que se recusa a dar continuidade ao nome do irmão é desmascarado diante da assembleia. A comunidade de Israel é construída sobre a memória e a solidariedade – quem rompe com isso, perde a honra.

> *wəniqrəʾ šəmô bəyisrāʾēl bêt ḥālûṣ hannaʿal*
> “E o seu nome será chamado em Israel: Casa do descalçado.” (Dt 25,10)

O nome – sinal de identidade e dignidade – torna-se aqui um memorial da vergonha. O homem que recusou a responsabilidade recebe um nome novo: ***bêt ḥālûṣ hannaʿal*** – casa do descalçado. Não é mera zombaria: é marca de sua recusa em edificar, em preservar, em continuar a linhagem. O direito à descendência é sagrado, e quem se omite diante dele é inscrito na memória do povo como aquele que não quis cuidar.

Deuteronômio 25 termina com dois segmentos de grande densidade teológica: a primeira parte trata da integridade nas relações comerciais, especialmente na prática das medidas e pesos justos; a segunda evoca a memória traumática da agressão de Amalec, transformando-a num mandamento de justiça histórica. Ambas se unem em torno de um eixo comum: Israel não pode tolerar falsificação – seja no mercado ou na memória. A justiça, aqui, não é apenas um ideal; é um modo de estar no mundo, de comprar, vender, lembrar e resistir. O campo, o tribunal e o coração precisam ser ajustados à balança de YHWH:

> *lōʾ-yihyê ləḵā bəḵîskəkā ʾeḇen wāʾeḇen gədōlāh ûqəṭannāh*
> "Não terás em tua bolsa dois pesos, um grande e um pequeno." (Dt 25,13)

A Torá recusa a duplicidade. *ʾeḇen wāʾeḇen* – literalmente, "pedra e pedra", pois as balanças usavam pedras como contrapesos. Ter duas medidas é tentar enganar: usar a maior para comprar, e a menor para vender. A duplicidade é crime econômico e traição espiritual. Quem age assim mina a confiança e corrompe a convivência. Deus detesta balanças injustas (cf. Pv 11,1; Am 8,5). O comércio é lugar teológico.

> *lōʾ-yihyê ləḵā bəḇêṯḵā ʾēyṯān wəʾēyṯān gādôl ûqāṭān*
> "Não terás em tua casa duas medidas, uma grande e uma pequena." (Dt 25,14)

Não basta que o mercado seja honesto; a casa também deve ser. A justiça começa nos utensílios cotidianos. A ética bíblica não separa sagrado e profano: cada medida, cada prato de cereal, cada transação doméstica deve refletir a integridade de Deus. O lar é a primeira escola da aliança. E a medida justa é sua primeira lição.

> *ʾeḇen šəlēmāh wəṣedeq yihyê-lāḵ ʾēyṯān šəlēmāh wəṣedeq yihyê-lāḵ ləmaʿan yaʾărîḵûn yāmêḵā ʿal-hāʾăḏāmāh ʾăšer YHWH ʾĕlōheḵā nōtēn lāḵ*
> "Terás peso justo e verdadeiro, medida justa e verdadeira, para que se prolonguem os teus dias sobre a terra que o Senhor teu Deus te dá." (Dt 25,15)

A integridade não é só mandamento: é bênção. Medir com justiça é plantar longevidade. A terra prometida é dom, mas só permanece nas mãos de quem age com retidão. Quem corrompe a medida corrompe o solo. Quem frauda o outro, seca a própria herança. A justiça comercial torna-se sacramento de permanência. O pão que se come vem de um mercado justo.

> *kî-toʿăḇaṯ YHWH ʾĕlōheḵā kōl-ʿōśêh ʾēleh kōl-ʿōśêh ʿāwel*
> "Pois abominação ao Senhor teu Deus é todo aquele que faz isso, todo aquele que pratica injustiça." (Dt 25,16)

A palavra *toʿăḇaṯ* – abominação – é forte, reservada a idolatria, imoralidade grave, e agora aplicada à injustiça comercial. A Torá declara que pesar errado é um culto falso. A balança fraudulenta é altar profano. Quem vende com mentira, adora o lucro como ídolo. O mercado pode se tornar santuário ou campo de perversão. Depende da medida. O capítulo encerra com a evocação de Amalec, figura paradigmática do inimigo que ataca pelas margens, que escolhe os fracos, que desafia a justiça quando ela parece ausente.

> *zākōr ʾēṯ-ʾăšer-ʿāśâ ləḵā ʿămālēq baddārek bəṣēṯḵem mimmirṣāyim*
> "Lembra-te do que te fez Amalec no caminho, quando saíste do Egito." (Dt 25,17)

A memória é arma e escudo. Israel deve lembrar não apenas o livramento, mas a agressão. O trauma não pode ser esquecido – ele precisa ser nomeado, reconhecido, narrado. Amalec é o símbolo daquele que ataca o vulnerável, que se insurge contra a fragilidade. A teologia de Deuteronômio aqui incorpora a história como campo de batalha ética.

> *ʾăšer-qārəḵā baddārek wayyəzannēḇ bəkā kōl-hannēḥešālîm ʾaḥărêḵā wəʾattāh ʿāyēp̄ wəyāḡēaʿ wəlōʾ-yārēʾ ʾĕlōhîm*
> "Como te encontrou no caminho e feriu todos os que iam atrás de ti, todos os fracos, quando estavas cansado e exausto; e não temeu a Deus." (Dt 25,18)

Amalec é condenado porque fere os últimos da fila. Porque ataca os que desmaiam no caminho. Porque transforma o cansaço em oportunidade de crueldade. E, sobretudo, porque *lōʾ-yārēʾ ʾĕlōhîm* – não teme a Deus. A falta de reverência ao outro é ausência de temor ao Sagrado. Atacar o fraco é desafiar o próprio Deus.

> *wəhāyāh bəhānîaḥ YHWH ʾĕlōhe̱kā ləḵā mikkol-ʾōyəḇêḵā misāḇîḇ bāʾāreṣ ʾăšer YHWH ʾĕlōhe̱kā nōtēn-ləḵā naḥălāh lərišṯāh timḥêh ʾeṯ-zēker ʿămālēq mittaḥaṯ haššāmayim lōʾ-tiškaḥ*
>
> "E será que, quando o Senhor teu Deus te der descanso de todos os teus inimigos em redor, na terra que te dá por herança para possuí-la, apagarás a memória de Amalec de debaixo do céu; não te esquecerás." (Dt 25,19)

A destruição da memória de Amalec – paradoxalmente – exige lembrança. *Lōʾ-tiškaḥ* – não te esquecerás. Israel deve apagar a obra de Amalec, mas nunca o esquecimento que o permitiu agir. A justiça de Deus é memória que não se vinga, mas que se recusa a repetir. A guerra contra Amalec é, na verdade, guerra contra o esquecimento que permite a violência contra os fracos.

Deuteronômio 25 é um capítulo denso, que fala do tribunal e da sandália, da medida e do nome, da sandália arrancada e da balança justa, da capa do pobre e da lembrança dos que caem atrás na marcha. Ele desenha o povo da aliança como aquele que carrega pesos justos, preserva nomes vivos, sustenta os fracos e lembra os injustiçados. A terra prometida só floresce quando a justiça é medida com a régua de Deus.

Capítulo 26

Deuteronômio 26 ergue um altar de palavras. Nele, a fé não é apenas crida, mas recitada. O capítulo estrutura uma liturgia de entrega – a entrega das primícias, a entrega dos dízimos, a entrega do coração. Neste texto, o povo aprende que adorar é lembrar, agradecer é narrar, obedecer é confessar a história. O dom da terra não é recebido com silêncio, mas com uma confissão ritual que vincula colheita e libertação, pão e escravidão, abundância e memória. É um dos pontos culminantes da teologia deuteronomista: a fé é memória performada diante de Deus e da comunidade. A palavra não é adorno – é o próprio corpo da aliança. O texto começa mencionando a terra que será dada:

> *wəhāyāh kî-ṯāḇō' 'el-hā'āreṣ 'ăšer YHWH 'ĕlōheḵā nōtēn ləḵā naḥălāh wəyərišṯāh wəyāšaḇtāh ḇāh*
> "E será que, quando entrares na terra que o Senhor teu Deus te dá por herança, e a possuíres e nela habitares." (Dt 26,1)

Esta abertura é fórmula de cumprimento escatológico. A terra prometida se torna, aqui, terra habitada. As três ações – *tāḇō', wəyərišṯāh, wəyāšaḇtāh* – entrar, possuir e habitar – descrevem o processo completo da promessa tornada história. A teologia da terra é dinâmica: não basta recebê-la, é preciso fazê-la casa. E não basta habitá-la, é preciso consagrá-la.

> *wəlāqaḥtā mērē'šîṯ kōl-pərî hā'ăḏāmāh 'ăšer tāḇî mē'arṣəḵā 'ăšer YHWH 'ĕlōheḵā nōtēn lāk wəśamtā bammisṭēn wəhālaḵtā 'el-hammāqōm 'ăšer-yibḥar YHWH 'ĕlōheḵā ləšakkēn šəmô šām*
> "E tomarás das primícias de todos os frutos da terra que trouxeres da tua terra que o Senhor teu Deus te dá, e as porás num cesto, e irás ao lugar que o Senhor teu Deus escolher para ali fazer habitar o seu nome." (Dt 26,2)

A liturgia começa com um gesto agrícola, mas seu significado é cósmico. A colheita não é só produto do trabalho: ela é dom da terra, e a terra é dom de Deus. As *rē'šîṯ*, as primícias, são devolvidas como sinal de que tudo pertence a YHWH. O caminho até o templo é ato de peregrinação: com cesto nas mãos e memória no coração, o camponês se torna sacerdote. O lugar escolhido por Deus – o santuário – é o ponto de encontro entre dom e gratidão.

> *wəḇā'tā 'el-hakkōhēn 'ăšer-yihyeh bayyāmîm hāhēmm wə'āmartā 'ēlāyw higgadtî hayyôm ləYHWH 'ĕlōheḵā kî-ḇā'tî 'el-hā'āreṣ 'ăšer nišba' YHWH lā'ăḇōṯênû lāṯēṯ lānû*

> "E virás ao sacerdote que houver naqueles dias, e lhe dirás: Hoje declaro ao Senhor teu Deus que entrei na terra que o Senhor jurou a nossos pais que nos daria." (Dt 26,3)

Aqui se inaugura a confissão litúrgica. O adorador, diante do sacerdote, profere não um pedido, mas uma proclamação. *Higgadtî hayyôm* – "declaro hoje". A posse da terra é selada por palavras. O juramento de Deus – *nišbaʿ* YHWH – se completa na voz humana que reconhece o cumprimento. A liturgia é resposta ao dom. A memória se torna fala que consagra o presente.

> *wəlāqaḥ hakkōhēn hammisṭēn miyyāḏeḵā wəhinniḥô lipnê mizbaḥ YHWH ʾĕlōheḵā*
> "E o sacerdote tomará o cesto da tua mão, e o porá diante do altar do Senhor teu Deus." (Dt 26,4)

O gesto é cerimonial, mas profundamente teológico. O que é colhido com as mãos é colocado diante do altar. O fruto do chão é elevado ao céu. A fé não é separada da terra, mas se expressa na entrega do que se come, do que se trabalha, do que se toca. A religião da aliança é material: ela lida com cestos, uvas, trigo, e os transforma em símbolos de gratidão e justiça.

> *wəʿānîṯā wəʾāmartā lipnê YHWH ʾĕlōheḵā ʾarammî ʾōḇēḏ ʾāḇî wayyēred miṣraymāh wayyāḡōr šām bimᵊtê mēʿaṭ wayyəhî šām ləgôy gāḏôl ʿāṣûm wərāḇ*
> "E responderás, e dirás diante do Senhor teu Deus: Um arameu prestes a perecer era meu pai, e desceu ao Egito, e ali peregrinou com poucos homens, e ali tornou-se uma nação grande, forte e numerosa." (Dt 26,5)

Esta é uma das mais antigas confissões de fé do Antigo Testamento. *ʾArammî ʾōḇēḏ ʾāḇî* – "um arameu prestes a perecer era meu pai" – aponta para Jacó, errante, vulnerável, ancestral de uma história marcada por desamparo e promessa. A fé israelita nasce da migração e da fragilidade. A prosperidade da colheita não pode esquecer sua origem precária. A terra só faz sentido à luz da memória. Não se colhe sem saber de onde veio a semente. Na sequência de Deuteronômio 26, a liturgia da entrega se intensifica e se torna confissão da opressão, proclamação do livramento e compromisso com a aliança. O adorador deixa de ser apenas um ofertante – torna-se testemunha da história e participante da justiça divina. O gesto agrícola já não é apenas fruto do trabalho, mas memorial da libertação. E a terra, por sua vez, já não é apenas solo produtivo, mas sinal escatológico do Deus que ouve, vê, age e liberta.

A memória da opressão é núcleo da confissão. Três verbos marcam o terror: *wayyāreʿû* – fizeram mal; *wayyəʿannûnû* – nos afligiram; *wayyittnû ʿālênû ʿăḇōdāh qāšāh* – impuseram trabalho duro. Esta tríade ecoa a narrativa do Êxodo (Êx 1–2), mas aqui ganha forma litúrgica: dizer a dor é início da redenção. A adoração de Israel nasce do grito, não da conquista. O povo que traz primícias à terra prometida é o mesmo que gemeu no Egito. E nunca poderá esquecer. O texto recorda:

> *wanaṣʿaq ʾel-YHWH ʾĕlōhê ʾăḇōṯênû wayyišmaʿ YHWH ʾeṯ-qōlēnû wayyar ʾeṯ-ʿonyênû wəʾeṯ-ʿămālênû wəʾeṯ-laḥăṣênû*
> "E clamamos ao Senhor, Deus de nossos pais, e o Senhor ouviu a nossa voz, e viu a nossa aflição, e o nosso trabalho, e a nossa opressão." (Dt 26,7)

Esta é uma das mais densas expressões teológicas do Deuteronômio. Quatro ações divinas sustentam o resgate: *wayyišmaʿ* – ouviu; *wayyar* – viu; *ʿonyênû, ʿămālênû, laḥăṣênû* – nossa miséria, nosso trabalho forçado, nossa opressão. O Deus de Israel não é surdo à dor, nem cego à violência. Ele é aquele que escuta, vê, intervém. A liturgia da colheita se ancora nesta memória: o pão que hoje comemos foi possível porque Deus escutou nossos ancestrais em sua aflição.

> *wayyôṣīʾēnû YHWH mimmirṣāyim bəyād ḥāzāqāh ûbizzᵊrôaʿ nəṭûyāh ûbemorāʾ gādôl ûbōʾōtōṯ ûmôp̄tîm*
> "E o Senhor nos tirou do Egito com mão poderosa, e braço estendido, com grande espanto, sinais e maravilhas." (Dt 26,8)

Aqui, a linguagem do êxodo atinge seu clímax litúrgico. A saída do Egito é descrita com a fórmula tradicional: *bəyād ḥăzāqāh, bizzᵊrôaʿ nəṭûyāh* – mão forte e braço estendido. Mas há mais: *bemorāʾ gādôl* – grande terror, *bōʾōtōṯ* – sinais, *môp̄tîm* – maravilhas. A libertação não foi discreta: foi cósmica. O Deus de Israel é aquele que interrompe impérios. O cesto de frutos é testemunha de milagres. Colher é lembrar que o Faraó caiu.

> *wayyāḇēʾēnû ʾel-hammāqōm hazzeh wayyitten-lānû ʾet-hāʾāreṣ hazzōʾṯ ʾereṣ zāḇat ḥālāḇ ûḏəḇāš*
> "E nos trouxe a este lugar, e nos deu esta terra, terra que mana leite e mel." (Dt 26,9)

O movimento litúrgico se completa: do clamor à dádiva. A terra é descrita com a fórmula clássica – *ʾereṣ zāḇat ḥālāḇ ûḏəḇāš* – terra que mana leite e mel. Esta expressão não é hipérbole: é símbolo teológico. A terra prometida não é apenas fértil – ela flui. A imagem é de fartura, de excesso, de bênção que escorre. A terra de Deus não é mera propriedade: é um lugar onde a graça se derrama. O adorador não colhe apenas – ele testemunha que Deus cumpriu sua promessa.

> *wəʿattāh hinnēh hēḇēʾtî ʾet-rēʾšîṯ pərî hāʾăḏāmāh ʲăšer-nāṯattāh lî YHWH wəhinnaḥtô lipnê YHWH ʾĕlōhekā wəhištaḥăwîṯāh lipnê YHWH ʾĕlōheḵā*
> "E agora, eis que trouxe as primícias dos frutos da terra que me deste, ó Senhor. E as colocarás diante do Senhor teu Deus, e te prostrarás perante o Senhor teu Deus." (Dt 26,10)

A liturgia retorna ao gesto inicial: trazer o fruto. Mas agora, o gesto está transfigurado por toda a narrativa. O cesto não é só produto agrícola: é o símbolo da fidelidade de Deus, da libertação da escravidão, da permanência da promessa. E, por isso, o adorador se prostra: *hištaḥăwîṯāh* – adorará. A memória se torna adoração. A história se torna liturgia. Na conclusão de Deuteronômio 26, a liturgia se expande da colheita individual à justiça comunitária. A entrega dos dízimos a órfãos, viúvas, estrangeiros e levitas transforma o espaço sagrado em espaço social. E, logo após, o adorador reafirma a aliança diante de Deus com palavras que não apenas descrevem obrigações, mas que selam a identidade do povo: Israel é um povo que caminha sob a voz de Deus e vive em função de sua justiça. O final do capítulo é, assim, um pacto renovado, onde fé, ética e história se entrelaçam. A promessa de alegria marca o início do texto:

> *wəśāmaḥtāh bəḵōl-haṭṭôḇ ʲăšer nāṯan YHWH ʾĕlōheḵā ləḵā ûləḇêṯeḵā ʾattāh wəhallēwî wəhaggēr ʲăšer bəqirbêḵā*
> "E te alegrarás por todo o bem que o Senhor teu Deus te deu, a ti e à tua casa, tu, o levita e o estrangeiro que está no meio de ti." (Dt 26,11)

A alegria é mandamento. Não se trata de um estado de ânimo, mas de uma resposta. A colheita deve gerar festa – *śāmaḥtāh* – não apenas para o ofertante, mas para todos. O levita – sem terra – e o estrangeiro – sem linhagem – são incluídos no banquete. O dom de Deus não pode ser privatizado. A aliança se revela na partilha. A terra só é terra prometida quando o pão é de todos.

> *kî tekhalleh laʿśōṯ ʾet-kōl-maʿśar təḇûʾāṯeḵā baššānāh haššəlîšît šənat hamaʿśēr wənāṯattāh lalēwî laḡēr layāṯôm wəlāʾalmānāh wəʾāḵəlû biššəʿāreḵā wəśāḇeʿû*
> "Quando acabares de dizimar todo o dízimo da tua colheita no terceiro ano, o ano do dízimo, e o tiveres dado ao levita, ao estrangeiro, ao órfão e à viúva, para que comam dentro das tuas portas e se fartem." (Dt 26,12)

O chamado "dízimo trienal" revela que o cuidado não é ocasional, mas sistemático. A cada três anos, o dízimo é inteiramente dedicado aos que não têm herança. A justiça bíblica é profundamente redistributiva. Não basta reconhecer o dom – é preciso garantir que ninguém fique à margem dele. *wəʾāḵəlû... wəśāḇeʿû* – que comam e se saciem. A justiça se mede pela saciedade dos vulneráveis.

> *wəʾāmartā lipnê YHWH ʾĕlōheḵā biʿartî haqqōḏeš min-habbāyit wəgam nʾtattîw lalēwî walāgēr layāṯôm*

> *wəlā'almānāh kəḵol-miṣwaṯḵā ʲăšer-ṣiwwîṯānî lō'-ʿāḇartî mimmîṣwōṯeḵā wəlō'-šāḵaḥtî*
> "E dirás diante do Senhor teu Deus: Tirei da minha casa o que é sagrado, e o dei ao levita, ao estrangeiro, ao órfão e à viúva, conforme todos os mandamentos que me ordenaste; não transgredi nenhum dos teus mandamentos, nem os esqueci." (Dt 26,13)

Esta é uma confissão de integridade. O fiel declara ter cumprido sua obrigação. A fé não se esconde no íntimo – ela se manifesta na administração da casa. *Biʿartî haqqōḏeš* – eliminei o sagrado da casa. Ou seja, o que era para ser partilhado, foi partilhado. A espiritualidade não pode se esconder atrás de rituais se não gerar justiça concreta. E a memória – *lō'-šāḵaḥtî* – é parte do culto: não esqueci.

> *hašqîp̄ mimməʿôn qodšəḵā min-haššāmayim ûḇāreḵ 'et-ʿamməḵā 'et-Yiśrā'ēl wə'et-hā'ăḏāmāh ʲăšer nāṯattā-lānû kā'ăšer nišbaʿtā lā'ăḇōṯênû 'ereṣ zāḇat ḥālāḇ ûḏəḇāš*
> "Olha desde tua santa morada, desde o céu, e abençoa o teu povo Israel e a terra que nos deste, como juraste a nossos pais: terra que mana leite e mel." (Dt 26,15)

Ao final da entrega, o fiel invoca a bênção. Mas essa súplica só vem depois do cuidado com os vulneráveis. A oração que sobe ao céu é precedida por justiça que desce à terra. *Hašqîp̄ mimməʿôn qodšəḵā* – olha desde tua morada santa. O céu é invocado para ver o que acontece no mercado, no campo, na cidade. A espiritualidade do Deuteronômio é vigilante: Deus olha do céu, mas age onde a partilha ocorre.

> *'et-YHWH he'ĕmartā hayyôm lihyôt ləḵā lē'lōhîm wəlālēḵet bidrāḵāyw wəlišmōr ḥuqqāyw wəmiṣwōṯāyw ûmišpāṭāyw wəlišmōaʿ bəqōlô*
> "A ti mesmo declaraste hoje que o Senhor é teu Deus, que andarás em seus caminhos, guardarás os seus estatutos, os seus mandamentos e os seus juízos, e obedecerás à sua voz." (Dt 26,17)

Este versículo é o coração da renovação da aliança. O verbo *he'ĕmartā* – "declaraste solenemente" – aparece aqui em forma única. O adorador declara publicamente, diante de Deus e da assembleia, que sua vida está vinculada a YHWH. Ser povo da aliança é mais que pertencer por nascimento: é escolher, proclamar, obedecer. Três ações organizam essa fidelidade: *laleḵet bidrāḵāyw* – andar em seus caminhos; *lišmōr...* – guardar suas leis; *lišmōa' bəqōlô* – ouvir sua voz. O corpo, a mente e o coração estão todos comprometidos.

> *wəYHWH he'ĕmîrḵā hayyôm lihyôt lô lə'ām səgullāh*
> *kā'ăšer-dibbēr lāk wəlišmōr kōl-miṣwōṯāyw*
> "E o Senhor declarou hoje que tu és o seu povo especial, como te prometeu, e que guardarás todos os seus mandamentos." (Dt 26,18)

A reciprocidade da aliança se completa. Assim como Israel se comprometeu com YHWH, agora YHWH *he'ĕmîrḵā* – declarou solenemente – que Israel será seu *'ām səgullāh*, povo exclusivo, seu tesouro. O vínculo é mútuo: não imposto, mas selado em promessa e resposta. A palavra que Deus dirige a Israel é a mesma que Israel devolve a Deus. A aliança é uma dança de fala e escuta, de dom e responsabilidade.

> *wələtittəḵā 'elyôn 'al-kol-haggôyim 'ăšer 'āśāh litəhillāh*
> *ûləšēm ûləṯip'ārāh wəlih'yōṯəḵā 'ām qādôš ləYHWH*
> *'ĕlōheḵā kā'ăšer dibbēr*
> "E para te exaltar sobre todas as nações que fez, para louvor, nome e glória, e para que sejas povo santo ao Senhor teu Deus, como ele disse." (Dt 26,19)

O clímax da liturgia é a santidade: *'ām qādôš*. Israel não é elevado entre as nações para dominar, mas para resplandecer como testemunha. Os termos *litəhillāh* (louvor), *šēm* (nome) e *ṯip'ārāh* (glória) indicam que o chamado de Israel é público, visível, glorificante. A obediência à aliança faz de Israel não apenas uma nação, mas uma vocação entre as nações. A santidade não é separação; é sinal. Israel deve viver de tal maneira que sua justiça aponte para Deus.

Capítulo 27

A palavra da aliança, até então proclamada e ouvida, será agora escrita em pedras e proclamada em alta voz diante de todo o povo. A montanha torna-se púlpito. O povo torna-se coro. A bênção e a maldição ganham forma litúrgica e comunitária. A obediência já não é apenas um dever individual: ela passa a ser encenada diante de YHWH e da terra. Trata-se de uma encenação do pacto, em que cada tribo assume sua voz na partilha da responsabilidade. Aqui, a aliança é selada não apenas por mandamentos, mas por maldições – como um modo extremo de proteger a vida contra sua própria violação. O texto inicia com o que segue:

> *wayyəṣaww Mōšeh wəzᵊqēnê yiśrāʾēl ʾet-hāʿām lēʾmōr šəmōrû ʾeṯ-kol-hammiṣwāh ʲăšer ʾānōḵî mᵊṣawweh ʾetḵem hayyôm*
> "E Moisés, com os anciãos de Israel, ordenou ao povo, dizendo: Guardai todos os mandamentos que hoje vos ordeno." (Dt 27,1)

A autoridade agora é plural: *Mōšeh wəzᵊqēnê yiśrāʾēl* – Moisés e os anciãos. Isso sinaliza que a liderança da aliança não é monopolizada. A memória deuteronomista se preocupa em preparar a sucessão. A obediência à Torá é compromisso coletivo, transmitido pelas gerações. A ordem não parte apenas da boca de um profeta – ela ecoa pela boca da comunidade.

> *wəhāyāh bayyôm ʲăšer-taʿăḇrû ʾet-hayyardēn ʾel-hāʾāreṣ ʲăšer YHWH ʾĕlōheḵā nōtēn lāk wəhăqōtāh ʿālêḵā ʾăḇānîm gəḏōlôṯ wəśadtā ʾōṯān baśśîḏ*
> "E será que, no dia em que passardes o Jordão à terra que o Senhor teu Deus te dá, levantarás para ti grandes pedras, e as caiarás com cal." (Dt 27,2)

A travessia do Jordão é um marco não apenas geográfico, mas teológico. O "dia" da entrada na terra será também o dia da escrita da aliança. O ato de inscrever a lei nas pedras, *ʾăḇānîm gəḏōlôṯ*, envolve materialidade sagrada: cal, argamassa, pedra – meios de preservação e visibilidade. A cal torna o texto legível à distância. A palavra de Deus não pode ser enterrada: ela deve ser elevada, visível, inscrita para todos.

> *wəkaṯaḇtāh ʿălêhen ʾet-kol-dibrê hattôrāh hazzōʾṯ bəʿobərêḵā ləmaʿan ʾăšer tāḇōʾ ʾel-hāʾāreṣ ʲăšer YHWH ʾĕlōheḵā nōtēn lāk ʾereṣ zāḇat ḥālāḇ ûḏəḇāš kāʾăšer-dibbēr YHWH ʾĕlōhê ʾăḇōṯêḵā lāḵ*
> "E escreverás nelas todas as palavras desta lei, quando tiveres passado, para que entres na terra que o Senhor teu Deus te dá, terra que mana leite e mel, como o Senhor, Deus de teus pais, te prometeu." (Dt 27,3)

A Torá inteira será escrita. A aliança não é um segredo sacerdotal. É uma palavra pública, popular, acessível. Ao entrar na terra do leite e do mel, o povo precisa carregar a palavra que o trouxe até ali. A promessa se cumpre, mas o cumprimento precisa de memória. A terra prometida, sem a Torá inscrita, se torna apenas território. Com a Torá, torna-se lugar de bênção.

> *wəhāyāh bəʿobərᵊḵem ʾet-hayyardēn tāqîmû ʾet-hāʾăḇānîm hāʾēlleh ʲăšer ʾānōḵî mᵊṣawweh ʾetḵem hayyôm bəhar ʿēḇāl wəśadtāh ʾōṯān baśśîḏ*
> "E será que, quando tiverdes passado o Jordão, levantareis estas pedras, que hoje vos ordeno, no monte Ebal, e as caiarás com cal." (Dt 27,4)

A localização importa. O monte Ebal, que em breve será associado às maldições (cf. v.13), é onde se erguerão as pedras com a Torá. Isso subverte expectativas: o lugar da maldição também é o lugar da inscrição da lei. É como se a própria presença da Torá fosse uma advertência viva: esta palavra pode abençoar ou julgar. Ela é fonte de vida ou de perda – dependendo da resposta do povo.

> *ûḇānîtāh šām mizbaḥ ləYHWH ʾĕlōheḵā mizbaḥ ʾăḇānîm lōʾ-tānîp̄ ʿălêhen barzel*

> "E ali edificarás um altar ao Senhor teu Deus, altar de pedras; não levantarás sobre elas instrumento de ferro." (Dt 27,5)

Esta primeira parte de Deuteronômio 27 estabelece o cenário de um ritual público e pedagógico: a Torá será escrita, visível, lida e encenada diante de todos. A fé bíblica não é feita para o privado ou o esotérico. Ela é montada sobre pedras brancas e pronunciada em voz alta. A comunidade será convocada para ouvir, repetir e carregar a responsabilidade. A aliança se torna espetáculo litúrgico e fundação política. O texto desloca-se da inscrição ao sacrifício, da palavra gravada à carne oferecida. O altar construído sobre o monte Ebal não é mero monumento, mas lugar de comunhão:

> *ûḇānîtāh ʾet-mizbaḥ YHWH ʾĕlōheḵā mizzᵊḇaḥ ʾăḇānîm wəʿēlêṯāh ʿālâ ʿālāyṯ wəziḇaḥtāh šəlāmîm wəʾāḵaltāh šām wəśāmaḥtāh lipnê YHWH ʾĕlōheḵā*
> "E edificarás o altar do Senhor teu Deus com pedras inteiras, e sobre ele oferecerás holocaustos ao Senhor teu Deus, e sacrificarás ofertas pacíficas, e ali comerás e te alegrarás perante o Senhor teu Deus." (Dt 27,6–7)

O altar não é apenas local de expiação – é lugar de comunhão. *ʿālâ* (holocausto) e *šəlāmîm* (oferta pacífica) aparecem juntas: o primeiro é integralmente queimado, o segundo é partilhado em refeição. A presença de Deus se torna banquete. E a liturgia não é austera – é marcada por *śāmaḥtāh*, alegria. Esta refeição diante do altar é um sinal do dom completo: terra, Torá e comunhão.

> *wəkaṯaḇtāh ʿal-hāʾăḇānîm ʾet-kol-dibrê hattôrāh hazzōʾṯ baʾēr hêṭēḇ*
> "E escreverás sobre as pedras todas as palavras desta lei, de maneira bem clara." (Dt 27,8)

A repetição do mandamento de inscrever a Torá reforça sua centralidade. Mas agora um detalhe é acrescentado: *baʾēr hêṭēḇ* – "de maneira bem clara". A revelação não deve ser ambígua, cifrada, hermética. A fé deuteronomista exige clareza: o povo precisa entender o que é exigido. O Deus que fala quer ser compreendido. A Torá é lei, mas também linguagem: sua clareza é seu poder.

> *wayyᵊdabber Mōšeh wəhakkōhănîm halləwiyyîm ʾel-kol-Yiśrāʾēl lēʾmōr hasqēṯ ûšəmaʿ Yiśrāʾēl hayyôm hāyyîtāh ləʿām ləYHWH ʾĕlōhekā̠*
> "E Moisés e os sacerdotes levitas falaram a todo o Israel, dizendo: Escuta e ouve, ó Israel; hoje te tornaste o povo do Senhor teu Deus." (Dt 27,9)

A liturgia alcança seu ponto mais solene: *hayyôm hāyyîtāh ləʿām* – hoje tu te tornaste povo. Não se trata de um início, mas de uma renovação. O "hoje" deuteronomista não é cronológico, é existencial. Cada geração é chamada a viver o "hoje" da aliança, a se tornar povo novamente. Não basta ser herdeiro da promessa – é preciso escolhê-la de novo, em cada gesto, em cada geração.

> *wətišmaʿ bᵊqōl YHWH ʾĕlōheḵā wəʿāśîṯāh ʾet-miṣwōṯāyw wəʾeṯ-ḥuqqāyw ʲăšer ʾānōḵî mᵊṣawweh ʾetḵā hayyôm*
> "E ouvirás a voz do Senhor teu Deus, e cumprirás os seus mandamentos e os seus estatutos que hoje te ordeno." (Dt 27,10)

A resposta à eleição é obediência. Ser povo não é apenas um status – é um caminho: *wətišmaʿ*, ouvir, *wəʿāśîṯāh*, praticar. A voz de Deus é a bússola da identidade. A obediência, neste contexto, não é legalismo: é fidelidade à narrativa da libertação. O povo que foi tirado do Egito precisa andar conforme a voz que o guiou no deserto. A liturgia de Deuteronômio 27 coloca a Torá no centro da vida pública, transformando-a em inscrição, altar e proclamação. A aliança é dramatizada para que seja lembrada. As pedras falam. O altar come com o povo. A montanha ecoa a palavra. E Israel se vê chamado não apenas a crer em Deus, mas a tornar-se povo – hoje e sempre, no gesto, na voz e na memória.

A última seção de Deuteronômio 27 é uma cerimônia de proclamação pública, dividida entre bênção e maldição, mas com ênfase clara no peso da transgressão. O povo é convocado a se dividir entre dois montes: Gerizim para a bênção, Ebal para a maldição. Mas aqui, apenas as maldições são pronunciadas, uma após outra, como se a Torá quisesse gravar em carne e som a gravidade de violar o pacto. Esta liturgia de maldição é teologia feita em voz alta, diante de Deus e do povo, para tornar inapagável a ligação entre justiça, vida e responsabilidade. O texto diz:

> *wayyəṣaww Mōšeh ʾet-hāʿām bayyôm hahûʾ lēʾmōr*
> "E Moisés ordenou ao povo naquele dia, dizendo:"
> (Dt 27,11)

É um novo mandamento ritual, marcado por solenidade e por urgência. *Bayyôm hahûʾ* – naquele dia – reforça o caráter de evento único, não apenas como memória, mas como formação. A aliança não é feita apenas com textos; ela se imprime no corpo da assembleia, nos gestos, nos ecos, nos montes.

> *ʾēlleh yaʿəmədû ləḇāreḵ ʾet-hāʿām ʿal har Gərîzîm bəʿobərᵊḵem ʾet-hayyardēn: Šimʿôn wəLēwî wəYehûḏāh wəYiśśāśḵār wəYôsēp̄ ûḇinyāmîn*
> "Estes estarão sobre o monte Gerizim para abençoar o povo, quando tiverdes passado o Jordão: Simeão, Levi, Judá, Issacar, José e Benjamim." (Dt 27,12)

A bênção é confiada a seis tribos. Todas, exceto uma (Benjamim), são filhos de Lia e de Raquel – as esposas legítimas de Jacó. Há aqui uma composição simbólica. O monte Gerizim, que representará a bênção, é ocupado por descendentes das esposas amadas. Isso não estabelece hierarquia étnica, mas reforça a ideia de que a bênção nasce da fidelidade ao centro da promessa.

> *wəʾēlleh yaʿəmədû ʿal qəlālāh bəhar ʿēḇāl: Rêʾûḇēn Gād wəʾāšēr wəzəḇûlûn Dān wəNap̄tālî*
> "E estes estarão sobre o monte Ebal para a maldição: Rúben, Gade, Aser, Zebulom, Dã e Naftali." (Dt 27,13)

O monte Ebal acolhe as tribos que, segundo a tradição, têm trajetórias ambíguas ou liminares. Rúben, o primogênito que perdeu o direito de primogenitura. Dã, associado à idolatria. Gade, que preferiu a terra a leste do Jordão. Esta divisão não é moralizante, mas pedagógica. O povo inteiro – tanto os do Gerizim quanto os do Ebal – precisa ouvir e repetir as palavras. A responsabilidade é comum.

> *wəʿānû halləwiyyîm wəʾāmrû ʾel-kol-ʾîš Yiśrāʾēl qōl rām*
> "E os levitas responderão, e dirão a todo homem de Israel em alta voz:" (Dt 27,14)

Os levitas assumem o papel de arautos. A maldição será dita *qōl rām* – em voz alta. O volume importa. A aliança precisa ser ouvida, não sussurrada. A palavra de YHWH não é segredo esotérico. É grito público. E cada maldição que segue será acompanhada de um "amém" coletivo – como resposta, como aquiescência, como pacto.

> *ʾārûr hāʾîš ʲăšer yaʿăśeh pesel ûmasēḵāh tōʿăḇaṯ YHWH maʿăśê yᵊḏê ḥārāš wəśām baṣṣāṯer wəʿānâ kol-hāʿām wəʾāmār ʾāmēn*
> "Maldito o homem que fizer imagem de escultura ou de fundição, abominação ao Senhor, obra das mãos de artífice, e a puser em lugar oculto. E todo o povo responderá, e dirá: Amém." (Dt 27,15)

Esta é a primeira maldição – e ela atinge diretamente o coração da idolatria. O problema não é apenas fazer a imagem, mas *śām baṣṣāṯer* – colocá-la em segredo. O pecado escondido é o mais perigoso. A idolatria não precisa de templo – ela pode viver nas sombras do lar. E por isso, exige denúncia pública. O "amém" do povo não é apenas aprovação: é o compromisso de vigiar, de não consentir, de trazer à luz o oculto.

> *ʾārûr maklēh ʾāḇîw wəʾimmô wəʿānâ kol-hāʿām wəʾāmār ʾāmēn*
> "Maldito aquele que desprezar a seu pai ou a sua mãe. E todo o povo dirá: Amém." (Dt 27,16)

Aqui, a maldição recai sobre a quebra da estrutura familiar. Desprezar (*maklēh*) é mais do que desobedecer: é desonrar, desvalorizar. A aliança começa em casa. A Torá não protege apenas o culto, mas também a dignidade das relações cotidianas. Um povo que não respeita pai e mãe não poderá respeitar os estatutos de Deus. Nesta proclamação, Deuteronômio 27 nos obriga a lembrar que a bênção só é possível quando a maldição é reconhecida como real. A Torá não romantiza o compromisso: ela sabe que o coração humano pode ocultar, manipular, desprezar. Por isso, o povo precisa ouvir, repetir, assumir. A maldição proclamada em voz alta é uma muralha contra o esquecimento. A aliança se escreve no corpo coletivo – e seu eco é o "amém" que compromete a todos. O que se vê, portanto, é que a Torá protege o que deve ser sustentado – vida, dignidade, justiça e verdade:

> *ʾārûr maśîg gəḇûl rēʿēhû wəʿānâ kol-hāʿām wəʾāmār ʾāmēn*
> "Maldito aquele que mudar os marcos do seu próximo. E todo o povo dirá: Amém." (Dt 27,17)

Mover marcos – *maśîg gəḇûl* – é um gesto quase invisível, mas devastador. Trata-se de roubo institucionalizado, de fraude disfarçada de legalidade. Quem move os limites da terra desestabiliza famílias, devasta a herança, sabota a justiça. Essa maldição atinge os sistemas que se aproveitam dos pequenos deslocamentos para gerar grandes desigualdades. E o povo responde com "amém": pacto de vigilância contra as violências que fingem ser neutras.

> *ʾārûr mašgêh ʿiwwēr baddāreḵ wəʿānâ kol-hāʿām wəʾāmār ʾāmēn*
> "Maldito aquele que fizer o cego errar no caminho. E todo o povo dirá: Amém." (Dt 27,18)

Aqui, a Torá atinge com precisão as ações de abuso contra o vulnerável. Fazer o cego errar – *mašgêh ʿiwwēr* – é símbolo de todas as formas de manipulação, escárnio e opressão dos frágeis. Não se trata apenas de um gesto cruel, mas de uma traição da aliança. Deus é aquele que vê o invisível; e quem se aproveita do cego confronta diretamente o Deus da justiça.

> *ʾārûr maṭṭê mišpaṭ-gēr yāṯôm wəʾalmānāh wəʿānâ kol-hāʿām wəʾāmār ʾāmēn*
> "Maldito aquele que perverter o direito do estrangeiro, do órfão e da viúva. E todo o povo dirá: Amém." (Dt 27,19)

Este versículo é um dos pilares da teologia social do Deuteronômio. A tríade – *gēr, yāṯôm, ʾalmānāh* – reaparece como sinal dos que dependem inteiramente da justiça do povo. Perverter (*maṭṭê*) o direito deles é perverter a própria Torá. Esta maldição denuncia toda estrutura que institucionaliza a desigualdade, toda decisão política ou jurídica que condena o vulnerável ao silêncio.

> *ʾārûr šōḵēḇ ʿim-ʾēšeṯ ʾāḇîw kî gālāh kənāp̄ ʾāḇîw wəʿānâ kol-hāʿām wəʾāmār ʾāmēn*
> "Maldito aquele que se deitar com a mulher de seu pai, porquanto descobriu a nudez de seu pai. E todo o povo dirá: Amém." (Dt 27,20)

O código sexual aqui não se trata apenas de moralidade privada, mas de honra familiar e de ordem simbólica. *Gālāh kənāp̄ ʾāḇîw* – "descobriu a nudez de seu pai" – é uma fórmula que designa a violação da autoridade paterna e do respeito à estrutura da casa. É um crime de traição e domínio, não apenas de luxúria. A Torá denuncia toda relação que instrumentaliza o corpo do outro para destruir linhagens e desestabilizar o lar.

> *ʾārûr šōḵēḇ ʿim-kol-bhēmāh wəʿānâ kol-hāʿām wəʾāmār ʾāmēn*
> "Maldito aquele que se deitar com qualquer animal. E todo o povo dirá: Amém." (Dt 27,21)

Essa proibição, além de conter implicações morais, está ligada ao culto pagão, a práticas associadas à idolatria cananeia. A violação dos limites entre humano e animal não é só sexual – é teológica. É um gesto de ruptura com a ordem da criação, uma tentativa de destruir as fronteiras que Deus estabeleceu. O "amém" do povo, aqui, reafirma o compromisso com a dignidade da vida.

> *'ārûr šōḵēḇ 'im-'ăḥōṯô bat-'āḇîw 'ô bat-'immô wə'ānâ kol-hā'ām wə'āmār 'āmēn*
> "Maldito aquele que se deitar com sua irmã, filha de seu pai ou filha de sua mãe. E todo o povo dirá: Amém." (Dt 27,22)

Mais uma vez, a maldição recai sobre a destruição dos vínculos familiares. Trata-se da quebra do cuidado, do amor fraterno, da solidariedade primordial. Quem transgride essa fronteira viola a intimidade mais sagrada do lar. A sexualidade bíblica é tecida com responsabilidade. O corpo da irmã não pode ser objeto: ele é sinal da fraternidade e da preservação da dignidade.

> *'ārûr mākkeh rē'ēhû bassāṯer wə'ānâ kol-hā'ām wə'āmār 'āmēn*
> "Maldito aquele que ferir o seu próximo em segredo. E todo o povo dirá: Amém." (Dt 27,24)

A violência oculta – ***bassāṯer*** – é uma das mais covardes. Aqui se inclui não apenas a agressão física, mas todo tipo de ação que busca destruir o outro sem ser visto: calúnia, conspiração, manipulação. A Torá denuncia toda força que age na sombra. O pacto de Israel deve ser feito à luz. A aliança com Deus implica compromisso com a verdade – mesmo (ou sobretudo) quando não há testemunhas.

> *'ārûr lōqeḥ šōḥaḏ ləhaḵōṯ napiš dām nāqî wə'ānâ kol-hā'ām wə'āmār 'āmēn*
> "Maldito aquele que aceitar suborno para matar uma pessoa inocente. E todo o povo dirá: Amém." (Dt 27,25)

Essa é a maldição contra o assassinato político, judicial, institucionalizado. *Lōqeḥ šōḥaḏ* – quem aceita suborno – corrompe o juízo e assassina sem arma: com a caneta, com o silêncio, com a sentença comprada. *Napiš dām nāqî* – sangue inocente – clama ao céu. Aqui, o sistema é posto em julgamento. A justiça que mata em nome do poder é maldita.

> *ʾārûr ʾăšer lōʾ-yāqîm ʾet-dibrê hattôrāh hazzōʾṯ laʿăśōṯ ʾōṯām wəʿāmār kol-hāʿām ʾāmēn*
> "Maldito aquele que não confirmar as palavras desta lei, para cumpri-las. E todo o povo dirá: Amém." (Dt 27,26)

A última maldição é abrangente. Quem não ergue – *lōʾ-yāqîm* – as palavras da Torá, quem não as sustenta na vida prática, está sob juízo. A fidelidade não é apenas ouvir ou repetir: é sustentar. O texto termina com um pacto comunitário: *kol-hāʿām ʾāmēn*. Todo o povo diz amém. A Torá foi proclamada, as maldições foram ditas, e agora cada um, com sua voz, assume o peso da palavra.

Deuteronômio 27 encerra-se com o povo em uníssono, reafirmando a aliança que molda sua história, sua ética, seu destino. Não é um texto de medo, mas de memória. As maldições não visam paralisar, mas proteger. O povo que marcha rumo à terra precisa carregar a palavra em pedras, em sacrifícios e em vozes. Aqui, Israel é feito povo não só pela promessa, mas pelo eco de sua própria resposta: *ʾāmēn*.

Capítulo 28

Deuteronômio 28 inaugura um dos momentos mais intensos da teologia deuteronomista: a retribuição como princípio organizador da vida social, agrícola, política e espiritual de Israel. As bênçãos e maldições não são apenas promessas ou ameaças – são, antes, revelações da lógica da aliança. Obediência gera vida. Rebeldia traz ruptura. O texto constrói um mundo em que fidelidade à Torá se transforma em florescimento visível, enquanto a transgressão desestabiliza todas as esferas da existência. A primeira orientação é:

> *wəhāyāh ʾim-šāmōaʿ tišmaʿ bᵊqōl YHWH ʾĕlōheḵā lišmōr laʿăśōṯ ʾet-kol-miṣwōṯāyw ʾăšer ʾānōḵî mᵊṣawweh ʾōṯāḵ hayyôm ûnəṯānəḵā YHWH ʾĕlōheḵā ʿelyôn ʿal kol-gôyê hāʾāreṣ*

"E será que, se ouvires diligentemente a voz do Senhor teu Deus, para guardares e cumprires todos os seus mandamentos que hoje te ordeno, o Senhor teu Deus te exaltará sobre todas as nações da terra." (Dt 28,1)

A condição é clara e radical: *ʾim-šāmōaʿ tišmaʿ* – se ouvindo, ouvires. Trata-se de uma escuta perseverante, insistente, não ocasional. A escuta é a chave da bênção. O verbo *lišmōr laʿăśōṯ* – guardar para fazer – estabelece que não há bênção sem práxis. A obediência não é uma ideia, mas um caminho. O resultado é *ʿelyôn ʿal kol-gôyê hāʾāreṣ* – ser colocado acima de todas as nações. Mas essa elevação não é imperialista: ela é teológica. Israel será exemplo, não dominador.

ûḇāʾû ʿālêḵā kol-habbᵊrākōṯ hāʾēlleh wəhiśśîḡûḵā kî tišmaʿ bᵊqōl YHWH ʾĕlōheḵā

"E todas estas bênçãos virão sobre ti e te alcançarão, se ouvires a voz do Senhor teu Deus." (Dt 28,2)

As bênçãos são descritas como agentes ativos. Elas virão – *ûḇāʾû* – e te alcançarão – *wəhiśśîḡûḵā*. A imagem é dinâmica: as bênçãos correm atrás do fiel. Elas não são um prêmio distante, mas uma força em movimento. A obediência atrai, não apenas merece. A lógica da aliança é que a vida corre em direção a quem escuta a voz do Senhor.

bārûḵ ʾattāh baʿîr ûḇārûḵ ʾattāh baśśāḏeh

"Bendito serás na cidade e bendito serás no campo." (Dt 28,3)

A bênção não é restrita ao templo ou ao sagrado. Ela permeia todos os espaços: cidade e campo, economia e cultura, cotidiano e cultivo. A Torá quer povo santo em todos os lugares. A justiça de YHWH deve ser visível nas praças e nas plantações. A fidelidade à aliança transforma o urbano e o rural. É uma bênção totalizante, que alcança o chão.

bārûḵ pᵊrî-biṭnᵊḵā ûpᵊrî ʾăḏāmāṯeḵā ûpᵊrî bᵊhĕmᵊtᵊḵā šəgar-ʿălāp̄eḵā wəʿaštar tənê ṣōnḵā

> "Bendito o fruto do teu ventre, o fruto da tua terra e o fruto dos teus animais, as crias das tuas vacas e os rebanhos das tuas ovelhas." (Dt 28,4)

A bênção atinge a fecundidade. O ventre, a terra e os rebanhos – todos são lugares de vida. A promessa não é apenas espiritual, mas corpórea, biológica, concreta. A obediência à Torá gera fertilidade – não como mágica, mas como modo de habitar o mundo de maneira justa e conforme o Criador. O corpo da mulher, o corpo da terra, o corpo dos animais – todos participam da santidade do dom.

> *bārûḵ ʾattāh bᵊḇōʾeḵā ûḇārûḵ ʾattāh bᵊṣēṯeḵā*
> "Bendito serás ao entrares e bendito serás ao saíres." (Dt 28,6)

A vida inteira é cercada de bênção: da chegada à partida, do início ao fim, do nascer ao morrer. O movimento é abençoado. Aqui, o texto constrói uma espiritualidade que não depende de lugares ou de tempos específicos. A fidelidade gera bênção constante, contínua, fluida. A obediência não é apenas uma atitude – é um ritmo, uma forma de andar. A bênção neste texto se torna o solo onde a vida floresce em todas as direções – e, ao mesmo tempo, uma muralha contra o caos. Contra os inimigos:

> *yittēn YHWH ʾet-ʾōyəḇêḵā haqqāmîm ʿālēḵā niggāpîm ləpānêḵā bāderek̲ ʾeḥāḏ yēṣēʾū ʾēleḵā ûḇiššibʿāh dərāḵîm yānūsū ləpānêḵā*
> "O Senhor entregará teus inimigos que se levantarem contra ti derrotados diante de ti; por um caminho virão contra ti, mas por sete caminhos fugirão de diante de ti." (Dt 28,7)

A bênção se transforma em escudo. Os inimigos não apenas são vencidos – eles se dispersam em pânico. A multiplicação dos caminhos de fuga – *biššibʿāh dərāḵîm* – exprime desordem entre os opressores. Onde a Torá é guardada, o mal perde coesão. O povo obediente não apenas vence: ele desestabiliza as estruturas de dominação.

> *yəṣaww YHWH ʾittᵊḵā ʾet-habbᵊrākāh baʾămāsᵊreḵā ûḇᵊḵol-mišlaḥ yadḵā ûḇērāḵḵā bāʾāreṣ ʾăšer YHWH ʾĕlōheḵā nōtēn lāk*
> "O Senhor ordenará que a bênção esteja contigo nos teus celeiros e em tudo o que puseres a tua mão; e te abençoará na terra que o Senhor teu Deus te dá." (Dt 28,8)

A bênção aqui é quase militar – *yəṣaww* – "ordenará" que ela te acompanhe. Ela não é opcional, mas comissionada. Os celeiros – *ʾămāsᵊreḵā* – são símbolos de segurança, fartura e planejamento. O trabalho humano, quando feito com justiça, é cooperador da graça. O povo fiel será próspero não por acúmulo, mas por confiança no Deus que *dá* a terra e *ordena* a bênção sobre ela.

> *yəqîmḵā YHWH lô ləʿām qādôš kāʾăšer nišbaʿ-lāk kî tišmōr ʾet-miṣwōṯ YHWH ʾĕlōheḵā wəhālaḵtāh biḏrāḵāyw*
> "O Senhor te estabelecerá como povo santo para si, como te jurou, se guardares os mandamentos do Senhor teu Deus e andares nos seus caminhos." (Dt 28,9)

O ápice da bênção não é a abundância, mas a santidade. Ser *ʿām qādôš* – povo santo – é ser separado para viver de modo diferente. A prosperidade sem santidade seria idolatria. Mas a santidade aqui não é ascetismo: é ética. É *hālaḵtāh biḏrāḵāyw* – caminhar nos caminhos de Deus. Ou seja, replicar seu caráter – justiça, misericórdia, fidelidade. A bênção mais alta não é o que se tem, mas o que se é.

> *wərāʾû kol-ʿammê hāʾāreṣ kî šēm YHWH niqrāʾ ʿāleyḵā wəyārəʾû mimmēḵā*
> "E todos os povos da terra verão que o nome do Senhor é invocado sobre ti, e terão temor de ti." (Dt 28,10)

Aqui, a bênção se torna testemunho. A justiça visível do povo gera impacto entre as nações. O temor não nasce da força militar, mas do reconhecimento de que *šēm* YHWH – o nome do Senhor – repousa sobre o povo. Não se trata de nacionalismo sagrado, mas de vocação:

Israel é chamado a ser sinal da presença de Deus entre os povos. O temor das nações é o reconhecimento de uma santidade encarnada.

> *wəhôtîrᵊḵā YHWH laṭṭōḇâ bəpᵊrî-biṭnᵊḵā ûbipᵊrî bᵊhēmᵊtᵊḵā ûbipᵊrî ʾăḏāmāṯeḵā ʿal hāʾăḏāmāh ʾăšer nišbaʿ YHWH lāʾăḇōṯêḵā lāṯēṯ lāk*
> "O Senhor te fará abundar em bens, no fruto do teu ventre, no fruto dos teus animais e no fruto da tua terra, na terra que o Senhor jurou a teus pais dar-te." (Dt 28,11)

A bênção é uma superabundância – ***hôtîrᵊḵā... laṭṭōḇâ*** – uma ampliação do bem. A fecundidade se estende ao corpo, ao gado, à terra. O que se prometeu aos pais se cumpre nos filhos. O pacto é geracional. A fidelidade de hoje se transforma em vida para amanhã. Aqui, a teologia do dom se encontra com a teologia da memória: o que Deus jurou não morre, apenas espera a resposta da obediência.

Concluindo a seção das bênçãos em Deuteronômio 28, há uma expansão da promessa de plenitude e estabilidade sobre todos os aspectos da vida: território, trabalho, economia, clima e soberania política. Não há espaço para dualismos – o espiritual, o agrícola, o comercial e o governamental estão entrelaçados em uma só teologia da aliança. A vida, quando guiada pela escuta fiel de YHWH, torna-se harmonia visível. É como se o mundo natural e social fosse restaurado à sua vocação original:

> *yiptāḥ YHWH ləḵā ʾet-ʾeṣārô hāṭṭôḇ ʾet-haššāmayim lāṯēt mᵊṭar ʾarṣᵊḵā bᵊʿittô ûləḇārēḵ ʾet-kol-maʿăśê yāḏeḵā wəhiʾaḇîṭāh laggôyim rabbîm wəʾattāh lōʾ tiqqaḥ*
> "O Senhor abrirá para ti o seu bom tesouro, os céus, para dar chuva à tua terra no tempo certo, e para abençoar toda obra das tuas mãos; e emprestarás a muitas nações, porém tu não tomarás emprestado." (Dt 28,12)

O céu é chamado de ***ʾeṣārô hāṭṭôḇ*** – o bom tesouro de Deus. A bênção é meteorológica, mas profundamente teológica. A chuva no tempo certo é sinal de aliança: não um milagre esporádico, mas um ritmo divino estabelecido. A agricultura torna-se expressão da fidelidade. O trabalho das mãos é honrado, não explorado. E mais: Israel será economicamente autossuficiente, não dependente – emprestará, mas não tomará emprestado. Não por acumular, mas por viver conforme a justiça.

> *ûnəṯānəḵā YHWH lərōʾš wəlōʾ ləzānāḇ wəhāyîṯāh ləmāʿlāh raq wəlōʾ tihyê ləmāṭāh kî tišmaʿ ʾel-miṣwōṯ YHWH ʾĕlōheḵā ʲăšer ʾānōḵî mᵊṣawwḵā hayyôm lišmōr wəlaʿăśōṯ*
> "O Senhor te porá por cabeça e não por cauda; e estarás sempre por cima, e nunca por baixo, se obedeceres aos mandamentos do Senhor teu Deus, que hoje te ordeno, para os guardar e cumprir." (Dt 28,13)

Aqui, a bênção adquire uma dimensão política e simbólica. Ser *rōʾš* – cabeça – não é dominar, mas ser referência. Estar *ləmāʿlāh raq* – somente por cima – é viver com dignidade, com clareza, com autoridade justa. A obediência à Torá eleva não por força, mas por integridade. A maldição é se tornar *zānāḇ* – cauda, ou seja, arrastado pelos outros, sem rumo próprio.

> *wəlōʾ-tāsūr mikkol-haddᵊbārîm ʲăšer ʾānōḵî mᵊṣawwḵem hayyôm yāmîn ûśəmōʾl lāleḵeṯ ʾăḥărê ʾĕlōhîm ʾăḥērîm laʿăḇōdām*
> "E não te desviarás de todas as palavras que hoje te ordeno, nem para a direita, nem para a esquerda, para seguires outros deuses, para os servires." (Dt 28,14)

Esta conclusão não é apenas repetição: é advertência. A bênção é linear, contínua, mas vulnerável. *Lōʾ-tāsūr* – não desviar – implica vigilância constante. A vida justa não se desvia nem à direita nem à esquerda. A idolatria – *ʾăḥărê ʾĕlōhîm ʾăḥērîm* – não é apenas uma escolha espiritual, mas uma traição do mundo onde a bênção opera. É como se a Torá dissesse: basta um pequeno desvio para que o mundo justo se dissolva. Com isso, Deuteronômio 28,1–14 nos oferece a visão mais articulada de bênção que a Bíblia hebraica apresenta: uma sociedade sem fome, sem opressão, sem guerra, sem esterilidade, sem dependência externa, sem idolatria. Mas tudo isso depende de uma escuta: *tišmaʿ bəqōl* YHWH. A bênção é o dom de um mundo estruturado pela justiça de Deus, mas sua permanência exige fidelidade contínua. O capítulo nos convida a imaginar – e desejar – esse mundo. Um mundo onde a palavra de Deus não é apenas lida, mas vivida.

A seção das maldições em Deuteronômio 28 começa a partir do versículo 15. Trata-se de um trecho de extensão impressionante – não apenas em quantidade de versículos, mas em densidade teológica, peso ético e violência simbólica. Se os versículos 1–14 pintam a imagem de uma sociedade justa em harmonia com o Criador, os versículos 15–68 revelam o colapso completo desse mundo. A maldição é o desmantelamento do dom, o avesso da bênção, a teologia do exílio antes do exílio acontecer. O que se verá agora é o que acontece quando o povo abandona a escuta – *lōʾ-tišmaʿ bəqōl* YHWH – e o mundo perde o ritmo da aliança. A teologia do reverso, em que o mundo da bênção é desmontado peça por peça, começa assim:

> *wəhāyāh ʾim-lōʾ-tišmaʿ bəqōl YHWH ʾĕlōhekā ləlišmōr laʿăśōṯ ʾet-kol-miṣwōṯāyw wəḥuqqōṯāyw ʾăšer ʾānōḵî məṣawweh ʾeṯḵā hayyôm ûḇāʾū ʿālêḵā kol-hāqəlālōṯ hāʾēlleh wəhiśśîḡūḵā*
> “Será, porém, que se não ouvires a voz do Senhor teu Deus, para guardares e cumprires todos os seus mandamentos e estatutos que hoje te ordeno, virão sobre ti todas estas maldições e te alcançarão.” (Dt 28,15)

O versículo repete a fórmula do versículo 1, invertendo o conteúdo. Se a bênção vinha ao som da escuta (*tišmaʿ*), a maldição vem ao som da surdez (*lōʾ-tišmaʿ*). A maldição também é ativa – *ûḇāʾū... wəhiśśîḡūḵā* – ela te alcança. O verbo usado para as bênçãos agora se volta contra o povo. A desobediência não é apenas uma falha moral, mas a desestruturação da realidade. A maldição é o mundo colapsando sob o peso da negligência à aliança.

> *ʾārûr ʾattāh baʿîr wəʾārûr ʾattāh baśśāḏeh*
> “Maldito serás na cidade, e maldito serás no campo.” (Dt 28,16)

Tudo que fora abençoado no versículo 3 é agora amaldiçoado. O espaço público – a cidade – e o espaço produtivo – o campo – tornam-se estéreis. Não há refúgio. A desobediência não afeta apenas o santuário ou o ritual, mas todos os espaços. O mundo da aliança não se sustenta quando o povo rejeita sua fonte. A cidade se desorganiza, o campo se seca. A maldição se inscreve no território.

> *ʾārûr t^{ə}nêḵā ûmišʾar^{ə}ṯeḵā*
> “Maldito o teu cesto e a tua amassadeira.” (Dt 28,17)

Agora a maldição invade o espaço doméstico. A cozinha, lugar do pão cotidiano, torna-se lugar de escassez. *T^{ə}nêḵā* – o cesto onde se guarda a colheita – e *mišʾar^{ə}ṯeḵā* – a amassadeira do pão – são amaldiçoados. O que antes era sinal de fartura, agora se torna símbolo de angústia. A falta de alimento não é uma simples consequência econômica, mas uma expressão do distanciamento de Deus.

> *ʾārûr p^{ə}rî-biṭn^{ə}ḵā ûp^{ə}rî ʾăḏāmāṯeḵā šəgar-ʿălāp̄eḵā*
> *wəʿašṯar tənê ṣōnḵā*
> “Maldito o fruto do teu ventre, e o fruto da tua terra, as
> crias das tuas vacas e os rebanhos das tuas ovelhas.”
> (Dt 28,18)

O colapso torna-se total. O ventre – lugar da vida – torna-se espaço de maldição. A terra – lugar da promessa – torna-se infértil. Os animais – símbolo de estabilidade e riqueza – não geram mais vida. Esta inversão ecoa as maldições do Gênesis: dor no parto, maldição sobre o solo, trabalho que não frutifica. A terra prometida se torna hostil quando a voz de Deus é silenciada.

> *ʾārûr ʾattāh b^{ə}ḇōʾeḵā ûʾārûr ʾattāh b^{ə}ṣēṯeḵā*
> “Maldito serás ao entrares, e maldito serás ao saíres.”
> (Dt 28,19)

O movimento humano é amaldiçoado. Onde quer que vá, o ser humano encontra a desordem. Entradas e saídas – que em 28,6 eram envoltas de bênção – agora são cobertas de ameaça. Não há paz na transição, não há proteção na mobilidade. A vida cotidiana se torna território de risco. Estes primeiros cinco versículos da seção das maldições apresentam uma estrutura paralela aos versículos das bênçãos – mas com efeito devastador. A repetição do vocábulo *ʾārûr* (maldito) atua como martelo litúrgico: a fidelidade constrói, a infidelidade implode. O mundo não é neutro: ele responde à escuta ou à surdez. O Deus de Israel, que deu a Torá como caminho de vida, permite que a rejeição dessa Torá se manifeste como morte lenta e espalhada. Prosseguindo, os versículos agora ganham uma dimensão crescente de desintegração e julgamento. A maldição se espalha para além da agricultura e da fecundidade: atinge o corpo, os caminhos, o imaginário coletivo, o ritmo das estações e a ordem do céu. O que está em curso é uma desconstrução teológica da realidade – o mundo deixa de ser um lugar habitável porque deixa de ser um espaço de escuta:

> *yišlaḥ YHWH bᵊḵā ʾet-hammeʾērâ ʾet-hammehūmāh*
> *wəʾet-hammiggāʿeret bᵊḵol-mišlaḥ yadḵā ʾăšer-taʿăśeh*
> *ʿaḏ hiššāmeḏeḵā ûḇeʾaḏeḵā meheyrāh mippᵊnê roʿaʿ*
> *maʿălāleyḵā ʲăšer-ʿăzaḇtānî*
> "O Senhor enviará sobre ti a maldição, a confusão e a frustração em tudo o que empreenderes, até que sejas destruído e repentinamente pereças, por causa da maldade das tuas obras, pelas quais me deixaste." (Dt 28,20)

A tríade aqui é devastadora: ***hammeʾērâ*** (maldição declarada), ***hammehūmāh*** (perturbação) e ***hammiggāʿeret*** (fracasso, devastação). Tudo o que se tocar – ***bᵊḵol-mišlaḥ yadḵā*** – se desmancha. O texto interpreta esse colapso como consequência direta do abandono da aliança: ***ʿăzaḇtānî*** – "me deixaste". A maldição não é punição arbitrária, mas o esvaziamento do mundo quando Deus é deixado para trás.

> *yaḏbēq YHWH bᵊḵā ʾet-haddāberet ʿaḏ kallōtô ʾōṯāḵ mēʿal*
> *hāʾăḏāmāh ʲăšer-ʾattāh bāʾ šāmāh lərištāh*
> "O Senhor fará que a pestilência se apegue a ti, até que te consuma da terra a qual vais para possuí-la." (Dt 28,21)

A terra da promessa – *hā'ădāmāh ʲăšer-'attāh bā' šāmāh ləriš̱tāh* – torna-se espaço de extermínio. A peste – *haddābereṯ* – é personificada como força que "se apega" – *yaḏbēq*. O verbo é o mesmo usado para descrever o apego do homem à sua mulher (Gn 2,24). Aqui, é a destruição que se apega com intimidade ao infiel. A terra, que deveria ser lar, torna-se campo de expulsão.

> *yakēkā YHWH baššeḥep̄eṯ ûbammaqqep̄eṯ ûbaḏalleqeṯ ûbaḥarḥūr ûbaḥereḇ ûbaššidāp̄ôn ûbayyēreq wərədāp̄ūḵā ʿaḏ 'āḇeḏeḵā*
> "O Senhor te ferirá com tísica, febre, inflamação, ardor, espada, crestamento e ferrugem; e te perseguirão até que pereças." (Dt 28,22)

O corpo se torna campo de dor. As enfermidades se sucedem como uma litania do sofrimento. O texto apresenta uma lista que vai da doença interna (*baššeḥep̄eṯ*, provavelmente tuberculose) ao castigo externo (*baḥereḇ*, espada). O termo *rədāp̄ūḵā* – perseguirão – mostra que nem a doença é passiva: ela caça, como fera solta. A vida, separada da escuta, torna-se vulnerável a todo tipo de colapso físico e social.

> *wəhāyû šāmayim ʲăšer-ʿal-rō'šḵā nᵊḥōšeṯ wəhā'āreṣ ʲăšer-taḥaṯeḵā barzel*
> "E o céu sobre a tua cabeça será de bronze, e a terra debaixo de ti será de ferro." (Dt 28,23)

A natureza entra em colapso. O céu, que deveria derramar chuva, torna-se bronze – duro, fechado, hostil. A terra, que deveria dar fruto, vira ferro – infértil, inquebrantável. O mundo torna-se impermeável à vida. A imagem é teológica: sem aliança, não há céu que se abra nem terra que se renda. A criação recusa-se a cooperar com quem se recusa a ouvir.

> *yittēn YHWH 'et-miṭar 'arṣᵊḵā 'āḇāq wāʿāp̄ār min-haššāmayim yērēḏ ʿāleḵā ʿaḏ hiššāmeḏeḵā*
> "O Senhor dará por chuva à tua terra pó e cinza; dos céus descerá sobre ti até que sejas destruído." (Dt 28,24)

A inversão é completa. Em vez de água – pó (*ʿāḇāq*) e cinza (*ʿāp̄ār*). O que deveria nutrir, sufoca. O céu não abençoa – condena. A linguagem é quase apocalíptica: o ciclo da vida é substituído pelo ciclo da morte. E o objetivo final – *ʿaḏ hiššāmeḏeḵā* – é destruição total. O abandono da Torá desfaz o mundo até o pó. A maldição mostra que a obediência à aliança não é apenas devoção religiosa, mas condição de possibilidade para a vida sobre a terra. Céu, corpo, trabalho, terra e história são afetados pela escuta ou pela rejeição. A desobediência não é meramente infração moral: é traição cósmica. O texto não descreve castigos punitivos, mas a ruína que advém quando Israel decide ser seu próprio deus. E o mundo, então, se fecha.

A seção das maldições em Deuteronômio 28 mergulha agora ainda mais fundo na espiral do desmantelamento. O que era praga torna-se cerco; o que era escassez vira invasão; o que era colapso do solo torna-se colapso da identidade. A maldição não destrói apenas o exterior, mas penetra até o centro da cultura, da memória, da família. Aqui, a Torá nos obriga a encarar o custo de um mundo em que a aliança é abandonada. Este não é um castigo isolado, mas uma desconstrução total daquilo que sustenta a vida:

> *yittēn YHWH ʾetkāh nīgāp̄ lipnê ʾōyᵊḇêḵā bāderek̠*
> *ʾeḥāḏ têṣēʾ ʾēlāyw ûḇiššib ʿāh dərāḵîm tānūs ləpānāyw*
> *wəhāyîṯāh ləzaʿăwāh ləkol mamləḵôt hāʾāreṣ*
> "O Senhor te entregará derrotado diante de teus inimigos; por um caminho sairás contra eles, e por sete caminhos fugirás diante deles; e te tornarás objeto de espanto entre todos os reinos da terra." (Dt 28,25)

O versículo inverte frontalmente Dt 28,7. Agora, Israel não dispersa os inimigos – é dispersado. A derrota se torna humilhação pública – *ləzaʿăwāh* – um termo que implica zombaria, ruína visível, vergonha. O povo da aliança, outrora modelo entre as nações, torna-se escândalo. A infidelidade não gera apenas fraqueza militar, mas crise de identidade diante do mundo.

> *wəhāyᵊtāh niblāṯᵊḵā lᵊmāʾăḵāl lᵊkol-ʿōp̄ hāššāmayim*
> *ûləḇᵊhēmat hāʾāreṣ wəʾên-maḥărîḏ*

> "E o teu cadáver servirá de comida a todas as aves dos céus e aos animais da terra, sem que ninguém os espante." (Dt 28,26)

A maldição alcança o corpo morto – *niblāṯᵊḵā*. A dignidade funerária é negada. Nem o mínimo respeito pela morte permanece. O cadáver é devorado como se fosse coisa. Isso representa não apenas o fim da vida, mas o fim da humanidade: a criatura feita à imagem de Deus termina como carniça. *Wə'ên-maḥărîḏ* – "ninguém para espantar" – é o silêncio da ausência absoluta de compaixão.

> *yakēkā YHWH bəšəḥîn miṣrayim ûba'ăḇa'bu'îm*
> *ûbaggārāḇ ûbaḥarāṣet 'ăšer lō'-tûkkāl lēhērāpē'*
> "O Senhor te ferirá com as úlceras do Egito, com tumores, com sarna e com coceira, das quais não poderás ser curado." (Dt 28,27)

Retorna-se ao Egito – não mais como lugar de escravidão, mas como metáfora de praga. As feridas físicas descritas aqui são incuráveis. O corpo, que deveria ser templo da vida, torna-se espaço de dor sem redenção. A menção do Egito evoca a inversão do êxodo: ao invés de sair da casa da escravidão, o povo regressa espiritualmente a ela, trazendo o Egito no próprio corpo.

> *yakēkā YHWH bəšiggā'ōn ûbᵊ'iwwārôn ûbᵊtimḥôn lēḇāḇ*
> "O Senhor te ferirá com loucura, cegueira e confusão de coração." (Dt 28,28)

A mente também é atingida. A maldição chega ao nível da consciência. *Šiggā'ōn* (loucura), *'iwwārôn* (cegueira), *timḥôn lēḇāḇ* (perplexidade, desnorteio do coração). A pessoa já não discerne, já não vê, já não sente com clareza. A aliança não é apenas uma questão moral ou litúrgica – é condição para a sanidade. Fora da escuta de Deus, a mente humana se perde.

> *wəhāyāṯāh mᵊmāšēš băṣṣōhōrayim ka'ăšer-yəmāšēš*
> *hā'iwwēr ba'āpelâ wəlō'-tiṣliaḥ 'et-dərāḵêḵā wəhāyîṯāh*
> *raq 'ōšēq wəgōzēl kol-hayyāmîm wə'ên môšîa'*

> "E andarás às apalpadelas ao meio-dia, como o cego apalpa na escuridão, e não prosperarás nos teus caminhos; e serás oprimido e roubado todos os dias, e ninguém te salvará." (Dt 28,29)

O versículo condensa a desorientação total. Mesmo ao meio-dia – *bắṣṣōhōrayim* – reina a escuridão existencial. A injustiça – *ʿōšēq* – e o roubo – *gōzēl* – tornam-se crônicos. A ausência de *môšîaʿ* – salvador – aponta para a crise escatológica: não há mais libertador. O que se instaurou é um mundo onde o Egito venceu. A cegueira interna substituiu a luz da Torá. O texto desenha a imagem de um povo em colapso: militar, físico, psíquico, moral. A aliança rompida não gera apenas sofrimento – ela dissolve a lógica do mundo. As aves devoram os corpos, a mente se afunda na confusão, o povo foge sem direção, a terra nega seus frutos, e o céu se cala. Deuteronômio 28 é mais do que advertência: é um espelho para ver o que acontece quando o povo que recebeu a palavra opta por ignorá-la. A maldição, neste ponto, já não é castigo – é um mundo desfeito. As maldições em Deuteronômio 28 agora falam da desintegração das estruturas familiares, econômicas e políticas de Israel. A maldição não é apenas externa, mas íntima. A casa se torna um lugar de dor. A esposa é tomada, os filhos são levados, a lavoura não frutifica, o boi é abatido diante dos olhos. O texto atinge o coração do imaginário israelita: terra, trabalho, filhos, justiça e soberania. Tudo entra em ruína:

> *ʾîššâ tʾāraś wəʾîš ʾaḥēr yiškāḇennāh bayit tibneh wəlōʾ tēšēḇ bô kērem tiṭṭāʿ wəlōʾ ṯeḥalləlennû*
> "Desposarás uma mulher, e outro homem se deitará com ela; edificarás uma casa, mas não habitarás nela; plantarás uma vinha, mas não colherás o seu fruto." (Dt 28,30)

Aqui, os três grandes símbolos da estabilidade israelita – esposa, casa, vinha – são profanados. O futuro é expropriado. O casamento se desfaz em violação; a moradia se torna vazio; a vinha não é colhida. A maldição atinge o que há de mais íntimo. A promessa da terra, em vez de gerar repouso, produz luto. Trata-se de um colapso ontológico da esperança.

> *šôrekā ṯišāḥēl lə'ênêḵā wəlō' tōḵēl mimmennû ḥămôrəḵā yiggōzēl milləpānêḵā wəlō' yāšûḇ lāk ṣōnḵā yinnāṯēn lə'ōyəḇêḵā wə'ên-ləḵā môšîa'*
> "O teu boi será morto diante dos teus olhos, e dele não comerás; o teu jumento será tomado diante de ti, e não te será restituído; as tuas ovelhas serão entregues aos teus inimigos, e não haverá quem te salve." (Dt 28,31)

A destruição torna-se espetáculo. O boi abatido diante dos olhos – *lə'ênêḵā* – é símbolo de impotência. A economia da criação é devorada pela injustiça. O texto insiste: *'ên-ləḵā môšîa'* – "não há quem te salve". O vocábulo "salvador", tão central no Êxodo, é aqui negado. Israel está só porque se recusou a ouvir.

> *bānêḵā ûḇnōṯêḵā yinnāṯnū lə'am-'aḥēr wə'ênêḵā rə'ōṯ wənîmōg mêmēḵā wə'ên-ləḵā bîyāḏeḵā*
> "Teus filhos e tuas filhas serão dados a outro povo, e os teus olhos o verão, e desfalecerão de saudade por eles todo o dia; mas não haverá força na tua mão." (Dt 28,32)

A dor aqui é irremediável. Filhos arrancados. Olhos que veem, mãos que não podem. O termo *nîmōg mêmēḵā* descreve um coração que derrete, uma alma consumida pela impotência. A aliança não foi apenas quebrada com Deus – foi quebrada com os filhos. A infidelidade geracional tem como preço a perda dos próprios herdeiros.

> *pᵊrî 'ăḏāmāṯeḵā wəkol-yəgîa'ḵā yō'kēl 'am 'ăšer lō'-yāḏa'tā wəhāyîṯā raq 'ōšēq wərāṣûṣ kol-hayyāmîm*
> "O fruto da tua terra e todo o teu trabalho comerá um povo que não conheces, e serás oprimido e esmagado todos os dias." (Dt 28,33)

A terra não é mais tua. O trabalho não é mais teu. O estrangeiro – aqui símbolo de opressão – consome a herança. A linguagem é impiedosa: *'ōšēq wərāṣûṣ* – opressão e esmagamento. A fidelidade rejeitada gerou uma terra que não responde ao seu cultivador. É o retorno ao Egito em pleno solo prometido.

wəhāyîtāh məšuggāʿ mimmarʾê ʿêynêḵā ʲăšer tirʾeh
"E enlouquecerás com aquilo que os teus olhos virem."
(Dt 28,34)

A maldição penetra a psique. A mente não suporta tanta injustiça. *Məšuggāʿ* – enlouquecido – é aqui o clímax da opressão. A realidade se torna insuportável. A infidelidade gerou um mundo disforme, e agora o povo se vê prisioneiro de um cotidiano que não consegue compreender, muito menos transformar. As maldições tornam-se insuportavelmente humanas. Marido, esposa, filhos, casa, campo, rebanho, corpo, mente – tudo sofre. A fidelidade à aliança, outrora caminho de bênção, ao ser rompida, libera uma força de desintegração que não respeita fronteiras nem hierarquias. O sofrimento é total. A terra não responde. O povo chora. A dignidade se esvai.

Na seção das maldições em Deuteronômio 28, o texto radicaliza ainda mais a reversão da bênção em ruína. Agora, o que era orgulho – a condição de povo eleito, o estatuto de liberdade, o vigor da terra, a soberania sobre o tempo – torna-se humilhação. Israel, que fora tirado do Egito para ser livre, será reconduzido às mesmas condições de escravidão, e ainda piores. Esta seção revela a teologia do exílio antes do exílio. Tudo que era dom agora é retraído. O povo torna-se um espelho rachado, uma ferida aberta, um escândalo para as nações:

wayyāsōḇ ʿălāyḵā ʾet-kol-maḵʾê-miṣrayim ʲăšer yāgartā mippᵊnêhem wəḏāḇəqūḵā
"E o Senhor trará sobre ti todas as pragas do Egito, das quais tiveste medo, e se apegarão a ti." (Dt 28,60)

O Egito, que deveria ter sido superado, retorna como fantasma permanente. O verbo *wəḏāḇəqūḵā* – "se apegarão a ti" – é o mesmo usado para descrever fidelidade conjugal (Gn 2,24), mas aqui é a fidelidade invertida: uma praga que se apega ao infiel. O povo agora está preso àquilo de que um dia foi liberto.

gam kol-ḥōlî wəḵol-maḵʾeh ʲăšer lōʾ-kātûḇ bəsēper haTTôrāh hazzōʾṯ yaʿalēm YHWH ʿāleyḵā ʿaḏ hiššāmeḏeḵā

> "E também toda enfermidade e toda praga que não estão escritas neste livro da Torá, o Senhor trará sobre ti, até que sejas destruído." (Dt 28,61)

A maldição se expande além do escrito – *ʲăšer lōʾ-kāṯûḇ* – isto é, o que não se pode prever. A Torá prevê até o que não prevê. O abandono da aliança não libera apenas o que se pode nomear, mas o que escapa à linguagem. A destruição passa a ser o horizonte inevitável de quem rejeita a voz de YHWH.

> *wənišaʾtᵊm bimmispār məʿaṭ mattiḥtāšer hāyîṯem*
> *kaḵōḵêḇê haššāmayim larōḇ kî lōʾ-šāmaʿtā bᵊqōl*
> *YHWH ʾĕlōheḵā*
>
> "E restarás em pequeno número, em vez de seres como as estrelas do céu em multidão, porque não deste ouvidos à voz do Senhor teu Deus." (Dt 28,62)

A promessa a Abraão – *kaḵōḵêḇê haššāmayim larōḇ* – é invertida. A fecundidade se transforma em extinção. O povo, que deveria multiplicar, é agora reduzido a um resíduo. A razão é clara: *lōʾ-šāmaʿtā bᵊqōl* YHWH. Não se trata de um erro moral isolado, mas de um silenciamento sistemático da escuta.

> *wəhāyâ kaʾăšer sās YHWH ʿălêḵem lēhêṭîḇ ʾeṯkem*
> *ûləharbôṯ ʾeṯkem kēn-yāśûs YHWH ʿălêḵem ləhaʾăḇîḏ*
> *ʾeṯkem ûləhašmîḏ ʾeṯkem ûnispāḥᵊtem mēʿal hāʾăḏāmāh*
> *ʲăšer-ʾattāh bāʾ šāmāh ləriṣ̌ṯāh*
>
> "E será que, assim como o Senhor se alegrou em fazer-vos bem e multiplicar-vos, assim o Senhor se alegrará em destruir-vos e vos exterminar; e sereis desarraigados da terra a que ides para possuí-la." (Dt 28,63)

Este versículo é o mais aterrador. Ele aplica à destruição o mesmo verbo da bênção: *sās* – alegrar-se. Mas essa "alegria" é a satisfação amarga de uma justiça que não pode ser ignorada. O desarraigamento – *nispāḥᵊtem* – é o desenraizar total. A terra, que era herança, torna-

-se expulsora. O exílio é mais que deslocamento: é a desaparição do mundo criado pela aliança.

> *ûhēpîṣᵊḵā YHWH bᵊḵol-hāʿammîm miqqēṣ hāʾāreṣ wəʿaḏ-qēṣ hāʾāreṣ*
> "E o Senhor te espalhará entre todos os povos, de uma extremidade da terra à outra." (Dt 28,64a)

O verbo *hēpîṣ* – espalhar – é o mesmo usado no episódio de Babel (Gn 11,8). O exílio agora se torna global. Israel, chamado a ser um povo, torna-se poeira entre os povos. O texto evoca o trauma do exílio antes mesmo que ele aconteça. A desobediência gera dispersão; a dispersão dissolve a identidade.

> *wəʿāḇaḏᵊtāh šām ʾĕlōhîm ʾăḥērîm ʾăšer lōʾ-yāḏaʿtā ʾattāh wəʾăḇōṯêḵā ʿēṣ wāʾāḇen*
> "E lá servirás a outros deuses, que nem tu nem teus pais conheceram, de madeira e de pedra." (Dt 28,64b)

O fim do exílio é a idolatria. O *ʿēṣ wāʾāḇen* – madeira e pedra – não são apenas ídolos. São símbolos do absurdo teológico. O povo que foi tirado do Egito para servir ao Deus vivo, termina novamente em servidão – agora, ao vazio. A idolatria não é apenas erro – é decadência cultural. A maldição é apresentada em sua forma mais devastadora: o povo desaparece como coletivo, a terra é retirada, o futuro é invertido, o exílio se instala. O Deus que prometeu bênção agora afirma a consequência do abandono: dispersão, idolatria, silêncio. A fidelidade é o que sustenta o mundo. Sem ela, tudo se desfaz.

O capítulo chega agora ao ponto em que a vida em si, outrora celebrada como dom divino, passa a ser desprezada. A maldição assume, por fim, o formato da degradação absoluta:

> *ûḇaggôyim hāhēm lōʾ-taʾnîaḥ wəlōʾ-yihyê mənûaḥ laḵ kap̄-raglāyim wənātan YHWH ləḵā šām lēḇ rāgaz wəkilyôn ʿênayim ûdəāḇôn nāp̄eš*
> "E entre essas nações não terás repouso, nem haverá descanso para a planta dos teus pés; e o Senhor te dará ali um

> coração tremulante, olhos desfalecidos e alma angustiada."
> (Dt 28,65)

Aqui, a maldição é existencial. Não se trata apenas de perder a terra, mas de não encontrar lugar no mundo. *Lēḇ rāgaz* – um coração em tumulto – significa um estado de ansiedade perpétua. Os olhos, antes abertos à luz da Torá, desfalecem. A alma – *nāpeš* – que deveria viver em Shalom, se dissolve em ***dəāḇôn***, uma dor que não cessa. O exílio é muito mais do que geográfico. É o desterro da alma.

> *wəhāyû ḥayyêḵā t^{ə}luyîm l^{ə}ḵā minnēḡeḏ ûpāḥadtā laylā wāyôm wəlōʾ taʾămîn b^{ə}ḥayyêḵā*
> "A tua vida estará como suspensa diante de ti; estarás em temor de noite e de dia, e não crerás na tua própria existência." (Dt 28,66)

Este é um dos versículos mais comoventes de toda a Bíblia hebraica. A vida está *t^{ə}luyîm* – pendurada, precária, por um fio. O tempo – *laylā wāyôm* – é invadido pelo medo. A existência já não é evidente, já não é celebrável. O sujeito exilado, desamparado, não tem sequer a certeza de que está vivo. É a maldição da desrealização. A Torá chega aqui ao limite da linguagem: o ser, quando descolado da escuta, vacila no abismo.

> *babōqer tōmar mî-yittēn ʿereb ûbāʿereb tōmar mî-yittēn bōqer mipp^{ə}ḥaḏ lēḇāḇḵā ^{j}ăšer-tīp̄ḥāḏ ûmimmarʾê ʿênêḵā ^{j}ăšer tirʾeh*
> "Pela manhã dirás: Quem me dera fosse tarde! E à tarde dirás: Quem me dera fosse manhã! por causa do temor do teu coração com que estarás amedrontado, e por causa da visão dos teus olhos que verás." (Dt 28,67)

O tempo, que deveria ser bênção, torna-se maldição. Manhã e noite – *bōqer* e *ʿereb* – já não têm beleza, nem sentido. O medo de viver é tão grande que o sujeito deseja sempre estar noutro momento. É o colapso da experiência do presente. A maldição produz um desajuste temporal. O tempo se torna cárcere.

> *wəhēšîḇḵā YHWH miṣraymāh bassəp̄înōṯ baddāreḵ ʾăšer-ʾāmarṯî ləḵā lōʾ-tōsip̄ ʿôḏ lirʾōṯāh wəhiṯmakkartem šām ləʿōyəḇêḵā ləʿăḇādîm wəlišpāḥôṯ wəʾên-qōnê*
> "E o Senhor te fará voltar ao Egito em navios, pelo caminho de que te disse: Nunca mais o verás! E ali vos vendereis aos vossos inimigos como escravos e escravas, mas não haverá comprador." (Dt 28,68)

O capítulo se encerra com o golpe final. O retorno ao Egito não é libertação – é regressão. A referência ao *caminho que vos disse: nunca mais vereis* é dramática. A promessa é revogada. O povo que fora liberto é agora rejeitado como mercadoria. Pior: *wəʾên-qōnê* – "não há quem compre". Nem para servir Israel tem valor. O mercado não quer, os inimigos não querem, Deus não se pronuncia. Trata-se do completo esvaziamento do sujeito. Este fechamento é brutal. A maldição não é apenas punição: é a descrição da morte da história. A Torá termina este capítulo afirmando que, sem escuta, não há identidade, nem tempo, nem corpo, nem linguagem, nem pertencimento. O exílio final é a indiferença: nem mesmo como escravo Israel é desejado. A vida fora da aliança é uma vida à deriva.

O capítulo 28 de Deuteronômio é uma espiral ascendente e descendente. Nos versículos 1–14, o texto sobe: cada bênção se sobrepõe à anterior, construindo uma imagem quase utópica de um mundo restaurado pela escuta – um mundo onde os céus respondem, a terra frutifica, o corpo floresce, os povos respeitam, e o tempo é plenitude. Mas nos versículos 15–68, o texto desce. E desce fundo. Cada maldição aprofunda o colapso anterior, como se a rejeição à aliança desencadeasse uma erosão que alcança os alicerces da existência. A narrativa, sem filtros, desvela a gramática da desintegração.

O centro teológico deste capítulo não é o castigo, mas a escuta. A escuta – *šāmaʿ* – é o fio que sustenta o tecido do mundo. A fidelidade à voz de YHWH não é apenas um mandamento, mas o que torna a terra habitável, o corpo digno, a sociedade justa, o tempo esperançoso. A infidelidade não é apenas erro – é traição à própria estrutura do ser. Por isso, a maldição não é vingança de Deus, mas o colapso de uma criação desconectada de sua fonte. Há, no capítulo 28, uma teologia da reciprocidade relacional que transcende moralismos simplistas.

O texto sugere que bênção e maldição não são apenas recompensas ou punições, mas manifestações do tipo de mundo que se constrói a partir da aliança ou da sua rejeição. A bênção é o mundo respondendo ao *šemaʿ*; a maldição é o mundo gritando o silêncio do povo.

No entanto, o capítulo termina sem redenção explícita. Não há retorno visível ao paraíso da bênção. Isso é deliberado. A Torá deseja que Israel compreenda o custo de virar o rosto contra o Deus que os tirou da casa da servidão. A ausência de encerramento feliz não é ausência de esperança – é espaço aberto para arrependimento, retorno, *tᵊšûḇāh*. Deuteronômio 28 fecha com um silêncio que pede resposta. É como se Deus dissesse: "a palavra agora está com vocês".

E é assim que o livro de Deuteronômio prepara o seu clímax: ao desvelar a profundidade do exílio e da dor, ele abre espaço para que a escuta seja reencontrada. O capítulo 28 é o Gênesis invertido – a criação desfeita. Mas a própria Torá, ao registrar esse colapso com tamanha precisão e dor, já ensina que não há ruína tão profunda que não possa ser tocada pelo Deus que ama até o fim. A Torá, afinal, termina com Moisés no alto do monte, vendo a terra – não como quem entra, mas como quem ainda crê.

Capítulo 29

O capítulo 29, no cânone hebraico, faz parte da mesma porção que o capítulo 28, sendo frequentemente considerado sua continuidade. Aqui, porém, a estrutura muda: o tom legal e profético cede espaço a uma renovação da aliança no estilo de uma cerimônia litúrgica, que entrelaça retrospectiva e responsabilidade. Moisés fala como um último profeta diante do povo que nasceu no deserto. Seu discurso é memória, mas também apelo:

> *ʾăttem raʾîtᵊm ʾet-kol-ʾăšer-ʿāśā YHWH ləʿêynêḵem*
> *bəʾereṣ-miṣrayim ləparʿōh ûləkol-ʿăḇāḏāyw ûləḵol-ʾarṣōw*
> "Vós vistes tudo quanto o Senhor fez diante de vossos olhos, na terra do Egito, a Faraó, a todos os seus servos e a toda a sua terra." (Dt 29,1)

A abertura é marcada pelo verbo *ra'îtəm* – "vistes" – que vincula a geração presente à memória da libertação. O autor deuteronomista insiste que o povo atual não é estranho ao êxodo. Mesmo sem terem cruzado o mar, são parte do evento por transmissão da tradição, pela escuta que forma identidade. A libertação do Egito não é uma história apenas; é a fundação da realidade moral e espiritual de Israel. Moisés não começa com leis, mas com memória. A teologia de Deuteronômio é pedagógica: não há mandamento sem narrativa.

> *hammaṣṣōt haggəḏōlōt ʾăšer rāʾû ʿênêḵā hammaʾōṯṯōṯ wəhaMôp̄tîm haggəḏōlîm hāʾēlleh*
> "As grandes provas que teus olhos viram, aqueles sinais e maravilhas grandiosas." (Dt 29,2)

Os termos *maʾōṯṯîm* e *môp̄tîm* evocam os sinais de poder de YHWH. A linguagem é quase litúrgica: *haggəḏōlōt... haggəḏōlîm* – "grandezas... grandiosas" – reforçam o caráter extraordinário da ação divina. Contudo, essa ênfase não é para glória; é para responsabilidade. Ver os atos de Deus implica um chamado à fidelidade. A memória não é neutra. Ela convoca.

> *wəlōʾ-nāṯan YHWH lāḵem lēḇ lāḏaʿaṯ wəʿênayim lirʾōṯ wəʾāznayim lišmōaʿ ʿaḏ hayyôm hazzeh*
> "Mas o Senhor não vos deu coração para entender, nem olhos para ver, nem ouvidos para ouvir, até o dia de hoje." (Dt 29,3)

Este versículo é uma acusação e uma graça. A acusação: mesmo com todos os sinais, Israel permaneceu cego, surdo, insensível. A graça: ainda há tempo – *ʿaḏ hayyôm hazzeh* – "até o dia de hoje". A percepção espiritual não é automática; é dom. Aqui, Moisés articula a teologia do dom da escuta: sem que YHWH conceda o coração (*lēḇ*), os olhos (*ʿênayim*) e os ouvidos (*ʾāznayim*), Israel permanece incapaz de fidelidade. A aliança exige mais do que disciplina: requer conversão sensorial, uma regeneração da escuta. É um eco direto do *šəmaʿ Yisrāʾēl* – escutar com o corpo todo.

> *wāʾōlêḵ ʾeṯkem ʾarbaʿîm šānāh bammiḏbār lōʾ bālū śəmaləḵem mēʿălêḵem wənaʿăləḵā lōʾ bālətā mēʿal raglêḵā*
> "E eu vos fiz andar quarenta anos pelo deserto; vossas roupas não se envelheceram sobre vós, nem os teus sapatos se gastaram nos teus pés." (Dt 29,4)

Aqui, a fidelidade de YHWH é expressa no detalhe cotidiano. Roupas e calçados – sinais de cuidado minucioso – sustentam o povo no deserto. A sobrevivência não é explicável economicamente. É milagre. A teologia do deserto, presente em toda a tradição profética, vê nesses anos uma escola do cuidado divino. E ainda assim, o povo não entendeu. A bênção que sustenta o corpo deveria conduzir à escuta da alma. Mas o povo caminhou com os pés calçados, e o coração nu. A narrativa de Deuteronômio 29 é estruturada como uma liturgia pública, em que cada elemento – o passado, o caminho, o coração, a terra – é reordenado pela voz profética. Esta parte do capítulo mergulha na dimensão coletiva e intergeracional da aliança. O texto prossegue dizendo como a vida do povo representava a presença de YHWH nele:

> *lōʾ ʾăḵaltᵊem leḥem ûyayin wəšēḵār lōʾ šətîtem ləmaʿan tēḏəʿū kî-ʾănî YHWH ʾĕlōhêḵem*
> "Não comestes pão, nem bebestes vinho ou bebida forte, para que soubésseis que eu sou o Senhor vosso Deus." (Dt 29,5)

Este versículo transforma a escassez em pedagogia. A ausência de pão e vinho, que poderia ser vista como privação, é reconfigurada como método divino. A fome foi aula. A abstinência, liturgia. *Ləmaʿan tēḏəʿū* – "para que soubésseis" – mostra que o deserto não é só punição: é revelação. A teologia de Deuteronômio tem coragem de reinterpretar o sofrimento como espaço de aprendizagem espiritual. Conhecer YHWH não é resultado de fartura, mas de dependência.

> *ûḇāʾtem ʾel-hammāqôm hazzeh wayyēṣēʾ sîḥôn meleḵ ḥēšbôn ûʿōg meleḵ haBāšān liqrāʾtēnū lammilḥāmāh wannaḵēm*

> "E viestes a este lugar; e Seom, rei de Hesbom, e Ogue, rei de Basã, saíram ao nosso encontro para nos combater, e os derrotamos." (Dt 29,6)

A história recente é lida como continuidade da fidelidade de YHWH. As guerras contra Seom e Ogue não são apenas vitórias militares, mas eventos de legitimação histórica. Moisés está ensinando que a confiança não se constrói apenas com milagres antigos (Egito), mas com os sinais recentes da graça. A narrativa deuteronomista é profundamente temporal: ela costura passado e presente com o fio da providência.

> *wanniqḥā ʾet-ʾarṣām wanniṯtennāh lənāḥălâh lārəʾūḇēnî ûlaggādî wəlaḥăṣî šēḇeṭ hammənāššêh*
> "E tomamos a sua terra, e a demos por herança aos rubenitas, aos gaditas e à meia tribo de Manassés." (Dt 29,7)

A posse da terra a leste do Jordão é registrada aqui como evidência da fidelidade de Deus às promessas, mesmo antes da travessia. A terra – *nāḥălâh* – não é conquista humana, mas dádiva. Ao nomear as tribos beneficiadas, Moisés está lembrando que há uma lógica espiritual na geopolítica de Israel: a herança não é arbitrária; é parte do pacto. A memória é, também, um mapa espiritual.

> *ušmārtᵊm ʾet-dibᵊrê habbᵊrît hazzōʾṯ waʿăśîṯem ʾōṯām ləmaʿan taśkîlû ʾet-kol ʲăšer-taʿăśûn*
> "Guardai, pois, as palavras desta aliança, e cumpram-nas, para que prospereis em tudo o que fizerdes." (Dt 29,8)

A aliança aqui não é apenas um juramento, mas um modo de ser. O verbo *šmāratem* – guardar – reaparece como eixo da resposta humana. Guardar e fazer – *waʿăśîṯem* – são as duas faces da fidelidade. E o propósito não é apenas moral: é sabedoria – *taśkîlû*. Em Deuteronômio, obedecer é tornar-se inteligente, perspicaz, sábio na arte de viver em consonância com Deus. A ética e a inteligência estão inseparavelmente unidas.

> *ʾattem niṣṣāḇîm hayyôm kullᵊḵem lipnê YHWH ʾĕlōhêkem raʾšêkem šibṭêkem ziqnêkem wəšōṭərêkem kol-ʾîš yiśrāʾēl*
> "Vós estais hoje todos em pé diante do Senhor vosso Deus: os cabeças das vossas tribos, os vossos anciãos, os vossos oficiais, todo homem de Israel." (Dt 29,9)

Esta é a cena de renovação da aliança. *Niṣṣāḇîm hayyôm* – "estais em pé hoje" – não é só descrição, mas convocação litúrgica. Moisés convoca todas as camadas sociais: líderes, anciãos, juízes, homens. A aliança é transversal. Não pertence a uma elite, nem se reduz ao clero. Ela é coletiva. É uma teologia da assembleia – um povo inteiro diante de Deus, convocado a se tornar responsável. O discurso de Moisés atinge seu clímax litúrgico e espiritual ao incluir os ausentes, os filhos ainda por nascer, os estrangeiros, e até mesmo o exílio futuro. Trata-se de uma teologia que não fecha sobre si mesma, mas se abre em radical responsabilidade intergeracional. A aliança é uma travessia do tempo, e é no tempo que Israel deve escolhê-la sempre de novo:

> *ṯappᵊkem nišêkem wəgērᵊḵā ʲăšer bᵊqereḇ maḥănêḵā mîḥōṭēḇ ʿēṣêḵā ʿaḏ-šōʾēḇ mêmeḵā*
> "Os vossos filhos, as vossas mulheres e o estrangeiro que está no meio do teu acampamento, desde o cortador de lenha até o tirador de água." (Dt 29,10)

A renovação da aliança não é seletiva. Ela inclui os de dentro e os de fora, homens e mulheres, crianças e estrangeiros – *gērᵊḵā*. Do mais elevado ao mais humilde – *mîḥōṭēḇ ʿēṣêḵā ʿaḏ-šōʾēḇ mêmeḵā* – todos são alcançados. A teologia deuteronomista aqui se mostra subversiva em sua universalidade ética: a aliança, ainda que nacional, nunca é exclusivista. A convivência com o estrangeiro é pactuada junto com o compromisso com Deus.

> *ləʿāḇorəḵā bivrît YHWH ʾĕlōheḵā ûḇiʾālātô ʲăšer YHWH ʾĕlōheḵā kōrēṯ ʿimməḵā hayyôm*
> "Para que entres na aliança do Senhor teu Deus, e no juramento que o Senhor teu Deus hoje faz contigo." (Dt 29,11)

Entrar na aliança – *ləʿāḇorəḵā bivrît* – é mais do que uma formalidade jurídica. É atravessar um limiar espiritual. O verbo usado (*ʿāḇar*) é o mesmo da travessia do Jordão – há aqui uma travessia simbólica, uma Páscoa interior. O juramento de Deus – *ʾālātô* – é sério, solene, perigoso. Ele carrega tanto promessa quanto juízo. Assumir a aliança é entrar num mundo novo, mas também numa nova responsabilidade.

> *ləmaʿan hāqîmōṯəḵā hayyôm lô ləʿām wəhûʾ yihyeh lᵊḵā*
> *lēʾlōhîm kaʾăšer-dibbēr lāk wəkaʾăšer niššāḇ lăʾăḇōṯêḵā*
> *ləʾaḇrāhām lᵊyiṣḥāq ûləyaʿăqōḇ*
> "Para que te estabeleça hoje como seu povo, e ele te seja por Deus, como te disse e como jurou a teus pais, Abraão, Isaque e Jacó." (Dt 29,12)

O fundamento da aliança não é a decisão do povo, mas a fidelidade de Deus aos patriarcas. A escolha de Israel é a continuidade de uma história de promessas. *Ləmaʿan hāqîmōṯəḵā... lô ləʿām* – "para que te estabeleça como povo seu" – expressa a dimensão fundacional dessa relação: é Deus quem faz o povo, e não o contrário. A aliança é dom antes de ser exigência.

> *wəlōʾ ʾittᵊḵem ləḇaḏᵊḵem ʾānōḵî kōrēt ʾet-habbᵊrît hazzōʾṯ*
> *wəʾet-hāʾālâ hazzōʾṯ*
> "E não é somente convosco que faço esta aliança e este juramento." (Dt 29,13)

Esta afirmação é decisiva. O pacto não se limita aos presentes. Há uma dimensão escatológica aqui. A aliança de Moisés atinge os ausentes, os futuros, os ainda não nascidos. O povo da aliança não é apenas o que está em pé no momento litúrgico – é todo Israel ao longo das gerações. A fidelidade, portanto, não é apenas pessoal, mas histórica.

> *kî ʾet-ʾăšer yēšnôh pō ʿimmānū ʿōmēḏ hayyôm lipnê*
> *YHWH ʾĕlōhênū wəʾet-ʾăšer ênennû pō ʿimmānū hayyôm*

> "Mas com aquele que está aqui conosco hoje, diante do Senhor nosso Deus, e com aquele que não está aqui conosco hoje." (Dt 29,14)

Este é um dos versículos mais belos e profundos da Torá. Ele abre a aliança a toda a descendência, mas também a toda a diáspora futura. Os que não estão – *ʾăšer ênennû pō* – são misteriosamente incluídos. A escuta do *šəmaʿ* é um ato transgeracional. A aliança é sempre maior do que os presentes. O texto antecipa, aqui, a possibilidade do exílio, da ruptura e da volta. E ainda assim insiste: a aliança permanece. O coração do povo é o campo onde a aliança deve ser semeada e cultivada. O que Moisés propõe não é apenas uma repetição do pacto anterior, mas uma inscrição mais profunda, um enraizamento da aliança na consciência coletiva de Israel. E, no entanto, mesmo diante dessa solenidade, o discurso assume um tom de advertência. A memória do Egito, do deserto, das vitórias contra reis poderosos e da herança da terra é invocada não apenas para consolidar a gratidão, mas para antecipar a tentação da infidelidade.

> *kî yəḏaʿtem ʾet ʲăšer-yāšābnû bᵊʾereṣ-miṣrayim wəʾet-ʲăšer-ʿāḇarnû bəqereḇ haGōyim ʲăšer ʿaḇarᵊtem.*
> "Porque vós sabeis como habitamos na terra do Egito e como passamos pelo meio das nações pelas quais passastes." (Dt 29,15)

A memória da peregrinação entre as nações é uma memória de contato com outras teologias, outros deuses, outras imagens. A experiência do povo não foi isolada: viveram entre ídolos, assistiram cultos estrangeiros, conviveram com seduções religiosas. O autor deuteronomista entende que o problema da idolatria não é externo – é interior. A aliança é ameaçada não só pelos deuses alheios, mas pelo desejo de imitá-los. Por isso, o alerta:

> *wattirʾû ʾet-šiqqûṣêhem wəʾet-gillûlêhem ʿēṣ wāʾeḇen kēsεp̄ wəzāhāḇ ʲăšer-ʿimmāhem*
> "E vistes os seus ídolos, o seu esterco, de madeira e pedra, de prata e ouro, que havia entre eles." (Dt 29,16)

A expressão *gillûlîm*, muitas vezes traduzida como "ídolos", carrega um tom pejorativo deliberado: pode ser entendido como "excremento", "coisa desprezível". Essa linguagem é teologicamente carregada: ela despreza o valor estético dos ídolos pagãos, desmontando sua pretensa beleza e mostrando sua essência como impureza. A teologia deuteronomista não combate apenas doutrinas, mas imagens – porque sabe que o olhar é o primeiro território da idolatria. O culto aos olhos precede o culto dos joelhos. E é nesse ponto que o texto adentra sua advertência mais cortante:

> *pen yēš bāḵem ʾîš ʾô ʾiššāh ʾô mišpāḥāh ʾô šēḇeṭ ʲăšer-*
> *ləḇāḇô pōnêh hayyôm mēʿim YHWH ʾĕlōhênū lalēḵeṯ*
> *laʿăḇōḏ ʾet-ʾĕlōhê haGōyim hāhēm*
> "Para que não haja entre vós homem, ou mulher, ou família,
> ou tribo cujo coração hoje se desvie do Senhor nosso Deus,
> para ir servir os deuses dessas nações." (Dt 29,17)

A apostasia começa no coração – *ləḇāḇô pōnêh* – "cujo coração se desvie". Antes de ser prática, é direção interior. E não é apenas o indivíduo que importa, mas também a família, a tribo: a corrupção é contagiosa. O risco é coletivo. Por isso, o discurso assume a forma de denúncia preventiva: antes que aconteça, que se saiba o peso. A idolatria, aqui, é uma ameaça mais grave do que o inimigo externo: é traição íntima.

> *pen yēš bāḵem šōrēš pōrêʾ roʾš wəlāʿănāh*
> "Para que não haja entre vós raiz que produza veneno e
> absinto." (Dt 29,18)

O simbolismo da raiz – *šōrēš* – carrega o sentido de origem profunda e invisível. A idolatria é apresentada como erva daninha que se oculta sob o solo, mas cuja toxicidade irrompe na superfície como *roʾš* (veneno) e *lāʿănāh* (absinto). Trata-se de uma advertência ecológica do espírito: o campo da aliança precisa ser purgado de raízes venenosas. Uma pequena infidelidade pode contaminar toda a comunidade. E o autor deuteronomista é implacável com quem se ilude pensando que pode escapar às consequências:

> *wəhāyāh bišāmōʿô ʾet-dibᵊrê haʾālâ hazzōʾṯ wəhitbārēḵ bilḇāḇô lēʾmōr šālôm yihyeh-lî kî bišrîrûṯ libbî ʾēlēḵ ləmaʿan səpōt harāwāh ʾet-hatsāmēʾ*
> "E será que, ouvindo as palavras desta maldição, abençoar-se-á no seu coração, dizendo: Paz haverá para mim, ainda que eu ande segundo o propósito do meu coração, para que a abundância arraste a sede." (Dt 29,19)

Esse é o pecado da presunção. O sujeito escuta a maldição e diz: "comigo não será assim". Esse tipo de autobenção é denunciado como arrogância espiritual. A imagem final – *səpōt harāwāh ʾet-hatsāmēʾ* – pode ser lida como "acrescentar a embriaguez à sede", ou "juntar o regado ao seco", indicando uma sobreposição de iniquidades. Aquele que acha que pode violar a aliança sem sofrer, apenas se acumula em condenação. Não há impunidade sagrada.

> *lōʾ-yōʾēh YHWH slaḥ lô kî ʾāz yahəšān YHWH ʾāšān ʾappô wəqināʾtô bāʾîš hahûʾ*
> "O Senhor não lhe quererá perdoar, mas então fumegará a ira do Senhor e o seu zelo contra tal homem." (Dt 29,20)

A recusa do perdão é aqui radical. A justiça de Deus não pode ser burlada com retórica interior. O zelo divino – *qināʾtô* – é como fogo, e atinge quem transforma a graça em licença. A linguagem se intensifica até a imagem do nome do homem sendo apagado:

> *wəmāḥā YHWH ʾet-šəmô mittaḥat haššāmayim*
> "E o Senhor apagará o seu nome de debaixo dos céus." (Dt 29,20b)

A exclusão do nome – *māḥā šəmô* – é o oposto da promessa feita a Israel de "ter um nome perpétuo". O pacto é vínculo, mas também juízo. O nome riscado é a imagem da perda absoluta da identidade espiritual. Assim, Moisés conclui esse segmento com uma descrição quase litúrgica da ira:

> *wəhəp̄rîšô YHWH lərāʿāh mikkol šibṭê yiśrāʾēl kəḵol haʾālôt habbᵊrît hāḵᵊtûḇāh bᵊsēp̄er hattôrāh hazzeh*
> "E o Senhor o separará para mal, de todas as tribos de Israel, segundo todas as maldições da aliança escritas neste livro da lei." (Dt 29,21)

A separação para o mal – *həp̄rîšô... lərāʿāh* – é a inversão da separação para a santidade. A Torá não esconde o perigo: a aliança é bênção, mas também responsabilidade extrema. E o capítulo termina com um poderoso olhar para o futuro exílico, onde os povos perguntarão o porquê da destruição:

> *wəʾāmar hāḏōr hāʾaḥărôn bənêḵem ʲăšer-yāqûmû mēʾaḥărêḵem wəhannōḵrî ʲăšer-yāḇōʾ mēʾereṣ rᵊḥōqāh wərāʾû ʾet-makkōṯ hāʾāreṣ hāhîʾ*
> "E a geração vindoura, os vossos filhos que se levantarem depois de vós, e o estrangeiro que vier de longe, dirão, quando virem as pragas daquela terra..." (Dt 29,22)

As maldições se tornam testemunho. A terra devastada, os campos ardendo em enxofre e sal, tornam-se sinais de uma aliança traída. E mesmo nessa desolação, há um propósito pedagógico: que os povos, vendo, perguntem. Que o exílio se torne sermão. Que a desolação não seja o fim, mas o ponto de retorno.

> *nistarōṯ ləYHWH ʾĕlōhênū wəhanNigəlōṯ lānû ûləḇānênû ʿaḏ-ʿōlām laʿăśōṯ ʾet-kol-dibrê hattôrāh hazzōʾṯ*
> "As coisas encobertas pertencem ao Senhor nosso Deus, mas as reveladas nos pertencem a nós e aos nossos filhos para sempre, para que cumpramos todas as palavras desta lei." (Dt 29,29)

Este encerramento é uma joia teológica. O mistério pertence a Deus, mas o mandamento pertence a nós. A Torá não revela tudo, mas revela o suficiente para a fidelidade. E isso basta. O segredo – *nistarōṯ* – é dom da transcendência; o mandamento – *nigəlōṯ* – é dom da responsabilidade. Entre o mistério e a revelação, a vida de

Israel é tecida. O capítulo 29 termina, assim, num delicado equilíbrio entre advertência e esperança, entre o peso do juízo e o chamado à sabedoria. O povo é livre, mas sua liberdade é exigente. A aliança é dada, mas precisa ser escolhida – hoje, e de novo, sempre.

Capítulo 30

O capítulo 30 de Deuteronômio é o contraponto luminoso ao abismo das maldições do capítulo 28. Aqui, após os anúncios devastadores da desobediência e do exílio, o texto propõe a reversão: a possibilidade do retorno, do arrependimento, da escuta restaurada. Não se trata de uma simples retomada moral, mas de um movimento teológico radical: mesmo depois da dispersão e da ruína, YHWH permanece fiel à aliança e convoca o povo à vida. Esta primeira parte do capítulo articula a teologia da *tᵊšûḇāh* – o retorno – como categoria central da existência do povo eleito.

O texto começa:

> *wəhāyā kî-yāḇōʾu ʿāleḵā kol-haddəḇārîm hāʾēlleh habbᵊrākāh wəhaqqəlālāh ʲăšer nāṯattî ləpānêḵā wəhăšēḇōṯāh ʾel-ləḇāḇeḵā bəḵol-haggôyim ʲăšer-hiddîḥăḵā YHWH ʾĕlōheḵā šām*
>
> "E será que, quando vierem sobre ti todas estas coisas, a bênção e a maldição que pus diante de ti, e as considerares no teu coração, entre todas as nações para onde o Senhor teu Deus te lançar." (Dt 30,1)

O texto inicia com *wəhāyā* – e será – uma expressão de esperança, de tempo futuro reaberto. O verbo *hăšēḇōṯāh* – literalmente "fizeres voltar ao teu coração" – marca o começo da *tᵊšûḇāh*. O exílio, longe de ser o fim, se torna o espaço da reflexão. No meio da dispersão, o coração pode se reorientar. A bênção e a maldição – antes forças externas – agora se internalizam como discernimento. O que antes era vivência traumática torna-se memória transformada.

> *wəšāḇtā ʾad-YHWH ʾĕlōheḵā wəšāmaʿtā bᵊqōlô kəḵol-*

> *ʾăšer-ʾānōḵî mᵊṣaḇḵā hayyôm ʾattāh ûḇānêḵā bəkol-ləḇāḇeḵā ûḇəkol-nafšḵā*
> "E te converterás ao Senhor teu Deus, e obedecerás à sua voz, conforme tudo o que hoje te ordeno, tu e teus filhos, com todo o teu coração e com toda a tua alma." (Dt 30,2)

Este é o coração do capítulo. O verbo *šāḇtā* – voltar – exprime o movimento espiritual da *tᵊšûḇāh*. Trata-se de um retorno integral: *bəkol-ləḇāḇeḵā ûḇəkol-nafšḵā* – com todo o coração e com toda a alma. A fidelidade não é legalista, mas relacional. Obedecer – *šāmaʿtā bᵊqōlô* – não é submeter-se, mas reentrar no diálogo com YHWH. A aliança é uma escuta renovada.

> *wəšāḇ YHWH ʾĕlōheḵā ʾet-šəḇûtḵā wəriḥămᵊḵā wəšāḇ wəqibbeṣᵊḵā mikkol-hāʿammîm ʲăšer-hĕpîṣəḵā YHWH ʾĕlōheḵā šām*
> "Então o Senhor teu Deus restaurará o teu cativeiro e se compadecerá de ti; e tornará a ajuntar-te dentre todos os povos entre os quais te espalhou o Senhor teu Deus."
> (Dt 30,3)

A resposta divina ao retorno humano é também retorno: *šāḇ* YHWH. A *tᵊšûḇāh* humana encontra eco na *tᵊšûḇāh* divina. O verbo *qibbeṣ* – ajuntar – remete à linguagem escatológica dos profetas. Deus não apenas perdoa, mas reúne, recompõe, reconstrói. A compaixão – *riḥămᵊḵā* – é a mesma raiz de *reḥem* (ventre), evocando a ternura visceral de Deus. A aliança, mesmo ferida, não é esquecida. Deus retorna ao povo que retorna.

> *ʾim-yihyeh niḏaḥᵊḵā biqṣê haššāmayim miššām yəqabbēṣḵā YHWH ʾĕlōheḵā ûmiššām yiqqāḥeḵā*
> "Ainda que o teu desterro esteja nos confins do céu, de lá te ajuntará o Senhor teu Deus, e de lá te tomará." (Dt 30,4)

Aqui, a extensão da promessa alcança os extremos. O exílio não tem distância que impeça o ajuntamento. *Biqṣê haššāmayim* – "nos confins do céu" – exprime a metáfora da distância absoluta, mas também o alcance da fidelidade divina. YHWH é Deus que busca. A história da salvação é, no fim, um movimento de Deus ao encontro dos que se perderam. O texto segue:

> *wəhĕḇîʾăḵā YHWH ʾĕlōheḵā ʾel-hāʾāreṣ ʾăšer-yārāšū ʾăḇōṯêḵā wərišṯāh wəhêṭîḇəḵā wəhirəḇəḵā mēʾăḇōṯêḵā*
> "E o Senhor teu Deus te trará à terra que teus pais possuíram, e tu a possuirás; e ele te fará bem, e te multiplicará mais do que a teus pais." (Dt 30,5)

A promessa da terra é reafirmada, mas com um acréscimo: *wəhirəḇəḵā mēʾăḇōṯêḵā* – "e te multiplicará mais do que a teus pais". A restauração não é apenas retorno ao status anterior. Ela é superação, intensificação da bênção. A teologia do retorno aqui não é nostalgia, mas escatologia: o futuro será maior do que o passado. Deus não apenas restaura – ele refunda.

> *ûmāl YHWH ʾĕlōheḵā ʾet-ləḇāḇeḵā wəʾet-ləḇaḇ zarʿeḵā ləʾahăḇāh ʾet-YHWH ʾĕlōheḵā bəkol-ləḇāḇeḵā ûḇəkol-nafšḵā ləmaʿan ḥayyêḵā*
> "E circuncidará o Senhor teu Deus o teu coração e o coração da tua descendência, para amares ao Senhor teu Deus com todo o teu coração e com toda a tua alma, para que vivas." (Dt 30,6)

Este versículo é teologicamente revolucionário. A circuncisão, antes um rito corporal, torna-se aqui espiritual – *ûmāl* YHWH *ʾet-ləḇāḇeḵā*. O coração, centro da decisão e da escuta, é purificado por Deus. A fidelidade, portanto, já não é apenas mandamento externo, mas transformação interior. O amor a Deus – *ləʾahăḇāh ʾet-*YHWH – torna-se possível porque Deus age no mais íntimo. A aliança se desloca do ritual à interioridade. É o início de uma espiritualidade centrada na graça e na resposta livre. Esse versículo ecoará em Jeremias e em Paulo, quando falarem da "lei escrita no coração" (Jr 31,33; Rm 2,29).

> *wənātan YHWH ʾĕlōheḵā ʾet-kol-hāʾālōṯ hāʾēlleh ʿal-ʾōyəḇêḵā wəʿal-śōnəʾêḵā ʾăšer rəḏāp̄ûḵā*

> "E o Senhor teu Deus porá todas estas maldições sobre os teus inimigos e sobre os que te odeiam, que te perseguiram." (Dt 30,7)

Aqui se realiza a inversão do destino. As maldições que recaiam sobre Israel, em caso de infidelidade, são agora transferidas aos inimigos da aliança. Mas o foco do texto não é a vingança. Trata-se de uma reordenação do mundo segundo a justiça divina. Os perseguidores – *ʾăšer rəḏāp̄ûḵā* – são confrontados pelo próprio Deus. A justiça não nasce da retaliação humana, mas da fidelidade divina.

> *wəʾattāh tāšûḇ wəšāmaʿtā bəqōl YHWH wəʿāśîtā ʾet-kol-miṣwōṯāyw ʲăšer ʾānōḵî məṣaḇḵā hayyôm*
> "E tu voltarás, e obedecerás à voz do Senhor, e farás todos os seus mandamentos que hoje te ordeno." (Dt 30,8)

Retorna o verbo *šāmaʿtā bəqōl* YHWH – escutar a voz do Senhor. A escuta, aqui, não é recomeço moral, mas reentrada em aliança. O verbo *tāšûḇ* – voltar – ecoa como refrão da reconciliação. Voltar é mais do que mudar o comportamento: é reorientar o ser inteiro em direção à Palavra. A Torá, portanto, não exige perfeição, mas retorno. Agora, o texto se move da promessa à convocação, da restauração à responsabilidade:

> *wəhôṯîrḡăḵā YHWH ʾĕlōheḵā bəkol-maʿăśê yadêḵā bəpərî-bitnəḵā ûbəpərî bəhêmətəḵā ûbəpərî ʾăḏāmāṯeḵā ləṭōḇāh kî-yāšûḇ YHWH lāsûs ʿālêḵā ləṭōḇ kaʲăšer-sās ʿal-ʾăḇōṯêḵā*
> "E o Senhor teu Deus te fará prosperar em toda a obra das tuas mãos, no fruto do teu ventre, no fruto dos teus animais e no fruto da tua terra, para o bem; pois o Senhor tornará a alegrar-se em ti para te fazer bem, assim como se alegrou em teus pais." (Dt 30,9)

O retorno da alegria divina – *yāšûḇ* YHWH *lāsûs ʿālêḵā* – é o auge da restauração. Deus não apenas tolera o retorno de Israel: ele se alegra nele. A relação é afetiva, visceral. O termo *sās* – regozijar-se – descreve um Deus que encontra prazer na proximidade restaurada. A terra, o ventre, os rebanhos – tudo se transforma em sinais da bênção que recomeça. O Éden é novamente possível, mas não porque o ser humano é inocente – e sim porque Deus é fiel.

> *kî-tašûḇ ʾel-YHWH ʾĕlōheḵā bəkol-ləḇāḇeḵā ûḇəkol-nafšḵā*
> "Se voltares ao Senhor teu Deus com todo o teu coração e com toda a tua alma." (Dt 30,10)

A condição é relacional. Não se trata de cumprir mandamentos isolados, mas de entregar o coração – ***bəkol-ləḇāḇeḵā*** – e a vida – ***bəkol-nafšḵā***. A conversão é integral. A ***tᵊšûḇāh*** é descrita aqui como reciprocidade: o retorno humano corresponde à iniciativa divina. A graça antecede, mas exige resposta.

> *kî-hammiṣwāh hazzōʾṯ ʲăšer ʾānōḵî mᵊṣaḇḵā hayyôm lōʾ-niplēʾṯ hîʾ mimməḵā wəlōʾ rᵊḥōqāh hîʾ*
> "Porque este mandamento que hoje te ordeno não está oculto de ti, nem está longe." (Dt 30,11)

Essa afirmação desconstrói toda ideia de uma vontade divina inacessível. A Torá não é enigma, nem é inalcançável. A palavra de YHWH está próxima. O verbo ***niplēʾṯ*** – ser maravilhosa ou impossível – aqui é negado: ela não é mística demais, nem inalcançável. A aliança é praticável. O mistério da vontade de Deus é revelado no cotidiano.

> *lōʾ baššāmayim hîʾ lēmōr mî-yaʿăleh-lānû haššāmaymāh wəyiqqāḥêhā lānû wayyašmiʿēnû ʾōṯāh wənaʿăśênû*
> "Não está nos céus, para que digas: Quem subirá por nós ao céu e no-la trará, para que a ouçamos e a cumpramos?" (Dt 30,12)

Aqui o texto brinca com a imagem da transcendência. A Torá não exige mediações esotéricas, não demanda ascensões místicas. Deus já falou. A escuta não é impossível. A revelação é concreta, próxima, ética. Este versículo será fundamental para a teologia rabínica e paulina (cf. Rm 10,6-8), pois fundamenta a ideia de uma Palavra que desceu e se fez acessível.

> *kî-qārōḇ ʾēleḵā haddāḇār məʾōḏ bəpîḵā ûḇilḇāḇeḵā laʿăśōṯô*
> "Porque esta palavra está muito perto de ti, na tua boca e no teu coração, para a cumprires." (Dt 30,14)

A proximidade da Palavra – *qārōḇ ʾēleḵā* – é o clímax da teologia do Deuteronômio. Não se trata apenas de um mandamento escrito em pedra, mas de uma voz inscrita na carne da escuta. O coração e a boca – lugares do desejo e da expressão – são o novo Sinai. A aliança não se impõe de fora; ela se realiza dentro. O mandamento se torna carne, fala, gesto, vida.

> *rᵊʾê nāṯattî ləpānêḵā hayyôm ʾet-haḥayyîm wəʾet-haṭṭōḇ wəʾet-hammāweṯ wəʾet-hārāʿ*
> "Vê que hoje te proponho a vida e o bem, a morte e o mal." (Dt 30,15)

Esta é a convocação final: escolha. O verbo *rᵊʾê* – "vê" – evoca os sentidos. A vida é uma questão de visão. Deus não obriga, mas coloca diante. A liberdade humana é aqui levada ao seu ápice. A escolha entre *ḥayyîm* e *māweṯ* – vida e morte – não é apenas biológica: é espiritual, relacional, comunitária. Por isso, a ordem de YHWH é dada de forma direta:

> *ki ʾānōḵî mᵊṣaḇᵊḵā hayyôm ləʾahăḇāh ʾet-YHWH ʾĕlōheḵā lālēḵeṯ biḏərāḵāyw wəlišmōr miṣwōṯāyw wəḥuqqōṯāyw ûmišpāṭāyw wəḥāyîṯā wərāḇîṯā ûḇērakəḵā YHWH ʾĕlōheḵā bāʾāreṣ ʾăšer-ʾattāh bāʾ-šāmāh lərištāh*
> "Porquanto te ordeno hoje que ames ao Senhor teu Deus, que andes nos seus caminhos, e que guardes os seus mandamentos, os seus estatutos e os seus juízos, para que vivas e te multipliques, e o Senhor teu Deus te abençoe na terra que vais possuir." (Dt 30,16)

O versículo centraliza a vida como um dom que floresce na fidelidade. O amor – *ləʾahăḇāh* – aparece não como sentimento abstrato, mas como práxis: andar, guardar, seguir. O amor é caminho e obediência. O resultado não é só espiritual, mas concreto: multiplicação, bênção, permanência na terra. A teologia do Deuteronômio faz do amor uma política da vida. Não se trata de uma moral isolada, mas de uma ética do cuidado que tem efeitos demográficos, agrários, comunitários. A terra prometida, aqui, não é apenas um dom, mas um espaço de resposta.

> *wəʾim-yāsuṛ ləḇāḇeḵā wəlōʾ tišmāʿ wəniḏaḥtā*
> *wəhištaḥăwîṯā ləʾĕlōhîm ʾăḥērîm wəʿāḇaḏᵊtām*
> "Porém, se o teu coração se desviar, e não ouvires, e fores seduzido, e te inclinares a outros deuses, e os servires." (Dt 30,17)

Aqui, o contraste é inevitável. A escuta se opõe à sedução; o amor, à idolatria; o caminho de Deus, à dispersão. A expressão *wəniḏaḥtā* – "e fores seduzido" ou "arrancado" – liga-se à ideia do exílio como consequência espiritual da infidelidade. A idolatria, que começa com um pequeno desvio do coração – *ləḇāḇeḵā* – culmina em uma devastação coletiva. O texto não admite neutralidade: a vida e a aliança exigem exclusividade. O politeísmo é, na visão deuteronomista, o rompimento radical da relação com Deus, e portanto, da possibilidade de viver em plenitude.

> *higgadtî lāḵem hayyôm kî-ʾāḇōḏ tōʾḇēdûn lōʾ-taʾʾîḵûn*
> *yāmîm ʿal-hāʾăḏāmāh ʲăšer-ʾattāh ʿōbēr ʾet-hayyardēn*
> *ləḇōʾ-šāmāh lərištāh*
> "Hoje vos declaro que certamente perecereis; não prolongareis os dias na terra a qual vais, passando o Jordão, para possuí-la." (Dt 30,18)

A linguagem do juramento – ***higgadtî lāḵem*** – é solene e irrevogável. O texto apresenta as consequências da escolha como inevitáveis. *Tōʾḇēdûn* – "perecereis" – não é dito como punição arbitrária, mas como consequência lógica. A vida fora da aliança é autodestruição. A terra, que antes era cenário da bênção, torna-se insustentável diante da idolatria. O tempo – yāmîm – não se estende a quem rompe com a fonte da vida. A promessa, aqui, é reversível: a fidelidade prolonga a existência; a infidelidade a interrompe.

> *hăʿîḏōṯî ḇāḵem hayyôm ʾet-haššāmayim wəʾet-hāʾāreṣ haḥayyîm wəhammaweṯ nāṯattî ləpānêḵā habbᵊrākāh wəhaqqəlālāh ûḇāḥartā ḇaḥḥayyîm ləmaʿan tiḥyeh ʾattāh wəzarʿeḵā*
> "Os céus e a terra tomo hoje por testemunhas contra vós, de que te propus a vida e a morte, a bênção e a maldição; escolhe, pois, a vida, para que vivas, tu e tua descendência." (Dt 30,19)

Este versículo é um dos mais memoráveis de toda a Torá. A convocação ao testemunho cósmico – haššāmayim *wəhāʾāreṣ* – mostra a solenidade da aliança. A escolha da vida – *ḇāḥartā ḇaḥḥayyîm* – é mais do que sobrevivência; é um projeto espiritual, intergeracional. O verbo *ḇāḥartā* – "escolher" – indica liberdade, mas também responsabilidade. O futuro dos filhos está atado à decisão dos pais. A aliança não é só individual: é comunitária, diacrônica, genealógica. O mandamento da escolha é a convocação ao cuidado dos que virão depois.

> *ləʾahăḇāh ʾet-YHWH ʾĕlōheḵā lišmōaʿ bᵊqōlô ûlidəbōqāh-bô kî-hûʾ ḥayyêḵā wəʾōreḵ yāmêḵā lāšēḇeṯ ʿal-hāʾăḏāmāh ʲăšer-nišbaʿ YHWH lăʾăḇōṯêḵā ləʾaḇrāhām lᵊyiṣḥāq ûləyaʿăqōḇ lāttēt lāhem*
> "Para amares ao Senhor teu Deus, para dares ouvidos à sua voz, e para te apegardes a ele; pois ele é a tua vida e o prolongamento dos teus dias; para que habites na terra que o Senhor jurou a teus pais, Abraão, Isaque e Jacó, que lhes daria." (Dt 30,20)

A conclusão do capítulo une amor, escuta e apego – três movimentos da alma diante de Deus: *ləʾahăḇāh... lišmōaʿ... ûlidəbōqāh-bô*. Este tripé espiritual estrutura toda a teologia deuteronomista. O Deus que prometeu a terra é o mesmo que se oferece como vida. *Hûʾ ḥayyêḵā* – "ele é a tua vida" – é a mais densa declaração existencial da Torá. Deus não é apenas legislador, mas fonte de ser. Viver na terra prometida é, no fundo, viver na aliança. E viver na aliança é escolher amar, escutar e aderir a YHWH com todo o coração. O capítulo encerra com o horizonte da promessa: a terra dos patriarcas, a continuidade da história, e o convite eterno à vida plena com Deus.

O capítulo 30 de Deuteronômio não é apenas um apelo. É uma nova criação. Após o cataclismo de maldições e exílio do capítulo 28 e o compromisso renovado no capítulo 29, o texto emerge aqui como uma teologia da possibilidade. Não há pecado que encerre a história, não há exílio que dissolva a aliança, não há morte que não possa ser confrontada pela vida. O que está diante do povo não é um código fechado, mas uma Palavra viva – *haddāḇār* – que pulsa perto, na boca e no coração. É uma revelação radical: o sagrado está ao alcance do humano. Neste capítulo, a escuta deixa de ser um gesto religioso e se torna um modo de existência. Obedecer a YHWH – *šāmaʿ bəqōlô* – é viver em ressonância com a fonte do ser. A escolha entre vida e morte não é apenas uma decisão ética, mas um reconhecimento metafísico de que a aliança é o eixo em torno do qual a realidade é estruturada. Fora dela, tudo se desfaz. Dentro dela, tudo é restaurado.

A *təšûḇāh* aqui não é regressão, mas avanço. Não se volta para repetir, mas para recomeçar. O verbo *šûḇ* atravessa o capítulo como fio de ouro – retorno do coração, da escuta, do povo, de Deus. A reciprocidade entre retorno humano e retorno divino define a gramática da salvação. Deus retorna ao povo que retorna, e esse retorno mútuo se dá no tempo, no corpo, na terra. É também uma teologia da encarnação. A Palavra não está nos céus, nem além do mar. Ela está próxima – *qārōḇ ʾēleḵā* – como respiração. Essa proximidade destrói a ideia de um Deus longínquo. Em vez disso, revela um Deus que se deixa encontrar nos caminhos da obediência, da justiça, da fidelidade amorosa. A aliança é vivível. A vida em Deus é possível. A decisão final é colocada diante de Israel como um ato de liberdade: *ḥayyîm wəmāweṯ nāṯattî ləpānêḵā* – a vida e a morte te dei diante dos olhos. O ser humano é reconhecido como sujeito de escolha. Mas não sem direção. O próprio texto apela: *ûḇāḥarta ḇaḥayyîm* – escolhe, pois, a vida. A Torá não é neutra. Ela é pedagógica. Ela clama por vida. Ela deseja que o povo permaneça no caminho da bênção.

Por fim, Deuteronômio 30 prepara o povo para a travessia. Mas é uma travessia dupla: do Jordão e do coração. O capítulo não apenas antecipa a entrada na terra, mas inaugura uma espiritualidade de retorno, escuta e decisão. Aqui, a Torá se torna horizonte. E a aliança, sempre de novo, escolha.

Capítulo 31

Deuteronômio 31 marca o início da grande transição narrativa e teológica do Deuteronômio: Moisés, o profeta por excelência, reconhece a finitude de seu ministério e entrega, diante de todo o povo, a liderança a Josué. O capítulo está impregnado de solenidade, mas também de uma tensão profunda: o futuro está prestes a se abrir com a entrada na terra prometida, mas sob a sombra do fracasso previsto. A fidelidade de Deus é reafirmada, mas a infidelidade de Israel é antecipada. Trata-se de uma despedida com os pés no chão e os olhos na promessa – um discurso pastoral, profético e teológico. O texto anuncia o que Moisés fez:

> *wayyēleḵ Mōšeh wayᵊḏabbēr ʾet-haddəḇārîm hāʾēlleh ʾel-kol-yiśrāʾēl*
> "E foi Moisés e falou estas palavras a todo o Israel." (Dt 31,1)

O verbo inicial *wayyēleḵ* – "foi" – marca o movimento do profeta. Moisés caminha até o povo. Ele não fala de cima, nem de longe: aproxima-se para o discurso final. Este gesto inaugura uma despedida que não é teatral, mas comunitária. Moisés fala como quem entrega, mas também como quem ancora a memória do povo numa nova etapa.

> *wayyōmer ʾălēhem ben-mêʾāh wəʿeśrîm šānānōḵî hayyôm lōʾ ʾûḵal ʿôd lāṣēʾt wəlāḇōʾ wəYHWH ʾāmar ʾēlay lōʾ taʿăḇōr ʾet-hayyardēn hazzeh*
> "E disse-lhes: Tenho cento e vinte anos hoje; já não posso mais sair e entrar; e o Senhor me disse: Não passarás este Jordão." (Dt 31,2)

Moisés não apenas anuncia a sucessão: ele confessa sua limitação. A narrativa é marcada por uma teologia do limite: *lōʾ ʾûḵal ʿôd* – não posso mais. O profeta que conduziu Israel por quarenta anos agora reconhece que a travessia final não lhe pertence. A liderança não é posse pessoal. Nem mesmo Moisés tem domínio sobre o destino. A fidelidade ao chamado inclui aceitar o fim do próprio caminho.

> *YHWH ʾĕlōheḵā hûʾ hāʿōḇēr ləpānêḵā hûʾ yašmîḏ ʾet-haggôyim hāʾēlleh milləpānêḵem wəyərištem ʾōṯām Yəhōšūaʿ hûʾ hāʿōḇēr ləpānêḵā kaʾăšer-dibbēr YHWH*
> "O Senhor teu Deus, ele é quem passará adiante de ti; ele destruirá estas nações diante de ti, e tu as possuirás; Josué, ele passará adiante de ti, como o Senhor tem dito."
> (Dt 31,3)

A liderança de Josué é aqui legitimada por uma dupla autoridade: a de Moisés e a de YHWH. O foco, porém, permanece em Deus – *hûʾ hāʿōḇēr* – "ele é quem passa". A travessia do Jordão, assim como a do mar, não será feita por força humana. O verbo *ʿāḇar*, usado tanto para Deus quanto para Josué, recorda a linguagem pascal da travessia: Deus é o verdadeiro guia da jornada.

> *ḥizqû wəʾimṣû ʾal-tîrəʾû wəʾal-taʿărəṣû mippenêhem kî-YHWH ʾĕlōheḵā hûʾ hahōlēḵ ʿimmāḵ lōʾ yarpəḵā wəlōʾ yaʿazəḇeḵā*
> "Sede fortes e corajosos; não temais, nem vos assombreis diante deles; pois o Senhor teu Deus é quem vai contigo; não te deixará nem te abandonará." (Dt 31,6)

Aqui, o texto alcança um de seus pontos mais pastorais. O chamado à coragem – *ḥizqû wəʾimṣû* – não se funda em qualidades humanas, mas na presença divina. Deus não apenas dá ordens; ele vai com eles. A fidelidade de YHWH é expressa em termos quase paternos: *lōʾ yarpəḵā wəlōʾ yaʿazəḇeḵā* – não te soltará nem te deixará. Em um momento de transição e incerteza, a promessa é de permanência.

Agora, Moisés entrega a responsabilidade a Josué diante do povo, mas não apenas como nomeação política: trata-se de uma transmissão sacramental da confiança. O texto diz:

> *wayyiqrāʾ Mōšeh lîYəhōšūaʿ wayyōmer ʾēlāw ləʿênê kol-yiśrāʾēl ḥāzaq wəʾĕmāṣ kî ʾattāh tāḇōʾ ʾet-hāʿām hazzeh ʾel-hāʾāreṣ ʾăšer-nišbaʿ YHWH lăʾăḇōtām lātēṯ lāhem wəʾattāh tannîḥennāh ʾōṯām*
> "E chamou Moisés a Josué, e lhe disse na presença de todo o Israel: Sê forte e corajoso, porque tu entrarás com este povo na terra que o Senhor jurou a seus pais lhes dar, e tu os farás herdá-la." (Dt 31,7)

A presença pública da nomeação é teológica: *ləʿênê kol-yiśrāʾēl*. A liderança não é dom privado, mas serviço comunitário. A repetição do imperativo – *ḥāzaq wəʾĕmāṣ* – articula coragem como virtude necessária à missão. Mas não se trata de força natural: Josué entra *com* o povo, não *acima* dele. Sua autoridade não vem da hierarquia, mas da aliança. O verbo *tannîḥennāh* – "farás herdá-la" – traduz a função do líder como mediador da promessa.

> *ûYHWH hûʾ hahōlēḵ ləpānêḵā hûʾ yihyeh ʿimmāḵ lōʾ yarpəḵā wəlōʾ yaʿazəḇeḵā lōʾ tīrāʾ wəlōʾ tēḥāt*
> "O Senhor é quem vai adiante de ti; ele estará contigo, não te deixará nem te desamparará; não temas, nem te espantes." (Dt 31,8)

O mesmo encorajamento dado ao povo é agora personalizado a Josué. O segredo da liderança está na presença divina. O paralelo com Dt 31,6 reforça que a coragem nasce da certeza de que Deus precede e acompanha. YHWH *hûʾ hahōlēḵ ləpānêḵā* – "O Senhor é quem vai adiante de ti" – é uma afirmação litúrgica. Deus é o verdadeiro guia. A liderança humana é vocação de confiança e escuta.

> *wayyiktōḇ Mōšeh ʾet-hattôrāh hazzōʾṯ wayyiṯnēhā ʾel-hakkōhănîm bənê Lēwî hannōśʾîm ʾet-ʾărôn bərît-YHWH wəʾel-kol-zəqnê yiśrāʾēl*

> "E Moisés escreveu esta Torá, e a deu aos sacerdotes, filhos de Levi, que levavam a arca da aliança do Senhor, e a todos os anciãos de Israel." (Dt 31,9)

Este versículo institui o livro como mediação duradoura da aliança. A *toráh* não é apenas tradição oral – é texto inscrito. O gesto de escrever e entregar – *wayyiktōḇ... wayyiṯnēhā* – marca o início da tradição escritural de Israel. A palavra escrita é confiada aos levitas e aos anciãos, ou seja, àqueles que representam o culto e a sabedoria. A aliança precisa de guardiões, mas também de intérpretes. A Torá é ao mesmo tempo objeto sagrado e fonte de escuta viva.

> *wayyəṣaw Mōšeh ʾōṯām lēmōr miqqēṣ šāḇaʿ šānîm*
> *bəmôʿēḏ šənaṯ haššmittāh bəḥaḡ haśsukkôṯ*
> "E Moisés lhes ordenou, dizendo: Ao fim de cada sete anos, no tempo determinado do ano da remissão, na festa dos tabernáculos." (Dt 31,10)

Aqui se inaugura o princípio da reencenação comunitária da aliança. A Torá deve ser lida em assembleia a cada sete anos, durante *ḥaḡ haśsukkôṯ*, a festa que comemora a peregrinação. O ciclo do jubileu, o descanso da terra, e a escuta da Torá se entrelaçam. A renovação da escuta não é apenas pessoal: é litúrgica, coletiva, rítmica. O texto exige tempo. E tempo exige memória.

Este capítulo, que começou com esperança e encorajamento, termina com uma teologia sóbria: a fidelidade de Deus será constantemente confrontada com a rebeldia humana. Ainda assim, a Palavra – escrita, ensinada, cantada – será o fio que sustentará Israel na travessia do tempo:

> *bəḇô kol-yiśrāʾēl lērāʾōṯ ʾet-pᵊnê YHWH ʾĕlōheḵā*
> *bammāqōm ʲăšer-yibḥār tiqrāʾ ʾet-hattôrāh hazzōʾṯ neged*
> *kol-yiśrāʾēl bāʾəznêhem*
> "Quando todo Israel vier para comparecer perante o Senhor teu Deus, no lugar que escolher, lerás esta Torá diante de todo o Israel, aos seus ouvidos." (Dt 31,11)

Este versículo dá conteúdo à instrução anterior: a leitura pública da Torá torna-se um ritual de renovação da aliança. A assembleia de escuta é feita diante de YHWH – *lērāʾōṯ ʾet-pᵊnê* YHWH – como um reencontro coletivo com a face divina. O verbo *tiqrāʾ* – "lerás" – exprime a transformação do texto em voz, da letra em convocação. A Torá é uma palavra que deve ser ouvida, não apenas conservada.

> *hăqēhēl ʾet-hāʿām hāʾănāšîm wəhannāšîm wəhattappîm wəgērᵊḵā ʲăšer bišʿāreḵā ləmaʿan yišməʿû ûləmaʿan yilməḏû wəyārəʾû ʾet-YHWH ʾĕlōheḵem wəšāmərû laʿăśōṯ ʾet-kol-divrê hattôrāh hazzōʾṯ*
>
> "Ajunta o povo, os homens, as mulheres, os pequeninos, e o estrangeiro que está dentro das tuas portas, para que ouçam, para que aprendam, e para que temam o Senhor vosso Deus, e guardem todas as palavras desta Torá." (Dt 31,12)

A assembleia da escuta é radicalmente inclusiva. Homens e mulheres, crianças – *hattappîm* – e estrangeiros – *gērᵊḵā* – todos são convocados a ouvir, aprender, temer e guardar. Quatro verbos marcam o processo pedagógico da fé: *yišməʿû* (ouçam), *yilməḏû* (aprendam), *yārəʾû* (temam), *šāmərû* (guardem). A escuta da Torá é o fundamento de uma espiritualidade pública, comunitária e formativa. O temor a Deus é fruto da escuta. E a escuta deve ser ensinada desde cedo.

> *wayyōmer YHWH ʾel-Mōšeh hēn qārəḇû yāmêḵā lamût qərāʾ ʾet-Yᵊhōšūaʿ wəhiṣṣāḇû bəʾōhel môʿēḏ wəʾaṣawwênnû wayyēleḵ Mōšeh wəYᵊhōšūaʿ wayyiṯyāṣṣəḇû bəʾōhel môʿēḏ*
>
> "E o Senhor disse a Moisés: Eis que os teus dias se aproximam para morreres; chama a Josué, e apresentai-vos na tenda da congregação, para que eu o comissione. Assim foram Moisés e Josué, e se apresentaram na tenda da congregação." (Dt 31,14)

A transição é agora formalizada na presença divina. A morte de Moisés – *qārəḇû yāmêḵā lamût* – não é ocultada. Ela é acolhida como parte da liturgia da vida. A presença de ambos na tenda – *bəʾōhel môʿēḏ*

– indica que o chamado e a sucessão acontecem no espaço do encontro com Deus. A liderança em Israel nasce da escuta, não da ambição.

> *wayyōmer YHWH ʾel-Mōšeh hinnᵊḵā šōḵēḇ ʿim-ʾăḇōṯêḵā wəqām hāʿām hazzeh wəzānāʾ ʾaḥărê ʾĕlōhê nēḵar hāʾāreṣ ʲăšer-hûʾ bā-šām bəqirbō wəʿăzāḇanî wəhēp̄ēr ʾet-bərîtî ʲăšer kāratî ʿimmô*
> "E o Senhor disse a Moisés: Eis que dormirás com teus pais, e este povo se levantará e se prostituirá após os deuses estranhos da terra em que vai entrar; e me abandonará, e quebrará a minha aliança que fiz com ele." (Dt 31,16)

O anúncio da morte é seguido por uma previsão trágica: a infidelidade do povo. O verbo *zānāʾ* – prostituir-se – exprime a traição religiosa em termos conjugais. A aliança será quebrada. Deus, conhecendo o coração humano, já antecipa a apostasia. Esta não é uma teologia da ingenuidade, mas da graça que resiste mesmo ao fracasso.

> *wəʿattāh kiṯəḇû lāḵem ʾet-haššîrāh hazzōʾṯ wəlammᵊdāh ʾet-bənê yiśrāʾēl śîmāhā bəpîhem ləmaʿan tihyeh-lî haššîrāh hazzōʾṯ ləʿēd bivnê yiśrāʾēl*
> "Agora, pois, escrevei para vós este cântico, e ensinai-o aos filhos de Israel; ponde-o em suas bocas, para que este cântico me seja por testemunha contra os filhos de Israel." (Dt 31,19)

Surge aqui o *šîrāh* – o cântico – como testemunha. Diante da previsão do pecado, Deus não revoga a aliança, mas inscreve no povo um poema que os lembrará de sua vocação e de seu erro. A palavra cantada torna-se memória viva. A pedagogia do Deuteronômio atinge aqui uma nova dimensão: não apenas ler, ouvir ou guardar – mas cantar. O canto se tornará juízo e graça. O motivo da graça não anula o perigo constante do pecado:

> *kî-ʾăḇîʾennû ʾel-hāʾāreṣ ʲăšer-nišbaʿtî lăʾăḇōṯāyw zāḇaṯ ḥālāḇ ûḏəḇāš wəʾāḵāl wəśāḇaʿ wədāš wəpānāh ʾel-ʾĕlōhîm ʾăḥērîm wəʿăḇādûm wəniʾăṣûnî wəhēp̄ēr ʾet-bərîtî*

> "Porque quando eu o tiver introduzido na terra que jurei a seus pais, terra que mana leite e mel, e eles tiverem comido, e se fartado, e engordado, então se voltarão para outros deuses, e os servirão, e me desprezarão, e invalidarão a minha aliança." (Dt 31,20)

O que aqui se narra não é conjectura: é um retrato espiritual recorrente. O problema não é a bênção em si, mas o que ela desperta. A fartura gera esquecimento. O texto antecipa que a abundância da terra – *zāḇaṯ ḥālâḇ ûḏəḇāš* – conduzirá não ao louvor, mas à infidelidade. A prosperidade, longe de ser garantia de fidelidade, torna-se ocasião para o abandono – *pānāh ʾel-ʾĕlōhîm ʾăḥērîm*. O esquecimento de YHWH não é meramente passivo, mas ativo: o povo *niʾăṣûnî* – provocará minha ira. O dom da terra será pervertido por uma memória seletiva e uma fé distorcida.

> *wəhāyā kî-timṣəʾennû raʿōṯ rabbōṯ wəṣārōṯ wəʿānəṯāh haššîrāh hazzōʾṯ ləpānāyw ləʿēd kî lōʾ-tinnāšê mipî zarʿô*
> "E acontecerá que, quando lhe sobrevierem muitos males e angústias, então este cântico responderá diante dele como testemunha, pois não será esquecido da boca de sua descendência." (Dt 31,21)

Esta é a função profética do *šîrāh* – o cântico como testemunho. Ele *ʿānāh* – responderá. Quando a dor atingir Israel, o cântico lembrará a causa: não como castigo punitivo, mas como lembrança pedagógica. A *šîrāh* torna-se consciência. A fidelidade não depende apenas de mandamentos, mas de memórias. O texto faz da poesia um ato teológico: a Palavra cantada ultrapassará o esquecimento – *lōʾ-tinnāšê mipî zarʿô* – e manterá viva a possibilidade de retorno.

> *wayyiktōḇ Mōšeh ʾet-haššîrāh hazzōʾṯ bayyôm hahûʾ wayyəlamməḏēhā ʾet-bənê yiśrāʾēl*
> "E Moisés escreveu este cântico naquele mesmo dia, e o ensinou aos filhos de Israel." (Dt 31,22)

A resposta à antecipação do pecado não é silêncio ou juízo imediato, mas ensino. Moisés escreve e ensina – *wayyiktōḇ... wayyəlammədēhā*. A Palavra é preservada e transmitida. O ensino é o antídoto contra a apostasia. Não há futuro de aliança sem memória, sem escuta, sem repetição. O cântico será ensinado não para entreter, mas para lembrar – contra o esquecimento que o conforto produz.

> *wayyəṣaw ʾet-Yəhōšūaʿ bin-Nûn wayyōmer ḥāzaq wəʾĕmāṣ kî ʾattāh tāḇîʾ ʾet-bənê yiśrāʾēl ʾel-hāʾāreṣ ʾăšer-nišbaʿtî lāhem wəānōḵî ʾehyeh ʿimmāḵ*
> "E ordenou a Josué, filho de Num, e disse: Sê forte e corajoso; pois tu introduzirás os filhos de Israel na terra que lhes jurei; e eu serei contigo." (Dt 31,23)

A liderança é novamente confirmada – mas agora, com o acréscimo do *ʾehyeh ʿimmāḵ* – "eu estarei contigo". A promessa da presença, usada para todo o povo, é aqui dita diretamente a Josué. Essa proximidade reforça que a liderança legítima é aquela que caminha com Deus, não aquela que governa por si. A sucessão de Moisés não é ruptura, mas continuidade sob a mesma promessa.

> *wayəhî kəḵallōṯ Mōšeh liktōḇ ʾet-divrê hattôrāh hazzōʾṯ ʿal-sēfer ʿad tummām*
> "E aconteceu que, acabando Moisés de escrever as palavras desta Torá num livro, até que foram terminadas." (Dt 31,24)

Este momento sela a transição: o texto está completo – *ʿad tummām*. A Torá escrita assume seu lugar como legado de geração em geração. A autoridade de Moisés se consuma na Palavra, e não apenas em sua figura. A completude do livro representa o encerramento de um ciclo, mas também o início de um novo modo de presença de Deus: pela Escritura.

> *ṣawwēh ʾet-halləwiyyîm nōśʾê ʾărôn bərît-YHWH lēʾmōr*
> "Ordenou aos levitas que levavam a arca da aliança do Senhor, dizendo:" (Dt 31,25)

Agora, os levitas – portadores da Arca da Aliança – são incumbidos de guardar também o livro da Torá. A convergência entre arca e escritura é profundamente simbólica: a Torá escrita torna-se extensão da presença divina. A Palavra e a Presença, o Livro e o Espírito, a Lei e o Deus que caminha com o povo – todos se unem na mesma estrutura de fé.

> *lāqəḥû ʾet-sēfer hattôrāh hazzēh wəśamtəmō mimmiṣṣad ʾărôn bərît-YHWH ʾĕlōhekem wəhāyā šām bəkā ləʿēd*
> "Tomai este livro da Torá, e ponde-o ao lado da arca da aliança do Senhor vosso Deus, para que ali esteja por testemunha contra ti." (Dt 31,26)

O livro não é apenas depósito doutrinal: ele é testemunha – *ləʿēd*. Colocado *mimmiṣṣad* da arca, ele acompanha, mas não substitui a presença divina. Ele lembra, denuncia, convoca. A Torá é agora o profeta permanente. Quando Israel esquecer o profeta, ainda terá o texto. Quando o povo esquecer sua vocação, a Palavra sussurrará de dentro do santuário.

> *kî ʾānōkî yādaʿtî ʾet-miryəkā wəʾet-ʿōrəpəkā haqqāšêʾ hēn bəʿōdenî ḥay ʿimmākem hayyôm mamrîm hayyîtem ʿim-YHWH wəʾap̄ kî-ʾaḥărê mōtî*
> "Porque eu conheço a tua rebeldia e a tua dura cerviz; eis que, vivendo eu ainda convosco hoje, já sois rebeldes contra o Senhor; quanto mais depois da minha morte?" (Dt 31,27)

Moisés não idealiza Israel. Ele conhece – *yādaʿtî* – a rigidez do povo. *ʿōrəpəkā haqqāšêʾ* – tua cerviz dura – é expressão recorrente para descrever a teimosia espiritual. A pedagogia deuteronomista nunca esconde a falibilidade humana. O que sustenta a aliança não é a perfeição de Israel, mas a fidelidade persistente de Deus e a permanência da Torá como chamado à conversão.

> *hawqəhîlû ʾēlay ʾet-kol-zəqnê šibṭêkem wəśōṭərêkem wəʾădabbərāh bəʾoznêhem ʾet-haddəbārîm hāʾēlleh wəʾāʿîdāh bām ʾet-haššāmayim wəʾet-hāʾāreṣ*

> "Ajuntai a mim todos os anciãos das vossas tribos, e os vossos oficiais, e falarei aos seus ouvidos estas palavras, e tomarei por testemunhas contra eles o céu e a terra." (Dt 31,28)

O discurso final de Moisés é cerimonial e cósmico. *ʾāʿîḏāh bām ʾet-haššāmayim wəʾet-hāʾāreṣ* – tomarei por testemunhas o céu e a terra – é fórmula profética que amplia o alcance do testemunho. A criação inteira escuta. A aliança é cósmica, não apenas tribal. O povo é chamado à responsabilidade diante do universo.

> *kî-yādaʿtî ʾăḥărê mōṯî hišḥēṯ tašḥitûn wəsartem min-haddāreḵ ʲăšer-ṣiwwîtî ʾetḵem wəqārət ʾetḵem hārāʿāh bəʾaḥărît hayyāmîm kî-taʿăśûn ʾet-hārāʿ bəʿênê YHWH ləhaʿăṣîsô bəmaʿăśê yəḏêḵem*
> "Porque eu sei que depois da minha morte com certeza vos corrompereis, e vos desviareis do caminho que vos ordenei; então vos sobrevirá o mal nos últimos dias, porque fareis o que é mal aos olhos do Senhor, provocando-o com a obra das vossas mãos." (Dt 31,29)

Este versículo sintetiza a teologia do Deuteronômio com realismo escatológico. A corrupção virá – *hišḥēṯ tašḥitûn* – e o desvio será inevitável. Mas o mal que virá – *hārāʿāh bəʾaḥărît hayyāmîm* – não será acaso: será consequência. A aliança é condição de vida. Fora dela, o caos retorna. O futuro se abre não apenas como promessa, mas como escolha permanente.

> *wayədabbēr Mōšeh bəʾoznê kol-qᵊhal yiśrāʾēl ʾet-divrê haššîrāh hazzōʾṯ ʿad tummāmāh*
> "E Moisés falou aos ouvidos de toda a congregação de Israel as palavras deste cântico até o seu fim." (Dt 31,30)

E assim termina o capítulo: com a Torá pronta, o cântico iniciado, a sucessão estabelecida e a esperança colocada não na perfeição de Israel, mas na permanência da Palavra. O que Moisés entrega ao povo é a escuta – *bəʾoznê kol-qᵊhal yiśrāʾēl*. Israel não herdará

Moisés, mas herdará sua voz. E enquanto a voz ecoar, ainda haverá chance de retorno.

Deuteronômio 31 é um capítulo de transição, mas também de tensão. Ele não apenas marca a passagem da liderança de Moisés para Josué – ele carrega, em seu âmago, a consciência de que nem mesmo o dom da terra, nem mesmo a clareza da Torá, impedirão Israel de trair a aliança. Esta consciência, longe de levar à desistência divina, revela o realismo radical da teologia deuteronomista: Deus sabe, desde já, que o povo não será fiel – e, ainda assim, permanece fiel à aliança. Isso significa que a história de Israel, e por extensão, da humanidade, se desenrola entre o chamado persistente de Deus e o fracasso reincidente do ser humano. O mistério da aliança não está na perfeição da resposta humana, mas na insistência da voz divina que convoca, exorta, renova e recomeça.

O capítulo apresenta três instituições fundamentais da teologia de Israel: a liderança, a escritura e o cântico. Josué é comissionado diante do povo, não como um substituto de Moisés em estatura profética, mas como executor fiel da Palavra já revelada. A liderança, portanto, não é carismática no sentido moderno: ela é mediadora da Torá, não fonte de novas revelações. A Torá escrita, por sua vez, se torna o eixo de continuidade entre as gerações. Ao ser entregue aos sacerdotes e anciãos, o texto assume seu lugar como critério, testemunha e presença da voz divina no meio do povo. Mas é o cântico – ainda não apresentado, mas antecipado – que expressa com mais força a estrutura paradoxal da fé. Deus sabe que será traído, mas ainda assim ensina Israel a cantar. O cântico será testemunha contra o povo, mas também memorial de sua vocação. Ele funcionará como o eco da aliança no tempo, lembrando Israel de sua identidade, mesmo quando ela estiver obscurecida. No cântico está contida uma pedagogia da memória e da resistência: Israel fracassará, mas a Palavra resistirá. E onde há Palavra, ainda há escuta. E onde há escuta, ainda é possível retorno.

Assim, Deuteronômio 31 nos ensina que a fé não é ausência de crise, mas perseverança no meio da infidelidade. Deus se adianta ao pecado do povo, não para condená-lo, mas para garantir que, quando ele cair, a Torá ainda estará ali, o cântico ainda poderá ser ouvido, a liderança ainda apontará para a presença do Deus que caminha adiante. O capítulo é uma despedida, mas também uma promessa: mesmo quando os profetas morrem, mesmo quando o povo erra, a Palavra permanece – para lembrar, para julgar, para restaurar.

Capítulo 32

Deuteronômio 32, o célebre *Šîrat Mōšeh*, o Cântico de Moisés – é uma das peças poéticas e teológicas mais profundas do Pentateuco. Trata-se de uma composição que une louvor, denúncia, juízo e esperança em um só gesto textual. Ele não apenas resume a narrativa da aliança: dramatiza o próprio drama de Israel diante da fidelidade de YHWH e da infidelidade humana. Seu tom é cortante, sua memória é acusadora, sua finalidade é pedagógica. A Torá se faz música, e a música se faz testemunha. O texto começa com poesia:

> *hăʾăzînû haššāmayim wəʾăḏabbērāh wətišmaʿ hāʾāreṣ ʾimrê-pî*
> "Inclinai os ouvidos, ó céus, e falarei; e ouça a terra as palavras da minha boca." (Dt 32,1)

A invocação cósmica já era anunciada em Dt 31,28 e agora se realiza: os céus e a terra são convocados como testemunhas. O verbo *hăʾăzînû* – "dai ouvidos" – é o mesmo que dá nome ao cântico (Haazinu). O profeta-poeta fala para além de Israel: a criação inteira escuta. A revelação da aliança é pública, planetária, escatológica. A Torá não é um segredo de Israel, mas o eixo de justiça do universo.

> *yaʿărop̄ kammāṭār liqḥî taʿăzāl katal ʾimrātî kiśʿîr ʿalê-deše ʾ wəkirqāḇîm ʿalê-ʿēśeb*
> "Destile a minha doutrina como a chuva, caia o meu dito como o orvalho, como chuvisco sobre a relva, e como gotas sobre a erva." (Dt 32,2)

A Torá aqui é comparada à chuva, ao orvalho, ao sereno. A palavra de YHWH não é martelo, mas vida silenciosa que fecunda. *liqḥî* – minha doutrina, meu ensino – é descrito como uma força que irriga. Essa imagem agrícola evoca a dependência do povo à Palavra. Sem ela, não há colheita. A revelação é feita para sustentar, não para esmagar. É uma pedagogia da fertilidade.

> *kî šēm YHWH ʾeqrāʾ hāḇû gōḏel lĕʾĕlōhênû*
> "Porque invocarei o nome do Senhor; dai grandeza ao nosso Deus." (Dt 32,3)

A solenidade se intensifica. O nome de YHWH será proclamado – *šēm* YHWH *ʾeqrāʾ* – e a resposta esperada é *gōḏel*, exaltação, reconhecimento da majestade. A relação é recíproca: Deus se revela, o povo responde. Mas este versículo também introduz um movimento teológico: antes de acusar o povo, o cântico afirma o caráter de Deus. Não se trata de denúncia arbitrária. A justiça divina será medida contra o padrão da sua própria fidelidade.

> *hassûr tammîm pōʿalô kî kol-dərāḵāyw mišpāṭ ʾēl ʾĕmûnāh wəʾēn ʿāwel ṣaddîq wəyāšār hûʾ*
> "Ele é a Rocha, perfeita é sua obra; pois todos os seus caminhos são justiça; Deus é fidelidade, e não há injustiça; justo e reto é ele." (Dt 32,4)

Aqui está o fundamento teológico do juízo que se seguirá. Deus é *hassûr* – a Rocha – símbolo de estabilidade, força, refúgio. Tudo o que Ele faz é *tammîm* – íntegro, inteiro. O termo *ʾĕmûnāh* – fidelidade – destaca que Deus não é volúvel nem arbitrário. *ṣaddîq wəyāšār* – justo e reto. A acusação contra Israel, que virá nos versículos seguintes, será uma acusação fundamentada no contraste: a Rocha permanece, o povo vacila.

> *šiḥēt lōʾ lō ḇānāw mūmām dōr ʿiqqēš ûpətaltōl*
> "Procederam corruptamente contra ele; não são seus filhos, mas sua mancha; geração tortuosa e perversa." (Dt 32,5)

A denúncia começa abrupta. A corrupção do povo – *šiḥēt* – não altera a integridade de Deus, mas rompe a relação filial. *lōʾ lō ḇānāw* – não são seus filhos. Em vez de refletirem o caráter do Pai, são *mūmām* – sua mácula. A linguagem é mordaz: o povo se tornou o oposto de Deus. A aliança, que deveria gerar fidelidade, produziu uma *dōr ʿiqqēš ûpətaltōl* – geração tortuosa e perversa.

> *hălā YHWH tigməlû-zōʾṯ ʿam nāḇāl wəlōʾ ḥākām hălōʾ hûʾ*
> *ʾāḇîḵā qānêḵā hûʾ ʿāśḵā wayəkōnənḵā*
> "É assim que recompensais ao Senhor, ó povo tolò e sem sabedoria? Não é ele teu Pai, que te adquiriu? Ele te fez e te estabeleceu." (Dt 32,6)

A pergunta retórica é acusação e lamento. A ironia – *ʿam nāḇāl wəlōʾ ḥākām* – expõe a inversão: um povo que deveria ser sábio torna-se tolo. A linguagem da criação é retomada: *ʾāḇîḵā qānêḵā* – teu Pai, teu Criador. A aliança é, de novo, vista como relação paterna – mas os filhos negam o rosto do Pai. A insensatez de Israel é relacional: é uma traição ao vínculo que os formou. Prosseguimos agora, aprofundando a poesia profética do *Šîrat Mōšeh*. Após a denúncia da infidelidade do povo, o cântico desloca o foco para a memória da eleição. A pedagogia deuteronomista retorna sempre à origem – pois só quem se lembra pode se arrepender, e só quem reconhece o início pode discernir o desvio:

> *zəḵōr yəmōt ʿōlām bînû šənōt dōr wādōr šăʾal ʾāḇîḵā*
> *wəyagēḏḵā zəqēnêḵā wəyōʾmərū lāḵ*
> "Lembra-te dos dias da antiguidade, considera os anos de geração em geração; pergunta a teu pai, e ele te contará; aos teus anciãos, e eles te dirão." (Dt 32,7)

O chamado é à memória – *zəḵōr yəmōt ʿōlām*. A tradição é transmitida por testemunhas vivas: o pai, os anciãos. Em uma cultura da oralidade, o esquecimento não é apenas desleixo, mas infidelidade. A memória é teológica: conhecer a história é conhecer YHWH. Por isso, a *bînâ* (consideração, discernimento) é fruto do ouvir os que vieram antes. O passado, aqui, não é nostalgia, mas fundação.

> *bəhanchēl ʿelyôn gōyim bəhafrîdō benê ʾādām yāṣeḇ*
> *gəḇūlōṯ ʿammîm ləmispar benê yiśrāʾēl*

> "Quando o Altíssimo distribuía as nações, quando separava os filhos dos homens, estabeleceu os limites dos povos segundo o número dos filhos de Israel." (Dt 32,8)

Este verso estabelece uma cosmologia da eleição. A história das nações é organizada *ləmispar benê yiśrāʼēl* – de acordo com Israel. A tradução depende da leitura do texto massorético ou da Septuaginta/Qumran (que trazem "filhos de Deus). De toda forma, o ponto é claro: a eleição de Israel está inscrita na arquitetura da história. O Deus que rege o universo o faz com atenção a seu povo. O mundo é cenário da aliança.

> *kî ḥēleq YHWH ʻammô yaʻăqōḇ ḥēḇel naḥălātô*
> "Pois a porção do Senhor é o seu povo; Jacó é a parte da sua herança." (Dt 32,9)

Neste verso belíssimo e breve, a reciprocidade da aliança é afirmada: Israel pertence a YHWH, e YHWH escolhe Israel como *ḥēleq* – porção, parte, herança. *ḥēḇel naḥălātô* – "cordel da sua herança" – evoca a imagem do território medido, mas também da intimidade da posse. Não se trata de domínio impessoal, mas de um laço eleito, querido, inseparável.

> *yimṣāʼēhû bəʼereṣ midbār ūḇətōhū yəlēl yəšīmōn*
> *yəsōḇəḇennû yəbōnənēhū yīṣṣərēnnhû kəʼîšōn ʻênō*
> "Achou-o numa terra deserta, num ermo solitário de uivos; cercou-o, cuidou dele, guardou-o como à menina dos seus olhos." (Dt 32,10)

A lembrança do deserto – *bəʼereṣ midbār* – evoca o Êxodo, o nascimento de Israel como povo. Deus encontra, rodeia, instrui e protege. O verbo *yəsōḇəḇennû* – "rodeou-o" – remete à ternura. A imagem culmina com *kəʼîšōn ʻênō* – "como a pupila do seu olho" – uma das expressões mais íntimas do Antigo Testamento. O Deus que liberta é o Deus que cuida. A fidelidade divina se manifesta como presença vigilante no caos.

> *kənēšer ya'îr qinnō 'al-gōzālāyw yəraḥēp̄ yip̄rōś*
> *kənāp̄āyw yiqqaḥēhû yiśśā'ēhû 'al-'eḇrātô*
> "Como a águia desperta o seu ninho, paira sobre os seus filhotes, estende as suas asas, toma-os, e os leva sobre as suas penas." (Dt 32,11)

Este é um dos retratos mais poéticos de Deus no Pentateuco. A imagem da águia – *nēšer* – revela um Deus simultaneamente forte e delicado. *yəraḥēp̄* – "paira" – é o mesmo verbo usado em Gênesis 1,2 para o Espírito de Deus que pairava sobre as águas. A salvação não é apenas livramento, mas voo compartilhado. O Deus de Israel não apenas instrui; Ele carrega.

> *YHWH badād yançennû wə'ēn 'immô 'ēl nēḵār*
> "O Senhor sozinho o guiou, e nenhum deus estranho estava com ele." (Dt 32,12)

A condução divina foi solitária – ***badād yançennû*** – sem sincretismo, sem alianças pagãs. O monoteísmo deuteronomista é aqui firme: *'ēn 'immô 'ēl nēḵār* – nenhum deus estranho. O contraste se prepara: Israel será infiel a um Deus que sempre foi fiel. O erro não será por falta de cuidado, mas por abandono deliberado da exclusividade do pacto.

O Cântico de Moisés, já tendo narrado a eleição, cuidado e condução divina, revela o clímax da acusação: a resposta do povo foi infidelidade. A teologia da memória se torna teologia da tragédia – mas também prepara o caminho para a teologia do juízo e da misericórdia. A base da infidelidade é a ingratidão, pois a terra prometida e dada é boa:

> *yarkibbēhū 'al-bāmôt 'āreṣ wayyō'ḵal tənūḇōṯ śāḏay*
> *wayyēnīqēhū ḏəḇaš missela' wəšémen mēḥalammiš*
> "Fez com que cavalgasse sobre os altos da terra, e comeu os frutos do campo; fê-lo chupar mel da rocha, e azeite da dura penha." (Dt 32,13)

Este versículo é uma celebração poética da abundância da terra prometida. A imagem é de Deus *exaltando* seu povo – *yarkibbēhū ʿal-bāmôt ʾāreṣ* – colocando-o sobre as alturas, como senhor do território. O mel e o azeite saem da rocha e da penha – o inusitado se torna providência. Deus transforma o inóspito em alimento. A promessa não é teórica: é encarnada no chão.

> *ḥemʾat bāqār wāḥalāḇ ṣōʾn ʿim-ḥēleḇ kərāḵîm wəʾêlîm benê-bašān wəʿattūdîm ʿim-ḥēleḇ kilyōṯ ḥiṭṭāh wəḏam-ʿênāḇ tišti-ḥāmer*
> "Manteiga de vacas e leite de ovelhas, com gordura de cordeiros, carneiros de Basã e bodes, com a gordura dos grãos de trigo; e o sangue da uva tu bebeste como vinho espumante." (Dt 32,14)

A fartura se torna um banquete. Cada elemento da dieta israelita – leite, carne, trigo, vinho – é mencionado em sua forma mais rica. A linguagem é de superabundância. Mas aqui começa a tensão: toda essa riqueza resultará em gratidão? O que o Cântico insinuava antes se torna agora um contraste brutal. A bênção não gerou adoração, mas esquecimento.

> *wayyišman yēšūrūn wayyibʿāṭ šāmantā ʿāḇîtā kāśîtā wayyittōš ʾělōah ʿōśēhû wayənabbēl ṣūr yēšuʿātô*
> "Engordou Jesurum, e deu coices; ficaste gordo, forte, cheio de carne; e abandonou a Deus que o fez, e desprezou a Rocha da sua salvação." (Dt 32,15)

Este é um dos versículos centrais do Cântico. *Yēšūrūn* – "Jesurum" – é um nome carinhoso para Israel, significando "o reto". Mas aqui, o que deveria ser nobre, tropeça. A abundância gera orgulho: *wayyišman... wayyibʿāṭ* – engordou e se rebelou. O verbo *wayittōš* – abandonou – e *wayənabbēl* – insultou, tratou com desprezo – mostram que o pecado não é inconsciente: é deliberado. A Rocha da salvação é desprezada. O dom foi transformado em direito; o domador tornou-se domado.

> *yāqqînū bizzārîm bətōʿēḇōṯ yakʿîsūhū*
> "Com deuses estranhos o provocaram à ira; com abominações o irritaram." (Dt 32,16)

A idolatria agora é nomeada sem ambiguidade. *Bizzārîm* – com estrangeiros – refere-se a deuses alheios, não pertencentes à aliança. *tōʿēḇōṯ* – abominações – indica práticas religiosas que violam os princípios da santidade. O verbo *yāqqînū* – incitaram ciúmes – remete à linguagem do matrimônio: a idolatria é adultério espiritual.

> *yiḏbəḥū lāšēḏîm lōʾ ʾēlōhîm ʾĕlōhîm lōʾ yəḏāʿūm ḥăḏāšîm miqqārōḇ bāʾū lōʾ śiʿārūm ʾăḇōṯêḵem*
> "Ofereceram sacrifícios a demônios, que não são Deus, a deuses que não conheceram, novos, surgidos há pouco, que vossos pais não temeram." (Dt 32,17)

O verso é radical: os ídolos são chamados de *šēḏîm* – demônios, poderes caóticos. Esses *ʾĕlōhîm lōʾ yəḏāʿūm* – deuses não conhecidos – representam a ruptura com a tradição. São novidades religiosas, não herdadas. Em lugar da fidelidade, inovação infiel. Em vez da tradição viva, sincretismo desfigurado. O abandono de YHWH é substituído por entusiasmos espirituais efêmeros.

> *ṣûr yēlāḏəḵā tāšî waytiškāḥ ʾēl məḥōləleḵā*
> "A Rocha que te gerou, abandonaste; esqueceste o Deus que te deu à luz." (Dt 32,18)

A metáfora da maternidade divina atinge o ápice. *ṣûr yēlāḏəḵā* – a Rocha que te gerou – revela que a aliança é gestacional, é nascimento. Esquecer o Deus que te formou é como um filho rejeitar o útero que o concebeu. A infidelidade é ingratidão ontológica. O que sustenta o povo é negado por ele próprio. O pecado é, portanto, apostasia e amnésia. Este trecho do Cântico escancara a teologia deuteronomista em sua tensão mais visceral: a bênção gera orgulho, o orgulho gera esquecimento, o esquecimento gera idolatria, e a idolatria fere a própria estrutura da aliança. O juízo que se seguirá não é um capricho divino, mas a resposta inevitável ao rompimento de um vínculo vital.

A sequência mais dramática e teológica do Cântico de Moisés trata da infidelidade de Israel, que desencadeia não apenas a ira divina, mas o ocultamento da face de Deus. Esta retirada não é ausência passiva, mas juízo ativo – um abandono pedagógico. A pedagogia do Deus deuteronomista se realiza na tensão entre esconder-se e intervir. E o que se segue é o juízo que visa não à destruição definitiva, mas ao despertar da memória e do arrependimento. A rejeição divina é declarada:

> *wayyarʾ YHWH wayyināʾaṣ miqqaʿas bānāyw ūḇənōṯāyw*
> "E viu o Senhor, e os rejeitou, por causa da provocação de seus filhos e suas filhas." (Dt 32,19)

A visão de Deus – *wayyarʾ* – desencadeia não compaixão, mas rejeição. *wayyināʾaṣ* – provocação – indica que a relação se rompeu no nível mais íntimo: filhos e filhas tornaram-se rebeldes. A paternidade, tão presente nos versículos anteriores, se converte em julgamento. Deus recua. O amor não é anulado, mas a fidelidade exige distância.

> *wayyōmer astîrāh pānay mēhem ʾerʾeh mā ʾaḥărîtām kî dōr tahəpukōṯ hēm bānîm lōʾ ʾēmūn bām*
> "E disse: Esconderei deles o meu rosto; verei qual será o seu fim; pois são geração de perversões, filhos em quem não há fidelidade." (Dt 32,20)

Este é um dos versículos mais teologicamente profundos do Cântico. *astîrāh pānay mēhem* – esconderei meu rosto – é a expressão máxima da retirada de Deus. Quando Deus oculta seu rosto, não é porque virou as costas, mas porque permite que o povo experimente a vida sem sua presença. O abandono não é vingança, mas consequência. A pedagogia do sofrimento é o último recurso da aliança. *bānîm lōʾ ʾēmūn bām* – filhos sem fidelidade – ecoa a inversão da relação: o pacto se sustenta em um só lado.

> *hēmmâ qinnəʾūnî bəlōʾ-ʾēl kîʿasūnî bəhaḇlêhem wəʾānî ʾaqniʾēm bəlōʾ-ʿām bəgôy nāḇāl ʾaḵiʿîšēm*

> "Eles me provocaram com o que não é Deus; enfureceram--me com seus ídolos inúteis; e eu os provocarei com o que não é povo, com uma nação tola os enfurecerei." (Dt 32,21)

Este versículo estabelece um paralelismo poético e teológico feroz. O povo provocou a Deus com *lōʾ-ʾēl* – o que não é Deus – e Ele responderá com *lōʾ-ʿām* – o que não é povo. A reciprocidade aqui é irônica e justa. Como Israel tratou YHWH como um entre outros, Deus os entregará a um povo estranho. É a pedagogia da humilhação: ser vencido por aqueles que nem mesmo são considerados parte da aliança. É também um prenúncio das potências estrangeiras que invadirão Israel.

> *kî-ʾēš qādaḥtî bəʾappî watiḇʿar ʿaḏ-šəʾôl taḥtîṯ wattoʾḵal ʾereṣ wəyəḇūlâ wattelehaḏ môsəḏê hārîm*
> "Porque um fogo se acendeu na minha ira, e arderá até o mais profundo do Sheol, consumirá a terra e a sua colheita, e abrasará os fundamentos dos montes." (Dt 32,22)

A ira de Deus é descrita como fogo – *ʾēš qādaḥtî bəʾappî* – que consome não só a superfície, mas até os *môsəḏê hārîm* – os fundamentos dos montes. A metáfora mostra a gravidade do juízo: ele toca o cósmico. O *šəʾôl* – o abismo dos mortos – é invocado, indicando que nem os mortos estão fora do alcance do fogo da aliança violada. A terra sofre com a infidelidade do povo, pois o pacto é também ecológico.

> *ʾasʾappēh ʿālêhem rāʿōṯ ḥiṣṣayy ʾăkallēh-ām*
> "Ajuntarei males sobre eles; esgotarei contra eles as minhas setas." (Dt 32,23)

A imagem é de um arqueiro divino. Deus não apenas permite o mal: Ele o dirige pedagogicamente. *ḥiṣṣayy ʾăkallēh-ām* – minhas flechas os consumirão. A linguagem é militar, mas também espiritual: são os atos de juízo que perfuram. Cada flecha é um chamado. O Deus deuteronomista julga para restaurar – nunca por capricho.

mēzēʿ rāʿāḇ ūləḥummê rešeph wəqéṭeṯ mērî ʾwêš lāḥēm
šen ḇəhēmâ ʾešlaḥ ʿim-ḥamat zōḥălē ʿāp̄ār
"Consumidos serão pela fome, e devorados pela febre e pela peste amarga; também enviarei contra eles os dentes das feras, com o veneno dos que se arrastam no pó." (Dt 32,24)

Aqui o juízo assume forma total: fome, doença, peste, feras, serpentes. A lista é cumulativa. Cada agente de destruição representa uma retirada da proteção divina. O mundo, antes bênção, se torna ameaça. O pacto não abençoa automaticamente: ele estrutura a vida. E sem essa estrutura, o caos se insinua por todos os lados.

Após os versos que descrevem o juízo com uma intensidade quase escatológica, o Cântico de Moisés dá uma guinada teológica crucial: Deus não aniquilará seu povo, mesmo quando a destruição parecer inevitável. A razão não está na virtude de Israel, mas no zelo do próprio Deus por sua glória e por seu Nome entre as nações. O juízo é implacável:

miḥūṣ tiššakēl ḥereḇ ûmimḥăḏārîm ʾēmâ gam-baḥūr
gam-bəṯūlāh yōnēq ʿim-ʾîš śēḇā
"Por fora, a espada os consumirá, e por dentro, o terror; tanto o jovem como a virgem, o lactente com o homem encanecido." (Dt 32,25)

Aqui, o juízo atinge todas as camadas do povo: nenhuma faixa etária é poupada. A imagem da espada externa (*miḥūṣ*) e do terror interno (*mimḥăḏārîm*) é totalizante. É uma descrição do colapso da sociedade quando abandonada à própria sorte. Mas esse colapso prepara o terreno para uma nova revelação.

ʾāmartî ʾap̄ʾēhem ʾašbîtēh mēʾenōš zikrām
"Eu disse: Eu os espalharia, apagaria da humanidade a memória deles." (Dt 32,26)

Este é o ponto mais baixo da ameaça: o esquecimento. Não a morte apenas, mas a aniquilação da memória. No mundo bíblico, *zikrām* – o "lembrar-se" – é vida. Apagar a memória é negar o futuro, revogar a eleição. Mas este pensamento divino é interrompido por uma consideração geopolítica e teológica.

> *lûlē ka'as 'ōyēḇ 'āgūr pen-yinakkərū ṣārêhem pen-yō'mrū yāḏēnū rāmâ wəlō' YHWH pā'al kol-zō'ṯ*
> "Se não fosse o temor da provocação do inimigo, para que não dissessem os seus adversários: 'Nossa mão triunfou, e não foi YHWH quem fez tudo isso'." (Dt 32,27)

Este versículo revela o coração da reversão. Deus não destruirá seu povo por completo – não porque Israel mereça misericórdia, mas porque a destruição seria mal interpretada pelas nações. O zelo de Deus por seu Nome interrompe o juízo. YHWH *pā'al kol-zō'ṯ* – "foi YHWH quem fez tudo isso" – deve ser reconhecido, não deturpado. A história precisa continuar, para que a glória de Deus seja conhecida como fidelidade, não como derrota.

> *kî gôy 'ōḇaḏ 'ēṣōṯ hēm wə'ên ḇām təḇūnāh*
> "Porque são nação privada de conselhos, e neles não há entendimento." (Dt 32,28)

Israel é chamado de tolo – não por desprezo, mas por diagnóstico. Falta-lhes *'ēṣōṯ* – conselho – e *təḇūnāh* – discernimento. A crise é espiritual e intelectual. A falta de sabedoria produz idolatria; e sem sabedoria, o povo não reconhece nem seu Deus, nem seu próprio caminho.

> *lû ḥākəmū yāśkîlū zō'ṯ yāḇînū lə'aḥărîtām*
> "Se fossem sábios, compreenderiam isso, e discerniriam o seu fim!" (Dt 32,29)

Um lamento se entrelaça à crítica. O verbo *yāśkîlū* – "compreenderiam" – conecta-se a *yāḇînū* – "discerniriam" – mostrando que o problema de Israel não é só moral, mas cognitivo. A falta de discernimento é cegueira diante das consequências. O futuro (*'aḥărîtām*) está velado porque o presente está dominado pela insensatez.

> *ʾêk yirdōp̄ ʾeḥād̲ ʾelep̄ ûšənayim yānîsû rᵊb̲āb̲āh ʾim-lōʾ ṣûrām məkārām wəYHWH hisgîrām*
> "Como poderia um só perseguir mil, e dois fazer fugir dez mil, se sua Rocha não os houvesse vendido, e o Senhor não os houvesse entregado?" (Dt 32,30)

A derrota de Israel é ilógica sem a teologia da aliança. O texto denuncia: *im-lōʾ ṣûrām məkārām* – se sua Rocha não os tivesse vendido. A linguagem é dura, mas clara: Deus entregou o povo à derrota. O abandono divino é a única explicação para tamanha fragilidade. Mas isso não significa que a aliança foi revogada – apenas que a aliança exige fidelidade. E o abandono, aqui, é uma forma extrema de disciplina.

> *kî lōʾ kəṣûrēnū ṣûrām wəʾōyēnēnū pəlilîm*
> "Porque a rocha deles não é como a nossa Rocha; e os nossos inimigos o julgam." (Dt 32,31)

O contraste entre *ṣûrām* (a rocha deles) e *ṣûrēnū* (nossa Rocha) enfatiza que só YHWH é Deus. Mesmo em derrota, Israel possui algo incomparável: sua Rocha permanece superior às forças pagãs. *pəlilîm* – "juízes", "críticos" – são os que zombam, mas o texto os acusa: os deuses das nações não têm poder real. Eles não explicam a história. A única explicação continua sendo YHWH. O texto mantém sua densidade poética, mas assume um tom escatológico: Israel será vingado, não pela sua força, mas pela fidelidade de YHWH ao seu próprio Nome. A justiça agora se curva à aliança, e o Deus que parecia ter se ocultado retorna como redentor. Não é possível esperar justiça própria no povo por causa de sua índole:

> *kî miggep̄rat sədōm gappām ūmiššadmōt̲ ʿămōrāh ʿănāb̲ēmō ṣəd̲ēmōt̲ wəšikmōt̲ mərōrōt̲ lāhem*
> "Porque da vinha de Sodoma é a vinha deles, e dos campos de Gomorra; suas uvas são uvas venenosas, seus cachos são amargos." (Dt 32,32)

A imagem agrária volta, mas agora com sinais de corrupção. Os inimigos que triunfaram temporariamente são comparados a Sodoma e Gomorra – símbolos bíblicos do juízo. A vinha, outrora figura da bênção (como em Is 5), é aqui fermento de morte. *ʿănāḇēmō ṣəḏēmōṯ* – uvas venenosas – e *šikmōṯ mərōrōṯ* – cachos amargos – expressam o princípio de que não há neutralidade espiritual: os frutos revelam a raiz.

> *ḥəmaṯ tannînîm yênāḇām wərōʾš pāṯāl ʾāḇēhem*
> "Seu vinho é veneno de serpentes, e veneno cruel de víboras." (Dt 32,33)

A bebida, imagem da comunhão e do júbilo, aqui se torna símbolo de engano e morte. *ḥəmaṯ tannînîm* – veneno de serpentes – e *rōʾš pāṯāl* – veneno ardente – são metáforas do juízo que essas nações carregam consigo. Elas bebem sua própria condenação. O mal, mesmo quando triunfante, é autodestrutivo.

> *hălōʾ hûʾ kāmūs ʿimmādî ḥāṯūm bəʾōṣārōṯay*
> "Não está isso guardado comigo, selado entre os meus tesouros?" (Dt 32,34)

A vingança pertence a YHWH. O mal praticado não foi esquecido. Está *kāmūs* – escondido, armazenado – e *ḥāṯūm* – selado. A justiça divina é paciente, mas implacável. Há um tesouro de juízo que será desatado no tempo certo. O silêncio de Deus não é impotência, mas demora pedagógica.

> *lî nāqām wəšillēm ləʿēt mōṭ răglām kî qārōḇ yōm ʾêḏām wəḥāš ʿătidōṯ lāmō*
> "A mim pertence a vingança e a retribuição; a seu tempo escorregarão os seus pés; pois o dia da sua calamidade está próximo, e o que os espera se apressa a chegar." (Dt 32,35)

Este versículo é o eixo teológico da seção. *lî nāqām* – "a mim pertence a vingança" – é reiterado em Romanos 12,19 e Hebreus 10,30. Deus não terceiriza o juízo. O tropeço dos inimigos (*mōṭ răglām*) é inevitável. Ainda que agora pareçam fortes, o juízo é apenas questão de tempo. O dia da calamidade – *yōm ʾîḏām* – é certo. Deus é justo, mesmo quando tarda.

> *kî yiddîn YHWH ʿammô wəʿal-ʿăḇāḏāyw yinnaḥēm kî yirʾeh kî ʾāzəlaT yād wəʾēp̄es ʿāṣûr wəʿāzûḇ*
> "Pois o Senhor julgará o seu povo, e se compadecerá dos seus servos, quando vir que a força deles se foi, e que não resta nem escravo nem livre." (Dt 32,36)

Este é o ponto da virada. *yiddîn* YHWH *ʿammô* – "o Senhor julgará seu povo" – pode parecer continuação do juízo, mas é uma transição para a compaixão. *yinnaḥēm* – "terá compaixão" – é o verbo da misericórdia. Deus julga para consolar. Quando a força do povo se esgota, quando *ʾēp̄es ʿāṣûr wəʿāzûḇ* – "não resta nem preso nem livre" – Deus age. O esvaziamento de Israel é a condição para que a graça entre em cena.

> *wəʾāmar ʾayyēlōhêm ṣûr ḥāsāḇū-ḇō*
> "E dirá: Onde estão os seus deuses, a rocha em quem confiavam?" (Dt 32,37)

A ironia teológica ressurge. O Deus verdadeiro pergunta sobre os deuses falsos. *ṣūr ḥāsāḇū-ḇō* – "a rocha em quem confiavam" – contrasta com *ṣûr yēšuʿātô*, a Rocha verdadeira. A falsa rocha é agora desmascarada pela impotência. A idolatria se revela inútil no momento da necessidade.

> *ʾăšer yōʾḵəlū ḥēleḇ zəḇāḥêm yišətū yēn nēsîḵām yāqūmû wəyaʿzərūḵem yəhî ʿălāḵem sēṯer*
> "Aqueles que comiam a gordura dos seus sacrifícios, e bebiam o vinho das suas libações, que se levantem agora e vos ajudem! Que sejam eles o vosso abrigo!" (Dt 32,38)

A provocação continua: se os ídolos foram alimentados com sacrifícios e libações, por que não salvam agora? A fé nos falsos deuses é ridicularizada, pois falha no momento decisivo. *yəhî ʿălāḵem sēṯer* – "que sejam vosso abrigo" – é a ironia do abandono. Deus expõe a idolatria à luz de sua inutilidade prática e teológica. A misericórdia se manifesta na exposição da idolatria e na restauração da justiça de Deus. O juízo abre caminho para a reintegração. O texto se encaminha agora para sua resolução final: YHWH se apresenta como o único soberano da história, o único que mata e vivifica, que fere e cura.

A culminação da composição poética se dá com uma profissão de fé absoluta no senhorio de YHWH sobre a vida e a morte, sobre a história e a redenção. A pedagogia do juízo é concluída com a revelação escatológica da soberania divina, e Moisés, ao final, recebe o aviso de que não entrará na terra, mas sua voz – e sua teologia – a precedem:

> *rəʾû ʿattâ kî ʾănî ʾănî hûʾ wəʾên ʾĕlōhîm ʿimmādî ʾănî ʾāmît wəʾăḥayeh māḥaṣtî wəʾănî ʾerpā wəʾên miyādî maṣṣîl*
> "Vede agora que sou eu, eu somente, e não há deus além de mim; eu mato e eu faço viver, eu firo e eu curo, e ninguém há que possa livrar da minha mão." (Dt 32,39)

Este é o ápice da teologia deuteronomista. YHWH declara sua unicidade absoluta. A frase *ʾănî ʾănî hûʾ* – "Eu, eu sou" – ecoará nos profetas e até no evangelho joanino. A soberania é total: sobre a vida e a morte, sobre a ferida e a cura. Não há dualismo. O Deus que mata é também o que vivifica. O juízo não tem a última palavra – mas sem o juízo, não há salvação. *wəʾên miyādî maṣṣîl* – "ninguém pode livrar da minha mão" – não é ameaça, mas segurança escatológica para os fiéis.

> *kî ʾeśśāʾ ʾel-šāmayim yādî wəʾāmartî ḥay-ʾānōḵî ləʿōlām*
> "Pois levantarei a minha mão aos céus e direi: 'Como eu vivo para sempre'." (Dt 32,40)

Deus jura por si mesmo. Não há autoridade superior. O gesto de levantar a mão *ʾel-šāmayim* evoca uma cena de tribunal cósmico: Deus é juiz, parte e testemunha. E a declaração *ḥay-ʾānōḵî ləʿōlām* – "Como eu vivo para sempre" – estabelece a eternidade do pacto. A vida de Deus é a garantia de que a história não terminará em desordem.

> *ʾim-šiṭṭî ḇarqa ḥarbî wətōʾḥēz bəmišpāṭ yādî ʾāšîḇ nāqām ləṣarāy wələməśanāy ʾăšallēm*

> "Se eu afiar o relâmpago da minha espada, e minha mão empunhar o juízo, retribuirei vingança aos meus adversários e recompensarei aos que me odeiam." (Dt 32,41)

A teologia da vingança se consolida aqui como expressão de justiça. A espada de Deus brilha como relâmpago. Mas não é violência arbitrária: *mišpāṭ* – juízo – é a base da ação divina. A retribuição é para os *ṣarāy* e *məśanāy* – os que se opõem e odeiam a Deus. O Deus fiel não permite que a injustiça triunfe indefinidamente.

> *ʾaškir ḥiṣṣayy middām wəḥarbî tōʾḵal bāśār middam-ḥālāl wəšebîāh mērāš pārāʿ ʾōyēḇ*
> "Embereberei as minhas flechas com sangue, e a minha espada devorará carne – do sangue dos mortos e dos cativos, da cabeça dos chefes inimigos." (Dt 32,42)

As imagens bélicas atingem seu paroxismo. A linguagem é deliberadamente brutal: sangue, carne, cativeiro, morte de líderes inimigos. Mas trata-se da execução do juízo. É o desfecho da história dos que se levantaram contra o pacto. O texto não convida à vingança humana, mas à confiança no juízo divino. A justiça pertence a Deus, e ele a exerce de forma completa.

> *harnînū gōyim ʿammô kî dam-ʿăḇāḏāyw yīqqōm wənaqām yāšîḇ ləṣārāyw wəkipper ʾăḏmāṯ ʿammô*
> "Exultai, ó nações, com o seu povo! Porque ele vingará o sangue dos seus servos, e retribuirá aos seus adversários; e expiará a terra do seu povo." (Dt 32,43)

Este é o encerramento teológico do cântico. As nações são chamadas a alegrar-se – *harnînū gōyim ʿammô* – não por terem vencido Israel, mas por verem o Deus de Israel restaurar a justiça. O sangue derramado dos servos será vingado. Mas o clímax está em *wəkipper ʾăḏmāṯ ʿammô* – "expiará a terra do seu povo". A reconciliação não é apenas espiritual, mas territorial. O chão da promessa será purificado. O Deus que feriu, cura. O que julgou, agora redime. O cântico termina, e a narrativa prossegue:

> *wayyāḇōʾ Mōšeh wayəḏabbēr ʾet kol-divrê haššîrāh hazzōʾṯ bəʾoznê haʿām hûʾ wəhōšēaʿ bin-nûn*
> "E veio Moisés, e falou todas as palavras deste cântico aos ouvidos do povo, ele e Josué, filho de Num." (Dt 32,44)

Moisés entrega o cântico ao povo. Não é um poema litúrgico apenas – é testamento teológico. Josué aparece ao lado, como aquele que herdará a liderança, mas antes precisa herdar a memória. A aliança é continuidade, e a poesia é sua inscrição.

> *wayəkallēh Mōšeh middabēr ʾet kol-haddəḇārîm hāʾēlleh ʾel-kol-yiśrāʾēl*
> "E quando Moisés acabou de dizer todas estas palavras a todo Israel..." (Dt 32,45)

O momento é solene. Moisés termina sua fala. Mas ele ainda entrega uma última exortação:

> *wayyōʾmer ʾălēhem śîmû ləḇaḇḵem ləkol-haddəḇārîm ʾăšer ʾānōḵî meʿîd bāḵem hayyōm ăšer təṣawwûm ʾet-bənêḵem lišmōr laʿăśōt ʾet-kol-divrê haTTôrāh hazzōʾṯ*
> "E disse-lhes: Ponde no coração todas estas palavras que hoje testifico entre vós, para que as recomendeis a vossos filhos, para que cuidem de cumprir todas as palavras desta lei." (Dt 32,46)

O cântico não é apenas para ser ouvido, mas posto no coração (*śîmû ləḇaḇḵem*). A teologia da memória é intergeracional: os filhos devem ouvir, guardar, praticar. A Torá é vida, não teoria. A obediência é o prolongamento do cântico na existência.

> *kî lōʾ dāvār rəq hûʾ mikkem kî hūʾ ḥayyêkem ūḇaddāvār hazzê taʾărîkū yāmîm ʿal-hāʾădāmâ ʾăšer ʾattem ʿōvrîm ʾet-hayyardēn šām lārešettāh*
> "Porque esta palavra não é para vós coisa vã; pelo contrário, é a vossa vida. E por esta palavra prolongareis os dias na terra que, passando o Jordão, ides possuir." (Dt 32,47)

Este é o selo da teologia deuteronomista: a palavra é vida. *ḥayyêkem* – a vossa vida – está na Torá, na aliança, na obediência. Não é uma instrução arbitrária, mas a própria estrutura da existência. A terra prometida será habitável se for vivida conforme esta palavra. Caso contrário, será apenas cenário do exílio. Deuteronômio 32 é, portanto, mais que um cântico: é o drama da aliança condensado em poesia profética. O Deus que liberta é o Deus que julga; o Deus que julga é o Deus que perdoa. E a fidelidade de Israel depende de manter esse cântico vivo, como lembrança, advertência e esperança. Os versículos finais de Deuteronômio 32 têm tom solene e melancólico – Moisés, o grande líder e profeta, não atravessará o Jordão, mas sua missão está completa. Ele será, ele próprio, sinal da palavra entregue, da fidelidade proclamada, e do limite humano diante da santidade de YHWH:

> *wayədabbēr YHWH ʾel-Mōšeh bəʿēṣem hayyôm hazzeh lēʾmōr*
> "E falou YHWH a Moisés, naquele mesmo dia, dizendo:" (Dt 32,48)

A expressão *bəʿēṣem hayyôm hazzeh* – "naquele mesmo dia" – confere peso e urgência ao que se segue. O Deus que sustentou Moisés até agora marca o momento exato de sua despedida. O tempo da travessia se aproxima, mas para Moisés será outro o caminho.

> *ʿălê ʾel-har ʿēḇārîm hazzeh har-nəḇō ʾăšer bəʾereṣ mōʾāḇ ʾăšer ʿal-pənê yərēḥō wərᵊʾê ʾet-ʾereṣ kənaʿan ʾăšer ʾănî nōtēn libnê yiśrāʾēl lᵊʾăḥuzzāh*
> "Sobe ao monte Abarim, ao monte Nebo, que está na terra de Moabe, diante de Jericó, e vê a terra de Canaã, que eu dou aos filhos de Israel por possessão." (Dt 32,49)

A ordem é clara e comovente. Moisés deve subir ao *har-nəḇō* – monte Nebo – para contemplar, não conquistar. Verá o dom, mas não pisará nele. A terra está *ʾănî nōtēn* – "eu dou" – como doação divina, e não como conquista humana. A promessa se cumpre, mas não para Moisés. Essa tensão entre vocação e limitação define o mistério de sua missão.

> *ūmût bāhār ʾăšer ʾattāh ʿōlēh šāmāh wəhēʾāsēp ʾel-ʿammeḵā*
> "E morre no monte ao qual estás subindo, e sê reunido ao teu povo..." (Dt 32,50)

A linguagem não é apenas de morte, mas de reunião. *hēʾāsēp ʾel-ʿammeḵā* – "reúne-te ao teu povo" – indica que a morte, para Moisés, é também retorno, reintegração ao passado de Israel. Morre-se, sim, mas dentro da aliança. Ele não entra na terra, mas entra no repouso.

> *kaʾăšer mēt ʾahărōn ʾāḥîḵā bəhōr hahār wayyēʾāsēp ʾel-ʿammāw*
> "Assim como morreu Arão, teu irmão, no monte Hor, e foi reunido ao seu povo." (Dt 32,50)

A referência a Arão intensifica a solenidade do momento. Ambos os irmãos – líderes da libertação e mediação – não cruzarão o Jordão. A justiça de Deus é imparcial. O encerramento do ministério de ambos se dá nas alturas dos montes, lugar de visão, silêncio e despedida.

> *ʿal ʾăšer măʿaltem bî bətōḵ bənê yiśrāʾēl bəmê mēybāh məriḇat-qāḏēš midbar ṣîn ʿal ʾăšer lōʾ qiddashtem ʾōtî bətōḵ bənê yiśrāʾēl*
> "Porquanto pecastes contra mim no meio dos filhos de Israel, nas águas de Meribá-Cades, no deserto de Zim, porque não me santificastes no meio dos filhos de Israel." (Dt 32,51)

A razão é retomada: *măʿaltem bî* – "pecastes contra mim" – em Meribá. Moisés não apenas agiu mal, mas não santificou o Nome. Sua liderança tropeçou quando o povo mais precisava de uma mediação fiel. Não foi um erro banal, mas uma falha no coração do ministério.

> *kî minnēged tirʾeh ʾet-hāʾāreṣ wəšāmāh lōʾ tāḇōʾ ʾel-hāʾāreṣ ʾăšer ʾānî nōtēn libnê yiśrāʾēl*
> "Porque verás a terra diante de ti, mas não entrarás nela, na terra que eu dou aos filhos de Israel." (Dt 32,52)

O castigo é definitivo, mas não é cruel. Moisés verá. A contemplação será seu consolo. Ele não entrará, mas conduziu todo o povo até ali. Sua missão está completa. Seu corpo repousará fora da terra, mas sua palavra – sua Torá, seu cântico, sua memória – viverá dentro dela.

Assim termina Deuteronômio 32: com um cântico, uma advertência, uma promessa e um adeus. Moisés torna-se, mais do que um líder, um símbolo da tensão entre graça e justiça. Ele não entra na terra, mas sua voz, seu canto, sua lei – esses atravessarão o Jordão.

Capítulo 33

Deuteronômio 33 é um capítulo singular dentro do Pentateuco. É o último discurso de Moisés – não de exortação, mas de bênção. Neste texto, Moisés não repreende, mas confia. Não levanta acusações, mas distribui destinos. A bênção de Moisés ecoa a bênção de Jacó em Gênesis 49, mas com ênfases distintas: enquanto Jacó fala como patriarca de uma família, Moisés abençoa como profeta da aliança. O que está em jogo não é apenas o futuro de cada tribo, mas a fidelidade de Deus em meio à diversidade das vocações tribais. O texto começa com uma fórmula:

> *wəzō'ṯ habbᵊrāḵāh 'ăšer bērak̲ mōšeh 'îš hā'ĕlōhîm 'et-bᵊnê yiśrā'ēl lipnê motô*
> "E esta é a bênção com a qual Moisés, homem de Deus, abençoou os filhos de Israel antes da sua morte." (Dt 33,1)

A introdução é solene. Moisés é chamado *'îš hā'ĕlōhîm* – "homem de Deus" – título raro, usado apenas para personagens que concentram autoridade espiritual e proximidade com o divino. A bênção não é um gesto político, mas teológico. *lipnê motô* – "antes da sua morte" – confere à bênção uma gravidade final: são palavras que selam uma vida inteira de mediação entre o povo e YHWH.

> *wayyō'mar YHWH miSînay bā' wəzāraḥ miśśeʿîr lāmô hôpîʿa mēhār pā'rān wə'ātāh mērḇəḇōṯ qōdeš mimmînô 'ēš dāt lāmô*

> "E ele disse: Do Sinai veio YHWH, e de Seir lhes resplandeceu; apareceu desde o monte Parã, e veio das miríades de santidade; da sua direita saiu para eles uma lei de fogo." (Dt 33,2)

Este verso celebra a teofania fundante de Israel: a revelação de YHWH. Três montes são nomeados: *Sinai*, *Seir* e *Parã*, formando uma geografia teológica da manifestação divina. Deus surge como luz – *zāraḥ* – e como fogo – *ʾēš dāt* (literalmente, "fogo da lei" ou "fogo legislativo). A Torá não é apenas texto: é epifania, é energia divina que emana da destra de Deus. *mimmînô ʾēš dāt lāmô* – "de sua direita saiu uma lei de fogo para eles" – revela que a lei é dom ardente, viva, incontrolável, não uma norma fria. A aliança começa em glória e em tremor.

> *ʾap̄ ḥōḇēḇ ʿammîm kol-qᵊdōšāyw bᵊyāḏeḵā wəhem tūkkū lᵊraglᵊḵā yiśśāʾ middabbərōṯeḵā*
> "Com efeito, ama os povos; todos os seus santos estão na tua mão; e eles se colocam aos teus pés, cada um recebe das tuas palavras." (Dt 33,3)

O verso é extraordinariamente rico. Deus é descrito como *ḥōḇēḇ ʿammîm* – aquele que "ama os povos" – o que sugere uma amplitude inesperada. Embora o foco da bênção seja Israel, o amor divino transborda para além das fronteiras tribais. Os *qᵊdōšāyw* – seus santos – estão *bᵊyāḏeḵā* – "em tua mão" – metáfora da proteção e posse. Eles se prostram – *tūkkū lᵊraglᵊḵā* – aos pés de Deus, numa imagem de entrega e recepção. A Torá é recebida como dom, não apenas imposto: *yiśśāʾ middabbərōṯeḵā* – "recebe cada um das tuas palavras". Aqui, a aliança se dá como escuta, como relação amorosa entre palavra e fé.

> *Tôrāh ṣivvānû Mōšeh môrāšāh qᵊhillat yaʿăqōḇ*
> "Lei nos ordenou Moisés, herança da congregação de Jacó." (Dt 33,4)

Esta é uma das mais famosas afirmações do Deuteronômio. *Tôrāh ṣivvānû Mōšeh* – "Lei nos ordenou Moisés" – estabelece o vínculo direto entre a revelação divina e a mediação humana. A Torá é dom, mas também herança: *môrāšāh qᵊhillat ya'ăqōḇ* – "herança da congregação de Jacó". Não se trata apenas de um código, mas de um legado. O povo não inventa a lei; a recebe e a transmite. A identidade de Israel não está na força ou no território, mas na posse da palavra divina.

> *wayəhî biššūrūn meleḵ bəhiṯ'assēp ra'šê 'ām yaḥdaḇ šibṭê yiśrā'ēl*
>
> "E foi em Jesurum rei, quando se reuniram os chefes do povo, juntos as tribos de Israel." (Dt 33,5)

Yeshurun – Jesurum – é um nome poético para Israel, significando "o reto", "o íntegro". Deus é chamado de rei (*meleḵ*) de Jesurum, e seu reinado se manifesta quando há unidade: *bəhiṯ'assēp ra'šê 'ām* – "quando se reuniram os chefes do povo". A soberania de Deus requer unidade tribal. A reunião de Israel, não apenas física mas espiritual, é a condição da realeza divina. Este é um prelúdio para a bênção das tribos, que virá nos versos seguintes. Cada bênção é uma chave teológica que relembra o passado da tribo, anuncia seu papel no presente e projeta seu destino no horizonte da terra prometida. Não são palavras genéricas de boa sorte, mas designações profundas de identidade e vocação. Moisés fala como profeta e como pastor, e sua voz molda a espiritualidade de Israel com autoridade final. A primeira bênção é dada a Rúben:

> *yeḥî rᵊ'ūḇēn wə'al-yāmōṯ wᵊhî menāyw mīspar*
>
> "Viva Rúben, e não morra, e que seus homens não sejam poucos." (Dt 33,6)

A bênção a Rúben é breve, mas carregada de tensão. *yeḥî wə'al-yāmōṯ* – "Viva e não morra" – soa quase como um pedido mais do que uma promessa. Rúben, primogênito de Jacó, havia sido desqualificado por sua instabilidade e transgressão (Gn 49,3–4). A bênção aqui não reverte totalmente sua condição, mas busca preservar-lhe a existência. *wᵊhî menāyw mīspar* – "que seus homens não sejam poucos" – é uma súplica contra o esvaziamento. Rúben não é celebrado por força, mas sustentado por graça. Uma bênção de sobrevivência, não de protagonismo.

> *wəzōʾṯ liYᵊhûḏāh wayyōʾmar šəmaʿ YHWH qôl-Yᵊhûḏāh wᵊʾel-ʿammô tᵊḇîʾennû yāḏāyw rāḇ lô wᵊʿēzer mīṣārāyw tᵊhîyê*
> "E esta é para Judá. E disse: Ouve, YHWH, a voz de Judá, e traze-o a seu povo; com suas mãos ele combate por si, e sê ajuda contra os seus adversários." (Dt 33,7)

A bênção de Judá é intercessora e guerreira. *šəmaʿ* YHWH *qôl-Yᵊhûḏāh* – "Ouve, YHWH, a voz de Judá" – evoca a oração tribal. Judá não é apenas guerreiro, é intercessor. *wᵊʾel-ʿammô tᵊḇîʾennû* – "traze-o a seu povo" – pode indicar que Judá, como líder militar, corre risco de isolamento e precisa ser reintegrado após a batalha. *yāḏāyw rāḇ lô* – "suas mãos lhe bastam" – destaca a força autônoma da tribo, mas também sua necessidade de auxílio divino: *wᵊʿēzer mīṣārāyw tᵊhîyê* – "sê ajuda contra seus adversários". Esta é a tribo da realeza davídica e messiânica; sua bênção carrega peso escatológico.

> *wəlêwî ʾāmar tummêḵā wᵊʾûrêḵā lᵊʾîš ḥāsîḏeḵā ʾăšer nissîtô bᵊmassāʾ tᵊrîḇēhû ʿal-mê-mᵊrîḇāh*
> "E para Levi disse: Teus Tumim e teus Urim são para o homem teu fiel, a quem provaste em Massá e com quem contendeste nas águas de Meribá." (Dt 33,8)

A bênção de Levi mergulha no sacerdócio. *tummêḵā wᵊʾûrêḵā* – os Tumim e Urim – são instrumentos oraculares usados pelos sacerdotes para discernir a vontade divina. Levi, embora disperso entre as tribos, possui centralidade espiritual. *ʾîš ḥāsîḏeḵā* – "homem teu fiel" – pode aludir a Finéias, a Arão ou ao coletivo dos levitas, que permaneceram fiéis nas crises do deserto. *nissîtô* – "provaste-o" – e *tᵊrîḇēhû* – "contendeste com ele" – evocam os testes de Massá (Êx 17) e Meribá (Nm 20), onde a fé foi provada. A bênção não romantiza a trajetória levítica, mas reconhece sua santidade conquistada na tensão.

> *hā'ōmēr lə'āḇîw ūlə'immô lō' rᵊ'îtî wə'eṯ-'eḥāyw lō' hikkîr wə'et-bānāyw lō' yāḏā' kî šāmᵊrû 'imrāṯeḵā ūḇᵊrîṯᵊḵā yintṣōrū*
> "O que disse a seu pai e a sua mãe: 'Não os vi'; e a seus irmãos: 'Não os conheço'; e a seus filhos: 'Não os reconheço'; pois guardaram tua palavra e tua aliança conservaram." (Dt 33,9)

Este é o verso que mais claramente define o ethos levítico. A fidelidade ao pacto supera os laços familiares. A tribo de Levi é louvada por sua ruptura sagrada: *kî šāmᵊrû 'imrāṯeḵā* – "guardaram tua palavra". Essa radicalidade – romper com laços de sangue para manter a aliança – é o fundamento do sacerdócio. Levi não possui terra, mas possui a intimidade do altar.

> *yôrû mišpāṭêḵā lᵊya'ăqōḇ wᵊtôrāṯᵊḵā lᵊyiśrā'ēl yāśîm ḇᵊqāṭārâ 'ap̄eḵā wᵊkalîl 'al-mizbᵊḥeḵā*
> "Ensinarão os teus juízos a Jacó, e a tua lei a Israel; porão incenso diante de ti, e sacrifício sobre o teu altar." (Dt 33,10)

A missão de Levi é didática e sacerdotal. ***yôrû mišpāṭêḵā*** – "ensinarão teus juízos" – e ***wᵊtôrāṯᵊḵā*** – "tua Torá" – apontam para o papel da tribo como guardiã e transmissores da revelação. Eles se movem entre o povo e o altar. O culto é uma pedagogia. E o ensino da lei, um ato litúrgico.

> *bāreḵ YHWH ḥēlô ûfō'al yāḏāyw tirṣeh mēḥaṣ mᵊqāmāyw māqîmāyw yāqūmûn*
> "Abençoa, YHWH, o seu vigor, e aceita a obra das suas mãos; fere os lombos dos seus adversários, e dos que o odeiam, para que não se levantem mais." (Dt 33,11)

O sacerdócio não é inofensivo. O último verso da bênção a Levi roga proteção ativa: *fere os lombos dos seus adversários* – ou seja, defende os levitas contra qualquer ameaça. O sacerdócio, quando fiel, é força contra a idolatria. A intercessão e o ensino devem ser protegidos, pois são o coração da identidade de Israel.

Prosseguindo com as bênçãos tribais, elas recaem agora sobre Benjamim e os descendentes de José – Efraim e Manassés:

> *lîḇinyāmîn ʾāmar yəḏîḏ YHWH yiškōn lāḇeṭaḥ ʿālāyw*
> *ḥōpēp kol-hayyôm ûbên kətēpāyw šākēn*
> "A Benjamim disse: Amado do Senhor, habitará seguro junto a ele; todo o dia o protegerá, e entre os seus ombros habitará." (Dt 33,12)

A bênção a Benjamim é uma das mais afetuosas. O termo *yəḏîḏ* YHWH – "amado do Senhor" – aparece aqui como epíteto exclusivo. Essa tribo, pequena e frequentemente envolta em conflitos, é, paradoxalmente, a que desfrutará de abrigo íntimo. A imagem é materna e divina: *ḥōpēp kol-hayyôm* – "o protegerá todo o dia" – e *bên kətēpāyw šākēn* – "habitará entre os seus ombros" – evocam o cuidado de Deus como o de uma mãe com seu filho ao colo, ou como um pássaro que cobre com suas asas. É também possível que *entre os ombros* refira-se à topografia: Jerusalém, parcialmente em território benjamita, está situada entre colinas. A bênção conecta geografia, segurança e intimidade divina.

> *wəlîyôsēp̄ ʾāmar məbōrāḵ YHWH ʾarṣô mimmōghed*
> *šāmayim mittāl ûmimmətōhom rōḇeṣ tāḥāṯ*
> "E para José disse: Bendita do Senhor seja a sua terra, com o que há de mais precioso dos céus, com o orvalho, e com o abismo que jaz embaixo." (Dt 33,13)

José – representado por Efraim e Manassés – recebe uma bênção exuberante. A terra é o foco: *ʾarṣô* – "sua terra" – abençoada *mimmōghed šāmayim* – "com o que há de mais precioso dos céus" – e *mimmətōhom rōḇeṣ tāḥāṯ* – "com o abismo que jaz embaixo". É uma bênção vertical, do alto ao profundo. Céus e terra conspiram em favor de José. A bênção é também ecológica: orvalho, águas subterrâneas, fertilidade. Aqui, a criação inteira participa da prosperidade de uma tribo.

> *ûmimmōḡed tᵊbûʾōṯ šemeš ûmimmōḡed gerēš yᵊrāḥîm*
> "E com o melhor das colheitas do sol, e com o melhor que brota das luas." (Dt 33,14)

A bênção se estende no tempo: o *sol* e as *luas* representam ciclos agrícolas. *gerēš yᵊrāḥîm* – literalmente, "o brotar das luas" – é uma imagem de renovação constante. José é abençoado com um tempo fecundo, com a sucessão dos meses produzindo vida. O ciclo do calendário lunar hebraico se traduz aqui em abundância.

> *wəmêrōʾš harrᵊrîm qadēm ûmimmōḡed gəḇāʿōṯ ʿôlām*
> "E com o melhor dos montes antigos, e com o melhor das colinas eternas." (Dt 33,15)

A bênção se aprofunda ainda mais na geografia. *hararîm qadēm* – "montes antigos" – e *gəḇāʿōṯ ʿôlām* – "colinas eternas" – evocam um tempo anterior à história, uma topografia quase mítica. A terra de José é abençoada com aquilo que foi antes dos povos: a criação primordial. Os montes são, aqui, testemunhas e portadores da bênção.

> *ûmimmōḡed ʾereṣ ûmilōʾāh wᵊrᵊṣôn šōḵnî seneh tāḇôʾ*
> *lirōʾš yôsēp̄ wələqodqō nezir ʾeḥāyw*
> "E com o melhor da terra e a sua plenitude, e o favor daquele que habitou na sarça; venha tudo isso sobre a cabeça de José, e sobre a fronte do consagrado entre seus irmãos." (Dt 33,16)

O clímax da bênção chega com a referência ao *šōḵnî seneh* – "aquele que habitou na sarça" – ou seja, YHWH, no episódio do Êxodo (Êx 3,2). A bênção de José está ligada ao Deus da revelação. Ele é chamado *nezir ʾeḥāyw* – "nazireu entre seus irmãos" – indicando separação, consagração, protagonismo. José é aquele separado não por orgulho, mas por vocação. Toda a fertilidade da terra e o favor divino convergem para ele.

> *bekôr šôrō hādār lô wəqarnê rᵊʾēm qarᵊnāv ʾāḇêm*
> *yināḡaḥ ʿammîm yaḥdāw ʿaṣê-pēʾôt āreṣ wəhem ribᵊḇōṯ*
> *ʾeprayim wᵊʾalᵊpê menashsheh*

"Seu primogênito é como um touro glorioso, e seus chifres como chifres de boi selvagem; com eles ferirá os povos até as extremidades da terra; estes são os dez milhares de Efraim, e estes os milhares de Manassés." (Dt 33,17)

A bênção culmina com a imagem de poder. José é *bekôr šôrō* – "primogênito de seu boi" – ou seja, o primeiro de força e majestade. Seus chifres – *qarnê rᵊʾēm* – são símbolo de agressividade e soberania. O texto une fertilidade e poder militar. José ferirá as nações *ʿaṣê-pēʾôt āreṣ* – "até os confins da terra". A bênção se desdobra em Efraim (*ribᵊḇōṯ* – "dez milhares) e Manassés (*ʾalᵊpê* – "milhares), confirmando sua dupla herança. O vigor de José, portanto, é ao mesmo tempo agrícola e bélico, espiritual e geopolítico. As bênçãos agora recaem sobre as tribos de Zebulom, Issacar, Gade, Dã, Naftali e Aser. Aqui, a bênção toma contornos de vocação geográfica e econômica. O texto alterna imagens de peregrinação, comércio, força, abundância e prazer. Cada tribo carrega consigo não apenas um território, mas um modo de viver diante de YHWH. As fronteiras tribais são, ao mesmo tempo, cenário da obediência e linguagem teológica. A primeira que segue é a bênção a Zebulom:

wəlîzᵊḇūlûn ʾāmar śemāḥ zᵊḇūlūn bᵊṣētêḵā wᵊyiśśāśḵār bᵊʾāholêyḵā

"E a Zebulom disse: Alegra-te, Zebulom, nas tuas saídas, e tu, Issacar, nas tuas tendas." (Dt 33,18)

Zebulom e Issacar são abençoados em conjunto, como em Gênesis 49, mas aqui suas diferenças são destacadas com mais clareza. Zebulom se alegra *bᵊṣētêḵā* – "nas tuas saídas" – ou seja, é uma tribo de movimento, talvez ligada ao comércio marítimo (cf. Gn 49,13). Issacar se alegra *bᵊʾāholêyḵā* – "nas tuas tendas" – indicando vocação sedentária, ligada ao estudo e à sabedoria (cf. 1Cr 12,32). O texto celebra ambas: o dinamismo e a contemplação, o mercado e o acampamento, o fora e o dentro.

ʿammîm har yiqrāʾū šām yizbᵊḥū zᵊḇaḥê-ṣedeq kî šepaʿ yāmmîm yināqqû ûsᵊpûnê ṭᵊmûnê ḥōl

> "Convidarão os povos ao monte, ali oferecerão sacrifícios de justiça; porque chuparão a abundância dos mares e os tesouros escondidos da areia." (Dt 33,19)

Zebulom e Issacar estão ligados ao culto – *yizbᵊḥū zᵊḇaḥê-ṣedeq* – "sacrifícios de justiça" – mas também à economia. *šepaʿ yāmmîm* – "abundância dos mares" – sugere pesca, comércio marítimo. *Ṭᵊmûnê ḥōl* – "tesouros da areia" – pode ser uma referência a minerais ou riqueza costeira. A bênção reconhece que a vida diante de Deus também passa pelas margens do mundo: portos, areia, barcos e templos convergem.

> *wəlîgāḏ ʾāmar bārûḵ marḥîḇ gāḏ kəlᵊḇî šākēn wᵊṭārēp zᵊrôaʿ ʾap̄ qodqōḏ*
>
> "E a Gade disse: Bendito aquele que amplia Gad; como leão habita, e despedaça braço e crânio." (Dt 33,20)

A bênção a Gade é marcada por força e agressividade. *kəlᵊḇî šākēn* – "como leão habita" – evoca soberania territorial. Gad é uma tribo de fronteira, estabelecida a leste do Jordão (Nm 32), cuja missão exige vigilância. *ṭārēp zᵊrôaʿ ʾap̄ qodqōḏ* – "despedaça braço e crânio" – são imagens de domínio militar. Sua bênção é proteção e ataque. Mas também há gratidão: *bārûḵ marḥîḇ gāḏ* – "bendito o que amplia Gad" – pode ser um louvor ao próprio Deus, que lhe deu espaço.

> *wayyaṯ lᵊrēʾšît lô kî šām ḥēleq məḥōqqēq sāpūn wəyēṯʾē rāʾšê ʿām ṣidqaṯ YHWH ʿāśâ ûmišpāṭāyw ʿim-yiśrāʾēl*
>
> "E escolheu para si a primeira parte, pois ali estava reservada a porção do legislador; veio com os chefes do povo, executou a justiça do Senhor, e seus juízos com Israel." (Dt 33,21)

Gade não apenas conquistou território – *wayyaṯ lᵊrēʾšît lô* – mas também serviu à causa do povo. Ele foi *ʿim-yiśrāʾēl* – "com Israel" – na guerra e na aliança. Essa tribo, mesmo morando do lado de fora de Canaã, não se isolou. *ṣidqaṯ* YHWH *ʿāśâ* – "fez a justiça de YHWH" – é a mais alta avaliação que uma tribo pode receber. Gade não apenas sobrevive: participa ativamente da justiça divina na história.

> *wəlîdān ʾāmar dān gûr ʾaryēh wəyizaqq mibbāšān*
> “E a Dã disse: Dã é filhote de leão que salta de Basã.” (Dt 33,22)

A bênção a Dã é breve, mas densa. *gûr ʾaryēh* – “filhote de leão” – retoma a imagem de força juvenil. Dã é nômade e deslocado. *yizaqq mibbāšān* – “salta de Basã” – sugere expansão ou invasão, já que o território original de Dã foi perdido e ele se instalou mais ao norte (Jz 18). A bênção não omite essa realidade instável, mas afirma a vitalidade feroz da tribo, ainda que sua trajetória futura seja ambígua.

> *wəlînap̄tālî ʾāmar nāp̄tālî śəḇaʿ rāṣôn ûmālēʾ birḵat YHWH yām wāḏārôm yirāš*
> “E a Naftali disse: Naftali, saciado de favor, e cheio da bênção do Senhor; possuirá o mar e o sul.” (Dt 33,23)

Naftali é abençoado com graça e plenitude: *śəḇaʿ rāṣôn* – “saciado de favor” – e *mālēʾ birḵat* YHWH – “cheio da bênção do Senhor”. O tom é de satisfação e paz. *yām wāḏārôm yirāš* – “possuirá o mar e o sul” – localiza Naftali na região da Galileia, próxima ao mar da Galileia e ao sul de suas colinas. Essa bênção antecipa o fato de que, no futuro, será em território de Naftali que Jesus iniciará seu ministério (Mt 4,15-16).

> *wəlîʾāšēr ʾāmar bārûḵ mibānîm ʾāšēr yihî rāṣê ʾeḥāyw wəṭōḇê šemen rāḡelô*
> “E a Aser disse: Bendito seja Aser entre os filhos; seja ele o favorito de seus irmãos, e banhe em azeite o seu pé.” (Dt 33,24)

Aser é a tribo da fertilidade e da aceitação. *yihî rāṣê ʾeḥāyw* – “seja o favorito de seus irmãos” – sugere que sua bênção atrai simpatia. *ṭōḇê šemen rāḡelô* – “banhe o pé em azeite” – é metáfora de riqueza agrícola. Aser vive em uma terra de fartura (Dt 33,24; cf. Gn 49,20). O azeite, símbolo da alegria e da consagração, marca sua herança.

> *barzêl ûnəḥōšet minʿālêḵā ûkəyāmeḵā ḏōḇeʾnāḵ*
> “O ferro e o bronze serão as tuas trancas; e como os teus dias, assim será a tua força.” (Dt 33,25)

A bênção de Aser termina com imagens de fortaleza e longevidade. *barzêl ûnəḥōšet minʿālêḵā* – "ferro e bronze serão as tuas trancas" – indicam segurança, estabilidade. E a última linha é uma das mais belas promessas bíblicas: *ûkəyāmeḵā ḏōḇeʾnāḵ* – "como os teus dias, assim será a tua força". Não é promessa de juventude eterna, mas de vigor proporcional à jornada. A bênção acompanha os anos. Com estas bênçãos, Moisés sela o destino das tribos periféricas: Zebulom e Issacar com equilíbrio entre peregrinação e permanência; Gade com justiça e força; Dã com energia selvagem; Naftali com graça; Aser com fartura. A diversidade de Israel é celebrada como expressão da fidelidade de Deus em múltiplas vocações.

A bênção de Moisés se encerra com um hino final que não se dirige mais às tribos individualmente, mas a Israel como um todo. É uma elevação lírica e teológica que reúne os fios do cântico: o Deus de Israel é incomparável, e seu povo é singularmente bem-aventurado:

> *ʾên kāʾēl yēšurūn rōḵēḇ šāmayim bᵊʿezreḵā ûḇᵊgaʿăwāṯô šəḥāqîm*
> "Não há como o Deus de Jesurum, que cavalga os céus para te ajudar, e nas alturas, na sua majestade." (Dt 33,26)

Este versículo é uma ode ao Deus que transcende os poderes da terra e que, ao mesmo tempo, se inclina em favor de seu povo. *ʾên kāʾēl yēšurūn* – "não há como o Deus de Jesurum" – proclama a unicidade divina. *rōḵēḇ šāmayim* – "cavalga os céus" – retoma imagens de Salmos e da poesia antiga (cf. Sl 68,33). Mas a transcendência não significa distância: Deus cavalga *bᵊʿezreḵā* – "para te ajudar". Sua majestade – *gaʿăwāṯô* – não é opressora, mas salvífica.

> *mᵊʿônāh ʾĕlōhê-qēḏem ûmittāḥat zerōʿōṯ ʿôlām wayyegaresh mipānêḵā ʾōyēḇ wayyōʾmar hašmēḏ*
> "O refúgio é o Deus eterno, e por baixo estão os braços eternos; expulsou o inimigo de diante de ti, e disse: Destrói." (Dt 33,27)

Aqui está uma das imagens mais poderosas de toda a Escritura: *mᵊʿônāh ʾĕlōhê-qēḏem* – "refúgio é o Deus de antigamente". Deus é abrigo e é antiguidade. Ele é eternidade e defesa. *zerōʿōṯ ʿôlām* – "braços eternos" – sustêm Israel desde baixo: a aliança está sustentada não apenas por promessas, mas por braços. O Deus que cavalga acima, também carrega por baixo. E sua ação contra os inimigos – *hašmēḏ* – "destrói" – é expressão de sua justiça em favor do oprimido.

> *wayyiškōn yiśrāʾēl bāṭaḥ bāḏād ʿên yaʿăqōḇ ʾel ʾereṣ*
> *dāgān wᵊtîrôš wᵊgam-šāmayim yaʿărᵊpû ṭāl*
> "E Israel habita em segurança, solitário, a fonte de Jacó, numa terra de grão e de vinho novo; até os céus destilam orvalho." (Dt 33,28)

Este é o retrato da paz escatológica. *wayyiškōn yiśrāʾēl bāṭaḥ* – "Israel habita em segurança" – é o sonho dos profetas. *bāḏād ʿên yaʿăqōḇ* – "sozinho, a fonte de Jacó" – indica separação e plenitude. Jacó é visto como *ʿên* – "fonte" – símbolo de renovação e fertilidade. A bênção do lugar inclui terra e céu: *ʾereṣ dāgān wᵊtîrôš* – grão e vinho – e *šāmayim yaʿărᵊpû ṭāl* – céus que destilam orvalho. É um Éden restaurado, onde a presença de Deus fecunda tudo.

> *ʾašrêḵā yiśrāʾēl mî kāmôḵā ʿam nōšaʿ bāYHWH māḡēn*
> *ʿezrekā wᵊʾăšer ḥereḇ gaʾăwāṯeḵā wᵊyikaḥašū ʾōyᵊḇeḵā*
> *lāk wᵊʾattāh ʿal-bāmōṯêmô tidrōḵ*
> "Feliz és tu, ó Israel! Quem é como tu, povo salvo por YHWH, o escudo do teu socorro, a espada da tua glória! Os teus inimigos te mentirão, e tu pisarás sobre as suas alturas." (Dt 33,29)

Este verso final é um doxológico grito de alegria. *ʾašrêḵā yiśrāʾēl* – "feliz és tu, ó Israel" – abre a conclusão como um salmo. O povo é chamado *ʿam nōšaʿ bā*YHWH – "povo salvo por YHWH". A salvação aqui não é apenas espiritual, mas histórica, concreta. Deus é *māḡēn ʿezrekā* – "o escudo da tua ajuda" – e *ḥereḇ gaʾăwāṯeḵā* – "a espada da tua glória". A proteção e a vitória são dons divinos. *ʿal-bāmōṯêmô tidrōḵ* – "tu pisarás sobre suas alturas" – encerra a bênção com uma imagem de domínio pacífico: Israel toma posse daquilo que lhe foi prometido. Com este hino final, o cântico de bênçãos se encerra como começou: exaltando YHWH como Deus único, justo, guerreiro e pastor. A história de Israel é contada aqui como uma história de bênçãos: cada tribo é lembrada, cada missão é reconhecida, cada promessa é selada. Moisés, prestes a morrer, não entrega ao povo uma estratégia, mas uma confiança: o Deus que os guardou no deserto os guardará na terra.

Capítulo 34

Com Deuteronômio 34, chega-se ao último capítulo da Torá. A narrativa abandona o tom jurídico e retórico dos capítulos anteriores e adota a linguagem da despedida – silenciosa, densa e profundamente teológica. A morte de Moisés, embora natural em sua forma, é moldada por um simbolismo inigualável. Não se trata apenas do fim de uma biografia, mas do encerramento de uma mediação. O último profeta da Torá não entra na terra, mas contempla o futuro com os olhos. Ele morre na fronteira entre promessa e realização, entre o dom e o cumprimento. Sua morte, como sua vida, é uma teofania.

A anábase de Moisés marca o começo da narrativa:

> *wayyaʿal mōšeh mēʿarᵊḇōṯ môʾāḇ ʾel-har nᵊḇô rōʾš haPisgāh ʾăšer ʿal-pᵊnê yᵊrēḥô wayyarʾēhû YHWH ʾet-kāl-hāʾāreṣ ʾet-hagGilʿād ʿad-dān*
>
> "E Moisés subiu das planícies de Moabe ao monte Nebo, ao cume do Pisgá, que está diante de Jericó. E YHWH lhe mostrou toda a terra: Gileade até Dã." (Dt 34,1)

A cena é descrita com sobriedade e precisão: *wayyaʿal mōšeh* – "Moisés subiu" – ecoa os muitos movimentos ascensionais da narrativa bíblica. Mas esta é sua última subida. O monte Nebo, diante de Jericó, torna-se o ponto liminar da história. Ali, *wayyarʾēhû* YHWH – "YHWH lhe mostrou" – toda a terra. Moisés não entra, mas vê. E ver, neste contexto, é receber uma revelação. Deus não frustra a promessa: Ele a confirma com os olhos do profeta, que a enxerga inteira.

> *wəʾet-kāl-nafᵊtālî wəʾet-ʾereṣ ʾeprayim ûmənaššeh wəʾet-kāl-ʾereṣ yᵊhûḏāh ʿad-hayyām hāʾaḥărôn*

"E toda Naftali, e a terra de Efraim e Manassés, e toda a terra de Judá até o mar ocidental." (Dt 34,2)

A enumeração dos territórios é como um salmo geográfico. O texto não menciona a terra apenas como espaço político, mas como realização do dom. De norte a sul, de Naftali a Judá, Moisés vê não apenas geografia, mas vocação. *ʿad-hayyām hāʾaḥărôn* – "até o mar ocidental" – é o limite último, o horizonte da terra de promissão.

wəʾet-hannegᵉḇ wəʾet-hakikkār biqʿat yᵉrēḥô ʿîr hattᵉmārîm ʿad-ṣōʿar

"E o Neguebe, e a planície do vale de Jericó, cidade das palmeiras, até Zoar." (Dt 34,3)

O olhar de Moisés desce ao sul – *hānegev* – região árida e marginal, mas parte da promessa. Jericó, *ʿîr hattᵉmārîm* – "cidade das palmeiras" – é mencionada como símbolo de fertilidade. Ele vê *ṣōʿar*, no extremo sul, mencionada em Gn 19,22. A lista é teológica: toda a terra da promessa é envolvida pela visão do profeta. Nada lhe escapa, embora seus pés jamais toquem aquele chão.

wayyōʾmer YHWH ʾēlāyw zōʾt hāʾāreṣ ʾăšer nišbaʿtî ləʾaḇrāhām ləyīṣḥāq ûləyăʿăqōḇ lēʾmōr ləzarʿeḵā ʾeṯnennāh hărʾētîḵā ḇaʿênêḵā wəšāmāh lōʾ taʿăḇōr

"E YHWH disse-lhe: Esta é a terra que jurei a Abraão, a Isaque e a Jacó, dizendo: À tua descendência a darei. Eu te fiz vê-la com os teus olhos, mas para lá não passarás." (Dt 34,4)

Aqui está o cume da tensão da Torá. Deus reafirma a aliança: *ʾăšer nišbaʿtî ləʾaḇrāhām* – "que jurei a Abraão". A fidelidade divina está intacta. Mas o drama da liderança humana é mantido: *wəšāmāh lōʾ taʿăḇōr* – "para lá não passarás". A promessa é real, a realização é histórica, mas a mediação tem limites. Moisés vê, mas não entra. E isso não é punição: é liturgia. O profeta morre na contemplação, não na posse. A narrativa abandona a majestade da visão para entrar no silêncio da despedida. Moisés, o maior dos profetas, morre fora da terra prometida, sem lamento visível, sem procissão, sem túmulo conhecido. Mas sua morte, como sua vida, é marcada por um mistério sagrado. A ausência de sepultura é o selo final de sua singularidade: ele pertence não à terra, mas ao Deus que o chamou. A Torá termina não com a instalação na promessa, mas com um eco de fidelidade – a de Deus que permanece, e a de Moisés que obedeceu até o fim:

> *wayyāmōṯ šām Mōšeh ʿeḇeḏ YHWH bᵊʾereṣ môʾāḇ ʿal-pî YHWH*
> "E morreu ali Moisés, servo do Senhor, na terra de Moabe, conforme a palavra do Senhor." (Dt 34,5)

O texto é direto, quase sóbrio: *wayyāmōṯ šām Mōšeh* – "e morreu ali Moisés". Mas o que segue é crucial: *ʿeḇeḏ* YHWH – "servo do Senhor". Esse é o epitáfio definitivo, a única identidade que permanece. A expressão *ʿal-pî* YHWH – literalmente "pela boca do Senhor" – pode significar "por ordem do Senhor", mas a tradição rabínica interpretou-a misticamente: Moisés morreu com um beijo de Deus. É a morte do justo, envolta em intimidade. Moisés não é abandonado. Ele é acolhido.

> *wayyiqqᵊbōr ʾōṯô ḇaggāy bəʾereṣ môʾāḇ mōl bêṯ pᵊʿôr wᵊlō-yādāʿ ʾîš ʾet-qəḇûrātô ʿad hayyôm hazzeh*
> "E sepultou-o no vale, na terra de Moabe, defronte de Bete-Peor; mas ninguém sabe o lugar da sua sepultura até o dia de hoje." (Dt 34,6)

A passiva divina aqui se torna ativa: *wayyiqqᵊbōr ʾōṯô* – "ele o sepultou". Deus é quem sepulta Moisés. Este é o único caso nas Escrituras em que o próprio YHWH realiza o funeral de um ser humano. A ausência de túmulo – *lōʾ-yādāʿ ʾîš ʾet-qəḇûrātô* – "ninguém sabe o lugar de sua sepultura" – não é descuido, é teologia. Moisés não é objeto de veneração geográfica. Sua autoridade não repousa em relíquias, mas na palavra.

> *ûmōšeh ben-mêʾâ wəʿeśrîm šānāh bᵊmōtô lōʾ-kāhăṯ ʿênô wᵊlōʾ-nās lēḥōh*

> "E Moisés tinha cento e vinte anos quando morreu; sua vista não se escureceu, nem se lhe fugiu o vigor." (Dt 34,7)

O corpo de Moisés não se degrada: *lōʾ-kāhăṯ ʿênô* – "seus olhos não escureceram" – e *lōʾ-nās lēḥōh* – "seu vigor não se esvaiu". A vitalidade intacta acentua que sua morte não foi resultado de decadência física, mas de obediência ao tempo divino. Ele morre porque sua missão se cumpriu, não porque envelheceu demais.

> *wayyibkū bᵊnê-yiśrāʾēl ʾet-mōšeh bᵊʿarᵊḇōṯ môʾāḇ šəlōšîm yôm wayyittammū yᵊmê bᵊḵî-ʾeḇel mōšeh*
> "E os filhos de Israel choraram por Moisés nas planícies de Moabe por trinta dias; e assim se completaram os dias de choro e luto por Moisés." (Dt 34,8)

O povo, que tantas vezes murmurou contra Moisés, agora o chora. Trinta dias: um mês de silêncio e saudade. O tempo do luto é delimitado, mas o impacto de sua liderança ecoará além do calendário. Não há substituição automática. Há perda real.

> *wᵊyᵊhōšûaʿ bin-nûn mālēʾ rûaḥ ḥāḵmāh kî sāmaḵ mōšeh ʿālāyw wayyišmᵊʿū ʾēlāyw bᵊnê-yiśrāʾēl wayyaʿăśū kaʾăšer-ṣiwwā YHWH ʾet-Mōšeh*
> "E Josué, filho de Num, estava cheio do espírito de sabedoria, porque Moisés havia imposto as mãos sobre ele; e os filhos de Israel lhe deram ouvidos, e fizeram como o Senhor havia ordenado a Moisés." (Dt 34,9)

A sucessão é tranquila, mas carregada de continuidade. Josué não é Moisés, mas herda dele algo essencial: *rûaḥ ḥāḵmāh* – "espírito de sabedoria". Isso não vem de nascimento, mas da *imposição das mãos – sāmaḵ mōšeh ʿālāyw*. A liderança em Israel nunca é mera transição administrativa: ela é transmissão espiritual. O povo ouve Josué porque reconhece a continuidade da aliança.

> *wᵊlōʾ-qām nāḇî ʿōḏ bᵊyiśrāʾēl kᵊmōšeh ʾăšer yᵊḏāʿō YHWH pānîm ʾel-pānîm*

"E nunca mais se levantou em Israel profeta como Moisés, a quem o Senhor conheceu face a face." (Dt 34,10)

Este verso sela a singularidade de Moisés. *pānîm ʾel-pānîm* – "face a face" – é o modo como Deus o conheceu. Não há substituto para essa intimidade. Todos os profetas seguintes falarão em nome de Deus; Moisés falou com Deus. Essa proximidade é a medida de sua autoridade. E sua ausência marca o fim de uma era.

lᵊkōl-hāʾōtōṯ wᵊhammôp̄tîm ʾăšer šilḥō YHWH laʿăśōt bᵊʾereṣ miṣrayim lᵊparʿōh ûlᵊkāl-ʿăḇāḏāyw ûlᵊkāl-ʾarṣō
"E por todos os sinais e prodígios que o Senhor o enviou a fazer na terra do Egito, a Faraó, a todos os seus servos, e a toda a sua terra." (Dt 34,11)

ûlᵊkāl hayyād hachāzāqāh ûlᵊkāl-hammôrāʾ haggādōl ʾăšer ʿāśāh Mōšeh lᵊʿênê kōl-yiśrāʾēl
"E por toda a mão forte, e por todos os grandes feitos de temor que Moisés realizou à vista de todo Israel." (Dt 34,12)

O texto fecha com uma antologia das maravilhas de Moisés: *ʾōtōṯ wᵊmôp̄tîm, yād ḥāzāqāh, môrāʾ gādōl.* Ele foi líder, legislador, mediador, libertador. Mas a última palavra não é glória pessoal – é testemunho: *lᵊʿênê kōl-yiśrāʾēl* – "à vista de todo Israel". Moisés viveu para o povo. Sua grandeza não se mede por monumentos, mas pela fé transmitida e pela obediência cultivada.

Assim termina a Torá: não com uma chegada, mas com uma visão; não com uma posse, mas com uma promessa. Moisés morre nas margens do cumprimento, e isso basta. O Deus que o chamou no fogo da sarça o despede no silêncio de um cume. A história de Israel continua, mas a Torá, com sua combinação de caminho, lei, presença e promessa, encontra aqui seu selo definitivo: uma morte na esperança, uma liderança que não se apropria do destino, e uma fidelidade divina que nunca cessa. A Torá não é uma saga de conquista, mas uma pedagogia de fidelidade. Desde o Gênesis até o Deuteronômio, ela não se apressa em realizar a promessa, mas em formar um povo capaz de recebê-la. A terra prometida é constante em sua geografia, mas móvel em sua teologia. É sempre visível, mas nunca imediata. A Torá ensina que não se entra na terra apenas com força, mas com memória. Não apenas com mapas, mas com mandamentos. Não com méritos, mas com a escuta do Deus que fala e caminha com o povo. Esse Deus é o protagonista silencioso em cada episódio, cada lei, cada queda e cada retorno.

O último capítulo de Deuteronômio sela essa travessia. Moisés, cuja face foi iluminada pela glória divina e cuja voz sustentou um povo inteiro, é enterrado por YHWH, sem testemunhas, sem monumento, sem território. Sua sepultura é um segredo, porque sua missão foi tornar Deus visível, não a si mesmo. A ausência do túmulo de Moisés é o lembrete de que nenhum líder é o fim do caminho. A aliança não repousa sobre um corpo, mas sobre uma palavra viva que continua a convocar, a julgar e a consolar.

Com sua morte, a Torá também se fecha – não como fim, mas como um limiar. O texto não entrega o povo ao vazio, mas à continuidade. Josué, cheio do *rûaḥ ḥāḵmāh* que recebeu por imposição de mãos, é a ponte entre a palavra e a terra, entre a revelação e a responsabilidade. A promessa permanece, mas a forma de vivê-la mudará. Agora será preciso lutar, cultivar, repartir e permanecer fiel sob outras pressões – as da fartura, da vizinhança, das tentações da normalidade. Deuteronômio, ao reinterpretar toda a Torá para uma nova geração, já prepara esse movimento. Ele ecoa a Lei, mas a faz passar pelo coração, pela pedagogia da lembrança, pela escolha consciente entre vida e morte, bênção e maldição. O *šəmaʿ*, o chamado a ouvir, é a chave da travessia: o povo não sobreviverá na terra por sua força militar ou por sua cultura superior, mas pela escuta contínua da voz que os tirou do Egito e os guiou no deserto.

O fim da Torá não é um ponto final, mas uma vírgula na grande narrativa da aliança. A entrada em Canaã será apenas o próximo capítulo de um drama ainda maior: o drama de viver como povo de Deus em meio aos reinos deste mundo. A Torá permanece como bússola e fundamento, mesmo depois de sua conclusão literária. Ela será continuamente reinterpretada pelos profetas, pelos escribas, pelos sábios, pelos discípulos – porque sua verdade não está presa ao passado, mas se derrama sobre o presente com a força de um rio que ainda corre do Éden ao Êxodo, do Sinai a Sião.

Na morte de Moisés, Israel aprende que até os maiores não são donos da promessa, mas apenas testemunhas dela. E na abertura silenciosa do livro de Josué, o povo aprende que a obediência à Torá será testada não apenas no deserto da privação, mas na terra da abundância. Moisés olha de longe. Josué atravessa. Mas ambos sabem que o verdadeiro centro da história não é a terra, nem a liderança, mas o Deus que caminha com seu povo – mesmo quando eles ainda não chegaram.

Bibliografia

ALMADA, S.

Aprendizado e memória para viver a comunidade – enfoques no Deuteronômio. *Revista de Interpretação Bíblica Latino-Americana*, n. 59, p. 9-19, 2008.

ANDERSON, A. F.; GORGULHO, G.

O Deus Vivo liberta e reúne o Povo dos Pobres (O Deuteronômio). *Revista Eclesiástica Brasileira*, v. 41, fasc. 164, p. 660-671, 1981.

BUDALLÉS DIEZ, M.

A ternura e exigência do Shemá. *Estudos Bíblicos*, n. 63, p. 58-62, 1999.

CRÜSEMANN, M.; CRÜSEMANN, F.

O ano que agrada a Deus. As tradições do ano da remissão e do ano jubilar na Tora e nos Profetas, Antigo e Novo Testamento (Dt 15; Lv 25; Is 61; Lc 4). *Estudos Bíblicos*, n. 58, p. 69-76, 1998.

DREHER, C. A.

As uvas do vizinho. *Revista de Interpretação Bíblica Latino-Americana*, n. 14, p. 19-32, 1993.

DWYER, J.

Mística de uma nova sociedade. *Estudos Bíblicos*, n. 68, p. 54-62, 2000.

FRIGERIO, T.

A mulher faz teologia. *Estudos Bíblicos*, n. 29, p. 79-90, 1991.

KRAMER, P.

O órfão e a viúva no livro do Deuteronômio. *Estudos Bíblicos*, n. 27, p. 20-28, 1990.

NAKANOSE, S.

Para entender o livro o Deuteronômio – Uma lei a favor da vida? *Revista de Interpretação Bíblica Latino-Americana*, n. 23, p. 176-193, 1996.

PINZETTA, I.

Um projeto de defesa aos estrangeiros: a proposta do Deuteronômio. *Estudos Bíblicos*, n. 27, p. 29-37, 1990.

REIMER, H.

Um tempo de graça para recomeçar – O ano sabático em Êxodo 21,2-11 e Deuteronômio 15,1-18. *Revista de Interpretação Bíblica Latino-Americana*, n. 33, p. 33-50, 1999.

Leis e relações de Gênero – Apontamentos sobre Êxodo 21,2-11 e Deuteronômio 15,12-18. *Revista de Interpretação Bíblica Latino-Americana*, n. 37, p. 126-138, 2000.

Inclusão e resistência – Anotações a partir do Deuteronômio. *Estudos Bíblicos*, n. 72, p. 11-20, 2001.

Sobre pássaros e ninhos: olhar ecológico em leis do Deuteronômio. *Revista de Interpretação Bíblica Latino-Americana*, n. 39, p. 34-45, 2001.

REIMER, H; REIMER, I. R.

Inefável e sem forma. Sobre o segundo mandamento bíblico (Ex 20,4-6; Dt 5,8-10). *Estudos Bíblicos*, n. 97, p. 36-48, 2008.

RUBEAUX, F.

A lei do hérèm: o campo contra a cidade. *Estudos Bíblicos*, n. 19, p. 18-25, 1988.

SIQUEIRA, T. M.

O messianismo e sua contraposição com o Deuteronômio (17,14-20). *Revista de Interpretação Bíblica Latino-Americana*, n. 60, p. 167-176, 2008.

WOLFF, G.

A fé em Javé no Campo e na Cidade. *Estudos Bíblicos*, n. 36, p. 16-23, 1992.

ZABATIERO, J. P. T.

Em busca de uma economia solidária. Dt 14,22–15,23: resistência popular e identidade social. *Estudos Bíblicos*, n. 84, p. 9-21, 2004.

Este livro foi composto em FreightText Pro
e Museo, e impresso em papel Pólen Natural
80 g/m², pela Meta Gráfica.